제**5**장 **글로벌 스포츠 노동 o**   ·················· 155

제1절 의미와 이동 행태 · 15

제2절 노동 이동 요인과 유형

제3절 주요 종목의 선수 이동 실태 · 161

제4절 글로벌 아웃소싱과 문제점 · 170

제5절 노동 이동 규제와 논의 · 176

제Ⅱ편 **글로벌 스포츠 산업**

제**6**장 **스포츠 용품 산업과 글로벌 생산** ····························· 189

제1절 의미와 특징 · 189

제2절 용품의 글로벌 생산과 시장 · 192

제3절 글로벌 기업과 생산 기지 · 197

제4절 주요 생산 기지와 행동 강령 · 202

제5절 성과와 주요 논의 과제 · 211

제**7**장 **스포츠 장비 산업과 글로벌 표준화** ····················· 219

제1절 의미와 구분 · 219

제2절 장비 산업의 특징과 실태 · 222

제3절 기술 혁신과 주요 장비 · 227

제4절 장비 표준화와 경제적 효과 · 235

제5절 발전과 논의 과제 · 243

제**8**장 **스포츠 시설과 글로벌 도시** ····························· 251

제1절 의미와 주요 기능 · 251

제2절 시설 비용과 운영 방식 · 256

제3절 경기장과 주요 수입원 · 261

제4절 시설의 글로벌 가치와 도시 발전 · 266

제5절 이해관계 집단과 논의 과제 · 279

제**9**장 글로벌 스포츠 지식재산권 산업 ·········· 285

　제1절　개념과 의미 · 285
　제2절　보호의 필요성과 비용 · 288
　제3절　스포츠 지식재산권의 유형 · 291
　제4절　지식재산권 보호 실태 · 307
　제5절　주요 논의 과제 · 317

제**10**장 글로벌 스포츠 문화 산업 ·········· 325

　제1절　의미와 등장 배경 · 325
　제2절　문화 · 예술과 스포츠 시장의 특징 · 331
　제3절　올림픽과 문화 올림피아드 · 338
　제4절　주요 논의와 장애 요인 · 349
　제5절　명예의 전당과 발전 과제 · 353

제Ⅲ편　글로벌 스포츠 시장과 논의 과제

제**11**장 ISO와 글로벌 거버넌스 ·········· 361

　제1절　등장 배경과 유형 · 361
　제2절　주요 기능과 지배 구조 · 368
　제3절　주요 기구의 수입원 · 371
　제4절　경제 · 사회적 특징과 문제점 · 377
　제5절　글로벌 스포츠 공공재와 거버넌스 · 386

제**12**장 스포츠 갬블링과 글로벌 딜레마 ·········· 395

　제1절　의미와 특징 · 395
　제2절　인식과 참여 유형 · 400
　제3절　운영 실태와 발전 요인 · 406
　제4절　승부 조작 유인과 제거 · 415
　제5절　온라인 스포츠 갬블링 · 422

제**13**장 **그린 스포츠와 글로벌 환경 조화** ································· 431

　　제1절　논의 배경 · 431
　　제2절　주요 스포츠와 환경 이슈 · 437
　　제3절　스포츠와 환경 조화 · 443
　　제4절　스포츠 이벤트와 환경 평가 · 451
　　제5절　그린 스포츠와 발전 과제 · 459

제**14**장 **스포츠의 글로벌 협력과 지원** ····························· 465

　　제1절　등장 배경 · 465
　　제2절　스포츠와 글로벌 발전 동인 · 468
　　제3절　스포츠 협력과 지원 유형 · 473
　　제4절　스포츠 협력과 지원 실태 · 478
　　제5절　문제점과 발전 과제 · 486

　■ 참고문헌 / 497
　■ 찾아보기 / 514

표 차례

〈표 1-1〉 분야별 스포츠 시장의 글로벌화와 요인 ······························· 19
〈표 1-2〉 주요 프로 축구 팀의 외국인 구단주 ································· 27
〈표 1-3〉 스포츠 시장의 글로벌화와 문제점 ··································· 39
〈표 1-4〉 글로벌 스포츠 시장과 주요 논의 과제 ······························ 45
〈표 2-1〉 주요 종목별 글로벌 스포츠 이벤트 ································· 48
〈표 2-2〉 하계올림픽 경기와 공공·민간 부문의 역할 ······················ 58
〈표 2-3〉 동계올림픽 경기와 공공·민간 부문의 역할 ······················ 59
〈표 2-4〉 메가 스포츠 이벤트와 긍정·부정적 유산 ························· 69
〈표 2-5〉 글로벌 스포츠 이벤트의 경제·비경제적 효과 ····················· 71
〈표 2-6〉 글로벌 스포츠 이벤트 개최에 따른 편익과 비용 ·················· 72
〈표 2-7〉 CVM을 이용한 2012 런던 올림픽 개최 비용과 편익 ·············· 73
〈표 2-8〉 글로벌 스포츠 이벤트와 지속 발전 가능성 ························ 75
〈표 3-1〉 스포츠 중계방송의 등장과 발전 ···································· 83
〈표 3-2〉 프로 스포츠 경기와 이벤트 중계방송 ······························ 85
〈표 3-3〉 스포츠 경기·이벤트 중계방송 시장의 개요 ······················ 87
〈표 3-4〉 유럽 주요 국가들의 프로 축구 중계방송 권리와 판매 방식 ········· 91
〈표 3-5〉 스포츠 중계방송권 시장의 유형 ···································· 95
〈표 3-6〉 주요 스포츠 경기 중계방송권 거래와 승자의 저주 사례 ··········· 100
〈표 3-7〉 주요 프로 스포츠 리그의 중계방송료와 방송사 ··················· 108
〈표 3-8〉 주요 국가들의 스포츠 이벤트 시청권 운영 실태 ·················· 110
〈표 4-1〉 글로벌 스포츠 이벤트와 스폰서십 시장 구조 ····················· 125
〈표 4-2〉 2014 브라질 월드컵 파트너와 스폰서십 ·························· 130
〈표 4-3〉 1998-2014 FIFA 월드컵과 주요 파트너 기업 ···················· 131
〈표 4-4〉 IOC와 주요 TOP 프로그램 참여 기업 ···························· 133
〈표 4-5〉 스폰서십 리스크 유형과 주요 요인 ································ 140
〈표 4-6〉 주요 스포츠 이벤트의 공식 파트너와 매복 마케팅 ················ 142
〈표 5-1〉 2004 아테네 올림픽 경기 대회와 주요 국가들의 귀화 선수 ········ 163
〈표 5-2〉 외국의 축구 시장에서 활동 중인 주요 국가 선수(2015) ··········· 165
〈표 5-3〉 대륙별 외국인 선수 활동 실태 ···································· 165
〈표 5-4〉 유럽 주요 프로 축구 리그의 외국인 선수(1985/86-2015/16) ······· 166
〈표 5-5〉 유럽의 축구 시장에서 활동 중인 외국인 선수 ····················· 167
〈표 5-6〉 MLB 등록 선수 중 외국인 선수 비중 ···························· 170
〈표 5-7〉 우리나라의 주요 프로 스포츠 리그의 외국인 선수 실태 ··········· 183
〈표 6-1〉 세계 및 주요 국가의 스포츠 용품업 시장 규모 추정 ··············· 195
〈표 6-2〉 세계 주요 국가의 스포츠 용품업 수출입 전망(2011년) ············ 196
〈표 6-3〉 우리나라의 스포츠 용품업 수출입 실태(2011년) ·················· 196
〈표 6-4〉 주요 기업들의 글로벌화 전략 ····································· 200
〈표 6-5〉 생산 현장 실태와 행동 강령 제정 배경 ··························· 206
〈표 6-6〉 국제 단체 및 기구의 행동 강령 ··································· 210
〈표 7-1〉 스포츠 용품업과 장비업의 구분 ··································· 222
〈표 7-2〉 글로벌 스포츠 장비 시장 규모 추정 ······························ 224
〈표 7-3〉 유형별 스포츠 장비 시장 규모(2013년) ·························· 224
〈표 7-4〉 우리나라의 주요 스포츠 장비 산업의 실태 ······················· 225

〈표 8-1〉 스포츠 시설의 기능과 역할 ······························· 255
〈표 8-2〉 주요 올림픽 경기장 건설 비용과 활용 실태 ········ 258
〈표 8-3〉 FIFA 월드컵 경기장 건설 비용과 활용 실태 ········ 259
〈표 8-4〉 주요 국가의 스포츠 경기장 명칭권과 스폰서 기업 ······ 263
〈표 8-5〉 스포츠 경기장과 명칭권 중단 및 포기한 기업 ····· 264
〈표 8-6〉 스포츠 경기장과 기타 수입원 ···························· 266
〈표 8-7〉 주요 올림픽 경기장의 특징과 활용 ···················· 268
〈표 8-8〉 공공 스포츠 시설의 가치 유형 ·························· 271
〈표 9-1〉 지식재산권의 구분 ··· 286
〈표 10-1〉 2008~2012 런던 문화 올림피아드 개요 ·········· 343
〈표 10-2〉 주요 올림픽과 문화 올림피아드 ······················ 343
〈표 11-1〉 주요 국제 스포츠 기구의 설립과 목적 ············· 362
〈표 11-2〉 팀 중심의 주요 국제 스포츠 기구 ···················· 365
〈표 11-3〉 개별 스포츠 종목의 주요 국제 스포츠 기구 ······ 366
〈표 11-4〉 세계 복싱 관련 주요 GSO ····························· 367
〈표 11-5〉 국제 스포츠 기구와 지배 구조 ························ 370
〈표 11-6〉 IOC의 주요 수입원 ······································· 371
〈표 11-7〉 FIFA의 이벤트 관련 수입과 지출 실태 ············· 372
〈표 11-8〉 주요 동·하계 올림픽의 입장권 판매율과 수입 실태 ······ 373
〈표 11-9〉 동·하계 올림픽 중계방송 국가와 중계방송 수입 ······ 374
〈표 11-10〉 주요 FIFA 월드컵 중계방송 국가와 중계료 ······ 375
〈표 11-11〉 주요 올림픽 경기 대회의 TOP 참여 기업과 수입 ······ 376
〈표 11-12〉 주요 동·하계 올림픽의 라이선싱 수입 ············ 377
〈표 12-1〉 우리나라 사행 산업의 법률적 정의 ·················· 397
〈표 12-2〉 글로벌 스포츠 갬블링 시장 규모 ······················ 410
〈표 12-3〉 우리나라 스포츠 갬블링 시장의 총매출액과 조세 ······ 410
〈표 12-4〉 온라인 스포츠 갬블링의 주체별 폐해 ··············· 429
〈표 13-1〉 기후 변화가 스포츠 산업에 미치는 영향 ·········· 438
〈표 13-2〉 스포츠 유형별 환경 파괴 및 오염 가능성 ·········· 442
〈표 13-3〉 동·하계 올림픽과 환경 보호 조치 ···················· 450
〈표 13-4〉 2007 Tour de France Uk Stage와 생태 발자국 지수 ······ 456
〈표 13-5〉 생태 발자국 지수와 환경 투입·산출의 특징 ········ 459
〈표 13-6〉 지속 발전 가능성을 위한 실행 지표 ·················· 463
〈표 14-1〉 평화와 발전을 위한 스포츠 프로그램과 사업 목적 ······ 472
〈표 14-2〉 주요 글로벌 NGO의 스포츠 협력과 지원 활동 ······ 479
〈표 14-3〉 국제 스포츠 기구와 프로 스포츠 팀의 협력과 지원 프로그램 ······ 482
〈표 14-4〉 글로벌 기업의 스포츠 협력과 지원 내용과 발전 전략 ······ 484
〈표 14-5〉 주요 글로벌 기업의 스포츠 협력과 지원의 주요 내용 ······ 487

그림 차례

[그림 1-1] 글로벌화와 스포츠 경기 ·································· 19
[그림 1-2] 국제 스포츠 기구와 글로벌 스포츠 시장 ················ 21
[그림 1-3] 스포츠 시장의 글로벌화의 장단점 ······················ 34
[그림 2-1] 동·하계 올림픽 개최 예정지 ··························· 51
[그림 2-2] FIFA 월드컵 축구 대회 개최지 ························· 55
[그림 2-3] 우리나라와 메가 스포츠 이벤트 개최 ···················· 76
[그림 3-1] 스포츠 이벤트·경기와 글로벌 중계방송 ················· 86
[그림 3-2] 방송 프로그램 시장에서 치킨 게임과 담합 ·············· 103
[그림 3-3] 스포츠 이벤트와 중계방송 규제 ························ 111
[그림 3-4] 글로벌 스포츠 중계방송과 아시아 시장 ················· 119
[그림 4-1] 매복 마케팅 ··· 143
[그림 4-2] 술, 담배, 패스트 푸드 등과 스폰서십 ··················· 147
[그림 5-1] 글로벌 스포츠 노동 이동 ······························ 157
[그림 5-2] 다양한 선수 노동 이동 ································· 164
[그림 6-1] 야구와 축구 용품 생산 ································ 193
[그림 6-2] 스포츠 용품 생산과 노동 착취 ························· 205
[그림 6-3] 글로벌 기업과 생산 기지 근로자들 간 공생 ············· 218
[그림 7-1] 스포츠 용품과 장비 산업 ······························ 221
[그림 7-2] 초기의 테니스 라켓과 기술 발전 ······················ 234
[그림 7-3] 스포츠 장비의 표준화 ································· 237
[그림 7-4] 전신 수영복과 경기 기록 ······························ 247
[그림 8-1] 초대형 경기장과 무형의 편익 ·························· 253
[그림 8-2] 초대형 스포츠 시설과 재정난 ·························· 282
[그림 9-1] 브라질 올림픽과 모방 시비 ···························· 288
[그림 9-2] 상표권 침해 행위 ······································ 302
[그림 9-3] 선수들과 스폰서 ······································· 310
[그림 9-4] 판타지 스포츠와 지식재산권 ··························· 320
[그림 10-1] 스포츠와 문화 산업 ·································· 330
[그림 10-2] 주요 스포츠 박물관 ·································· 354
[그림 11-1] 주요 국제 스포츠 기구들 ····························· 363
[그림 11-2] ISO의 운영과 문제점 ································· 386
[그림 11-3] ISO와 좋은 의미의 거버넌스 ·························· 390
[그림 12-1] 스포츠 갬블링 ·· 399
[그림 12-2] 스포츠 경기와 승부 조작 ····························· 420
[그림 13-1] 온실 가스 줄이기 캠페인 ····························· 433
[그림 13-2] 골프장 건설과 반대 시위 ····························· 440
[그림 13-3] 실내 스키장과 환경 오염 ····························· 441
[그림 13-4] 스포츠 이벤트와 생태 발자국 ························· 455
[그림 14-1] UN의 스포츠 협력과 지원 ····························· 468
[그림 14-2] 스포츠 협력과 지원 유형 ····························· 478

제 I 편
글로벌화와 스포츠 시장

제1장 글로벌 스포츠 시장과 발전

제1절 의미와 등장 배경

1) 의미

정보통신 등 과학 기술의 발전으로 전 세계의 지역·국가·대륙 간 시간과 공간에 대한 개념이 점차 무의미해지고 있다. 이러한 가운데 정치적 이데올로기가 퇴조되면서 세계를 하나로 통합하는 경제적 측면의 글로벌화(globalization)[1]가 가속화되고 있다. 글로벌화는 탈냉전 시대 이후에 경제질서의 변화와 재편을 지칭하는 말로 사용되었다. 글로벌화에 대한 관심이 증대하기 시작한 것은 '관세 및 무역에 관한 일반협정'(GATT)에서 국가 간 자유무역을 확대하기로 합의하면서였다고 주장된다. 글로벌화는 이미 오래전부터 진행되어 왔지만, 글로벌화에 대한 의미나 개념은 다양하게 주장된다.

국제통화기금(IMF)은 글로벌화를 '사람과 노동·지식·기술 등이 국경을 자유롭게 이동할 뿐 아니라 무역·금융 거래 등을 통하여 경제적으로 점차 통합되는 것'이라고 주장한다. 따라서 글로벌화는 새로운 도전이 아니라 상호 경제적 목적을 위해 각종 활동이 국경을 초월하여 점차 확대되는 현상이라고 할 수 있다. 이는 혁신과 과학 및 통신 기술의 발달에 따른 것이며, 문화적 흐름으로 규정되기도 한다. 해너즈(Hannerz, U, 1990)는 글로벌화를 '어떤 국가나 사회의 풍습이나 기질, 사회적 특성 등이 점차 보편화되는 것'

---

1) 글로벌화(globalization)는 세계화, 지구화, 전지구화, 지구촌화 등으로도 사용된다.

이라고 주장한다. 글로벌화는 획일성보다는 다양성이 중시된다. 글로벌화는 정치·경제·문화 등이 한 국가의 규율에 의해서 작동되는 것이 아니라 범지구적 차원의 질서가 작동되는 것을 의미한다. 홀튼(Holton, R., 1990)은 '세계의 모든 지역, 국가들이 상호 의존관계에 따라 하나의 세계와 하나의 인류를 추구하는 과정'이라고 주장한다. 국가 간 정치·사상·문화·경제·사회 시스템이 다르다 하더라도 상호 동등성을 추구하면서 새롭고 빠른 속도로 시간과 공간이 연결된다는 것이다. 로버트슨(Robertson's, R., 1992)은 글로벌화는 한마디로 전 세계의 모든 공간을 통합하는 글로벌 공동체라고 해석한다. 글로벌화는 전 세계인들의 의식을 통합하고 세계를 간결하게 하는 것으로서, 글로벌 기업, 국제 자본 이동, 경제 활동의 자유, 국가 간 거래, 규제 완화 등에 의해 전 세계로 확대되고 있다. 게다가 정보통신 기술의 발달은 개인, 조직, 정부 간의 교환 능력을 강화시킨다. 이러한 교환 능력은 정치, 경제, 사회, 문화 등의 영역에서 글로벌화에 기여한다.

이 외에도 문화적인 측면에서 글로벌화는 국가 고유의 전통과 지역적으로 특수성을 지닌 구조와 관행들이 점차 소멸되고 변화하는 과정이라고 주장되기도 한다. 또한 경제·정치·기술·통신 등의 발달 과정을 설명하기 위한 기술적 용어로 간주되기도 한다. 이와 같이 글로벌화에 대한 개념은 경제·사회·문화적 현상으로 이해되면서 점차 그 범위가 확대되고 있다.

이미 전인류는 글로벌화라는 거대한 시스템에서 생활하고 있으며, 재화와 서비스, 노동, 자본, 소비자 등이 국경을 초월하여 전지구적 차원에서 활동하고 경쟁한다. 시장의 국제화, 규제 완화, 글로벌 경제 통합 등으로 과거 단일국가가 지녔던 구태와 낡은 관습들이 사라지고 노동, 자본, 소비자 등이 자유롭게 이동하고 있다. 이제 글로벌화는 더 이상 외면할 수 없는 시대적인 흐름으로써 경제, 사회, 문화, 정치뿐만 아니라 스포츠 시장에서도 활발하게 이루어지고 있다.

2) 생산과 소비의 글로벌화

글로벌화는 기본적으로 시장의 확대, 자유로운 교역, 시장에 입각한 차별 없는 거래 등을 의미한다고 할 수 있다. 경제적 측면에서 글로벌화는 국가들 간의 재화와 서비스가 자유롭게 이동하고 통합되며 시장이 상호의존적으로 변화하는 현상이라고 할 수 있다.

아마도 경제적 의미의 글로벌화가 가장 활발하게 이루어지고 있는 것으로 보이며, 그중 생산과 소비의 글로벌화가 대표적이라고 할 수 있다.

우선, 생산의 글로벌화이다. 글로벌 기업들이 세계의 여러 국가에서 노동, 토지, 자본 등 생산요소를 활용하여 재화와 서비스를 생산하는 것이다. 기업들은 글로벌화를 통해 생산비용을 낮추고 양질의 재화와 서비스를 생산하여 수입을 증대하고 경쟁력을 강화한다. 글로벌 기업들의 생산 측면의 글로벌화는 글로벌 아웃소싱(global outsourcing)이라고 할 수 있다. 아웃소싱은 기업의 생산활동 중에서 특정 분야를 외부기업에 대행하는 것이다. 아웃소싱은 기업이 자체적으로 수행할 능력이 부족하거나, 능력이 있더라도 외부기업에 맡기는 것이 경제적으로 더 효율적인 경우에 수행된다. 어떤 기업이 해외의 기업으로부터 아웃소싱을 하려는 것은 해당 기업들이 각각의 분야에서 세계 최고이기 때문이다. 분야별로 세계에서 가장 우수한 기업들이 참여하여 제품을 생산한다면 양질의 제품을 생산할 수 있을 뿐만 아니라 생산비용도 절감할 수 있다. 글로벌화와 더불어 국경의 개념이 점차 사라지고 자본 이동이 용이해짐에 따라 글로벌 기업들의 아웃소싱은 점점 더 확대되고 있다. 생산 과정이 글로벌화됨에 따라 기업들은 하나의 상품을 하나의 국가에서만 생산하지 않고 세계 여러 국가에서 공급된 부품을 조립하여 완제품을 만들어 판매하고 있다.[2] 나이키(nike), 아디다스(adidas) 등 글로벌 스포츠 기업들도 스포츠 용품이나 장비의 대부분을 해외에서 생산하고 있다.

소비의 글로벌화이다. 글로벌화가 본격화되기 이전만 하더라도 재화나 서비스에 대한 소비는 개별 국가 차원에서 이루어졌다. 그러나 지리적, 역사적, 정치적으로 분리되어 있던 소비행태가 글로벌화와 더불어 하나의 거대한 소비시장으로 재편되고 있다. 개방화, 자유화, 정보통신 산업의 발달, 글로벌 미디어 등으로 소비시장도 전 세계적으로 동질화·표준화되면서 글로벌화가 가속화되고 있다. 특히, 국가나 대륙에 따라 다양했던 소비욕구와 패턴장벽이 붕괴되면서 세계적으로 동질화되고 있다. 코카콜라, 맥도널드,

---

2) 항공기 제조업체인 보잉(boeing)사는 777 비행기를 생산하는 과정에서 분야별로 가장 우수한 글로벌 기업들을 참여시킨다. 분야별로 최고의 기술력을 지닌 기업들에게 아웃소싱을 할 경우 제품의 질적 향상과 경쟁력을 강화할 수 있기 때문이다. 실제로 보잉777을 생산하는데 8개의 일본 기업들은 기체, 문, 날개를, 싱가포르의 한 기업은 랜딩 기어의 문을, 이탈리아의 3개 기업은 보조 날개를 만드는 데 참여하였다. 이와 같은 방식으로 보잉777의 부품 가운데 30% 정도가 해외의 기업들이 생산한 것이라고 한다. 최근에는 보잉 787을 생산하는데 해외 기업으로부터 아웃소싱이 65%에 달한다고 보고되기도 한다.

스타벅스 커피, 신용카드 등 생활용품도 글로벌 차원의 소비가 이루어지고 있다. 마찬가지로 올림픽, FIFA 월드컵 축구 대회 등의 메가 스포츠 이벤트, EPL 등 유럽의 프로 축구, MLB, NBA 등 북미의 프로 스포츠 경기, 스포츠 용품 등 스포츠 관련 재화나 서비스들은 전 세계에서 소비되고 있다.

3) 스포츠 시장의 글로벌화

스포츠 시장의 글로벌화는 이미 오래전부터 활발하게 이루어지고 있다. 올림픽, FIFA 월드컵 축구 대회와 같은 메가 스포츠 이벤트들은 글로벌화라는 말이 보편화되기 훨씬 오래전부터 글로벌화가 이루어졌다고 주장된다. 월세이(Wilsey, S. 2006)는 스포츠 시장의 글로벌화는 그동안의 국민·국가 간 편견이나 차별, 적대감을 없애고 우호적인 관계를 구축하고 소비자들을 하나로 만드는 특별한 능력을 지녔다고 강조한다. 특히, 한국과 일본이 한때 식민지배 관계로 좋지 않은 감정을 지니고 있었음에도 불구하고 2002 한일 월드컵 축구 대회를 공동 개최할 수 있었던 것은 스포츠 시장이 글로벌화되었기 때문이라고 주장한다. 스포츠 시장의 글로벌화는 전 세계의 소비자들이 다양한 종목의 스포츠 이벤트나 경기에 관심을 가지게 하고 이들 스포츠가 보급되고 발전할 수 있게 한다. 실제로 동유럽에 농구, 미국에 축구, 영국에 미식축구, 러시아에 스케이트 보딩(skate boarding) 등이 보급·확산되고 있다. 스포츠 시장의 글로벌화는 대중적이며 보편적인 스포츠 문화를 전 세계에 확산시킴과 동시에 스포츠를 통한 지구촌의 경제·사회적 발전을 가능케 한다고 주장되기도 한다. 스포츠 시장의 글로벌화는 스포츠의 보급 및 확산이라는 본래 목적 외에도 정치, 사회, 종교 등에도 커다란 영향을 미치고 있다.[3] 이제

---

3) 대표적인 예로는 1995년 남아프리카 공화국에서 개최된 세계 럭비 월드컵(rugby worldcup) 대회와 넬슨 만델라(Nelsion Mandela) 대통령을 들 수 있다. 당시 남아프리카의 스프링복스(springboks)팀이 뉴질랜드의 올 블랙(all black)팀을 꺾고 우승하였다. 크로포드(S. Crawford. 1999)는 1995년 세계 럭비 월드컵 대회에서 넬슨 만델라의 등장과 존재는 인종차별이라는 쓰라린 역사를 지닌 국가라는 이미지를 초월하여 관중을 매료시켰으며, 차별과 억압을 희망과 낙관으로 변화시켰다고 주장한다. 남아프리카 스프링복스팀의 럭비 월드컵 경기 대회 우승은 전 세계에 인종차별이 없는 남아프리카 공화국이라는 국가 이미지를 구축하는 업적을 이루었다고 평가된다. 또한, 타이바울트(L. Thibault. 2009)에 의하면 스포츠의 역할과 기능을 인식한 바티칸(vatican)에서도 고(故) 요한 바오로 2세(John Paul II)의 지도하에 2004년에는 스포츠 관련 부서를 창설하였다. 바티칸에서는 스포츠가 지니고 있는 역할과 기능을 믿으며 현대 문화의 중심축의 하나이며 새로운 복음전도를 위한 분야의 하나라고 주장한다.

스포츠 시장은 모든 분야에서 글로벌화가 이루어지고 있다. 〈표 1-1〉은 분야별 스포츠 시장의 글로벌화를 간략하게 나타낸 것이다.

〈표 1-1〉 분야별 스포츠 시장의 글로벌화와 요인

분야별	글로벌 스포츠 시장
스포츠 기구	IOC, FIFA, IAAF, IBF 등
스포츠 이벤트	올림픽, 월드컵, 세계 육상 선수권 대회, F1
스포츠 미디어	라디오, TV(위성), 인터넷
스포츠 노동 이동	선수, 코치, 감독 등
스포츠 용품·장비 기업	Nike, Adidas, Reebok, Fila
스폰서십	Coca-Cola, McDonald, Master Card, Hyundai
프로 스포츠	유럽과 북미의 프로 스포츠, NASCAR, F1

자료: GeorgeH. Sage(2010), Globalizing Sport.

우리가 안방에서 바르셀로나, MU 등의 축구 경기나 LA다저스의 야구 경기, 윔블던 테니스 경기 등을 볼 수 있게 된 것은 스포츠 시장의 글로벌화 덕분이다.

[그림 1-1] 글로벌화와 스포츠 경기

제2절 스포츠 시장과 글로벌화 계기

1) 국제 스포츠 기구

IOC(국제올림픽위원회), FIFA(국제축구연맹)와 같은 국제 스포츠 기구들은 스포츠의 보급 및 발전을 위해 오래전부터 노력해왔다. 대부분이 비영리 민간기구로 출범한 이들은 전 세계에서 동일한 규칙을 적용하도록 함으로써 경기의 공정성을 보장하고, 스포츠 경기에 대한 관심을 증대시킨다. 국가마다 언어와 문화, 풍습 등이 다르더라도 동등한 규칙(rule)으로 경기를 치르게 한다. 메가 스포츠 이벤트는 매번 다른 지역에서 개최할 수 있도록 개최 지역을 결정한다. 스포츠 시장이 글로벌화된 계기는 국가 간 스포츠 경기가 시발이라고 할 수 있다.[4] 즉, 국가 간 스포츠 경기를 하면서 경기에 필요한 공통의 규칙을 만들게 되었고 이를 관리·운영할 국제 스포츠 기구가 필요하게 되었다. 이러한 국제 스포츠 기구들이 스포츠 시장이 글로벌화하는 데 앞장서왔다.

IOC는 여러 가지 스포츠 종목들이 특정의 기간에 특정의 장소에서 올림픽 경기 대회라는 스포츠 이벤트를 개최할 수 있도록 한다. IOC에 소속된 다양한 종목들이 올림픽 경기 대회에 참가한다. 전 세계에서 많은 종목과 선수들이 올림픽 경기 대회에 참가하여 종목별로 경기를 치른다. IOC에서는 IOC에 소속된 스포츠 기구들이 해당 스포츠를 글로벌화할 수 있도록 하기도 한다.

FIFA에는 전 세계 200개 국가 이상이 가입하고 있다. FIFA는 월드컵 축구 경기 대회를 개최하면서 글로벌화에 앞장서고 있다. 축구 경기 규칙은 다른 종목에 비해 단순하여 경기하기가 수월하다. 축구 경기는 단일 종목으로 가장 글로벌화된 종목이다. FIFA 월드컵 축구 대회에는 전 세계 200개 국가 이상이 참가한다. 예선을 거쳐 본선에 이르기까지

---

4) 최초의 국제 스포츠 경기는 잉글랜드와 스코틀랜드 간의 경기로 1871년 에딘버그(edinburg)에서 럭비 경기, 1872년 글래스고(glasgow)에서 축구 경기가 열렸다고 한다. 최초의 크리켓(cricket) 경기는 1877년 오스트레일리아와 잉글랜드 간에 열렸다. 1880년에는 잉글랜드 축구 팀이 유럽 투어를 시작하였다. 한편, 스마트(B. Smart., 2007)는 현대의 스포츠 가운데 국제 경기를 통한 글로벌화의 외형을 갖춘 최초의 스포츠 종목은 테니스라고 주장한다. 이미 1878년에 미국 뉴포트(newport)에서 미국, 캐나다, 영국 선수들 간 국제 테니스 토너먼트 대회가 열렸다고 주장된다.

많은 국가들과 경기를 치르는데, 이러한 국가 간 경쟁은 전 세계적으로 축구 경기에 대한 관심을 증대시켰으며 그러한 과정에서 자연스럽게 축구의 글로벌화가 이루어졌다. 국제 스포츠 기구들은 올림픽 경기 대회, 월드컵 축구 대회와 같은 메가 스포츠 이벤트를 개최하면서 정치, 인종, 종교, 사상, 이념 등을 초월하여 글로벌 차원의 목표를 추구하기도 한다. 국제 스포츠 기구들은 국가 간 경쟁을 중심으로 메가 스포츠 이벤트를 개최하면서 스포츠 시장이 글로벌화되는 데 큰 역할을 담당하고 있다.

스포츠 시장이 글로벌화가 되는 데는 국제 스포츠 기구들과
주기적으로 열리는 스포츠 이벤트의 영향이 컸다.

[그림 1-2] 국제 스포츠 기구와 글로벌 스포츠 시장

2) 메가 스포츠 이벤트

올림픽, FIFA 월드컵 축구 대회와 같은 메가 스포츠 이벤트들이 스포츠 시장의 글로벌화에 앞장서고 있다. 스포츠 이벤트의 글로벌화는 1896년 아테네에서 14개 국가가 참여한 올림픽 경기 대회, 1930년 우루과이에서 13개 국가가 참여한 FIFA 월드컵 축구 대회 등이 그 시발이라고 할 수 있다. 그러나 당시의 스포츠 이벤트들은 말 그대로 국가들간 경기로 상업화에 적극적인 관심을 가지지는 않았다. 이러한 메가 스포츠 이벤트들은 1900년대 초반까지만 하더라도 상업화에 대한 관심이 적었으며 체계적이지도 못했다.

1900년대 중반에 들어 메가 스포츠 이벤트 규모가 점차 커지면서 보다 체계적인 조직과 최신 시설을 갖추게 되었으며, 그 결과 스포츠 이벤트에 대한 관심도 증가하기 시작하였다.

1980년대 들어 글로벌화와 더불어 국제 관광에 대한 붐(boom)이 일면서 메가 스포츠 이벤트가 관광의 주요 요소로 인식되었다. 올림픽, FIFA 월드컵 축구 대회 등 메가 스포츠 이벤트를 개최하는 도시들은 이를 경제 · 사회적 발전 기회로 인식하기 시작하였다. 특히, 중계방송 기술의 발달과 더불어 스포츠 이벤트가 전 세계에 중계방송되기 시작하면서 메가 스포츠 이벤트와 중계방송이라는 사업관계가 형성되었고, 이를 통해 스포츠 이벤트의 상업성에 대해 관심이 증대하기 시작하였다.

20세기 말과 21세기에 들어서면서 메가 스포츠 이벤트는 국가 이미지 제고, 경쟁력 강화, 경제 · 사회적 발전, 국가에 대한 신뢰도 향상 수단으로 활용되고 있다. 또한 메가 스포츠 이벤트가 관광, 쇼핑, 엔터테인먼트, 교육 등과 결합될 때 시너지 효과를 가능케 한다고 인식되고 있다. 이제 메가 스포츠 이벤트는 전지구촌 차원에서 일상적으로 열리고 있다. 그러나 일부 학자들은 올림픽, FIFA 월드컵 축구 대회 등과 같은 메가 스포츠 이벤트들은 스포츠 경기라는 제품을 진열하고 입장료, 중계료, 스폰서 등을 받으면서 점차 상품화되고 있다고 지적한다. 그럼에도 올림픽, 월드컵 축구 대회와 같은 메가 스포츠 이벤트들은 스포츠 시장을 글로벌화하는 데 많은 기여를 하고 있다.

3) 글로벌 중계방송

스포츠 시장이 글로벌화하는 데에는 TV 등 중계방송사들이 중요한 역할을 하고 있다. 메가 스포츠 이벤트 중계방송은 스포츠 이벤트나 경기 외에도 문화적 가치 등을 전 세계에 전달하는 역할을 한다. 전 세계적으로 널리 알려지고 인기가 높은 메가 스포츠 이벤트들은 많은 사람들이 시청한다. TV 중계방송사들은 메가 스포츠 이벤트를 중계방송하면서 막대한 광고 수입을 얻는다. 스포츠 시장의 글로벌화는 TV 등 중계방송사와 밀접한 연관이 있고, 메가 스포츠 이벤트들은 방송사들의 경제적 이익과 복잡하게 얽혀 있다.

아마도 많은 글로벌 스포츠 이벤트들의 최종 목표는 전 세계에 중계방송되는 것일 것이다. 올림픽 · 월드컵과 같은 메가 스포츠 이벤트는 이미 1990년대 초에 전 세계 200여

개 이상의 국가에 중계방송되고 있다.[5] 글로벌 스포츠 중계방송사들은 국제 스포츠 기구들이 주최하는 메가 스포츠 이벤트를 소비자들에게 전달하는 중간 전달자 역할을 하면서 많은 수입을 얻고 있다. 또 글로벌 TV 방송사들은 메가 스포츠 이벤트들이 경제적 이윤을 창출하는 데 기여하고 있다. 오늘날 아무리 인기가 높고 유익한 메가 스포츠 이벤트라고 할지라도 TV 중계방송이 없으면 글로벌화 되기가 어렵다. 메가 스포츠 이벤트에서 보여주는 강력한 이미지, 국가 간 경쟁, 높은 시청률 등은 스포츠 시장이 글로벌화 화하는 데 기여하고 있다. 메가 스포츠 이벤트는 방송 프로그램 제공자로서, TV 등 스포츠 미디어는 지구촌의 관중들을 위한 판매자로서의 역할을 하고 있다. 메가 스포츠 이벤트는 TV 등 미디어 산업이 성장하는 데 기여한다.

글로벌화와 기술 발달, TV 방송 규제 완화, 시장 확대 등으로 스포츠 이벤트에 대한 중계방송 시장은 커다란 재편이 이루어지고 있다. TV 등 중계방송 시장은 전용 스포츠 채널, 위성과 케이블 네트워크, 특정 프로그램의 유료시청제(PPV, pay per view), 사설회원제 유료TV 방송(subscription TV) 등으로 세분화되고 있다. 스포츠 시장의 글로벌화가 진전되면서 TV 등 중계방송 시장도 점차 복잡해지고 있다. 글로벌 스포츠의 발전은 글로벌 미디어와 밀접하게 연관되어 있고, 스포츠 기구와 TV 등 미디어사들 간의 관심사가 뒤엉켜 있다. TV 등 미디어사들은 스포츠 이벤트를 전 세계 시청자들에게 판매하면서 스포츠 시장의 글로벌화를 가속화시키고 있다.

4) 글로벌 기업의 스폰서십

스포츠 시장에서 스폰서십은 오래전부터 시행되고 있다.[6] 초기에는 일부 스포츠 이벤트나 경기에서 상업용 스폰서십에 대해 논란이 제기되기도 하였다. 그러나 20세기 말

---

5) 1994년 제17회 노르웨이 릴레함메르 동계올림픽 경기는 전 세계 120여개 국가의 10억7천만 명이 시청했다. 영국의 프리미어 리그(premier league)의 축구 경기는 세계 150여개 이상의 국가에 방송되고 있다. NBA 경기에서는 2002/2003 시즌에 이미 212개 국가에서 7억5천만 명이 시청했다. MLB는 전 세계 224개 국가에 방송되었다.

6) 1898년 영국 축구의 FA대회 우승팀이었던 노팅엄 포레스트(nottingham forest)는 보브릴(bovril)이라는 음료 회사와 스폰서 계약을 하였다. 1903년에 뉴스 오브 더 월드(news of the world)는 프로 골프협회 경기에 스폰서로 참여하였다. 1910년 질레트(gillette)는 면도기를 판매하기 위해 당시 스타 야구 선수였던 호누스 바그너(Honus Wagner)를 활용하였으며, 1926년 코카-콜라(coca-cola)는 1928년 암스테르담 올림픽 경기 대회에서 마케팅을 하였다.

TV 중계방송 시장의 발달과 스포츠의 상업화와 더불어 많은 글로벌 기업들이 스포츠 스폰서십에 관심을 가지기 시작하였다. 글로벌 기업들은 메가 스포츠 이벤트에 스폰서로 참여할 경우 문화적, 정치적 장벽을 넘어서 전 세계 시장에 접근할 수 있다는 사실을 인식하기에 이르렀다. 1980년 중반부터 전 세계적으로 인기가 높고 상업적으로 활용이 가능한 메가 스포츠 이벤트에 글로벌 기업들이 스폰서십에 참여하기 시작했다. 올림픽, FIFA 월드컵 축구 대회와 같이 인기가 높은 스포츠 이벤트들은 전 세계 시청자를 끌어 들일 수 있는 몇 안 되는 프로그램 중 하나이다. 글로벌 기업들은 메가 스포츠 이벤트에 스폰서로 참여할 경우 전 세계 소비자들에게 자사 제품 광고, 마케팅, 브랜드 캠페인 등을 가능케 하고, 글로벌 차원에서 사업기반을 강화할 수 있는 발판이 된다. 글로벌 기업들은 메가 스포츠 이벤트, 스타선수나 특출한 경기력을 지닌 선수 등을 자신의 브랜드와 연계시키기도 한다. 올림픽과 FIFA 월드컵 축구 대회의 스폰서십이 대표적이다.

IOC에서는 마케팅 권리를 보다 효율적으로 판매하기 위해 올림픽 파트너 프로그램 (TOP)을 고안하여 88 서울 올림픽부터 적용하고 있다. TOP 프로그램에 참가하는 기업들에게 많은 비용을 지불하도록 하는 대신에 기업들에게 글로벌 차원의 마케팅 권리를 독점적으로 제공하였다. 특히 세계에 널리 알려진 기업들 가운데 분야별로 가장 우수한 기업만이 올림픽 경기 대회와 독점적 파트너 관계를 맺게 하는 것이다. 글로벌 스폰서 기업들은 이러한 TOP 프로그램을 매력적인 것으로 받아들였다. IOC는 올림픽 경기 대회라는 자산을 통해 가장 높은 수준의 스폰서십을 운영한다고 평가된다. IOC는 글로벌 기업들과 파트너 관계를 통해 많은 수입을 올리고 있으며, 제한된 수의 글로벌 파트너 기업들도 엄청나게 성장하였다.

한편, FIFA는 IOC보다 먼저 글로벌 기업의 스폰서십에 관심을 가졌다. 1974년 FIFA에서는 FIFA 월드컵 축구 대회가 지속적으로 성장하고 발전하기 위한 일련의 계획을 수립하였다. 즉, 월드컵 본선 대회의 참가 국가 수를 늘리고, 세계 청소년 선수권 대회를 개최하며, 아시아·아프리카 국가들의 경기력을 향상시키기 위한 프로그램을 개발하기도 하였다. 그런데 이러한 프로그램을 추진하는 데는 엄청난 자금이 소요된다. 이에 글로벌 기업들이 참여하는 스폰서십이 필요하다고 인식하기에 이르렀다. FIFA에서는 1978년 아르헨티나 월드컵 축구 경기 대회에서 스폰서 기업들과 계약을 맺었다. 2007년에는 글로별 파트너를 3개의 그룹으로 분류하여 보다 많은 기업들이 참여할 수 있게 하였다. 올림픽, FIFA 월드컵 등과 같은 메가 스포츠 이벤트와 글로벌 스폰서 기업들은 동반자 관계를 지니며 상호이득을 위해 글로벌화에 앞장서고 있다.

5) 글로벌 스포츠 기업

1970년대부터 스포츠 마케팅이 붐을 이루면서 스포츠 신발, 의류, 모자, 액세서리 등도 판매가 늘어나기 시작하였다. 그러나 당시 유럽·북미 등의 선진국들은 소득수준이 향상되고 인건비가 상승하면서 스포츠 용품을 자국에서 생산하기가 어려웠다. 선진국의 스포츠 용품 제조기업들은 생산비가 저렴한 후발개도국으로 공장을 이전하기 시작하였다.[7] 오늘날 대부분의 글로벌 스포츠 기업들은 스포츠 의류, 신발, 모자 등의 용품생산을 주로 후발개도국에서 아웃소싱에 의존한다. 북미나 유럽에서 판매되고 있는 스포츠 신발의 95%는 임금이 낮은 후발국가에서 생산된다. 미국에서 판매되고 있는 스포츠 의류의 60%는 동남아시아에서 만들어진다. 스포츠 신발의 90% 이상이 생산비가 저렴한 중국, 인도네시아, 베트남 등지에서 생산된다. 글로벌 스포츠 기업들은 후발개도국의 제조기업들과 계약을 맺고 생산한다. 글로벌 스포츠 기업들은 새로운 생산 기지와 시장을 찾아 나서고 있다. 글로벌 기업들은 보다 신속한 공급망을 확보할 수 있고 생산비용이 보다 적게 드는 곳에서 생산을 하려고 한다.

글로벌 스포츠 기업들은 다양하고 신속한 공급체인과 체계적인 네트워크를 통해 판매망을 전 세계로 확대하고 있다. 글로벌 스포츠 기업들은 보다 많은 용품을 판매하기 위해서 각종 스포츠 이벤트나 프로 스포츠 팀들을 활용하기도 한다. 글로벌 스포츠 기업들은 스포츠 의류, 신발 등 스포츠 용품을 전 세계에 판매하고 있다. 글로벌 스포츠 기업들은 메가 스포츠 이벤트나 팀을 후원하거나 선수의 이름을 따서 제품을 판매하기도 한다. 글로벌 스포츠 기업들은 보다 많은 이익을 얻기 위해 글로벌 차원의 스포츠 이벤트를 경쟁적으로 늘리려고 한다.

---

7) 나이키(nike), 아디다스(adidas), 아식스(asics), 휠라(fila), 카파(kappa), 로또(lotto), 미즈노(mizuno), 뉴발란스(new balance), 푸마(puma), 스피도(speedo), 움베로(umbro) 등이다.

글로벌 스포츠 기업들의 글로벌 판매 전략은 다양하다. 글로벌 전략의 기본은 자사의 제품을 전 세계의 모든 수요자들에게 동일하게 판매하는 것이다. 스포츠 시장의 글로벌화로 선진국이나 후발개도국 소비자들이 똑같은 광고를 동시에 볼 수 있고, 동일한 제품을 소비할 수 있다. 글로벌 스포츠 기업들은 스포츠 팀, 리그, 스포츠 이벤트 등에 수백만 달러를 스폰서(sponsor)하며, 유명 스타 선수들에게 수백만 달러를 보증(endorse)하려는 것도 보다 많은 판매를 하기 위해서이다. 글로벌 스포츠 기업들의 스포츠 용품에 대한 생산과 판매 전략은 점차 다양해지고 전 세계로 확대되고 있다. 이러한 과정은 스포츠 용품 시장의 글로벌화를 가속화시킨다.

6) 선수의 글로벌 이동

스포츠 시장에서 우수한 선수, 감독 등이 국가 간, 대륙 간 이동하면서 스포츠 시장의 글로벌화를 가속화시켜 왔다. 국가 간 경쟁을 하는 스포츠 이벤트나 경기에도 다양한 국가의 선수들이 참여하고 있다. 성별, 종교, 언어, 문화 장벽을 초월하여 다양한 종류의 글로벌 스포츠 이벤트에 참가하는 국가나 선수들이 점차 증가하는 추세다.[8] 경제·정치·사회적 이유로 국적을 바꾸거나 스포츠 경기를 위해 외국으로 이동하는 선수들이 늘어나고 있다. 경력이 뛰어난 선수나 감독들이 팀이나 국가를 떠나 다른 팀에서 스포츠 활동을 하려는 가장 큰 이유는 주로 경제적 목적이라고 할 수 있다.

선수, 감독 등 글로벌 이동이 보편화되면서부터 다음과 같은 현상이 나타나고 있다.

첫째, 메가 스포츠 이벤트나 프로 스포츠 경기에서 국민이나 국가를 강조하는 성향이 점차 줄어들고 있다. 특히, 프로 스포츠 선수는 어느 한 지역이나 국가에 국한되지 않는다. 프로 스포츠 팀의 선수들은 여러 국가 출신으로 구성되어 있으며 경기를 위해서는 자신의 출신 국가와 경쟁하기도 한다. 실제로 영국, 프랑스 등 일부 국가의 대표 팀이나 클럽의 축구 선수들은 자국보다 외국 출신 선수들이 더 많은 경우도 있다. 둘째, 축구,

---

8) 1988년 캘거리(calgary) 동계올림픽 경기 대회에는 자메이카(jamaica) 선수들이 참가하였으며, 1998년 일본 나가노(nagano) 동계올림픽 경기 대회에는 케냐, 마케도니아, 우루과이, 베네수엘라 등의 국가에서도 참가하였다. 무슬림(muslim) 여성들이 축구나 럭비 경기에 참가한다. 2012년 런던 올림픽에서 사우디아라비아는 육상, 유도 등 2명, 카타르는 육상, 수영, 탁구 등 4명의 여자 선수들을 출전시켰다.

농구, 야구 등 프로 스포츠 경기에서는 국가나 국민, 애국심 등을 강조하기보다는 경기 승리, 상업성이 더 중시되기도 한다. 팀 스포츠뿐 아니라 개별 스포츠 종목에서 뛰어난 기량을 보유한 선수들의 국제적 이동이 증가함에 따라 선수들의 출신 국가에 대한 구분은 의미가 점차 약해지고 있다. 과거에는 국제 스포츠 경기를 통해서 애국심, 국가 정체성 등이 강조되기도 하였다. 그러나 선수 이동이 잦아지면서 점차 그 같은 정체성이 약화되고 있다. 셋째, 스포츠 팬들은 국가 대표팀 간의 경기보다는 지역 간, 팀 간의 경기에 더 열광하기도 한다. 팬들이 국가 대항전보다 자신이 좋아하는 팀의 경기에 더 큰 관심을 가지는 것이다. 실제로, 영국 맨유(MU) 팬들은 MU선수들이 소속되어 있는 국가 대표팀과 다른 나라 국가 대표팀 간의 경기보다는 MU가 다른 팀이나 다른 국가의 팀들과 경기하는 것을 더 좋아하고 큰 호응을 보낸다.

7) 외국인 구단주

외국인들이 자국의 프로 스포츠 팀을 소유하고 운영하는 것은 스포츠 시장의 글로벌화와 연관이 있다고 할 수 있다. 그러나 자국의 프로 스포츠 구단을 외국인이 운영하는 것에 대해 초기에는 많은 팬들이 반발하기도 하였다. 실제로 2005년에 미국의 말콤 글레이저(malcolm glazer) 가문이 EPL의 맨유(MU)를 인수했을 때, 충성도 높은 맨유 팬들이 격렬하게 시위하기도 하였다. 팬들은 외국의 구단주들이 MU가 지니고 있는 사회문화적 정체성을 위태롭게 할 것이라 믿었기 때문에, 소리 높여 항의하였다.

〈표 1-2〉 주요 프로 축구 팀의 외국인 구단주

리그	팀, 클럽	구단주	국가	인수년도
MLB	시애틀 마리너	히로시야 마우치	일본	1992
NHL	몬트리올 캐나디언즈	조지 질렛	미국	2001
EPL	첼시	로만 아브로모비치	소련	2003
〃	맨유	말콤 글레이져	미국	2005
〃	리버풀	톰 힉스	미국	2007
〃	맨체스터시티	셰이크 만수르	아랍에미레이트	2008
	아스톤 빌라	샤젠퉁	중국	2016

그러나 구단의 입장에서는 재정적 어려움에서 벗어나고 좀 더 과감한 투자로 경쟁력을 강화하기 위한 조치일 수 있다. 이제는 자기 나라의 프로 스포츠 구단을 외국인이 소유한다고 하더라도 보다 과감한 투자와 합리적인 운영으로 경쟁력을 강화시킨다면 팬들도 외면하지는 않는다. 글로벌 스포츠 시장에서 외국인들의 프로 스포츠 팀 소유와 운영이 점차 늘어나고 있다. 〈표 1-2〉는 주요 프로 스포츠 팀의 외국인 구단주들이다.

제3절 유사 및 반대 개념

1) 국제화

스포츠 시장에서 국제화(internationalization)라는 의미는 제2차 세계대전 이후 국가 간 스포츠 경기 대회가 열리면서 사용되기 시작했다. 세계적인 스포츠 경기 대회와 선수들이 증가하면서 국가 간 이동이 점차 증가했다. 경제적으로는 수요·공급의 법칙에 따라 전 세계로 노동과 자본이 이동하면서 국제화가 가속화되었다.

그러나 국제화와 글로벌화는 다음과 같은 점에서 다르다고 주장된다. 첫째, 국제화는 경제 활동이 국경을 초월하여 단순히 확대되는 과정이다. 즉, 경제 활동을 지리적으로 보다 광범위하게 하려는 양적 확대 과정이라고 할 수 있다. 개인적 차원에서 선수들이 보다 나은 경제적 목적을 위해 자신의 경기력을 국내에서 해외로 이동하는 것이다. 반면, 글로벌화는 경제 활동이 단순히 지리적으로 확대되는 것이 아니라 독자적 특성을 지니며 흩어져 있는 다양한 활동들이 하나로 통합되는 것을 의미한다. 이런 의미에서 글로벌화는 국제화와는 다른 질적 확대라고 할 수 있다.

둘째, 스포츠 시장의 국제화는 국가를 하나의 단위로 하고, 스포츠 팀은 국적에 따라 구분된다. 예를 들어, 올림픽 경기, 월드컵 축구 대회는 국가 대표들 간의 경쟁이다. 특히 올림픽 경기 대회에서 선수들은 국가를 대표하여 경기에 출전한다. 경기에서 승리한 선수들은 자국의 국기와 애국가로 환영받고, 메달은 국가 대표팀의 업적으로 평가받는다. 반면, 스포츠 시장이 글로벌화되면서 이제 스포츠 팀의 선수들은 어느 한 국가를 대표하지 않고 국적도 다양하다. 이때 스포츠 팀이나 경기는 선수들의 국적보다 경기 승리, 상업적 목적 등을 더 중요시한다. 유럽의 프로 축구 팀, 북미의 MLB 등이 좋은 예이다. 실제로 F1(formula one) 경기에 참가하는 팀은 국가보다는 제조회사에 따라 구별되며,[9] 유럽의 프로 사이클링 경기도 국가보다는 스폰서의 이름을 부착하고 경기에 참가한다.

셋째, 스포츠 시장의 국제화는 국가, 지역 등과 연계되어 종목별로 국제 스포츠 기구를 만들어 운영하기도 한다. 이러한 국제 스포츠 기구들은 국가나 사회를 위한 공익적 기능을 수행한다는 이유로 국제 스포츠 시장에서 상당한 지배력을 행사하기도 한다. 또 국제 스포츠 이벤트나 경기를 통해 경제적 이윤을 추구하기도 한다. 스포츠 이벤트가 공익성을 중시한다는 점에서 정부의 지원이나 개입을 필요로 하는 경우도 있다. 그러나 글로벌 스포츠 시장에서는 공익성보다는 영리 추구를 주요 목적으로 한다. 글로벌화된 스포츠 시장은 통상 국제 스포츠 협회나 연맹 없이 운영되기도 하며, 해당 스포츠 시장을 국제적으로 규제하는 기능은 거의 존재하지 않는다. 또한, 기존의 국제 스포츠 기구들이 공익성과 상업성을 동시에 추구하기도 하고 상업성을 더 중시하고 있다는 점에서 글로벌화는 국제화보다 광의의 개념이라고 할 수 있다.

2) 자유화

경제적 측면에서 자유화(liberalization)는 규제 완화와 유사한 의미로 사용된다. 기업의 시장 진입이나 퇴출, 가격설정 등의 규제를 완화하고, 시장을 경쟁원리에 맡기자는 의미이다. 국가가 경제나 사회를 국제적으로 개방한다고 이해하는 경우도 있다. 보다 넓은 의미의 자유화는 정부의 규제로부터 개인의 자율성과 자발성을 존중하자는 의미이기도 하다.

WTO(세계무역기구)나 FTA(자유무역협정)와 같이 스포츠 시장에서도 선수나 팀의 국가 간 거래에 대해 정부의 간섭이나 규제가 줄어들면서 선수들이 국내·외 다른 팀으로

---

9) 20세기 초까지만 하더라도 세계 자동차 경주 대회는 자동차 기업들이 임의로 개조한 자동차로 출전할 수가 있었기 때문에 공정한 경쟁을 기대하기가 어려웠다. 1904년 국제자동차연맹(FIA)이 설립되면서 차량 무게·엔진 성능·경기장 규격 등 자동차 경주에 필요한 규칙(formula)들을 정립했다. 1950년 FIA는 포뮬러 자동차로 펼치는 세계 최고의 경주라는 의미로 F1을 사용하고 있다.

자유롭게 이동할 수 있게 되었다. 프로 스포츠 선수들의 자유로운 팀 이동, 특히 유럽의 프로 축구 선수들이 자유롭게 이동할 수 있게 된 것은 보스만 판결(bosman case)[10]이 계기라고 한다. 그러나 글로벌화는 경제·정치·문화적으로 의미가 다르다. 자유화가 경제적 측면을 우선한다면, 보편화는 글로벌 체제에서 문화의 역할을 강조한다. 서구화·미국화와 같은 글로벌화는 경제적·정치적 요인에 혼합된 문화적 요소들을 반영한다.

한편, 경제적 측면에서 글로벌화는 무역, 생산, 금융시장의 자유화를 들기도 한다. 무역 자유화는 수출입의 자유화로 전 세계의 교역량을 확대하는 것이다. 이를 위해서 많은 국가들이 자유무역협정(FTA) 등을 추진하고 있다. 생산의 자유화는 글로벌 기업들이 해외에 직접 투자를 하는 등 생산 기지의 글로벌화이다. 국가 간 투자 협정, 이중과세 방지, 외국인 투자 유치, 다자간 투자 협정(MAI) 등도 생산 측면의 자유화라고 할 수 있다. 그리고 금융의 자유로운 이동이다. 금융시장이 글로벌화되기 전만 하더라도 경제의 한 부문으로서 정부에 의해서 어느 정도 통제가 가능했다. 그러나 금융의 국가 간 자유로운 이동이 원활해지면서 정부의 통제 기능도 약화되고 있으며, 이는 국가 및 세계 경제에 커다란 영향을 미치기도 한다.

3) 보편화

보편화(universalization)는 여러 개체들이 지니고 있는 공동의 특성을 중심으로 어떤 개념이나 법칙을 성립시키는 과정 또는 그 결과로 얻어지는 일반적인 진술을 의미한다. 보편화는 하나의 집합을 가능케 하는 공통요소들을 지니고 있다고 할 수 있다. 보편화는 어떤 추상적인 개념이나 원리를 특수한 개체에 적용시키는 특수화에 반대되는 개념으로서 일반화(generalization)와 유사하다고 주장되기도 한다. 그러나 보편화는 일반성을 나타내는 개념에 불과할 뿐 결코 실제로 존재하는 것이 아니라는 주장도 있다.

---

10) 1995년 벨기에 축구의 RFC 리에주(Liege) 소속인 장 마르크 보스만(Jean Marc Bosman)은 구단과의 계약을 거부하고 프랑스의 뎅기르 팀과 계약하려고 했다. 그러자 구단은 보스만을 의무적 이적선수 명단에 등재했고, 보스만을 데려갈 구단은 벨기에 축구 연맹이 정한 기준에 따라 선수 훈련비 및 각종 비용 등을 지급해야 했다. 그러자 보스만은 소송을 제기, 승소하였다. 이로 인해 선수들은 구단과의 계약 기간 만료 후에 자유롭게 이동할 수 있게 되었으며, 외국인 선수에 대한 제한도 완화되는 계기가 되었다.

글로벌 스포츠 이벤트나 경기의 보편화는 서로 다른 문화 간의 화합과 동질화를 의미한다. FIFA, IOC 등 국제 스포츠 기구에 가입한 회원국들이 UN에 가입한 국가보다 더 많은 이유는 스포츠를 통해 지역 간·국가 간 문화적 화합과 동질화가 가능하기 때문이다. 특히, FIFA 월드컵 축구 경기 대회가 단일 종목임에도 불구하고 올림픽보다 더 많은 국가의 팬들이 열광하는 이유는 축구라는 보편성 때문이다. 월드컵 축구 경기는 다른 종목에 비해 경기 규칙이 상대적으로 단순해 누구나 쉽게 이해할 수 있으며, 지구촌의 모든 사람들이 쉽게 참여할 수 있는 공동의 주제를 지니고 있다.

많은 종목의 스포츠 기구나 협회에서는 스포츠 경기 방식이나 규칙을 보다 단순화하여 세계적으로 보편화할 수 있도록 노력한다. 스포츠 경기가 전 세계적으로 보편화되기 위해서는 모든 사람들이 스포츠 경기에 관심을 가질 수 있도록 규칙이 단순하고 경기가 공정해야 하며 재미가 있어야 한다. 그리고 스포츠 이벤트나 경기가 지역 간·국가 간 문화적 차이를 극복해야 한다는 점이다. 과거에는 세계적으로 보편화되었거나 보편화가 가능한 스포츠 종목은 그리 많지 않았다. 그러나 이제는 세계적으로 보편화되는 스포츠 종목들이 점차 늘어나고 있다.

4) 서구화

서구화(westernization)는 문화적 양식이 미국, 유럽 등의 것으로 변화되는 것을 의미한다. 미국화(americanization)라고 불리기도 한다. 서구화는 스포츠 활동, 여가 생활, 경제 구조, 가정 교육 등 생활과 문화적 가치들이 전통적인 생활 양식에서 점점 서양적인 것으로 변화되어가는 것을 말한다.

전통적으로 스포츠 시장이 발전하게 된 계기는 서구의 산업 발전에 따른 결과로 이해되고 있다. 스포츠 시장의 서구화는 식민지 시대부터 오늘날에 이르기까지 서구의 가치를 강요하고 있다. 서구화는 사회 구조의 현대화, 경제 활동의 자유, 합리적 운영 등을 전 세계로 확산시킨다. 때문에 서구화는 서구 선진국들이 막강한 힘을 이용하여 후발개도국들을 통제하고, 문화적 요인을 강요하며 지배하려는 행위라고 지적되기도 한다.

스포츠 시장의 서구화는 경기 규칙, 리그나 선수의 기록 등을 기초로 스포츠 팀을 보다 합리적으로 운영하고, 선수들을 보호하며, 보다 철저한 상업화로 선수들의 재능과 가치를 높인다고 평가되기도 한다. 그러나 스포츠 시장의 서구화·미국화는 상업성을 지나치게 강조한다고 지적된다. 스포츠가 지니고 있는 공익적 목적보다 상업성을 우선하려 하고, 국제 스포츠 시장에서도 지나치게 자국의 이익만 중시하려는 경향이 있다. 일부 후발개발도상국들은 스포츠 시장의 서구화, 미국화에 대해서 비난하면서도 한편으로는 스포츠 시장의 서구화를 모방하거나 추종하기도 한다. 스포츠 이벤트나 경기의 서구화는 스포츠 시장이 글로벌화되는 데 기여하고 있다.

5) 민족주의

민족주의(nationalism)는 시장자본주의와 글로벌화를 논의하는 데 이용되기도 한다. 주로 글로벌화와는 반대되는 의미로 인식된다. 민족주의에 대한 개념도 명확하게 정의되지는 않았지만, 정치적 입장이 서로 다른 경우라고 할 수 있다. 스포츠 시장에서도 민족주의에 대한 논란이 제기되거나 민족주의가 강조된 사례도 있다. 1936년 독일 올림픽은 나치(nazi) 사상을 전파하기 위해서 이용되었고, 인도에서 크리켓 경기는 영국의 식민지배 상태에서 벗어나기 위해 활용되었다. 민족주의는 자신의 국가에 대한 소속감을 다른 국가와 차별화하는 과정을 내포하고 있으며, 이는 국제 스포츠 경기를 통해 발현된다. 국가 간 차이와 특성을 완전히 분리하는 것이 민족주의 이데올로기의 핵심이라고 할 수 있다. 국가나 공동체가 자신의 정체성·우월성 등을 과시하기 위해서는 비교 가능한 존재들이 있어야 하는데, 국가 간 경쟁을 하는 국제 스포츠 이벤트가 유용하다. 국제 스포츠 이벤트는 자신의 우월성이나 정체성을 과시하는 데 가장 용이한 문화현상 중 하나이다. 민족주의 정서를 표출할 이상적인 방법이라고 할 수 있다.

국가 간 경기, 국제 스포츠 이벤트 등은 경쟁적인 구조와 상징적인 의미를 지니고 있다는 점에서 일각에서는 올림픽, 월드컵과 같은 스포츠 이벤트가 민족주의 정서를 조장한다고 비판한다. 이러한 스포츠 이벤트는 민족주의뿐 아니라 공동연대감과 다양성을 조장하기도 한다. 자신의 국가나 국민들이 정체성을 다양한 형태로 드러내고 강력한 연대감을 호소하게 된다. 국제 스포츠 이벤트는 제한된 장소에서 경쟁국가들 간 선의의 긴장 관계를 형성하기도 한다. 하지만 국가 간 긴장 관계가 반드시 서로를 불신하거나 부정하는 단계로 이어지는 것은 아니다. 오히려 상대방을 인정하고 감정을 자제시키는 기능을 수행하기도 한다. 상호 인정하고 용납되는 규칙과 범위 내에서 적대적 감정을 스포츠 경쟁을 통해 분출함으로써 적대관계가 점차 중성화될 수 있다는 것이다. 이러한 의미에서 민족주의는 정치적으로는 제로섬 게임(zero-sum game)과 같다. 민족주의자들은 오히려 글로벌화가 국가와 국민을 황폐하게 한다고 반발하기도 한다. 민족주의자들은 스포츠 시장의 글로벌화가 스포츠 선·후진국 간 빈부 격차 확대, 후발개도국의 스포츠 시장 침체 및 붕괴, 후발개도국이 지니고 있는 고유의 스포츠 문화나 의식 소멸 등의 부정적인 영향을 초래한다고 우려한다.

제4절 주요 영향과 이슈

1) 기회와 위협 요인

스포츠 시장의 글로벌화에는 기회와 위협 요인이 동시에 존재한다. 우선, 스포츠 시장의 글로벌화는 스포츠 시장의 경쟁력을 더욱 강화시킬 수 있을 것이다. 스포츠 시장의 글로벌화는 스포츠 관련 자본·노동·소비자(fan) 등이 지구촌 차원에서 자유롭게 이동하고 경쟁한다는 의미이다. 즉, 스포츠 경기나 이벤트, 스포츠 용품 및 장비, 스포츠 시설 등이 전 지구적 차원에서 경쟁한다는 뜻이다. 프로 스포츠 선수, 스포츠 용품, 스포츠 팬들이 자유롭게 이동함에 따라 스포츠 산업도 국내시장뿐 아니라 해외시장에서 경쟁해야 한다. 이는 경쟁력을 높일 기회이기도 하다. 글로벌 경쟁력을 갖춘 스포츠 산업은 국내 시장을 벗어나 전 세계적으로 성장하고 발전할 수 있다.

그러나 스포츠 시장의 글로벌화를 우려하는 주장도 만만치 않다. 글로벌화는 새로운 것이 아니며 단지 자본주의의 냉혹함을 의미하기도 하고, 스포츠 선진국과 후발개도국 간 능력의 차이를 나타내기도 한다. 따라서 경쟁력이 약한 후발개도국들의 스포츠 시장이 침체되거나 붕괴될 수도 있다고 지적된다. 또한 스포츠 시장의 글로벌화가 공정하고 투명하게 추진되지 못하고 있다고 지적된다. 스포츠 시장의 글로벌화가 공정하고 투명한 시장경제 논리에 근거하기보다는 세계적으로 영향력이 큰 국가나 기업, 주요 메가 스포츠 이벤트나 프로 스포츠 팀들의 경제적 목적에 의해 좌우되고 있다고 지적된다.

스포츠 시장의 글로벌화는 긍정적인 요인과 부정적인 요인이 상존하고 있다. 어떻게 대응하느냐에 따라서 글로벌 스포츠 시장을 지배할 수도 있고 지배당할 수도 있다.

[그림 1-3] 스포츠 시장의 글로벌화의 장단점

2) 소비자 편익과 상업화

스포츠 시장의 글로벌화는 소비자들에게 다양한 편익을 제공할 수도 있지만 지나친 상업화를 추구한다고 지적된다. 글로벌화는 전 세계 많은 스포츠 소비자에게 다양한 편익을 제공한다. 첫째, 소비자에게 양질의 스포츠 콘텐츠를 제공할 것이다. 특히, 정보통신 기술의 발달은 수요자들이 아주 먼 거리에서도 보다 저렴한 비용으로 스포츠 경기나 이벤트를 향유할 수 있게 해주었다. 또한 개방되지 않은 국가도 스포츠 경기를 시청하거나 스포츠 관련 제품을 구입할 수 있게 되었다. 둘째, 스포츠 시장의 글로벌화는 스포츠의 대중화를 가속화시키고 있다. 이제는 전 세계 어디서나 스포츠 관련 정보를 손쉽고 자유롭게 얻을 수 있다. 이 같은 기술 발달은 관람 및 참여 스포츠의 질적 향상을 가능케 하고 있다. 스포츠 시장의 진입장벽이 완화됨에 따라 글로벌 스포츠 기업들은 과거에 접근하기 어려웠던 시장에도 제품과 서비스를 공급할 수 있고, 소비자들은 양질의 스포츠 제품을 사용할 수 있게 되었다. 셋째, 스포츠 시장의 글로벌화에 따른 소비자 편익은 선진국·후진국 가릴 것 없이 동등하게 누릴 수 있다. 즉, 후진국 소비자들도 메가 스포츠 이벤트를 관람할 수 있으며, 유명 팀이나 선수의 이름이 적혀 있는 셔츠나 스포츠 장비를 구입할 수 있다. 넷째, 스포츠 시장의 글로벌화는 개방화와 대중화를 의미한다는 점에서 메가 스포츠 이벤트 개최지가 점차 확대되고 있다. 미디어·통신·인터넷 등의 발달은 전 세계의 소비자들을 국경을 초월한 하나의 공동체로 만들어 글로벌 스포츠 이벤트나 경기 시청을 용이하게 한다. 이로 인해 더 많은 사람들이 초대형 스포츠 이벤트에 참여하고 다양한 편익을 얻게 될 것이다.

그러나 스포츠 시장의 글로벌화는 보다 철저한 상업주의를 통해 더 많은 경제적 이득을 얻으려 할 것이다. 이미 많은 스포츠 시장이 상업화되고 있다. 프로 스포츠는 말할 것도 없고 공공의 이익을 앞세운 글로벌 스포츠 이벤트들도 상업화를 중시하는 경향이 있다. 이러한 현상이 나타나면서 스포츠 이벤트나 경기의 공공성이 약화되고 있다는 우려도 제기된다. 이미 일부 국가에서는 가난한 계층들이 메가 스포츠 이벤트나 유명 프로 스포츠 경기를 시청하기가 점차 어려워지고 있다. 스포츠 시장의 지나친 상업화는 스포츠 시장에서 빈부 격차를 더욱 심화시킨다고 지적된다.

3) 시장 지배력과 경쟁력

글로벌 스포츠 시장에서 미국, 유럽 등 일부 선진국의 영향력은 더욱 강화되고 있다고 지적된다. 세계의 스포츠 시장이 미국과 유럽 시장으로 양분될 것이라고 주장되기도 한다. 소수의 스포츠 선진국들이 스포츠 시장을 좌우하면서 후발개도국들의 입지는 점차 줄어들 수도 있다. 스포츠 선진국들은 일부 스포츠 시장에서 지배력을 행사하면서도 후발개도국에서 발생한 새로운 형태의 스포츠 문화를 받아들이는 데 소극적이라고 지적된다. 자신들이 지배하고 있는 스포츠 시장을 유지하기 위해 엄격한 진입장벽을 만들려 하기 때문이다.

또한 스포츠 시장의 글로벌화는 축구, 야구, 농구 등 주요 프로 스포츠 시장이 소수의 스포츠 선진국들을 중심으로 계속 발전하는 데 더욱 유리하게 작용할 것이다. 반면 제대로 뿌

리내리지 못한 국가에서는 이러한 프로 스포츠 시장이 후퇴하게 되거나 존속하기 어렵게 될 수도 있다. 특히, 자국의 프로 스포츠 경기가 국내 소비자들이 요구하는 수준 높은 경기, 박진감 넘치는 막상막하의 경기, 스포츠의 정체성, 스포츠를 통한 동질감 등의 욕구를 제대로 충족시켜주지 못할 경우 외면을 받을 수도 있어 자칫 생존 자체가 어려워질 수도 있다. 스포츠 시장의 글로벌화는 후발개도국들의 스포츠 시장을 더욱 어렵게 할 수도 있는 것이다.

그러나 글로벌 스포츠 시장에서 스포츠 선진국들이 반드시 승자가 될 것이라고 단정 짓기는 어렵다. 후발개도국의 스포츠 시장도 나름대로 특성을 지니고 있으며 글로벌화에 대응하기 위하여 적극적으로 노력하고 있기 때문이다. 스포츠 시장이 글로벌화됨에 따라 스포츠의 개방과 대중화는 더욱 확대될 것이고, 국가 간 이동도 점차 다양화될 것이다. 그 결과 후발개도국들도 전 세계를 무대로 활동할 수 있는 기회를 얻게 될 것이다. 후발개도국들은 대응 여부에 따라 스포츠 시장에서 시장 지배력을 행사하거나 아니면 시장 지배력에 좌지우지되는 등 상반되는 처지에 놓이게 될 것이다.

4) 노동 이동의 자유와 유출

스포츠 시장이 글로벌화되면서 선수, 감독들은 국가 간, 대륙 간 자유롭게 이동할 수 있게 되었다. 스포츠 후발개도국의 선수들은 국내에서 자신의 재능을 충분히 활용하기에는 부족하므로 선진국의 스포츠 시장으로 이동한다. 스포츠 시장의 글로벌화는 후발개도국의 우수한 선수들에게 재능과 역량을 발전시키는 기회를 제공하기도 한다. 스포츠 시장의 글로벌화는 선수, 기술, 자본, 이미지 등이 전 세계적으로 자유롭게 이동하게 됨을 의미한다. 특히, 스포츠 시장의 글로벌화는 선수 시장의 글로벌화를 가속화시키고 있다. 즉, 자국의 프로 스포츠 팀에 자국 선수보다 외국 선수들이 더 많이 있을 수도 있다. 국가마다 스포츠 종목에 따라 외국인 선수에 대한 제한을 두고 있긴 하지만, 영국 프리미어리그의 팀 가운데 영국 출신 선수가 거의 없는 경우도 나타나고 있다. 이러한 추세는 각 팀들이 경기에서 승리를 거두고 더 큰 경제적 이득을 얻는 데 도움이 됨에 따라 더 확대되고 있다. MLB에는 푸에르토리코, 도미니카 등 남아메리카의 많은 야구 선수들이 활약하고 있다. 마찬가지로 유럽의 축구 클럽들은 아프리카로부터 우수한 선수들을 발굴하여 많은 이득을 얻고 있다.

한편 아프리카, 남아메리카 등의 입장에서는 자국 선수들을 많은 돈을 들여 육성하였으나 우수한 선수들만 해외로 빼앗기는 형국이다. 최근 케냐의 마라톤 선수들이 미국 대학에 진학한 경우도 마찬가지이다. 이러한 현상은 스포츠 시장의 글로벌화에 기인하는 것이다. 후발개도국의 우수한 선수들이 선진국의 프로 스포츠 시장에서 자유롭게 활약할 수 있게 된 것도 글로벌화에 따른 상호공존 과정이라고 할 수 있다.

이러한 현상은 한 국가의 역사·정치·경제적 요인과 관련이 있다고 주장되기도 한다. 유능한 선수의 발굴은 식민시대에 착취당하는 자연 자원과 다를 바 없다는 것이다. 그러나 역사적으로 볼 때 스포츠 시장의 글로벌화는 정치적 지배라기보다는 상업적 거래라고 하는 것이 더 타당하다. 현대는 프로 스포츠 선수들이 경기력을 인정받기만 하면 선수뿐만 아니라 가족들도 경제적으로 커다란 보상을 받을 수 있다.

5) 스포츠 문화의 보편화와 소멸

세계적으로 알려진 메가 스포츠 이벤트나 프로 스포츠 경기는 공동체적·상업적·정치적·경제적·오락적 기능을 수행한다. 이와 같이 다양한 기능을 하는 스포츠는 문화의 회합장소로서 그 존재가치가 부각되기도 한다. 스포츠가 라디오·TV·인터넷 등을 통해 전 세계로 전파된 이래 스포츠는 이념적·상업적 필요성을 강조하기 위한 도구로 사용되기도 한다.

스포츠 문화가 보편화되면서 다음과 같은 주장이 제기된다. 우선, 스포츠 시장의 글로벌화는 지역적·국가적 정체성을 기반으로 하는 문화들을 통합시킬 수 있다. 글로벌 스포츠는 일상적인 관행을 확립하고 새로운 문화를 정착시킬 수도 있다. 글로벌 스포츠 시장에서 스포츠 경기나 이벤트는 전 세계적으로 생산되고 판매되는 문화 상품이다. 이러한 문화 상품은 행동, 태도, 가치 등에 깊숙이 뿌리박혀 있는 생활 규범과 관련이 있다. 이는 스포츠를 통한 문화적 현상이 특정 지역이나 국가에서만 볼 수 있다는 것을 의미하지 않는다. 과거에는 주로 선진국이나 귀족 등 상류계층만이 스포츠를 통한 문화를 누릴 수 있었다. 이제는 스포츠 문화가 보편화되었다. 의식주 문제가 어느 정도 해결되면서 계층·지위·인종 등에 관계없이 많은 사람들이 스포츠 경기나 이벤트를 통해 다양한 문화를 경험하고 있다.

둘째, 미식축구 경기가 유럽의 주요 도시에서 열리고 있고, 유럽에서 인기 높은 축구 경기가 미국에서 열린다고 해서 스포츠 시장이 문화적으로 동질화가 이루어졌다고 보기 어렵다는 주장도 있다. 스포츠 경기나 이벤트에 참여하는 데는 시간적·공간적 제한이 있기 때문이다. 미국에서 유럽의 축구 경기가 열린다고 해도 미국 스포츠 소비자들이 유럽식으로 사고할 수는 없을 것이다. 유럽에서 열린 미식 축구 경기도 유럽 팬들에게 정신적으로 미국식을 강요하기가 쉽지만은 않을 것이다. 마찬가지로 야구·농구 등 미국을 중심으로 발달한 스포츠 종목들이 전 세계적으로 널리 확산되고 있다고 해서 스포츠 시장의 문화적 동질성이 높아지지는 않을 것이다.

셋째, 스포츠 시장의 글로벌화는 문화적 현상이자 스포츠 문화의 전지구촌화이기도 하다. 스포츠 문화는 경제적 효과에 상관없이 방대한 지역이나 국가로 확산될 수 있다. 그러나 스포츠 시장의 글로벌화가 이루어지고 전 세계적으로 인기가 높은 프로 스포츠나 이벤트라고 해서 모든 국가에서 발전하기는 쉽지 않을 것이다. 글로벌 차원의 스포츠라고 하더라도 사회 구조, 국민성, 지리적 조건 등에 따라 그 양상이 달라질 수도 있기 때문이다. 또, 스포츠가 정치·종교 등에 악용되어 전혀 다른 문화를 발전시킬 가능성을 배제할 수 없다. 일부 국가나 지역에서는 스포츠가 정치적·종교적 색채를 띤다는 이유로 거부되기도 한다.

넷째, 스포츠 시장의 글로벌화가 진전되면서 스포츠 문화를 지배하기 위해 스포츠 선진국과 개발도상국 간 치열한 경쟁이 나타나고 있다. 전 세계적으로 인기가 높은 스포츠 문화는 확산되겠지만, 인기가 없는 스포츠 문화는 아무리 뛰어나고 유익하다 하더라도 소수의 국가나 지역에서 그 명맥을 간신히 유지하게 될 것이다. 많은 국민들은 스포츠 시장이 글로벌화 됨에 따라 보다 많은 편익을 누리겠지만, 소수의 국민들은 그렇지 못할 것이다. 정책적 또는 자발적으로 대중화된 스포츠 문화는 국내외적으로 향유될 수 있지만, 대중화되지 못하고 정책적 지원도 없이 소수만 즐기는 스포츠 문화는 머지않아 사라지게 될 것이다. 〈표 1-3〉은 스포츠 시장이 글로벌화되면서 발생 가능한 효과와 문제점들이다.

〈표 1-3〉 스포츠 시장의 글로벌화와 문제점

유형	스포츠 시장의 글로벌화	문제점
국가, 기구	- 경제적 성과 중시 - 스포츠 이벤트 유치 경쟁 치열 - 스포츠 기구의 수입 증대	- 스포츠 정신 훼손 - 저질의 스포츠 이벤트 등장 가능성 - 스포츠 기구·이벤트 난립 및 소멸
선수, 구단	- 경기와 이벤트, 엔터테인먼트화 - 유명 구단·선수의 자산가치 상승 - 스포츠의 서구화 또는 미국화	- 경기력보다 대중의 인기 중시 성향 - 경기 승리, 지나친 상업화 추구 - 전통의 스포츠 문화 쇠퇴
미디어	- 인터넷, 유료TV 등 중계 기능 확산 - 엔터테인먼트와 스포츠 미디어 통합 - 스포츠·레저, TV·영화 등 통합	- 미디어의 시장 지배력 강화 - 중계방송 수익 분산 - 흥미 위주의 중계방송, 방송 콘텐츠화
기업	- 새로운 시장 개척 및 확대 - 글로벌 시장에서 영향력 증대 - 스포츠 산업을 통한 수익 증대	- 글로벌 기업의 시장 지배력 강화 - 글로벌 기업의 횡포 - 스포츠 종목 간 빈부 격차

제5절 미래와 발전 과제

1) 미래의 스포츠 시장

(1) 도시화와 스포츠 시장

2차 세계대전 이후 급속한 산업화와 더불어 도시화가 빠르게 진행되고 있다. 1970년 대만 하더라도 전 세계에서 세 사람 중 한 명만이 도시 지역에서 살았으며, 대부분 도시의 인구는 1백만 명도 채 되지 않았다. 그러나 도시 인구는 점차 증가하여 2010년에는 전 세계 인구의 절반 이상이 도시 지역에서 살고 있다. 전 세계 인구의 약 37%가 1백만 명 내외의 도시 지역에 살고 있는 것으로 조사되었다. 지난 40여 년 간 인구 1천만 명 이상의 거대 도시는 3개에서 20개로 급증하였다.

이와 같은 도시화는 스포츠 시장이 성장하는 데 좋은 여건을 만들었다. 산업화와 과학 기술의 발달은 소득수준을 향상시키고 여가시간을 증대시켰다. 이는 다양한 형태의 스포츠 활동이 발달하고 성장하는 데 아주 중요한 역할을 하였다.

다양한 스포츠 이벤트와 프로 스포츠 시장이 성장하고 발전하고 있다. 메가 스포츠 이벤트와 프로 스포츠는 가장 성공한 산업 중 하나라고 평가되기도 한다. 올림픽, FIFA 월드컵 축구 대회 등과 같은 메가 스포츠 이벤트는 거대한 산업으로 성장하였다. 유럽과 북미의 프로 스포츠 종목들은 리그를 운영하며 전 세계의 팬들로부터 높은 인기를 얻고 있다. 또한, 사이클, 트라이애슬론, 라켓볼, 장거리 마라톤, 라크로스, UFC 등의 개별 스포츠들도 많은 관심을 얻고 있다. 이러한 프로 스포츠는 TV 중계, 경기 관람, 스폰서십 등을 통해서 많은 수입을 올리고 있다. 이 같은 도시화 추세는 다양한 스포츠 이벤트나 프로 스포츠 경기가 글로벌 스포츠 산업으로 성장하고 발전할 수 있는 발판 역할을 할 것으로 보인다.

(2) 고령화 사회와 스포츠 시장

인구 고령화도 스포츠 시장에 커다란 영향을 미칠 것이다. 20세기 초반에 15세 미만의 인구는 전 세계 인구의 약 30%를 차지하였으나, 2025년에 15세 미만은 전 세계 인구의 25%를 차지할 것으로 전망된다. 전 세계적으로 출산율이 감소하고 기대수명이 증가하고 있기 때문이다. 전 세계 인구 중 65세 이상의 고령 인구 비율이 점차 증가하고 있다. 세계 인구 전망 보고서에 따르면 2045년에는 역사상 최초로 15세 미만의 인구보다 65세 이상의 노인 인구 비중이 더 높아질 것이라고 한다. 출산율과 사망률 감소는 전 세계 노령 인구의 비율을 꾸준히 증가시켜 왔다. 이와 같이 기대수명 증가와 고령 인구 증가로 다양한 형태의 참여 및 관람 스포츠들이 대중화되고 있다. 일례로, 시니어 올림픽(senior olympics)은 노인 중심의 전 세계적인 스포츠 이벤트가 될 것이다. 2011년 텍사스 휴스턴에서 개최된 시니어 올림픽 경기 대회에는 1만5천여 명의 시니어 남녀 선수들이 참가했다. 나이가 든 프로 선수들의 경기 참여도 늘어날 것이다.[11] 또한, 평균수명이 늘어나면서 다양한 유형의 스포츠 시장이 등장할 것이라고 주장된다. 수영, 론볼(lawn ball), 걷기,

---

11) 실제로 MLB의 랜디 존슨(Randy Johnson) 선수, 프로 골프 시장의 톰 왓슨(Tom Watson), 그렉 노만(Greg Norman) 등의 선수들은 비록 나이는 들었지만 뛰어난 경기력으로 시니어층으로부터 많은 인기를 누리고 있다. PGA(professional golf association), PTA(professional tennis association)에서도 일부 나이든 선수들이 프로 스포츠 시장에서 활동하고 있다.

맨손 체조 등 노인들에게 적합한 스포츠 참여가 증가할 것이다. 부유한 은퇴자들은 스포츠 관광, 스포츠 크루즈 등 고가의 스포츠 활동에 참여할 것이다. 일부에서는 전통적으로 인기가 높았던 스포츠 이벤트나 프로 스포츠 경기장이나 경기 시간 등에도 영향을 미칠 것이라고 주장된다. 나이든 관중들의 요구를 충족시키기 위해서 기존의 경기 시간이나 장소를 변화시켜야 할 것이다. 기존의 경기장보다 접근이 용이하고 보다 편안한 경기장을 요구하게 될 것이다. 또 스포츠 경기는 늦은 밤보다는 오후나 초저녁에 열려야 할 것이다. 각종 스포츠 이벤트나 프로 스포츠 경기에 노인 시청자들이 증가하고 있다는 주장은 고령화 사회가 진전되면서 나타나는 현상이다. 이제 관람 스포츠 시장에서도 고령층의 요구 조건을 외면할 수 없을 것이다.

(3) 스포츠 이벤트 유치 경쟁

일부 국가나 도시 지역에서 메가 스포츠 이벤트(mega sport event)는 가장 대중적이고 성공 가능성이 높은 정책 중의 하나로 인식되고 있다. 메가 스포츠 이벤트는 공공투자 지출을 통해 개최 지역을 부흥시키고 관광 산업을 활성화시키며 국가 이미지 제고 등으로 글로벌 도시로서 자리매김할 수 있는 기회로 간주된다. 전 세계의 많은 정부와 도시 지역에서는 메가 스포츠 이벤트를 개최하려고 노력하고 있다. 메가 스포츠 이벤트는 개최 지역을 전 세계에 널리 알릴 수 있을 뿐 아니라 개최 지역을 경제·사회적으로 발전시킬 수 있는 기회이기 때문이다. 실제로 1984년 LA 올림픽 유치 경쟁 당시에는 LA만 유치를 신청하였으나, 2004년 하계올림픽 유치 경쟁에는 11개 국가나 도시들이 참여할 정도로 관심이 높아지고 있다. 메가 스포츠 이벤트를 개최하려는 도시나 국가들은 이벤트 유치에 따른 경제·사회적 편익을 강조한다.

그러나 스포츠 이벤트 개최에 따른 경제·사회적 편익에 대해서 논란이 제기된다. 전형적으로 스포츠 이벤트를 개최함에 따라 기대할 수 있는 경제·사회적 효과는 크게 두 가지로 구분할 수 있다. 우선, 정부나 도시 지역이 스포츠 이벤트를 개최하기 위한 각종 투자지출은 해당 지역 사회는 물론 국가 전체적으로 긍정적인 파급효과를 기대할 수 있다. 그리고 메가 스포츠 이벤트를 개최함에 따라 시민들의 자긍심, 지역 사회 또는 국가의 정체성, 이미지 제고, 글로벌 도시로 발전 등 무형의 편익을 얻을 수 있다.

글로벌 스포츠 이벤트는 국제적 인식 제고, 국민적 단합 등에 이용되고 있으며, 많은 나라에서는 국제정치나 외교적 수단으로도 활용되고 있다. 메가 스포츠 이벤트 유치 경쟁은 국가들 간 또 다른 경쟁이다. 특히, 국가의 발전 정도를 과시하려는 후발개도국, 경제·사회적 발전 기회를 삼으려는 선진국들의 도시 지역들이 많은 관심을 보이기도 한다. 글로벌화와 더불어 메가 스포츠 이벤트에 대한 국가 간, 지역 간 유치 경쟁이 더욱 치열해질 것으로 보인다.

(4) 여성의 스포츠 참여

여성의 스포츠 참여 기회가 확대되고 전 세계적으로 여성 중심의 프로 스포츠가 성장하고 있는 것도 주목할 만하다. 스포츠 기구나 협회들은 다양한 분야에서 여성 프로 스포츠 조직과 리그를 발전시키기 위한 계획을 준비하고 있다. 여자 농구, 여자 배구, 여자 축구 등은 리그, 챔피언십 이벤트 등을 기반으로 전 세계적으로 확대되고 있다. 남녀 프로 골프나 테니스는 투어 시즌이 늘어나고 있으며, 시니어 투어(senior tour)도 생겨났다. 실제 동·하계 올림픽 경기 대회에서 여성의 스포츠 참여 기회가 늘어나고 있다. 그동안 올림픽 경기 대회에서 여성의 참여는 상대적으로 미약했다. 예를 들어, 2008 북경 올림픽에서는 302개 경기 중 여성이 참가한 경기가 42%(127경기)에 불과하였다. 2010 밴쿠버 동계올림픽에서 스키점핑(ski jumping) 경기에 남성만 참가할 수 있도록 한 데 대해서, 일부 여성 스키점퍼들은 여성 선수들을 참가시키거나 그렇지 않으면 모든 스키점프 경기를 취소해 줄 것을 법정에 호소하기도 하였다. IOC는 2012년 런던 올림픽에서 복싱 경기에도 여성 선수의 출전을 허용함에 따라 최초로 26개 전 종목에 여성 선수가 출전하게 되었다. 런던 올림픽에는 사우디아라비아, 카타르, 브루나이 등이 여성 선수들이 출전하면서 모든 참가국이 남녀 선수를 출전시켰다.[12] 여성들의 스포츠 참여는 점차 다양화되고 증가할 것이다.

---

12) 2012 런던 올림픽이 첫 남녀평등 올림픽이라고 주장되지만 수영의 싱크로나이즈드 스위밍과 체조의 리듬체조 종목은 남자 선수들이 출전할 수 없는 여성 전용 종목이다. 따라서 올림픽 경기에서 남성들이 오히려 역차별을 받고 있다고 주장된다. 올림픽 주최 측에서는 두 종목에서 남성 선수들이 수적으로는 증가하고 있지만 올림픽에 참가할 정도의 기량을 갖고 있지 못하다고 주장하였다. 그러나 남자 싱크로나이즈드 스위밍 선수들은 국제올림픽위원회(IOC)와 국제수영연맹(FINA)에 남성 선수들도 출전할 수 있게 하자고 요구하기도 하였다.

(5) 글로벌 온라인 스포츠

정보통신 기술의 발달과 더불어 온라인 스포츠(on line sports) 경기가 젊은 층을 중심으로 확산되고 있다. 특히, 평균 대역폭의 증가와 소프트웨어 및 컴퓨터 하드웨어의 질적 개선으로 온라인 스포츠 경기 참여자들이 급증하고 있다. 온라인 스포츠는 기존의 스포츠 경기와는 달리 구체적인 장소가 없이 가상공간에서 이루어진다. 즉, 스포츠 팬들은 연고나 특정의 지역이라는 구체적인 장소를 벗어나 인위적이고 가상적인 공간으로 옮겨가고 있다. 미래의 스포츠 팬들은 특정 지역의 프로 팀보다는 인터넷 등 가상의 공간에 보다 소속감을 느낄 것이다. 팬들은 컴퓨터 게임에서와 마찬가지로 지역을 초월하고 있다.

온라인 스포츠 대회를 주최하는 조직이나 단체들이 증가하고 있으며, 상금도 수십만 달러에 달하기도 한다. 상금은 주로 참가비와 비디오 카드, 네트워크 제조업체 등 하드웨어 및 소프트웨어 기업들의 협찬으로 조달된다. 이제 온라인 스포츠 게임은 미래의 스포츠 산업의 한 부분을 차지하고 있다. TV 방송사 등 미디어, IT기업, 프로 구단들도 온라인 스포츠 시장에 관심을 가지고 있다. 미디어 기업들이 디지털 가상 환경으로 이루어진 TV 콘텐츠를 제작하는 것이 수익성이 있다고 판단하고 있다. 온라인 스포츠 경기가 TV 중계되기도 한다. 스포츠 관람이 가상공간에서 이루어진다는 점은 스포츠 관련기업들에게 새로운 수익을 얻을 수 있는 기회들을 제공할 것이다. 예를 들어, 가상현실로 인해 원거리의 관람자들이 경기장의 아무 곳에든 앉을 수 있게 될 것이다. 유료TV처럼 가상현실 참여자의 수가 수익성을 결정할 것이다.

최근에는 아마존, 애플, 페이스북 등 글로벌 정보통신(IT)기업들이 온라인 스포츠 콘텐츠에 커다란 관심을 보이며 시장에 뛰어들고 있다. 이들은 온라인 스포츠 콘텐츠의 폭발적인 잠재력을 인식하고 있기 때문이다. 일부에서는 글로벌 e-스포츠 시청률이 머지않아 NFL의 수퍼볼과 경쟁하는 수준으로 성장할 것이라고 주장하기도 한다. 온라인 스포츠 게임이 플레이 대상에서 시청 대상으로 확대되면서 엄청난 잠재력을 지니고 있기 때문이다.

또, 전통적인 프로 스포츠 구단들도 e-스포츠에 참가하고 있다. 독일FC 샬케04, 터키의 베식타스 JK구단은 이미 e-스포츠 시장에 진출하여 프로 팀을 운영하고 있다. 스페인 프리메라리가의 발렌시아FC는 e-스포츠에 진출할 것이라고 한다. e-스포츠는 리그, 방송 외에도 관련 산업의 성장을 촉진하면서 정보통신 기술산업을 자극하고 있다. 아직 시장 규모는 작지만 매년 폭발적으로 성장하고 있다.

그러나 가상의 공간에서 이루어지는 온라인 스포츠에서는 스포츠의 본래의 목적과 고유의 전통이 사라질 수도 있다. 특히, 온라인 스포츠에 익숙한 소비자들은 전통적 스포츠 팬들과는 달리 정체성이 약화될 것이다. 즉, 팬들의 스포츠 팀에 대한 충성도가 약화될 것이다. 이들은 자신들이 지지하는 스포츠 팀을 과거보다 훨씬 빠르게 바꿀 것이다.

2) 주요 논의 과제

스포츠 시장의 글로벌화는 우리의 의도와는 상관없이 계속 진행되고 있다. 글로벌 스포츠는 스포츠 경기나 이벤트뿐 아니라 정치 · 사회 · 문화적으로도 커다란 역할을 하고 있다. 스포츠 시장의 글로벌화가 스포츠 시장은 물론 경제 · 사회적 발전에 기여할 수 있도록 하기 위해서는 다음을 논의할 필요가 있다.

첫째, 스포츠 시장의 글로벌화와 정치 · 경제 · 문화 등의 글로벌화에 대한 특성과 차이를 면밀히 분석할 필요가 있다. 이들 간의 상호관계와 상대적 중요성, 과정과 결과로서의 글로벌화를 구별해야 한다. 오늘날 우리는 글로벌화된 세상에 살고 있다고 자신 있게 말하기 전에 글로벌화에 대한 기준을 어떻게 규정하고 인식해야 할 것인지를 고민해야 한다. 글로벌화가 어디까지 영향을 미치는지, 국가와 사회에는 어떠한 영향을 미칠지 면밀한 관심을 가질 필요가 있다.

둘째, 스포츠 시장의 글로벌화가 후발개도국들의 스포츠 시장에 긍정적 영향을 미칠지, 부정적 영향을 미칠지 판단하기가 쉽지 않다. 분명한 사실은 글로벌 스포츠 시장은 경제적 논리에 따라 변화하고 발전한다는 것이다. 글로벌 스포츠 시장에서 자생력을 갖추지 못한 스포츠 시장은 더 이상 생존하기 어려워 질 수 있다. 특히, 모기업이나 정부 등 공공부문에만 의존하는 프로 스포츠나 이벤트는 글로벌 스포츠 시장에서 더 이상 성장하고 발전하기가 쉽지 않을 것이다. 문제는 소수의 국가를 제외하고는 대부분의 나라의 스포츠 시장들이 자생력을 제대로 갖추지 못하고 있다는 점이다. 따라서 스포츠 후발개도국들은 스포츠 시장의 글로벌화에 따른 효과와 문제점들을 정확히 파악하고, 생존가능한 방안을 모색해야 할 것이다.

〈표 1-4〉 글로벌 스포츠 시장과 주요 논의 과제

분야별	주요 논의 과제
글로벌 스포츠 이벤트	- 정부 개입과 딜레마 - 올림픽과 유산의 의미와 효과 - 이벤트 개최와 지속 발전 과제
글로벌 스포츠 중계방송 시장	- 중계방송 시장과 프로그램 시장 - 중계방송 규제(anti-siphoning)와 시청 권리 - 중계방송 기술의 발달과 중계방송 시장
글로벌 스포츠 스폰서십 시장	- 스폰서십 규제 대상 - 스폰서십의 성과 분석 - 효율적인 스폰서십
글로벌 스포츠 노동 이동	- 노동 이동의 요인과 효과 - 선수 귀화와 국위 선양 - 쿠베르 토빈세 도입과 문제점
스포츠 용품과 글로벌 생산	- 글로벌 기업과 생산 기지의 문제점 - 행동 강령 제정과 운영 - 행동 강령과 생산 기지
스포츠 장비 산업과 글로벌 표준화	- 스포츠 장비 산업과 기술 혁신 - 장비 표준화와 스포츠 경기 - 장비 표준화의 경제적 효과
스포츠 시설과 글로벌 도시	- 스포츠 시설 건설과 도시 발전 - 명칭권의 긍정·부정적 효과 - 시설 건설과 이해관계자
글로벌 스포츠 지식재산권	- 지재권 보호의 필요성과 비용 - 스포츠 지재권의 유형과 실태 - 지재권 보호와 스포츠 팬
글로벌 스포츠 문화 산업	- 스포츠 시장과 문화·예술 시장 - 올림픽과 문화 올림피아드 - 스포츠 박물관과 명예의 전당
IOSO와 글로벌 거버넌스	- 국제 스포츠 기구 운영 유형 - 경제·사회적 특징과 문제점 - ISO와 좋은 거버넌스
스포츠 갬블링과 글로벌 딜레마	- 스포츠 갬블링과 정부의 딜레마 - 승부 조작 유인과 제거 - 온라인 스포츠 갬블링과 국가 간 분쟁
그린 스포츠와 환경 조화	- 환경 이슈와 주요 스포츠 - 스포츠와 환경 조화 - 스포츠 이벤트와 생태 발자국 지수
스포츠의 글로벌 협력과 지원	- 스포츠 협력과 지원 유형 - 스포츠 협력과 지원 실태 - 협력과 지원의 문제점

셋째, 글로벌 스포츠 시장에서 스포츠 구조·조직·사상·경기·문화 등을 서구 세계가 지배하고 있다는 주장은 근거가 있다고 할 수 있지만 다른 한편으로는 과장된 것일 수도 있다. 스포츠 후발개도국들은 글로벌 스포츠 시장에서 자신들 고유의 스포츠들이 생존하고 발전할 수 있는가를 위해 고민할 필요가 있다. 특히, 스포츠 후발개도국들은 서구의 스포츠 시장을 보다 면밀히 분석하고 재해석할 필요가 있다. 스포츠 선진국들의 경제·사회·문화적 특성이 후발개도국들의 경제·사회에 얼마나 유익하고, 수용 가능성이 있는지를 충분히 고려해야 한다.

넷째, 스포츠 시장의 글로벌화와 더불어 대륙·국가·지역별로 스포츠 협력이 활발하게 이루어지고 있는데, 이는 스포츠 시장의 글로벌화에 대응하기 위해서이다. 특히, 아시아, 아프리카 지역의 스포츠 후발개도국들은 유럽, 북미 등 스포츠 선진국의 글로벌화에 대응하기 위해서 스포츠 리그나 이벤트를 공동으로 개최하기도 한다. 주변 국가들과 스포츠 협력은 스포츠 관련 정보나 기술을 공유하고 유대를 강화할 수 있을 뿐 아니라 스포츠 시장을 확대하고 경쟁력을 강화할 수 있기 때문이다. 스포츠 후발개도국들이 지역이나 국가 간 협력을 통해 경쟁력을 강화하려는 것은 생존을 위해 불가피하다. 일부에서는 스포츠 후발개도국들이 글로벌화에 대응하고 생존하기 위해서는 대륙별, 지역별 스포츠 협력이 보다 많은 종목에서 적극적으로 이루어질 필요가 있다고 주장하기도 한다. 하지만 스포츠 후발개도국들 간 스포츠 협력 관계가 성공적으로 운영되고 경쟁력을 강화하기 위해서는 TV 등 미디어와 소비자(fan)들의 적극적인 관심과 참여를 유도할 수 있어야 할 것이다.

제2장 글로벌 스포츠 이벤트

1) 의미

글로벌 스포츠 이벤트(global sport event)에[1] 대한 개념은 명확하게 규정되어 있지는 않다. 대체적으로 글로벌 스포츠 이벤트는 특정의 기간에 특정의 장소에서 많은 국가들이 참가하여 열리는 각종 스포츠 경기 대회라고 할 수 있다. 지구촌 차원에서 전 세계 국가들이 참여하는 스포츠 이벤트이다. 글로벌 스포츠 이벤트에 대해서는 전 세계적으로 관심이 높으며, 정보통신 기술의 발달과 더불어 TV, 인터넷 등을 통해 전 세계에서 수십억 명이 시청할 수 있게 되었다. 글로벌 스포츠 이벤트는 일정 기간마다 특정의 날에 특정의 장소에서 개최되는데, 매번 다른 국가나 지역에서 열려 일회성이며 비연속성이라는 특징이 있다.[2] 글로벌 스포츠 이벤트는 전 세계적으로 수많은 관중과 시청자들로부터 인기를 얻고 있다.

글로벌 스포츠 이벤트를 개최하게 될 경우, 다양한 경제·사회적 발전을 기대할 수

---

1) 소필드(T. H. B. Sofield, 2003) 등은 스포츠 이벤트를 규모에 따라 메가 스포츠 이벤트(mega sport event), 홀마크 스포츠 이벤트(hallmark sport event), 특별 스포츠 이벤트(special sport event), 국제 스포츠 이벤트 (international sport event) 등으로 구분한다. 여기서는 이들을 글로벌 스포츠 이벤트라고 한다.
2) 동계올림픽은 스위스 모리츠(1928년, 1948년), 오스트리아 인스부르크(1964년, 1976년)에서 두 번 개최되었다. 하계올림픽은 미국 LA(1932년, 1984년), 영국 런던(1948년, 2012년)에서 두 번 개최되었다. FIFA 월드컵 축구 대회는 독일(1974년, 2006년)에서 두 번 개최되었다. 그러나 상당한 기간 이 지난 후에 개최된 것이다.

있다는 점에서 많은 국가와 도시, 기업들이 관심을 기울이고 있다. 글로벌 차원에서 열리는 스포츠 이벤트에 대해서 학자들마다 다양하게 구분한다. 글로벌 스포츠 이벤트는 하계올림픽, FIFA 월드컵 축구 대회 등 전통적 의미의 메가 스포츠 이벤트 외에도 테니스, 마라톤 대회 등 개별 스포츠도 포함한다. 〈표 2-1〉에서는 주요 종목의 글로벌 스포츠 이벤트들과 최초로 개최된 연도 등을 나타낸다.

〈표 2-1〉 주요 종목별 글로벌 스포츠 이벤트

연도	스포츠 이벤트	비고
1877	The Tennis Tournament in Wimbledon	테니스/개별
1877	The Boston Athletic Marathon	마라톤/개별
1891	The Bicycle Race the "Tour de France"	사이클/개별
1896	The Olympic Games	하계올림픽/팀, 개별
1924	The Winter Olympic Games	동계올림픽/팀, 개별
1930	The FIFA World Cup Football Games	축구/팀
1950	World Auto-Racing(Formula One) Championship	F1/개별
1983	World Championship in Athletic	육상 경기/ 개별, 팀

2) 이벤트의 유형

글로벌 스포츠 이벤트는 주로 국제 스포츠 기구(ISO)들이 주축이 된다. 국제 스포츠 기구들은 종목별로 독자적인 설립 목적을 가지고 경기 규칙을 제정하고 일정에 따라 이벤트를 개최한다. 그러나 운영 방식은 종목에 따라 다양하다. 일부 기구는 독자적으로 스포츠 기구의 형태를 유지하면서 해당 스포츠를 보급하고 발전시켜 글로벌 차원의 스포츠 기구로 조직화되었다. 또 다른 방식으로는 IOC, IAAF 등과 유기적인 관계를 가지면서 독자적으로 운영되기도 한다.

이들 국제 스포츠 기구들은 다양한 형태의 글로벌 스포츠 이벤트를 개최하는데, 대략 다음과 같이 구분될 수 있다. 첫째, 여러 가지 스포츠 종목들이 독자적으로 스포츠 경기를 하면서 스포츠 경기가 하나의 스포츠 이벤트 이름으로 개최된다. 종합 스포츠 이벤트 라고 한다. 동계·하계 올림픽(olympic), 세계 육상 선수권 대회, 아시안 게임 등이다. 올림픽 경기 대회는 수십 개의 종목들이 특정의 기간에 특정의 장소에서 국가 간 경기를 하는 대표적인 글로벌 스포츠 이벤트이다. 다양한 종목에서 국가 간 경쟁을 하고 경기 결과를 집계하여 국가별 순위를 정하는 등의 방식으로 전 세계적인 관심을 불러일으킨다. 올림픽 경기 대회에서 우수한 성적을 내면 해당 선수들은 경기력에 대한 찬사를 받을 뿐 아니라 해당 국가의 경제력, 과학 기술 수준 등도 높이 평가된다는 점에서 많은 국가들이 관심을 가진다. IOC에 소속되어 있는 개별 스포츠 종목의 국가 대표 선수들이 참여한다. 이와 유사한 스포츠 이벤트로 세계 육상 선수권 대회가 있다. 이는 육상과 관련된 여러 가지 스포츠 종목들이 한곳에 모여서 세계 육상 선수권 대회라는 이벤트를 개최한다. 개최 목적은 육상을 통해 전 세계인들이 우호를 증진하고 경기력 향상에 기여하는 것이다.[3]

둘째, 하나의 스포츠 종목으로 국가 간 경쟁을 하는 팀 중심의 스포츠 이벤트이다. FIFA 월드컵(world cup) 축구 대회가 대표적이다. 월드컵 축구 대회는 단일 종목으로 지구상에서 가장 단순하고 동일한 규칙으로 운영되며 전 세계인들이 커다란 관심을 가지고 열광하는 유일한 메가 스포츠 이벤트이다. 월드컵 축구 대회는 글로벌 차원의 스포츠 이벤트이며 전 세계 공통의 문화이자 언어이다. FIFA 가맹국은 IOC나 UN가입 국가보다 더 많다. 월드컵 축구 대회는 국가 간 경쟁으로서 민족주의를 야기한다는 지적도 있다. 그렇지만 월드컵 축구 대회는 제대로만 개최한다면 개최 국가의 경제·사회적 발전과 대내외적 역량을 강화시킬 수 있다는 점에서 많은 국가들이 유치하려고 한다. FIFA 월드컵 축구 대회보다 규모는 작으나 단일 종목의 팀 스포츠 이벤트가 있다. 세계 선수권 대회라고도 한다. 경기 종목에 따라서 규모가 엄청나게 큰 것도 있고, 작은 것도 있다. 일부는 스포츠의 보급과 발전을 위해 순수한 의미의 아마추어 형태로 이루어지기도 하고, 일부는 상업적 목적으로 추진되기도 한다. 세계 크리켓 경기 대회, 세계 배구 선수권 대회, 세계 핸드볼 선수권 대회 등이 있다.

---

3) 세계 육상 선수권 대회는 국제육상경기연맹(IAAF)의 주관 하에 1983년 처음 개최되었으며, 1991년부터 2년마다 열리고 있다. 육상 경기 대회에서는 달리기 경기 대회뿐 아니라 장대 높이뛰기, 창 던지기, 해머 던지기, 원반 던지기, 포환 던지기 등 약 47개 종목의 경기가 열린다.

셋째, 단일 종목의 개별 스포츠 이벤트이다. 골프(golf), 테니스(tennis), F1 등의 스포츠 이벤트는 종목에 따라 일정한 장소에서 개최되기도 하고, 지역이나 국가를 순회하면서 실시되기도 한다. 전 세계 유명 선수들의 순위를 매겨 선수들 간 경쟁을 유인하고 팬들과 미디어의 관심을 유도한다. 경기에서 우승한 선수는 엄청난 부와 명예를 얻을 수 있지만 그렇지 못한 선수들은 생계에 어려움을 겪기도 한다. 개별 스포츠 종목의 선수들은 프로 축구나 야구와 같은 팀 스포츠 선수들에 비해 선수들 간 빈부 격차가 상대적으로 크다. UFC 경기도 마찬가지이다. 이러한 이벤트에는 대부분 프로 선수들이 참가한다. 이러한 스포츠 이벤트들은 애국심보다는 개인이나 경제적 목적을 더 중시하는 성향이 있다. 일부 종목은 팀을 만들어 팀 간 경기 대회를 하기도 한다.

넷째, 국제 스포츠 기구에 가입한 회원국 간의 특별 경기 또는 친선 경기이다. 국가 간 친선 경기는 대체로 경제적 목적보다는 관계 개선, 친선 도모, 정치적, 외교 목적 등을 위해 개최된다. 이외에도 다양한 스포츠 이벤트가 있다. 일부 스포츠 이벤트는 개최되는 도시나 지역을 중심으로 이루어지기도 한다. 공식적인 기구가 운영되기도 하고 이벤트가 개최될 때마다 임시 조직위원회를 만들어서 운영하기도 한다. 이러한 스포츠 이벤트들도 전 세계의 많은 국가에서 선수들이 참여한다. 월드 게임(world games),[4] 게이 게임(gay games) 등이다. 이러한 이벤트들은 두 개 또는 그 이상의 국가가 참여하고 두 개 또는 그 이상의 경기가 동일한 장소에서 동일한 시간에 개최된다는 점에서 글로벌 스포츠 이벤트라고 할 수 있다. 그러나 세계 군인 체육대회, 세계 소방관 경기(fire fighters world games)와 같이 원래부터 특수하고 지역적으로 제한되는 경우도 있다. 벨(Bell, D, 2003)은 이러한 경기를 국제 경기라고 불렀다. 이러한 유형의 국제 스포츠 경기들은 글로벌 차원의 미디어로부터 커다란 관심을 끌지 못하기도 한다.

3) 이벤트 개최지

20세기까지만 하더라도 올림픽은 유럽과 북미지역에서, FIFA 월드컵 축구 대회는 유

---

4) 월드 게임(world game)은 올림픽 경기에 채택되지 않은 종목들을 중심으로 열리는 종합 국제 경기 대회이다. 국제스포츠연맹(GAISF, general assembly of international sports federation)이 주최하며, 본부는 모나코의 몬테카를로에 있고, 4년마다 개최된다. 1981년 제1회 대회는 미국의 산타클라라에서 열렸다.

럽과 남미 지역에서 주로 개최되었다.[5] 그러나 이러한 스포츠 이벤트들이 점차 다양한 지역에서 개최되고 있다. 한국, 일본, 중국 등 아시아 국가들이 경제 · 사회적으로 발전하면서 글로벌 스포츠 이벤트 개최지뿐만 아니라 스포츠 이벤트 소비시장으로 각광을 받고 있다. 이 외에도 아프리카, 중동 지역의 국가에서도 다양한 스포츠 이벤트가 개최되고 있다.

  과학 기술의 발달, 글로벌화 등과 더불어 각종 스포츠 이벤트들이 전 세계에서 개최되고 중계방송되어 시청이 가능해짐에 따라 이벤트 본래의 목적 외에도 다양한 목적을 달성하기 위한 수단으로 활용되고 있다. 많은 국가나 도시들이 글로벌 스포츠 이벤트 개최를 통해 경제, 사회, 문화적 발전을 기대하고 있다. 글로벌 스포츠 이벤트를 성공적으로 개최하면 국가 이미지 제고, 경제 · 사회적 발전, 국가에 대한 신뢰도 향상 등이 가능할 뿐 아니라 관광, 쇼핑, 엔터테인먼트 등의 산업도 활성화시킬 수 있다고 인식하기 때문이다. 지구촌에서는 점차 다양한 종목의 글로벌 스포츠 이벤트가 열리고 있다.[6]

올림픽 경기 대회도 점차 다양한 국가에서 개최되고 있다. 아시아에서는 2018 평창 동계올림픽, 2020 도쿄 하계올림픽, 2022 북경 동계올림픽 등이 개최될 예정이다.

[그림 2-1] 동 · 하계 올림픽 개최 예정지

---

5) 1930년 우루과이 월드컵 축구 대회에서 2014년 브라질 월드컵 축구 대회까지 20회 중에서 중남미 국가에서 7번, 유럽에서 10번이 개최되었다. 반면 다른 대륙에서 개최된 축구 대회는 1994년 미국, 2002년 한일, 2010 남아공 등에 불과하다. 올림픽도 유럽과 북미를 제외한 지역으로는 1964년 도쿄, 1988년 서울, 2008년 북경 등이고, 동계올림픽은 1972년 삿포로, 1998년 나가노 등에 불과하다.
6) 벨(Bell,D, 2003)은 1993년 8개, 1996년 14개, 1998년 9개, 2000년 7개 등 새로운 형태의 글로벌 스포츠 이벤트가 해마다 등장하고 있다고 주장한다. 보르그와 고우구트(Bourg, J. F. & J. J. Gouguet, 2005)는 글로벌 차원의 스포츠 이벤트는 1912년 20개, 1977년 315개, 1987년 660개, 2005년 1,000개 등으로 하루 평균 3개 이상의 글로벌 스포츠 이벤트가 지구촌에서 열리고 있다고 주장한다.

글로벌화 시대에 세계의 주요 도시나 국가들은 보다 활력 있고 쾌적하며 매력적인 곳으로 만들기 위해서 끊임없이 노력하며 치열하게 경쟁하고 있다. 세계의 주요 도시나 국가들이 메가 스포츠 이벤트를 개최하려 하는 것은 다른 지역이나 국가와 차별화하고 가치를 높이기 위해서이다. 이러한 목적을 위해 세계 주요 도시들은 올림픽, 월드컵 축구 대회와 같은 글로벌 스포츠 이벤트를 개최하려고 노력하고 있다. 또한, IOC, FIFA 등과 같은 국제 스포츠 기구들은 해당 스포츠 이벤트를 전 세계적으로 보급·확산시키고 보다 많은 팬을 유인하여 경제적으로 생존하기 위해서 개최 지역을 점차 다양화하고 있다.

4) 이벤트 개최 이유

많은 국가나 도시들이 글로벌 스포츠 이벤트를 개최하려는 이유는 대체적으로 다음과 같다. 첫째, 글로벌 스포츠 이벤트를 성공적으로 개최할 경우 국가 이미지를 제고할 수 있다. 이미지는 사람들이 어떤 대상에 대해 갖고 있는 주관적인 판단이나 지식, 신념, 인상 등을 의미한다. 이미지는 사람들의 감정과 행동에도 영향을 미친다. 따라서 개인, 조직, 기업, 국가 등이 경쟁력을 높이기 위해서는 이미지 관리가 중요하다고 인식된다. 글로벌 스포츠 이벤트를 개최하게 되면 개최 국가나 지역을 전 세계에 널리 알릴 수 있어 가장 좋은 장소 브랜딩 전략의 하나로 인식되고 있다. 글로벌 스포츠 이벤트를 개최하여 국가 이미지를 제고하려는 것은 국가의 브랜드 경영 전략과 유사하다고 주장된다. 글로벌 스포츠 이벤트는 장소 브랜딩의 수단으로 많은 가치를 지닌다. 글로벌 스포츠 이벤트는 전 세계에 중계방송되므로 개최 지역의 이미지를 증진시킬 수 있다. 특히, 위성 TV, 인터넷 등과 같은 미디어 기술 발전으로 비교적 짧은 기간에도 이미지 제고가 가능하다. 글로벌 스포츠 이벤트를 개최하여 국가 이미지를 제고시키기 위해서는 이벤트 관련 시설, 도시 발전 계획 등이 적절하게 조화를 이루어야 한다. 이벤트를 통한 이미지 제고를 위해서는 각종 기반 시설 구축, 관광 시설, 양질의 서비스 제공, 개최 지역 주민들의 의식 수준 등이 필요하다. 스포츠 이벤트에 대한 이미지는 개최지의 정체성, 조직, 협력 등과 밀접한 연관을 가진다.[7]

---

7) 장소 마케팅 전략의 일환으로는 암스테르담(amsterdam), 라스베이거스(las vegas), 신시내티(cincinnati) 등

둘째, 개최 지역에 각종 기반 시설을 건설하고 투자를 확대한다. 이는 스포츠 이벤트 개최 지역의 경제 발전 및 성장이라는 측면에서 중요할 뿐 아니라 개최 지역 주민들의 생활의 질적 향상을 가능케 한다는 점에서 중시된다. 글로벌 스포츠 이벤트를 개최할 경우 각종 경기장, 선수촌, 공원 등이 최첨단 시설로 건설된다. 스포츠 이벤트 개최 지역에 대한 긍정적인 인식은 기업들이 새로운 투자를 할 수 있는 기회를 제공한다. 이는 개최 지역의 경제가 지속적으로 성장하고 새로운 일자리를 창출하는 데 기여하기도 한다. 실제로 영국의 쉐필드, 맨체스터 등의 지역에서는 다양한 글로벌 스포츠 이벤트를 개최하여 많은 일자리를 창출하고 해외로부터 투자도 유치했다고 평가된다.

셋째, 글로벌 스포츠 이벤트를 개최하는 지역이나 국가는 마케팅이나 광고를 독점적으로 수행할 수 있는 기회를 얻을 수 있다. 글로벌 스포츠 이벤트는 개최 지역이나 국가를 전 세계에 널리 알릴 수 있다. 글로벌 스포츠 이벤트는 특정 기간 동안 독특한 경험을 할 수 있으며, 개최지의 관광 산업 기반을 구축할 수 있다. 글로벌 스포츠 이벤트 개최 지역이 관광지로 변화되는 데 촉매 역할을 한다고 주장되기도 한다. 글로벌 스포츠 이벤트 개최와 더불어 컨벤션 센터, 스포츠 시설, 박물관, 쇼핑몰, 엔터테인먼트 시설 등이 건설되기도 하는데, 이러한 소비 중심의 경제를 통해 개최 지역은 성장하고 발전해 나갈 수 있게 되는 것이다.

넷째, 그동안 글로벌 스포츠 이벤트를 개최한 지역이나 국가들이 많은 도전과 과제를 극복하고 잘 활용하기만 하면 상당한 기회가 될 수 있음을 보여주었다.[8] 글로벌 스포츠 이벤트를 성공적으로 개최할 경우 상당한 경제·사회적 성과를 기대할 수 있을 뿐 아니라 국제적으로도 커다란 명성과 관심을 얻을 수 있다. 게다가 전 세계에 중계방송되는 메가 스포츠 이벤트는 강력한 이미지 형성에 기여하고, 경쟁적이고 드라마틱한 속성으

이 대표적이다. 장소 브랜딩 도시로는 성스러운 도시로 알려진 예루살렘(jerusalam), 밤에도 불을 환하게 밝히는 도시로 알려진 파리(paris), 최첨단 과학 기술 도시로 알려진 실리콘 밸리(silicon valley) 등을 들 수 있다.

8) 일본은 1964년 도쿄 올림픽을 개최하면서 제2차 세계대전 패전 국가에서 신속하게 회복하고 괄목할 만한 경제 발전을 이룬 국가라는 이미지를 전 세계에 심어주는 데 성공하였다. 남아프리카공화국은 2010 FIFA 월드컵 축구 대회를 개최하면서 전 세계에 국가의 존재를 널리 알릴 수 있었다. 남아프리카공화국은 글로벌 스포츠 이벤트를 개최할 수 있다는 능력을 과시했을 뿐 아니라 아름다운 경치를 전 세계 관광객들에게 제공하였다.

로 인해 전 세계 관중들과 참가 국가들을 감정적으로 한데 묶을 수 있다.[9]

다섯째, 메가 스포츠 이벤트를 개최하는 과정에서 개최 당국의 임무는 이벤트 관련 SOC 시설들을 계획하고 승인하며 감독하는 일이다. 이는 개최 지역의 정부 등 공공부문의 역량을 향상시킬 수 있는 기회이다. 스포츠 이벤트가 성공적으로 개최될 수 있도록 이벤트 개최 관련 종사자들은 각종 기술, 교육, 훈련 등을 필요로 한다. 새롭고 복잡한 업무를 수행하며 많은 학습과 경험을 한다. 이는 인적 자원의 역량을 향상시킨다. 또 이벤트를 개최하면서 진행되는 관련기관 간 협력과 논의는 상호 신뢰 구축에 기여한다.

여섯째, 국가 간 상호 네트워크 구축 등 국제교류를 강화할 수 있다. 글로벌 스포츠 이벤트를 성공적으로 개최하기 위해서는 국제 스포츠 기구나 연맹, 미디어, 개최 조직위들 간의 협력과 지원이 필요하다. 이들 간 상호작용으로 창출된 네트워크는 스포츠 이벤트로부터 발생한 긍정적인 성과들을 오랫동안 지속시킬 수 있다. 대부분의 글로벌 스포츠 이벤트는 개최지의 중앙정부와 동반자적 관계를 지니며 동시에 정치적 네트워크를 향상시킨다. 특히, 정치인들과 스포츠 기구 간의 네트워크는 스포츠에 대한 관심을 증대시키고 스포츠 이벤트를 통한 국가 간 교류를 증진시키기도 한다. 실제로 중국은 2008 북경 올림픽을 개최하면서 스포츠, 정치, 문화, 경제 등의 국제적 교류를 증진시켰으며, 이는 중국이 전 세계 국가들과 네트워크를 구축하는데 도움이 되었다. 개막식에는 전 세계에서 80여개 이상의 국가 귀빈들이 참석하였다. 올림픽 경기 조직위원회에서는 28개 국제 스포츠 기구들과 유대관계를 맺었다고 한다. 더욱 중요한 것은 중국이 올림픽 경기 대회를 개최하면서 광범위한 국제공조를 맺었다는 사실이다.[10]

---

9) 2002 한일 월드컵 축구 경기 대회의 경우 한국은 터키와 우호적인 이미지를 재창조하였다. 그 결과 관광객, 무역거래 등이 증가하였으며 두 국가 간의 관계는 더욱 굳건하게 구축되었다. 또한 한-일 월드컵 공동 개최 과정에서 한국은 일본의 식민통치를 받았던 경험이 있었음에도 불구하고, 이를 극복하고 공동으로 개최하였다는 점은 높이 평가된다.

10) 베이징은 디지털 올림픽 프로그램(DOP, digital olympic programme)에 대한 전략적 계획을 위해 중국과 EU 간 공조체제를 갖추어 2008년 북경 올림픽을 성공적으로 개최하였을 뿐 아니라, 중국과 EU는 정보사회기술 분야에서 장기간 협력관계를 맺었다. 이 프로그램은 DOP의 발전과 관련된 경험과 지식을 교환하기 위해서 EU-중국 간 올림픽 시티 포럼(olympic city forum)을 설립하는 것으로 발전되었다. 이를 통해 정보통신기술 분야에서 유럽과 중국 간 공조관계가 더욱 강하되었다고 평가된다.

2002 한일 월드컵 축구 대회는 우리나라가 선진문화 질서를 구축하는 데 크게 기여했다. 2018년에는 러시아, 2022년에는 카타르에서 개최될 예정이다.

[그림 2-2] FIFA 월드컵 축구 대회 개최지

제2절 스포츠 이벤트의 특징과 정부

1) 이벤트와 공공재

일부 글로벌 스포츠 이벤트들은 소비과정에서 비경합성과 비배제성이라는 속성을 지니고 있다는 점에서 공공재(public goods)[11]로 간주되기도 한다. 글로벌 이벤트를 개최하는 지역 주민들은 이벤트 개최를 위한 비용을 지불하지 않아도 많은 편익을 얻을 수 있다. 개최 지역 주민들이 세금을 제대로 납부하지 않았다고 해서 스포츠 이벤트 관람, 또는 이벤트 개최에 따른 지역 발전 등의 편익을 누리지 못하게 할 수 없다. 이러한 의미에서 글로벌 스포츠 이벤트도 공공재에 해당된다고 볼 수 있다. 그러나 공공재는 무임승

---

11) 공공재는 여러 사람들이 공동으로 소비하기 위해 생산되는 재화나 서비스를 의미한다. 공공재는 소비에 있어서 비경합성(non rivalry)과 비배제성(non-excludability)이라는 특성을 지닌다. 비경합성은 어떤 개인의 공공재 소비가 다른 사람의 소비가능성을 감소시키지 않는다는 것이다. 공공재는 공동소비가 가능하므로 소비하기 위해서 경쟁할 필요가 없다. 비배제성은 일단 공공재의 공급이 이루어지면 생산비용을 지불하지 않은 개인이라고 하더라도 소비에서 배제할 수 없다는 의미이다. 예를 들어, 국방, 치안, 공원, 도로, 가로등, 다리 등과 같은 공공재는 개인의 소비를 배제시킬 수 없다. 이러한 특성을 지니는 공공재는 시장에서 정상적인 거래를 통해서 거래되기가 어려워 정부 등 공공부문의 개입요건이 된다.

차자(free-rider) 문제가 발생하므로 시장에서 필요한 만큼의 재화나 서비스가 공급되지 않으려는 경향이 있다.

글로벌 스포츠 이벤트에서는 지구촌의 발전을 위해 전 세계 국가들이 공동으로 해결해야 할 과제들이 제시된다. 글로벌 스포츠 이벤트를 통해 해당 스포츠의 보급 및 발전이라는 본래의 목적 외에도 스포츠 이벤트를 통한 지구촌의 평화, 화합, 발전, 차별 해소, 빈곤 퇴치 등이 제시되기도 한다. 보르그(J. F. Bourg, 2006), 카보네(M. Carbone, 2007) 등은 올림픽, FIFA 월드컵 축구 대회와 같은 글로벌 스포츠 이벤트들은 지구촌의 평화와 발전, 미래의 과제를 제시한다는 점에서 글로벌 공공재로 볼 수 있다고 주장한다. 만약 글로벌 스포츠 이벤트가 글로벌 공공재로서 간주될 수 있다면 스포츠 이벤트는 인류의 발전을 위한 보편적 유산 요소가 될 것이다.

그러나 글로벌 스포츠 이벤트들이 처음에는 보편성, 공익성 등을 목적으로 출발하였으나 점차 상업성을 중시하고 있다고 지적된다. 또 글로벌 스포츠 이벤트들은 개최 국가에 따라 민간부문에 의해서 운영되기도 하고 정부 등 공공부문이 직접 운영하기도 하므로 완전한 공공재가 아니라고 주장된다. 순수한 의미의 공공재는 더 이상 존재하지 않는다.

한편, 글로벌 스포츠 이벤트가 상업적 목적으로 열리는 경우에는 사적재이고, 인류의 유산과 평화, 지구촌 발전 등의 목적으로 열리는 경우 공공재로 보아야 한다고 주장되기도 한다. 많은 글로벌 스포츠 이벤트는 상업성을 추구하는 동시에 지구촌의 공익성을 추구한다는 점에서 유사공공재 또는 준공공재(quasi-public goods)라고도 한다.

2) 이벤트와 외부 효과

글로벌 스포츠 이벤트는 다양한 외부 효과를 발생시킨다고 주장된다.[12] 글로벌 스포츠 이벤트가 외부 효과를 지니고 있다는 근거를 몇 가지 살펴보자. 우선, 글로벌 스포츠

---

12) 외부효과(externalties)는 어떤 경제주체의 생산 또는 소비 활동이 다른 경제주체에게 의도하지 않은 혜택이나 손해를 미치면서도 이에 대한 보상이 제대로 이루어지지 않는 경우를 의미한다. 제3자에게 유리한 영향을 미치는 경우를 외부 경제(external economy), 불리한 영향을 미치는 경우를 외부 불경제(external diseconomy)라고 한다. 양봉업자의 꿀벌들이 과수원의 과일 생산량을 늘려주거나 사무실에 꽃을 놓아 주위 사람을 즐겁게 하는 경우는 외부 경제이다. 외부 불경제로는 환경 오염, 매연, 흡연 등으로 제3자에게 유해한 영향을 미치면서도 이에 대한 대가를 지불하지 않는 경우이다.

이벤트가 개최될 경우 이벤트에 직접 참여하지 않은 지역 주민들도 커다란 편익을 얻을 수 있다. 글로벌 스포츠 이벤트에 참여하지 않더라도 신문, 방송을 통해서 이벤트 개최에 따른 편익을 누릴 수 있다. 특히, 글로벌 스포츠 이벤트에서의 승리 등은 개최 지역 주민뿐 아니라 전 국민을 즐겁게 하기도 한다. 일부 학자들은 글로벌 스포츠 이벤트나 경기에서 자국 팀이 승리하여 기분이 좋으면 긍정적인 경제효과도 기대할 수 있다고 주장한다. 즉, 국가간 경기에서 자국의 팀이 승리하여 기분이 호전되면 정신적인 즐거움에 그치지 않고 소비를 증가시켜 경제에 활력을 불어 넣을 수도 있다고 주장된다. 이를 기분 호전 효과라고 한다. 둘째, 글로벌 스포츠 이벤트를 개최하게 될 경우 지역의 기반 시설 구축, 도심 발전, 주민의 의식 변화 등을 가능케 한다. 또한, 이벤트 개최 전후의 투자 활성화, 일자리 창출, 관광 산업 등도 기대할 수 있다. 이러한 편익들은 긍정적 의미의 외부효과이다. 만약 이와 같은 외부효과가 엄청나게 크다면 정부 등 공공부문이 글로벌 스포츠 이벤트에 대한 지원은 정당화될 수 있다. 셋째, 만약 글로벌 스포츠 이벤트에 대해 전 세계적으로 많은 관심을 가지고 있으며, 관중이나 시청자들이 엄청나게 많다면 개최 지역은 전 세계적으로 널리 알려질 것이다. 개최 지역의 특성과 독특한 문화, 체계적인 이벤트와 최신식 시설 등은 전 세계로부터 긍정적인 반응을 얻을 수 있다. 이는 국가 이미지 제고, 국력 과시, 글로벌화 등에 도움을 주고 국가·사회적 발전에 기여할 수 있다.

3) 이벤트와 정부 등 공공부문

경제적 측면에서 글로벌 스포츠 이벤트는 공공재, 외부효과, 불완전 경쟁 시장 등의 특성을 지닌다. 이러한 특징을 지니는 스포츠 이벤트를 단순히 시장에 맡겨 둘 경우 국가나 사회적으로 바람직한 스포츠 이벤트가 제대로 이루어지지 않을 수도 있다는 이유로 정부 등 공공부문이 나서게 된다. 스포츠 이벤트 시장에서 적정한 이윤이 발생하지 않을 경우, 스포츠 이벤트나 시설들이 사회적으로 바람직한 수준으로 공급되지 않을 것이다. 그리고 글로벌 스포츠 이벤트를 개최하게 되면 발생 가능한 각종 무형의 편익들은 시장을 통해서 얻기가 어렵다. 즉, 공공재, 외부효과, 불완전 경쟁 등의 특징을 지닌 스포츠 이벤트는 시장실패 요인을 지니고 있어 글로벌 스포츠 이벤트를 개최하는 데 있어서 정부가 개입하는 근거가 된다. 정부 등 공공부문에서는 스포츠 이벤트를 개최하는 데 필요한 공공 자금, 법률 제정, 행정 절차 등을 지원한다. 그러나 정부 등 공공부문의 스포츠 이벤트 시장에 대한 개입은 필요조건이지 필요충분조건은 아니다. 즉, 글로벌 스포츠 이벤트 개최를 위해 정부 등 공공부문의 개입이 반드시 정당화될 수는 없다. 글로벌 스포츠 이벤트를 개최하는 모든 과정에 정부가 개입한다고 해서 반드시 더 바람직한 성과를 거두기가 어려울 수도 있기 때문이다.

실제로 올림픽, FIFA 월드컵 축구 대회 등과 같은 메가 스포츠 이벤트를 개최하는 데 필요한 자금의 상당 부분은 정부 등 공공부문에서 지원되고 있다. 그런데 이벤트에 필요한 자금을 얼마나 어느 정도까지 지원해야 하는가에 대해서는 다양하게 주장된다. 경제·사회적 측면에서 스포츠 이벤트를 개최함에 따른 경제적 편익이 경제적 비용보다 더 크다면 정부 등 공공부문의 지원이 타당하다고 여길 것이다.

〈표 2-2〉 하계올림픽 경기와 공공·민간 부문의 역할

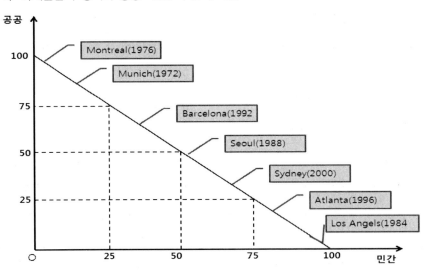

자료: Harry Arne Solberg & Holger Preuss(2007).

〈표 2-3〉 동계올림픽 경기와 공공·민간 부문의 역할

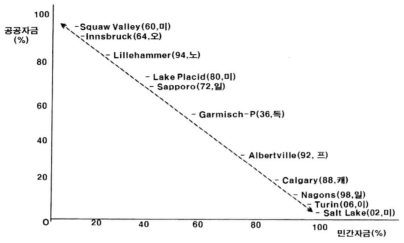

자료: Stephen Exxes and Brian Chalkey(2004).

〈표 2-2〉와 〈표 2-3〉은 주요 하계 및 동계올림픽을 개최하는 과정에서 정부 등 공공부문의 지원을 나타낸 것이다. 표에서 알 수 있듯이 올림픽과 같은 메가 스포츠 이벤트를 개최하는 데 필요한 공공 자금은 경제적 논리에 근거한다기보다는 개최 국가의 경제·사회적 여건에 따라 지원되고 있음을 알 수 있다.

글로벌 스포츠 이벤트를 개최하는 국가나 지역에서는 이벤트 개최에 따른 정부 등 공공부문의 역할에 대해 딜레마에 빠지기도 한다. 어떤 방식으로 얼마나 지원할 것인가에 대해서 객관적인 기준이 없기 때문이다. 정부가 스포츠 이벤트와 밀접한 연관이 있는 이해관계자들이 과대평가한 것을 면밀히 검토하지 않고 무작정 지원할 경우, 당초의 기대효과를 제대로 달성하기가 어려우며 자칫하면 재정만 낭비할 수도 있다. 반면 글로벌 스포츠 이벤트 관련 이해관계자들의 주장을 외면할 경우 개최 지역이 이벤트를 통해 경제·사회적으로 발전하고 성장할 수 있는 기회를 정부가 방해하는 형국이 될 수도 있다.

글로벌 스포츠 이벤트를 유치하고 개최하는 데 사용되는 대부분의 자금은 개최 국가의 국민들이 납부하는 세금에서 나온다. 이러한 자금은 정부가 스포츠 이벤트라는 특정 사업에 지원하는 일종의 보조금이다. 따라서 정부 등 공공부문은 글로벌 스포츠 이벤트 개최에 필요한 공공 자금의 투자가 정당화되기 위해서는 다음을 고려할 필요가 있다고

주장된다. 첫째, 정부가 글로벌 스포츠 이벤트를 개최하는 데 지원하는 자금이 가장 생산적이고 효율적인 결과를 가져올 수 있는지 여부이다. 스포츠 이벤트를 위해 지원되는 자금은 공익성과 상업성을 동시에 추구해야 하는 것이다. 둘째, 글로벌 스포츠 이벤트를 개최하기 위한 지원이 다른 분야에 투자하는 것보다 경제·사회적 편익이 얼마나 더 큰지 여부이다. 제아무리 국제적으로 가치 있고 유익한 글로벌 스포츠 이벤트라 하더라도 자국의 방위·교육·건강·복지 등과 같은 분야에 투자하는 것보다 더 우선시하기는 쉽지 않다. 셋째, 글로벌 스포츠 이벤트를 개최하기 위한 각종 시설을 건설하는 데 필요한 자금이 충분한지 여부이다. 이미 사용되고 있는 시설을 활용할 경우에도 경제·사회적 편익을 얻을 수 있는지, 특히 스포츠 이벤트가 끝난 후에 시설에 대한 활용 방안이 있는지 등을 충분히 고려해야 할 것이다. 일부 스포츠 이벤트들이 이러한 고려사항을 외면하고 추진되다가 자원 낭비, 재정 부담 등으로 어려움을 겪기도 한다.

제3절 ☆ 올림픽과 유산

1) 의미와 특징

올림픽과 같은 메가 스포츠 이벤트와 관련하여 유산(legacy)이라는 말이 사용되고 있다. 유산은 올림픽 경기 대회의 경제·사회적 가치를 보존시키고 지속적으로 발전시켜 후세대에 물려주는 것이다. 유산은 2000년 IOC에서 주장한 올림픽 경기의 글로벌 영향(OGGI: olympic games global impact)에서 사용되었다. 올림픽 개최 도시나 지역의 역량을 향상시키고, 환경 보호와 시민 의식 제고 등 올림픽 경기 개최에 따른 긍정적인 효과를 이끌어내기 위한 방법 중 하나이다. 유산은 경제·사회적 자산을 미래에 남겨준다는 의미이며, 스포츠 이벤트에서 유산이라는 개념은 스포츠 이벤트의 지속 발전 가능이라는 의미로 해석되기도 한다. 올림픽과 같은 메가 스포츠 이벤트의 유산은 당초의 계획과는 상관없이 직·간접적으로 발생하는 물질적 또는 정신적 효과이며, 개최 지역이 객관·주관적으로 긍정적이거나 부정적인 방향으로 변해가는 것이라고 한다.

메가 스포츠 이벤트를 개최함에 따라 발생 가능한 유산들은 다음과 같은 특징을 지닌다.[13] 첫째, 유산이나 사회적 자산은 어떤 개인이나 단체에 소속되는 것이 아니다. 메가 스포츠 이벤트를 통해 발생 가능한 유산들은 이미지 제고, 자부심, 서비스 향상 등으로 추상적인 의미가 담겨 있다. 이러한 유산은 스포츠 이벤트 조직위원회나 정부 또는 개최 지역의 자산이 아니다. 메가 스포츠 이벤트가 끝난 후에도 지속되는 이러한 자산들은 오래 유지하기가 쉽지 않다고 주장된다. 이러한 유산은 개인이나 민간 기업들이 주도적으로 유지·발전시키려고 하지 않으려는 경향이 있다. 경제적으로 이득이 되지 않기 때문이다. 둘째, 메가 스포츠 이벤트의 유산은 광범위하며 시·공간에 관계없이 계획적·무계획적이고, 긍정·부정적이며, 유·무형의 형태로 발생한다고 주장된다. 따라서 메가 스포츠 이벤트를 통한 유산은 의도적·계획적으로 만들어지기가 쉽지 않다. 메가 스포츠 이벤트가 지니는 유산은 외부 효과와 같이 의도하지 않은 곳에서 발생하는 경우가 많이 있다. 스포츠 이벤트 개최에 따른 유산은 무계획적으로 의도하지 않은 곳에서 발생하기도 하고 그 효과가 일시적인 것도 있고 지속되는 경우도 있다.[14] 셋째, 유산은 메가 스포츠 이벤트가 끝난 후에도 오래 지속될 수 있다고 주장한다. 유산은 메가 스포츠 이벤트가 끝난 후에도 그 효과가 상당 기간 동안 지속될 수 있어야 한다. 일부 학자들은 이벤트가 끝난 후 적어도 20여 년 동안은 평가되어야 한다고 주장되기도 한다.

2) 유산의 유형

(1) 경제적 유산

경제적 유산은 정부가 메가 스포츠 이벤트를 유치하려는 이유를 설명하는 데 자주 이용된다. 경제적 유산으로는 개최 지역의 경제 활력과 투자 기회, 일자리 창출 등이 주장된다. 직접효과는 스포츠 이벤트 개최를 위한 각종 기반 시설 건설 등에 따른 경제적 이득이다. 메가 스포츠 이벤트 관람자들의 입장 수입, 경기장과 각종 시설 건설을 통한

---

13) 올림픽과 같은 메가 스포츠 이벤트를 개최하게 될 경우 다양한 유산을 구축할 수 있다고 주장된다. 즉, 정치, 경제, 사회, 문화, 환경, 기반 시설, 스포츠 유산, 이미지 개선, 지식 및 기술 습득과 교육, 감동과 자부심, 국제교류 등에 대한 유산이다.
14) 2002 한일 월드컵 축구 대회에서 우리나라의 응원 문화가 대표적이다. 당시의 응원은 붉은 악마라는 민간조직이 주도하여 우리나라의 국가 이미지를 제고하는 데 크게 기여했다고 평가된다.

단기간의 고용 증가 등이다. 간접효과는 메가 스포츠 이벤트를 개최하게 될 경우 여가나 관광 등 소비, 건설 투자 등을 자극한다.

(2) 사회적 유산

사회적 유산은 메가 스포츠 이벤트 개최를 통해 지역 주민들이 직·간접적으로 얻을 수 있는 기술과 경험 등을 의미한다. 메가 스포츠 이벤트를 개최하면서 사회적 유산이 중요하다고 주장되는 이유는 다음과 같다.

첫째, 이미지 개선이다. 메가 스포츠 이벤트는 개최 지역의 이미지를 개선하거나 부각시키는 데 매우 중요하다. 통상 스포츠 이벤트를 제대로 개최하게 되면 긍정적인 이미지를 제고할 수 있다고 주장된다. 그러나 스포츠 이벤트 개최 지역의 의식, 문화 등은 미디어에 의해 전 세계로 중계방송되며 이들을 제대로 통제할 수 없다. 폭탄 테러, 홀리건, 미숙한 운영, 불친절, 빈곤, 범죄 등은 개최 지역의 이미지에 부정적인 영향을 미칠 수도 있다. 하지만 이벤트를 개최하는 지역이나 국가의 노력에 따라서 부정적인 이미지도 긍정적으로 변화시킬 수 있다. 중국은 2008 북경 올림픽을 앞두고 현대화, 개방화, 효율화 등을 위해 엄청난 비용을 들이고 많은 노력을 하였다. 그 결과 전 세계에서 수십억 명의 시청자들이 북경 올림픽을 시청하면서 중국에 대한 이미지가 긍정적으로 변화되었다고 주장된다.[15] 둘째, 감동과 자부심이다. 메가 스포츠 이벤트를 개최할 경우 국제적으로 명성을 얻게 되고 개최 지역 주민들은 '해냈다'는 긍정적인 감정을 가지게 될 것이다.

---

15) 루이스(Lewis, R. D. 2006)는 독일이 2006 FIFA 월드컵 축구 대회를 개최한 목표 중 하나는 독일 사람들에 대한 인식의 변화 즉, 체제나 관습에 지나친 순응주의자, 시간에 대한 약속이 아주 철저한 민족, 진지하고 심각한 표정 등에 대한 고정관념을 변화시키는 것이었다고 한다. 이를 위해서 독일 정부와 조직위에서는 문화 프로그램과 서비스, 친절을 위한 캠페인 등을 실시하였다. 또, 중국은 2008년 북경 올림픽을 통해 중국의 이미지를 전 세계에 확산시키려고 노력하였다. 개·폐막식 장면은 과거에 볼 수 없었던 웅대함과 장관으로 전 세계 사람들을 놀라게 하였다. 새의 둥지(birds net)처럼 만든 경기장과 워터 큐브(water cube)는 아름다운 이미지를 제공하였으며, 이는 올림픽 경기장에 대한 새로운 기준을 제시하였다. 그동안 중국은 개방화 노력에도 불구하고 세계의 많은 사람들이 중국에 대해서 제대로 알지 못하였다. 그러나 수십억 명의 시청자들이 북경 올림픽 경기 대회를 시청하면서 중국에 대한 이미지는 긍정적으로 변화되었다. 2016년에 하계올림픽을 개최한 리우데자네이루는 올림픽 개최 과정에서 각종 시설 미비, 교통 체증, 환경 오염, 치안 불안, 폭력, 지카바이러스 등으로 이미지가 실추되었다고 지적되기도 한다. 하지만 폐막식에서 브라질 특유의 열정과 환경 보호에 대한 메시지 전달, 지속 발전을 위한 과제 제시 등으로 높이 평가되었다.

스포츠 이벤트 개최에 대한 자부심은 지역에 대한 정체성, 비전, 동기 부여 등을 통해서 나타난다. 실제로, 1988 서울 올림픽은 개방화, 활력, 자부심 등을 제공했으며, 최신식 기술과 현대화는 국제적으로 높이 평가되었다. 또 2008 북경 올림픽은 중국 사람들에게 자부심과 자신감을 향상시켰다. 올림픽 개·폐막식에서 중국의 문화를 보여줌으로써 더욱 강화되었다. 또한 경기 대회에서 가장 많은 메달을 획득함으로써 국민들에게 커다란 자부심과 감동, 자랑거리를 제공했으며 자신감을 불어넣었다고 평가된다. 그동안 중국의 역사를 감안할 때 올림픽과 같은 메가 스포츠 이벤트를 개최하여 국민들에게 자부심을 심어줄 필요가 있었다. 셋째, 지식 및 기술 습득과 교육이다. 메가 스포츠 이벤트를 개최하는 지역 주민들은 이벤트 개최 단계부터 여러 가지 지식과 기술을 습득할 수 있다. 이벤트 관련 종사자들은 이벤트 조직, 인적자원 관리, 안전, 서비스 등에 대한 새로운 지식과 기술을 배울 수 있다. 관람자들과 자원봉사자들은 개최 지역에 대한 역사, 문화, 기타 다양한 것들을 배우게 된다. 실제로 한 보고서에 따르면 2002년 영국 맨체스터에서 열린 영연방 경기 대회에 약 1만여 명의 자원봉사자 중 약 50% 정도가 새로운 경험과 기술을 습득했으며, 약 18%는 고용기회를 향상시킬 수 있었으며, 46%는 자원봉사 활동이 개인적으로는 커다란 발전과 의미가 있었다고 응답하였다.

(3) 시설 유산

시설에 대한 유산은 각종 기반 시설과 스포츠 시설로 구분할 수 있다.

첫째, 각종 기반 시설에 대한 유산이다. 메가 스포츠 이벤트를 개최하기 위해서는 도로, 공항, 철도, 통신, 호텔 등의 기반 시설을 갖추어야 한다. 이러한 시설들은 개최 지역의 장기적 발전 계획에 적합해야 할 것이다. 일회성 시설이거나 이벤트와 크게 상관이 없는 시설들은 임시로 건설하여 사용할 경우 부정적인 유산을 최소화할 수 있다.[16] 메가 스포츠 이벤트 개최를 위한 기반 시설들은 각종 생산활동을 가능케 한다. 실제로 영국의 맨체스터에서는 2002 영연방 경기를 개최하기 위해서 최신식 경기장 건설 외에도

---

16) 예를 들어, 1996년 애틀랜타(atlanta) 올림픽 경기 대회에서 이동가능한 경륜장(velodrome), 2001년 일본 후쿠오카(fukuoka) 세계 수영 선수권 대회(FINA world cup)에서 임시로 건설한 50m의 실내 풀장, 2002년 영국 맨체스터 영연방 경기 대회(commonwealth games)에서 육상 경기장을 축구 경기장으로 변형한 것 등이 대표적이다.

철도, 버스 노선, 공항, 인터체인지 등 주요 운송 수단에 대해 대폭 투자하였다. 이러한 기반 시설들은 개최 지역의 미래의 성장과 발전에 기여하고 있다고 주장된다. 기반 시설들이 스포츠 이벤트가 끝난 후에도 지속적으로 활용가능하다면 유산으로 남아 있게 된다. 이러한 유산들은 장기적으로 경제·사회적 편익을 제공할 것이다. 그러나 만약 활용 가능성이 없다면 개최 지역이나 국가에 재정 부담만 가중시키게 된다.

둘째, 스포츠 시설에 대한 유산이다. 이는 메가 스포츠 이벤트를 개최하기 위해 스포츠 시설을 건설하거나 개선하는 것을 말한다. 주로 초대형 경기장, 훈련장, 선수촌, 프레스 센터 등이다. 이러한 시설들은 이벤트가 끝난 후에 다른 목적을 위해 사용될 수 있다. 스포츠 이벤트 개최를 위한 기반 시설들은 개최 도시의 전형적인 상징물이 되기도 한다. 이러한 시설들은 개최 지역의 스포츠 문화를 향상시키는 데 도움이 된다. 새로운 최첨단 시설에 대한 이용 가능성은 사람들의 스포츠 참여를 증가시키며, 새롭고 다양한 형태의 스포츠를 도입할 수 있으며 더 많은 메가 스포츠 이벤트가 정규적으로 개최될 수 있다.

일부 학자들은 메가 스포츠 이벤트를 개최하기 위해서 건설된 초대형 경기장은 다양한 효과를 발생시킬 수 있다고 주장한다. 최신식 기술로 보다 쾌적하게 건설된 경기장은 상당 기간 동안은 관중들로부터 좋은 반응을 얻을 수 있다. 더구나 메가 스포츠 이벤트 개최를 위해 잘 건설된 경기장 등 각종 시설은 건축적 유산이 가능하다. 새롭게 건설된 상징적인 경기장은 개최 지역의 특징이 되며 개최 지역의 이미지를 제고하며 역사적 건물(landmark)이 될 수 있다. 이는 주변의 여가시설들과 더불어 도심발전의 촉매 역할을 하게 될 것이다. 만약 개최 지역이 지속적으로 발전하게 된다면 이벤트가 끝난 후에 시설을 효과적으로 사용하는 데도 도움이 될 것이다. 스포츠 이벤트 관련 시설들은 개최 지역의 유산이 될 수도 있다. 이는 메가 스포츠 이벤트를 개최하기 위해 건설된 각종 건설물들을 의미하지만, 스포츠 이벤트만을 목적으로 하는 것은 아니다. 스포츠 이벤트 개최를 위해 건설된 시설물들은 개최 도시의 구조를 변화시키며 새로운 도시 지역으로 발전을 가능케 한다.

(4) 문화적 유산

문화적 유산은 메가 스포츠 이벤트 개최를 통해 문화적 사고, 문화적 정체성, 문화적 제품 등을 생산하는 것이다. 문화와 예술적 특성을 표현하는 올림픽 개·폐막식은 스포츠 이벤트 개최 국가의 문화를 요약하여 보여준다. 긍정적인 문화 이미지, 최신식 기반시설, 인식의 변화 등은 스포츠 이벤트의 양적·질적 향상에 기여한다. 실제로 1992 바르셀로나(barcelona) 올림픽에서는 각종 기반 시설을 변형하여 문화적인 도시로 변화시켰다고 평가된다. 문화공연은 개최 지역 주민들에게 유의미한 경험을 주고, 주민들로 하여금 자신의 역사를 말할 수 있게 한다. 2000 시드니(sydney) 올림픽에서는 호주 원주민들의 역사와 생활방식을 전 세계에 알렸다. 2002 솔트레이크(salt lake) 동계올림픽 기간중에는 몰몬교(mormon)에 대한 인식을 제고하였다. 이와 같은 문화적 인식은 소수 민족이나 집단들이 지니고 있는 문화를 널리 알리고 좋은 이미지를 갖게 하는데 중요하다. 2002년 영국 맨체스터의 영연방 경기 대회의 우정 페스티벌 정신(spirit of friendship festival)은 경기 대회를 축하하기 위해서 시작했지만 문화적 유산으로 남아 있게 되었다. 전 세계적 규모의 프로그램으로 의사소통과 예술 공연, 문화적 전통을 위해서 시작되었다.

2008 북경 올림픽은 올림픽 문화와 중국 전통문화 간의 축제였다. 북경 올림픽 조직위원회는 2003년부터 2008년까지 올림픽 문화축제를 개최하였다. 2008년에는 올림픽 개최기간부터 패럴림픽이 끝날 때까지 약 3개월 동안 열렸다. 문화·예술 공연에는 전 세계 80여개 국가에서 약 2만여 명의 예술가들이 참여하였다. 북경 올림픽은 전 세계인들이 중국 문화를 보다 잘 이해하게 하는 데 도움이되었고, 실제 해외에서 중국 언어, 중국 무술 등을 배우려는 사람들이 증가하였다.

(5) 국제교류

국제교류에 대한 유산은 국가 간 상호 네트워크 구축이다. 메가 스포츠 이벤트를 성공적으로 개최하기 위해서 국제 스포츠 기구나 연맹, 미디어, 개최조직위 간의 상호협력이 필요하다. 이들 간 상호작용으로 창출된 네트워크는 스포츠 이벤트를 통해 발생한 유산으로 오랫동안 지속시킬 수 있다. 일반적으로 스포츠 이벤트는 정치인들과 스포츠 기구 간의 네트워크를 향상시킨다. 스포츠 이벤트에 대한 지식이 많을수록 스포츠와의 제휴를 증가시킬 것이다. 예를 들어, 2004 아테네 올림픽에서는 국제적으로 안전(security)에 관한 네트워크가 형성되었으며, 그리스는 안전에 관한 새로운 기준을 제시하였다.

2002 맨체스터의 영연방 경기 대회에서는 투자와 거래를 향상시키는 자산으로서 경기를 이용하면서, 새로운 사업기회를 제공하였다.

중국은 2008 북경 올림픽을 개최하면서 스포츠, 정치, 문화, 경제 등의 국제 교류를 증진시켰으며, 이는 중국이 전 세계 국가들과 네트워크를 구축하는 데 도움이 되었다. 개막식에는 전 세계에서 80여개 이상 국가 귀빈이 참석하였다. 북경 올림픽 경기 조직위원회에서는 28개 국제 스포츠 기구들과 유대관계를 맺었는데, 이는 미래에 중국이 스포츠 이벤트를 유치하는 데 도움이 될 것이다. 더욱 중요한 것은 중국이 올림픽 경기 대회를 빌미로 광범위한 국제공조를 맺었다는 사실이다.

3) 유산의 효과와 범위

(1) 유산과 경제적 효과

올림픽과 같은 메가 스포츠 이벤트에서 강조되는 일부 유산은 추상적 의미로 경제적 효과와 중복되기도 하여 관계가 애매모호하다고 지적된다.

첫째, 스포츠 이벤트의 유산은 메가 스포츠 이벤트를 개최함에 따라 발생하는 모든 변화를 고려한다. 경제적 효과는 스포츠 이벤트를 개최하는 데 투입되는 자원을 합리적으로 투자하고 경제적 타당성을 파악하기 위해서 측정된다. 스포츠 이벤트를 개최할 경우 경제에 미치는 효과를 파악하는 것이다. 즉, 이벤트 개최를 위한 각종 투자와 지출에 따른 영향이다. 메가 스포츠 이벤트를 개최함에 따라 경제·사회적 효과가 발생한다 하더라도, 이는 대부분이 단기적인 현상에 불과하므로 유산이라고 할 수 없다. 경제적 효과는 스포츠 이벤트 개최 지역의 경제 활동이 중장기적으로 활발하게 이루어지는 경우에 발생한다. 예를 들어, 메가 스포츠 이벤트를 개최한 후에도 또 다른 이벤트 개최, 관광 산업이 활성화되는 것이다. 그러나 스포츠 이벤트가 끝난 후에도 경제 활동이 활발하게 이루어지고 관광 산업이 활성화되는 지역은 극소수에 불과하다. 메가 스포츠 이벤트의 경제적 효과가 발생하더라도 유산과 연계되기가 쉽지 않다는 것이다.

둘째, 메가 스포츠 이벤트 개최를 통해 발생 가능한 유산은 긍정적 효과뿐 아니라 부정적 효과를 지니기도 한다. 유산의 긍정적 효과로는 개최 지역의 발전과 부흥, 국제적 명성, 개최 지역의 의식 변화, 새로운 경험과 노하우, 문화적 가치 등이다. 부정적인 효과로는 불필요한 기반 시설, 사회적 갈등과 분열, 이해관계자들 간 상대적 박탈감 등이다. 이러한 유산들은 유·무형이며, 계획적이거나 무계획적으로 발생된다. 그리고 동일한 스포츠 이벤트도 개최 장소와 시간, 주최 측의 운영 방식 등에 따라서 긍정 또는 부정적 유산 효과가 다르게 나타날 수 있다. 특히 IOC에서 유산이라는 개념을 사용할 때는 전적으로 긍정적인 유산만을 의미하고 부정적인 유산은 고려하지 않는다고 지적된다. 유산의 문제점들에 대해서 제대로 설명되지 않고 있다. 그리고 유·무형의 유산은 경제학에서 말하는 유·무형의 편익과 비용과 유사하다.

셋째, 메가 스포츠 이벤트를 개최하면서 긍정적 의미의 유산 효과를 기대하기가 어려울 수도 있다. 메가 스포츠 이벤트 유치 과정에서 단순히 주민이나 언론의 관심을 끌기 위해서 계산되는 경제적 효과는 실제로는 기대수준에 미치지 못하는 경우가 더 많이 있다. 일부 학자들은 올림픽과 같은 메가 스포츠 이벤트의 경제적 효과라는 말은 더 이상 의미가 없다고 주장하기도 한다. 올림픽과 같은 스포츠 이벤트를 개최하는 국가들은 경제적으로 이득보다 손실이 더 많이 발생할 수 있다고 주장된다. 실제로 올림픽을 개최한 많은 국가나 지역들이 엄청난 적자를 경험하고 있다. 1976년 몬트리올, 1998 나가노, 2002 솔트레이크, 2004 아테네 올림픽 등이 대표적이다.[17] 일부 지역에서는 메가 스포츠 이벤트 개최 기간 중에 관광객들이 오히려 줄어들었다고 주장되기도 한다.[18] 올림픽과 같은 메가 스포츠 이벤트를 개최하면서 엄청난 재정적자를 경험하고 있는 상황에서 유

---

17) 캐나다 몬트리올시는 1976년 올림픽 개최에 따른 부채를 갚는 데만 30년이 걸렸으며, 시의 재정파산 요인의 하나였다. 1998년 일본 나가노 동계올림픽은 경기장, 시설 등에 투자한 부채를 지금도 상환하고 있다. 2004년 그리스 아테네는 올림픽을 개최하면서 관광객을 유치하기 위해 막대한 투자를 했으나 성과가 없었으며 경제위기 원인이 되었다는 주장도 있다. 2010 캐나다 밴쿠버는 동계올림픽을 개최하면서 100억 달러 이상의 재정적자를 떠안았다. 영국 정부는 2012 런던 올림픽을 개최하는 데 37억 달러가 지출될 것으로 예상했으나 실제로 부담한 비용은 150억 달러에 달했다고 한다. 런던 올림픽의 경제적 효과는 127억 달러에 불과하였다. 소련은 2014년 소치 올림픽을 개최하는데 510억 달러가 들었다. 동계올림픽이 하계올림픽에 비해 경기장 수나 참가선수들이 1/4 수준에 불과한 사실을 감안하면 소련은 엄청난 재정적자가 발생했을 것이라는 보도도 있다.

18) 앨머스와 마네닉(Allmers,S., & Maennig,W.,2008)은 1998년 프랑스 월드컵과 2006년 독일 월드컵 축구 대회의 경제적 효과를 분석하였다. 스포츠 이벤트와 경기장에서 의미 있는 경제적 효과는 거의 나타나지 않았으나 이미지 제고, 좋은 감정 등과 같은 무형의 효과는 크게 나타났다고 주장한다. 그러나 1998년 프랑스 월드컵 경기 대회 개최 기간 중 숙박을 한 외국인 수가 오히려 감소하였으며, 관광효과는 거의 나타나지 않았다고 주장한다.

산을 강조하는 것이 의미가 있을지 의문이다. 경제적으로 뒷받침되지 않은 상황에서 긍정적 의미의 유산 효과를 기대하기가 쉽지 않을 것이다.

(2) 긍정적 유산 효과 구축

올림픽과 같은 메가 스포츠 이벤트를 개최할 경우 다양한 방식으로 유산이 발생할 수도 있다. 따라서 유산의 특성을 보다 구체적으로 파악하여 긍정적 의미의 유산이 장기간 지속될 수 있도록 해야 할 것이다.

첫째, 유산은 계획적 또는 무계획적으로 발생한다. 예를 들어, 메가 스포츠 이벤트 관광을 위한 계획은 전 세계 관광객들에게 관광의 매력을 확대시킬 수 있다. 그러나 이벤트 개최 지역에서 폭력, 테러, 정치사회적 혼란 등은 무계획적으로 발생하며 개최지의 관광에 대한 이미지를 손상시킨다. 둘째, 유형과 무형의 유산이다. 유형의 유산은 평가하기가 쉬운 반면에, 무형의 유산은 그렇지 않다. 무형의 유산은 스포츠 이벤트 개최 지역에서 주관적으로 느낄 수 있는 경험과 이미지 등이다. 무형의 유산은 객관적으로 평가하기가 쉽지는 않지만 경제·사회·문화적으로 커다란 영향을 미치므로 중요하게 고려되어야 할 것이다. 예를 들어, 초대형 경기장 건설, 국내외 관광객 증가 등은 유형이지만, 주민들의 자부심, 매력적인 관광 이미지 등은 무형이다. 셋째, 긍정적 또는 부정적 의미의 유산이다. 유산은 양면성을 지닌다. 예를 들어, 관광 산업에 대한 긍정적인 유산은 환경에 부정적인 유산이 될 수도 있다. 메가 스포츠 이벤트 개최에 따른 유산에 대한 평가는 이해당사자들의 손익에 따라 다르게 평가될 수도 있다. 이득을 본 집단들은 긍정적으로 평가할 것이지만, 피해 및 소외계층들은 부정적으로 평가하려고 할 것이다. 넷째, 유산의 발생 시간과 지속 기간이다. 이벤트에 대한 유산은 이벤트가 개최되기 전에 발생하기도 한다. 예를 들어, 올림픽 경기가 개최되기 전에 열리는 프레올림픽 경기(pre-olympic game)가 대표적이다. 올림픽과 같은 메가 스포츠 이벤트를 개최할 경우 각종 경기장, 기반 시설 등은 오랫동안 지속될 수 있는 유산인 반면에, 이벤트 전후에 열리는 각종 문화 축제 등은 오래 지속되기가 어렵다. 다섯째, 유산은 지역에 따라 다르게 나타날 수도 있다. 예를 들어, 올림픽 경기가 개최되는 도시의 중심 지역이 다른 도시나 지역, 국가에 비해 이미지나 도심부흥이라는 편익을 더 많이 누릴 수 있다. 유산 효과는 메가 스포츠 이벤트 개최 지역의 가까운 곳에서 상대적으로 분명하게 경험할 수 있으며, 월드컵 축구대회와 같이 여러 지역에서 열리는 경우 개최 지역 내에서 경험할 수 있다. 대부분의 메가 스포츠 이벤트는 도심의 부근에서 개최되는데, 이벤트의 규모, 수송, 효율적 운영 등을 감안해서 결정된다. 메가 스포츠 이벤트를 개최하는 지역에 따라 부정적·긍정적 유산 효과가 나타날 수 있다. 〈표 2-4〉에서는 메가 스포츠 이벤트를 개최하게 될 경우 발생 가능한 유산들이다.

〈표 2-4〉 메가 스포츠 이벤트와 긍정 부정적 유산

유형	긍정 부정적 유산 효과
경제	- 개최 지역의 경제 활력, 투자 기회, 일자리 창출 등 - 효과 일시적이며 미약, 재정 부담
기반 시설	- 각종 스포츠 시설 및 기반 시설 개선, 관광 자산 - 일회성, 이벤트 이후 운영 비용 부담
이미지	- 긍정적 이미지 창조, 국가브랜드 제고 등 가능 - 테러와 폭력, 미숙한 운영, 취약점 노출 등
자부심	- 개최 지역에 대한 자부심, 자신감, 동기 부여 등 - 이벤트에 대해 호감을 지닐 경우만 가능
정치	- 민주주의 발전 가속화, 공공부문의 역량 개선 등 - 정치적 악용 소지
문화	- 문화적 정체성, 문화 이벤트, 문화 상품 등 - 지나친 상업화로 문화적 가치와 본질 퇴색
환경	- 환경에 대한 인식 제고, 그린(green) 스포츠 이벤트 - 환경 파괴 및 오염, 매연 및 공해
지식 및 기술	- 기술과 지식 습득, 서비스 기술 등 인적자본 향상 - 인적자본 부족할 경우 비용 낭비
스포츠	- 스포츠에 대한 인식과 발전 - 스포츠 이벤트의 지나친 상업화
국제교류	- 성공적 개최 위한 국가 간 교류 증진, 국제적 안전 등 - 지나친 이해관계, 일회성

제4절 ☆ 경제·사회적 효과와 측정

1) 경제·사회적 효과

글로벌 스포츠 이벤트를 개최하게 될 경우 다양한 경제·사회(비경제)적 효과를 기대할 수 있다. 글로벌 스포츠 이벤트를 개최하게 되면 각종 투자와 소비지출이 발생한다. 스포츠 이벤트를 개최하기 위해서는 경기장, 선수촌, 도로, 다리, 공항 등을 새로 건설하거나 개·보수를 한다. 이로써 관련 산업의 발전을 기대할 수 있는데 이를 경제적 효과라고 한다. 스포츠 이벤트를 개최하기 위한 각종 투자와 지출은 개최 국가 경제 내에서 각종 재화와 서비스를 구입하고 판매하는 과정을 거치며 직·간접적으로 경제적 효과가 발생한다. 경제적 효과는 스포츠 이벤트 관련 정책을 수립하거나 평가하는 데 유용하다.

그러나 글로벌 스포츠 이벤트를 개최하게 될 경우 비경제적 효과도 발생한다. 글로벌 스포츠 이벤트를 개최할 경우 경제적 효과보다는 비경제적 효과가 더 크다고 주장되기도 한다. 비경제적 효과로는 개최 국가의 이미지 제고, 국가 경쟁력 강화, 선진 시민 의식 구축, 자부심, 가능성 등이다. 이를 무형의 편익이라고도 한다. 글로벌 스포츠 이벤트를 통해 국가의 이미지를 제고하는 것은 국가 경쟁력을 높이는 중요한 요인 중 하나이다. 올림픽·월드컵 등과 같은 글로벌 스포츠 이벤트가 성공적으로 개최될 때 자부심, 가능성 등 무형의 편익을 얻을 수 있으며 개최 지역은 경제·사회적으로 한 단계 더 도약할 수 있다. 특히 후발개도국이 글로벌 스포츠 이벤트를 성공적으로 개최할 경우 개최 국가의 정부 등 공공부문의 역량 강화, 선진경제 사회질서 구축, 사회 분위기 개선, 사회적 유대 관계, 국민 통합 등을 기대할 수 있다. 이러한 사회적 효과 또는 비경제적 효과는 시장에서 거래되지 않는 무형의 편익이다. 이러한 무형의 편익은 스포츠 이벤트 개최에 따른 경제적 효과를 향상시킬 수 있다는 점에서 높이 평가된다. 스포츠 이벤트를 개최할 경우 경제적 효과뿐 아니라 비경제적 효과를 동시에 고려해야 한다고 주장된다. 〈표 2-5〉는 글로벌 스포츠 이벤트 개최할 경우 발생 가능한 경제·비경제적 효과이다.

〈표 2-5〉 글로벌 스포츠 이벤트의 경제 비경제적 효과

경제적 효과	비경제적 효과
- 투자 및 소비지출 증대	- 개최지의 이미지 및 위상 제고
- 개최 지역의 일자리 창출	- 국민 통합, 자긍심 등
- 도로, 다리, 철도 등 SOC 투자 확대	- 개최 노하우 등 대외역량 가능
- 이벤트 관련 산업 발전	- 자원봉사 등 시민의식 함양
- 관광 산업 활성화	- 할 수 있다는 가능성, 성취감 등

2) 비용 – 편익 분석

비용-편익 분석(CBA, cost-benefit analysis)은 글로벌 스포츠 이벤트를 개최하는 데 소요되는 모든 비용과 편익을 수량화하여 평가하는 방식이다. 단순히 경제적 영향을 평가하는 방법이 아니라 시장에서 거래되지 않는 재화나 서비스를 평가할 수 있다. 무형의 편익과 비용이라고 한다. 이러한 편익과 비용은 글로벌 스포츠 이벤트의 경제적 영향으로 제한되는 것이 아니라 사회적, 정치적, 환경에 관한 영향도 반영할 수 있다. CBA는 글로벌 스포츠 이벤트를 개최함에 따라 발생하는 편익과 비용을 측정할 수 있다는 점에서 유용하다. CBA는 글로벌 스포츠 이벤트를 개최하는 지역이나 도시, 국가 등 특정 지역의 모든 비용과 편익을 계산할 수 있다. 스포츠 이벤트 개최에 따른 경제·사회적 효과를 총비용과 총편익으로 구분하여 분석할 수 있다는 점에서 자주 사용되고 있다. 그러나 CBA를 이용할 경우 일부 요소들을 수량화·객관화하기가 쉽지 않다. 스포츠 이벤트를 개최함에 따라 발생하는 지역 주민들의 자부심, 정체성, 즐거움 등 무형의 편익과 환경오염, 소음, 혼잡 등 등 무형의 비용을 객관적인 수치로 파악하는 데는 어려움이 따른다. 무형의 편익과 비용이 자의적, 주관적으로 판단된다는 것이다. 즉, 글로벌 스포츠 이벤트 개최와 직·간접적으로 이해관계가 있는 집단들이 스포츠 이벤트 개최에 따른 비용-편익 분석을 할 경우 무형의 편익은 과대평가하고 무형의 비용은 과소평가하려는 성향이 있다고 지적되기도 한다. 또, 비용-편익 분석은 주로 지역 주민 등 수요자의 의견이나 주장이 반영되지 않고 공급자 중심으로 이루어진다는 데 문제가 있다고 지적된다. 〈표 2-6〉은 글로벌 스포츠 이벤트를 개최함에 따라 발생 가능한 비용과 편익을 나열한 것이다.

〈표 2-6〉 글로벌 스포츠 이벤트 개최에 따른 편익과 비용

비용	편익
- 운영 비용(조직위, 경기 운영)	- 운영 비용 지출에 따른 수입
- 직접 투자 비용(경기장, 선수촌, 기자촌)	- 건설 수입
- 간접 투자 비용(도로, 철도, 기반 시설)	- 투자에 따른 수입
- 무형의 비용(환경 오염·파괴, 혼잡 등)	- 무형의 편익(자부심, 통합, 이미지 등)

3) 조건부가치측정법

스포츠 이벤트를 개최할 경우 각종 경제적 활동으로부터 발생하는 금전적 이득에 초점을 맞추는 대신에 스포츠 이벤트 개최와 더불어 느낄 수 있는 경제·사회적 후생수준에 대한 관심이 높아지고 있다. 전통적인 분석 방법에서는 글로벌 스포츠 이벤트 개최에 따른 자금지출과 파생된 총소득 간의 관계에 주로 관심을 가졌다. 그동안 사용되었던 I-O분석, CBA 등의 방식은 정책적 목적을 달성하기 위해 공급자 중심으로 이루어져 왔으며, 개최 지역 주민들의 의사가 제대로 반영되지 않았다. 즉, 글로벌 스포츠 이벤트를 개최함에 따라 발생하는 지역 주민들의 참살이(well-being)는 고려되지 않았다. 참살이는 스포츠 이벤트를 개최하거나 경기장을 건설하는 데 필요한 지출에 대해서 지역 주민 등 개인들은 어떠한 선택을 할 것인가를 묻는 방식이다. 스포츠 이벤트를 개최하는 데 필요한 자금을 지역 주민 등 개인들은 얼마나 지출할 용의가 있는가를 묻는 방식이다. 스포츠 이벤트 개최 지역 주민들의 참살이를 측정하는 방식을 조건부가치측정법이라고 한다.

조건부가치측정법(CVM, contingent valuation method)은 원래 환경에 대한 가치를 측정하는 데 주로 사용되었다. 그 후 교통 정책, 사냥과 낚시, 휴양지, 국립공원, 멸종 동·식물의 보호 가치 등 다양한 분야에서 사용되고 있다.

최근에는 글로벌 스포츠 이벤트 개최에 따른 경제·사회적 효과를 측정하는데 사용되고 있다. CVM은 글로벌 스포츠 이벤트, 초대형 공공 스포츠 시설 등과 같이 시장에서 거래되지 않는 재화나 서비스에 대해 사람들이 부여하고 있는 경제적 가치를 설문을 통해 직접적으로 이끌어내는 방법이다. 즉, CVM은 스타디움, 실내 경기장과 같은 초대형

스포츠 시설, 공원 등 공공재나 서비스에 대해서 지역 주민 등 개인의 선호를 이용하여 가치를 평가한다. 이러한 분석의 목표는 스포츠 이벤트나 기초시설에 대한 투자와 관련된 서비스 소비를 통해 개인들에게 파생되는 편익을 직접적으로 측정하는 것이다. 스포츠 이벤트 개최나 스포츠 시설 등에 대한 투자는 손익분기점을 맞추기가 어렵다. 개인이 스포츠 이벤트 개최나 스포츠 시설 건설에 따른 사회후생 증진을 위해서 얼마나 지불할 의사(WTP, willing to pay)가 있는가를 파악할 수 있다.

CVM은 스포츠 이벤트를 개최하는 데 필요한 투자에 의해 영향을 받는 후생수준을 측정하는 데 유용한 평가수단이라고 주장된다. 이를 통해 무형의 편익을 구할 수 있는데, 이를 심리적 소득(psychic income)라고도 한다. CVM은 스포츠 이벤트 개최 지역 주민들의 선호를 가장 정확하게 파악할 수 있는 방식이다. CVM 방식은 소비자들의 선호를 이용하여 스포츠 이벤트, 스포츠 시설 등의 가치를 측정할 수 있다는 점에서 높이 평가된다. 스포츠 이벤트 개최와 관련된 국민들이 생각하는 편익과 비용을 보다 구체적으로 파악할 수 있다. 또 CVM은 글로벌 스포츠 이벤트 개최에 따른 비용과 편익을 지역별로 세분하여 파악할 수 있어 지역별로 맞춤형 정책을 실시할 수 있다는 장점이 있다.

〈표 2-7〉 CVM을 이용한 2012 런던 올림픽 개최 비용과 편익(%)

	주요 내용	런던(London)	맨체스터(Manchester)	글래스고(Glasgow)
편익	- 국민 간 단합, 자긍심	16.87	18.01	15.79
	- 가능성에 대한 인식	13.77	14.67	13.97
	- 동기 부여, 격려	18.85	16.54	18.68
	- 스포츠 시설의 유산 가치	16.07	16.62	16.52
	- 환경 개선	13.94	14.69	10.55
	- 생활 증진	11.94	11.87	13.57
비용	- 혼잡	17.64	17.74	17.65
	- 소매치기 등 좀도둑	16.25	16.47	17.45
	- 테러 등 불안	18.88	18.20	23.18
	- 환경 파괴, 부패	17.17	18.8	15.09
	- 교통 지연 등	20.24	18.67	15.57
	- 과도한 미디어 방송	8.75	8.84	10.41
	- 사회 문화적 이벤트	8.39	7.57	9.47

자료: Giles Atkinson, Susana Mourato, Stefan Szymanski and Ece Ozdemiroglu(2007).

그러나 CVM은 소비자들의 선호를 나타내는 방식으로 분석과정에서 절차가 지나치게 복잡하고 응답자들의 반응에 따라 결과가 달라질 수 있으며, 소비자들의 선호를 파악하는 데 비용이 상대적으로 많이 든다는 문제점이 있다. 또 CVM은 이벤트 개최 지역의 주민 등이 지니고 있는 주관적인 인식과 경험, 이미지 등에 영향을 받을 수 있다고 지적된다. 〈표 2-7〉은 2012년 런던 올림픽 개최를 앞두고 영국 주요 지역의 주민들을 대상으로 CVM 방식으로 무형의 비용과 편익을 분석한 것이다.[19]

제5절 ✣ 스포츠 이벤트와 지속 발전

1) 이벤트와 지속 발전 가능성

글로벌 스포츠 이벤트에서도 지속 발전 가능성이라는 말이 자주 사용된다. 원래 환경적으로 건전하고 지속적으로 발전 가능하게 하자는 데서 시작되었다. 부룬트란트(brundtland) 보고서(1987)에 의하면, 지속 가능한 발전이란 미래 세대들의 필요를 충족시킬 수 있는 가능성을 손상시키지 않는 범위 내에서 현재 세대의 필요를 충족시키는 발전이라고 정의된다. 지속 발전 가능성에 대한 관심은 경제, 사회, 환경 등으로 점차 확대되고 있다. 즉, 경제적으로 생존가능하고 환경적으로 건전하며 사회적 책임이 있도록 조화로운 운영을 의미한다고 할 수 있다.

지속 발전 가능성은 개념이 다양하게 사용되면서 메가 스포츠 이벤트에서도 사용되고 있다. 즉, 글로벌 스포츠 이벤트를 개최할 경우 경제적으로 생존가능하고 환경적으로 건전하며 사회적으로 책임이 있도록 조화로운 운영 방안을 모색하자는 것이다. 일부 학자들은 지속 가능한 발전을 위해 경제, 사회, 환경 등에 대한 논의가 중점적으로 이루어지는 것은 트리플 보텀 라인(triple bottom line)[20]과 유사하다고 주장하기도 한다. 트리플 보

---

19) 애킨슨(G. Atkinson, 2007) 등은 CVM 방식을 이용하여 2012년에 개최될 런던 올림픽의 경제·사회적 가치를 측정하였다. 이들은 2012 런던 올림픽의 경제·사회적 가치는 2007년부터 2016년(10년간)에 걸쳐 19억5천2백만 파운드에 달할 것이라고 주장하였다.

20) 트리플 보텀 라인은 엘킹톤(Elkington, J.1999)이 주장하였는데, 이는 후에 지속 발전 가능성(sustainability)

팀 라인은 어떤 조직이 경제, 사회, 환경 분야의 가치를 창조하거나 파괴하는지를 다루기 위한 수단으로 시작되었다. 이는 후에 지속 발전 가능성 등으로 확대되었다. 프레드라인(Fredline, E. 2006) 등은 글로벌 스포츠 이벤트를 개최하는 지역에서 트리플 보텀 라인이라는 개념을 도입할 필요가 있다고 주장한다. 글로벌 스포츠 이벤트에서 지속 발전 가능성이라는 말은 이벤트 유치 경쟁에서부터 등장하고 있다. 글로벌 스포츠 이벤트 개최를 통해 다양한 목적을 달성하기 위해서는 이벤트를 좀 더 계획적이고 체계적으로 운영할 필요가 있다. 글로벌 스포츠 이벤트가 지속 발전 가능성을 지니기 위해서는 경제적, 사회적, 환경 차원에서 분석될 필요가 있다고 주장되고 있다.[21] 〈표 2-8〉은 글로벌 스포츠 이벤트가 지속적으로 발전 가능하기 위해서 최소한으로 갖추어야 할 분야별 내용을 요약한 것이다.

〈표 2-8〉 글로벌 스포츠 이벤트와 지속 발전 가능성

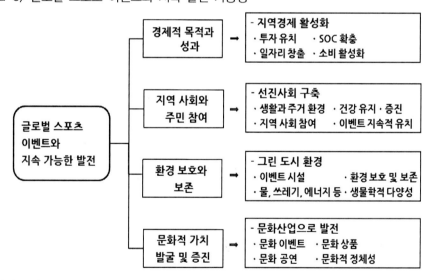

등으로 확대되었다. 체르쉔코(Chernushenko, van der Kamp. 2001) 등은 트리플 보텀 라인을 채택하게 되면 경제적, 사회적, 환경적 목표를 강화하여 편익을 얻을 수 있다고 주장한다.

21) 브람웰(Bramwell,B.1997)은 세필드 세계 학생 경기(sheffield world student games)의 재정지출 문제를 연구하면서 지속 발전 가능성 측면에서 경제, 사회, 환경적인 문제를 광범위하게 다루었다. 프레우스(Preuss, H., 2004) 등은 1994 릴레함메르(lillehammer) 동계올림픽, 2000 시드니(sydney) 올림픽 등의 개최 지역에 미치는 긍정·부정적 효과를 장기적 측면에서 연구하였다. 로퍼(Roper, T., 2006)는 2012년 런던 올림픽이 그린 스포츠 이벤트(green sport event)를 달성할 수 있는 방안에 대해서 연구하였다.

우리나라는 올림픽, 월드컵 축구 대회 등 메가 스포츠 이벤트를 모두 개최한
세계에서 몇 안 되는 국가 중 하나이다. 하지만 성공적인 개최만 중시하고 지
속 발전 가능성에 대해서는 관심이 부족하였다고 지적된다.

[그림 2-3] 우리나라와 메가 스포츠 이벤트 개최

2) 경제적 목적과 성과

글로벌 스포츠 이벤트가 경제적으로 지속 가능한 발전을 이루기 위해서는 경제적 목
적과 성과가 보다 구체적이어야 한다고 주장된다. 경제적 목적은 글로벌 스포츠 이벤트
를 개최하는 지역의 주민들이 가장 크게 기대하는 것이다. 이러한 기대는 특히, 경제가
침체된 국가나 지역에서 아주 중요하다. 따라서 글로벌 스포츠 이벤트 개최 당국은 방문
객이나 참여자들로부터 얼마나 많은 수입을 얻을 수 있는지, 얼마나 많은 일자리를 창출
할 수 있는지, 어떠한 경제적 성과를 얻을 수 있는지 등에 대해 관심을 가져야 할 것이다.

이벤트 개최 지역의 주민들은 이벤트 개최 전후에 단기적으로 경제적 이득을 기대할
수 있다. 그러나 지속적 발전 가능이라는 의미에서 볼 때 개최 지역의 주민들은 일시적
으로 발생되는 경제적 이득이나 일자리를 원하지는 않을 것이다. 지역 주민들은 스포츠
이벤트 개최와 더불어 지속적인 수입과 일자리를 기대한다. 그러나 문제는 대부분의 국
가나 지역이 글로벌 스포츠 이벤트를 개최하는 과정에서 지역 주민들의 수입 증대나 일
자리 창출을 주요 목표로 하지는 않는다는 사실이다.

만약 스포츠 이벤트가 개최 지역의 경제·사회적 발전을 위한 중요한 기회로 간주된다면 스포츠 이벤트 개최에 따른 중장기의 경제적 목적도 제시해야 할 것이다. 그럼에도 스포츠 이벤트를 개최하는 정부는 장기적으로 발생 가능한 경제적 편익에 대해 구체적으로 설명하지 않는다. 즉, 스포츠 이벤트 개최에 따른 각종 전략들이 미래의 경제 성장 및 발전을 위한 수단으로 연계되지 않고 있다. 만약 스포츠 이벤트 개최 당국이 이러한 이슈에 대해서 관심을 가지지 않는다면, 개최 지역 주민들은 글로벌 스포츠 이벤트 개최를 달가워하지 않을 것이다. 글로벌 스포츠 이벤트를 개최함에 있어 커다란 영향을 미치는 지역 사회의 여론과 반응을 형성하는 데 가장 중요한 역할을 하는 것은 경제적 기대 수익일 것이다. 글로벌 스포츠 이벤트 개최를 통한 투자 유치, 관광 산업 활성화, 새로운 산업 등장, 개최 지역의 경제·사회적 발전과 부흥 등이다.

3) 지역 사회와 주민 참여

글로벌 스포츠 이벤트를 통해 개최 지역이 지속적으로 성장하고 발전하기 위해서는 지역 사회나 주민들의 적극적 참여와 긍정적인 인식이 중요하다. 글로벌 스포츠 이벤트가 성공적으로 개최되기 위해서는 지역 사회와 주민, NGO 등 간 상호작용이 중요하다는 의미이다. 통상 글로벌 스포츠 이벤트 개최를 적극 지지하는 주민들이 많으면 많을수록 이벤트는 보다 수월하게 성공적으로 개최될 수 있다. 보다 많은 지역 주민들이 적극적·자발적으로 참여할 경우 스포츠 이벤트 개최 과정에서 발생하는 각종 사회적 비용을 줄일 수 있기 때문이다. 그러나 일부 스포츠 이벤트 주최 측은 지역 사회나 주민, NGO들의 의사와 참여를 외면하기도 한다. 특히, 일부 주최 측은 사회적으로 소외된 계층이나 저소득층, 반대자들의 주장과 요구 사항을 들으려 하기보다는 회피하거나 무시하려는 성향이 있다고 지적된다. 이는 글로벌 스포츠 이벤트를 개최하여 지역을 발전시키려는 주민들의 바람을 간과하는 것이다. 글로벌 스포츠 이벤트 개최를 통하여 만연해 있는 지역 사회의 문제들을 해소하는 데 실패할 가능성이 더 크다는 의미이다. 자칫하면 스포츠 이벤트를 개최하여 개최 당국과 지역 주민 간 갈등과 불신만 조장할 수 있다.

스포츠 이벤트 개최 준비 단계에서부터 지역 사회 주민들의 공동 참여가 필수적이다.

글로벌 스포츠 이벤트를 유치하는 데 지역 주민들의 지지율이 높았다고 하더라도, 이벤트 개최 준비 과정에서 지역 주민들의 적극적 참여 유도, 이벤트 관련 정보 교환, 원활한 의사 소통 등이 지속적으로 이루어져야 한다. 글로벌 스포츠 이벤트 주최 측과 지역 주민 간 상호신뢰와 사회적 네트워크를 구축한다면 지역 사회의 문제를 해결할 수 있기 때문이다.

지역 주민들도 스포츠 이벤트를 통해 지역 사회가 양적·질적으로 성장하고 발전할 수 있다는 사실을 인식하고 보다 적극적으로 참여할 필요가 있다. 주최 측과 지역 주민 간 화합과 신뢰를 바탕으로 이벤트가 성공적으로 개최될 경우 개최 지역과 주민들은 보다 성장하고 발전하게 될 것이다. 그러나 이러한 성과들이 단기간에 저절로 나타나지는 않는다. 따라서 글로벌 스포츠 이벤트가 성공적으로 개최되고 지역이 지속적으로 발전하기 위해서는 주최 측은 지역 주민이 지역의 발전과 자부심, 자기만족감 등을 위해 보다 적극적으로 참여할 수 있는 방안을 마련해야 할 것이다.

4) 환경 보호와 보존

글로벌 스포츠 이벤트를 개최하게 되면 개최 지역의 도심이나 각종 시설들이 정비되고 지역의 환경이 개선될 수 있다. 실제로, 스포츠 이벤트를 개최하게 되면 이벤트 관련 시설 건설 및 개보수, 도심 정비, 환경 개선 등으로 주변 환경이 좋아지는 경우가 많다. 이는 개최 지역의 주민들이 스포츠 이벤트 개최를 지지하는 주요 요인이기도 하다. 또한 이들은 스포츠 이벤트 개최와 더불어 자연 자원을 보존하고 환경을 개선하기 위한 노력에도 적극 참여하게 된다는 연구도 있다.

이미 오래전부터 올림픽과 같은 메가 스포츠 이벤트를 개최하는 데 각종 기반 시설 건설 계획, 문화적·역사적 의미를 지닌 시설물이나 건물 보존 등을 위해서 그린(green)이라는 개념이 사용되고 있다. 이제 스포츠 이벤트와 환경 보존 및 조화는 불가분의 관계를 지닌다. 스포츠 이벤트 개최를 위한 각종 시설 정비 및 개선 사업은 문화적 유산과 자연 자원을 보존하고 보호할 수 있는 촉매 역할을 할 것이다. 하천, 호수나 강을 정비하여 수질을 개선시키고 역사적 기념물을 보전하면 관광 자원화가 가능하다.

그러나 글로벌 스포츠 이벤트 개최 지역의 주민들은 환경에 미치는 부정적인 영향도 우려한다. 스포츠 이벤트 개최를 지지하지 않는 주민들이 주로 환경에 대한 우려가 크다. 개최 준비 과정에서 환경 및 생태계 파괴뿐 아니라 개최 기간 중 교통 혼잡, 각종 소음, 매연 등도 발생하기 때문이다. 글로벌 스포츠 이벤트 주최 측은 이러한 문제점을 최소화하기 위해서 사전에 대책을 강구할 필요가 있다. 주요 경기장에 대한 환경, 오염, 교통난 등에 대한 철저한 계획이 필요하다. 만약 이러한 계획들이 제대로 수립되지 않을 경우, 스포츠 이벤트 개최를 지지하는 주민들이 줄어들게 될 것이며, 스포츠 이벤트는 당초의 계획을 달성하기가 어려워질 수도 있다.

스포츠 이벤트에 참가하는 관중들에 의해서 소음, 교통 혼잡, 매연 등이 발생한다. 스포츠 이벤트 개최 지역을 중심으로 소란과 흥청거림이 발생하기도 하는데, 이는 스포츠 이벤트의 속성상 불가피할 수도 있다. 그럼에도 경기장의 관중들의 시끄러움과 혼잡을 이벤트의 즐거움으로 전환시킬 수 있는 방안이 필요하다. 환경 오염 및 파괴를 최소화하기 위해서는 스포츠 이벤트 개최 준비 단계에서부터 시작되어야 할 것이다. 스포츠 이벤트 주최 측은 이벤트와 관련된 환경의 질적 개선을 위해 노력해야 할 것이다. 특히 환경 오염을 이유로 이벤트 개최를 반대하는 주민, 환경 개선에 무관심한 지역 주민들에게도 구체적인 정책 수단과 환경에 대한 중요성 등을 충분히 인식시켜야 할 것이다.

5) 문화적 가치

글로벌 스포츠 이벤트는 문화적 사고와 정체성, 문화적 제품 등을 만들기도 한다. 특히, 올림픽과 같은 메가 스포츠 이벤트의 개·폐회식은 개최 국가만이 지니고 있는 사회, 역사, 예술 등 문화를 요약하여 보여주는 것이다. 긍정적인 문화 이미지, 개최지의 발전 모습, 새로운 기반 시설 등과 결합하여 새로운 문화가치를 창출한다. 글로벌 스포츠 이벤트 개최 지역의 문화 프로그램은 개최 지역의 이미지, 상징성, 의식, 전통 등 독특한 문화적 이미지를 만들어 스포츠 이벤트를 더욱 빛나게 한다. 글로벌 스포츠 이벤트의 가치와 문화적 독창성은 TV등 미디어를 통해 전 세계에 널리 알린다. 문화공연은 개최 지역 주민들에게 유익하고 주민들 스스로 자신의 역사에 자부심을 가지게 한다. 실제로, 1992년 바르셀로나 올림픽은 경기에 사용된 기반 시설을 변형시켜 문화적인 도시로 이미지를 변화시켰으며 마스코트 디자인, 올림픽 엠블럼, 경기장 모양 등에 스타일과 디자인을 중시하는 현대 도시의 특징을 반영하였다고 평가된다.

그러나 이러한 요소들이 개최 지역의 문화적 가치와 이미지를 무미건조하게 만들 수도 있다고 지적되기도 한다. 스포츠 이벤트의 로고, 슬로건, 스포츠 시설들이 문화적·상징적 특징을 명확하게 드러내지 못하고, 상업성만 지나치게 중시하여 마케팅이나 광고 도구로 이용될 경우에 그러하다. 더구나 올림픽 개·폐막식은 개최 도시의 문화를 표현하거나 보여줄 수 있는 좋은 기회이지만, TV 등 미디어의 중계방송 제약으로 이러한 문화 표현이 제대로 실현되지 못하기도 한다.

가르시아(Garcia, B. 2000) 등은 올림픽의 개·폐막식에서 나타내는 다양한 문화적 요소들이 TV 중계방송 중심으로 이루어지면서 단지 장엄한 스케일, 거대한 광경으로 변화하려는 것 같다고 지적한다. 문화적 의미를 강력하게 표출하기보다는 시청자들이 재미있어하고 감짝 놀랄 만한 요소가 훨씬 더 적절하다고 생각하는 경향이 있다고 비난한다. 올림픽 개·폐막식의 다양한 의식과 제전은 문화적 의미를 내포하고 있어야 하며 전 세계 관중들이 이해하기 쉽고 친근감을 가질 수 있도록 해야 할 것이다. 그리고 글로벌 스포츠 이벤트는 국제적 이슈에 세심한 주의를 기울여야 한다고 주장된다. 일례로 고도로 정치화된 사회·문화적 가치는 피해야 한다.

올림픽 경기 대회와 같은 글로벌 스포츠 이벤트 개최와 더불어 문화적 가치를 증진시키기 위한 전략으로는 다음 사항들이 강조된다. 첫째, 개최 도시의 브랜드 이미지와 개최 지역의 홍보 전략이 필요하다. 둘째, 올림픽 경기 대회의 상징과 이미지 부각이다. 경기의 로고나 상징(emblem), 마스코트, 액세서리, 의류, 장식품 등은 물론이고 올림픽 포스터, 기업 디자인, 그림문자나 그래프(pictograms), 올림픽 빌딩 디자인, 운영 요원 유니폼, 문구 및 출판물 디자인, 전통적인 올림픽 메달(우표나 동전), 올림픽 슬로건, 올림픽 송(song) 등이 해당된다. 셋째, 올림픽 의식이다. 올림픽 개·폐막식을 위한 각종 의식은 TV 등을 통해서 전 세계로 방송되므로 전 세계 시청자들로부터 많은 관심을 끌수 있다. 또한, 성화 봉송은 보다 많은 사람들의 참여와 사회적 관심을 불러일으킬 수 있다. 넷째, 문화활동 프로그램이다. 올림픽 경기 대회 기간 중이나 전에 열리는 특수한 문화·예술 이벤트이다. 이러한 문화·예술 이벤트는 모든 분야에 적용되어야 하며, 이는 문화정책을 보다 명확하게 이행할 수 있는 기회가 될 것이다.

제**3**장　글로벌 스포츠 중계방송 시장

등장 배경과 발전

1) 등장 배경

　라디오, TV 등이 등장하기 전에 스포츠 경기나 이벤트는 경기장에서만 관람할 수 있었다. 초기의 TV 중계방송 기술은 아주 초보적인 수준으로 카메라 한 대로 모든 경기를 중계했으며 전국에 중계방송을 할 수 있는 기술력도 부족했다.[1] 그러나 과학 기술이 발전하면서 시청자들이 경기장에 직접 가지 않고서도 경기를 시청할 수 있으며, 시간과 비용을 절약할 수 있다는 점에서 TV 중계방송에 대한 인기가 높았다. 더욱이 TV 보급률이 높아지면서 스포츠 경기 중계방송에 대한 대중들이 관심이 높아지기 시작하였다.

　그런데 TV로 스포츠 경기나 이벤트를 중계하게 된 것은, 프로 스포츠 리그나 기구들이 TV 중계방송을 필요로 했다기보다는 TV를 생산하는 기업과 방송사들의 필요에 의해서 이루어졌다고 주장된다. TV를 생산한 기업들은 보다 많은 TV를 판매하기 위해서 중계방송이 필요했으며, TV 방송사들로서는 스포츠 경기나 이벤트야말로 TV 방송에 적합한 콘텐츠(contents)였던 것이다. TV 방송사들은 보다 많은 TV 세트가 판매되면 TV 방송 시장이 확대될 수 있다는 점에서 스포츠 경기나 이벤트 중계방송에 관심을 가졌다. 1970

---

1) 1946년 미국에는 약 5천여 대의 TV가 있었다. 1949년에 TV 보급률은 12%에 불과했으나 1955년 67%, 1990년에는 98%에 달했다. 우리나라에서 최초의 TV 방송은 1956년 5월에 시작되었는데 서울을 중심으로 24km 내에서만 시청이 가능했다고 한다.

년대까지만 하더라도 TV 방송사는 소수였으며 중계방송료도 아주 저렴한 편이었다.

1980년대 들어 케이블 TV, 위성 TV 등 유료 방송사들이 나타나면서 스포츠 경기나 이벤트 등의 중계방송권에 대한 경쟁이 점차 치열해지면서 중계방송료도 급등하기 시작하였다. 당시만 하더라도 TV 방송사들은 스포츠 경기나 이벤트를 대체할 만한 콘텐츠를 별로 가지고 있지 못했다. 하지만 방송 콘텐츠에 대한 수요가 증가하면서 스포츠 경기나 이벤트에 대한 중계방송권 시장도 점차 과열되었고, 프로 스포츠 리그나 스포츠 기구들은 많은 수입을 올릴 수 있었다. 유럽에서는 중계방송 기술 발전과 규제 완화 등의 자유화로 민간 방송사들의 TV 중계방송 시장진입이 수월해졌다.

1990년대 초반에 BSkyB사가 영국 프리미어리그(EPL)의 경기를 유료TV로 독점 중계방송하면서 유료TV 방송 시장에 대한 관심이 증가하였다. 미국에서는 ABC사가 스포츠 갬블링을 중계방송하면서 유료TV 가입자와 관중을 대폭 늘려 많은 수입을 올렸다. 1990년대 후반 들어 메가 스포츠 이벤트나 각종 프로 스포츠 경기들은 지상파(free-to-air), 광대역(broadband cable), 위성(satellite)TV, 인터넷(internet), 모바일 폰(mobile phone) 등 다양한 채널을 통해 시청할 수 있게 되었다. 이와 동시에 방송사들의 중계방송료도 엄청나게 상승하였다. TV 방송사들이 스포츠 경기나 이벤트를 중계방송하기 위해서 액면 이상의 높은 가격을 지불하는 것은 단순한 광고 수입이나 시청료만으로 설명되기가 어렵다. 방송사들은 인기 높은 스포츠 경기나 메가 스포츠 이벤트를 중계방송하게 되면, 방송사에 대한 이미지 제고, 시청률 증대, 시장 지배력 등에서 유리한 위치를 점할 수 있다. 또, 스포츠 이벤트나 경기를 중계방송을 할 경우 드라마 제작과 같이 엄청난 비용을 들이지 않아도 된다.

메가 스포츠 이벤트나 프로 스포츠 경기 중계방송은 TV 산업이 성장하는 데 크게 기여했을 뿐 아니라 TV 중계방송사들도 많은 수입을 얻을 수 있었다. 점차 다양한 스포츠 경기나 이벤트들이 중계방송되면서 방송 시간도 대폭 증가하였다. 스포츠 경기 중계방송이 TV 방송산업의 발전에 크게 기여하였다는 증거는 스포츠 경기의 TV 시청률에서 찾을 수 있다. 〈표 3-1〉은 스포츠 경기 관련 미디어와 중계방송 발전 과정을 개략적으로 정리한 것이다.

〈표 3-1〉 스포츠 중계방송의 등장과 발전

연대	발전 및 변화	비고
1922	- 미국, 헤비급 복싱 경기 중계(J.Dempsey와 G.Carpentier) - 야구 경기 중계(pittsburg와 philadephia)	- 최초의 라디오 - 방송사에 방송 허락
1924	- 파리 올림픽	- 라디오 중계방송
1927	- BBC, Rugby Union, Wimbledon 경기	- 무료 중계
1936	- 독일 베를린 올림픽	- 최초 TV 중계 - 경기장 부근에서 시청
1937	- 윔블던 테니스, 영국 FA컵 결승전	- BBC
1939	- 컬럼비아 대학과 프린스턴 대학 간 야구 경기	- TV 중계
1959	- 미국, ABC방송사 스포츠부서 창설	- 파트너 관계
1960	- 1960년, 로마 올림픽(TV 중계) - 1960년 미국 스쿼벨리 동계올림픽 - 1964년, 도쿄 올림픽 - 1968년, 멕시코 올림픽 - ABC, Wide World of Sports 프로그램 도입	- 유럽의 18개 국가 - 녹화 필름 - 전 세계 위성 중계 - 컬러TV 중계 - 공생 관계
1970~80	- 케이블, 유료TV 방송 - ABC, Monday Night Football 시작 - 스포츠 광고 등장	- 영상 문화 - 쇼 스포츠 - 스포츠의 상업화
1990	- 디지털 방송 등장 - 스포츠 경기 중계방송권 경쟁 과열	- 글로벌 중계방송 - 중계방송권 가격 상승
2000	- 인터넷, 동영상 등 중계 채널 - 사이버 중계, Twitter, Online	- 중계방송의 다양화

2) 경기와 이벤트 중계방송

TV 중계방송의 등장으로 시청자들은 스포츠 경기나 이벤트를 보기 위해 경기장에 직접 가지 않고시도 경기를 즐길 수 있게 되었으며, 스포츠 기구나 리그들도 수입을 증대시킬 수 있었다. 1880년대부터 시작된 영국의 프로 축구 리그는 많은 팬들로부터 인기를 누려 왔으나 체계화되지 못하였고 많은 팀들이 재정난에 허덕였다. 영국은 1992년 리그의 팀들을 차등적으로 구분하여 그 중에서 가장 우수한 20개 팀을 선정하였다. 이들 팀을 중심으로 프리미어 리그(premier league)를 운영하면서 중계방송이나 스폰서십을 자유롭게 활용한 결과 엄청난 수입을 올리면서 전 세계적으로 높은 인기를 누리고 있다.[2]

북미의 MLB가 1950년대 16개 팀에서 30개 팀으로 확대될 수 있었던 것도 TV 중계방송 덕분이라는 주장이 있다. 미식축구, 농구, 하키 팀들도 비슷하다. 이들 팀은 1950년대만 하더라도 10개 미만의 프랜차이즈 형태로 운영되었으며, 팀과 선수들의 수입이 인기에 비해 그리 높지 않았다. 그러나 TV 중계방송이 늘어나면서 팀과 선수들의 수입이 증가하기 시작하였다. 골프, 테니스 등의 프로 스포츠 경기도 TV 중계방송이 이뤄지면서 많은 수입을 올릴 수 있었다.

현대의 스포츠 경기나 이벤트들은 TV 중계방송과 동반성장하고 있다고 주장된다.[3] 이제 프로 스포츠 경기나 이벤트의 성패는 TV 중계방송 여부에 달려있을 정도로 스포츠 시장에서 TV 중계방송의 영향력도 막강해졌다. 매일 전 세계에서 다양한 스포츠 경기나 이벤트가 열리고 있으며, TV 중계방송 시간도 늘어나고 있다. 이제는 케이블, PPV, 위성 TV, 디지털 채널, 스포츠 케이블 네트워크 등과 같은 유료 TV 채널은 물론 주요 지상파 방송에서 스포츠 이벤트나 프로 스포츠 경기를 중계방송하고 있다. 프로 스포츠 리그나 국제 스포츠 기구들은 TV 중계방송료가 없으면 생존하기가 어려울 정도이다. 중계방송료의 상승은 프로 스포츠 리그나 국제 스포츠 기구, 선수들의 수입 증대에 기여하고 있다. 스포츠 리그나 기구, 방송사, 광고주들은 밀접한 공생관계를 지니면서 스포츠 경기나 이벤트 중계방송 시장을 발전시키고 있다.

일부 국제 스포츠 기구나 프로 스포츠 리그에서는 TV 중계방송과 시청자 편의를 위하여 기존의 경기 규칙을 개정하거나 새로운 제도를 도입하기도 한다. 예를 들어, 배구 경기에서 스코어(score) 변경 가능성, 테니스 경기 연속 개최, 농구와 미식축구 경기에서 중간 휴식 시간 등이다.[4] 특히 스포츠 경기나 이벤트는 하나의 상품으로서 시청자들의 선호나 스폰서들의 요구 사항에 따라 중계방송되기도 한다. 미국에서는 미식축구, 야구,

---

2) 스카이 스포츠(sky sports)사와 브리티시 텔레콤(british telecom)사는 2016/2017~2018/2019까지 3시즌 504경기 (시즌 당 168 경기)에 대한 중계방송권료를 51억3천6백만 파운드(약 8조5천5백억 원)에 체결했다고 보도되었다.
3) 팔라스카(Parlasca,S., 2006)는 독일의 분데스리가의 중계방송료는 팀 총수입의 40%, 이탈리아의 세리에A는 37%, 스미스(Smith,A., 2009)는 영국 EPL의 중계방송료는 총수입의 약 42%를 차지한다고 주장한다. 레온 (Leone,M., 2008)은 미국의 NFL의 중계방송료는 총수입의 50%를 차지한다고 주장한다. 동·하계 올림픽 TV 중계방송권료는 1998년과 2000년에 15억 달러, 2010년과 2012년에는 27억 달러였으며, 월드컵 축구 경기 중계방송권료는 1998년 126백만 달러에서 2006년에는 14억 달러, 2010년에는 28억 달러로 상승하였다.
4) US Tennis Open경기의 준결승전과 결승전 경기는 보다 많은 관중과 시청률을 높이기 위해서 토요일과 일요일에 연속적으로 개최한다.

농구, 아이스하키 등이, 유럽에서는 축구 경기가 인기가 높다. 사이클링, 테니스, 럭비 등도 인기가 높은 종목들이다.[5]

한편, 정보통신 기술의 발달로 스포츠 경기나 이벤트를 중계방송하는 TV 방송사들이 늘어나면서 방송사 간 경쟁이 치열해치고 있다. 새로 등장한 방송사들이 프로 스포츠 경기나 이벤트의 중계방송권 가치를 상승시킨 반면에 방송사들이 판매하는 방송 프로그램의 가치를 하락시켜 방송사들의 수입을 감소시킨다고 지적되기도 한다.

새로운 중계방송 기술이 도입되면서 스포츠 경기라는 콘텐츠를 전달하는 방식은 다양하게 변화하였으나, 스포츠 경기나 이벤트라는 콘텐츠를 생산하는 과정은 예전과 크게 다르지 않다. 이에 방송 콘텐츠를 공급하는 프로 스포츠 리그나 스포츠 기구들은 방송사들과의 협상에서 점점 더 유리한 위치를 차지하게 되었다. 프로 스포츠 리그나 스포츠 기구에서 생산되는 경기나 이벤트는 기본적으로 공급이 제한되고 있음에도 이를 중계방송하려는 방송사들이 늘어나면서 경쟁이 더욱 과열되었다. 이 같은 방송사들의 과열 경쟁으로 리그, 기구 등 스포츠 콘텐츠 소유자들은 더욱 많은 수입을 올릴 수 있었다. 〈표 3-2〉는 유럽과 북미의 주요 프로 스포츠 리그, 올림픽과 FIFA 월드컵 축구 대회의 중계방송료를 추정한 것이다.

〈표 3-2〉 프로 스포츠 경기와 이벤트 중계방송료

경기 및 이벤트	기간	계약 기간	중계료($bn) 추정치	비고
EPL	2007/8~2009/10	3	1.64	영국
SerieA	2010/1~2015/6	6	1.32	이탈리아
Leigue1(France)	2008/9~2011/2	4	1.10	프랑스
NFL	2006~2013	8	3.86	미식 축구
NBA	2008/9~2015/6	8	1.03	미국 농구
London Summer Olympic	2012	1	2.50	IOC
Vancouver Winter Olympic	2010	1	1.30	〃
2010 FIFA World Cup	2010	1	2.19	FIFA
2014FIFA World Cup	2014	1	2.50	〃
UEFA Champions League	2009/10~2011/2	3	1.23	UEFA

자료: Sport Business(2010).

---

5) 프랑스 스포츠 경기 중계방송 프로그램 가운데 축구 약 25%, 테니스 10% 정도이다. 또 전체 중계방송료 가운데 축구 경기의 중계료 지출 비중은 독일 42%, 영국 51.6%, 이탈리아는 65.2%를 차지한다. 중계방송료는 국가 및 지역, 종목에 따라 다양하다.

정보통신 기술이 발달함에 따라 글로벌 스포츠 이벤트나 프로 스포츠 경기들이 전 세계에 중계방송되고 있다.

[그림 3-1] 스포츠 이벤트·경기와 글로벌 중계방송

3) 중계방송 시장의 구조

스포츠 경기나 이벤트 중계방송 시장은 크게 중계방송권 시장과 방송 프로그램 시장으로 구분될 수 있다.[6] 중계방송권 시장에서는 스포츠 기구(리그)와 TV 등 미디어(대행)사, 방송 프로그램 시장에서는 TV 등 미디어사와 시청자(광고기업) 간의 거래가 이루어진다. 중계방송권 시장과 방송 프로그램 시장은 다음과 같이 개략적으로 설명될 수 있다.

첫째, 중계방송권 시장에서 리그나 기구(협회) 등은 스포츠 경기나 이벤트를 생산하는 공급자이며, 경기나 이벤트를 구매하는 TV 중계방송사들은 수요자가 된다. 중계방송 시장의 자유화 등과 더불어 중계방송 시스템이 혁신적으로 발전하면서 스포츠 중계방송권 시장을 근본적으로 변화시키고 있다. 과거 유럽의 일부 국가에서는 주로 공공방송사들이 수요 독점자로 행동하면서 스포츠 경기나 이벤트에 대한 중계방송료를 상대적으로 낮은 가격에 구입할 수 있었다. 그러나 지상파 방송, 케이블 TV, 위성 TV 등이 등장하면서 중계방송권의 가격이 상승하고 있다. 스포츠 경기나 이벤트 중계방송 시장에서 주요 수입은 TV 방송사 등 콘텐츠 전달자에서 스포츠 리그나 기구 등 콘텐츠 생산자로 이동

---

6) 중계방송권 시장을 업스트림 중계방송 시장(upstream broadcasting market), 방송 프로그램 시장을 다운스트림 중계방송 시장(downstream broadcasting market)으로 구분하기도 한다.

하고 있다고 주장되기도 한다. 프로 스포츠 경기나 이벤트의 중계방송권의 가격이 엄청나게 상승하게 된 것은 프로 스포츠 경기나 스포츠 이벤트가 발전했기 때문이라기보다는 이를 수요하려는 TV 방송사들이 많이 등장했기 때문이라고 할 수 있다. 스포츠 경기나 이벤트 공급자보다 수요자가 더 많다는 것이다. 많은 TV 방송사가 등장하면서 이벤트나 경기가 방송 콘텐츠로서 활용도가 높아지면서 중계방송권 시장(upstream)의 가치가 더욱 상승하고 있다.

둘째, 방송 프로그램 시장에서 TV 방송사들은 프로 스포츠 리그나 기구로부터 스포츠 경기나 이벤트와 같은 방송용 콘텐츠를 구입하여 시청자와 광고기업들에게 판매한다. 시청자에게는 시청료를 받고, 기업에는 광고 시간을 판매하는 것이다. 방송 프로그램 시장에서 TV 방송사들이 방송 프로그램 공급자이며, 광고기업과 시청자들은 수요자가 된다. TV 방송사들은 스포츠 리그나 기구로부터 경기나 이벤트 중계방송권을 구입하여 시청자나 기업에게 방송 콘텐츠를 전달한다는 점에서 중간 수요자라고 부른다.

〈표 3-3〉 스포츠 경기 이벤트 중계방송 시장의 개요

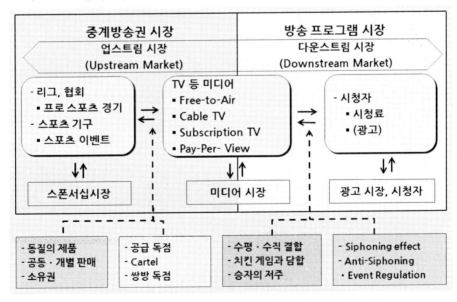

※ 우리나라: Cable TV는 중계권과 제작권 구분, 지상파 방송사: 중계 · 제작권 동시 가능.

셋째, 방송 프로그램 시장에서 공급자는 TV 방송사이고 수요자는 시청자와 광고기업이다. 시청자들은 스포츠 경기나 이벤트를 지상파, 케이블 TV, 위성 TV, PPV, 인터넷 등 다양한 방송을 통해 시청할 수 있다. 중계방송 기술의 발전은 시청자들이 보다 편리하게 스포츠 경기나 이벤트를 시청할 수 있게 해주었다. 유료TV에 가입한 시청자들은 자신이 원하는 경기를 시청할 수 있으나, 가입하지 않은 시청자는 스포츠 경기나 이벤트를 시청할 수 없다. 유료TV 방송사들이 등장하면서 많은 방송 프로그램이 사유화되었기 때문이다. 주요 스포츠 경기나 이벤트를 지상파 방송에서 무료로 시청하기가 점차 어려워지고 있다고 주장된다. 〈표 3-3〉은 스포츠 경기나 이벤트에 대한 중계방송 시장을 중계방송권 시장과 방송 프로그램 시장으로 구분하고, 경제적 논리로 설명이 가능한 것을 개략적으로 나타낸 것이다.

제2절 ☆ 중계방송권 시장

1) 동질의 제품

동일 종목의 스포츠 경기나 이벤트가 동시에 여러 방송사들을 통해 중계된다. 여러 방송사에서 동일 종목의 경기나 이벤트를 약간씩 다른 형태로 중계방송 한다고 하더라도 이는 근본적으로 동일한 제품(homogeneous product)이다. 스포츠 경기나 이벤트를 중계방송하는 방송사들은 다르더라도 제품의 양이나 질은 동일하다는 의미이다. 스포츠 경기 중계방송의 질적 차이는 거의 찾아보기 어렵다. 물론 동일한 스포츠 경기를 중계하더라도 방송사들이 서로 다른 자원을 투입하여 프로그램을 질적으로 다르게 제작할 수 있다. 그러나 시청자들은 스포츠 경기를 보면서 이러한 차이를 그리 중요하게 생각하지 않는다. 즉, 시청자들은 스포츠 경기나 이벤트 중계방송이 공영방송이든 민간방송이든 크게 개의치 않는다. 공영방송은 상업방송에 비해 광고를 적게 한다는 정도가 차이라면 차이라고 할 수 있다. 많은 시청자들이 영화, 토론, 뉴스와 같은 프로그램 방송 전·후에 등장하는 광고를 크게 좋아하지 않듯이 스포츠 경기 중계방송의 광고에 대해서도 마찬가지의 반응을 보인다.

상업용 방송사는 주로 광고 수익으로 운영되므로 스포츠 경기 전·후의 광고를 중시한다. 축구의 전·후반전, 농구의 쿼터제, 야구의 공·수 교대 등은 선수들에게 휴식 시간을 제공하거나 팀의 전략 수립 및 변경, 선수 교체 등을 위해서 필요하다. 그런데 이 중 많은 스포츠 경기 규칙은 보다 많은 광고를 할 시간을 주기 위해서 도입된 것이다. 경기 전·후보다는 경기 중간의 휴식 시간·선수 교체 시간에 방송되는 광고효과가 상대적으로 크다. 상업용 방송사들은 이윤극대화를 추구하므로 스포츠 경기를 중계할 때 상업성을 고려할 수밖에 없다. 그러나 공영이든 상업용 방송사이든 동일한 스포츠 경기를 중계한다는 사실은 달라지지 않는다.

2) 공동·개별 판매

프로 스포츠 경기나 이벤트의 중계방송권 판매 방식이 점차 다양해지고 있다. 기본적으로 프로 스포츠 경기의 중계방송권을 리그에서 공동판매하기도 하고, 팀(club)에서 개별적으로 판매하기도 한다. 중계방송권을 리그에서 공동으로 판매할 경우 리그는 각 팀을 대표하여 모든 경기의 중계방송권을 방송사와 협상할 수 있다.[7] 중계방송권을 리그에서 공동으로 판매하게 되면 거래비용을 줄이고 보다 효율적으로 판매할 수 있다. 또한 방송사의 입장에서는 시즌 전체의 중계방송권을 구입할 수 있어 계획적인 방송이 가능하다. 중계방송권을 리그에서 공동으로 판매할 경우 리그에 소속되어 있는 개별 팀의 수입은 리그의 협상 능력에 따라 달라진다. 리그는 팀을 대표하여 중계방송권을 방송사에 판매하고, 그 수입은 팀들에게 배분한다. 판매수입에 대한 분배 방식은 경기 종목에 따라 다양하다.[8] 이 때 팀들은 담합 행위에 나설 수 있어 자칫하면 카르텔로 비춰질 수

---

7) 올림픽 경기 대회 중계방송권은 1998년 나가노(nagano) 동계올림픽 때까지 개별적으로 판매하였으나 그 후부터는 일괄판매하고 있다.

8) 영국 EPL의 경우 TV 중계수익 가운데 50%는 균등하게 배분하고, 나머지 25%는 시즌의 경기 성적에 따라, 나머지 25%는 TV 출연 등에 따라 배분한다. 독일 분데스리가의 경우 TV 중계수익 가운데 50%는 동등하게 배분하고, 나머지 50%는 경기 결과에 따라 배분한다. 나머지 50% 가운데 75%는 3개 시즌의 성적에 따라, 나머지 25%는 최종 시즌의 성적에 따라 배분한다. 프랑스의 경우, 전체 수익 가운데 73%는 동등하게 배분하고, 나머지 27%는 시즌의 경기 성적에 따라 배분한다.

있다.[9] 미국의 NFL에서는 팀의 동의하에 스포츠 경기 중계방송권을 공동으로 판매한다.

일반적으로 스포츠 경기 중계방송권을 리그 차원에서 공동으로 판매할 경우, 판매가격은 팀에서 판매되는 것보다 더 높은 수준에서 결정될 수 있으며 경기 일정이나 경기횟수를 조정할 수도 있다. 또한 시장 규모가 작고 인기가 없는 리그의 하위 팀들의 경기도 일괄 판매할 수 있어 하위 팀들에게도 유리하다. 그리고 중계방송권을 구입한 방송사들은 방송 프로그램 시장에서 독과점적 지위를 더욱 강화할 수 있다. 리그의 공동판매방식은 경기라는 제품을 일관성 있게 제공할 수 있고, 팀 간의 수익을 재분배하며 경기일정을 조정하는 데 유리하고, 팀 간 전력균형을 유지하는 데 기여할 수 있다. 일부 유럽국가의 프로 스포츠 리그에서는 공동판매로 얻은 수입을 산간벽지나 생활 스포츠에 지원하기도 한다.

한편, 일부 프로 스포츠 리그에서는 중계방송권을 팀이 개별적으로 판매하기도 한다. 개별판매 방식은 시장 규모가 큰 팀이거나, 경기력이 우수하거나 뛰어난 선수가 있는 상위의 팀이거나, 판매 능력이 리그보다 훨씬 뛰어난 팀의 경우에는 더 효과적일 수 있다. 만약 어떤 팀의 시장 규모가 커서 중계방송권을 더 높은 가격에 판매할 수 있다면 팀이 개별적으로 TV 방송사에 판매하는 것이 더 많은 수입을 올릴 수 있을 것이다. 따라서 시장 규모가 크고 상대적으로 인기가 높은 팀은 경기 중계방송권을 개별적으로 판매하려고 할 것이다. 팀이 중계방송권을 개별적으로 판매하면 리그의 다른 팀들과 수입을 공유하지 않아도 된다. 반면 시장 규모가 작고 인기가 없는 리그의 하위 팀은 중계방송권을 원하는 가격에 판매하기 어려울 수도 있다. 중계방송권을 팀이 개별적으로 판매한다면 판매 능력에 따라 팀 간의 수입의 차이가 발생할 수 있다.

중계방송권의 개별판매 방식은 리그 차원의 공동판매 방식에 비해 팀(클럽) 간 수입격차가 더 크게 발생할 수 있으며, 팀 간 전력 불균형도 심화될 수 있다고 주장된다. 그러나 팀이 개별적으로 판매하는 방식이 소비자 편익 증진이라는 측면에서 더 바람직하

---

9) 1953년 미국의 연방법원에서는 프로 스포츠 리그 차원의 공동판매를 카르텔(cartel)과 유사하다는 이유로 불법이라고 판결했다. 그러나 1961년 스포츠 중계방송법(sports broadcasting act)에 의하여 스포츠 경기 중계권 공동판매는 반독점법으로부터 면제받게 되었다. 유럽에서는 1990년 중계방송권의 가치가 상승하자 공동판매와 관련한 이슈가 제기되기 시작했다. 독일에서는 공동판매를 불법으로 규정했으나, 분데스리가의 경우 의회로부터 면제받았다. 영국의 EPL은 1999년에 공동판매 권리를 얻었다. 그러나 스페인, 이탈리아 등은 법률로 금지하고 있다.

다는 주장도 있다. 스페인, 이탈리아 등의 프로 축구, MLB, NBA 등은 팀별로 중계방송권을 판매하고 있다. 〈표 3-4〉는 유럽 주요 국가들의 프로 축구 중계방송권 판매 시스템과 소유권이다. 국가마다 다양하게 운영되고 있음을 알 수 있다.

〈표 3-4〉 유럽 주요 국가들의 프로 축구 중계방송 권리와 판매 방식

	영국	프랑스	독일	스페인	이탈리아
TV 중계 소유권	클럽	리그	클럽/리그	클럽	클럽
판매 시스템	공동판매 프리미어리그	공동판매 리그	공동판매 DFL GmbH	개별판매 클럽	개별판매 클럽/컨소시엄

자료: Falconieri, Sonia; Sákovics, József; Palomino, Frédéric. (2004).

3) 공급과 수요 독점

공급 독점은 시장에서 공급자는 하나이고 수요자가 많은 경우이다. 이 경우 공급자는 독점으로 제품을 더 높은 가격에 판매할 수 있다. 중계방송권 시장에서 공급 독점이란 스포츠 경기나 이벤트를 하나의 리그나 기구에서 공급하는 데 비해 이를 수요하려는 TV 방송사들이 여러 개가 있는 경우이다. 전 세계적으로 인기가 높은 프로 스포츠 경기나 이벤트들은 프로 스포츠 리그나 IOC, FIFA 등과 같은 국제 스포츠 기구들이 중계방송권 시장에서 공급 독점자로 행동하면서 중계방송권을 높은 가격에 판매한다. 공급 독점자들은 여러 TV 방송사들과 중계방송료 협상 과정에서 유리한 위치에 있기 때문에 높은 가격을 받을 수 있다. 이들이 TV 방송사들로부터 높은 가격을 받을 수 있는 것은 올림픽 경기, FIFA 월드컵 축구 대회 등과 같은 메가 스포츠 이벤트를 독점적으로 공급하고, 이에 대한 라이벌 이벤트나 이를 대체할 만한 이벤트가 존재하지 않기 때문이다. 그러므로 이러한 스포츠 이벤트의 중계방송권 가격이 높아질 수밖에 없다. 많은 국제 스포츠 기구들은 글로벌 스포츠 이벤트를 공급하면서 공급 독점자와 같은 행동을 하려고 한다. 국제 스포츠 기구들이 보다 많은 관중을 유인하기 위해 경기나 이벤트 규칙을 개정하거나 황금방송 시간대로 경기나 이벤트 스케줄을 마음대로 조정하는 것도 공급 독점자라는 지

제I편 글로벌화와 스포츠 시장

위를 이용하는 것이다.10)

북미에서 프로 스포츠 경기 중계방송 시장에 ABC, CBS, NBC 외에도 케이블 방송사인 ESPN과 유료채널인 HBO 등의 시장진입이 허용되기 시작하면서, 공급 독점자인 리그와 국제 스포츠 기구들은 TV 중계방송권료와 중계방송 수를 조절하여 많은 수입을 올릴 수 있었다. 미국의 경우 올림픽 경기 대회 TV 중계방송 시장에서 공급 독점자는 IOC이며 수요자는 미국의 많은 방송사들이다. 미국의 경우 많은 지상파나 유료 방송사들이 올림픽 경기를 중계방송하려고 치열하게 경쟁을 한다. 이러한 과정에서 중계방송권료가 높아지게 된다.

한편, 수요 독점(monopsony)은 시장에서 공급자는 많은 데 비해 이를 소비하려는 수요자는 하나인 경우이다. 공급 독점자가 시장에서 시장 지배력을 행사하듯이 수요 독점자도 수요 측면에서 시장 지배력을 행사할 수 있다. 프로 스포츠 시장에서 중계방송권을 모든 프로 스포츠 팀들이 개별적으로 판매하고, 이를 중계방송하려는 TV 방송사가 하나인 경우 수요 독점자가 될 수 있다. 이 경우 TV 방송사는 더 싼 가격에 중계방송권을 구입할 수 있다. 1970년대 프랑스 축구 챔피언십 경기에 대한 TV 중계방송권을 팀들이 개별적으로 판매하면서 수요 독점 현상이 나타나기도 하였다.

4) 카르텔

과점시장(oligopoly market)은 소수의 기업들이 제품을 생산·공급하고 있는 시장이다. 자동차, 가전제품, 석유 제품 등의 시장이다. 과점시장에서 경쟁기업들은 일방적인 행동을 삼가고 상호 위협이 되는 일은 피하려고 한다. 과점시장에서 기업들은 판매가격과 수량을 협의하는 등 담합(collusion)을 하려는 유인이 존재한다. 담합 행위에 참가한 기업들을 카르텔(cartel)이라고 하는데, 기업 간 카르텔이 형성되면 사실상 독점기업과 유사한 행위가 가능하다. 과점시장에서 카르텔은 공급자와 수요자 간에도 발생할 수 있다.

---

10) 1998년 세계 여자 배구 선수권(volleyball world championship) 대회에서 여자 선수들이 보다 섹시한 이미지를 보여주기 위해서 유니폼이 선수들의 몸에 더 달라붙고 길이도 더 짧게 만들었다. 또, 2008년 싱가포르에서 개최된 F1 그랑프리(grand prix)는 경기는 야간에 열려 선수나 관중들의 안전에 관해 논란이 제기되었다. 그럼에도 불구하고 주최 측에서는 유럽의 시청자들과 황금시간대의 방송 중계를 위해서 불가피하다고 주장하였다.

마찬가지로, 프로 스포츠 경기나 이벤트에 대한 중계방송권 시장에서 공급·수요 측면에서 카르텔이 발생한다.

스포츠 경기나 이벤트 중계방송권 시장에서 공급 측면의 카르텔은 리그나 기구 등이 담합하여 TV 방송사들에게 중계방송권을 판매하는 경우이다. 공급 측면의 카르텔은 공급량을 줄이고 가격을 올려서 보다 많은 이윤을 얻기 위해서 취해진다. 그러나 만약 프로 스포츠 시장에서 경기 중계방송권을 팀들이 개별적으로 판매하게 되면 공급과잉 현상이 발생할 수 있다. 이는 중계방송권의 가격을 하락시킬 수 있다. 이 경우 스포츠 경기를 공급하는 팀들이 리그라는 담합을 통해 카르텔을 결성하면 가격 하락을 막을 수 있으며 독점자로서의 행동이 가능해진다.[11] 이는 프로 스포츠 시장이라는 특수성을 고려하여 용인되지만, 사실 이러한 행위는 완전경쟁시장 논리에 위배되는 것이다.[12] 대부분의 국가에서는 일반 제품에 대한 담합 행위를 강력하게 규제한다.

1970년대 미국의 NFL, NBA, MLB 등에서 카르텔이 결성되기도 하였다. 북미의 프로 스포츠 시장에서 리그들이 카르텔을 결성하면서 프로 스포츠 팀들 간 경기 공급에 대한 경쟁이 사라졌다. 리그는 카르텔을 통해 중계방송권의 가격을 높일 수 있었다. 그러자 카르텔을 결성한 프로 리그들은 동일 종목에서 또 다른 형태의 라이벌 리그가 등장하지 않을지 우려하기도 하였다. 미국의 스포츠 시장 규모를 감안할 때 동일 종목의 유사한 형태의 리그가 언제든 등장할 수 있기 때문이다.

한편, 수요 측면의 카르텔은 TV 방송사들이 스포츠 경기나 이벤트 중계방송권을 공동으로 구매하기 위해서 방송사들이 담합하여 스포츠 리그나 기구와 협상하는 경우이다. 수요 측면의 카르텔은 중계방송사들이 리그와 중계방송료 협상 과정에서 보다 유리한 위치를 차지하기 위해서 단체행동을 하는 것이다. 스포츠 경기나 이벤트 중계방송 시장에서 TV

---

11) 실제로 미국 프로 스포츠 시장에는 많은 프로 스포츠 리그들이 등장하면서 중계방송권에 대한 공급이 과잉되기도 하였다. 1959년에 미국 야구 시장의 중계방송권 수입이 50%나 감소하기도 하였다. 이때 리그라는 공급 측면의 카르텔을 결성하여 수입을 늘릴 수 있었다.

12) 1959년 미국 풋볼리그(american football league)의 중계방송 권리 판매 방식은 미국의 반독점법(sherman act)에 위배된다며 제소 당했다. 그러나 미국 연방법원에서는 1961년 9월 중계방송 권리는 리그 차원에서 판매되는 것이 경기에 대한 관심을 증대시킬 수 있고 팀 간 전력균형을 유지할 수 있다고 판결하였다. 이에 일부 학자들은 프로 스포츠 리그의 중계방송 권리 판매 방식은 소비자 효용은 무시되고 생산자인 리그만 유리하게 하였다고 지적한다.

방송사들이 카르텔을 결성하게 될 경우 중계방송권 시장은 수요 독점 또는 쌍방 독점 형태가 될 수 있다. 이 경우 TV 방송사들은 중계방송권을 독점시장의 경우보다 더 싼 가격에 구입할 수 있다. 유럽방송연합(EBU)이 대표적이다. EBU 회원국들이 올림픽 경기 대회 중계방송권을 보다 싼 값에 구입하기 위해 이러한 방식을 사용하였다. 가끔 유럽에서는 UEFA 경기 대회 중계방송을 위해 유럽의 방송사 간 비공식적 회의가 이루어지기도 하는데, 이는 방송사 간 치열한 경쟁을 피하고 담합 행위를 하기 위해서라는 주장도 있다. 중계방송 시장에서 방송사 간 카르텔은 중계방송권을 더 싼 가격으로 구입할 수 있기 때문이다.13)

5) 쌍방 독점

쌍방 독점(bilateral monopoly)은 시장에 각각 하나의 수요자와 하나의 공급자만이 존재하는 경우이다. 스포츠 경기나 이벤트 중계방송권 시장에서 쌍방 독점이 발생하기도 한다. 중계방송 시장에서 쌍방 독점은 하나의 리그나 기구가 스포츠 경기나 이벤트를 생산하고, 이를 중계방송하는 방송사도 하나인 경우이다. TV 방송사들은 프로 스포츠 리그나 국제 스포츠 기구와 쌍방 독점 상황에서 스포츠 경기나 이벤트 중계방송권을 거래하는 것이 독점 시장보다는 상대적으로 유리하다.

TV 방송사들이 카르텔을 결성하여 스포츠 리그나 기구와 쌍방 독점 관계가 될 경우 TV 방송사들은 협상력을 강화할 수 있기 때문이다. 이러한 쌍방 독점 시장에서 중계방송권의 가격은 수요자와 공급자의 경제적 역량보다는 협상력에 의해서 결정된다.

쌍방 독점의 상황에서 결정되는 중계방송권의 가격은 통상적으로 독과점 시장보다 낮은 편이다. 1950년대에 유럽 국가들을 중심으로 설립된 유럽방송연맹(EBU)이 대표적이다. EBU 에서는 IOC, FIFA, UEFA 등과 같은 스포츠 경기나 이벤트 공급 독점자들과 쌍방 독점 관계를 지니면서, 중계방송권료 상승에 대처하였고 시청자들은 상대적으로 싼 시청료를 내고 시청할 수 있었다. 〈표 3-5〉는 프로 스포츠 경기나 이벤트 중계방송 시장을 경제적 측면에서 요약한 것이다.

---

13) 과점시장에서 기업들이 담합을 통해 카르텔을 결성하려는 것은 이윤극대화를 위해서이다. 하지만 카르텔에 참여한 기업들 간 이해관계가 항상 일치하는 것이 아니기 때문에 붕괴되기 쉽다고 주장된다. 카르텔은 자원배분의 비효율을 초래한다고 지적되기도 하고, 다른 한편 담합 행위가 사회후생 수준을 증가시킬 수 있다고 주장되기도 한다.

〈표 3-5〉 스포츠 중계방송권 시장의 유형

시장	경기, 이벤트	공급자	수요자
공급 독점	2010 동계, 2012 하계올림픽(USA)	IOC	ABC, CBS, FOX, NBC, ESPN, TBS, CNN Sport, Direct TV 등
	2006 독일 월드컵(전 세계)	FIFA	ABC, UER, Kirch-ISL, IMG-UFA, CWL
	2004 유럽 축구 챔피언십(유럽)	UEFA	UER, Kirch, Team AG, Octagon
	2004/2005 프랑스 축구 챔피언십(프랑스)	League	FranceTV, TF1, Canal+,TPS, M6
쌍방 독점	1984 유럽 챔피언십(유럽)	UEFA	UER(=EBU)
	1992 하계올림픽 경기(유럽)	IOC	EBU
수요 독점	1973/4 프랑스 프로 축구 팀(프랑스)	Professional Clubs	ORTF(프랑스방송협회)

자료: Waladimir Andreff & Stefan Szymanski(2006).

6) 중계방송 소유권

중계방송에 대한 소유권은 스포츠 경기라는 무형의 서비스에 대한 법률적 보호이며, 양질의 서비스를 생산할 수 있는 유인을 제공한다. 스포츠 경기나 이벤트가 하나의 제품으로서 가치가 상승하면서 중계방송 소유권을 누가 가져야 하는가에 대해서 논란이 제기되고 있다. 스포츠 경기나 이벤트 중계방송권에 대한 법률적 판단이 분명하지 않을 경우 스포츠 이벤트나 경기를 상업화하기 위한 유인이 일어나지 않을 것이다. 따라서 소유권을 명확하게 규정하는 것이 중요하다.

프로 스포츠 중계방송 소유권에 대해서 다음과 같이 주장된다.

첫째, 스포츠 경기에 대한 소유권은 홈 팀과 스포츠 리그가 가져야 한다는 것이다.[14] 홈 팀은 경기를 치르기 위해서 경기장 시설과 안전을 준비해야 하고, 해당 스포츠 리그는 스포츠 경기라는 서비스를 생산하는 데 조직, 행정 절차 등을 뒷받침하므로 소유권이 있다고 주장된다. 또, 홈 팀(club)과 리그가 공동으로 소유해야 한다고 주장되기도 한다. 그러나 원정 경기(away)를 하는 팀들도 경기라는 서비스를 생산하는 데 공동으로 참여하므로 소유권을 어느 정도 보장해 주어야 한다고 주장된다.

---

14) 1996년 독일의 페예노르트(feyenoord) 축구 팀은 독일 축구협회가 축구 팀의 권리를 대신하는 행동에 대해 소송을 제기하여 승리하였다. 1998년 독일의 연방법원에서는 독일 축구협회의 UEFA Cup, Cup Winner's Cup경기 대회에 대한 판매를 금지하고 팀에게 권리를 보상하도록 판결하였다.

둘째, 경기에 참가하는 두 팀이 소유권을 가져야 한다는 것이다. 특히, 전 세계적으로 유명한 프로 스포츠 경기에서 경기력이 상대적으로 약하고 승리 가능성도 낮은 약체 팀이 강 팀과 경기를 하게 될 경우 이러한 장면은 약체 팀들에게 엄청난 가치를 지니게 된다. 만약 약체 팀이 유명 팀과의 경기에서 승리하거나 리그에서 우수한 성적을 거두었다면 이러한 장면은 오랫동안 활용될 수 있다. 약체 팀이 승리한 경기 장면은 하이라이트(highlight), 녹화 방송 등을 통해 자신의 팀을 널리 알리는 데 유용하게 사용될 수 있다.[15]

셋째, 스포츠 경기의 경제적 가치를 향상시키기 위해서는 TV 방송사가 소유해야 한다고 주장된다. TV 방송사들에게 스포츠 경기에 대한 TV 중계방송 소유권이 인정된다면, 스포츠 경기 장면에 대한 사용권리를 다른 사람들이 사용하지 못하게 제한할 수 있다. 특히, 상업 방송사가 이러한 권리를 가진다면 독점적으로 사용가능하므로 방송사들은 경기장면으로 보다 많은 수입을 올릴 수 있다.

넷째, 프로 스포츠 경기 중계방송권은 리그가 가져야 한다고 주장된다. 프로 스포츠 경기라는 서비스의 가치는 각각의 팀들의 독립적인 활동으로부터 나오는 것이 아니라 리그라는 조직을 통해서 생산되기 때문이다. 스포츠 경기는 두 팀이 공동으로 생산하는 것이다. 따라서 리그를 단순한 카르텔로 보기보다는 종합기업으로 보는 것이 더 타당하며, 리그가 소유권을 가져야 한다고 주장된다. 그러나 프로 스포츠 리그를 사업자 단체로 인정하지 않는 국가들도 있다. 특히, 유럽의 일부 국가에서는 프로 축구 리그를 단일의 경제 활동체로서 간주하지 않는다. 유럽의 법원에서는 원칙적으로 클럽이 중계방송 권리의 소유자라고 규정하지만 기준과 관행은 국가에 따라 다양하다. 소유권에 관한 문제가 그렇게 간단치가 않다는 데 어려움이 있다.

---

15) 유로(euro) 2016 경기 대회 16강전에서 아이슬란드와 영국 간의 경기, 4강전에서 웨일즈와 포르투갈 간의 경기가 대표적이다. 아이슬란드와 웨일즈는 유럽 국가에서 상위 팀은 아니다. 그러나 아이슬란드는 영국과의 경기에서 승리하고, 웨일즈는 4강까지 진출하면서 자국의 국민뿐 아니라 전 세계적으로 커다란 관심을 얻었다. 이들 국가들에서는 이러한 경기 중계방송이나 장면은 다양하게 사용될 수 있으며 경제적으로도 가치가 상당히 높을 것이다.

제3절 ✦ 방송 프로그램 시장

1) 수평·수직 결합

글로벌 스포츠 이벤트나 프로 스포츠 경기 방송 프로그램 시장에서는 방송사 간 합병, 동맹 등과 같은 결합이 이루어지기도 한다. TV 방송사들은 가능한 적은 비용으로 시청률을 높이고 보다 많은 수입을 얻기 위해서 다양한 형태로 결합한다. 수평 결합과 수직 결합이 대표적이다.

수평 결합(horizontal integration)은 동일한 재화나 서비스를 공급하는 기업 간 결합이다. 수평 결합은 원재료를 원활하게 공급하거나 운송비를 줄이기 위해서 이루어진다. 동일한 산업에서 서로 다른 제품을 생산하는 기업 간 결합도 해당된다. 방송 프로그램 시장에서 수평 결합은 방송사 또는 방송과 관련된 기업 간에 발생한다. 방송사 간 수평 결합을 하게 되면 방송 콘텐츠 생산 비용을 줄이고 시장 지배력을 강화할 수 있다. 또 많은 채널을 가진 방송사와 결합하면 다양한 방송 프로그램을 생산할 수 있어 비교우위를 지닐 수 있다. TV 방송사 간 상호 결합, 케이블 방송사간 결합, 글로벌 네트워크를 갖춘 거대 방송사와 한 국가나 지역의 스포츠 방송사 간의 결합도 이루어진다.[16) 이는 다양한 방송 콘텐츠를 제공할 수 있어 시청자들로부터 보다 많은 관심을 끌 수 있다. TV 방송사 간 수평 결합은 스포츠 이벤트나 경기 중계방송권 입찰 경쟁에서 실패하더라도 그 충격을 어느 정도 완화시킬 수 있다. 하나의 TV 방송사가 여러 개의 방송사와 결합하는 것은 비용을 줄이고 보다 많은 수입을 얻기 위해서이다. 시청률이 높은 방송 프로그램은 여러 방송사들에게 배분할 수 있는데, 이러한 현상은 주로 유료TV 방송 프로그램 시장에서 자주 일어난다.

이와 유사한 형태로 TV 방송사 간 수평적 협동 관계가 발생하기도 한다. 예를 들어,

---

16) 1999년부터 이탈리아 세리에A를 중계방송해 오던 이탈리아의 유료TV사인 텔레퓨·스트림(telepiu & stream)사는 2003년에 스카이 이탈리아(Sky-Italia)사에 합병되었다. Sky-Italia사는 미디어 방송사인 SBS Broadcasting Group 계열이다. 2005년에 7개 국가로 확장하였다. 네덜란드, 벨기에, 헝가리, 루마니아, 노르딕 국가 등에 유료TV 채널뿐 아니라 광고 채널도 확장시켰다. 이러한 채널의 상당 부분은 스포츠 프로그램을 방송한다.

다중채널을 가진 방송사가 다른 채널을 가진 방송사들과 비공식적으로 동맹을 맺는 경우이다. 실제로 기업들은 TV 방송사만 소유하는 것이 아니라 신문, 라디오 방송, 인터넷 기업들을 소유하기도 한다. 또 스포츠 이벤트나 경기 중계방송 권리를 여러 TV 방송사들이 공동으로 구매하는 경우도 있다.

한편, 수직 결합(vertical integration)은 생산단계가 서로 다른 기업 간 결합이다. 원료를 공급하는 기업과 서비스를 생산하는 기업 간의 결합이나 최종재를 생산하는 기업과 판매만을 전담으로 하는 기업 간 결합을 예로 들 수 있다. 스포츠 경기나 이벤트 방송 프로그램 시장에서 수직 결합은 TV 방송사가 케이블 TV, 위성 TV 등과 결합하는 것이다. 유럽과 북미의 프로 스포츠 리그 경기 중계방송 시장에서 수직 결합이 발생하기도 하였는데, 주로 TV 방송사들이 프로 스포츠 팀의 지분을 인수하는 방식으로 이루어졌다.[17]

또한, TV 방송사들은 보다 많은 수입을 얻기 위해 다른 방송사들과 수직적 협력관계를 형성하기도 한다. 케이블 TV, 위성 TV 등과 같은 방송사 간의 관계이다. 또 일부에서는 스포츠 리그나 기구 등과 같이 방송 프로그램 콘텐츠 제공업자 간에 협력하기도 한다.

방송 프로그램 시장에서 TV 방송사 간 수직 결합을 하게 되면 생산비용을 줄일 수 있으며, 장기간에 걸쳐 안정적인 중계방송 활동이 가능해진다. 또한, 방송사 간 수직 결합은 스포츠 경기나 이벤트 중계방송 프로그램을 독점하여 다른 방송사들의 경쟁을 배제시킬 수 있으며, 방송 프로그램을 중계할 때 기술적 일관성을 유지할 수 있다. 이러한 결합은 TV 방송사 간 보완요소를 이용할 수 있고 기술, 조직에 대한 전문지식 등을 공유할 수 있으며, 여러 방송사에서 동시에 방송이 가능하다. TV 방송사 간 수직 결합을 할 경우 중계방송 규모가 커질수록 중계방송 프로그램의 생산단가가 낮아지는 '규모의 경

---

17) 1998년 스카이(BSkyB) 방송사가 EPL의 MU팀을 인수하려고 한 것도 수직 결합의 예이다. 당시 MU팬들과 영국 정부의 반대로 완전히 인수하지 못했다. 영국 정부는 TV 방송사들이 스포츠 클럽의 지분을 9.9% 이상을 초과할 수 없도록 규정하였다. BSkyB사는 맨유(MU), 첼시(chelsea), 리즈(leeds), 선더랜드(sunderland) 팀의 지분 중 일부만 취득할 수 있었다. 다른 방송사들도 EPL소속 클럽의 지분을 취득하였다. 그라나다(granadar)는 아스널(arsenal)과 리버풀(liverpool), NTL은 아스톤 빌라(aston villa), 뉴캐슬(newcastle), 미들스브로우(middlesbrough) 등의 지분을 인수하였다. 한편, 북미의 프로 스포츠 시장에서 TV 방송사들이 전체 프로 스포츠 팀들 가운데 약 25% 정도의 지분을 인수하였다. 북미에서는 뉴스 코퍼레이션(news corporation), 타임 워너(time warner), 디즈니(disney) 등이 대표적이다. 프랑스 미디어사인 채널 플러스(canal plus)는 프랑스 축구 클럽인 파리 생제르맹(paris saint germain)을, 이탈리아 미디어 기업인 미디어 파트너(mediapartner)는 세리에 A의 AC 밀란(milan)을 각각 인수하였다.

제'(economics of scale)를 실현할 수 있다. 또, 하나의 방송사가 여러 가지 방송 프로그램을 동시에 제공함으로써 비용 측면에서 유리하게 되는 '범위의 경제'(economies of scope)도 가능해진다.[18]

그러나 중계방송 시장에서 TV 방송사 간 수평 · 수직 결합은 자칫하면 스포츠 경기라는 제품을 생산하는 스포츠 선수, 팀, 리그, 기구 등이 지닌 고유의 특성을 무력화시킬 수도 있다고 지적된다. 특히, 스포츠가 거대한 글로벌 TV 방송사들과 결합할 경우 스포츠 이벤트나 경기는 하나의 방송용 콘텐츠로 취급되어 단순한 소프트웨어(software)로 전락할 수도 있다는 것이다. 일부에서는 이러한 현상에 대해서 스포츠 경기나 이벤트를 생산하는 리그나 기구가 가질 스포츠 경기나 이벤트에 대한 주권을 '강탈당하는'(high jacking) 것이라고 지적된다. 스포츠 경기나 이벤트가 지니고 있는 본래의 가치나 정신이 왜곡될 수 있다는 것이다.

2) 승자의 저주

올림픽, FIFA 월드컵 축구 대회 등과 같은 메가 스포츠 이벤트나 프로 스포츠 리그의 중계방송권은 주로 경매(auction)를 통해 거래된다. 중계방송 권리가 경매를 통해 판매될 경우 리그나 기구는 더 높은 가격을 받을 수 있으며, 경매에 참가한 방송사들은 나름대로 시장을 예측하고 자신의 경제적 능력을 감안한 가격으로 구입할 수 있다는 장점이 있다. 스포츠 경기 중계방송권 입찰 경쟁에서 결정된 중계방송료는 스포츠 중계방송 시장을 충분히 감안한 합리적인 가격이라고 볼 수 있다. 그러나 방송사가 스포츠 경기 중계방송권을 합리적인 가격으로 구입하여 스포츠 경기를 중계방송하려 하더라도, 시청자들이나 광고기업들이 해당 스포츠 경기의 중계방송을 선호하지 않는 경우가 있다. TV 방송사에서 팬들의 지불의사를 과대평가하거나 중계방송 권리를 지나치게 높이 평가한 경우에 경제적으로 손실을 볼 수도 있다. 즉, 경매 이론에서 말하는 '승자의 저주'(winner's curse)가 발생한다.

---

[18] 규모의 경제란 생산 규모가 증가할수록 생산비용이 낮아지거나, 대량생산이 가능함에 따라 생산물 단위당 평균비용이 하락하는 경우이다. 분업화, 전문화, 효율화 등으로 규모의 경제를 달성할 수 있다. 자동차, 반도체 등을 대량으로 생산할 경우이다. 범위의 경제는 제품을 따로 생산하는 것보다 같이 생산할 때 생산비용이 적게 들어가는 경우이다. 유사한 제품을 동시에 생산하여 생산비용을 감소시키는 것이다. 하나의 생산요소가 공동요소의 역할을 하기 때문이다. 승용차와 트럭, 구두와 핸드백, 막걸리와 동동주 생산 등이다.

승자의 저주란 TV 방송사가 스포츠 이벤트 중계방송권 경매시장에서 나름 합리적인 가격으로 구입하는 데 성공했지만, 결과적으로 더 큰 손해를 보는 경우이다. 이 경우 입찰 경쟁에 참가하지 않은 것만도 못한 불행한 사태가 발생할 수 있다.

승자의 저주는 중계방송권에 대해 방송사 간 입찰 경쟁이 치열하지 않아도 발생할 수 있다. 즉, TV 방송사가 스포츠 경기 중계방송권을 합리적인 가격에 구입하였다 하더라도 스포츠 경기 중계방송 프로그램 판매가 부진할 경우에도 발생한다. 즉, 판매 수입보다 구입 비용이 더 클 경우이다. 이러한 현상은 FIFA 월드컵 축구 대회에서 자국의 팀이 초반에 탈락할 경우에 자주 발생한다. 메가 스포츠 이벤트를 앞두고 천재지변이 발생하거나 또는 해당 스포츠 기구의 비리나 유명 스타선수들의 스캔들 등으로 팬들로부터 외면당할 때도 이러한 일이 일어날 가능성이 있다. 스포츠 이벤트나 경기에 대한 TV 중계방송 프로그램 판매수입은 유동적이고 불확실성이 높다. 실제로 프로 스포츠 경기나 이벤트 중계방송 프로그램 판매가 부진하여 재정적으로 어려움을 겪을 수도 있고 심할 경우에는 파산에 이르기도 한다. 〈표 3-6〉은 북미와 유럽의 스포츠 이벤트나 경기 중계방송 권리를 획득하였으나 결과적으로 승자의 저주가 발생한 사례들이다. 이들 기업들은 중계방송 권리 입찰 경쟁에서 승리하였지만, 엄청난 손실을 보기도 하고 파산하기도 하였다.

〈표 3-6〉 주요 스포츠 경기 중계방송권 거래와 승자의 저주 사례

국가	주요 방송사와 내용
미국	- CBS(1990): MLB에 중계방송료 지나치게 높게 지불하여 파산 위기 - Fox사(1994): NFL의 중계방송권 획득 후, 16억 달러의 1/3 대손상각 처리 - NBC(2002): NBA와 계약에서 3억 달러 이상 손실
영국	- ITV-Digital: 2001-2004시즌 NL과 378백만 달러에 계약했으나 파산 • 리그: 소송하였으나 패소 • 후에 BSkyB사가 훨씬 낮은 95백만 파운드에 중계권 구입
독일	- Kirch(2002): 한일 월드컵 축구 경기 중계방송권 25억 달러 구입, 파산 - Kirch Medias' Pay-TV사: 2001-2204 분데스리가와 계약 • 가입자를 모집하지 못해 20~25% 하락한 가격에 재협상
프랑스	- TFI: 2002 한일 월드컵 축구 대회 중계방송권 획득 • 프랑스 예선 탈락으로 18백만 파운드 손실
이탈리아	- RAI: 2002 한일 월드컵 축구 대회 중계방송권 획득 • 이탈리아 초반 탈락으로 엄청난 손실

자료: Claude Jeanrenaud & Srtefan Kesenne, ed(2006).

3) 치킨 게임과 담합

TV 방송사들이 스포츠 경기나 이벤트 중계방송 권리를 얻기 위해 입찰 경쟁에서 무모할 정도로 과열 경쟁을 벌이다가 경제적으로 막대한 손실을 입기도 한다. 스포츠 경기나 이벤트에 대한 중계방송 권리를 구입하는 과정에서 TV 방송사간 경쟁이 과열되어 '치킨 게임'(chicken game)의 행태를 보이기도 한다.[19] 치킨 게임은 상대 기업이 무너질 때까지 출혈 경쟁을 한다는 의미로, 어느 한쪽이 양보하지 않을 경우 결국에는 양쪽이 모두 파국으로 치닫게 되는 극단적인 게임이다. 스포츠 경기나 이벤트 중계방송권 입찰 경쟁에 참여한 TV 방송사들이 경제적 목적보다 감정적으로 대응하거나 입찰 경쟁에서 승리만을 앞세울 경우 중계방송료가 터무니없이 높은 가격으로 거래될 수 있다. 이는 자칫 중계방송권 입찰 경쟁에 참가한 방송사들은 경제적으로 엄청난 피해를 입을 수도 있다.

한편, 스포츠 이벤트나 경기 중계방송권을 구입하기 위해서 TV 방송사 간 치킨 게임까지 벌이기도 하지만, 때에 따라서는 중계방송권을 공동으로 구매하기 위해 담합을 하기도 한다. 중계방송권 경매시장에서 공동으로 입찰에 참가하기도 한다. 방송사들은 경제적 목적을 위해서 때로는 동업자가 되기도 하고 때로는 치열하게 경쟁하기도 한다. 노르웨이의 방송사인 NRK와 TV2가 대표적이다.[20]

과거에는 스포츠 경기나 이벤트 중계방송 시장에서는 중계방송사가 적어서 방송사들이 상대적으로 적은 비용으로도 중계방송을 할 수가 있었다. 그러나 방송 기술 발전과 디지털 방송의 등장으로 이제는 스포츠 경기나 이벤트라는 콘텐츠가 희소한 상황으로 변하였다. 스포츠 이벤트나 경기를 중계방송하려는 방송사들이 늘어났기 때문이다. 이

---

19) 실제로 EBU는 2000-2008년 유럽 지역의 올림픽 경기 대회 TV 중계방송권을 14억 달러에 구입하였는데, 이는 과거의 입찰금액에 비해 엄청나게 높은 것이었다. 이러한 배경에는 루퍼트 머독(rupert murdoch's)이 운영하는 뉴스 코퍼레이션(news corporation)사가 20억 달러를 제시할 것이라는 소문이 돌았기 때문이다. 당시 EBU가 제시한 입찰가격 14억 달러는 일부 EBU회원 방송사들의 지불 능력을 넘어선 것이다. 특히 단순히 시청료에만 의존하는 회원 방송사들은 시청료 지불에 커다란 어려움을 겪었다.

20) 1998년 스키 경기 중계방송권 경매에서 노르웨이의 방송사인 NRK와 TV2는 치열하게 경쟁하였다. TV2는 NRK사가 스키 경기 중계방송권을 구입하기를 원한다는 사실을 알고 아주 높은 입찰 가격을 제시하며 참여하였다. TV2사가 중계방송권 경매에 참여한 주요 목적은 중계방송권 입찰 경쟁에서 승리하기 위해서가 아니라 경쟁사인 NRK도 높은 입찰가격을 제시하도록 하기 위해서였다. 치열한 입찰 경쟁 결과 NRK사는 과거의 입찰 가격에 비해 400%나 더 높은 가격을 지불해야만 했다.

는 스포츠 경기나 이벤트 중계방송 프로그램의 가격을 상승시키는 요인이 되었다. 그러다 보니 재정여력이 부족한 방송사가 스포츠 리그나 이벤트의 중계방송권을 모두 구입한다는 것은 쉽지 않은 실정이다. 이는 중계방송료가 엄청나게 비쌀 뿐 아니라 미래가 불확실하고 위험도 높기 때문이다. 따라서 재정여력이 부족한 TV 방송사들 간 담합을 통해 공동으로 입찰을 하기도 한다. 이를 수요 측면의 담합이라고 한다. 이와 같이 중계방송권 시장에서 방송사 간 담합은 과열경쟁을 방지하고 중계방송료도 하락시킬 수 있다.

그러나 이러한 담합이 항구적으로 지속된다는 보장은 없다. 담합에 참여하려는 방송사들이 재정 여건, 시청률 등이 다르므로 구입하려는 중계방송료도 서로 다를 것이다. 또 개별적으로 높은 가격을 지불하고서라도 중계방송권을 구입하려는 방송사들이 있기 때문이다. 방송사들이 중계방송권 경매시장에서 담합을 통해 참여할 경우 개별적으로 참여하는 것보다 항상 더 큰 이득을 얻을 수 있다는 확신이 있어야 한다.

4) TV 방송사의 시장 지배력

지상파, 케이블 TV, 위성 TV 등 방송 채널의 등장은 소비자들이 스포츠 경기나 이벤트를 다양한 채널을 통해 시청할 수 있도록 했으며, 시청 시간을 늘리는 데도 기여했다. 또한 이러한 기술 발전은 방송 프로그램의 가치를 높이기도 하였다. 중계방송 프로그램이 소수의 방송사에 의해 운영될 때 만하더라도 방송사들은 상당한 시장 지배력을 행사하여 많은 수입을 얻을 수 있었다. 그동안 스포츠 경기나 이벤트를 중계방송하려는 TV 방송사가 그리 많지 않았다. 이 기간 중에 TV 방송사들은 나름의 진입장벽을 만들기도 하였다.

그러나 과학 및 통신 기술의 발전과 더불어 케이블 TV, 위성 TV, 인터넷 등의 중계방송사들이 늘어나면서 독점적 형태의 방송 프로그램 시장의 진입장벽이 완화되고 있다. 스포츠 경기나 이벤트 중계방송 계약이 독점적으로 이루어진다 하더라도 TV 방송사의 시장 지배력이 점차 약화되고 있다. 또한 그동안 소수의 TV 방송사들이 스포츠 경기나 이벤트 중계방송 시장에서 시장주도권을 행사했지만 그 중심이 점차 스포츠 경기나 이벤트를 생산하는 리그나 기구로 이전되고 있다고 주장된다. 이는 방송 프로그램 시장의 TV 방송사들보다 중계방송권 시장의 프로 스포츠 리그나 기구들이 더 많은 수입을 올리고 있다는 것이다.

스포츠 이벤트나 프로 스포츠 경기 등을 중계방송하는 방송 프로그램 시장에서는 승자의 저주, 치킨 게임, 담합 등 다양한 현상들이 발생하고 있다.

[그림 3-2] 방송 프로그램 시장에서 치킨 게임과 담합

과거 대부분의 시청자들은 스포츠 경기나 이벤트 중계방송을 TV 등 지상파 방송으로만 볼 수 있었다. 이제는 위성 TV, 케이블, 무선통신, 인터넷 등 다양한 형태의 TV 방송사의 출현으로 하나의 스포츠 경기를 여러 가지 채널을 통해 시청할 수 있게 되면서 중계방송 프로그램 시장도 점차 세분화되고 있다. 실제로, 올림픽, 월드컵 축구 대회, 프로 스포츠 경기를 많은 시청자들이 인터넷 방송, DMB, 케이블 TV, 모바일 폰(mobile phone) 등 다양한 채널을 통해 경기를 관람한다. 아직 중계방송 기술이나 접속상의 문제점 등 해결해야 할 과제들이 많이 있지만, 인터넷을 통한 경기 시청은 네티즌들을 중심으로 더욱 확대될 전망이다. 이러한 현상은 스포츠 미디어 산업의 재편을 의미할 뿐 아니라 기존 지상파 방송사들의 시청률, 광고 수익 등에도 영향을 미치고 있다.

제4절 북미와 유럽의 중계방송 시장

1) 북미의 중계방송 시장

미국의 주요 지상파 방송(free-to air)으로는 CBS, NBC, ABC, Fox 등이 대표적이다. 지상파 방송사들은 방송 프로그램을 제휴한 가맹방송사에 판매하는 일종의 도매방송사들

로 주로 현금으로 거래를 한다. 가맹방송사들은 상업용 방송사로 주로 광고 수입에 의존한다. 대부분의 가맹방송사들은 인구가 많은 대도시 지역을 중심으로 방송하고 있다. 방송사들은 중계방송권의 일부분은 케이블 방송사에 패키지로 판매하기도 한다. ESPN은 NFL, NBA, MLB, NHL 등의 중계방송권을 케이블 TV사에 배분하기 위해 중계방송권을 구입하기도 한다. 예를 들어, ESPN은 케이블 스포츠 TV 방송사들에게 가입자당 2달러씩 받는 등 아주 높은 가격을 요구하기도 한다.[21]

아마도 전 세계 프로 스포츠 시장에서 NFL이 TV 중계방송을 가장 잘 이용하여 성공한 리그라는 데는 이견이 없을 것이다. NFL의 경기는 시청률이 가장 높고 중계방송료도 가장 비싸다. NFL은 중계방송권을 리그 차원에서 공동판매하면서 광고 시간과 TV 방송사의 스케줄에 맞추기 위해서 경기 규칙을 바꾸기도 하였다. 그 후 NFL의 경기 시청률은 엄청나게 상승했으며 중계방송권의 가치도 지속적으로 상승하였다. NFL은 방송사와 새로운 상품을 만들어 내기도 하고 중계방송사를 분할하여 엄청난 수입을 올리고 있다.[22]

한편, MLB의 팀들은 지역별로 중계방송권을 소유하고 있는데 해당 지역의 케이블 방송사에게 판매하며 가끔 유료TV로 판매하기도 한다. 최근 지역 방송사들과의 계약에서도 점차 케이블 방송사로 이동하고 있다.[23] MLB의 야구 경기에 대한 케이블 TV시청료는 NFL경기보다 더 싸다.

2) 유럽의 중계방송 시장

1970~80년대까지만 하더라도 영국 등 유럽의 스포츠 중계방송 시장에서는 상업성보다는 공익성이 강조되었다. 중계방송의 공익성이 강조되면서 스포츠 경기나 이벤트도

---

21) 미국에서 주요 스포츠 경기는 지상파 방송이나 케이블 방송사를 통해서 시청할 수 있다. 미국에서 유료 방송으로는 복싱 경기의 PPV(pay per view)와 NFL의 DirecTV사의 Sunday Ticket 등에 불과하다.

22) NFL에서는 경기 중계방송을 3개의 네트워크사와 2개의 케이블사 등 5개로 분할하였다. 즉, 먼데이 나이트 풋볼(monday night football)은 ABC, NFC 경기는 CBS, AFC 경기는 NBC 등의 3개의 네트워크사와 ESPN, TNT 2개의 케이블 방송사이다. 최근 시청자들이 시즌 당 200달러를 내면 NFL의 모든 경기를 위성 방송사인 DirecTV를 통해서 볼 수 있는 선데이 티켓(sunday ticket)이 가장 성공적이라고 한다.

23) 지역 방송사들의 케이블 TV 보급률은 1996년 41%에서 2003년 약 69%로 상승하였다. 그러나 케이블 TV 경기 시청료는 NFL경기에 비해 상대적으로 낮은 편이다. 뉴욕 양키즈의 예스(YES)채널에서는 뉴욕 지역의 시청자들로부터 한 달에 1.95달러를 받고 있다.

공공방송사가 중계방송하고, 상업용 방송은 철저히 규제하였다. 1982년까지 영국 정부가 허가한 방송사는 ITV사뿐이었으며 극히 일부 지역에서 프랜차이즈 방송사들이 운영되었다. 영국에서 케이블 TV의 발전은 미국에 비해 훨씬 뒤떨어진다.[24] 케이블 TV 방송사는 지상파 TV 신호를 제대로 받지 못하는 가정에서 필요했으며, 유료TV 가입자들은 단지 4개의 방송사에서 제공하는 프로그램을 시청할 수 있었다. 그러다 보니 영국의 케이블 방송사들은 방송 프로그램을 개발할 유인을 갖지 못했다. 1982년 당시만 하더라도 방송사 간 중계방송권에 대한 경쟁이 없었으며, TV 방송사들도 중계방송 준비가 제대로 되지 않았다. 당시에 영국의 일부 프로 축구 팀들은 관중이 줄어들 수 있다는 이유로 중계방송을 거절하기도 하였다. 그 결과 축구 경기 중계방송은 FA컵 결승 경기나 FIFA 월드컵 경기 등 제한적으로 이루어졌다. 이에 일부 프로 축구 팀들은 입장료 수입만으로 운영하기가 어려워졌고, 이를 해소하기 위해 영국 정부는 케이블 방송을 허용하기 시작하였다.

1988년 위성 방송사들이 중계방송에 참가하면서 중계방송권에 대한 경쟁이 본격화되었다. 스카이(Sky)사에서는 크리켓, 럭비, 테니스, 모터스포츠, 골프 등의 경기를 중계방송하였다. 그후 프로 축구 리그에서는 중계방송권을 판매하기 시작했다. 중계방송료는 영국 프로 축구 리그에 소속된 92개 팀 중에서 주로 1부 리그의 상위 5개 팀을 중심으로 배분되었다. 그러자 상위 5개 팀에 들지 못하는 다른 상위 팀들의 불만이 제기되었다. 1992년에 상위 20개 팀을 중심으로 프리미어 리그(premier league)를 결성하여 중계방송료와 기타 수입을 프리미어 리그 팀들만 갖게 하였다. 그 대신에 하위 리그의 팀들 가운데 경기 성적이 우수한 팀들은 EPL로 승급할 수 있고, EPL에서 경기 성적이 좋지 않은 팀들은 하위 리그로 강등할 수 있게 하는 승강제도(promotion & relegation)를 도입하였다.

Sky사는 1992년 최초로 중계방송권을 획득한 이후 2001년까지 독점중계 방송하였으며, 2002년 이후부터는 유료 중계방송(PPV)을 하고 있다. Sky사가 EPL의 중계방송권을 획득한 후에 유료 위성 TV 가입자들이 급증하였다.[25] 그 후 이탈리아, 독일, 스페인 등

---

24) 1982년 뉴욕에 케이블 TV는 23개사가 있었으나 런던에는 3개에 불과하였다. 1990년 뉴욕에는 73개 방송사가 있었으나 런던에는 16개의 방송사가 있었다. 런던의 16개 방송사 가운데 4개는 지상파 방송사이고 12개는 위성 채널이며, 유료 예약TV 가입자는 10만여 명에 불과하였다.

25) 유료TV 가입자는 1991년에 1백만 명에 불과하였으나 1995년에는 3백만 명으로 급증하였다. 2003년에는

의 프로 축구 리그의 경기를 유료TV에서 중계방송하였다. 유럽에서 스포츠 경기 중계방송권 소유자들은 유료TV 방송을[26] 통해서 더 많은 수입을 올릴 수 있게 되었다. 유료TV 방송사들은 소비자나 광고주들에게 스포츠 경기나 이벤트를 중계방송하여 보다 많은 수입을 얻으려고 노력한다. 이제 스포츠 경기나 이벤트의 TV 중계방송권은 스포츠 리그나 기구의 주요 수입원으로 자리 잡았다. 유럽에서 축구 경기 중계방송권은 유료TV 산업의 발전을 가속화시키고 있다.

한편, 프로 스포츠 리그의 경기나 이벤트에 대한 중계방송권이 지상파 방송에서 유료TV로 이동하면서, 많은 시청자들이 무료나 아주 싼 가격으로 시청하기가 점차 어려워졌다. 유럽의 많은 시청자들이 지상파 방송을 통해서 스포츠 경기나 이벤트를 시청하기가 어려워지자 거칠게 항의하였다. 영국 정부는 국가 · 사회적으로 중요한 스포츠 경기나 이벤트가 유료TV에서만 중계방송되는 것을 방지하기 위해서 1990년 방송법을 개정하였다. 일종의 이벤트 규제 목록(listed event regulation)을 도입하였다. 영국에서는 국내 프로 리그 경기, UEFA 경기, FIFA 월드컵 축구 대회, 기타 각종 스포츠 이벤트 등은 공영(지상파) 방송사와 유료TV 방송사가 나누어 중계방송한다.

3) 유럽과 북미 시장의 특징

유럽과 북미의 중계방송 프로그램 시장은 다음과 같은 차이점이 있다.

첫째, 미국과 영국 등 유럽의 스포츠 경기 중계방송 시장의 가장 커다란 차이는 공공방송사(PSB)의 역할이다. 미국에서 PSB는 주로 영세한 저소득계층을 대상으로 하며 스포츠 경기 중계방송과는 크게 관련이 없는 반면, 유럽에서는 PSB들이 주요 스포츠 경기

650만 명에 달하였다. 이 기간에 케이블 TV 가입자들도 급증하여 같은 해에 약 4백만 명이나 되었다. 1992년에 Sky사에서는 시즌당 4,900만 파운드에 계약하였으며 이 수입은 1부 리그 20개 팀에게 배분되었다.

26) 방송 서비스에는 기본요금만으로 시청할 수 있는 서비스와 추가로 요금을 지불해야 시청할 수 있는 유료 서비스가 있다. 이 중 일정 금액을 지불하고 특별 채널을 시청하는 것을 페이퍼 뷰(pay per view)라고 한다. 예를 들어, 어떤 성인 영화를 시청하기 위해서 별도의 요금을 지불하는 경우이다. 유럽에서 최고의 프로 축구 챔피언 경기는 유료TV에서 중계방송 한다. 프랑스, 독일, 영국 등에서는 축구 경기 결승전은 유료TV나 PPV에서 중계방송한다. 이탈리아에서는 1993년에 유료TV 방송이 시작되었으나, 이제는 모든 리그의 경기는 PPV로만 시청할 수 있다. 스페인에서 국내리그 경기는 지상파 방송에서도 시청이 가능했으나 2000년부터는 유료TV에서만 볼 수 있다.

나 이벤트 중계방송에서 많은 역할을 해왔다. 유럽 국가들의 PSB는 주로 정부 지원에 의해 운영되어 왔으며 많은 스포츠 경기나 이벤트를 독점적으로 중계방송하면서 스포츠 문화를 구축하는 데 기여했다. 이러한 공공방송은 상업방송이 출현하기 전부터 스포츠 경기나 이벤트들을 TV로 중계방송을 해왔다. 특히, 유럽 국가들은 1950년대 유럽방송연합(EBU)을 결성하였다. EBU는 유럽, 중동, 북아프리카 등 49개 국가에서 65개 방송사가 결성한 방송 조직이다. EBU는 스포츠 경기나 이벤트 중계방송료를 상대적으로 싼 가격에 구입할 수 있었다. EBU에서는 유럽의 회원국 시청자들에게 올림픽 경기, FIFA 월드컵 축구 경기 대회, UEFA 유럽 챔피언십 경기, 기타 국제 챔피언 결정전 등 인기 있는 스포츠 이벤트나 경기를 독점적으로 중계방송하면서도 시청료도 높지 않았다.

둘째, 광고에 대한 인식의 차이이다. 미국에서는 스포츠 경기를 TV로 중계방송하면서 광고를 효과적으로 활용하고 있다. 즉, 미국의 TV 방송사들은 스포츠 경기 중계방송 중에 광고를 이용하여 많은 수입을 올리고 있으나 유럽의 TV 방송사들은 그러하지 못하다. 미국에서 TV 방송사들은 스포츠 경기를 중계방송할 때 광고를 중시하는 반면 유럽의 TV 방송사들은 광고를 상대적으로 중시하지 않는다. 유럽은 프로 축구 경기를 중계방송할 때 광고를 이용하여 보다 많은 수입을 올리려 하기보다는 경기의 흐름이나 관중들의 재미, 열정적인 분위기를 방해하지 않으려는 경향이 더 강하다고 주장된다. 미국의 TV 방송사들은 중계방송할 때 가능하면 보다 많은 광고를 내보낼 수 있도록 경기 규칙을 바꾸기도 하였다. NFL이 대표적이다. NFL의 쿼터, 야구에서 공수 교대, 투수 교체 등의 시간에도 광고를 한다. 미국의 다른 스포츠 경기들도 TV 중계방송을 할 때 광고할 수 있는 시간을 만들기 위해 팀들에게 강요하기도 한다. 그러나 유럽에서 프로 축구, 크리켓, 럭비 등의 경기를 TV로 중계방송할 때는 이러한 요구가 받아들여지지 않는다.

셋째, 유럽의 주요 프로 축구 리그에서는 유료TV 방송사들에 의한 중계방송이 늘어나고 있다. 즉, 그동안 유럽의 프로 축구 중계방송 시장은 공익성을 중시해왔으나 점차 상업화되고 있는 것이다. 미국에서 NFL, MLB, NBA 등의 경기가 지상파, 케이블 TV 등으로 거의 무료로 중계방송되고 있는 데 비해서[27] 영국, 독일, 프랑스, 이탈리아 등 유럽의

---

27) 미국에서 케이블 TV사들은 가입자에게 시청료를 받기도하지만 주로 광고 수입에 의존한다는 점에서 순순한 의미의 유료방송과는 다르다.

프로 축구 경기의 대부분은 페이퍼 뷰(pay per view) TV, 회원제(subscription) TV 등 유료로 중계방송되고 있다.[28] 이에 대해 미국에서는 지상파 방송사들이 경쟁력을 강화하여 유료TV 방송사들과 중계방송권을 놓고 경쟁할 수 있게 된 데 비하여, 유럽의 지상파 방송사들은 정부의 심한 규제와 공공방송의 역할 중시로 경쟁력을 제대로 갖추지 못했기 때문이라고 지적된다. 시멘스키(Szymanski, S., 2003) 등은 유럽에서는 축구라는 단일 종목의 경기 시청률이 매우 높은 데 비해, 미국에서는 인기 높은 스포츠 종목과 리그가 여러 개가 존재하므로 유료TV 방송사로부터 높은 시청료를 받기보다는 지상파 방송으로 싼값에 시청할 수 있도록 하는 대신에 광고 수입을 더 선호한다고 주장한다.

또한, 미국의 스포츠 경기 중계방송 시장은 유럽 국가들에 비해 규모가 훨씬 더 크므로 전국적인 지상파 네트워크를 통한 규모의 경제가 가능하며 이를 통해서 많은 수입을 얻을 수 있다. 유럽 국가들의 스포츠 경기 중계방송 시장은 규모가 작을 뿐 아니라 국가에 따라 언어, 문화, 법률 등의 장벽이 존재함에 따라 회원제 유료TV가 보다 선호된다는 것이다. 〈표 3-7〉은 영국, 독일 등 유럽 국가들과 미국의 주요 프로 스포츠 경기에 대한 중계방송사들이다. 지상파, 케이블, 회원제 유료TV, 페이퍼 뷰(PPV) TV 등 다양한 채널을 통해서 중계되고 있음을 알 수 있다.

〈표 3-7〉 주요 프로 스포츠 리그의 중계방송료와 방송사

국가	스포츠 종목	주요 방송사	연간 비용	계약 기간
미국	미식축구(NFL)	CBS(f)	22억 달러	1998-2005
	농구(NBA)	TNT(c),ESPN(c), ABC(f)	7억6천만 달러	2002-2007
	야구(MLB)	FOX(c)	6억 달러	2001-2006
독일	축구(DFL)	Arena(s)	2억5천만 유로	2006-2009
	축구(UEFA CL)	Premiere(s)*	1억만 유로	2006-2009
영국	축구(Premier League)	BSkyB(s)	3억7천만 파운드	2001-2004
	축구(UEFA CL)	BSkyB(s), ITV	1억3천만 유로	2003-2006
프랑스	축구(Ligue 1)	Canal Plus(s)	6억 유로	2005-2008
이탈리아	축구(SerieA)	Sky(ppv), Mediast(ppv)	4억9천만 유로	2005

참고: f: free-to-air, c: cable, s: subscription, ppv: pay-per-view, CL: Champions League
자료: Helmut Dietl and Tariq Hasan(Sum, 2008).

---

28) 헬뮤트(Helmut Dietl & Tariq Hasan., 2008) 등은 미국에서 CableTV 보급률은 거의 90%에 달한다고 주장한다. 그리고 지상파 방송은 무료TV 방송으로 Subscription TV, Pay Per View TV 등은 유료TV로 구분하기도 한다.

넷째, 1990년대 중반 들어 유럽에서 상업방송이 허용되면서 인기 높은 글로벌 스포츠 이벤트나 프로 스포츠 경기의 TV 중계방송권은 유료TV 방송사들이 거의 독점하다시피 하게 되었다. 유료TV 방송사들이 중계방송권을 지나치게 높은 가격에 구입하여 가입자를 중심으로 중계방송하였다. 그러자 국민들이 좋아하고 인기가 높은 스포츠 경기나 이벤트들은 EBU와 같은 공영방송을 통해서 시청이 불가능하게 되었다.[29] 이는 특정의 스포츠 경기나 이벤트, 영화 등을 케이블 TV나 유료TV가 구입하여 유료 가입자들만 시청할 수 있도록 하는 사이포닝 효과(siphoning effect) 때문이다.[30] 시청자들에게 인기 높은 스포츠 이벤트나 경기들이 주로 유료TV로 중계방송되면서 유료TV에 가입하지 않은 시청자들은 시청할 수 없게 되었다. 그러자 스포츠 경기나 이벤트를 유료TV 방송사에서만 중계방송하는 것은 시청자들의 보편적인 시청 권리를 박탈하는 것이라는 지적이 제기되었다.

이에 영국, 독일, 프랑스, 이탈리아 등 유럽 국가들은 인기가 높고 국가적으로도 유익하다고 판단되는 스포츠 이벤트나 경기에 대해서 국민들의 TV 시청 권리를 보장하기 위한 조치를 마련하였다. 이를 안티-사이포닝(anti-siphoning), 이벤트 규제 목록(listed event regulation)이라고 한다. 이는 국가·사회적으로 공공의 가치를 지니고 있는 스포츠 이벤트나 경기는 유료TV 방송사뿐 아니라 공공(지상파) 방송사에서도 중계방송을 할 수 있도록 한 것이다. 영국, 독일 등 유럽 국가에서는 올림픽 경기, 월드컵 축구 대회, 프로 스포츠 경기 등과 같이 인기가 높은 스포츠 이벤트나 경기에 적용된다. 국가적으로 중요

---

29) 유럽방송연합(EBU)은 1996년에는 올림픽 경기 중계방송권 입찰 경쟁에서 뉴스 코퍼레이션(news corporation)사, 2002년에는 FIFA 월드컵 축구 대회 경기 중계방송권 입찰 경쟁에서 독일의 커치 코퍼레이션(kirch corporation)사, 2005년 유로(euro) 2008 중계방송권 입찰 경쟁에서 스포츠 파이브(sportfive)사, 2006년에 스위스의 ISL마케팅에이진시(ISL marketing agency)사에 각각 패하였다. 그 결과 유럽의 많은 국가의 시청자들은 과거와 같이 지상파 방송을 통해서 낮은 비용으로 경기를 시청할 수 없게 되었다.

30) 사이포닝(siphoning)은 특정의 스포츠 경기나 이벤트, 영화 등을 케이블이나 유료TV사가 구입하여 유료 가입자들만 시청할 수 있도록 하는 것이다. 예를 들어, 어떤 케이블 TV사가 1,000달러에 스포츠 경기 TV 중계방송권을 독점적으로 구입하여 케이블 TV에 가입한 1,000 가구로부터 2달러씩 받는다면, 케이블 TV사는 투자비용을 제하고도 1,000달러의 이익을 보게 된다. 따라서 유료 케이블 TV사들은 스포츠 이벤트나 경기 등의 TV 방송 중계권을 지상파 방송사들보다 더 높은 가격으로 구입할 수가 있다. 유료TV사에서는 국민적인 관심이 높고 인기 있는 스포츠 이벤트나 경기를 공중파 방송보다 훨씬 비싼 값에 구입하여, 시청자들에게 유료 케이블 TV에 가입하도록 강제할 가능성이 크다는 것이다. 이를 방지하기 위한 규정이 안티-사이포닝(anti-siphoning)이다. 즉, 국민적으로 관심이 큰 스포츠 경기나 이벤트를 지정하여 일부 중계방송권을 지상파 방송사에 우선적으로 부여하는 것이다. 지정된 스포츠 경기의 중계방송은 지상파 방송사에 우선권이 있지만 하나의 방송사만 독점적으로 방송할 수 있는 것은 아니고 지상파 방송사만 중계할 수 있는 것도 아니다.

한 스포츠 이벤트나 경기는 지상파 방송사에서도 중계방송할 수 있는 기회를 제공하여 유료TV 방송사들이 독점적으로 중계방송하는 것을 방지하고 시청자들을 보호하려는 것이다. 〈표 3-8〉은 영국, 독일 등 유럽의 주요 국가들의 스포츠 경기나 이벤트 시청권을 운영하고 있는 사례들이다. 국가에 따라서 약간씩 다르게 운영되고 있다.

한편, 미국 연방통신위원회(FCC)에서는 사이포닝으로 인해 소비자들의 시청권리를 방해하고 유료TV 방송사들이 시청자들에게 유료 서비스 가입을 요구할 가능성이 있다는 이유를 들어 안티 사이포닝(anti-siphoning) 규정을 채택하기로 하였다. 그러나 이 같은 규정은 연방법원으로부터 위헌 판결을 받아 기각되었다.[31]

〈표 3-8〉 주요 국가들의 스포츠 이벤트 시청권 운영 실태

국가	개념	주요 스포츠 이벤트
영국	• Listed Event Regulation • 1990년 최초 도입 • A-List, B-List 구분 • The Broadcasting Act(96)	• A-List - 동·하계 올림픽, - FIFA 월드컵 축구 대회, - EUFA 경기, - FA컵 결승전, - 럭비 리그 결승 경기, - 윔블던 테니스 등 • B-List - 크리켓 경기, - 럭비 월드컵 토너먼트, - 영연방 경기, - 세계 육상 선수권 대회, - Open Golf 챔피언십 등
독일	• Listed Event Regulation • 인구 2/3 이상 수신 가능한 TV 프로그램	- 동·하계 올림픽, - 축구(유럽·세계 선수권 독일 팀), - 독일축구연맹컵(준결승·결승전), - 독일 국가 대표팀 경기, - 유럽의 축구연맹(챔피언스리그 등)
이탈리아	• Listed Event Regulation • 특정방송사의 스포츠 중계권 한도 60%	- 동·하계 올림픽, - 월드컵 경기(이탈리아 참가) - UEFA 경기, - F1 경기, - 사이클 경기
프랑스	• Listed Event Regulation • 성문화된 특별지정 사항 없음	- 동·하계 올림픽, - UEFA 경기, - FIFA 월드컵 - 사이클(프랑스 투어) - 럭비(5개국 챔피언스리그, 프랑스팀 경기)
호주	• Anti-siphoning List • ABC 등 공영방송 50% 이상	- 동·하계 올림픽, - FIFA 월드컵, - 크리켓 경기 - 테니스·골프·Netball·Motor Sport 등

자료: Sport on March 2010, No. 70, p. 139.

---

31) 미국에서는 1997년에 HBO(home box office) 판결을 통해 수정 헌법 제1조를 위배했다는 이유로 안티 사이포닝 규정을 도입하지 않고 있다. HBO는 1972년 11월에 출범하여 1975년 9월에는 국내 통신위성을 이용하여 방송 프로그램을 배급하기 시작했다. HBO가 유료 케이블을 개시한 1972년 11월에는 365가구에 불과하였으나 10년 후에는 1,000만 가구를 넘어섰다. HBO 가입 가구가 급증한 것은 모회사인 타임사로부터 많은 자금을 지원받아 초기에 누적되는 적자를 극복함과 동시에 다른 기업보다 먼저 국내 통신위성을 이용하여 전국의 케이블 TV 시스템에 싼 가격으로 프로그램을 전송했기 때문이다. 또, 미연방통신위원회(FCC)의 유료TV 규정(anti siphoning list)을 폐지하도록 함으로써 인기 높은 드라마나 영화 등을 자유롭게 편성할 수 있게 되었다.

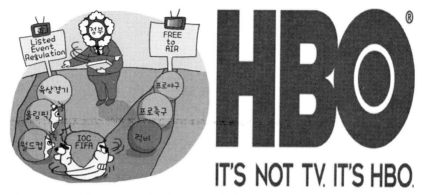

영국, 독일 등 유럽에서는 국가·사회적으로 공공의 가치를 지니고 있는 스포츠 이벤트나 경기는 유료TV 방송사뿐 아니라 지상파 방송사에서도 중계방송되고 있다. 그러나 미국에서는 HBO법에 위배된다는 이유로 지상파 방송을 중심으로 중계방송된다.

[그림 3-3] 스포츠 이벤트와 중계방송 규제

이러한 판결에 대해서 다음과 같이 주장된다. 연방법원에서 안티-사이폰 규정은 시장 중심주의에 바람직하지 않다고 판단한 것이다. 스포츠 이벤트나 경기 중계방송 서비스는 공공성보다는 상업성을 중시해야 한다는 것이다. 또, 미국에서는 스포츠 중계방송이 급격하게 유료방송으로 이전하지 않고 있기 때문에 안티-사이폰 규정이 시청자 이익을 보장한다는 근거가 없다는 것이다. 결국 안티-사이폰 규정 적용 여부는 스포츠 경기나 이벤트 중계방송을 공공재와 사적재 어느 것으로 보느냐에 따라서 달라진다고 할 수 있다.[32]

4) 중계방송 규제에 대한 논의

영국, 독일, 프랑스 등 유럽 국가에서 시행되고 있는 스포츠 경기나 이벤트 규제에 대해서 다음과 같은 논란이 제기된다.

---

32) 우리나라에서는 올림픽, 월드컵 등 국민들이 커다란 관심을 가지는 글로벌 스포츠 이벤트에 대해서는 보편적 접근권(universal access)을 규정하고 있다. 방송법 제76조(방송 프로그램의 공급 및 보편적 시청권 등)에 의하면, '방송통신위원회는 보편적 시청권 보장위원회의 심의를 거쳐 국민적 관심이 매우 큰 체육 경기 대회, 그 밖의 주요 행사를 고시하여야 한다. 중계방송권자 또는 그 대리인은 일반 국민이 이를 시청할 수 있도록 중계방송권을 다른 방송 사업자에게도 공정하고 합리적인 가격으로 차별 없이 제공하여야 한다'라고 규정하고 있다.

첫째, 규제 대상에 포함되는 스포츠 경기나 이벤트를 주관하는 스포츠 리그나 기구들은 딜레마에 빠지기도 한다. 프로 스포츠 경기나 이벤트가 규제 대상으로 분류될 경우 유료TV 방송사들이 모든 경기나 이벤트를 중계방송할 수가 없기 때문에 그만큼 수입이 줄어들 수도 있다. 유료TV 방송사들은 제한된 범위 내에서 중계방송을 해야 하기 때문에 리그나 기구에 중계방송료 인하를 요구할 수도 있을 것이다. 이와는 달리 스포츠 이벤트나 경기에 참여하는 스폰서 기업들은 자사의 제품이나 이미지 노출이 극대화되기를 원하므로 유료TV보다 지상파 방송을 더 선호할 수도 있다. 스폰서 기업들의 입장에서는 시청자들이 많으면 많을수록 더 유리하기 때문이다.

둘째, 만약 정부가 어떤 스포츠 이벤트나 경기를 규제 대상으로 지정한다면 더 이상 스포츠 리그나 기구의 의도와는 상관없이 지상파 방송사가 선택된다. 이는 스포츠 이벤트 조직이나 기구의 수입을 감소시킬 수 있다. 때문에 스포츠 리그나 기구들의 반발 가능성이 제기되기도 한다. 예를 들어, 올림픽 경기 대회가 규제 대상에 해당되어 지상파 방송으로 중계방송되어 많은 사람들이 무료로 시청할 수 있다면 해당 국가의 시청자들에게는 좋은 일이다. 그러나 IOC나 조직위의 수입이 줄어들 수도 있다. 실제로 IOC에서는 올림픽 경기 대회가 규제 대상으로 지정되는 것을 반대한다.

셋째, 공공방송과 유료TV 방송이 공공재의 특징을 지니는가에 대한 의문은 소비에 있어서 비경합성과 비배제성의 특성을 지니느냐에 따라서 구분된다. 유료TV 방송은 시청자들의 시청을 배제할 수 있다. 유료TV 방송은 신호를 암호화하여 가입비를 낸 회원들에게만 방송을 전송하고 가입비를 내지 않은 시청자들은 시청을 못하게 할 수 있다. 따라서 피상적으로 보기에는 유료TV 방송보다는 공익성을 지닌 공영방송이 더 큰 후생을 가져다준다고 주장되기도 한다. 그러나 공영방송 시장이 제대로 작동되지 않으면 시장 실패가 발생할 수 있다. 대부분의 공영방송사들은 주로 광고료와 시청료, 정부 지원 등으로 운영되며 가격차별보다는 패키지 전략을 사용한다. 그리고 지상파인 공공방송사에서는 중계방송하는 스포츠 이벤트나 경기에 상관없이 시청료를 일괄적으로 부과하므로 유료TV 방송에 비해 소비자들의 선호를 제대로 반영하지 못한다는 문제가 있다.

넷째, 인기 높고 유익한 스포츠 경기나 이벤트에 대해서 유료TV 중계방송을 규제하는 행위는 중계방송사들의 자유로운 시장진입을 제한하고 공정한 경쟁을 저해할 수도 있나고 지적된다. 경제적으로 TV 중계방송 시장이 완전경쟁 상태일 때 시청자들이 가장 싼 가격으로 시청할 수 있으며 효용도 가장 높다고 할 수 있다. 따라서 중계방송 시장에서 시청자들이 스포츠 경기나 이벤트를 유료TV(subscription TV), 페이퍼 뷰(pay-per-view), 케이블(cable)TV, 지상파(free-to-air)TV 등에 상관없이 자유롭게 시청할 수 있어야 한다. 만약 유료TV 방송사에서 제공하는 스포츠 경기나 이벤트의 가치가 시청자들이 지불한 가격에 상응하지 못한다고 생각되면 시청자들은 시청하지 않으려고 할 것이다. 따라서 주요 스포츠 경기나 이벤트들이 유료TV를 중심으로 중계방송된다고 해서 반드시 사회 적으로 더 큰 후생손실을 초래한다고 주장되기 어렵다는 것이다.

다섯째, 만약 국가적으로 유익하고 인기 높은 스포츠 이벤트나 경기 등의 TV 중계방 송이 공공재로 간주된다면 시청자들은 비용을 지불하지 않고서도 지상파 방송으로 시청 할 수 있다. 그러나 만약 스포츠 이벤트나 경기가 사적재로 간주된다면 시청자들은 비용 을 지불하지 않으면 시청하기가 어렵다. 이에 대한 대안으로 지상파 방송사에서 이벤트 나 경기의 하이라이트(highlight) 장면을 뉴스 시간에 방송하도록 허용하는 방안이 있다. 스포츠 경기나 이벤트 TV 중계방송이 사적재로 간주될 경우 시장에서 자유롭게 거래되 어 상업적 가치를 더욱 향상시킬 수 있다. 유료TV 등 상업용 방송사들은 서비스의 질적 향상을 통해 보다 많은 수입을 얻으려 하기 때문이다. 상업용 방송사들은 기본적으로 수입극대화를 추구하고 방송사들은 방송 콘텐츠의 질적 향상을 통해서 보다 많은 수입 을 얻으려고 한다. 그러므로 스포츠 경기나 이벤트 중계방송이 공공재로 간주될 때 보다 훨씬 더 좋은 서비스를 제공할 수 있다. 시장주의자들은 시장에서 공공재에 대한 영역이 크면 클수록 재화나 서비스에 대한 상업적 가치와 거래자들의 경제적 자유는 그만큼 감 소할 것이라고 지적한다. 스포츠 경기나 이벤트가 공공재로 간주되어 정부의 규제가 강 화되면 될수록 시장에서 경쟁력을 강화하고 가치를 높일 수 있는 기회는 그만큼 줄어들 수도 있다.

제5절 ✦ 미래와 발전 과제

1) 중계방송 기술의 다양화

글로벌화, 과학 기술 발달 등으로 스포츠 이벤트나 경기 중계방송 시장은 다양한 변화를 경험하고 있다. 과거에는 주로 TV, 비디오, 케이블 TV 등으로 중계되어 왔으나 이제는 인터넷, 휴대폰, 트위터 등 다양한 채널을 통해서도 스포츠 경기를 관람할 수 있게 되었다. 또한 통신 기술의 발달은 하드웨어의 비용을 하락시켰다. 이러한 기술의 발달로 스포츠 경기 시청이 보다 용이해졌을 뿐 아니라 전 세계의 소비자들도 스포츠 경기 결과를 쉽게 알 수 있게 되었다. 스포츠 이벤트나 경기에 대한 미디어의 콘텐츠 확보 경쟁이 TV 방송사뿐 아니라 다양한 기기와 매체 간에도 치열하게 전개되고 있다. 이들은 첨단 기술, 자금력, 효율적 운영 등으로 보다 많은 시청자를 확보하려고 노력하고 있다.

또, 인터넷의 발달은 스포츠 경기나 이벤트를 전달하는 데 혁신적인 변화를 가져왔다. 일부에서는 인터넷이 머지않아 스포츠 정보와 엔터테인먼트 자원으로서 모든 대중 미디어를 능가할 것으로 보고 있다. 이제는 수십만 개의 웹 사이트들이 소비자들에게 스포츠 관련 정보를 전달한다. 인터넷을 이용한 스포츠 웹 사이트는 스포츠 이벤트나 경기를 중계방송할 뿐 아니라 상업활동에서도 선도적 역할을 한다. 글로벌 스포츠 이벤트에 대한 인기가 높아짐에 따라 스포츠 이벤트의 완전 동영상 비디오(full motion)가 불가피해지고 있다. 인터넷에 대한 지리적 경계를 가능케 하는 기술이 발달함에 따라 스포츠 조직이나 기구들은 웹 사이트에서 비디오 스포츠 이벤트를 보여 주기도 한다.[33]

많은 프로 스포츠 경기나 이벤트에서는 트위터(twitter), 페이스북(facebook),[34] 마이스

---

[33] 2007년에 TBS에서는 MLB의 경기와 내셔널리그 챔피언 시리즈 경기를 인터넷으로 생중계 방송하였다. NBC, BBC, EBU 등 거대 방송사들도 2008 북경 올림픽 경기를 무료로 생중계하거나 비디오, 인터넷 등으로 수천 시간을 중계방송하였다. 게다가 전 세계 방송사들은 북경 올림픽 경기 대회의 하이라이트(highlight) 나 재방송을 무료 온라인으로 2,200시간을 방송하였다. 광범위한 스포츠 네트워크를 지니고 있는 ESPN360.Com 은 매년 글로벌 스포츠 이벤트를 선택하여 3,500시간을 생중계방송하는 온라인 웹 사이트이다.

[34] 페이스북(facebook)은 글로벌 차원의 사회적 네트워킹 웹 사이트로 2004년부터 시작되었다. 사용자는 선택된 사람들과 메시지를 교환할 수 있다. 전 세계에서 수십억 명이 페이스북을 이용하고 있으며, 2009년에는 전 세계에서 가장 역동적인 네트워크로 알려졌다. 30만 이상의 어플리케이션(application)이 페이스북 플랫폼(platform)을 발전시키고 매달 수십만 개의 플랫폼이 새로 만들어진나. 스포츠 이벤트는 물론

페이스(myspace), 유튜브(youtube) 등의 기술을 이용하여 팬들과 직접 의사소통을 하고 있다. 이를 통해 프로 스포츠 팀들은 소비자들에게 보다 싼 가격으로 보다 신속한 맞춤 서비스를 제공하고 있다. 젊은 팬들은 트위터를 이용하여 스포츠 이벤트나 경기를 시청하기도 한다. 인기 높은 스포츠 경기나 이벤트의 경우 너무 많은 팬들이 트위터에 동시에 접속하여 화면이 다운되기도 한다.[35] 또한 많은 선수들도 트위터를 이용하며 팬들과 자유롭게 소통하고 있다.

2) 글로벌 독과점화

스포츠 이벤트나 경기 중계방송 시장의 글로벌화는 1979년 ESPN이 설립되면서부터라고 주장된다. ESPN은 스포츠 경기 중계방송을 위해 상업용 위성을 최초로 이용하였다. 1980년대 중반에는 ABC사가 ESPN을 인수하면서 양질의 다양한 스포츠 경기 중계를 할 수 있었다. 또, TV 중계방송 기술의 발전은 글로벌 TV 방송사 등 미디어 기업들이 스포츠 이벤트나 경기 중계방송 권리를 독점할 수 있는 계기가 되었다. 소수의 글로벌 TV 방송사 등 미디어 기업들이 스포츠 경기나 이벤트 중계방송 시장을 지배하려는 움직임이 나타나고 있다. 올림픽 경기 대회, FIFA 월드컵 축구 대회, UEFA 대회 등 글로벌 스포츠 이벤트는 말할 것도 없이 주요 프로 스포츠 시장에서 독과점 현상이 심화되고 있다. 소수의 글로벌 TV 방송사 등 미디어 기업들은 경기 시청 시간은 물론 제품, 마케팅, 상품화, 라이선싱 등을 좌우하기도 한다. 특히, 스포츠와 미디어, 엔터테인먼트 등이 통합된 거대한 글로벌 TV 등 미디어 기업의 등장은 새로운 형태의 스포츠 이벤트나 경기 소비 방식을 전 세계로 확산시키고 있다. 동시에 스포츠 소비대상은 물론 소비에 대한 결정권도 행사하고 있다. 글로벌 TV 등 미디어 기업들은 스포츠 이벤트나 경기 중계방송 콘텐츠를 기업 내에서 다른 제품과 상호공생하기도 한다.[36] 기업 내의 서로 다른 제

도시, 작업장, 학교 등과 관련한 네트워크가 형성되며, 주로 비슷한 관심을 가진 사람 간에 형성된다.

35) 2009년 봄에 스텐리 컵(stalnley cup) 대회에서 필라델피아의 플라이어스(philadephia flyers)와 피츠버그의 팽귄(pittsburg penguins) 간 경기 도중 TV 화면이 갑자기 중지되었는데, 이는 너무 많은 케이블 시청자들이 동시에 접속했기 때문이었다.

36) 디즈니 코퍼레이션(disney corporation), AOL-타임워너(time warner), 뉴스 코퍼레이션(news corporation), 비아콤(viacom), 베텔스만(bertelsmann), 코퍼레이트 홀딩스(corporate holdings) 등이 대표적이다. 이들은

품 간 상호 시너지 효과를 이용하여 많은 수익을 올리기도 한다. 글로벌 TV 등 미디어 기업들은 그룹 내 기업 간 중복되는 스포츠 이벤트나 경기 중계방송 범위를 조절하는데 수월하고, 기업이 보유하고 있는 다양한 판매수단을 통해 스포츠 경기나 이벤트를 중계방송하여 매출을 늘린다. 기업 내부적으로도 중계방송하여 많은 수입을 올린다. 이러한 형태의 기업결합은 새로운 형태의 독과점 현상이다. 이는 거대한 기업 집단들의 관행에서 비롯된 것이다.[37] 이처럼 스포츠 리그나 기구가 글로벌 TV 등 미디어 기업으로 통합될 경우, 관람 스포츠의 효용은 줄어들 수도 있다고 주장된다. 글로벌 스포츠 이벤트나 경기 중계방송 시장은 글로벌 TV등 미디어 기업들에 의해 점차 독과점화될 것이라고 주장된다.

3) 글로벌 시청자

글로벌 스포츠 이벤트나 경기는 케이블 TV, 위성 TV, 인터넷, 스마트폰 등을 통해 전 세계에 중계방송되고 있다. 국제 스포츠 기구나 프로 스포츠 팀들은 온라인, 모바일 등 다양한 중계방송 채널을 이용하여 수입을 올린다. 일부 프로 스포츠 팀이나 리그에서는 유료TV나 자체적으로 TV네트워크를 갖추고 글로벌 차원의 팬을 유인하기도 한다. 전 세계의 TV 방송사들도 상업화 전략으로 스포츠 기구나 팀의 이벤트나 경기를 중계방송하려고 한다.

과거 TV 중계방송 기술이 제대로 발전하지 못하고 스포츠 시장에 글로벌화되기 전에는 대부분의 팬들은 자국에서 개최되는 스포츠 이벤트나 프로 스포츠 경기만을 시청해야 했다. 그러나 스포츠 시장의 글로벌화로 인해 팬들은 수천 마일 떨어진 다른 국가나 대륙에 있는 선수, 팀들과도 친숙하다. 스포츠 이벤트나 경기 시청의 글로벌화는 전 세계에 스포츠 팬을 만들었으며 팬들은 전 세계에서 벌어지고 있는 스포츠 이벤트나 경기를 자유롭게 시청할 수 있다.[38] 선수들이 경기를 하기 위해서 전 세계로 이동하듯이 스

거대한 글로벌 미디어 기업으로 영화, 방송사, 디즈니랜드, 프로 스포츠 구단 등을 소유하고 있다.

37) 거대한 글로벌 미디어 기업들은 프로 스포츠 팀을 소유하기도 한다. AOL-타임워너(time warner)는 NBA의 애틀랜타 호크스(atlanta hawks)와, NL의 애틀랜터 브레이브스(atlanta braves)를 소유하였다. ABC, ESPN을 소유한 디즈니 코퍼레이션(disney corporation)은 NHL의 애너하임 덕스(anaheim ducks) 팀을 소유하였다.

38) 1984년 EC에서 '국경 없는 TV'(television without frontiers)라는 개념이 등장하였다. 국경 없는 TV는 FC가 유럽방송 시장을 단일화하기 위해서 1984년에 '위성과 케이블 방송을 위한 공동시장 건립'이라는 보고서

포츠 팬들도 글로벌 차원에서 선수와 팀의 경기를 보기 위해서 이동하기도 한다. 실제로 MLB 팬의 55% 정도가 그들이 좋아하는 팀의 근처에 살지 않는다고 보도되기도 하였다. 이제 남아프리카에 있는 축구 팬들이 유럽의 축구 팀과 가까워지고 있고, 한국의 야구 팬들이 MLB에 관심을 가지며, 중국에도 NBA 팬들이 많이 있다.

4) 중계방송권 가격

그동안 글로벌 스포츠 시장에서 가장 두드러진 성장은 스포츠 경기나 이벤트에 대한 방송 수요의 확산과 중계방송료의 급등일 것이다. 대부분의 스포츠 시청자들은 스포츠 이벤트나 경기를 실시간으로 시청하기를 원한다. 하지만 이벤트나 경기를 직접 관람하기 위해서는 많은 시간과 비용이 소요된다. 많은 스포츠 경기나 이벤트가 TV로 생중계 방송되면서 팬들은 많은 시간과 비용을 절약하면서 스포츠 경기나 이벤트를 즐길 수 있게 되었다.

또한, 위성 TV, 디지털 방송 등이 등장하면서부터 글로벌 스포츠 이벤트나 경기의 중계방송료가 큰 폭으로 상승하고 있다. 최근에는 위성 TV, 케이블 TV, 인터넷 TV, 쌍방향 TV, 디지털 TV, 광역 케이블(broadband cable) 등 다양한 방송이 등장하면서 더 많은 콘텐츠가 필요해졌기 때문이다. 이러한 방송사들은 시청률을 높이기 위해서 전 세계적으로 인기 높은 글로벌 스포츠 이벤트나 경기를 중계방송하려고 한다. 그러한 가운데 전 세계적으로 인기가 높고 시청률이 보장되는 스포츠 이벤트나 경기에 대한 중계방송권을 놓고 방송사 간 경쟁이 과열되고 있다.

그러나 전 세계적으로 볼 때 소수의 스포츠 경기나 이벤트 중계료만 폭발적으로 상승했다고 주장된다. 즉, 영국, 독일, 이탈리아, 스페인 등 유럽 국가들의 스포츠 경기 중계방송 시장에서 축구 경기 방송중계율이 50%에 달할 정도로 높은 인기를 얻고 있다. 크리켓 경기, 럭비 경기, 사이클 경기, 테니스 경기, F1 등의 시청률도 꽤 높은 편이다. 북미에서도 야구, 농구, 미식축구, 아이스하키 등의 프로 스포츠 경기와 올림픽, 월드컵 축구

를 발간한 데서 유래되었다. 위성방송의 경우 전파가 특정 국가의 경계를 넘어 다른 나라에서도 시청이 가능한 광역방송이라는 점에서 국경을 초월하는 방송시대의 도래와 관련하여 사용된다. 1989년 EU에서는 발표한 '국경 없는 TV Directive'는 재송출 제한을 없애고 모든 회원국의 TV 방송사들이 무료로 전파를 받을 수 있게 하는 기폭제가 되었다.

대회 등과 같은 초대형 스포츠 이벤트에 국한된다고 주장한다. 즉, 글로벌 차원의 관심과 인기 높은 스포츠 이벤트나 경기들은 높은 중계료를 받을 수 있으나 비인기 종목이나 이벤트들은 그러하지 못하다.

5) 아시아의 중계방송 시장

한국, 중국 등 아시아 국가들의 소득이 증가하고 여가시간이 늘어나면서 글로벌 TV 방송사들은 아시아 지역의 중계방송 시장에 대해서 관심이 증가하고 있다. 아시아 지역에서 서구의 스포츠 경기나 이벤트가 인기리에 확산되고 있는 것은 스포츠 리그나 기구의 시장 확대, 중계방송 기술 발달, 글로벌 방송사들의 투자, 아시아 국가들의 소득 증대 등의 요인 때문이다.

아시아 지역의 스포츠 중계방송 시장에 관심이 증가하는 이유는 다음과 같다.

첫째, 유럽, 북미 등의 스포츠 경기나 이벤트 중계방송 시장이 포화상태에 달하면서 서구의 글로벌 TV 방송사들이 인구가 많은 아시아 지역에 관심을 갖기 시작하였다. TV 방송사들은 아시아에서도 인기가 높고 관심이 많은 스포츠 경기나 이벤트를 중계방송하기 위해 노력하고 있다. 특히, 전 세계에서 가장 많은 시청자를 보유하고 있는 중국은 2008년 북경 올림픽을 개최하면서부터 세계적인 TV 중계 시장으로 등장하였다. 중국은 세계에서 가장 커다란 글로벌 스포츠 중계방송 시장으로 등장하였다.

둘째, 아시아 국가들의 경제 성장은 도시화, 상업화, 소비 증가 등을 가져왔으며 이는 글로벌 스포츠 경기나 이벤트를 손쉽게 시청할 수 있게 하였다. 이러한 변화는 아시아 국가들의 생활 스타일을 변화시키고 브랜드 중심의 새로운 소비문화를 자극하기도 한다. 아시아 지역도 국가에 따라 사회, 문화, 언어, 종교 등이 다양함에도 불구하고 세계적으로 인기가 높은 스포츠 경기나 이벤트가 중계방송되고 있다. TV 중계방송 기술의 발달은 아시아 국가들이 다양한 글로벌 스포츠를 경험할 수 있게 하였다. 아시아 지역은 서구의 프로 스포츠 경기나 이벤트를 단순히 소비하는 곳이 아니라 글로벌 스포츠 시장을 지배할 수 있는 잠재력과 미래에 서구의 스포츠를 대체할 가능성을 지닌 곳으로 평가된다.

셋째, TV 중계방송 콘텐츠 수요가 증가하면서 스포츠 경기나 이벤트 등의 콘텐츠에 대한 국가 간 거래도 늘어나고 있다. 아시아 국가들의 TV 방송사들은 다른 국가에서 생산한 스포츠 이벤트나 경기 관련 프로그램을 중계방송하기도 한다. 한국, 일본, 중국 등 아시아의 국가 외에도 유럽이나 미국에서 수입하기도 한다. 그러나 아시아 지역에서 열리는 프로 스포츠 경기나 이벤트는 아시아의 TV 중계방송 시장에서 인기가 높지 않은 편이다. EPL, NBA, MLB, UFC 등 서구의 스포츠들이 중계방송 시장을 지배하고 있기 때문이다. 이는 아시아 지역국가들의 축구, 야구 등의 중계방송 시장의 경쟁력에 좋지 않은 영향을 미칠 수도 있다고 주장된다.

넷째, 아시아의 TV 중계방송 시장에 대한 글로벌 방송사들의 투자는 문화, 민족, 언어 장벽을 뛰어넘어 전지역에서 이루어지고 있다. 아시아에서 서구의 스포츠 경기나 이벤트 중계방송은 거대한 자본을 지닌 글로벌 TV 방송사 중심으로 이루어지고 있다.

중국, 인도 등 아시아 국가들이 스포츠 이벤트나 경기에 대한 관심이 증가하고 유럽과 북미의 스포츠 중계방송 시장이 포화상태에 달하면서 글로벌 TV 방송사들이 아시아 시장에 진출하고 있다.

[그림 3-4] 글로벌 스포츠 중계방송과 아시아 시장

디즈니(disney), 뉴스코퍼레이션(news corporation) 등이 대표적이며, 이들은 서구의 스포츠 경기나 이벤트 중계방송 시장에서 영향력을 행사하기도 한다.[39] 아시아에서 서구의 프로 스포츠 경기나 이벤트는 주로 중산계층들이 시청한다. 아시아 국가들이 경제적으로 성장하고 발전하면서 서구의 유명 스포츠 리그나 팀, 스포츠 이벤트들의 주요 마케팅 장소가 되고 있다.

다섯째, 2000년대를 전후하여 중국 등 아시아 국가들의 TV 중계방송 산업에도 시장경제 원리가 도입되기 시작하였다. 중계방송 시장에 대한 규제 완화와 더불어 상업방송사들이 등장하였다. 케이블 TV 등 일부 상업방송사들은 유럽, 북미의 프로 스포츠 경기를 중계방송하면서 시청자들로부터 시청료를 받기 시작하였다. 특히, 중국에서는 3천여 만 명의 EPL 팬들이 시청료를 지불하고 경기를 시청하게 되었다. 덕분에 EPL의 아시아 시장 진출은 전례없이 커다란 성공을 거두었다고 평가된다. 그동안 아시아 국가에서는 프로 스포츠 경기나 메가 스포츠 이벤트 등은 주로 공공방송사들이 중계방송하였다. 그러나 아시아 국가에서 상업방송사들이 등장하면서 프로 스포츠 경기, 메가 스포츠 이벤트 등에 시청권이 점차 상업화되고 있다. 즉 시청자들의 보편적 시청권이 점차 줄어들고 있다고 주장된다.

---

39) 디즈니(disney), 뉴스코퍼레이션(news corporation) 등은 ESPN, 폭스 스포츠(fox sports), 스카이 스포츠 네트워크(sky sport network) 등을 소유하고 있다. 디즈니, 뉴스코퍼레이션 등과 공동투자한 ESPN Star Sports는 아시아의 미디어 스포츠 문화단지로서 역할을 한다. ESPN Star Sports에서는 NBA, NCAA, 레슬링, NFL, Indy Racing League, MLB, EPL, Formula one, X-game 등을 중계방송한다.

제**4**장   글로벌 스포츠 스폰서십

제1절   개념과 시장 구조

1) 개념

스포츠 스폰서십(sport sponsorship)은 한 마디로 스폰서(sponsor)와 스폰시(sponsee) 간의 거래관계이다. 스폰서는 주로 기업들로, 스포츠 기구나 리그 등에 현금이나 현물을 지원하고 독점적으로 상업활동을 하려고 한다. 스폰시는 스포츠 경기나 이벤트를 주최하는 스포츠 기구나 리그(클럽)들로 스폰서 기업들로부터 현금이나 물품 등의 대가를 받고 상업활동을 허락한다. 스폰서는 스포츠 이벤트나 경기를 활용하기 위한 구매자(buyer)라면, 스폰시는 스포츠 이벤트나 경기를 판매하는 하는 판매자(seller)이다. 스폰서와 스폰시들은 자신들이 추구하는 목표나 가치를 얻기 위해서 상호 이득이 되는 거래를 한다.

일부에서 스포츠 스폰서십은 라이선싱 또는 스포츠를 통한 마케팅의 한 부분이라고 주장한다. 라이선싱은 상표로 등록된 재산권을 가지고 있는 개인 또는 단체가 타인에게 대가를 받고 재산권을 사용할 수 있도록 권리를 부여하는 계약이다.

스폰서로 참여한 기업들은 계약 기간 동안에 독점적으로 상업활동을 할 수 있다는 이점이 있다. 스포츠 이벤트 주최 측과 프로 스포츠 구단이나 선수들이 스폰서십에 참여하여 경제적 이득을 얻을 수 있다는 점에서 이에 대한 관심이 증가하고 있다. 하지만 스포츠 스폰서십의 개념에 대해서 다양하게 주장된다. 일부 학자들은 스포츠 스폰서십은 마케팅 도구이자 과정이며 라이선싱의 한 부분이라고 주장하기도 한다. 이러한 의미에서

라이선싱, 인도스먼트, 명칭권 등도 스폰서십으로 간주된다.[1)]

또, 일부 학자들은 스포츠 스폰서십은 스포츠를 이용한 마케팅이라고 주장한다. 스포츠 스폰서십이 스포츠를 이용한 마케팅이라는 인식에서 스폰서 기업들은 스포츠를 통한 커뮤니케이션을 중시한다. 스폰서로 참여한 기업들은 특정 집단의 소비자들을 목표로 전략적 커뮤니케이션이 가능하기 때문이다. 커뮤니케이션은 광고, 대인 판매, 판매 촉진, 홍보, 라이선싱 등과 밀접한 관련이 있다. 기업들이 소비자들에 대한 커뮤니케이션 도구로 스포츠 스폰서십을 활용할 경우 기대 이상의 효과를 얻을 수 있다. 스포츠 스폰서십은 새로운 형태의 마케팅으로 그 개념과 범위가 점차 확대되고 있다.

2) 스폰서십의 특징

스포츠 스폰서십은 다음과 같은 특징을 지닌다. 첫째, 스포츠 스폰서십은 스폰서 기업과 스폰시 간의 마케팅 활동을 위한 계약이다. 그러나 스폰서십에 대한 계약만으로는 쌍방이 추구하는 목적을 달성하기가 쉽지 않다. 따라서 상호 보완적인 활동으로 쌍방이 보다 큰 편익을 얻기 위해 다양한 노력을 한다. 둘째, 기업들이 스포츠 스폰서십에 참여하려는 것은 이미지 제고, 브랜드 가치 증진 등을 위한 투자라고 할 수 있다. 스폰서 기업이 제공한 현금이나 현물에 대한 대가로 스포츠 이벤트나 경기에서 독점적으로 상업 활동을 가능케 하는 것이다. 따라서 스폰서십은 상업적 목적을 달성하기 위한 것으로서

---

1) 라이선싱(licensing)은 재산권을 가지고 있는 스포츠 이벤트 기구, 리그나 선수 등이 기업 등 제3자로부터 대가를 받고 재산권을 사용할 수 있도록 권리를 허용하는 계약이다. 라이선서(licensor)는 상표로 등록된 재산권을 가지고 있는 자이며, 라이선시(licensee)는 재산권에 대해 비용을 지불하고 사용 권리를 얻는 자이다. 주로 기업들이다. 라이선싱은 라이선서가 보유하고 있는 특허나 노하우, 기술 등의 재산권을 라이선시에게 계약 기간 동안 양도하는 것이다. 즉, 사용권에 대한 계약이다. 라이선시는 라이선서의 재산권을 사용하는 대가로 로열티(royalties)를 지급한다. 라이선싱을 통해 얻은 권리는 배타성이 보장되므로 독점 이윤을 얻을 수 있다. 주로 기업들이 선수, 팀의 로고 등을 의류, 모자, 배지 등에 부착하여 판매하는 행위이다. 인도스먼트(endorsement)는 스포츠 선수나 팀의 이미지를 기업이나 제품에 연계시키는 활동이다. 기업들은 선수나 팀에게 비용을 지불하고 자사의 제품 광고에 등장시키거나 유니폼에 상표를 부착하기도 한다. 스포츠 용품이나 장비 기업들이 스포츠 이벤트나 경기에 참가하는 선수들에게 장비, 의류, 신발 등을 아주 싼 가격에 또는 거의 무료로 제공하기도 한다. 인도스먼트는 미리 결정한 가격을 지불하는 데 비해 라이선싱은 판매된 제품의 양에 따라 가격을 지불한다는 점이 다르다. 명칭권(naming right)은 특정 기간에 스포츠 경기장과 같은 시설에 기업이나 제품의 이름을 사용하기 위해서 경기장 소유자인 팀(구단)과 기업들 간 계약을 맺는 경우이다. 특별한 경우의 스폰서십 또는 빌딩 스폰서십이라고도 한다.

기부(donations)나 자선, 기증과는 다르다고 주장된다. 셋째, 스포츠 스폰서십에 참여하는 기업들은 스폰시와 거래를 통해서 목적을 달성하려고 한다. 즉, 투자에 대한 기대수익을 얻으려고 한다. 예를 들어, 기업들은 박애, 자비, 후원 등 다양한 스폰서 활동에 참여하기도 한다. 이러한 활동에 참여하는 스폰서 기업들은 투자에 대한 기대수익이 아주 적거나 거의 없을 수도 있다. 그렇지만 스폰서 기업들은 궁극적으로 기업의 이미지 제고, 브랜드 증진 등을 통해 보다 많은 수입을 얻기 위한 의도를 갖고 있다. 넷째, 스포츠 스폰서십은 그 가치가 상당히 높은 자원이지만 다른 스폰서 기업에 이전될 수 없다. 즉, 기업의 장비나 토지 등과 같은 자산과 달리 스폰서십 권리를 경쟁기업에 판매하거나 이전할 수가 없다. 설사 이전되더라도 과거의 기업이 누렸던 스폰서십의 가치를 제대로 얻기가 어렵다. 스포츠 스폰서십이 다른 기업으로 이전되면 그 가치가 크게 줄어들 수 있기 때문이다. 다섯째, 자원으로서 스폰서십은 복사나 모방될 수 없다. 스포츠 이벤트나 리그, 선수 등의 스폰시는 특정 기업로부터 현금이나 현물 등의 지원을 받고 그 대가로 일정 기간 동안 독점적 마케팅 활동을 부여한다. 대개 특정의 분야에서 단 하나의 기업이나 제품만이 스포츠 이벤트나 리그에서 독점적 권리관계를 지닌다. 그리고 이를 근거로 다양한 상업활동을 할 수 있다. 스폰서와 스폰시 간의 스폰서십 계약은 아주 복잡하고 다양하다.[2] 여섯째, 스포츠 스폰서십 시장에서 스폰서와 스폰시가 쌍방의 이득을 위한 거래관계에 있다고 할 수 있다. 스폰서와 스폰시는 상호 원원(win-win)이라는 공동목표를 추구하며 소비자들을 대상으로 한다. 스포츠 스폰서십 시장에서 스폰시들은 스폰서 기업들이 안정적 마케팅 활동을 할 수 있도록 한다. 즉, 부대시설 이용할 권리, 독점적 상업활동 권리 등을 제공하기도 한다. 스포츠 이벤트와 관련하여 비공식적으로 이루어지는 매복 마케팅(ambush marketing)을 철저히 규제하기도 한다.

---

2) 스폰서십의 계약 내용은 주로 다음과 같다. ① 로고, 이름, 트레이드 마크 등 사용 권리, ② 권리를 제품이나 서비스에 독점적으로 사용, ③ 이벤트나 시설사용 권리, ④ 공식 스폰서, 공식공급업체, 공식제품, 공식 방송 등과 같이 이벤트, 시설, 제품에 관련문구를 사용 권리, ⑤ 이벤트나 시설과 함께 제품이나 서비스 구매자가 이용할 수 있는 권리, ⑥ 스폰서십 협정에 따라 경쟁, 광고 캠페인, 판매 촉진 등과 같은 마케팅 활동 권리, ⑦ 스포츠 이벤트나 경기상 주변의 표지판(signage), 선수 경기복의 로고(logo) 등이다.

3) 스포츠 스폰서십 시장 구조

스포츠 스폰서십 시장에서는 스포츠 이벤트 관련 기구나 주최 측, 프로 스포츠 리그나 팀, 선수 등의 스폰시(sponsee)와 이들에게 현금이나 현물을 지원하고 상업적 목적으로 활용하려는 기업 등 스폰서(sponsor) 간의 거래가 이루어진다. 스포츠 스폰서십 시장에서는 주로 기업간 거래가 이루어진다는 점에서 B2B(business to business) 시장이라고도 한다. 스폰서로 참여하려는 기업들은 팬(소비자)들과 친밀한 관계나 긍정적인 이미지를 구축하기 위해서이다. 기업과 소비자들 간 거래를 B2C(business to consumer) 시장이라고 한다. 스폰서십 시장은 기본적으로 기업간(B2B) 거래가 이루어지지만 스폰서로 참여하려는 기업들은 B2C 시장을 고려해야 한다. 스폰서십 시장에서 스폰서 기업들의 성공여부는 B2C 시장에서 팬들의 반응과 관심에 달려 있기 때문이다. 대중들로부터 인기가 높고 많은 팬들이 관심을 가지는 스포츠 경기나 이벤트에는 보다 많은 기업들이 스폰서로 참여하려고 한다. 반대로 잘 알려지지도 않고 팬들이 관심을 가지지 않는 스포츠 경기나 이벤트에는 기업들이 스폰서로 참여하려고 하지 않는다. 비인기 종목의 스포츠 경기나 이벤트에 기업들이 스폰서로 참여하기를 꺼리는 이유이다. 이와 같이 스포츠 스폰서십 시장에서 B2B간 거래는 B2C 시장의 팬들의 반응 여부에 따라 스폰서 기업들의 수요가 결정된다는 점에서 파생수요(derived demand)라고도 한다.

한편, 글로벌 차원의 스포츠 스폰서십 시장 규모를 정확하게 파악하기가 쉽지 않은 실정이다. 스포츠 이벤트 관련 기구나 프로 스포츠 팀들은 기업들과 개별적으로 스폰서십을 거래하며 기업에 따라 계약 기간이 다양하고 계약 금액을 제대로 공개하지 않기 때문이다. 관련기관들이 제시하는 시장 규모도 다양하다.[3] 〈표 4-1〉은 올림픽, FIFA 월드컵 축구 대회 등 글로벌 스포츠 이벤트를 중심으로 스포츠 스폰서십 시장의 구조와 목적을 개략적으로 나타낸다.

---

3) 보고서에 의하면 2012년 글로벌 스포츠 스폰서십 시장 규모는 400억 달러, 2015년에는 약 450억 달러로 추정한다. 2012년 북미의 스포츠 스폰서십 시장은 135억 달러에 달하였다. 유럽(중동과 아프리카 포함)의 스포츠 스폰서십 시장은 140억 달러 였으며 축구관련 스폰서십이 가장 많았다. 또, IEG(international events group)에 의하면 2015년 글로벌 스포츠 스폰서십 시장 규모는 약 575억 달러에 달한다고 주장한다. 이 중에서 북미 214억 달러, 유럽 153억 달러, 아시아 140억 달러, 중남미 43억 달러, 기타 25억 달러 등으로 나타났다. 중남미 지역의 스포츠 스폰서십 시장이 급증한 것은 2016 브라질 올림픽 때문인 것으로 풀이된다.

〈표 4-1〉 글로벌 스포츠 이벤트와 스폰서십 시장 구조

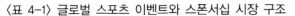

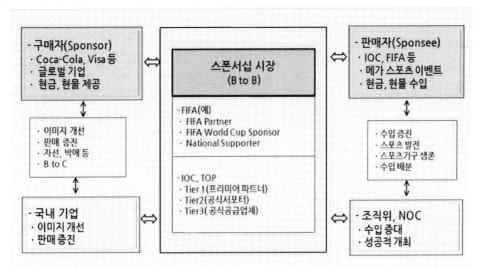

4) 스폰서십의 발전 요인

스포츠 스폰서십이 발전하게 된 주요 요인은 다음과 같다. 첫째, 기업들이 스포츠 스폰서십을 통해 목표로 하는 소비자들에게 접근하기가 상대적으로 용이하다. 일반적으로 TV광고에 비해 스포츠 스폰서십은 제품에 적합한 소비자들에게 상대적으로 수월하게 접근할 수 있다고 인식되고 있다. 특히, 글로벌 기업들이 올림픽이나 FIFA 월드컵과 같은 메가 스포츠 이벤트 스폰서십에 참여하는 것은 국가나 지역 간 문화·언어 장벽을 극복하기 위해서이다. 글로벌 기업들은 사상, 사회, 지리적 장애를 극복하고 원하는 시장으로 진출하는 데 메가 스포츠 이벤트 스폰서십이 용이하다고 인식되면서 관심이 증가하고 있다. 글로벌 스포츠 이벤트에 TV 등 미디어사들의 관심이 증가하고 있는 것도 스폰서십을 발전시키는 요인이다. 올림픽 경기 대회, FIFA 월드컵 축구 대회 등과 같은 글로벌 스포츠 이벤트는 전 세계로 중계방송되며 시청률도 높은 편이다.

둘째, 글로벌 기업들이다. 스포츠 경기나 이벤트와는 직접적으로 관련이 없는 제품을 판매하는 글로벌 기업들도 스포츠 스폰서십에 많은 관심을 기울이고 있다. 과거에 스포

츠 이벤트나 리그 등의 스폰서는 주로 스포츠 용품·장비를 생산하는 기업들이었다. 그러나 스포츠 스폰서십의 역할에 대한 인식이 달라지면서 다양한 글로벌 기업들이 참여하고 있다. 이제는 스포츠 경기나 이벤트와는 관련이 없는 자동차, 금융 관련 기업들이 스포츠 의류나 용품 기업들보다 더 많이 참여하고 있다.[4] 특히, 글로벌 브랜드를 열망하는 기업들은 스폰서십을 통해 기업이나 제품의 이미지를 향상시키려고 한다.[5] 스폰서십을 통해 전 세계 소비자들에게 기업의 이미지나 제품을 노출시키고 글로벌 시장에서 사업 활동 기반을 강화할 수 있기 때문이다. 이러한 이유로 글로벌 기업들이 막대한 비용을 지불하면서 스포츠 스폰서십에 참여하려고 한다.

셋째, 인터넷을 활용하여 보다 유연한 스폰서십 활동을 할 수 있다. 글로벌 기업들은 인터넷을 활용한 스폰서십으로 브랜드를 다양화시킬 수 있으며 생산과 판매도 신속하게 처리할 수 있다. 인쇄물이나 광고지 등은 일단 생산되면 그 자체로 홍보 전략을 더 이상 변경할 수 없는 데 비해 인터넷을 기반으로 한 메시지나 서비스, 환경 등은 다양한 버전으로 신속하게 대응할 수 있다. 웹 사이트는 국가별, 지역별 소비자들에게 호소하는 내용을 즉시 변경할 수 있는 동시에 글로벌 기업의 이미지를 강조할 수 있다. 많은 기업들은 웹 사이트를 적절하게 이용하여 스폰서십의 가치를 증대시키고 있다. 올림픽, 월드컵 축구 경기 대회와 같은 글로벌 스포츠 이벤트에서 글로벌 스폰서 기업들은 자신의 사이트에 국가나 지역에 적절한 콘텐츠를 구축하여 전 세계 소비자들에게 전달할 수 있다.

넷째, 디지털 TV 등 미디어 기술 발전이 글로벌 차원의 스포츠 스폰서십 시장을 가속화시키고 있다. 디지털 미디어는 상호작용, 틈새시장 등을 통해 전 세계로 확산시킬 수 있으며 온라인 스포츠 콘텐츠가 증가하면서 그 중요성은 더욱 증가하고 있다. 시장이 글로벌화되면서 사업환경이 점점 더 복잡해짐에 따라 글로벌 기업들은 경쟁우위를 차지하기 위해서 다양한 미디어 기술을 이용하고 있다. 이미 많은 스포츠 이벤트나 경기들이 TV시청자를 목표로 하는 동시에 다양한 디지털 플랫폼을 운영한다. 글로벌 스포츠 경기

---

4) TWSM(The world sponsorship monitor, 2008)에 의하면, 2008년 글로벌 스포츠 스폰서십에 참여한 기업들 중 자동차산업 143건, 금융산업이 110건, 스포츠의류산업 97건, 텔레커뮤니케이션 72건 순으로 나타났다.

5) 스포츠를 통한 마케팅이라고도 한다. 스포츠와 직접 관련이 없는 글로벌 기업들로는 비자카드(visa card), 마스터 카드(master card), 삼성(samsung), 현대(hyundai), 질레트(gillette), 코카콜라(coca-cola), 메르세데스(mercedes), 야후(yahoo), 보다폰(vodafone), 에미레이트 항공(emirates airline), ING, HSBC, RBS 등이 대표적이다.

나 이벤트 시청자 중 절반 이상이 메시지, 이메일 등과 같은 모바일 기기를 사용하고 있다는 점에서 스폰서 기업들은 다중채널을 활용한다. 최근에는 아이패드(iPad), PDA, 아이폰(iPhone) 등과 같은 모바일 기기를 포함하여 마이스페이스(myspace), 페이스북(facebook), 유튜브(youtube) 등 새로운 미디어 플랫폼을 통해 소비자들과 의사소통도 하고 있다.

스포츠 스폰서십 시장에서 뉴미디어는 다양한 채널을 통해 소비자들과 의사소통하며 스포츠 이벤트나 경기의 자산가치를 증대시킨다. 동시에 스포츠 스폰서십은 어바이어(avaya), 아이비엠(IBM), 야후(yahoo) 등의 통신 솔루션이나 네트워크를 이용하여 미디어 기술의 글로벌화를 촉진시킨다. 이들은 주요 글로벌 스포츠 이벤트에서 이러한 기술을 적용하고 통합된 방송서비스를 제공하는 스폰서로서도 활동한다. 이는 새로운 형태의 스폰서십으로 소비자들의 접근을 가능케 하고 플랫폼을 기반으로 판매하는 등 스폰서십의 기회를 다양하게 활용한다. 이외에도 스포츠 스폰서십 시장이 발전하게 된 요인들이 다양하게 주장된다.6)

5) 스폰서십과 광고

스포츠 스폰서십과 광고(advertising)는 기업들이 소비자들에게 기업의 이미지나 제품을 알려 보다 많은 이윤을 얻기 위해서 활용된다는 점에서 상호 보완적 활동으로 간주된다. 실제 스폰서십이 광고를 적절한 수단으로 사용되거나 소비자들과 의사소통을 위한 전략으로 사용될 때 영향력이 더 커질 수 있다고 주장된다.

그러나 광고와 스폰서십은 몇 가지 점에서 차이가 있다고 주장된다. 첫째, 스폰서십과 광고는 전달하려는 메시지 내용이나 말투(tone of voice)에서 다르다. 일반적으로 광고는 전달하려는 메시지가 스폰서십에 비해 직접적이고 명시적이며 통제가 수월하다. 반면

---

6) ① TV 방송 채널의 증가로 광고시장이 혼란스러워지면서 기업들은 대안적인 커뮤니케이션 매개체로서 스포츠 스폰서십에 관심을 가지기 시작했다. ② TV광고 비용이 상승하고 소비자들이 점차 세분화되면서 광고효과가 불확실해지고 있다. 즉, 기업이 목표하는 관중들을 만나기가 점차 어려워지고 있다. 목표로 하는 소비자들을 만나는 데는 스폰서십이 효과적이다. ③ 담배, 주류 관련 기업들의 광고가 금지됨에 따라 그 대안으로 스폰서십에 관심을 갖기 시작하였다. ④ 방송 채널을 소유한 소수의 글로벌 미디어 기업들이 증가하면서 스포츠 경기나 이벤트 중계방송을 통한 스폰서십의 발전을 가져왔다.

스폰서십은 간접적이고 은유적이며 광고에 비해 완전하게 통제하기가 쉽지 않다. 스폰서십은 스포츠 이벤트나 경기에서 특정의 소비자를 대상으로 하므로 소비자들과 강력한 감정적 · 정서적 관계를 지닐 수 있다.

둘째, 광고와 스폰서십에 대한 관중들의 반응이나 인식이 다르다. 일부 스포츠 팬들은 기업의 스폰서십 활동을 스포츠 이벤트나 경기에 대한 지원으로 인식하려 하고 스폰서십을 통한 광고 행위를 인정하지 않으려 한다. 따라서 일부 팬들은 스폰서십이 상업적 목적을 추구하는 행위에 대해서 비판적인 반응을 보이기도 한다. 특히, 스폰서십에 참여하는 기업들이 상업적 목적을 지나치게 강조하거나, 상업적 목적으로 스포츠 기구나 리그, 팀, 선수들 간의 갈등이 비춰질 때는 거부 반응을 보이기도 한다.

셋째, 스포츠 스폰서십은 광고보다 더 자유롭게 소비자들에게 접근할 수 있다. 즉, 스포츠 이벤트나 경기를 이용한 스폰서십은 국경을 자유롭게 넘나들 수 있으며, 광고만으로는 접근하기 어려운 국가의 소비자들에게 접근하기가 더 용이하다고 주장된다. 전통적인 광고 수단이 지나치게 다양화되고 과열되어 소비자들을 혼란스럽게 하기도 한다고 지적된다. 스폰서십은 목표한 소비자들에게 기업의 이미지나 브랜드를 효과적으로 알리는 데 광고보다 더 효과적인 수단으로 인식되고 있다.

넷째, 기업들이 자선, 후원, 박애 등의 형태로 스폰서십에 참여하더라도 그 이면에는 상업적 목적이 내포되어 있다는 점에서 상업적 투자로 간주되기도 한다. 대부분의 기업들은 소비자들로부터 인기가 높은 스포츠 이벤트나 리그, 선수 등에 스폰서로 참여하여 기업의 이미지, 브랜드 가치를 증진시키려고 한다. 이러한 점에서 광고와 스폰서십의 목적이 부분적으로는 동일하다고 할지라도 스폰서십은 광고와 다르며 소비자들에게 다르게 반응한다. 더구나 소비자들은 스포츠 이벤트나 경기가 스폰서들로부터 지원을 받는다고 보기 때문에 스폰서 기업들에 대해서 호의적인 감정을 지니게 되고, 기업이나 브랜드에 대한 이미지도 긍정적으로 변화될 수 있다.

다섯째, 광고가 소비자들에게 제품의 브랜드 이미지를 보여주는 기업과 소비자간 양방향의 의사소통이라면, 스포츠 스폰서십은 스포츠 이벤트나 리그, 선수 등을 통해서 스폰서 기업들의 이미지나 브랜드를 소비자들에게 보여주는 3방향의 의사소통이라고 주장되기도 한다.

제2절 **주요 국제 스포츠 기구와 스폰서십**

1) FIFA

스포츠 스폰서십의 기능과 역할이 인식되고 전 세계적으로 확산된 데에는 FIFA, IOC 와 같은 글로벌 스포츠 기구와 이벤트의 영향이 컸다고 주장된다. 올림픽, 월드컵 축구 대회 등은 TV 중계방송을 통해 전 세계의 관중을 끌어들인다. 메가 스포츠 이벤트의 스 폰서십은 TV 산업의 발달과 더불어 큰 폭으로 성장하고 있다.

아마도 FIFA는 기업의 스폰서십을 주요 수입원으로 발전시킨 최초의 스포츠 기구일 것이다. FIFA는 월드컵 축구 대회가 미래에도 지속적으로 성장하고 발전하기 위해서 글 로벌 차원의 경쟁력을 지닌 기업을 목표로 마케팅 전략이 필요하다고 인식하였다. 이를 위해 월드컵 본선 진출 국가 수를 늘리고, 세계 청소년 경기를 도입하며, 아시아와 아프 리카의 국가들의 축구 발전을 위한 프로그램을 만들어 보급하기도 하였다. 이러한 임무 를 수행하기 위해서는 자금이 필요하였는데, FIFA는 주요 글로벌 기업들에게 마케팅 권 리를 독점적으로 부여하는 스폰서십을 하기에 이르렀다.[7] FIFA는 1978년 아르헨티나 월 드컵 경기 대회부터 기업들과 스폰서 계약을 체결하였다. 1982년 스페인 월드컵 축구 경기 대회에서 스폰서십 프로그램을 도입하였다.

FIFA에서는 2007년부터 글로벌 차원의 상업화 전략의 일환으로 스폰서십 거래를 세 가지로 구분하여 운영해왔다.[8] 그러다가 2018년부터 기존의 스폰서십에서 세 번째인 내 셔널 서포터(national supporter)를 대륙별 서포터(the regional supporter)로 확대시키는 등 변화를 꾀하고 있다. FIFA의 스폰서십 전략은 다음과 같다. 첫째, FIFA 파트너(partner) 는 FIFA 또는 FIFA 월드컵 축구 경기 대회와 가장 높은 수준의 제휴관계를 지니며 독점 적 마케팅이 가능하며, 전 세계 축구 발전을 지원하는 등 다양한 역할을 한다.

---

7) 1974년 아벨란제(Joao Havelange)가 FIFA 회장으로 취임하면서 마케팅에 적극적인 관심을 갖기 시작하였 다. 1978년 아르헨티나 월드컵 대회에서는 코카콜라(coca-cola), 질레트(gillette), 세이코(seiko) 등 6개 기업 들이 스폰서로 참여하였다. FIFA는 1982년 스페인 월드컵 대회에서는 9개의 파트너(partner) 기업으로부터 1천9백만 달러를 받았다. 2006년 독일 월드컵 축구 경기 대회에서 15개 파트너 기업들이 참가하였는데, 평균 3천5백만 달러를 지불하였다고 주장된다.

8) 6개의 FIFA Partner, 6~8개의 FIFA world cup sponsor, 4~6개의 national supporters로 구분했다.

〈표 4-2〉 2014 브라질 월드컵 파트너와 스폰서십

유형	기업	주요 제품	본사
FIFA Partner	Addidas	스포츠 용품	독일
	Coca-Cola	음료	애틀랜타, US
	Hyundai · KIA Motors	자동차	서울
	Emirates	항공	아랍에미레이트
	Sony	전자제품	일본
	VISA	신용카드	샌프란시스코, US
FIFA Worldcup Sponsorship	Budweiser	맥주	독일
	Castrol	윤활유	영국
	Continental	타이어	독일
	Johnson & Johnson	제약	미국
	Mc Donald	식품	미국
	Oi	통신	브라질
	SEARA	식품	브라질
	YinGu Solar	에너지	중국

둘째, FIFA 월드컵 스폰서(world cup sponsor)는 글로벌 차원의 월드컵 축구 대회에서 제한적으로 활동한다. 이들은 이벤트에 대한 티케팅, 호스피털리티(hospitality), 지정된 마케팅 활동, 미디어 노출 등을 이용할 수 있다. 셋째, 지역의 서포터(the regional supporter)이다. 이는 과거에 FIFA 월드컵을 개최하는 국가의 기업으로 한정했던 내셔널 서포터(national supporter)를 확대하였다. 전 세계를 유럽, 북아메리카, 남아메리카, 아프리카 · 중동, 아시아 등 5개 지역으로 구분하여 20개 브랜드까지 스폰서십 권리를 제공한다.

지역별 서포터즈는 주요 타깃으로 하는 관중들과 상업적 관계를 더욱 강화하기 위한 것이다. 또 지리적으로 중요한 지역을 커버할 수 있는 권리를 얻거나, 글로벌 스폰서십에 참여하기 위한 기업들에게 기회를 주기 위한 것이다. 예를 들어, 어떤 기업이 남아메리카 지역에 관심을 가지고 있지만 글로벌 차원의 마케팅 체계를 구축하지 못했다면, FIFA의 지역별 서포터즈에 참여하게 되면 그에 상응하는 권리를 얻을 수 있다는 것이다. 〈표 4-3〉은 1982 스페인 월드컵에서 2014 브라질 월드컵 축구 경기 대회까지 FIFA 파트

너로 참가한 기업들이다.[9] 대부분이 글로벌 기업들이다. 이 기간 동안 지속적으로 참여하고 있는 기업은 코카콜라사에 불과하다. 아디다스 등 일부 기업을 제외한 대부분의 기업들은 스포츠와 직접 상관이 없는 글로벌 기업들이다.

〈표 4-3〉 1998-2014 FIFA 월드컵과 주요 파트너 기업

	2014	2010	2006	2002	1998	1994	1990	1986	1982
Adidas	○	○	○	○	○				
Coca-Cola	○	○	○	○	○	○	○	○	○
Emirates	○	○	○						
Hyundai-Kia	○	○	○	○					
Sony	○	○							
Visa	○	○							
Anheuser-Busch	△	△	○	○	○		○	○	
Castrol	△	△							
Continental	△	△	○						
Fujifilm			○	○	○	○	○		○
Gillette			○	○	○	○	○	○	○
Master Card			○	○	○	○			
McDonald's	△	△	○	○		○			
Johnson & Johnson	△								
MTN		△							
Satyam		△							
Seara	△								
Oi	△								
Yingi Solar	△								
Phillips			○	○	○	○	○	○	
Toshiba			○	○					
Yahoo!			○	○					
전체 기업 수	6(+8)	6(+6)	15	15	12	11	10	12	9

자료: FIFA(2016).
  주: 1) 2010, 2014에서 ○는 FIFA partner, △는 FIFA worldcup sponsor를 의미함.
      2) 2006 독일 월드컵 스폰서 기업: Budweiser, Avaya 등이 있음.

---

9) 2018 FIFA 러시아 월드컵의 파트너 기업으로는 아디다스(adidas), 코카콜라(coca-cola), 비자(visa), 현대-기아자(hyundai-kia motor), 가스프롬(gazprom), 완다그룹(wanda group) 등이다.

2) IOC

올림픽 경기 대회에서 스폰서십은 이미 오래전부터 이루어졌다고 주장된다. 1952년 헬싱키(helsinki) 올림픽에는 11개, 1960년 로마(rome) 올림픽에는 46개, 1964년 도쿄(tokyo) 올림픽에는 250개의 스폰서 기업들이 참여했다고 한다. 그러나 당시에는 상업화보다는 단순히 올림픽 경기 대회를 지원하는 정도에 불과했으며 관심도 크지 않았다.

1984년 LA 올림픽에서는 스폰서십을 세 가지로 구분하고,[10] 스폰서 기업 수를 줄이고 스폰서 비용을 대폭 높였다. 이와 동시에 올림픽 개최에 소요되는 비용을 대폭 줄였다. 최초로 민간자금으로 개최한 LA 올림픽은 효율적으로 운영하여 흑자를 기록하는 등 경제적 측면에서 커다란 성과를 이루었다.

올림픽 경기에서 상업용 스폰서십에 대한 관심은 FIFA 월드컵 축구 경기 대회보다 늦게 시작되었다. 상업적 목적의 스폰서십이 올림픽 고유의 정신에 위배된다는 이유 때문이었다. 그러나 1980년에 사마란치(Samaranch) IOC 위원장이 임명되고 1984년 LA 올림픽 경기에서 흑자를 달성하면서 올림픽의 스폰서십과 TV 중계방송 수입 등에 대한 인식이 달라지기 시작하였다. IOC 위원들의 반대에도 불구하고 올림픽 로고와 휘장 등을 상업화하기로 결정하였고, 1985년에 TOP(the olympic partner) 프로그램을 도입하였다. TOP 프로그램은 올림픽 경기 대회에 참가할 스폰서를 주요 산업별로 대표기업을 선정하여 기술, 재정 등의 지원을 받고, 스폰서 기업들은 그 대가로 올림픽 경기 대회에서 마케팅을 독점적으로 할 수 있도록 하는 것이다.[11]

TOP 프로그램은 1988년 서울 올림픽부터 시작되었으나 1992년 바르셀로나, 1996년 애틀랜타 올림픽까지는 참여 기업을 올림픽 스폰서로 불렀다. 1998년 나가노 동계올림픽부터는 '올림픽 파트너(TOP)'로 불렀다. 올림픽 파트너는 올림픽 개최에 필요한 첨단기술이나 제품을 보유한 글로벌 기업들에게만 주어지는 자격이다. TOP 프로그램은 IOC와

---

10) 몬트리올 올림픽 스폰서 기업 628개의 1/3 수준이다. 경제학자들은 LA 올림픽에서는 스폰서 참여 기업을 줄이고 참가 비용을 높이는 등 수요 독점적 지위를 잘 이용한 것이 경제적으로 성공하게 된 요인 중 하나라고 주장한다.

11) 기업이 올림픽 공식 스폰서로 참여하게 될 경우 종업원들에게 더욱 열심히 일할 수 있는 동기를 부여하고 조직력을 더욱 공고히 하는 효과가 있다고 주장된다. 스폰서 기업으로 선정되면 종업원들은 자신의 기업이 세계 일류 기업이라는 자부심을 느낄 수 있으며 사기 진작에도 긍정적으로 작용한다고 주장된다.

제3절 ☆ 스폰서십의 목적과 성과

1) 스폰서 참여 목적

많은 기업들이 메가 스포츠 이벤트나 유명 프로 스포츠 경기에서 스폰서로 참여하려는 이유는 경제적, 심리적 목적으로 설명될 수 있다. 경제적 목적은 이윤이나 매출증대 효과를, 심리적 목적으로는 기업이나 제품의 이미지 제고, 시장 점유율 확대 등을 위해서이다. 또, 스폰서로의 참여 목적은 직접·간접적 목적으로 구분된다. 직접적 목적으로는 소비행위를 촉진시켜 판매를 증진시키는 것이며, 간접적 목적은 바람직한 판매 방안을 모색하는 것이다. 글로벌 기업들이 메가 스포츠 이벤트의 스폰서십에 대해서 많은 관심을 가지는 이유는 다음과 같다.

첫째, 시장에서 경쟁우위를 차지하기 위해서다. 기업이 지속적으로 성장하고 발전하기 위해서는 시장에서 경쟁우위를 갖추어야 한다. 경쟁우위를 갖추기 위해서 R&D, 제조기술, 인적 자원, 이미지 등이 강조된다. 이는 스포츠 스폰서 활동을 통해서도 가능하다. 기업은 이미지 제고, 소비자와 우호적인 관계 구축 등과 같은 무형의 자산이 중시되는데, 이는 인적 자원이나 물적 자산과는 다르다. 스포츠 스폰서십은 기업의 이미지, 소비자와의 관계 구축 등과 밀접한 관계를 지니고 있으며 기업이 스폰서십을 효과적으로 이용할 경우 경쟁우위가 가능하다. 스폰서십에 참여한 기업에 대한 이미지를 제고하고 소비자들과 친밀한 관계를 유지할 수 있다는 점에서 스폰서십에 참여하지 않은 기업에 비해 경쟁력을 강화하는 데 훨씬 더 유리하다고 할 수 있다.

둘째, 스폰서 기업의 제품이나 브랜드에 대한 인식을 제고할 수 있다. 광고시장이 점차 과열되고 복잡해지면서 스포츠 스폰서십에 참여하는 것이 브랜드에 대한 인식을 증가시킬 수 있다는 인식이 확산되고 있다. 특히, 스폰서 기업은 원하는 마케팅 목표에 도달하기가 상대적으로 수월하다는 점에서 전통적인 광고에 비해 더 효과적이다. 인기 높은 스포츠 이벤트나 경기, 선수들에 대한 스폰서십을 통해 기업의 이미지나 제품의 브랜드에 대한 관심을 높이는 것은 판매를 증가시킬 수 있다.

셋째, 소비자들로부터 긍정적인 반응을 얻기 위해서다. 기업이 스포츠 이벤트나 리그,

선수 등의 스폰서로 참여할 때 기업의 이미지가 이벤트나 경기에서 브랜드로 이전되는 등 긍정적인 편익을 얻을 수 있다. 이러한 스폰서십은 소비자들의 감정적 수준과 밀접한 관계를 지니고 있다. 예를 들어, 팬들이 특정의 팀에 대해서 상당히 높은 동질감을 지니고 있으면 팀과 스폰서 계약을 맺은 기업에 대해서도 인식이 달라질 수도 있다. 이러한 측면에서 외국의 스포츠 시장에서 스폰서로 활동하는 기업들은 외국의 소비자들로부터 긍정적인 반응을 얻을 수 있다. 어떤 기업이 스폰서십에 참여하여 관중들로부터 긍정적인 반응을 얻을 수 있다면 이들과 친숙한 관계를 유지하면서 소비자들과 가까워질 수 있게 될 것이다.

넷째, 브랜드나 제품에 대한 수월성을 추구하기 위해서다. 전 세계적으로 널리 알려진 유명 기업이 올림픽, 월드컵 축구 대회와 같은 메가 스포츠 이벤트나 유명 스포츠 팀들에게 엄청난 비용을 들이면서 스폰서로 참여하려는 것은 기업이나 제품이 그만큼 우수하다는 이미지를 구축하기 위해서이다. 즉, 전 세계적으로 권위 있는 스포츠 이벤트나 경기에 스폰서로 참여하는 기업들은 자신의 브랜드나 제품도 이와 유사하게 제품의 질이 우수하고 전 세계적으로 명성이 높다는 것을 과시할 수 있다. 이러한 이유로 IOC, FIFA, 유명 프로 스포츠 리그 등이 가능하면 세계 최고의 기업들과 스폰서십을 맺으려고 한다.

2) 성과 측정 방식

스포츠 스폰서십에 참여한 기업들의 경제적 성과를 평가하는 것이 중요하다. 경제적 측면에서 어떤 기업이 스포츠 스폰서십에 참여하는 데 1달러를 투자하였다면 1달러 이상의 가치가 발생해야 한다. 스포츠 스폰서십 활동에 따른 성과를 평가하기 위해서 다양한 방법들이 사용된다.

첫째, CAS(comparative advertising space) 방식이다. 광고를 비교하는 방식으로 신문, 잡지 등의 독자 수를 계산하거나 신문 기사에 이벤트 관련 기사의 크기를 계산하는 것이다. 마찬가지로 TV나 라디오에서도 스포츠 이벤트에 대한 중계방송의 가치를 계산할 수 있다. 광고 캠페인 비용에 상응하는 방송 노출이나 기사의 크기 등을 추정하는 것이다. 과거 온라인 매체가 등장하기 전에 자주 사용된 방식이다.

둘째, CPM(cost per thousand) 방식으로 광고를 평가할 때 천 명을 기준으로 한다. 스포츠 이벤트나 경기 중계방송에 대해서 30초 또는 1분간 1천 명의 시청자를 비용으로 계산한다. CPM 방식은 특수한 이벤트나 팀에 스폰서하거나 또는 선수가 스폰서 비용에 비해 효과적이거나, 다른 커뮤니케이션 수단에 비해 더 경제적일 때 사용할 수 있다.

그러나 이 두 가지 방법은 문제점이 있다. 독자 수가 많거나 이벤트 관련 기사가 크게 나왔다고 해서 얼마나 많은 독자들이 스폰서 기업이나 제품을 보는지는 제대로 알 수가 없다. 그리고 TV에 중계방송되더라도 시청자들이 스폰서 기업들을 제대로 인식하는지 알 수 없다. 이러한 지표들은 스폰서십이 목표하는 그룹에 효과적으로 도달했는지 여부를 파악하기가 어렵다.

셋째, ESM(event study method) 방식이다. EMS는 금융시장의 반응을 이용하는 것이다. 기업이 어떤 스포츠 이벤트의 스폰서십에 참여하기로 하였다고 발표한 후, 기업의 주식 가치가 어떻게 변화하는가를 분석한다. EMS는 금융시장이 효율적으로 작용한다는 가정 하에 기업이 스포츠 이벤트나 경기에 스폰서로 참여할 경우, 미래에 발생 가능한 편익에 대한 가치를 사전적으로 평가하는 방식이다. 미야자키(Miyazaki & Morgan, 2001) 등은 EMS를 이용하여 올림픽 경기 대회의 스폰서 기업들의 경제적 가치를 측정하였다. 그러나 주식시장의 반응이 기업의 스폰서십에의 참여를 구체적으로 평가할 수 있을 만큼 합리적으로 작동하는가에 의문이 제기된다.

3) 성과에 대한 논의

기업들이 스포츠 스폰서십에 참여함에 따라 발생 가능한 성과에 대해서 여러 가지 논란이 제기되고 있다.

첫째, 기업의 스포츠 스폰서십에 참여하는 것이 경제적으로 합리적 의사결정인가에 대해서 논란이 제기된다. 고전적 방식으로 스폰서로 참여하려는 기업들은 투자한 비용보다 얻을 수 있는 편익이 더 클 경우 투자하려고 할 것이다. 스폰서십에 투자한 비용보다 투자를 통해 얻을 수 있는 편익이 더 크다면 합리적인 투자 결정이라고 할 수 있다. 그러나 기업의 스폰서십 활동이 합리적인 의사결정이라는 주장은 문제의 소지가 있다고 지적된다. 기업의 스폰서십 활동도 근본적으로 불확실한 상황에서 투자하므로 합리적인 의사결정이라고 보기는 어렵기 때문이다. 스폰서십 참여를 합리적 의사결정이라는 잣대로 평가하는 것은 무리가 있다고 주장된다.

둘째, 기업이 스포츠 스폰서십에 투자한 데 따른 효과를 제대로 파악하기가 쉽지 않다. 그러므로 대부분의 스폰서십 시장에서는 대리평가 방법을 사용한다. 즉, 모니터링을 통해 미디어 노출의 양적·질적 영향을 평가할 수 있다. 적절하고 광범위하게 사용되는 변수로는 스크린의 가시성과 방송 노출 빈도 등이다. 대부분의 스폰서 기업은 스폰서십 투자에 따른 성과로 브랜드에 대한 인식과 이미지 제고 여부를 파악하기도 한다. 기업이나 제품에 대한 이미지, 친밀감, 인지도 등이 스포츠 팬들에게 미치는 영향을 조사한다. 누퍼(Nufer, G., 2009)는 1998년과 2006년의 FIFA 월드컵 축구 경기 대회를 비교 분석한 결과 일부 공식 스폰서 기업들에 대한 소비자들의 인지도는 상당히 낮았으나 이미지는 약간 상승하였다고 주장한다.

셋째, 스폰서십에 대한 투자가 기업의 매출 증대에 도움이 된다는 주장이 제기되기도 한다. 하지만 직접적으로 영향을 미친다는 근거는 찾아보기가 어렵다. 스폰서십에 참여한 기업의 매출이 증가했다는 근거를 입증하기가 쉽지 않기 때문이다. 게다가 대내외 경제 여건 변화 등으로 스폰서십의 성공 여부를 나타내는 지표로서 매출액 지표를 이용하는 것은 상당한 문제가 있을 수 있다. 오레일리(O'Reilly, N., 2008)는 비록 기업이 스폰서십에 참여한 데 따른 성과라고 할 만한 수치를 얻을 수 있다 하더라도 성과가 장기간 지속되기는 어렵다고 주장한다.

넷째, 대부분의 소비자들은 글로벌 스포츠 이벤트에서 어떤 기업들이 스폰서십 활동에 참여하였는지를 제대로 알지 못하고 있는 실정이다. 또 소비자들은 스포츠 스폰서십에 참여한 기업이나 제품에 대해서 관심이 별로 없다. 이러한 의미에서 스폰서십에 대한 효과를 측정하는 것은 어떤 의미에서는 무의미하다고 주장되기도 한다. 기업들이 스폰서십에 참여하는 것보다 소비자들 간 구전(word of mouth)에 의한 방식이 더 효과적일 수 있다는 주장이 설득력을 얻기도 한다.[14]

---

14) 2000 유럽 축구 챔피언십(european football championship)이 끝난 후 2주간 전화 여론조사를 실시한 결과, 응답자들은 평균 13경기를 시청했음에도 불구하고 스폰서로 참여한 기업과 참가하지 않은 기업을 제대

4) 스폰서십과 리스크 요인

기업들이 아무리 유명한 스포츠 이벤트나 프로 스포츠 선수, 팀 등과 스폰서십 계약을 했다 하더라도 반드시 긍정적인 효과만 얻지 못할 수도 있다. 전혀 예기치 않은 상황이 발생하여 스폰서 기업들의 이미지를 실추시키기도 하기 때문이다. 기업들의 스폰서십 참여는 미래의 불확실한 상황에 대한 투자라고 주장되기도 한다. 따라서 기업들이 어떻게 대응하느냐에 따라 스폰서십의 효과를 기대할 수 있고 그렇지 못할 수도 있다. 다음은 스폰서십이 지니고 있는 리스크 요인이다.

첫째, 불충분한 투자이다. 스포츠 이벤트나 경기에 스폰서로 참여한 기업들은 계약을 통해 마케팅 권리나 명칭권(naming right) 등을 구입한다. 그런데 만약 이러한 권리를 제대로 활용할 줄 모른다면 스폰서십은 그 효과가 제한적일 것이다. 스폰서 권리를 얻은 기업들은 스폰서십 기회를 잘 이용하여 어떻게 하면 보다 많은 이득을 얻을 수 있는가를 고민해야 한다. 스폰서십 권리를 구입한 후에도 적절한 투자와 노력이 있어야 기대한 성과를 얻을 수 있다는 것이다. 그러나 일부 기업들은 스폰서십 활동을 위해서 추가적인 투자나 마케팅 노력을 제대로 하려고 하지 않는다. 일부 기업들은 스폰서십을 단순히 광고, 후원, 자선 등으로 간주하려는 성향이 있기 때문이다. 스폰서십 구입에 많은 비용을 지불하였다는 이유로 더 이상 투자하지 않으려 하기도 한다. 따라서 스폰서십 계약 후에도 충분한 투자를 하지 않을 경우 스폰서십 효과를 기대하기가 쉽지 않을 것이다.

둘째, 시장 규모가 작은 스포츠 이벤트에 동일 업종의 유사한 기업들이 스폰서로 참여하게 되면 그 효과는 제한적일 수 있다. 동일 업종의 유사한 기업이 스폰서십에 동시에 참여할 경우 목표한 소비자들에게 제대로 접근하기 어려워질 수 있다. 더구나 동일한 업종의 유사한 기업 간에 이미지 전달이 중복되기도 하여 소비자들을 헷갈리게 할 수도 있다. 또, 스폰서십에 참여한 기업들이 지나치게 많을 경우에도 효과가 줄어들 수도 있다.

셋째, 매복 마케팅의 허용이다. 스포츠 이벤트에서 공식 스폰서로 참여하지 않았음에도 무료로 편익을 얻으려고 하는 매복 마케팅은 스폰서로 참여한 기업들의 마케팅 효과

로 구분하지 못하였다. 응답자의 50%가 스폰서 기업들을 제대로 알지 못했다. 상위 10개의 스폰서 기업 가운데 제대로 알고 있는 스폰서 기업들은 응답자 중 10명 중 3명에 불과하였다고 한다.

를 저해한다고 주장된다. 일부 기업들이 공식적인 스폰서십 권리를 얻지 않고서도 스포츠 이벤트와 관련이 있는 것처럼 캠페인, 마케팅 등을 하기도 한다. 매복 마케팅이 허용되거나 제대로 단속되지 않을 경우 스폰서십에 참여한 기업들이 피해를 입을 수도 있다. 주로 동일 업종의 라이벌 기업 가운데 스폰서로 참여하지 않은 기업들이 매복 마케팅을 자주 이용한다. 매복 마케팅은 소비자들을 혼란스럽게 할 뿐 아니라 스폰서 기업에 대한 불신을 야기하기도 한다.

넷째, 스포츠 스폰서십 시장에 대한 전문지식이 부족할 경우 스폰서십을 제대로 활용할 수 없다. 스폰서십 계약 기간 중 스폰서 기업이 원하는 서비스를 효과적으로 전달하지 못하기 때문이다. 또, 스포츠 기구나 리그, 선수 등이 스폰서십을 제대로 이해하지 못하거나 해당 국가의 관료들이 스폰서십에 대한 지식이 부족할 경우 스폰서로 참여한 기업들은 기대한 성과를 얻기 어려울 수도 있다. 특히, 스폰서십을 제대로 이해하지 못하는 후발개도국의 정부나 스포츠 이벤트, 리그 등과 스폰서 계약할 경우 이러한 현상이 나타나기도 한다. 이러한 국가에서 이벤트나 리그, 선수 등 스폰시들이 당초의 계약을 무시하기도 하고 스폰서십 계약을 조기에 끝낼 것을 강요하기도 한다.[15] 많은 돈을 들여 스폰서십을 계약했음에도 불구하고 각종 규제에 묶여 스폰서십 활동을 제대로 하지 못하기도 한다.

다섯째, 스포츠 이벤트 기구나 조직, 팀, 선수 등의 스폰시들이 리스크를 야기하기도 한다. 스폰시들이 뛰어난 경기력과 효율적인 이벤트 운영은 팬, 미디어 등으로부터 많은 관심을 가지게 하고, 그 결과 스폰서십의 효과는 더욱 커질 것이다. 그러나 스포츠 이벤트가 부실하게 운영되고 선수나 팀의 경기 수준이 낮으며, 경기장 내외에서 부정적인 스캔들에 연루되게 되면 팬이나 미디어들은 부정적인 반응을 보이게 되고 스폰서십에 참여한 기업들은 기대한 효과를 얻기가 어려질 수 있다. 또, 선수가 금지된 약물을 복용하거나 경기 도중 심각한 부상을 입거나 사망하는 경우에도 스폰서 기업들의 이미지에 불리하게 작용할 수도 있다. 선수가 정치적으로 연루되거나 정치적 목적을 가지고 있어도 마찬가지이다.[16] 경기장 내외에서 폭행, 불법 행위, 도박, 음주 운전, 성추행 등과 같

---

15) 중국의 CSL(chinese soccer league)과 국영 방송사인 CCTV) 간의 논란이 대표적이다. 펩시(pepsi)사는 CSL과 스폰서십 계약을 체결했음에도 불구하고 당초의 계약보다 1년 더 일찍 끝내야 했는데, 이는 CCTV가 갑자기 CSL Division A 토너먼트 경기방송을 중단했기 때문이다. 이러한 행동은 스폰서들에게 불확실성을 가중시키고 새로운 스폰서 계약의 장애 요인으로 작용한다.

은 스캔들과 연관될 경우 스폰서십에 참여한 기업의 이미지를 실추시키게 될 것이다.[17] 스폰서십이 바람직하지 못한 결과를 초래하게 되면 스폰서십에 참여한 기업들은 이미지나 브랜드가 손상될 수도 있으며, 스폰서십에 투자한 자금도 잃게 된다.[18] 〈표 4-5〉는 경기장 내외에서 발생 가능한 스폰서십 리스크와 주요 내용들이다.

〈표 4-5〉 스폰서십 리스크 유형과 주요 요인

리스크 유형	주요 요인
경기장	- 경기력 저하, 불순한 경기 태도, 심각한 부상 - 약물 중독, 경쟁 유인 감소, 경기 거부 등
경기장 밖	- 불법 도박, 스캔들(성추행, 폭행, 강도, 음주 등) - 반사회적 행위(학대, 모욕, 차별적 발언 등)
클럽, 팀	- 경기 성적 하락, 선수 비행 은폐 - 코치 비행, 선수들과 갈등 등
상업적 · 계약상	- 고객의 반응, 스포츠 경기(이벤트) 인기 하락 - 경기(이벤트) 부실한 운영
시설 리스크	- 이용이 불편한 경기장 시설 - 입장권 판매 부진 등

---

16) 실제로 레슬링 경기에서 정치적 이유로 무슬림(muslim) 선수가 유대인(jewish) 선수와의 경기를 거부하기도 하였다. 카레이싱(stock car racing) 경기에서 전설적인 선수였던 데일 언하르트(Dale Earnhardt)가 2001년 데이토나 500(daytona 500) 경기에서 충돌로 사망하자 그의 스폰서와 NASCAR에 좋지 않은 영향을 미쳤다.

17) 2005년에 NBA의 스타인 코비 브라이언트(Kobe Brtant) 선수가 강간 혐의로 문제가 되자 후원사인 나이키(nike)에서는 스폰서십을 취소하였다. 2016년에 국제테니스협회(ITF)는 마리아 샤라포바 테니스 선수가 약물 도핑에 연루되었다는 이유로 2년(2016.1∼2018.1)간 자격정지를 내렸다. 그러자 샤라포바를 스폰서 해오던 나이키, 태그호이어 등의 기업들도 스폰서 계약을 중단하기로 하였다. 또, 2016 리우 올림픽에서 미국의 수영 선수인 라이언 록티는 동료 선수들과 함께 주유소에서 난동을 부린 것을 감추기 위해서 무장 강도를 당했다는 거짓말을 했다가 들통이 났다. 그러자 록티의 후원사인 스피도(수영 용품업), 랄프 로렌(패션 브랜드), 시너론 칸델라(제모용품 제조), 에어위브(매트리스 제조) 등이 결별을 선언했다. 록티는 거짓말로 약 1천만 달러를 손해 보게 되었으며, 선수로서의 브랜드 가치도 잃었다고 지적된다.

18) 적절한 계획과 철저한 실천으로 스폰서에 대한 부정적인 결과를 긍정적인 결과로 전환시킬 수 있다. 만약 부정적인 영향을 미친 선수들이 스스로 변화하고 자신들과 비슷한 운명에 처한 사람들을 돕는다면, 약물 양성 반응, 성병 등에 의한 부정적인 이미지를 긍정적인 이미지로 변화시킬 수 있다. 유명한 농구 선수였던 매직 존슨(Magic Johnson)은 HIV 양성 반응이 나타나 오랫동안 스폰서들로부터 외면을 받아 왔으나, 이와 같은 노력으로 다시 스폰서십을 얻을 수 있었다.

제4절 ☆ 규제 대상과 이해관계자

1) 규제 대상

(1) 매복 마케팅

매복 마케팅(ambush marketing)은 스포츠 이벤트나 경기 주최 측과 공식적으로 스폰서십 관계를 맺지 않은 기업들이 스포츠 이벤트와 관련되어 상업활동을 하는 행위이다. 공식적으로 마케팅 권리가 없는 기업들이 마치 공식 후원사처럼 활동하는 마케팅 활동이다. 기생 또는 게릴라 마케팅이라고도 한다. 매복 마케팅 활동은 동일 종류의 제품을 생산·판매하는 라이벌 기업 중 공식적으로 스폰서십에 참여하지 않은 기업들이 기발한 아이디어를 동원하여 마케팅 활동을 하는 것이다. 매복 마케팅은 공식적인 스폰서가 아닌 기업들이 스포츠 이벤트 기간에 무임승차하려는 행위이다. 매복 마케팅은 광범위한 마케팅 활동의 하나로 스포츠 이벤트와 관련되어 회사의 이름, 제품의 브랜드 등에 대해서 이벤트 조직으로부터 공식 스폰서로 허락받지 않은 상태에서 참가하는 것이다. 매복 마케팅은 다양한 형태로 이루어진다.[19) 경우에 따라서는 공식 스폰서로 참여한 기업보다 더 좋은 반응을 얻기도 한다.

매복 마케팅에 대해서는 주장이 엇갈린다. 매복 마케팅 활동은 소비자들이 공식 스폰서 기업을 헷갈리게 하는등 혼란을 야기한다고 주장된다. 비록 소비자들이 공식 스폰서 기업을 제대로 알고 있다고 하더라도, 매복 마케팅 활동을 보게 되면 소비자들이 의사결정을 바꿀 수도 있다는 것이다. 따라서 매복 마케팅 활동은 불법 여부를 떠나서 금지되어야 한다. 스포츠 이벤트 기구나 주최 측에서는 매복 마케팅 활동을 철저히 규제하여 공식 스폰서 기업들을 보호해 주어야 한다. 특히, 소비자들이 구입한 제품이 매복 마케팅 활동을 한 기업의 제품이라는 사실을 알게 되면 분노하게 된다고 한다. 소비자들은 잘못 인도되거나 악용되는 것을 싫어하기 때문이다.

---

19) 애플은 2016년 브라질 올림픽의 공식 파트너가 아님에도 불구하고 리우데자네이루의 애플스토어에서 올림픽에 출전하는 국가의 국기를 나타내는 애플워치 시계 줄을 공개하고 8월부터 매장에서 독점판매할 예정이라고 보도되었다. 이 같은 행위도 매복 마케팅의 일종이다.

스포츠 이벤트 주최 측에서 공식 스폰서 기업을 보호하기 위해서 적극적인 태도를 보일 때 소비자들의 매복 마케팅에 대한 관심은 줄어들 것이라고 주장한다. 소비자들은 스포츠 이벤트에서 공식 스폰서로 참여한 기업들의 제품이나 브랜드와 스포츠 이벤트의 명성, 지위 등을 인식하고 있기 때문이다. 스포츠 이벤트 주최 측에서 공식적으로 참여하는 스폰서 기업들의 브랜드를 제대로 보호하지 않으면 스폰서십에 대한 신뢰성이나 가치가 하락할 수도 있다. 기업들은 스포츠 이벤트에서 공식 스폰서로 참여하려는 유인도 감소하게 될 것이다. IOC에서는 매복 마케팅 활동을 철저하게 금지하여 공식 스폰서 기업을 보호하고 있다.

그러나 일부 학자들은 매복 마케팅은 비도덕적인 마케팅 활동이지 불법적인 마케팅 활동은 아니라고 주장한다. 매복 마케팅이 도덕적으로는 논란의 소지가 있을 수는 있으나 법률에는 결코 위배되지 않는다는 것이다. 매복 마케팅은 공식 스폰서십 활동이 아니라는 점에서 불법이라고 주장되기도 하지만, 정당한 광고 행위라는 주장이 맞서면서 논란이 되기도 한다. 〈표 4-6〉은 주요 글로벌 스포츠 이벤트 개최 지역에서 공식 파트너 기업과 동일 업종의 기업들이 매복 마케팅 활동을 한 사례들이다.

〈표 4-6〉 주요 스포츠 이벤트의 공식 파트너와 매복 마케팅

연도	스포츠 이벤트/공식 파트너	매복 마케팅 행위
2008	- UEFA Euro2008 • 오스트리아, 스위스 - Carlsberg(맥주)	- 하이네켄(heineken) - 독일 팬들이 많이 다니는 스위스 캠핑촌 • 로고와 브랜드로 드럼 행진
2006	- FIFA World Cup • 독일 - Budweiser(맥주)	- 바바리아 브루웨리(bavaria brewery) - 경기장에 회사 홍보용 옷 착용 - 홍보용 가죽 바지와 속옷으로 경기 시청
2002	- Salt Lake 동계올림픽 • Salt Lake, Utha -Anheuser-Busch(맥주)	- 바바리아 브루웨리(bavaria brewery) - 기간 중 개최 지역에서 트럭을 통해 광고 - 상표권, 저작권 구입 않고 합법적 광고
1996	- UEFA Euro1996 • England - Umbro(스포츠 용품)	- 나이키(nike) - 웸블리 공원 지하철역 주변의 공간 구입 • 포스터 및 광고 가능 공간 모두 구입
1996	- Atlanta 하계올림픽 • Atlanta, Georgia - Reebok, Converse(용품)	- 나이키(nike) - 8쪽짜리 삽화 광고 전단 살포 - 올림픽 슬로건 약간 변형
1992	-Barcelona 하계올림픽 • Barcelona -Visa(신용카드)	- 아메리칸 익스프레스(american express) - 스페인에서 비자카드 필요 없다고 광고

자료: Nicholas Burton & Simon Chadwick(2009).

올림픽, FIFA 월드컵 축구 대회 등에서는 스폰서에 참여한 기업들을 위해서 매복 마케팅을 철저히 금지한다. 그러나 법률적으로 위배 여부에 대해서 논란이 제기된다.

[그림 4-1] 매복 마케팅

(2) 담배와 주류

담배와 주류 등의 기업들이 스포츠 이벤트나 팀, 선수 등의 스폰서로 오래전부터 참여하고 있다. 많은 팬들이 스포츠 이벤트나 경기 관람 도중 또는 전후에 술과 담배를 소비하기도 한다. 그동안 담배와 주류 기업들은 스포츠 스폰서로 적극적으로 참여하였다. 그러나 건강에 대한 관심이 증가하면서 이들 기업들의 스포츠 스폰서십 활동이 바람직하지 못하다는 비난이 제기되었다. 이들 기업들은 광고가 금지되는 지역에서 스폰서십이라는 허점을 이용하여 브랜드가 노출되도록 한다. 또한 경기장의 간판, 자동차 데코레이션, 스포츠 의류의 로고 등을 통해서 방송에 노출된다. 일부 담배와 주류 기업들은 스포츠 이벤트나 경기의 타이틀 스폰서로 참여하기도 한다.

그러나 스포츠 정신을 강조하는 스포츠 경기나 이벤트에 담배와 주류 관련 기업들이 스폰서십에 참여하는 행위는 이율배반이라고 지적된다. 스포츠 이벤트나 경기에서 담배에 대한 광고는 담배 브랜드에 대한 소비자들의 인식과 선호도를 높이고 흡연 행위를 정당화하는 것으로 오인될 수 있다고 주장된다. 결국, 프랑스에서는 술 등 주류, 캐나다에서는 담배 관련 산업들의 스폰서십 참여를 금지하기로 하였으며, 미국과 영국에서는 2006년부터 담배 관련 스폰서십을 줄이기로 하였다. 이러한 조치로 스포츠 경기장에서 담배 관련 브랜드가 제한적으로 나타나게 되었다. 담배 회사들은 일부 스포츠 이벤트에서 더 이상 스폰서로 참여할 수 없게 되었다.

그러나 이러한 조치들이 적용되지 않는 나라나 스포츠 이벤트들도 있다. 즉, 술 등 주류와 담배 관련 스포츠 스폰서십에 대해서는 국가에 따라 다양하게 적용되고 있다. 세계 주요 담배 기업들은 F1대회에 스폰서로 참여하고 있다. F1대회는 담배 관련 기업의 스폰서십을 규제를 하는 나라를 피하기 위해서 경기 장소를 변경하기도 하고, 담배 관련 광고가 가능한 국가에서 대회를 개최하기 위해서 협상하기도 한다.

그동안 주류와 담배 기업들의 스포츠 스폰서십 참여는 해당 스포츠의 발전에 기여해 왔다고 평가된다. 그러나 건전하고 건강한 생활을 상징하는 스포츠를 이용하여 사람들의 건강을 해칠 수 있는 제품을 판매하려는 행위는 모순이라고 주장된다. 이에 대해서 담배나 주류 기업들은 이용 가능한 스폰서십을 활용한다고 주장하면서, 스폰서십에 참여했다고 해서 담배와 술의 소비가 증가하는지 또는 감소하는지 여부는 확실하지가 않다고 반박하기도 한다. 그러나 학자들은 담배 기업들이 스포츠 스폰서십에 참여할 경우 흡연률과 젊은 사람들의 담배 브랜드에 대한 인식 등은 긍정적인 관계가 있다고 주장한다.[20]

담배 기업들이 스포츠 스폰서십에 적극적으로 참여하게 된 계기는 미국 정부가 1971년에 TV, 라디오 등에 담배 광고를 금지하면서 부터이다. 오스트레일리아에서는 1976년에 TV, 라디오 등에 담배 관련 광고를 금지하였으며, 1989년에는 신문 등에도 금지시켰다. 그러자 담배 기업들은 판매증진을 위한 대안으로 스포츠 스폰서십에 적극적으로 참여하게 되었다. 오스트레일리아에서는 1993년에 스포츠 스폰서십에 담배 기업의 참여를 금지하였다.

---

20) 래드위스(Ledwith,F., 1984)는 담배기업이 후원하는 스누커(snooker)경기가 TV로 중계방송된 후에 영국의 초등학생 880명을 대상으로 설문조사를 한 결과 담배 기업의 브랜드에 대한 인식이 상당히 증가하였다고 주장한다. 스포츠 경기를 중계방송하는 TV에 스폰서한 담배 기업이 아주 짧은 시간 동안 방송에 노출되었더라도 담배 기업에 대한 인식이 증가한다고 주장한다. 스파크(Sparks,R., 1999)는 뉴질랜드의 14세 학생 366명을 대상으로 담배 기업이 스폰서한 스포츠 이벤트를 조사하였는데, 많은 학생들이 잘 알고 있는 것으로 나타났다. 그리고 스폰서십에 참여한 담배 기업에 대해서 젊은이들이 담배브랜드에 대한 친밀함과 긍정적 인식을 하고 있는 것으로 나타났다. 바이다(Vaidya,S., 1996) 등은 담배 기업이 스폰서한 프로 크리켓(cricket) 경기를 TV로 시청한 응답자들은 흡연에 관한 경험이 시청하지 않은 사람들에 비해 더 높은 것으로 나타났다고 주장한다.

주류 기업들이 스포츠 이벤트에 스폰서로 참여하려는 것은 스포츠 이벤트나 경기를 통해 술에 대한 이미지를 제고하고 판매를 증진시킬 수 있다고 보기 때문이다. 주류 기업들은 전형적으로 술을 좋아하는 젊은 남성 팬들을 타깃으로 한다. 스포츠 이벤트나 경기와 주류 간의 관계는 오래전부터 향락적인 관계를 지니고 있다. 많은 사람들이 스포츠 경기를 시청하거나 경기장에서 경기를 관람하는 동안에 술을 소비하기도 한다. 주류 기업들은 스포츠 스폰서로 참여하여 소비자들에게 접근하기 위해서 많은 자금을 투자한다.

한편, 담배와 주류 기업들의 스포츠 이벤트나 리그의 스폰서십 참여를 전면적으로 금지할 경우, 기존의 스포츠 이벤트나 프로 스포츠 리그나 팀들이 재정난을 겪을 수도 있다고 주장된다. 따라서 담배, 주류 기업들은 새로운 스폰서 기업들이 나타날 때 까지 만이라도 담배, 술 관련 기업들의 스포츠 스폰서십은 계속되어야 한다고 주장한다.

(3) 갬블링 기업

스포츠 스폰서십 시장에 갬블링 기업들도 참여하고 있다. 갬블링 기업들의 이미지나 브랜드를 스포츠 리그나 팀, 스포츠 이벤트를 통해 많은 사람들에게 노출시킬 수 있기 때문이다. 전형적으로 갬블링 기업들은 리그나 팀의 공식 파트너로서 스포츠 셔츠 또는 웹 사이트, 경기장 등을 통해 스폰서 활동을 한다. 갬블링 기업들이 경기장 관중들을 새로운 고객으로 유인할 수 있는 손쉬운 방법 중 하나이다. 실제로 영국 EPL의 축구 팀들은 선수들의 경기복이나 명칭권에 대해서 갬블링 기업들과 스폰서십 계약을 맺었다. 2009/2010시즌에서 EPL의 20개 팀 가운데 7개 팀이 선수들의 경기복에 갬블링 기업의 로고를 부착했다. 영국에서는 EPL과 같은 프로 스포츠 팀들이 갬블링 관련 광고를 할 수가 있다. 영국뿐 아니라 유럽, 아시아 등에서도 방송 노출을 위해 갬블링 기업들이 스폰서십에 참여하고 있다. 미국 프로 스포츠 리그와 팀, 개별 선수, 방송사, 이벤트 등도 갬블링 기업들과 제휴하고 있는 것으로 나타났다. 호주의 경우 스포츠 경기나 이벤트 중계방송의 많은 부분이 갬블링과 연관되어 있다. 레일리(Reilly,T. 2010)는 호주에서 갬블링 산업은 연간 12%의 성장률을 나타내고 있다고 주장한다.[21] 호주의 스포츠 경기장

---

21) 호주의 갬블링 기업들과 스포츠 스폰서십에 관한 관계를 조사한 결과 2009시즌에 프로 축구 리그에서 갬블링 관련 기업들과 스폰서십 계약은 16개 팀 가운데 14개 팀으로 나타났다.

에는 갬블링 기업들의 로고가 부착되어 있다. 스포츠 경기를 라디오나 TV 등을 통해 중계방송하는 동안에 갬블링 기업의 광고가 등장하기도 한다. 갬블링 기업의 메시지를 담은 배너 광고가 스포츠 경기나 이벤트 도중에 TV스크린 하단에 나타나기도 한다. 게다가 선수들의 유니폼에 갬블링 기업의 로고가 클로즈 업(closed up)되기도 한다. 갬블링 기업들은 웹 사이트에서 자사의 로고와 이미지를 제공하거나 경쟁 웹 사이트에 하이퍼링크를 연결하기도 한다.

일부에서 스포츠 갬블링이 엔터테인먼트의 한 형태로 인식되면서 갬블링이 산업으로 합법화되어야 할 것이라고 주장되기도 한다. 프로 스포츠 리그나 팀들은 보다 많은 수입을 얻기 위해서 갬블링 기업들의 스폰서십 참여를 유도하기도 한다. 갬블링 기업들은 마케팅 수단으로서 스포츠 스폰서십에 참여하려고 한다. 갬블링 기업들은 스포츠 이벤트나 경기 중계 방송을 효과적인 스폰서 활동으로 인식한다. 갬블링 기업들이 스폰서십에 참여하려는 목적은 보다 많은 스포츠 팬들을 갬블링으로 유인하려는 것이다.

그러나 갬블링 기업들의 스포츠 스폰서 활동은 사회적으로 해로운 영향을 미칠 수 있으며, 갬블링 기업들이 사회적 책임을 다하고 있다는 것으로 잘못 비춰질 수도 있다. 또 대중적으로 인기가 높은 스포츠 이벤트, 프로 스포츠 경기 등을 통해 갬블링을 합법화하려는 의도가 숨겨져 있다고 지적된다. 스포츠 이벤트나 경기는 청소년들에게는 꿈과 희망을, 팬들에게 다양한 긍정적 편익을 제공한다고 주장된다. 그러나 스포츠 이벤트나 경기들이 사행심과 요행심을 기본으로 하는 갬블링 기업들이 제공하는 수입으로 이루어진다는 것은 바람직하지 못하다고 지적된다.

(4) 정크 푸드

많은 정크 푸드(junk foods) 기업들이 스포츠 리그나 팀, 스포츠 이벤트의 스폰서로 참여하고 있다. 정크 푸드는 열량은 높은 데 비해 필수 영양소가 부족한 패스트 푸드(fast food)나 인스턴트 푸드(instant food)를 의미한다. 주로 햄버거, 감자 튀김, 과자, 탄산 음료 등으로 HFSS(high in fat, salt or sugar)라고도 한다. 정크 푸드는 지방 외에도 염분이나 각종 식품 첨가물이 많이 들어 있어 성인병의 원인이 된다. 이러한 기업들의 스폰서십 참여는 어린이들이 스포츠 활동에 적극적으로 참여하는 데 긍정적인 영향을 미친다는 이유에서다. 그러나 미국, 영국, 호주 등 많은 국가에서 정크 푸드는 비만을 유발하며 건강에 유해하다고 인식하기에 이르렀다. 일부 국가에서는 어린이 비만에 영향을 미치는 정크 푸드 기업들이 학교 스포츠에 스폰서로 참여하는 것에 대해서 논란이 제기되기도 한다. 미국, 영국 등에서 어린이 당뇨와 비만 등이 증가하면서 학교에 햄버거나 탄산음료와 같은 정크 푸드 판매를 금지할 것을 요구하였다.[22] 그리고 모든 형태의 글로벌 식료품 납품업체들은 학교의 스폰서십 활동을 할 때 윤리적 문제를 고려하도록 하였다. 그러나 이러한 규제는 자금이 부족한 학교의 스포츠 활동을 위축시킬 수 있으며, 스포츠 활동에 필요한 각종 시설을 제공하기 어려울 수도 있다고 주장된다. 그렇다고 하더라도 정크 푸드 기업들이 어린이들에게 유해한 식품을 아무런 의문도 없이 제공하고, 또 이를 받아들이는 것은 문제의 소지가 있다고 주장된다.

한편, 주류와 정크 푸드 기업들의 스포츠 스폰서십 참여는 담배에 비해 상대적으로 유연하다는 주장도 있다. 일부 학자들은 스포츠 스폰서십에 담배 기업의 참여를 금지시키는 것은 당연하다고 주장하는 데 비해, 주류와 정크 푸드의 경우는 다소 애매하다고 주장한다.

술, 담배, 도박 회사, 패스트 푸드 등과 같은 기업들이 메가 스포츠 이벤트, 프로 스포츠 경기 등의 스폰서로 참여하는 것이 스포츠 정신에 어울리는가에 대해서 논란이 제기된다.

[그림 4-2] 술, 담배, 패스트 푸드 등과 스폰서십

22) 영국 정부는 2008년 1월부터는 4~14세에 달하는 어린이들의 건강에 유해한 영향을 미치는 HFSS와 밀접한 음식물과 음료수 광고를 금지하기로 하였다.

주류와 정크 푸드의 스폰서십은 담배 스폰서십과는 근본적으로 다른 만큼 스폰서십을 통해 판매를 증진시키려는 기업들의 노력을 금지시킬 만한 근거가 부족하다는 것이다. 그럼에도 불구하고 주류와 정크 푸드에 대한 지나친 탐닉은 사회적·건강상 문제를 일으킬 수 있다는 인식이 확산되고 있다.

2) 주요 이해관계자

(1) 정부

정부 등 공공부문은 스포츠 스폰서십을 통해 스포츠 이벤트가 효과적으로 개최되고 해당 스포츠가 발전할 수 있도록 안내자로서의 역할을 하는 동시에 사회적으로 유익하지 못한 스폰서 기업들을 규제하기도 한다. 정부는 스포츠 스폰서십 시장에서 법률, 정책 등을 통해 지원하기도 하고 규제하기도 한다. 스포츠 이벤트나 프로 스포츠의 발전을 위해서 건전한 기업들의 스폰서 참여를 유도하기도 하고 갬블링, 담배, 술, 정크 푸드 등 사회적으로 바람직하지 못한 기업들의 스폰서를 규제하기도 하고 완화하기도 한다.

그러나 정부는 주류와 담배, 정크 푸드, 갬블링 등 사회적으로 논란이 되고 있는 기업들의 스포츠 스폰서십을 허용하면서 이러한 기업들의 스폰서 참여를 통해 해당 스포츠가 발전하고 국민들에게 생활의 편익을 제공한다는 엇갈리는 메시지를 전달하고 있다. 이러한 기업들의 스포츠 스폰서 참여가 국민들의 건전한 생활을 저해시키는지, 이러한 기업들로 부터 소비자를 보호하고 사회적 폐해를 최소화할 수 있는지, 이들 기업들의 스폰서 활동이 해당 스포츠의 발전에 얼마나 기여하는지 등에 대해서 충분히 고려하지 않고 있다고 지적된다. 이러한 기업들의 스포츠 스폰서 참여에 대한 규제가 미흡하여 스포츠 조직이나 리그들의 사리사욕을 방치한다고 비난받기도 한다.

그러나 정부가 담배, 주류, 정크 푸드, 갬블링 등의 기업들의 스포츠 스폰서 참여가 사회적으로 문제가 있다는 이유만으로 이들 기업의 참여를 일방적으로 금지시킨다면 스포츠 기구나 프로 리그 등의 스포츠의 보급 및 발전, 스포츠를 통한 무형의 편익 등을 기대하기가 어려울 뿐 아니라 오히려 스포츠 기구나 리그의 운영과 생존이 어려워질 수 있다는 점에서 딜레마에 빠지기도 한다.

(2) 스포츠 기구와 리그

전형적으로 스포츠 기구나 조직, 리그 등은 해당 스포츠의 보급과 발전이라는 목표를 추구하기 위해서 스폰서십을 활용하고 있다. 게다가 스폰서십의 시장 규모도 점차 증가하고 있어 스포츠 기구나 프로 스포츠 리그의 재정에 커다란 기여를 한다. 이러한 기구나 리그들은 담배, 주류, 갬블링, 정크 푸드 등과 같은 기업들의 스폰서 참여가 사회적으로 논란이 되고 있음에도 불구하고 관심을 가질 수밖에 없다고 항변한다. 유럽의 일부 프로 축구 팀, F1 등은 이들 기업과 스폰서십을 맺고 있다.

이와는 달리 일부 스포츠 리그에서는 이러한 기업들은 스포츠 정신과 가치에 부합되지 않는다는 이유로 스폰서십을 거부하기도 한다. 실제로, 2010년 호주 프로 축구 클럽은 미국에서 매춘 관련 사업을 하는 기업의 스폰서 참여를 금지하였다. 이러한 기업들의 스폰서십은 여성을 무시하는 처사이며 스포츠 리그의 가정 친화적인 가치와 상충된다는 판단에 따른 것이다.

갬블링, 술과 담배, 정크 푸드 등 사회적으로 바람직하지 못한 기업들의 스포츠 스폰서 참여에 대해서 논란이 되고 있다. 그러나 이러한 기업들의 스폰서 참여를 금지하려는 스포츠 이벤트나 리그가 점차 늘어날 수도 있고 줄어들 수도 있다. 사회적으로 바람직하지 못한 기업들의 스폰서 참여가 금지될 때 스포츠 이벤트나 리그에 미치게 될 경제적 영향에 대해서 고민할 필요가 있다고 주장된다. 스포츠 기구나 리그에서 갬블링, 술과 담배, 정크 푸드 등과 같은 기업들의 스포츠 스폰서가 금지될 경우 생존 방안을 염두에 두어야 할 것이다. 또한, 스포츠 기구나 리그들이 사회적으로 바람직하지 못한 기업들의 스폰서십 참여를 증가시킬 경우 사회에 미치게 될 문제점에 대해서도 고민해야 할 것이다. 다시 말해서, 사회적으로 논란이 되고 있는 기업들의 스폰서십 참여에 따른 윤리적·도덕적 문제와 스포츠 기구와 리그 등의 가치와 생존 문제, 또 이러한 기업들의 스폰서십 참여가 국민들의 건강에 미칠 수 있는 영향 등에 대해서 충분한 논의가 필요하다. 이러한 기업들을 대신해서 스폰서로 참여 가능성이 있는 기업들이 얼마나 되는지 등에 대해서도 면밀한 조사가 필요하다. 그러나 대부분의 스포츠 리그나 기구에서는 이러한 문제점에 대해서 심도 있게 고민하는 흔적이 보이지 않는다고 지적된다. 스포츠 기구나 리그들은 재정적으로 어려울 뿐 아니라 스폰서로 참여하려는 기업을 찾기가 쉽지 않기 때문에 이러한 기업들을 스폰서로 받아들이는 것을 금지하자는 주장은 수용되기 어려워 보인다.

(3) 팬과 소비자

술과 담배, 갬블링, 정크 푸드 등 사회적으로 바람직하지 못한 기업들이 스포츠 스폰서십에 참여하여 판매를 증진시킨다면, 결국은 소비자들만 피해를 입을 수도 있다. 술과 담배, 갬블링 기업들의 스포츠 스폰서십 참여는 해당 제품과 서비스에 대한 무분별한 사용을 증진시킬 수도 있다. 특히 어린이, 청소년들의 건전한 성장을 저해하는 요인이 되기도 한다. 따라서 소비자들도 술과 담배, 갬블링, 정크 푸드 등 관련 기업들의 스포츠 스폰서 활동이 자신들에게 미치는 영향에 대해서 관심을 가져야 할 것이다. 전 세계적으로 인기가 높고 국가 사회적으로도 유익하고 건전한 활동을 하는 스포츠 이벤트나 경기라 하더라도 갬블링, 술, 담배 등 사회적으로 바람직하지 못한 기업이나 제품들과의 스폰서십 거래를 경계해야 할 것이다. 또한, 술, 담배, 갬블링 기업들의 스폰서 참여로 인해 미성년자들이 관련 제품 소비를 증가시킨다든지, 이러한 제품으로 인해 어떠한 사회적 문제가 발생하고 있는지 등에 대해서도 관심을 가져야 할 것이다. 이러한 기업들의 스포츠 스폰서 참여가 미성년자들과 취약한 계층들에게 얼마나 유해한 영향을 미치는지에 대해서 소비자들이 제대로 인식하지 못하고 있으며 구체적이고 객관적인 연구가 부족하다는 것도 문제이다.

제5절 ✦✧ 효율·효과적인 스폰서십

1) 효율적인 스폰서십

(1) 브랜드의 적합성

스폰서십 시장이 보다 효율적으로 작동되기 위해서는 스폰서 기업의 브랜드와 스포츠 이벤트 간의 적합성이 충분히 고려되어야 할 것이다. 기업의 스폰서 참여 목적과 스포츠 이벤트 목적과의 일치 여부가 중요하다. 기업이 스폰서십에 참여하려는 목적이 제품의 이미지 제고나 브랜드 증진이라는 점을 고려할 때, 전달하고자 하는 기업의 이미지와 스포츠 이벤트가 적합해야 한다는 것이다. 스포츠 이벤트와 스폰서 기업의 브랜드 간에 어느 정도 유사성이나 연관성을 지닐 때 스폰서십의 효과가 더욱 향상될 수 있다고 주장된다.

그러나 글로벌 기업들이 스포츠 이벤트에 스폰서로 참여할 때 주의할 필요가 있다. 스폰서 기업에 대해서 국가에 따라 다양하게 반응하기 때문이다. 글로벌 스포츠 이벤트에 참여하는 스폰서 기업에 대해서 어떤 국가에서는 적합하지만, 다른 국가에서는 그렇지 않을 수도 있기 때문이다. 기업의 이미지나 브랜드에 대한 명성이 전 세계적으로 알려져 있다고 하더라도 국가나 지역이 국민성, 역사나 문화 등에 따라 다르게 반응할 수 있기 때문이다. 스포츠 이벤트에 대한 이미지도 국가나 국민에 따라서 다를 수 있기 때문에 적합성이 높다고 하더라도 일치하지 않을 수 있다. 이는 기업이 글로벌 스포츠 이벤트에 스폰서로 참여하여 국제적인 경계를 넘어서려고 할 때 매우 중요한 고려사항 중 하나이다.

(2) 이미지 전달 용이

기업들이 스포츠 이벤트나 경기의 스폰서십에 참여하려는 이유는 자신의 이미지를 소비자들에게 전달하기 위해서이다. 스포츠 이벤트에 참여한 기업들이 이미지를 보다 손쉽게 전달하고, 이러한 이미지가 소비자들의 마음속에 오래 남아 있어야 한다. 그러나 스폰서십에 참여한 기업들이 지나치게 많을 경우, 스폰서십은 효과적이지 못할 수도 있다. 스포츠 이벤트나 경기에 참여한 스폰서 기업들이 지나치게 많을 경우 특정의 브랜드가 관중들에 의해 인식되기가 더 어려워질 것이다. 또, 경기장 주변에 스폰서십 관련 광고는 가능하면 적을수록 좋을 것이다.

스포츠 이벤트나 경기에서 스폰서 참여 기업을 증가시키면 주최 측은 보다 많은 수입을 얻을 수 있을 것이다. 그러나 스폰서 기업들은 자신의 이미지나 브랜드를 소비자들에게 효과적으로 전달하기가 쉽지 않을 것이다. F1 자동차에 얼마나 많은 스폰서십이 있는지를 보면 잘 알 수 있다.

최근에 영국 사이클링 이벤트에 스폰서로 참여한 T-모바일(T-Mobile)사가 대표적이다. T-모바일사는 축구와 사이클 경기에 스폰서로 참여하였는데, 축구 경기에는 상대적으로 많은 스폰서 기업들이 있어서 이미지 전달이 쉽지 않았다. 반면에 사이클링 경기에는 스폰서로 참여한 기업이 상대적으로 적어서 기업의 이미지를 부각시키는 데 더 유리하였다고 주장한다. 스폰서가 상대적으로 적을 경우, 스폰서로 참여한 기업의 브랜드나 이미지를 보다 잘 전달할 수 있다. 또한, 만약 어떤 스포츠 이벤트가 강력한 이미지 전달이 가능하고 스폰서 기업들이 다른 언어를 사용할 수 있거나, 해당 지역이나 국가에서 친숙한 언어를 사용할 수 있다면 스폰서 기업은 제품이나 이미지 전달이 유리할 것이다.

(3) 소비자의 반응

스폰서십에 참여한 기업들은 소비자들의 반응을 중시한다. 일부 소비자들은 스폰서 기업들의 지원으로 스포츠 이벤트가 재정적으로 큰 어려움 없이 개최될 수 있다는 점에서 스폰서 기업의 제품이나 브랜드에 대해 긍정적인 감정을 지니기도 한다. 스포츠 이벤트에서 스폰서 기업들은 많은 소비자들에게 긍정적인 편익을 제공하기도 한다. 예를 들어, 스폰서 기업으로부터 자금이 유입됨에 따라 입장료 인하, 기념품 제공 등이 가능해지는 것이다. 만약 소비자들이 기업의 스폰서 활동에 대해 바람직하다고 생각한다면 기업의 스폰서십은 긍정적인 성과를 거둘 수 있을 것이다. 소비자들이 스포츠 이벤트와 스폰서십 간의 관계를 잘 이해하게 될 것이다. 특히, 박애주의에 근거한 스폰서십도 관중들에게 긍정적인 영향을 미치게 되고 스폰서로 참여한 기업의 브랜드 이미지도 제고될 것이다.

그러나 일부 소비자들은 스포츠 이벤트가 지나치게 상업화되고 있다는 이유로 스폰서십에 대해 부정적인 반응을 나타내기도 한다. 스포츠 이벤트가 순수한 스포츠 정신이나 교육의 기능을 강조하고 상업화에 관심이 적다면, 상업적 목적의 스폰서 기업이나 제품에 대해서 부정적인 반응을 나타낼 것이다. 이 경우 스폰서 기업들의 이미지나 브랜드는 향상되기 어려울 것이다. 또, 스포츠 이벤트나 경기 종목, 지역이나 국가에 따라 스폰서십에 대해서 소비자들의 반응이 다르게 나타나기도 한다. 스폰서십을 잘 이해하는 국가나 지역이 있는가 하면 제대로 이해하지 못하는 지역도 있다. 스폰서십에 참여하려는 기업들은 해당 지역이나 국가의 소비자들의 반응을 사전에 면밀하게 살펴야 할 것이다.

2) 주요 논의 과제

(1) 사회·문화적 요인

　스포츠 스폰서십에 참여하려는 기업들은 글로벌 사회·문화적 요인을 감안해야 한다. 스포츠 스폰서십을 통한 이미지 전달이 세계 여러 나라의 다양한 문화·사회적 조건에 따라 다르게 해석될 수 있기 때문이다. 비록 동일한 기업의 이미지가 전달되더라도, 브랜드에 대한 이미지는 세계 각 국가의 문화·사회적 특성에 따라 다르게 나타날 수 있다. 즉, 우리나라에서 스포츠 이벤트 스폰서십을 통해 전달된 이미지가 남미나 유럽 국가에서 전달될 때, 반응이 전혀 다르게 나타날 수도 있다는 것이다. 따라서 글로벌 스폰서십에 참여하려는 기업들은 해당 국가의 문화·사회적 특성을 충분히 고려해야 한다.

(2) 이벤트 – 브랜드 이미지

　스폰서십에 참여한 기업들이 이미지를 전달하는 방식이다. 지금까지는 스포츠 스폰서십을 통해 스폰서 기업의 이미지가 그대로 전달된다고 보았다. 그러나 반대 방향으로 나타날 수도 있다. 이는 스포츠 이벤트-브랜드 또는 브랜드-스포츠 이벤트로 이미지가 상호 이전될 수도 있다. 만약 스폰서십에 참여한 기업의 이미지가 스포츠 이벤트를 위한 스폰서 활동에 불과한 것으로 비춰진다면, 스폰서로 참여한 기업의 이미지 전달 효과는 기대하기 어려울 수 있다. 스폰서십에 참여하는 목적이 이미지 전달이라면 스포츠 이벤트를 통해서 기업의 이미지를 부각시키려는 노력이 필요하다. 만약 소비자들에게 기업의 브랜드가 강력한 이미지를 지니고, 스포츠 이벤트가 상대적으로 더 약한 이미지를 지닌다면, 이러한 기업의 스폰서십은 성과를 제대로 얻기가 어려울 수도 있다. 역사가 아주 짧은 스포츠 이벤트는 세계적으로 명성 있는 기업의 이미지와 연계되기가 쉽지 않을 것이다. 그러나 이벤트를 통한 스폰서십은 소비자들의 마음속에 새로운 이미지를 심을 수 있다. 이벤트를 통한 스폰서 기업의 이미지가 변화되는 동안 소비자들을 혼란스럽게 할 수 있고, 스폰서십에 참여한 기업의 브랜드 이미지는 상대적으로 더욱 강력해질 수 있다. 이와 같이 복잡한 상황은 글로벌 미디어를 통해서 나타나는데, 이벤트 이미지의 영향력은 국가나 지역에 따라 다양하게 나타나기 때문이다. 이 모든 가능성으로 인하여 스폰서십 시장에서 이벤트와 브랜드 간 상호이전이 계속된다. 따라서 스폰서십에 참여하는 기업들은 스포츠 이벤트나 경기 선택에 신중을 기해야 할 것이다.

(3) 효과적인 이미지 전달

기업의 스폰서십 활동이 이미지 전달에 어떤 영향을 미치는가를 고려해야 한다. 예를 들어, 하나의 기업이 여러 종목의 스포츠 이벤트나 경기에서 스폰서로 참여할 경우, 여러 종목의 이벤트와 연계된 기업의 이미지가 얼마나 제대로 전달될 것인가를 고려해야 한다. 하나의 기업이 여러 가지 스포츠 이벤트에 스폰서로 참여하게 될 경우, 소비자들을 헷갈리게 하여 이미지를 효과적으로 전달하기가 어려워질 수도 있다. 스폰서십 시장이 분리되어 한 기업이 여러 개의 스포츠 이벤트에 참여한 사실을 소비자들이 제대로 알지 못한다면 문제가 되지 않을 것이다. 그러나 많은 글로벌 스포츠 이벤트들이 전 세계에 TV로 중계방송되고 있다는 점을 감안할 때, 한 기업의 여러 개의 스포츠 이벤트에 스폰서로 참여하는 것은 자칫하면 효과적인 이미지 전달을 더욱 어렵게 할 수도 있다.

제**5**장　글로벌 스포츠 노동 이동

의미와 이동 행태

1) 의미

글로벌화와 더불어 스포츠 노동시장에서 선수, 코치, 감독 등과 스포츠 관련 종사자들이 전 세계적으로 이동하고 있다. 선수 이동은 우수한 경기력을 지닌 선수들이 보다 큰 시장에서 보다 좋은 일자리를 찾기 시작하면서부터이다. 이와 동시에 스포츠 리그나 팀들은 가능하면 보다 우수한 경기력을 지닌 선수들로 경기에서 승리하고 보다 많은 경제적 이득을 얻으려고 했다. 스포츠 시장에서 선수들의 노동 이동에 대한 개념은 명확하게 정의되고 있지는 않지만, 통상 모국을 일 년 이상 떠나 외국에서 선수 생활을 하는 것으로 간주된다.

20세기 초반만 하더라도 프로 스포츠 선수들의 이동은 주로 국내에서 이루어졌다. 그러나 20세기 중반 들어 경제의 글로벌화와 더불어 스포츠 시장에서의 노동 이동도 국가간, 대륙 간으로 확대되었다. 스포츠 시장에서 노동 이동은 선수 외에도 코치, 감독, 스포츠 행정가, 스포츠 의학 전문가, 스포츠 과학자 등 광범위하게 이루어지고 있으며, 이동 형태도 다양하다. 선수, 코치 등이 상대적으로 선진화된 외국의 스포츠 시장으로 이동하려는 것은 보다 많은 금전적 보상이 가능하거나 보다 뛰어난 훈련 시스템과 장비, 특화된 스포츠 서비스 등을 이용하기 위해서이다.

2) 노동 이동 행태

글로벌 스포츠 시장에서 선수 등의 이동은 주로 다음과 같다.

첫째, 메가 스포츠 이벤트나 경기가 점차 상업화되면서 선수들의 글로벌 이동도 다양한 종목에서 이루어지고 있다. 과거에 스포츠 경기나 이벤트는 주로 정치적, 사회적, 민족적 이슈들을 해소하기 위한 방안의 하나로 개최되기도 하였으나 이제 스포츠 이벤트는 하나의 거대한 산업으로 인식되고 있다. 이와 더불어 경기력이 뛰어나고 재능 있는 선수들은 하나의 상품으로서 글로벌 스포츠 노동시장에서 거래되고 있다.

둘째, 전통적으로는 후발개도국의 우수한 선수들이 미국이나 유럽과 같은 스포츠 선진국으로 이동한다. 선수들에게 높은 소득과 양질의 생활이 보장되기 때문이다. 도미니카, 베네수엘라 등의 야구 선수들이 미국으로, 브라질·아프리카 등의 축구 선수들이 유럽의 프로 팀으로 이동한다. 후발개도국의 우수한 선수들은 보다 높은 소득, 새로운 도전 등을 위해 스포츠 선진국으로 이동하려고 한다. 이러한 이동을 '밖으로의 이동'(out migration)이라고 한다.

셋째, 선수들이 부업(second job)을 하기 위해서 이동한다. 북미의 많은 농구 선수들이 유럽으로 이동하기도 했다. 실제로, 2008년 여름 10명 이상의 NBA 선수들이 유럽의 농구 팀들과 계약을 하였다. 특히, WNBA 선수들은 미국에서 시즌이 끝난 후 아시아나 유럽의 다른 농구 리그에서 선수로 활동하며 수입을 올리기도 한다. 유럽의 크리켓, 럭비 선수들도 시즌이 끝나면 다른 대륙의 시즌에서 활약하기도 한다.

넷째, 많은 선수들이 국가, 대륙을 이동하는 등 글로벌 차원의 선수 이동이 일반화되고 있다. 이러한 선수 이동은 선·후진 국가에 상관없이 국가 간 자주 일어나는 데, 이는 스포츠 노동에 대한 일종의 자유무역이라 할 수 있다. 스포츠 노동 이동은 프로나 아마추어 선수 등에 상관없이 다양하게 이루어지고 있다.[1] 또 후발개도국에서 스포츠 선진

---

1) 2008년 북경 올림픽에 참가한 미국의 대표 선수는 596명이었는데 그 중 33명이 외국에서 태어난 선수였다. 2009시즌에 MLB에 등록한 야구 선수는 모두 818명이었는데 그 중 28%(229명)가 외국인 출신이었다. 또한, 마이너 리그(minor league)에 등록된 선수 6,973명 중 48%가 외국인 출신이었다. 2008~2009 영국 EPL에 337명이 등록하였는데, 이들은 60개 국가 출신 선수였다. 유명한 축구 선수였던 데이비드 베컴(david beckham)은 영국의 맨유(MU) 팀에서 2003년 스페인의 레알마드리드(real madrid), 2007년에는 갤럭시(L.A. galaxy)로 이동하기도 하였다.

국으로, 선진국에서 후발개도국으로 이동하기도 한다. 전 세계적으로 일어나고 있는 스포츠 노동 이동은 보다 좋은 일자리, 보다 많은 수입, 양질의 생활 등을 위해서라고 말할 수 있지만 선수들의 이주 동기는 훨씬 더 다양하고 복잡하다.

선수들의 해외 이동은 일상적이 되었다. 우리나라의 많은 선수들이 해외로 이동하기도 하고 많은 외국인 선수들이 국내로 이동하기도 한다.

[그림 5-1] 글로벌 스포츠 노동 이동

제2절 노동 이동 요인과 유형

1) 노동 이동 요인

글로벌 스포츠 노동시장에서 선수 등의 노동 이동은 경제적 요인 외에도 정치, 문화, 사회 등 다양하다. 경제적 측면에서 노동 이동 요인은 다음과 같다.

첫째, 스포츠 시장에서 노동 이동은 수요·공급에 의해서 이루어진다. 즉, 국가에 따라 선수에 대한 수요와 공급이 일치하지 않는다. 예를 들어, 케냐(kenya)에는 세계적으로 우수한 마라톤 선수들이 많이 있으나 올림픽 경기 대회에서 국가 대표로 출전할 수 있는 선수가 제한되어 있다. 미국에는 재능 있는 농구, 야구 선수들이 많이 있지만 NBA, MLB에서 활약할 수 있는 프로 선수는 제한되어 있다. 나머지 선수들은 유럽이나 아시아의 프로 리그에서 선수 생활을 해야 하는 실정이다. 이 경우 케냐의 마라톤 선수, 미국의 농구와 야구 선수들은 이들 국가에서 공급 과잉 상태라고 할 수 있다. 실제로 그동안 아프리카 국가의 많은 우수한 선수들이 유럽 축구 리그, 미국 대학 육상 팀, 아랍 국가 육상 팀 등으로 이동하였다. 이러한 이동이 가능한 것은 국가별로 선수에 대한 수요와 공급 간 불일치가 발생하기 때문이다. 이러한 형태의 노동 이동을 푸시-풀(push-pull) 과정이라고 한다. 푸시(push)는 국가에 따라 공급이 과잉 상태인 선수들을 밀어낸다는 의미이다. 즉, 케냐의 마라톤, 미국의 농구, 브라질의 축구 선수들은 자국에서 공급 과잉 상태에 있다. 이러한 국가에서는 우수한 선수들이 너무 많아 해외로 이동하려는 유인을 갖는다. 풀(pull)은 마라톤, 농구, 축구 등의 우수한 선수들에 대한 공급이 부족하다는 의미이다. 중동 국가에서는 케냐의 마라톤 선수, 아시아에서는 농구 선수, 유럽에서는 축구 선수에 대한 수요가 많지만 공급이 부족한 실정이다. 중동, 아시아, 유럽 등 선수가 부족한 국가에서는 상대적으로 선수 공급이 과잉 상태인 국가들로부터 선수들을 수요하려고 한다.

둘째, 선수들은 가능하면 보다 많은 수입을 얻을 수 있는 팀에서 선수 생활을 하고 싶어 한다. 동일 종목의 프로 스포츠라도 국가에 따라 시장 규모가 다르고 팀에 따라 수입 차이가 발생하기 때문에 경기력이 우수한 선수들은 가능하면 보다 높은 수입을 얻을 수 있는 팀으로 이동하려고 한다. 이를 '임금 격차설'이라고 한다.[2] 전 세계에서 뛰어난 프로 축구 선수들이 영국이나 스페인의 프로 축구 팀으로 이동하기를 희망하는 이유는 이들 팀의 수입이 다른 국가의 팀들보다 더 많고 선수들의 수입도 더 높기 때문이다[3]. 선수들의 수입 차이는 팀 간 수입 차이에서 비롯된다고 할 수 있다. 동일 종목에서

---

2) 안드레프(W, Andreff, 2011)는 2007년 영국 EPL 선수들의 평균 임금은 14만5천 유로로 프랑스 1부 리그인 리그 앙(ligue 1)보다 3배나 높았으며, 2부 리그 선수들의 평균임금도 4만5,500 유로로 프랑스 2부 리그인 리그 두(ligue 2) 선수들보다 4배 높았다고 주장한다.

3) 2007~2008시즌에 영국 EPL의 첼시(chelsea)팀 선수들에 대한 지불 총액은 1억9천만 유로, 이는 프랑스 1부 리그 전체 선수들에 대한 급여지불 총액의 70%(2억6천8백만 유로)에 해당된다. 프리미어 리그 선수들의 이적 비용도 프랑스 1부 리그보다 훨씬 더 높았다.

국가 간 선수들의 수입 차이는 선수들에게 이동 유인을 제공한다. 예를 들어, 2016년 브라질, 아르헨티나 등 라틴아메리카 프로 축구 1부 리그 선수들의 평균 수입을 1만 유로, 아프리카 프로 축구 리그의 평균 수입은 5천 유로, 유럽의 프로 축구 선수들의 평균 수입은 3만 유로라고 가정하자. 그러면 라틴아메리카나 아프리카의 프로 축구 선수들은 가능하면 유럽의 프로 축구 리그로 이동하려는 유인을 지닌다. 라틴아메리카나 아프리카 선수들이 유럽의 프로 축구 시장에서 평균 이하의 수입을 올린다 하더라도 이들에게는 엄청나게 매력적인 곳이 된다. 후발개도국의 선수들이 스포츠 선진국으로 이동하려는 것은 경제적 요인 외에도 다양한 이유가 있다. 개발도상국가들에는 우수한 지도자나 코치가 부족하며 선수들의 수입도 상대적으로 낮은 편이다. 스포츠 시설과 장비 등도 미비하여 체계적·과학적인 훈련이 어려운 실정이다. 그러므로 후발개도국의 우수한 선수들은 보다 좋은 훈련 조건, 보다 좋은 스포츠 장비와 의료 기술, 세계적인 수준의 경기 등이 가능한 스포츠 선진국으로 이동하려고 한다.

셋째, 프로 스포츠 리그에서 소수의 팀만이 전력이 우세하다면 해당 리그의 선수들에게 이동 요인을 제공한다. 즉, 팀 간 전력 불균형은 선수들에게 이동 요인이 될 수 있다. 프로 스포츠 리그에서 한두 팀만 계속해서 우승하는 등 팀 간 전력 불균형이 심하다면, 많은 선수들이 우수한 팀으로 이동하려고 할 것이다. 예를 들어, 프랑스의 우수한 프로 축구 선수들은 상대적으로 전력균형 상태인 프랑스 리그에서 상대적으로 전력이 불균형 상태인 영국, 이탈리아, 스페인 등 리그의 우수한 팀으로 이동하여 활동을 하는데, 이는 더 많은 수입을 얻을 수 있기 때문이라고 할 수 있다. 전력 불균형 상태인 리그에서 어떤 팀이 챔피언이 될 가능성이 높고 최고의 팀으로서 명성이 높다면, 선수들은 이러한 팀에서 선수 생활을 하고 싶어할 것이다. 각종 경기에서 자주 우승하는 최고의 팀에서 경기를 하게 된다면 보다 많은 수입을 올릴 수 있을 것이라고 기대하기 때문이다.

넷째, 선수들이 새로운 도전과 경험을 하기 위해서 이동하려고 한다. 선수들이 이동하려는 것은 단순히 보다 많은 수입을 얻기 위해서만은 아니다. 맥과이어(J. Maguire, 2000)는 노르웨이, 덴마크 등 북유럽의 축구 선수들의 수입은 상대적으로 높음에도 불구하고 영국, 독일 등의 리그로 이동하려는 것은 세계 최고 수준의 축구 리그에서 자신의 능력을 테스트해 보는 등 도전과 경험을 위해서라고 한다. 프로 스포츠 시장이 선진화되고 더 높은 수준에서 선수 생활을 하려는 것이지 경제적 의미는 그리 중요하지 않다는 것이다. 또, 일부 학자들은 동부 유럽에서 공산주의 체제가 붕괴된 후 헝가리, 체코 등의 프로 축구 선수들이 영국, 독일 등으로 많이 이동하였는데, 이는 선수들이 새로운 도전과 기회, 근로 조건을 추구한 것이지 단순히 금전적 이득만을 추구한 것은 아니라고 주장한다.[4]

2) 노동 이동 유형

글로벌 스포츠 시장에서 선수 등의 노동 이동은 다양하게 이루어진다. 우리나라의 야구, 축구 선수가 미국, 영국, 일본 등으로 이동하기도 하고, 미국의 야구, 브라질의 축구 선수가 우리나라로 이동하기도 한다. 또, 캐나다 야구 팀에는 미국 시민권을 지닌 선수가 있는가 하면 미국 야구 팀에 도미니카 출신 선수들도 있다. 이러한 형태의 스포츠 노동 이동은 축구, 야구, 아이스하키, 럭비, 농구 등의 프로 스포츠 종목에서 자주 일어나고 있다. 프로 스포츠 선수들의 이동 유형은 다음과 같이 특징지을 수 있다.[5]

첫째, 카리브해 연안, 남미 등의 야구 선수들이 미국의 MLB로 이동하는 것과 같이 대륙 내 또는 대륙 간 선수 이동이다. 구소련이 붕괴된 후 축구, 농구, 아이스하키 등의 선수들이 서유럽으로 이동한 것도 마찬가지이다. 북미와 유럽 간 농구, 축구, 미식축구, 아이스하키 등에서도 노동 이동이 발생한다. 1990년대 초반 유럽의 남자 농구 리그에서 400여 명 이상의 미국 농구 선수들이 활약하기도 하였으며, 일부 선수들은 이탈리아나 스페인 등으로 이동하기도 하였다. 유럽의 프로 축구 선수들이 미국으로 이동하기도 한다. 또, 남아시아, 남아프리카의 크리켓 선수들은 이미 오래전부터 영국 크리켓 경기에서 활약하고 있다. 후발개도국 출신의 선수들은 선진국에서 선수 생활을 하기 위해서 해당 국가에 거주한다. 그중 일부 선수들은 결혼을 통해서 시민권을 얻거나 국적을 취득하기도 한다.

둘째, 이중 국적을 가진 선수들의 이동이다. 일부 선수들은 역사적으로 특수한 관계를

---

4) 1990년~1997년에 구소련에서 해외로 이동한 선수들은 프로 축구 600여 명, 아이스하키 520여 명, 300여 명의 핸드볼과 배구 선수, 아이스 스케이트 100명 등이었으며 감독들도 20여 명이 해외로 이동하였다고 한다.
5) 영국의 스포츠 시장에서 선수 노동 이동은 특수한 형태와 일반적인 형태가 혼합되어 있다고 할 수 있다. 영국(britain) 즉, 대영제국(united kingdom of great britain and northern ireland)은 영국, 스코틀랜드, 웨일즈, 북아일랜드로 구성되어 있다. 이러한 국가의 축구 리그의 노동 이동은 대영제국 내에서 다른 국가로 이동과 영국 본토 내에서 노동 이동 등이 있다.

들어 이중 국적을 지니고 있다. 일부 미국 선수들은 자신의 조상이 유럽 국가로부터 왔다고 주장하면서, 이중 국적과 선수 이동의 자유로운 보장을 요구하기도 하였다. 게다가 일부 국제 스포츠 기구에서 제시하고 있는 외국인 선수 할당 등은 선수 이동 상황을 아주 복잡하게 하고 있다. 1994년 4월 이탈리아에서 개최된 월드 아이스하키 챔피언 경기에서는 이중 국적을 가지고 다른 나라 팀으로 경기에 참가한 선수들이 50여 명이 넘었다. 아프리카 출신 축구 선수들은 영국, 프랑스, 독일, 포르투갈, 벨기에 등의 축구 리그에서 활동하고 있다. 유럽의 축구 시장에서 활약하고 있는 아프리카 출신 선수들은 이민 1~2세대가 혼재되기도 한다. 즉, 유럽의 축구 시장에서 활동하고 있는 아프리카 선수들은 과거 식민지 시대에 유럽 국가에 정착한 이주민들의 후손들이다. 또 일부 아프리카 축구 선수들은 유럽 국가로 이동하는데, 이들은 아프리카 국적을 가지고 있거나 귀화하기도 한다.

셋째, 시즌의 특성에 따라 이동한다. 크리켓, 럭비 등의 선수 이동이 대표적이다. 크리켓과 같은 스포츠 경기는 북반구와 남반구에서 서로 다른 기간에 열리고 있어, 한 선수가 두 시즌에 연속적으로 경기에 참가할 수 있다. 아메리카, 아프리카 선수들이 유럽의 국가들이 개최하는 육상 경기에 참가할 수 있고, 유럽과 아메리카 스키 선수들은 월드컵 알파인 스키 순회 경기 대회에 참가할 수 있다. 또 다른 예로는 사이클링과 모토레이싱 경기이다. 이들 경기 역시 시즌에 따라 일시적으로 이동하기도 한다. 골프와 테니스 선수들은 경기가 여러 곳에서 열리고 있어 경기 장소에 따라 이동한다. 이러한 종목의 선수 노동 이동은 임시적이다. 이러한 종목의 경기를 위해 이동하는 선수들을 유목민(nomads) 선수라고도 한다.

제3절 ☆ 주요 종목의 선수 이동 실태

1) 올림픽 경기 대회

올림픽 경기 대회는 선수들의 참가 자격과 선수 이동에 대해서 오래전부터 논란이 제기되고 있다. 선수들의 올림픽 경기 대회 참가 자격에 대한 이슈도 선수 노동 이동과도 밀접한 연관이 있다. 몇 가지를 살펴보자.

첫째, 올림픽 경기 대회는 인종, 종교, 국적에 상관없이 남자 선수들은 당초부터 참가할 자격이 주어졌으며, 여성 선수들의 참가 자격도 점차 완화되어 동일하게 참가할 수 있게 되었다. 올림픽 경기 대회에서 아마추어 선수의 참가 자격에 대해서 오래전부터 논란이 되어 왔다. 즉, 아마추어 선수에 대한 개념, 선수들의 올림픽 경기 참가 비용 지원, 선수들의 근로 손실에 따른 보상 조치 등이다. 마침내 1990년대 초 IOC에서 아마추어와 프로 선수 간의 구분을 없애고 참가 자격을 제한적으로 개방하였다. 즉, 일부 종목의 프로 선수들도 올림픽 경기에 참가할 수 있게 되었다. 또, 2016 리우 올림픽에서는 10여 명의 난민선수들이 난민팀이라는 이름으로 참가하였다. 이는 인도주의적 차원에서 이루어진 것이다.

둘째, 올림픽 경기 대회는 국가 대표 선수들 간의 경기도 국적을 지녀야 한다는 것이다. 국가별 올림픽조직위원회(NOC)는 자국의 선수를 대표하고 올림픽 경기 참여와 관련된 모든 업무를 수행하는 단체이다. IOC규정에 의하면 올림픽 경기에 참가하는 모든 선수는 국가의 NOC에 소속되어야 하며, 국적이 두 개 또는 그 이상인 선수는 하나만 선택하도록 되어 있다. 올림픽 경기 대회에 참가하는 선수의 국적에 대해서는 많은 논란이 제기돼 왔다. 가장 일반적인 이슈는 본래 태어난 국가와 국적이 다른 경우이다. 선수의 이중 국적이 단순히 올림픽 경기 대회에 참가하기 위한 목적으로 자발적으로 이루어지기도 하고, 외국의 강요에 의해서 이루어지기도 한다. 그럼에도 불구하고 국적을 바꾸거나 이중 국적을 가진 선수들이 점차 늘어나고 있다. 주요 이유는 경제적 목적 때문에, 더 좋은 훈련 시설이나 프로그램 때문에, 자국에 실력 있는 선수들이 너무 많아서, 올림픽 경기에 참가하기 위해서 등이다.

셋째, 외국에서 출생한 선수들이 모국의 국가 대표 선수로 올림픽 경기 대회에 참가하는 경우이다. 외국에서 출생한 선수들이 모국 대표로 출전할 경우 모국에서 출생한 선수들이 출전할 수가 없게 되어 불만이 제기되기도 한다. 모국에서 태어난 선수들은 태어날 때부터 국적을 지녔지만 올림픽 경기 대회에 참가할 수 없게 되기 때문이다. 이러한 불만에도 불구하고, 외국에서 출생한 많은 선수들이 모국의 국가 대표 선수로 올림픽 경기에 참가한다. 실제로 2008년 북경 올림픽 경기 대회에서 독일 대표로 출전한 복싱 선수들은 모두가 우즈베키스탄, 카자흐스탄, 에콰도르, 부가 등 외국에서 태어난 선수들이었다.

넷째, 외국인 선수들의 귀화 조건이 완화되면서 아프리카, 중남미, 아시아 지역의 우수한 선수들이 유럽, 중동 등의 국가로 귀화가 늘어나고 있다. 올림픽 경기 대회를 앞두고 외국인 선수들의 귀화는 부자·가난한 국가, 개도국·선진국 등에 상관없이 다양하게 이루어지고 있다. 국제마라톤연맹(IAAF)에 의하면 지난 10여 년간 약 300여 명의 육상 선수들이 국적을 바꾸었다고 한다. 2008 북경 올림픽에서 캐나다 국가 대표 선수들 가운데 50여명 이상이 외국인 출신이었다. 또한 미국의 올림픽 팀은 596명의 선수 가운데 외국인 출신 선수가 33명이었는데 모두 25개 국가 출신이었다. 폴리와 길론(Poli. R., & P. Gillon., 2006)에 의하면 2004 아테네 올림픽 경기 대회에 참가한 선수들 가운데 약 270여 명이 외국에서 귀화한 선수들이었다고 주장한다. 270명의 선수들은 유럽 국가(187명), 아시안(25명), 아프리카 국가(5명), 오세아니아 국가(17명) 등의 국가 대표로 참가하였다. 많은 나라에서 선수들이 국적을 바꾸어 올림픽 경기에 참가하기 때문에 이들을 정확하게 파악하기란 쉽지 않다. 이와 같은 선수 이동은 올림픽 경기 대회에 참가하기 위해서 또는 대회에서 우승이 주요 목적이라고 할 수 있다.[6]

〈표 5-1〉은 2004 아테네 올림픽 경기 대회에 참가한 선수들 가운데 외국에서 귀화한 선수들과 국가이다. 프랑스, 그리스, 이스라엘, 오스트레일리아 등의 국가가 상대적으로 많은 것을 알 수 있다.

〈표 5-1〉 2004 아테네 올림픽 경기 대회와 주요 국가들의 귀화 선수

국가	귀화 선수	국가	귀화 선수
프랑스	29	그리스	28
이스라엘	16	오스트레일리아	13
미국	13	독일	12
이탈리아	9	캐나다	9

자료: Wladimir Andreff(2010).

---

6) 우즈베키스탄의 옥사나 추소비티나(oksana chusovitina) 체조 선수는 1992년 바르셀로나 올림픽에서는 독립국가연합(구소련 해체국가의 모임), 1996 애틀랜타, 2000 시드니, 2004 아테네 올림픽에서는 우즈베키스탄, 2008 북경 올림픽, 2012 런던 올림픽에서는 독일 국가 대표로 출전했다. 특히, 독일 국가 대표로 출전한 것은 백혈병에 걸린 아들의 병을 고치기 위해서였다. 우리나라에서도 2018 평창 동계올림픽을 앞두고 아이스하키, 바이애슬론, 쇼트트랙 등의 종목에 10여 명의 외국인 선수들이 귀화하였다.

글로벌화와 더불어 선수들의 국가 간 이동이 점차 늘어나고 있다. 선수들의 국가 간 이동이 자유로워짐에 따라 여러 가지 문제점들이 나타나기도 한다.

[그림 5-2] 다양한 선수 노동 이동

2) 축구 시장

글로벌 축구 시장에서 선수들의 해외 이동은 다양하게 이루어지고 있다. 몇가지 이동 실태를 살펴보자.

첫째, 국제스포츠연구센터(CIES)에 의하면,[7] 2015년 기준 전 세계 183개 국가, 458 리그, 6,135 클럽에서 활동하고 있는 외국인 선수들은 모두 18,660명으로 나타났다. 이 가운데 브라질 출신 선수들이 9.6%(1,784명)로 가장 많았다. 그리고 아르헨티나 5.0%(929명), 프랑스 4.1%(758명), 세르비아 3.3%(607명), 나이지리아 3.2%(596명) 순으로 나타났다. 이들 5개 국가 출신 선수들이 전체 외국인 선수의 약25%를 차지하고 있다. 대륙별로는 남미 출신 선수들이 해외로 가장 많이 이동하는 것으로 나타났다. 〈표 5-2〉는 세계 축구 시장에서 활동하고 있는 주요 외국인 선수들이다.

---

7) CIES Football Observatory Monthly Report(2015.10)

〈표 5-2〉 외국의 축구 시장에서 활동 중인 주요 국가 선수(2015)

국가	명	국가	명
브라질	1,784	아르헨티나	929
프랑스	758	세르비아	607
나이지리아	596	스페인	497
크로아티아	477	컬럼비아	440
포르투갈	392	세네갈	377
아이보리코스트	370	카메룬	366
가나	365	보스니아-헤르체고비나	363

둘째, 축구 선수들의 해외 이동은 대륙 내 국가 간, 대륙 간 다양하게 이루어지고 있다. 유럽의 주요 프로 축구 리그에서 활동하고 있는 외국인 선수들은 브라질, 프랑스, 아시아 지역에서 활동하는 외국인 선수들은 브라질, 나이지리아, 북미의 경우 브라질, 영국, 라틴아메리카의 경우 아르헨티나, 컬럼비아 등의 선수들이 많은 것으로 나타났다. 특히 브라질 축구 선수들은 유럽뿐 아니라 아시아, 북미 지역에서도 가장 많이 활동하고 있는 것으로 나타났다. 그러나 브라질 선수들의 남미 대륙 내에서 이동은 상대적으로 적은 것으로 나타났다. 〈표 5-3〉은 주요 대륙에서 활동하고 있는 외국인 선수 실태이다.

〈표 5-3〉 대륙별 외국인 선수 활동 실태

대륙별	주요 국가
유럽	브라질(1,134명), 프랑스(687명), 세르비아(560명), 크로아티아(439명), 나이지리아(401명), 스페인(391명), 포르투갈(345명) 등
아시아	브라질(437명), 나이지리아(127명), 한국(106명), 일본(85명), 아이보리코스트(57명)
북미	브라질(77명), 영국(70명), 자메이카(61명), 아르헨티나(39명), 컬럼비아(33명)
남미	아르헨티나(511명), 컬럼비아(306명), 우루과이(236명), 파라과이(199명), 브라질(124명)

셋째, 영국, 스페인, 프랑스, 독일, 이태리 등 유럽의 주요 프로 축구 리그에는 많은 외국인 선수들이 활동하고 있다. 유럽의 주요 프로 축구 리그는 전 세계의 우수한 선수들이 활동하기를 갈망하는 곳이다. 이들 리그에서 외국인 선수들의 활동은 1990년대 초반만 하더라도 상대적으로 제한적이었다. 외국인 선수들이 20% 미만이었다. 그러다가

1995년 보스만 판결(bosman ruling) 이후 선수들의 이동이 자유로워지고, EU국가 들간 프로 축구 팀 당 외국인 선수에 대한 제한 조치가 완화되면서 외국인 선수들이 증가하기 시작하였다. 〈표 5-4〉는 영국의 프리미어리그(EPL), 스페인의 프리메라리가(PrimeraLiga), 프랑스의 리그앙(Ligue 1), 독일의 분데스리가(Bundesliga), 이태리의 세리에(Serie) A 등의 축구 리그에서 활동하고 있는 외국인 선수 비율이다. 2015/16시즌에는 46.7%로 거의 절반이 외국인 선수들이다.

〈표 5-4〉 유럽 주요 프로 축구 리그의 외국인 선수(1985/86-2015/16)

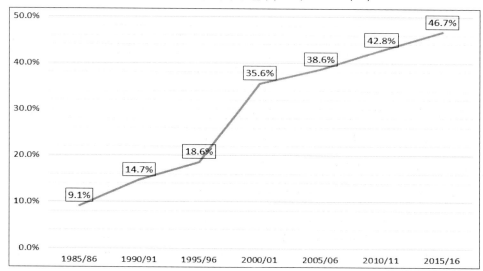

자료: CIES Football Observatory Monthly Report(2016).

넷째, 유럽의 주요 프로 축구 리그 중 외국인 선수는 영국의 EPL이 66.4%로 가장 높았으며, 이태리(57.9%), 독일(50.1%) 등도 높은 것으로 나타났다.[8] 이외에도 벨기에(59.1%), 터키(57.4%), 포르투갈(55.6%) 등에서도 많은 외국인 선수들이 활동하고 있는 것으로 나타났다. 유럽의 프로 축구 시장에는 주로 중남미, 아프리카, 동부 유럽, 유럽 등의 선수들이 많이 있다. 프랑스, 스페인 등도 많은 축구 선수들이 해외로 이동하고 있는데, 대부분이 주변 국가에서 활동하고 있다. 〈표 5-5〉는 유럽에서 활동하고 있는 외국인 선수들이다.

---

8) 1992년 EPL이 출범할 당시 외국인 선수는 단지 23명에 불과하였다. 2005년 EPL의 리그챔피언(champion league)이었던 아스널(arsenal)에는 영국 출신 선수가 2명에 불과하기도 하였다.

〈표 5-5〉 유럽의 축구 시장에서 활동 중인 외국인 선수

국가	명	국가	명
브라질	1,134	프랑스	687
세르비아	560	크로아티아	439
나이지리아	401	스페인	391
포르투갈	345	보스니아-헤르체코비나	344
아르헨티나	338	세네갈	315

자료: CIES Football Observatory Monthly Report(2015).

　참고로 아시아-중동 지역의 주요 국가에서 활동하고 있는 외국인 선수들은 카타르 (36.6%)가 가장 많았다. 오스트레일리아(30.6%), 중국(22.1%), 사우디아라비아(19.4%) 등 도 상대적으로 많은 것으로 나타났다. 그러나 일본(14.6%), 대한민국(11.9%) 등은 상대적 으로 적은 것으로 나타났다.

　다섯째, 나이지리아, 세네갈, 카메룬, 가나 등 아프리카 선수들의 유럽으로 이동이 늘어 나고 있다. 일부에서는 아프리카 네이션스컵 축구 대회는 유럽 프로 축구 리그의 연장선 으로 간주되기도 하는데, 아프리카 축구 대회에 참가하는 대부분의 선수들이 유럽 리그에 서 활약하고 있기 때문이다. 주로 프랑스, 벨기에, 영국, 독일 등의 리그에서 많이 활동하 고 있다. 네이션스컵 대회는 유럽의 TV 방송사들과 스폰서들도 많은 관심을 가지고 있다.

　여섯째, 미국에서는 1993년에 MLS(major league soccer)라는 프로 축구 리그가 시작되 었으며 1996년에 10개 팀이 만들어졌다. 그 후에 미국과 캐나다에 14개 팀이 두 개의 리그로 분할되어 운영되고 있다. 각 팀엔 20명의 등록 선수와 4명의 후보선수 (developmental player)가 있다. 미국의 프로 축구 시장은 2006년부터 경기의 질적 향상을 위해 글로벌화되기 시작하였다. 가장 잘 알려진 조치로는 지명선수에 대한 규칙 (designated player rule)인데, 각 팀마다 선수 두 명까지는 샐러리 캡(salary cap)을 초과하 는 임금을 지불할 수 있도록 하였다. 그 결과 경기력이 우수한 베테랑 선수들이 MLS로 이동하여 경기 수준을 향상시켰으며 팬들의 관심도 증가하고 있다. MLS 선수들의 임금 은 유럽 축구 리그의 선수들에 비해서 높은 편은 아니지만, 지명선수에 대한 규칙 개정 으로 MLS가 우수한 외국인 선수를 끌어들일 수 있었다. 최근 들어 북미에서는 MLS에 대한 인기가 높아지고 있는데, 이는 MLS의 대중화를 위한 노력도 있지만 히스패닉계,

아프리카, 아시아 출신의 이민자들이 축구에 대한 관심이 높아졌기 때문이라고도 주장된다. MLS에서 활동하고 있는 주요 외국인 선수들은 브라질, 영국, 자메이카, 아르헨티나 등이다.

3) 농구 시장

농구도 전 세계적으로 높은 인기를 누리는 글로벌 스포츠로 많은 국가에서 농구 리그가 운영되고 있다. 그중에서 NBA가 대표적이다. 전 세계의 농구 선수들은 NBA에서 선수 생활을 하기를 열망한다. 1949년에 출범한 NBA는 다른 프로 스포츠 리그에 비해 역사가 상대적으로 짧은 편이다. 그럼에도 1980년대 들어 글로벌화와 더불어 점차 외국 선수들도 NBA에서 경기를 할 수 있게 되었다. 또한, 1992년 바르셀로나 올림픽 경기 대회부터 NBA의 프로 농구 선수들도 올림픽에 참가할 수 있게 되었다. NBA에서 활약하는 외국인 선수들은 본인이 원할 경우에 자국의 선수로 올림픽 경기에 참가할 수 있다. 전 세계적으로 유명한 농구 선수들이 미국으로 이동하기 시작하였으며, 이는 NBA가 글로벌 스포츠로 성장하는 계기가 되었다.

한편, 유럽농구연맹(UELB)은 1991년 유럽의 농구 발전을 위해 설립되었다. 2005년에는 14개 국가가 참여하였으며, 매년 수백 명의 미국 농구 선수들이 유럽의 프로 농구팀에서 활약하고 있다. 1997년에는 전미여자농구협회(WNBA)가 출범하였다. WNBA는 초기부터 외국인 선수들을 채용하기 시작하였는데, 2010년 WNBA 선수의 22%가 19개 국가 출신의 외국인 선수였다. WNBA의 리그 시즌과 다른 국가에서 운영 중인 농구 리그 시즌과 중복되지 않음에 따라 많은 WNBA 선수들은 시즌이 끝나면 동안 유럽이나 호주 등으로 일시적으로 이동하여 선수활동을 하기도 한다.[9]

4) 야구 시장

야구는 미국, 일본, 대만, 한국, 이탈리아 등 일부 국가에서 인기 높은 프로 스포츠 경기이다. 이들 국가 간 선수 이동은 오래전부터 이루어져 왔다. 야구 시장에서 선수 이동

---

9) 2008년에는 WNBA에 등록된 256명의 선수 가운데 52%(133명)의 선수가 WNBA 비시즌 기간 동안 FIBA 등 해외로 이동한 것으로 나타났다.

도 다양하게 이루어지고 있다. 특히, MLB에서는 독특한 방법으로 외국인 선수들을 채용한다. 도미니카(dominica)의 야구 아카데미가 대표적이다.[10]

도미니카에서 프로 야구 리그는 이미 1890년에 시작되었다. 도미니카는 북미에서 최초로 야구를 국민 스포츠로 채택한 국가이다. 도미니카 선수들의 MLB로의 이동은 1956년부터 시작되었는데, 약 450여 명의 도미니카 출신 선수들이 MLB에서 활약하였다고 한다. 2009년 MLB에 도미니카 출신의 선수들은 81명으로 외국인 선수 중 35%를 차지한다. MLB에서 도미니카 선수들은 미국 선수 다음으로 많으며, 선수 생활이 끝난 후에도 다양한 활동하고 있다. 도미니카 출신의 MLB 관리자도 4명이나 된다.[11]

카리브해 연안의 다른 나라 선수들도 MLB에서 활약하고 있다. 푸에르토리코(puerto rico)에서는 MLB에 약 250여 명의 선수들이 진출하였다. 2009년 MLB 선수 중 35명이 푸에르토리코와 쿠바 출신 선수였다. 그러나 2016년 쿠바와 미국 간 국교가 정상화되기 전까지만 하더라도 쿠바 야구 선수들이 MLB에서 선수 생활을 하기 위해서는 망명을 해야만 했다.

미국과 인접해 있는 캐나다와 멕시코 출신 선수들도 이동이 상대적으로 수월하여 많은 선수들이 MLB에서 활동한다. 1970년대만 하더라도 80명 이상의 캐나다 선수들이 MLB에서 활동하였으나, 2009년에는 13명에 불과하였다. 2009년 MLB에 등록된 선수 가운데 14명이 멕시칸이었으며, 마이너 리그에는 1백여 명의 멕시코 출신 선수들이 활동하고 있다. 라틴아메리카 등 대륙 간 선수 이동도 활발하다. 2009년 MLB에 베네수엘라 52명, 파나마 4명, 콜롬비아 2명이 있다. 최근에는 한국, 일본 등 아시아 선수들도 MLB에 진출하고 있다. 〈표 5-6〉은 미국 MLB에 등록된 외국인 선수 비중이다. MLB에도 외국인 선수들이 점차 증가하고 있음을 알 수 있다.

---

10) 사게(G. H. Sage. 2010)에 의하면 MLB 등록 선수 중 외국인 선수 비중은 1958년 4%, 1978년 9%, 1988년 12%, 1998년 20%, 2010년 28%로 점차 증가하고 있는 것으로 나타났다. 2009년에 6,973명의 마이너 리그 (minor league) 선수 가운데 48%가 외국인 출신선수였다.

11) MLB가 도미니카에 설립·운영하고 있는 야구 아카데미 시스템은 스포츠 노동 이동을 위한 가장 체계적인 수단으로 알려져 있다. MLB의 30개 팀에서는 선수 훈련을 위한 아카데미를 설립하였는데, 이를 야구 공장이라고도 한다. 12세 미만의 전도유망한 도미니카 야구 선수들을 선발해서 집중 훈련시설을 제공하고 가장 뛰어난 선수들을 채용한다. 16~17세가 되면 메이저 리그에서 활동할 수 있다. 매년 약 450여명의 도미니카 청소년들이 미국과 캐나다에 있는 30개 팀과 계약을 한다. 아지 버질(Ozzie Virgil) 경이 도미니카 공화국에서 MLB로 이동한 최초의 선수였다. 그는 1969년까지 리그에서 활동하였다. 2008년 시즌 중에는 메이저 리그에서 약 1백 명의 도미니카 선수들이 활동하였으며, 나머지 2천여 명은 미국의 78개 마이너 리그에서 활동하면서 메이저 리그에 진출하기 위해 훈련하고 있다.

〈표 5-6〉 MLB 등록 선수 중 외국인 선수 비중

연도	%	연도	%
1958	4	1988	12
1968	7	1998	20
1978	9	2010	28

야구 선수들의 글로벌 이동이 MLB에서만 일어나는 것은 아니다. 1936년에 출범한 일본 프로 야구 리그(NPB)에도 세계 여러 국가 출신의 다양한 선수들이 활동하고 있다. 2008년에 약 62명의 외국인 선수들이 일본 프로 야구 리그에서 활약했다. 오스트레일리아, 캐나다, 도미니카공화국, 푸에르토리코, 한국, 대만, 미국, 베네수엘라 등이다. 일본의 프로 야구 리그에 등록된 외국인 선수 비중은 1998년 6%, 2003년 11%, 2007년 14%, 2009년 18%를 차지하고 있다.

한편, 국가 간 야구 토너먼트 대회를 열어 전 세계에 야구의 저변을 확대하자는 취지로 2006년부터 시작된 WBC(세계 야구 클래식)에서도 국가 대표 선수 선발 기준이 관대하다고 평가된다. 선수 본인의 국적과 상관없이 부모 중 한명의 국가를 선택해서 출전할 수 있으며, 영주권을 가진 선수도 국가 대표 팀에 선발될 수 있다.[12]

제4절 글로벌 아웃소싱과 문제점

1) 글로벌 아웃소싱

대부분의 프로 스포츠 팀에서는 가능하면 가장 우수한 선수를 채용하여 양질의 스포츠 경기를 제공하고 경기에서 승리하기를 원한다. 이는 보다 많은 팬들로부터 관심을 끌 수 있으며, 스폰서, TV 중계방송 등을 통해서 많은 수입을 올릴 수 있기 때문이다. 이처럼 프로 스포츠 팀이나 협회 등에서 세계적으로 우수하고 유능한 선수를 채용하는

---

12) 실제로, MLB에서 698개의 홈런을 친 알렉스 로드리게스는 제1회 대회는 미국, 2회 대회는 도미니카공화국 대표로 각각 출전하였다.

것을 글로벌 아웃소싱(global outsourcing)이라고 한다. 선수들에 대한 글로벌 아웃소싱은 스포츠 팀과 선수 간 상호이득을 위한 거래이며, 전략적 파트너십으로 비춰진다. 우수한 선수들에 대한 글로벌 아웃소싱은 제로섬 게임(zero-sum game)이 아니라 팀과 선수 모두에게 이득이 되는 상호 윈-윈(win-win) 전략이라고 주장된다.

　스포츠 선진국의 프로 스포츠 팀들이 후발개도국의 우수한 선수를 아웃소싱하려는 이유는 다음과 같다.

　첫째, 운영 비용을 최소화할 수 있다. 스포츠 팀이나 조직에서 외국인 선수를 채용하려는 것은 운영 비용을 최소화하기 위해서이다. 스포츠 팀이나 조직을 운영하는데 노동비용 등 운영 비용을 절감하는 것은 아주 중요하다. 프로 스포츠 팀은 가능하면 우수한 선수를 보다 싼 가격에 채용하여 전력을 강화하여 경기에서 승리하게 되면 보다 많은 경제적 이득을 얻을 수 있다. 실제로 일본 프로 야구 리그의 히로시마 도요 카프(hiroshima toyo carp) 팀은 1990년부터 도미니카에 '카프 야구 아카데미'를 설립하여 운영하면서 아주 싼 가격으로 야구에 재능 있는 젊은 도미니카 선수들을 채용하였다. 도미니카의 우수한 야구 선수들을 싼 값으로 채용하여 많은 수입을 얻었다.[13] 히로시마 도요 카프 팀의 입장에서는 임금이 상대적으로 싼 도미니카의 야구 선수를 채용하는 것이 임금이 높은 일본 선수를 채용하는 것보다 더 효과적이며, 도미니카 선수들도 보다 많은 수입을 얻을 수 있었다. 구단의 비용 효과적인 운영 방식은 유럽의 프로 축구 시장에서도 볼 수 있다. 유럽의 프로 축구 시장에서 비용을 최소화하기 위해서 경기력이 아주 뛰어나지만 비싼 선수 채용을 기피하는 팀들을 어렵지 않게 볼 수 있다. 프로 스포츠 팀들이 비용 측면만 고려할 때 상대적으로 값이 싸지만 경기력이 우수한 선수들을 아웃소싱하는 것이 더 바람직하다고 할 수 있다.[14] 특히 유럽 등 스포츠 선진국들이 후발개도국의 우수한 선수를 상대적으로 싼 임금으로 채용할 경우 팀의 운영 비용을 줄일 수 있으며, 팀의 경기력을 향상시킬 수 있다. 글로벌 스포츠 시장에서 선수 아웃소싱은 비

---

13) MLB의 올스타 경기에 7번이나 출전했던 알폰소 소리아노(Alfonso Soriano) 선수는 히로시마 도요 카프 야구 아카데미 출신이었다.
14) 이스라엘 프로 축구 리그에서는 주로 과거 공산국가에서 싼 가격으로 선수를 채용하기도 하였다. 1900년대 초반 이스라엘 리그에서 외국인 선수들은 약 60%를 넘기도 하였다. 이스라엘 출신 최고의 선수는 연간 10만 달러를 지불해야 하는 데 비해, 공산권 출신의 선수들은 5만 달러를 지불하면 충분하였기 때문이다.

171

용 측면에서 효과적인 운영 방식 중 하나로 이해될 수 있다.

둘째, 경기의 질적 향상이다. 글로벌 차원의 아웃소싱은 제품의 질적 향상을 위해서도 이용된다. 즉, 기업들은 어떤 재화나 서비스에 대한 가치를 극대화하기 위해서 전 세계에서 최고의 기술력을 지닌 제품을 아웃소싱하기도 한다. 마찬가지로 프로 스포츠 팀이 외국인 선수를 채용하는 것은 경기의 질적 향상을 기하기 위해서이다. 우리나라에서도 야구, 축구, 농구, 배구 등의 프로 구단들이 외국인 선수를 아웃소싱하는 것은 경기의 질적 향상을 기대할 수 있기 때문이다. 우리나라 프로 농구 연맹(KBL)에서는 1997년 이후부터 드레프트 형식으로 외국인 선수를 채용하고 있다. 리그의 각 팀은 2명의 외국인 선수를 등록할 수 있다. 외국인 선수들은 포인트, 리바운드, 어시스트, 슛 등에서 뛰어난 활약을 하기도 한다. 외국인 선수들은 빅 리그의 경험으로 팀의 경기력 향상에 기여한다. 외국인 선수들의 팀에 대한 기여도가 신통치 않으면 즉시 해고되기도 한다. 농구 경기에서 포드와 센터는 주로 힘에 의존한다는 점에서 외국인 선수 채용을 선호하는 경향이 있다. 센터와 가드를 외국인 선수로 아웃소싱한 팀은 독특한 전술로 경기력을 향상시키기도 한다. 스포츠 노동 이동은 글로벌 아웃소싱이라는 맥락에서 제품이나 서비스의 질적 향상을 위해서 이루어진다.

셋째, 우수한 선수라는 자원을 이용하기 위해서이다. 프로 스포츠 경기에서 우수한 선수라는 자원은 아주 중요하다. 예를 들어, 미국에서 야구 경기에 대한 수요는 증가하나 미국 출신 야구 선수들의 경기력이 뛰어나지 못할 경우 야구 시장의 경기력이 저하될 수 있다. 즉, 상대적으로 경기력이 뒤지는 미국 출신 선수들을 비싼 가격으로 채용할 경우 경기력이 저하될 뿐 아니라 팬들의 관심이 줄어들 수 있으며 이는 팀의 재정에도 좋지 않은 영향을 미칠 수 있다. MLB에서는 경기력이 뛰어나고 임금이 상대적으로 싼 중남미 국가의 선수들을 채용하고 있다. 특히 도미니카에서 싼 비용으로 선수를 채용하여 미국의 야구 선수 수요를 지속적으로 충족시킬 수 있다. 도미니카의 우수한 야구 선수들은 야구 아카데미 덕분에 많은 수입을 올릴 수 있으며, MLB의 팀들은 우수한 야구 선수들을 싼 가격으로 이용할 수 있다. 즉, 쌍방이 이득을 누릴 수 있다. 마찬가지로 유럽의 프로 축구 팀들도 아프리카의 뛰어난 축구 선수들을 상대적으로 싼 가격으로 채용할 수 있다. 일부 유럽의 프로 축구 팀들은 아프리카 축구의 발전을 위한 기초시설에 과감하게 투자하기도 한다.

2) 긍정적 효과

글로벌 차원의 스포츠 선수 아웃소싱은 다음과 같은 긍정적 효과가 기대된다.

첫째, 후발개도국의 우수한 선수가 선진국의 스포츠 팀으로 이동하여 활약할 경우 후발개도국의 해당 스포츠 시장 발전에도 기여할 것이다. 예를 들어, EPL, MLB와 같이 최고의 프로 스포츠 리그에서 아시아 출신의 뛰어난 선수들의 경기력을 볼 수 있으면, 이는 해당 국가의 스포츠 발전에도 기여하게 될 것이다. 다시 말해서, 후발개도국의 선수가 스포츠 선진국으로 이동하는 것은 후발개도국 선수들에게도 글로벌 시장에서 성공할 수 있다는 가능성과 자극이 될 것이다. 후발개도국의 선수들은 해외시장으로 진출하기 위해 열심히 노력하게 될 것이고 이는 스포츠 시장의 발전에도 기여할 것이다.

둘째, 후발개도국의 선수가 스포츠 선진국에서 활동하게 될 경우 후발개도국 팬들의 관심을 증대시키기도 한다. 예를 들어, 우리나라의 프로 야구, 축구 선수가 MLB, EPL 등에서 활동할 경우 MLB, EPL경기에 대해서 우리나라 팬들의 관심이 증가하고 팀에 대한 선호도, 시청률 등도 높아진다. MLB, EPL 등에서 후발개도국 선수들이 맹활약하고 있다면 후발개도국의 팬들에게도 할 수 있다는 가능성, 자부심, 기쁨 등을 제공할 수 있는 기회가 된다.

셋째, 글로벌 선수 이동은 스포츠 시장 규모가 상대적으로 작은 국가의 우수한 선수들에게 새로운 고용 기회를 제공하기도 한다. 선수들이 아무리 뛰어난 경기력을 지녔다고 하더라도 자국의 프로 스포츠 시장 규모가 상대적으로 작다면 채용되기가 어려울 수도 있으며 자신의 능력에 걸맞은 수입을 얻기 어려울 수도 있다. 글로벌 차원의 선수 이동은 많은 우수한 선수들에게 고용의 기회를 제공한다. 특히 후발개도국의 재능 있는 선수들이 선진국의 프로 스포츠 경기에서 자신의 경기력을 보여줄 수 있는 기회이기도 하다. 후발개도국 선수들이 뛰어난 경기력을 보여 준다면 모국에서 선수 생활을 할 때보다 훨씬 더 많은 수입을 올릴 수 있으며, 선진국의 우수한 프로 스포츠 시장에서 다양한 경험을 할 수 있다.

넷째, 후발개도국의 우수한 선수들은 스포츠 선진국으로 이동하여 자신의 기량을 충분히 활용하고 높은 수입을 얻는 등 다양한 편익을 누린다. 동시에 선진국의 스포츠 팀은 상대적으로 싼 가격으로 우수한 선수를 채용하여 경기에서 승리, 보다 높은 수입 등을 기대할 수 있게 된다. 재정적으로 어려움을 겪고 있는 유럽의 프로 축구 팀들은 아프리카, 아시아 등의 지역에서 상대적으로 임금이 낮고 경기력이 뛰어난 선수들을 채용하려고 노력하는 것이다. 글로벌 스포츠 시장에서 선수 노동 이동은 쌍방의 필요에 의해서 이루어진다. 많은 스포츠 선진국의 프로 스포츠 팀에는 자국 선수보다 외국 프로 스포츠 선수들이 더 많이 있을 수도 있다. 이러한 현상은 프로 스포츠 팀의 생존과 경제적 이득을 위해서 불가피하다.

3) 부정적 효과

우수한 선수들에 대한 글로벌 차원의 아웃소싱은 다음과 같은 문제점이 제기된다.

첫째, 외국에서 이동해 온 선수들의 노동권리에 대한 문제이다. 그동안 선수들의 자유로운 이동에 관한 권리는 강화되었지만 모든 선수들에게 적용되지는 않는다. EU에 가입하지 않은 국가의 선수들이 EU의 프로 스포츠 리그에서 선수 생활을 하기 위해서는 취업비자에 대한 규제를 받는다.[15]

일부 학자들은 후발개도국 선수들의 스포츠 선진국으로의 이동을 노예제도와 유사하다고 지적하기도 한다. MLB나 유럽의 축구 리그들이 중남미, 아프리카의 선수들을 상대적으로 싼 가격으로 채용하려는 것은 선수들에 대한 노동 착취라는 것이다. 후발개도국에서 우수한 경기력을 지닌 선수들이 선진국의 프로 스포츠 팀으로 이동할 때 선수 채용 기준은 종목, 리그마다 다양하다. 따라서 선수를 채용하는 데 공정한 거래를 기대하기가 어렵다. 또, 선진국에서 후발개도국의 우수한 선수를 채용하는 과정에서 차별적인 노동 관행이 발생하기도 한다. 예를 들어, 아프리카나 아시아 등 후발개도국의 축구 선수들이 유럽의 축구 시장에서 비슷한 경기력을 지닌 EU국가의 선수들에 필적할 만큼의 임금을

---

15) 외국인 선수들이 EPL로 이동하려면 워크 퍼밋(work permit)이라는 취업 허가서를 받아야 한다. EPL에서는 2015/2016시즌부터 FIFA랭킹 50위 이내의 국가 출신 선수들은 최근 2년간 자국의 대표 팀이 치른 A매치 경기 중 75% 이상을 출전해야 한다. 50위 밖에의 국가 출신 선수들은 예외판정심사를 받아야 한다. 해당 구단이 영국의 축구 발전에 도움이 된다는 것을 보증해야 한다. 미국에서는 운동선수, 예술가, 연예인 등은 예체능 비자(P-1)를 받아야 한다. 운동선수들은 P-1A비자를, 예술인들은 비자(P-1B)를 받아야 한다. 또 체육, 예술 등의 분야에서 세계적으로 명성이 있고 미국에서 계속 같은 분야에 종사하는 사람은 특기자 비자(O-1A)를 받을 수 있다. 이때 운동선수는 O-1A비자, 예술인은 O-1B비사를 받는다.

충분히 받지 못한다는 주장이 제기되기도 한다. 후발개도국에서 스포츠 선진국으로 이동한 선수들은 대체로 자국의 선수들보다 훨씬 많은 수입을 올리지만, 스포츠 선진국의 팀에서 동등한 경기력을 지닌 선진국의 선수보다는 더 적은 임금을 받을 가능성이 높다고 주장된다. 일종의 임금차별이다.[16)

둘째, 후발개도국의 선수들이 부유한 국가로 이동할 경우 선수들은 금전적으로 커다란 이득을 볼 것이다. 그러나 후발개도국에서는 이들 선수들을 훈련하고 육성하는 데 많은 투자를 하였을 것이다. 그 혜택을 상대적으로 부유한 국가가 얻게 되는 것이다. 선수에 대한 투자는 후발개도국에서 하였으나 투자에 대한 성과는 선수를 채용한 선진국이 가진다는 것이다. 후발개도국의 우수한 선수를 채용한 팀이나 국가는 상대적으로 훨씬 더 부유함에도 불구하고 외국인 선수들에 대한 훈련과 교육 등 경비를 많이 들이지 않고서도 경기의 질적 향상, 경기에서 승리 등을 얻을 수 있다. 실제로, 케냐의 많은 마라톤 선수들이 카타르(qatar), 바레인(bahrain) 등 부유한 국가로 이동하였을 때, 케냐의 스포츠 당국에서는 마라톤 선수 풀(pool)이 고갈될 수도 있다고 우려하였다.

셋째, 후발개도국의 우수한 선수들이 선진국의 프로 스포츠 팀으로의 이동하는 데 대해서 비난이 제기되기도 한다. 후발개도국의 우수한 선수들이 이동해 오게 되면 경기력이 상대적으로 뒤떨어지는 선진국 선수들은 설자리를 잃게 되기 때문이다. 한 때, 유럽의 프로 축구 선수 노동조합에서는 외국인 선수 도입 초기에 자국의 선수들을 보호하기 위해서 외국인 선수에 대한 할당과 자격에 관해서 건의하기도 하였다.[17) 그러나 외국인 선수들은 계속해서 증가하고 있다. 구단에서 외국인 선수를 상대적으로 싼 비용으로 채용하게 되면 경기력이나 경제적으로 유리하기 때문이다. 그러나 국가 간 경기에서는 불리하게 작용할 수 있다. 실제로 영국, 프랑스, 이탈리아 등 유럽의 일부 국가들의 청소년

---

16) MLB의 오클랜드 애틀레틱스(oakland athletics) 팀에서는 도미니카 출신의 미겔 테하다(miguel tejada) 선수를 채용할 수 있는 팀은 애틀레틱스 팀 외에 다른 대안이 없다는 것을 알아채고 헐값인 2천 달러에 채용하였다. 이에 비해 테하다 선수의 백인 동료인 벤 그레이브(ben grieve) 선수는 1천2백만 달러에 채용되었다. 또, 텍사스 레인저(texas rangers) 팀에서는 유명한 새미 소사(sammy sosa) 선수를 1986년에 3,500달러를 주고 채용하였는데, 이는 1946년 브루클린 다저(brooklyn dodger)가 재키 로빈슨(jacki robinson) 선수에게 지불한 금액과 같았다.

17) 1993년에 영국 축구협회(english professional footballers association)에서는 외국인 선수들의 경기력을 철저히 체크하고 규제를 보다 강화해 줄 것을 요구하기도 하였다. FIFA에서 외국인 선수에 대한 규제를 완화하려고 하자, 유럽 리그의 프로 선수들이 파업하겠다고 위협하기도 하였다.

축구 시장이 점점 더 악화되고 있어 더 이상 국제 경기를 할 수 없을 지경에 이르렀다고 주장되기도 한다. 이들 국가의 축구 시장에는 외국인 청소년 선수들이 지나치게 많이 있어 자국의 선수들이 경기를 할 기회가 줄어들고 있다는 것이다.

넷째, 어떤 조직이 아웃소싱을 하게 되면, 조직은 아웃소싱한 기술 개발에 대한 관심은 점차 멀어지게 되고, 궁극적으로는 그러한 활동을 제대로 수행하지 못하게 된다. 예를 들어, 한국의 프로 축구 팀들이 특정 포지션은 해외에서 우수한 선수를 채용하는 것이 더 유리하다고 판단되면, 특정 포지션에서는 외국인 선수들만 활동하게 될 것이다. 특히 자국의 젊고 유망한 선수들을 훈련시키고 육성하는 데 많은 비용과 시간이 든다면 상대적으로 비용과 시간이 적게 드는 외국인 선수들에게 의존하려고 할 것이다. 외국인 선수들이 특정의 포지션에서 뛰어난 기량을 지니고 있다면, 그러한 포지션에서 자국의 선수들이 활동하기가 어렵게 되고, 자국의 선수들은 그러한 포지션을 기피하게 될 것이다. 이는 프로 스포츠 팀에게는 유리할 수 있다. 그러나 국가 간 경기 대회에서는 우수한 경기 결과를 기대하기 어렵게 된다. 국가 간 경기에서는 특정 포지션에 뛰어난 외국인 선수가 참가할 수 없기 때문이다. 영국의 EPL은 전 세계에서 상업적으로 가장 성공한 축구 리그이다. 하지만 영국 국가 대표 축구 팀이 국제 축구 경기 대회에서 기대 이하의 성적을 내는 것이 대표적인 예라고 할 수 있다.

제5절 노동 이동 규제와 논의

1) FIFA의 규제와 조치

유럽의 프로 축구 시장에서 선수들의 불법 이동이 사라지지 않고 있다. 보스만 판결 이후 유럽의 프로 축구 팀들이 제3세계의 젊고 값싼 선수들을 채용할 수 있게 되면서부터 16세 미만의 아프리카 선수들도 유럽 축구 클럽으로 이동이 증가하기 시작하였다. 아주 어리거나 젊은 선수들도 노동시장에서 아무런 규제를 받지 않고 이동하기도 하였다. 주로 10대 선수들이 불법적으로 이동되고 있으며, 이들이 부상 등으로 경기력이 저

조할 경우 거리에 버려지기도 하여 사회적으로 문제가 되기도 한다.[18]

FIFA에서는 10대 선수들의 불법 이동을 방지하기 위해서 2001년에 미성년자 보호, 훈련 보상비(training compensation), 연대 기여금(solidarity mechanism) 등의 조치를 발표하였다. 주요 내용과 문제점은 다음과 같다.

첫째, FIFA에서는 미성년자를 보호하기 위해서 18세 미만의 선수들의 국제적 이동을 제한하였다. 선수는 최소한 18세가 되어야만 국제적으로 이동할 수 있다는 조항(제19조)을 신설하였다.[19] 그러나 FIFA 조항 중 3개의 예외 조항은 합법적이지만 부분적으로는 불법 이동을 조장할 수도 있다고 지적된다. 유럽의 프로 축구 팀에서 많은 돈을 주겠다고 약속하면 어린 선수, 가족 등의 이동을 막을 수 있는 수단이 없다.

둘째, 훈련비 보상은 고등학교, 대학교, 클럽 등 아마추어 팀의 우수한 선수가 프로 축구 팀과 계약을 하게 되면, 선수를 채용한 팀은 선수가 활약했던 학교 등 아마추어 팀에 소정의 보상금을 지급하는 것이다. 최초의 훈련비 보상은 선수의 훈련에 기여한 팀(학교)들에게 일정 비율에 따라 배분한다. 12세부터 21세 사이에 발생한 훈련 비용 보상에 관한 규정에 의하면 선수가 프로 스포츠 팀과 최초로 계약하거나 23세까지 계속 다른 팀과 계약할 때 지불하도록 되어 있다.

셋째, 연대 기여금은 선수가 다른 팀으로 이적할 경우 이적료의 5%를 선수가 과거에 활약했던 학교 등 아마추어 팀에게 지급하는 것이다. 연대 기여금 5% 중 만 12세~만 15세까지는 5%씩(전체 이적료의 0.25%)을 나누어 갖고 만 16세부터 만 23세까지는 10%씩

---

18) 아프리카 등 후발개도국의 10대 선수들의 선진국으로의 이동에 대해 논란이 제기되고 있다. 1990년대 이탈리아 축구 클럽에는 약 4,800명의 해외 선수들이 있었는데, 상당 수가 라틴아메리카나 아프리카 출신의 6~16세의 어린 선수들이었다. 이 가운데 약 절반 이상이 불법 이동자들이라고 한다. 네덜란드에서는 33개 축구 클럽이 라틴아메리카, 아프리카로부터 선수들을 불법으로 채용하였다가 이민 당국으로부터 제소를 당하기도 하였다. 벨기에 축구 클럽은 유럽의 주요 축구 클럽으로 이전하기 전에 아프리카 선수들을 훈련시키기 위한 훈련 장소로서 널리 이용되었다. 그런데 유럽의 프로 축구 클럽으로 이동한 많은 선수들은 노동 계약서에 계약도 제대로 하지 않는다. 불법으로 이동한 10대 선수들은 노동 계약서도 없이 가족, 친구, 고국과 고립되어 있으며 소득도 없고 지원도 없다고 한다. 불법적으로 이동한 10대 선수들이 부상 등으로 쓸모가 없게 될 경우 클럽이나 에이전트로부터 버림을 당해 조국으로 돌아가지도 못하게 된다. 이들은 불법 이주자로 경찰의 추적을 받기도 한다.

19) 이러한 규제를 피할 수 있는 세 가지 예외 조항을 두었다. 즉, 축구와 관련되지 않는 일을 하는 부모가 10대 선수와 함께 이동하려 할 때 선수 이동이 가능하며, EU국가 내에서 이동할 때, 10대 선수가 국경에서 아주 가까운 거리에 있을 때 등이다.

(전체 이적료의 0.5%)을 나누어 갖는다. 이는 새로 이적하는 팀에서 전적으로 부담하고 해당 기간 내에 이전의 구단에서 요청이 있으면 즉시 지불하도록 되어 있다.

넷째, FIFA에서는 해외로 이적하려는 축구 선수는 누구든지 해당 국가의 축구협회로부터 국제 이적 승인을 받도록 하였다. 그리고 국가의 축구협회에서는 선수들의 국제 이동을 승인하는 과정에서 수당이나 수수료를 올리지 못하도록 하였다. 그러나 FIFA에서 18세 미만의 선수 이적을 금지하는 등 새로운 규제를 도입한 후에도 무자격 에이전트들에 의한 후발개도국 10대 선수들의 불법적 이동이 끊이지 않고 있다. 일부 에이전트들은 FIFA에 등록하지 않고 불법적으로 활동을 하는데, 아프리카 등 후발개도국의 선수들을 선진국으로 이동시키는 과정에서 선수들의 나이를 속이기도 한다. 10대 흑인 선수들을 거래하기 위한 암시장이 생겼다고 지적되기도 한다. 실제로 프랑스, 벨기에 등 일부 국가의 축구 시장에서 활약하고 있는 에이전트 중 상당수가 FIFA에 등록하지 않은 불법 에이전트들이라고 한다. 이들은 계약 위반, 임금 착복, 인권 유린 등의 위험이 높다.

2) 쿠베르 토빈세

(1) 논의 배경

1999년 초 덴마크 코펜하겐(copehagen)에서 스포츠 발전을 위한 회의가 열렸다. 여기서 안드레프(W. Andreff, 2004)는 선진국들이 후발개도국의 스포츠 발전에 기여하고 후발개도국의 10대 선수들의 불법적인 국제 이동을 규제하기 위한 조치로 쿠베르 토빈세(coubertobin tax)를 제안했다.[20] 쿠베르 토빈세는 모든 선수들이 외국으로 이동할 때 선수가 이동하려는 팀이나 해당 스포츠 조직으로부터 이동 비용의 일정 비율을 징수하여 후발개도국의 스포츠 발전을 위해서 사용할 수 있도록 하자는 것이다.

쿠베르 토빈세를 도입하게 되면 선수를 보낸 후발개도국에서는 선수 훈련이나 교육 비용의 일부를 지원받을 수 있으며, 이들 국가의 10대 선수들이 무분별하게 선진국으로 이동하려는 유인을 줄일 수 있다. 또한 선진국에서 외국인 선수를 채용하려는 팀이나 조직에서 납부하는 기금은 후발개도국들의 스포츠 발전에 기여할 수 있다. 기금은 주로 스포

---

20) 토빈(j.tobin)이 1978년에 국제 금융시장의 불안정을 방지하기 위한 수단으로 국제 단기성 투기자금(hot money)에 대해서 세금을 부과하자고 주장하였는데 이를 토빈세(tobin tax)라고도 한다.

츠 시설 건설이나 운영 또는 선수 교육이나 훈련을 위해 쓰이도록 하는 것이다. 이는 후발 개도국들이 우수한 선수들을 위해 투자된 훈련 비용의 일부를 상환 받을 수 있다는 점에서 바람직하다고 주장된다. 쿠베르 토빈세를 도입하게 되면 후발개도국와 선진국의 선수 간 의 소득격차를 어느 정도 줄일 수 있다. 또 후발개도국들의 선수 이동에 따른 부작용을 최 소화하고 후발개도국들의 스포츠 관련 재정 문제를 어느 정도 해결할 수도 있을 것이다.

UNDP, World Bank, UN 등과 같은 국제기구나 IOC, FIFA 등의 후원하에 쿠베르 토빈 세를 위한 세계기구를 설립하여 운영관리하게 된다면 이중과세, 부정부패 등의 문제를 최소화할 수 있다. 이러한 국제 기구들은 쿠베르 토빈세를 운영관리할 경우 기금 모집, 배분 등이 상대적으로 공정하며, 외국인 선수의 모국과 교육 및 훈련 기관, 선진국의 팀 이나 조직, 선수 에이전트 간 갈등이 발생할 때 비교적 공정하고 객관적으로 해결할 수 있을 것이라고 주장된다.

(2) FIFA의 규제와 쿠베르 토빈세

쿠베르 토빈세는 FIFA규제와는 다음과 같은 차이점이 있다.

첫째, FIFA의 규제는 단지 축구에만 적용되는 데 비해 쿠베르 토빈세는 프로 스포츠 팀 뿐 아니라 개별 스포츠 선수들에게도 적용될 수 있다. 그리고 기금은 후발개도국의 스포 츠 발전에 사용될 수 있다. 예를 들어, 도미니카공화국에서는 1,300명 이상의 선수들이 북 미의 MLB에서 활약하고 있는데, FIFA의 규정에 따르면 도미니카의 야구 협회나 클럽은 단 한 푼도 받을 수 없다. 반면 쿠베르 토빈세를 도입할 경우 도미니카 공화국은 MLB로부 터 많은 기금을 지원받을 수 있어 도미니카의 스포츠 발전에 도움이 될 수 있을 것이다.

둘째, FIFA 규정에 따르면 18세 이상의 모든 선수들에게 이동 비용이 광범위하게 적용 되는 데 비해 쿠베르 토빈세는 단지 개발도상국가에서 스포츠 선진국으로 이동될 때만 부과된다. 후발개도국의 우수한 선수가 유럽이나 북미의 선진국으로 이적할 때만 지급 하게 되므로 간편하다. 또한 FIFA 규정은 10대 선수들의 이동을 차단하려는 것이다. 이 러한 규정은 노동의 자유로운 이동이라는 권리에 어긋날 뿐 아니라 선수들의 불법 이동 을 부추길 수 있다고 지적된다. 또, 10대 선수들이 부모들과 함께 살면서 교육이나 훈련 받기를 원한다면, 국가 이민법이 재고되어야 할 것이다. 그러므로 FIFA의 규정은 쿠베르 토빈세와 비교할 때 적어도 경제적으로나 윤리적으로 바람직하다고 할 수 없다.

셋째, 에이전트들은 선수들의 국제적 이동에 중요한 역할을 한다. 이 중 대부분은 FIFA로부터 에이전트 자격을 얻는다. 이들은 FIFA의 규정에 따라 사업을 수행해야 한다. 그럼에도 불구하고, FIFA로부터 승인을 받지 않은 채 프로 스포츠 클럽과 불법거래를 하기도 하고, 일부 에이전트들이 무자격 에이전트들을 고용하여 사업을 하는 등 불법거래가 성행하고 있다고 지적된다. 유럽의 프로 축구 시장에는 비유럽 지역 출신의 선수들이 점차 늘어나고 유럽의 프로 축구 선수 시장의 수익성이 높은 한 불법 에이전트들은 사라지지 않을 것이다. 불법 에이전트들은 아프리카, 중남미 국가들의 10대 선수들과 직접 거래하는 과정에서 여러 가지 불법 행위가 발생하여 어린 선수들이 피해를 보기도 한다. 이는 FIFA가 모든 에이전트들을 철저하게 감독하지 못하기 때문이다.[21] FIFA에서는 불법 에이전트들의 의심스러운 거래에 대해서 개별 국가의 축구협회나 정부 차원에서 대응하도록 하고 있으나, 제대로 지켜지지 않고 있다. FIFA에서는 선수들이 국제적 이동 과정에서 피해를 당하지 않도록 수시로 규제를 강화하고 있다고 강조한다.[22] 그러나 FIFA는 선수들의 불법 이동이 문제의 핵심임에도 불구하고 불법을 저지른 에이전트들에게 경제적 제재 조치나 처벌을 강화하지 않고 있다. 오히려 에이전트들의 사업 활동을 부추겨 온 측면도 있다고 지적된다. FIFA가 불법 에이전트들이 구단과 비정상적인 거래를 하지 못하도록 제재 조치를 취하지 않을 경우 에이전트들의 불법거래는 사라지지 않을 것이다. 따라서 전 세계 스포츠 시장에서 일반화가 가능한 쿠베르 토빈세를 도입하게 된다면 최소한 어린 선수들의 불법거래는 대폭 줄어들 수 있을 것이다.

(3) 장애 요인

만약 스포츠 선수가 글로벌 차원의 이동을 할 때 쿠베르 토빈세가 도입된다면 여러 가지 장애 요인이 나타날 것이라고 지적된다. 몇 가지만 살펴보자.

---

21) 예를 들어, 프랑스에는 약 2백여 명의 에이전트들이 활동하고 있는데 이 중에서 46명이, 벨기에는 200여 명 중 26명만이 FIFA로부터 인증받은 에이전트라고 보고된다.
22) FIFA 규정(article 6)에 의하면, 해외로 이동하려는 축구 선수는 누구든지 해당 국가의 축구협회로부터 국제 이적에 관해서 승인을 받도록 하였다. 그리고 국가의 축구협회에서는 선수들의 국제 이적 승인과 관련하여 수당이나 수수료를 올리지 못하도록 하였다.

첫째, 만약 쿠베르 토빈세가 부분적으로 시행된다면, 선진국의 프로 스포츠 구단들은 가능한 한 토빈세를 내지 않으려고 할 것이다. 가능하면 토빈세를 적게 내려고 제3세계에서 가장 우수한 소수의 10대 선수들에게만 관심을 가지게 될 것이다. 반면, 후발개도국들은 우수한 선수들을 스포츠 선진국으로 가능한 많이 이동시키고 토빈세에만 관심을 가지려고 할 것이다. 후발개도국들은 토빈세와 관련이 없는 국가의 우수한 선수들을 불법으로 데려다가 선진국으로 이동시키고 토빈세만 챙기려고 할 것이다.

둘째, 쿠베르 토빈세가 효율적으로 운영되기 위해서는 전 세계의 모든 국가가 참여해야 한다. 축구 선수 이동 시장에서 쿠베르 토빈세가 효과적으로 운영되려면 FIFA에 가입한 모든 회원 국가들이 동의하고 참여해야 할 것이다. 이를 위해서는 후발개도국과 선진국 간 협약이 필요한데, 이는 자국의 이익과 연관이 되는 만큼 모든 국가들이 동의하기가 쉽지 않을 것이다. 또 스포츠 선진국과 후진국에 대한 구분도 쉽지 않을 것이다. 쿠베르 토빈세 협정에 동의하지 않은 국가들은 선수의 해외 이동을 금지시키거나, 후발개도국에서 우수한 선수들이 암시장을 통해 이동하는 행위에 대해서 무거운 벌금을 부과거나 무효화시킬 수 있는 강력한 제재 조치가 있어야 할 것이다. 이를 강행하기 위해서는 UN, IOC, FIFA 등의 국제 기구뿐 아니라 국제 정치적인 노력도 필요한데, 이 또한 쉽지 않은 일이다.

셋째, 후발개도국들이 쿠베르 토빈세를 제대로 사용하고 있는지 철저하게 확인하고 감독할 수 있는 글로벌 기구가 필요하다. 후발개도국들이 받은 쿠베르 토빈세가 해당 스포츠의 발전만을 위해서 사용될 수 있도록 토빈세 수입에 대한 사용 원칙을 정해야 할 것이다. 또 제대로 사용되지 않을 경우 제재할 수 있는 조치도 글로벌 차원에서 마련해야 하는 등 많은 보완책이 필요하다.

3) 주요 논의 과제

(1) 다양한 이동 목적

이제 선수, 감독, 코치 등의 팀·국가·대륙 간 이동은 보편화되고 있다.[23] 전 세계적

---

23) 2016 리오 올림픽에서 한국 출신 감독들은 16개 국가에서 18명이 활약하고 있는 것으로 보도되었다. 일

으로 보편화되고 있는 스포츠 선수들의 이동은 보다 많은 돈, 좋은 일자리, 경제적 안정 등을 위해서라고 피상적으로 말할 수 있지만 이동 동기는 훨씬 더 복잡하다. 일부 학자들은 글로벌 차원의 선수 이동은 고도의 정보통신 기술, 과학, 의학, 법률, 회계, 금융 등과도 긴밀한 관계가 있다고 강조한다. 그리고 뛰어난 경기력을 지닌 선수들은 글로벌 차원의 지적 자산(intellectual capital)이며, 이러한 선수들의 해외로의 이동은 두뇌 유출(brain drain), 근육 유출에 해당된다고 주장한다.

그리고 선수들이 이동하려는 것은 단순한 경제적 목적만은 아니라고 주장된다. 일부 우수한 선수들의 이동은 금전적 이득이 주요 목적이기도 하지만, 단순히 금전적 목적만으로 선수 노동 이동의 복잡성을 설명하기가 어려워지고 있다. 일부 우수한 선수나 감독들이 이동을 하려고 하는 것은 민족성, 정치, 문화 등과 개인적인 목적이나 꿈을 이루기 위해서이다. 오히려 경제적 이유는 부차적 요인이 되기도 한다. 앞으로 선수, 감독, 코치 등의 이동 목적은 더욱 다양하고 복잡해질 것이다.

(2) 자유로운 이동 방식

선수들이 전 세계적으로 이동하는 데 장애 요인이나 제한은 더 이상 존재하지 않는다. 선수 노동 이동은 글로벌 차원의 자유시장이라고 할 수 있다. 스포츠 시장이 글로벌화됨에 따라 경기력이 뛰어난 선수들에 대한 수요가 증가하고 있다. 글로벌 선수 이동이 새로운 방식에 의해서 이루어지기도 한다. 실제로 캐나다의 아이스하키 선수들이 영국의 아이스하키 리그에 채용된다. 그런데 과거와 같이 에이전트와 같은 공식적인 절차가 반드시 필요하지 않다. 선수들은 친구, 인터넷, 네트워크 등 비공식적인 채널을 통해서 이동하기도 한다. 이제 비공식적이고 독립적인 시스템도 선수 채용 방법 중 하나라고 주장되기도 한다. 선수들은 이를 위해 국경을 초월하는 네트워크 활동에 적극적으로 관심을 가진다. 이러한 시스템은 선수뿐 아니라 코치나 감독들의 이동에도 활용된다. 서로 다른 국가의 코치나 선수들과 대면하면서 노동 시장에 대한 정보를 교환하기도 한다. 전화나 이메일 등을 통해 전 세계의 코치나 선수들과 접촉하며 국경을 초월한 유대관계를 통해서 이동하기도 한다.

본의 배드민턴, 베트남의 사격, 미국의 양궁과 태권도, 중국의 유도 등 여러 종목에서 활동하고 있다.

(3) 외국인 선수와 경기력

많은 프로 스포츠 시장에서 외국인 선수를 채용하고 있다. 프로 스포츠 팀들이 외국인 선수들을 계속 채용하려는 것은 경기에서 승리하기 위해서이다. 그러나 우수한 외국인 선수를 채용한다고 해서 팀의 경기력이 얼마나 향상되고 수입이 얼마나 늘어나는지에 대해서 객관적인 근거가 제시되지 않고 있다. 특히, 적자 상태를 면하지 못하고 있는 프로 스포츠 팀들이 단순히 경기에서 승리하기 위해서 많은 돈을 들여서 외국인 선수를 채용하는 것이 경제적으로 바람직한지 고민할 필요가 있다. 프로 스포츠 선진국에서 활약했던 선수들을 엄청난 비용을 지불하고 채용하였으나 경기 성적은 기대에 미치지 못하는 경우도 많이 있다. 아무리 우수한 외국인 선수라고 하더라도 해외의 다른 팀으로 이동한 후에 적응력 부족, 슬럼프, 선수들 간 갈등 등으로 경기력을 제대로 발휘하지 못하기도 한다.

〈표 5-7〉 우리나라의 주요 프로 스포츠 리그의 외국인 선수 실태

구분	도입 시기	1군 등록 선수	외국인 선수(%)	비고
프로 야구	1998년	208명 (총 등록 선수 484명)	16명(7.7)	- 2011시즌 기준 •팀당 엔트리 26명
프로 축구	1983년	288명 (총 등록 선수 672명)	48명(16.7) (아시아 쿼터제도 포함) (3명+1명)	- 2011시즌 기준 •팀당 엔트리 18명 •골키퍼는 채용 불가능 •2009년, 아시아 쿼터 제도
프로 농구 (남자)	1997년	127명	20명(15.7)	- 2010~2011시즌 기준 •팀당 엔트리 13명 •여자 프로 농구는 폐지
프로 배구	2005년(남자) 2006년(여자)	180명 (남녀 포함)	10명(5.6) 남자 6명 여자 4명	- 2010~2011시즌 기준 •팀당 엔트리 (남자 16명, 여자 17명)
	합계	803명	94명(11.7)	

※ 아시아 쿼터 제도: 아시아 축구연맹(AFC) 산하 국가 선수 1명을 추가로 뽑을 수 있는 제도, 기존의 외국인 선수 3명+1명.

외국인 선수를 채용하게 되면 그만큼 국내 선수들이 활약하지 못하게 된다. 즉, 국내 선수들이 일자리를 빼앗기는 형국이다. 또, 특정 포지션을 중심으로 외국인 선수만 지속적으로 채용할 경우, 자국의 선수들은 해당 포지션에서 활동을 기피하게 될 것이다. 이는 국가 간 경기 대회에서 전력 약화를 초래할 수 있다고 주장되기도 한다. 〈표 5-7〉은 우리나라의 축구, 야구, 농구, 배구 등 프로 스포츠 종목별 선수와 외국인 선수 실태를 나타낸 것이다.

(4) 귀화 선수와 올림픽 경기 대회

올림픽 경기 대회는 각국을 대표하는 최고의 선수들이 모여서 전 세계의 선수들과 경기력을 겨루는 메가 스포츠 이벤트이다. 올림픽 경기 대회에 참가하는 모든 선수들은 출신 국가로부터 인증을 받아야 하며, 선수들은 국가를 대표한다. 올림픽 경기 대회 결과는 메달로 나타내며, 선수가 획득한 메달은 국가 간 경쟁에서 승리한 결과로 간주되고, 국가의 경제력, 과학 기술 발달 등을 가늠하는 잣대로 활용되기도 한다. 올림픽 경기 대회에서 시청자들이 가장 커다란 자부심을 느낄 수 있는 시간은 자국의 선수들이 경기에서 승리하여 메달을 받기 위해 시상대에 서 있을 때와 금메달을 획득한 선수의 국가가 울려 퍼질 때라고 주장된다.

올림픽 경기 대회를 앞두고 많은 국가에서 외국인 선수들을 귀화시켜 자국의 대표로 출전하게 한다. 올림픽 경기 대회에서 가장 일관되고 지속적으로 논란이 되고 있는 것은 귀화 선수들에 대한 문제이다. 외국에서 귀화한 선수가 경기에서 승리했다고 해서 국민들의 자부심이 강화되고 이미지가 제고될 수 있는지 의문이다. 그러나 해당 종목의 기구나 협회, 올림픽 관련 종사자들은 외국인 선수를 귀화시켜 자국의 대표 선수로 출전시키는 것은 해당 스포츠가 발전하기 위해서는 불가피하다고 주장한다. 특히 올림픽 경기 대회에서 국가별 경기 성적도 중요하기 때문이라는 것이다. 경기 대회 성적은 해당 스포츠 선수, 단체와 협회, 정치권, 중계방송사 등에서도 중요시한다. 이러한 주장에 대해서 부정적인 반응도 만만치 않게 제기되고 있다. 또, IOC 규정에 의하면 올림픽 경기 대회에 참가하는 모든 선수는 NOC(올림픽조직위원회)가 있는 국가의 국민이어야 하며, 두 개 또는 그 이상을 국적으로 지닌 선수는 국적을 하나만 선택해야 한다고 되어 있다. 그러나 이러한 규정이 제대로 지켜지지 않고 있다고 지적된다. 올림픽 경기 대회가 점차 국가 간 스포츠 경쟁으로 변질되고 있다고 지적된다.

따라서 해당 스포츠 기구에서는 외국인 선수들의 귀화의 당위성에 대해서 충분히 고민해야 할 것이다. 즉, 외국인 선수를 귀화시켜서 올림픽 경기 대회에서 우승하는 것이 국가·사회적으로 어떤 편익을 얻을 수 있는지, 외국에서 귀화한 선수가 올림픽 경기 대회에서 우승하였다고 해서 국위 선양이나 국가 이미지가 얼마나 제고되는지, 국민들에게 잘 알려지지도 않은 외국인 귀화 선수가 우승하여 국기가 부착된 유니폼을 입고 시상대에 올라갔다고 얼마나 많은 국민들이 감동을 받을 건지, 많은 돈을 주고 선수를 귀화시켰다고 해서 해당 스포츠가 더욱 보급되고 발전할 수 있는지, 귀화한 선수 때문에 올림픽 경기 대회에 참가하지 못한 자국의 선수들에 대한 대우는 어떻게 해야 할지, 귀화한 선수가 올림픽 경기 대회가 끝나고 다시 다른 국가로 이동하면 무슨 의미가 있는지 등에 대해서 심도 있는 논의가 필요하다.

올림픽 경기 대회의 최종 목적이 승리 등 금메달은 아니다. 단순히 경기에서 승리하기 위해서 외국인 선수를 귀화시키려 하는 것은 큰 의미가 없다는 것이다. 현대 올림픽 경기 대회에서는 선수들의 한계에 대한 도전과 용기, 감동 스토리, 우정과 협력 등이 강조되고 있다. 비록 선수들은 국가를 대표하지만, 최선을 다하여 경쟁하고 결과에 상관없이 우정과 협력을 나누는 것이 강조되고 있다.

(5) 선수 이동과 에이전트

에이전트는 선수들이 국내외의 다른 팀으로 이동하는 데 중추적인 역할을 한다. 유능한 선수가 더 선진화된 해외 시장으로 이동하여 보다 많은 수입과 명예를 얻을 수 있게 해주는 동시에 에이전트도 경제적으로 많은 이득을 얻을 수 있다. 하지만 선수 이동 과정에서 에이전트와 관련하여 논란이 제기되기도 한다. 첫째, 일부 에이전트들은 선수를 지나치게 자주 이동시키려 한다고 지적된다. 물론 선수 이동은 팀과의 계약관계에 따라서 불가피하게 이루어진다. 하지만 선수가 팀을 지나치게 자주 이동하게 될 경우 환경변화에 대한 부담, 새로운 팀에 대한 적응력 부재 등으로 경기력을 제대로 발휘하지 못할 수도 있다. 선수의 경기력 저하는 선수 활동 기간을 단축시킬 수도 있다. 그럼에도 신수의 잦은 이동은 에이전트들의 경제적 목적 때문이라고 지적되기도 한다. 둘째, 가끔 선수의 해외 이동 과정에서 구단(클럽)과 에이전트(선수) 간 갈등이 야기되기도 한다. 구단과 에이전트 간의 갈등은 언제든지 발생할 수 있다. 문제는 이러한 갈등 요인이 제대로 확인되지 않은 채 구단(기업)의 선수에 대한 횡포와 반감, 해당 스포츠 단체나 기구의 무능함 등으로 귀결되기도 한다. 가끔 근거 없는 사실들이 SNS 등을 통해 확산되기도 한다. 이러한 갈등과 문제의 중심에는 에이전트들이 관련되기도 하여 비난을 받기도 한다. 셋째, 일부 에이전트들은 선수들을 불법적으로 거래하기도 한다. 특히 유럽의 프로축구 시장에서 아프리카 등 후발개도국의 18세 미만의 어린 선수들이 불법 또는 무자격 에이전트들에 의해 불법적으로 거래되기도 하며, 밀입국, 착취, 인권 유린 등으로 비난을 받기도 한다. 또 FIFA의 규정을 제대로 준수하지 않고 에이전트 활동을 하기도 한다. 가끔 후발개도국의 우수한 선수가 스포츠 선진국으로 이동하는 과정에서 피해를 보기도 한다. 이와 같이 불법 및 무자격 에이전트 활동에 대해서는 오래 전부터 논란이 제기되고 있다. 불법 에이전트 활동에 대해서 글로벌 차원의 강력한 법률적 제재 조치가 요구된다. 일부 학자들은 글로벌 차원의 에이전트 사업을 관리하고 감독할 수 있는 국제 선수 에이전트 협회를 창설할 것을 제안하기도 한다. 글로벌 스포츠 시장이 확대되면서 선수 이동 과정에서 에이전트의 역할은 더욱 중요해지고 있다. 규정을 준수하고 불법 및 무자격 에이전트를 근절하는 등 건전하고 합리적인 에이전트의 역할에 대해서 글로벌 차원의 심도있는 논의가 필요하다.

제 II 편
글로벌 스포츠 산업

제**6**장   스포츠 용품 산업과 글로벌 생산

제1절   의미와 특징

1) 스포츠 용품업의 의미

사람들이 스포츠 활동을 영위하기 위해서는 스포츠 의류나 신발, 모자, 장비 등을 필요로 한다. 스포츠 용품은 사람들이 스포츠 활동을 하는 데 필요한 제품이다. 예를 들어, 골프를 하려면 골프용 신발, 가방, 장갑 등이 필요하다. 야구 경기를 하기 위해서는 야구 신발, 글러브, 공, 야구 배트 등과 각종 보호 장비가 필요하다. 스포츠 용품업은 종목에 따라 종류가 아주 다양하다. 스포츠 용품업은 스포츠 종목에 따라 종목별 용품 시장이 만들어지기도 한다. 최근에는 야구, 골프, 배드민턴 등의 전문용품점이 생겨나고 있다. 또 스포츠 용품 산업의 경우 야구 경기에 필요한 야구 신발은 신발 산업, 배트는 배트 산업, 야구 공은 공 산업 등으로 세분되기도 한다. 스포츠 의류나 신발과 같은 용품들도 스포츠 종목에 따라서 특화되고 있다. 또 스포츠 용품은 종류나 경기 종목에 따라 가격도 다양하다. 스포츠 용품은 가격이 아주 싼 스포츠 의류나 신발에서부터 최첨단 장비를 갖춘 헬스기구, 요트 등에 이르기까지 천차만별이다.

일부 학자들은 스포츠 운동복(sports wear) 시장을 스포츠 의류(sports clothing)와 스포츠 신발(sports footwear) 시장으로 구분하기도 한다. 그리고 스포츠 의류 시장은 피트니스복, 경기복, 아웃도어(out door) 등으로, 스포츠 신발은 종목에 따라 축구화, 농구화, 마라톤화 등으로 세분된다. 스포츠 용품업의 전문화·세분화는 과학 기술이 발달하면서 파트너 기업 간의 제휴이다. TOP 프로그램은 분야별로 최고의 파트너 기업을 선발하여 글로벌 차원의 마케팅 활동이 가능하도록 독점권을 부여하는 것이다.[12] 분야별로 한 개의 기업만이 스폰서로 참여하는 것을 원칙으로 한다. 올림픽 파트너 기업들은 IOC와 계약 기간 동안 독점적인 마케팅 활동을 할 수 있다. TOP 프로그램은 4년마다 개최되는 올림픽에 맞추어 운영되며, 올림픽경기조직위원회(OCOG), 국가올림픽위원회(NOC), IOC 등을 지원한다. TOP는 올림픽의 자산가치를 보존하고 올림픽 스폰서 기업들의 독점권을 보호한다.

한편, 올림픽 경기 대회의 국내 스폰서십 프로그램은 IOC의 통제하에 개최 국가 내에서 올림픽조직위원회(OCOG)에 의해 운영된다. 올림픽 경기를 개최하는 국가 내에서 스폰서십은 개최 국가나 일정 지역에서 독점적인 마케팅 권리를 부여한다. 개최 국가의 국가올림픽위원회(NOC)와 개최 국가의 올림픽 팀은 올림픽조직위원회의 스폰서십 프로그램에 참가한다. 스폰서 기업들의 마케팅 협정은 올림픽조직위원회를 필요로 하며 개최 국가의 NOC는 개최 국가 내에서 모든 마케팅을 조정한다.[13]

〈표 4-4〉 IOC와 주요 TOP 프로그램 참여 기업

TOP	기업	업종	본사	계약 기간
- IOC (International Olympic Committee) - 전 세계 대상	Coca-Cola	무알코올 음료	Atlanta, USA,	1928~2020
	Dow Chemicals	화학제품	Midland, USA,	2010~2020
	GE(General Electric)	가전, 발전기 등	Fairfield, USA	2003~2020
	McDonald	식품 서비스	Chicago, USA	2005~2020
	Omega	시계, 계측 장비	Biel, Swiss	1976~2020
	Atos Origin	정보기술	Paris, France	2001~2016
	Panasonic	TV, 장비 등	Oska, Japan	1988~2016
	SamSung	무선통신 장비	Seoul, Korea	1998~2016
	Visa	신용카드	SanFrancisco, USA	1986~2016
	Proctor & Gamble	개인 생활 용품	Cincinnati, USA	2010~2020

---

12) 1980~90년대에 걸쳐 가장 영향력 있는 스포츠 마케팅 기업인 ISL(international sport and leisure)사가 IOC 의 수익성 높은 마케팅 플랜인 TOP를 개발하는데 기여하였다고 주장된다.

13) 1924년 제1회 동계올림픽이 개최된 이후 동계·하계 올림픽이 같은 해에 열렸다. IOC는 1986년 동계·하계 올림픽을 2년 주기로 개최하기로 결정하고 1994년에 릴레함메르에서 동계올림픽을 개최하기로 결정하였다. 이러한 이유에 대하여 많은 비난이 제기되기도 한다. IOC가 스폰서 기업들로부터 보다 많은 수입을 얻을 수 있기 때문이었다고 주장된다. 일부 학자들은 오늘날 올림픽 경기 대회가 스폰서십을 이용한 상업주의에 지나치게 빠져 있다고 비난하기도 한다.

소비자들이 보다 쾌적하고 편리한 스포츠 활동을 할 수 있게 하는 동시에 경기력을 향상시키는 데 기여한다.

2) 스포츠 용품 산업의 특징

(1) 산업 내·산업 간 다양화

스포츠 용품은 스포츠 종목에 따라 다양한 제품이 생산되며 그 시장도 다양하다. 한 가지 종목의 스포츠 활동을 하더라도 다양한 스포츠 용품을 필요로 한다. 예를 들어, 겨울에 스키를 탄다면 스키, 스키용 신발, 장갑 등이 필요하다. 테니스 활동을 위해서 테니스 라켓, 볼, 신발, 경기복 등이 필요하다. 스포츠 용품은 종목에 따라 생산 방식도 다양하다. 스포츠 용품 산업은 스포츠 종목의 참여자와 인기도 등에 따라서 시장의 규모가 달라진다.

스포츠 용품을 생산하는 기업들은 시장전략의 하나로 제품의 다양화를 추구한다. 다양화 전략으로는 산업 내 또는 산업 간 다양화를 들 수 있다. 다양화는 기업이 해당 스포츠 시장에서 성장하면서 자연스럽게 이루어지기도 하고, 동일 종목의 스포츠 용품을 생산하는 기업 간 합병이나 인수(M&A)를 통해서 이루어지기도 한다.

대부분의 기업들은 스포츠 용품 시장에 진출할 때는 가장 자신 있고 잘 팔릴 것이라고 생각되는 하나의 제품만을 생산한다. 그리고 시장 여건을 감안하여 점차 다양한 용품으로 확대한다. 예를 들어, 어떤 기업이 골프 용품 산업에 진입하려고 할 때는 처음에는 단순한 골프 의류만을 생산하다가 그 다음에 신발, 골프채, 골프공 등으로 점차 확대해 나간다. 이 경우 기업은 골프라는 산업 내에서 다양화를 추구한다고 할 수 있다.

스포츠 용품 시장에서 산업 간 다양화는 서로 다른 종목의 스포츠 용품을 생산하는 경우이다. 예를 들어, 어떤 기업이 배드민턴, 테니스와 같이 서로 다른 종목의 제품을 생산할 수 있다. 배드민턴 라켓이나 테니스 라켓은 크기, 강도, 용도 등이 다르지만 기본 구조는 상당 부분이 유사하다. 농구공, 축구공, 배구공도 마찬가지이다. 기업들은 시장을 확대하거나 위험 부담을 줄이기 위해서 주로 이러한 전략을 추구한다. 즉, 기업이 생산한 스포츠 용품이 성공하지 못할 경우를 대비하기 위해 산업 간 또는 산업 내 다양화 전략을 활용하는 것이다.

190

(2) 글로벌 독과점 시장

스포츠 용품 산업은 글로벌 시장에서 독과점 형태를 지닌다. 스포츠 의류나 신발, 축구공 등 주요 스포츠 용품들은 대부분이 글로벌 기업들에 의해 생산되고 판매된다. 글로벌 스포츠 용품 기업들은 다양한 생산 기지와 막대한 자본과 고도의 기술력으로 세계적인 판매망을 갖추고 있다. 소수의 글로벌 스포츠 용품 기업들이 전 세계의 스포츠 용품 시장의 대부분을 차지하고 있다.[1] 따라서 새로운 기업들이 글로벌 차원의 스포츠 용품 시장에 진출하기가 쉽지 않다.

1990년대 중반 들어 많은 스포츠 용품 기업들은 파산과 인수·합병(M&A)을 경험하기도 하였다. 글로벌 스포츠 용품 기업들은 기업 인수·합병을 통해 글로벌 스포츠 용품 시장을 지배하는 전략을 추구하기도 한다. 스포츠 용품 시장에서의 기업 인수 합병 결과, 스포츠 용품 시장은 소수의 기업들이 영향력을 행사하는 글로벌 차원의 독과점 시장 형태가 되었다.[2] 그 결과 전 세계 스포츠 용품업 시장은 소수의 글로벌 기업들에 의해 좌우되고 있다. 주요 스포츠 용품 산업에서 소수의 글로벌 기업들에 의한 인수 합병과 더불어 기술 혁신, 제품 차별화 등은 독과점 형태를 더욱 심화시키고 있다.

독과점 시장에서 스포츠 용품 기업들은 가격 경쟁보다는 주로 비가격 경쟁 전략을 추구한다. 독과점 시장에서 글로벌 스포츠 용품 기업들은 시장 점유율을 높이거나 유지하기 위해서 제품의 가격에만 의존하지 않는다. 독과점 시장에서 어떤 기업이 가격을 인상하거나 인하할 경우 동일 업종의 기업들의 이윤이 감소할 수 있기 때문이다. 독과점 시장의 기업들은 가격보다는 스포츠 용품의 기능 향상, 비용 절감, 광고, 품질 향상, 판매 조건 개선 등으로 경쟁한다. 또 비가격 전략으로 기업의 명성이나 이미지, 제품 차별화 등을 강조하기도 한다. 글로벌 스포츠 용품 기업들이 올림픽, 월드컵 등과 같은 메가 스포츠 이벤트에 많은 비용을 지불하면서 스폰서로 참여하려는 행위도 제품 광고, 질적 향상 등 비가격 경쟁을 위해서라고 할 수 있다.

---

1) 나이키(nike), 아디다스(adidas), 리복(reebok), 휠라(fila) 등의 글로벌 스포츠 용품 기업들이 전 세계 스포츠 의류 시장의 2/3 이상을 차지하고 있다. 축구화의 경우 아디다스, 나이키, 움베로(umbro), 퓨마(puma) 등이 전 세계 축구화 시장의 80% 이상을 차지하고 있다고 주장된다.
2) 1996년에 쟌누에(jeanneau)는 요트를 생산하는 베네토(beneteau)를, 1997년에 아디다스(adidas)는 동계스포츠 용품을 주로 생산하는 살로먼(salomon)을 인수하였다. 2003년에 나이키(nike)는 스포츠 신발을 주로 생산하는 컨버스(converse)를, 2005년에 퀵실버(quicksilver)가 로시그널(rossignol)을, 아디다스(adidas)가 리복(reebok)을, 2007년에 나이키는 움베로(umbro)를 각각 인수하였다.

제2절 ☆ 용품의 글로벌 생산과 시장

1) 스포츠 용품의 생산과 발전

스포츠 용품 산업은 스포츠 시장의 글로벌화, 과학 기술의 발달, 산업 구조 변화 등과 더불어 부침을 반복하며 지속적으로 발전하고 있다. 발전 과정은 다음과 같이 요약된다.

우선, 1950~60년대만 하더라도 스포츠 용품 생산은 단순조립에 불과하였다. 당시만 하더라도, 스키(ski)는 제재소에서 나무를 깎아서 사용하였다. 스포츠 신발이나 의류는 단순히 가죽이나 직물을 이용하여 만들었다. 축구공도 가정에서 바느질이나 재봉으로 조립하였다. 즉, 당시의 스포츠 용품·장비업은 보잘것없는 가내 수공업에 불과하였다. 실제로 프랑스, 영국, 독일 등의 선진국들도 1970년대 초반까지만 하더라도 스포츠 의류나 신발과 같은 일상적인 스포츠 용품의 70~80%를 자국에서 생산하였다.

둘째, 1970년대 말부터 스포츠 용품 산업의 글로벌화가 점차 활기를 띠기 시작하였다. 당시 산업화를 이룬 선진국에서는 소득수준이 높아지고 노동비용이 상승하고 여가시간이 늘어나면서 스포츠 서비스 등에 대한 수요도 증가하였다. 선진국의 스포츠 용품 제조기업들은 임금, 지대 등의 생산비용이 높아지게 되자 비용이 상대적으로 싼 후발개도국으로 생산 기지를 찾아 나서기 시작하였다. 이는 산업화에 관심을 가지기 시작한 일부 후발개도국들의 정책과 맞아 떨어졌다. 선진국의 스포츠 용품 제조기업들은 생산비용이 상대적으로 싼 후발개도국으로 생산 기지를 이전하여 보다 많은 수입을 얻을 수 있었고, 후발개도국의 기업들은 저렴하고 풍부한 노동력으로 많은 수입을 얻을 수 있었다. 그 결과 단순한 기술수준과 부가가치가 낮은 노동 집약적인 스포츠 용품들은 주로 후발개도국에서 생산되었다. 즉, 임금이 상대적으로 싼 후발개도국에서는 스포츠 의류, 신발 등의 스포츠 용품들이 주로 생산되었다. 글로벌 스포츠 용품 기업들은 선진국들의 탈산업화 추세와 후발개도국들의 산업화 전략을 효과적으로 활용하였다. 당시에는 우리나라, 대만 등 후발개도국에서 스포츠 의류, 신발, 스포츠용 재킷 등 단순 노동력 중심의 스포츠 용품들이 생산되었다.

셋째, 선진국과 후발개도국 간 스포츠 용품 생산이 달라지기 시작하였다. 선진국들은 상대적으로 부가가치가 높은 스포츠 장비를 주로 생산하였다. 골프 클럽, 스키, 요트 등의 장비는 숙련된 노동력과 정교한 기술, 전산시스템을 필요로 한다. 선진국들은 하이테크 기술과 고부가가치 중심의 스포츠 장비 생산에 특화를 하는 동시에 상대적으로 부가가치가 낮고 값싼 노동력 중심의 스포츠 용품들은 후발개도국에서 수입하게 되었다. 그러면서 선진국들이 생산한 고부가가치의 스포츠 장비들을 후발개도국으로 수출하기도 하였다.

넷째, 1990년대에도 단순 노동력 중심의 스포츠 용품의 생산 기지는 선진국에서 아시아, 남미, 아프리카 등 후발개도국으로 옮겨갔다. 오늘날에도 스포츠 신발, 의류, 방한복 등 단순 노동 중심의 스포츠 용품은 대부분이 후발개도국에서 생산되고 있다. 파키스탄, 인도네시아, 중국, 베트남 등의 아시아 국가들과 아프리카나 동유럽 국가들이다.[3] 글로벌 스포츠 용품 기업들은 보다 많은 수입을 얻기 위해 저임금의 단순 노동력이 풍부한 국가로 생산 기지를 재배치하고 있다.

LA다저스의 야구 용품도 대부분이 후발개도국에서 생산되고 있다. 1970년대만 하더라도 우리나라는 글로벌 기업들의 생산 기지로 많은 스포츠 용품들을 생산하였다. 우리나라 여성 근로자들이 수출용 축구공을 생산하고 있다.

[그림 6-1] 야구와 축구 용품 생산

---

3) 다국적 기업들은 의류, 신발 등 일상적인 스포츠 용품업 생산을 위해 아웃소싱(outsourcing)과 생산 기지 재배치라는 전략을 사용하였다. 1980~1990년대 아디다스(adidas), 퓨마(puma), 휠라(fila), 라퓨마(lafuma) 등의 다국적 기업들은 해외직접 투자(FDI) 방식을 이용하였다. 또 나이키(nike), 리복(reebok), 미즈노(mizuno), 아식스(asics) 등의 다국적 기업들은 개도국 기업에 도급을 주거나 하청 계약을 통해서 생산하였다. 특히, 나이키의 경우 본사가 미국에 있지만 더 이상 미국에서 생산은 하지 않는다. 파키스탄(pakistan), 인도네시아(indonesian), 중국(chinese) 등지에서 생산된 제품에 상표만 부착하여 판매한다.

이제 선진국에서는 임금, 지대 등 생산비용 상승으로 값싼 스포츠 용품을 더 이상 생산하기가 어려워졌다. 후발개도국에서 스포츠 의류나 신발과 같은 일상적인 스포츠 용품을 생산하여 선진국으로 수출하고 있다. 선진국들은 부가가치가 상대적으로 높은 골프채, 라켓, 요트 등의 스포츠 장비를 생산하여 후발개도국에 수출하고 있다.

2) 스포츠 용품업의 글로벌 시장

스포츠 용품업의 글로벌 시장 실태에 대해서는 정확하게 파악되지 않고 있다. 전 세계의 스포츠 용품 산업을 한눈에 파악하기가 쉽지 않은 실정이다. 국가나 학자에 따라 스포츠 용품업을 다양하게 구분하기도 한다. 일부 국가에서는 스포츠 용품업을 제조업에 포함시키기도 하고 스포츠 의류나 스포츠 신발을 일반 의류나 신발 산업에 포함시키기도 한다. 아직까지 많은 나라에서 스포츠 용품 산업은 후발 또는 유치산업(infant industry)으로 간주되고 있다. 스포츠 용품업이 하나의 산업으로서 제대로 자리잡지 못했기 때문이라고 할 수 있다. 가끔 일부 학자들이 독자적인 방식을 이용하여 전 세계 스포츠 용품업의 시장 규모를 파악하기도 한다.

파커(Parker, P. M., 2010)는 잠재 수요라는 개념을 이용하여 전 세계 200여개 국가의 스포츠 용품 시장의 규모를 측정하였다.[4] 〈표 6-1〉은 2010~2016년 중 세계 주요 국가들의 스포츠 용품업 시장 규모이다. 2016년 글로벌 스포츠 용품업의 잠재 수요(latent demand)는 2,273억 달러로 추정된다. 국가별 시장 규모는 미국(20.7%), 중국(13.1%), 일본(6.3%), 독일(4.1%), 영국(3.1%) 등의 순으로 나타났다. 우리나라 스포츠 용품업의 잠재수요는 42억 달러로 전 세계에서 약 1.9%를 차지하는 것으로 나타났다. 또, 〈표 6-1〉에 의하면 글로벌 스포츠 용품 시장에서 미국, 일본, 독일, 영국 등의 국가별 비중은 감소하는 데 비해 중국은 점차 증가하고 있는 것을 알 수 있다.

---

4) 수요(demand)는 소비자가 재화나 서비스를 구매하고자 하는 욕구를 의미한다. 소비자들이 구매하려는 의도를 나타낸다. 이에 비해 잠재 수요는 구매력이 뒷받침되지 않는 수요이다. 잠재 수요는 실제로 관찰되기 어렵거나 실현되지 않는 휴면상태의 수요이다. 잠재수요는 시장이 개방되지 않았거나 소비에 장애 요인이 있거나 정부의 지나친 규제와 기업들의 카르텔 행위 등으로 인해 시장이 원활히 작동되지 않는 상태에서의 수요이다. 잠재수요는 실제로 판매가 이루어진 것이 아니므로 시장에서 실제로 수요되는 것보다 더 크게 나타난다.

〈표 6-1〉 세계 및 주요 국가의 스포츠 용품업 시장 규모 추정(억 달러, %)

	전 세계	미국	영국	독일	일본	한국	중국
2010	1,747.9	376.9(21.66)	58.4(3.3)	77.0(4.4)	120.(6.9)	32.8(1.9)	191.5(11.0)
2011	1,825.5	391.1(21.4)	60.3(3.3)	79.5(4.55)	123.5(6.8)	34.2(1.9)	206.1(11.3)
2012	1,906.5	405.8(21.3)	62.3(3.3)	82.0(4.3)	127.0(6.7)	35.7(1.9)	221.8(11.6)
2013	1,991.5	421(21.1)	64.4(3.2)	84.6(4.3)	130.6(6.6)	37.2(1.9)	238.6(12.0)
2014	2,080.7	436.8(21.0)	66.6(3.2)	87.3(4.2)	134.3(6.5)	38.9(1.9)	256.7(12.3)
2015	2,174.5	453.2(20.8)	68.8(3.2)	90.1(4.1)	138.1(6.3)	40.5(1.9)	276.1(12.7)
2016	2,272.9	470.3(20.7)	71.1(3.1)	92.9(4.1)	142.0(6.3)	42.3(1.9)	297.0(13.1)

자료: The 2010~2016 World Outlook for Sporting Goods Retailers.(2010). www.icongrouponline.com.

3) 수출입 실태

스포츠 용품업의 수출입에 대한 실태 조사도 소수의 학자들에 의해 이루어지고 있는 실정이다. 안드레프(Andreff, M., 2009)는 1994~2004년에 걸쳐 36개의 스포츠 용품을 중심으로 전 세계 41개 국가의 수출입 실태를 조사하였다. 41개 국가의 스포츠 용품업 수출입이 전 세계의 94~96%를 차지한다고 주장한다. 또, 유엔(UN)에서는 전 세계 모든 제품의 수출입 가운데 스포츠 용품업이 차지하는 비중이 0.33~0.53%에 달한다고 보고하였다. 그러나 실제로는 0.5~1% 정도를 차지할 것이라는 주장도 제기된다. 일부 학자들은 2012년 기준 글로벌 스포츠 용품업 시장 규모는 미국이 45%, 유럽이 30% 정도를 차지한다고 주장하기도 한다.

〈표 6-2〉는 주요 국가들의 스포츠 용품업에 대한 수출입을 전망한 것이다. 스포츠 용품업의 주요 수입 국가는 미국, 일본, 홍콩, 영국 등으로 전체 수입액의 약 50.2%를 차지하고 있다. 주요 수출 국가는 중국, 미국, 대만 등으로, 이들 국가들은 전체 수출액의 62.4%를 차지하고 있다. 특히, 중국의 스포츠 용품 수출액은 46.6%를 차지하고 있다. 미국은 가장 많은 수입(29.5%)을 하면서 수출액(9.0%)도 중국 다음으로 높은 것으로 나타났다.

〈표 6-2〉 세계 주요 국가의 스포츠 용품업 수출입 전망(2011년 기준, 백만 달러, %)

	수입 국가	수입액	수출 국가	수출액
1	미국	7,510.4(29.5)	중국	11,875.6(46.6)
2	일본	1,889.7(7.8)	미국	2,294.4(9.0)
3	홍콩	1,660.5(6.5)	대만	1,734.9(6.8)
4	영국	1,634(6.4)	독일	824.9(3.2)
5	프랑스	1,414.5(5.6)	프랑스	808.4(3.2)
6	캐나다	1,255.8(4.9)	일본	787.8(3.1)
7	독일	1,239.7(4.9)	이탈리아	763.8(3.0)
8	이탈리아	706.8(2.8)	태국	598.8(2.4)
9	한국	657.6(2.6)	오스트리아	598.7(2.4)
10	네덜란드	642.9(2.5)	캐나다	501.9(2.0)
14	오스트리아	468.1(1.8)	한국	290.3(1.1)
15	기타	6,404.6(25.1)	기타	4,405.1(17.3)
	수입 합계	25,484.6	수출 합계	25,484.6

자료: Philip M.Parker(2011).

〈표 6-3〉은 2011년 기준 우리나라의 스포츠 용품업의 수출입 실태이다. 주로 일본, 중국, 미국 등에서 약 83%를 수입하는 것으로 나타났다. 반면 미국, 일본, 중국, 영국 등에 약 69%를 수출하는 것으로 나타났다. 우리나라는 스포츠 용품업 수입 국가이다.

〈표 6-3〉 우리나라의 스포츠 용품업 수출입 실태(2011년, 백만 달러, %)

순위	주요 수출국가	수출액	주요 수입국가	수입액
1	미국	120.4(41.5)	일본	227.3(34.6)
2	일본	47(16.2)	중국	194.3(29.6)
3	중국	16.4(5.7)	미국	123(18.7)
4	영국	15(5.2)	대만	30.7(4.7)
5	네덜란드	7.3(2.5)	이탈리아	9.2(1.4)
6	스페인	7.2(2.4)	독일	8(1.2)
	기타	77(26.5)	기타	65.1(9.8)
	총계	290.3(100)	총계	657.6(100)

자료: www.Icongrouponline.com.

제3절 글로벌 기업과 생산 기지

1) 글로벌 기업의 의미

정보통신 기술 발달, 자유화, 글로벌화 등으로 다국적 기업들의 국경을 초월한 생산과 판매가 가속화되고 있다. 글로벌 기업(global enterprise)에 대한 개념은 다양하게 주장된다.[5] UN에서는 자산·판매·생산·고용·이익 등의 활동을 하고 있는 하나 또는 그 이상의 자회사를 소유한 기업으로 정의한다. 넓은 의미로는 두 개 이상의 국가에서 제품을 생산·판매하거나 해외에 최소한 한 개 이상의 자회사를 운영하거나 관리하는 기업이라고 정의한다. UN에서는 글로벌 기업들이 전 세계에서 생산되는 제품의 2/3를 점유하고 있으며 전 세계 무역의 70%를 차지한다고 보고하였다.

글로벌 기업들은 우수한 기술력, 막대한 자금력 등으로 후발개도국에 다양한 형태의 생산 체인을 갖추고 전 세계에 판매하고 있다. 글로벌 기업들은 후발개도국의 현지 생산 기업들과 유연한 네트워크를 형성하여 제품을 생산한다. 글로벌 기업들은 후발개도국에 있는 현지 생산 기업을 직접 소유하지 않고서도 제품의 생산 및 배달, 제품의 질적 향상, 디자인, 제품 수량, 판매 등을 통제하기도 한다.

글로벌 스포츠 용품 기업들이 주요 핵심 부품을 중심으로 생산하고, 그 외의 제품들은 해외에서 생산하는 방식을 아웃소싱(outsourcing)이라고 한다. 아웃소싱은 기업이 경영에 필요한 기능을 외부 기업에 위탁하여 조달하는 방식이다. 기업이 보다 효율성을 높이기 위해 자사의 역량은 핵심 부문에 집중시키고 조직이나 기능의 일부를 외부에 용역 형태로 운영하는 고효율·저비용의 경영기법이다. 아웃소싱은 전문화·다양화되어 있는 우수한 외부자원을 활용함으로써 조직을 보다 작고 유연하게 운영할 수 있어 비용 절감이 가능하다. 경영 효율화, 경쟁력 강화 등에 유리하다. 아웃소싱은 국제 하청 계약, 해외 투자 등의 등장과 더불어 1960년대부터 등장하였다.[6]

---

5) 다국적 기업(multinational enterprise), 국제 기업(international enterprise), 글로벌 기업(global enterprise), 초국적 기업(transnational enterprise) 등으로 불리기도 한다.
6) 최근에는 오프 쇼링(off shoring)이라는 말이 사용되기도 한다. 기업들이 업무의 일부를 임금이 싼 해외로 이전시킨다는 점에서는 아웃소싱과 유사하다. 하지만 아웃소싱이 주로 제품의 생산 활동을 중심으로 해

많은 기업들은 글로벌화의 전략으로 새롭고 다양한 형태의 아웃소싱을 활용한다. 글로벌 기업들은 소비자들의 수요 변화에 적절하게 대응하고 경쟁력을 강화하기 위해서 생산 기지를 해외로 이전하는 등 다양한 생산 방법을 모색하고 있다. 글로벌 스포츠 용품 기업들이 아웃소싱을 선호하는 것은 저임금으로 대량생산이 가능하며, 해외시장 개척에 유리하기 때문이다. 그러나 글로벌 기업이 후발개도국의 기업으로부터 아웃소싱을 하게 되면 자국에서는 일자리가 줄어들게 된다. 글로벌 스포츠 용품 기업들은 스포츠 의류, 신발, 축구공 등의 스포츠 용품을 주로 후발개도국에서 생산하고 있다. 나이키 (nike),[7] 아디다스(adidas), 리복(reebok) 등 글로벌 스포츠 용품 기업들은 파키스탄, 인도네시아, 중국, 인도, 베트남 등 후발개도국에서 생산하여 전 세계에 판매하고 있다.[8]

2) 글로벌 기업의 특징

글로벌 기업들은 주로 다음과 같은 특징을 지닌다.

첫째, 글로벌 기업들은 후발개도국의 기업들과 네트워크를 구축하여 제품을 생산하고

외 이전이 이루어진다면, 오프 쇼링은 IT 데이터 분석, 연구 개발, 신제품 디자인 등 보다 적극적인 해외 이전을 의미한다. 미국의 IT관련 기업들이 노동력이 풍부하고 영어가 가능한 인도에 IT관련 서비스를 의뢰하는 경우가 대표적이다. 아웃소싱이나 오프 쇼링은 국내의 자본과 설비가 해외로 이전되고 자국의 저임금, 미숙련 근로자들의 일자리가 줄어든다는 문제가 있다.

한편, 오프 쇼링과 반대 의미인 리쇼링(reshoring)이 있다. 생산 기지를 해외로 이전한 기업들이 임금 상승, 각종 규제 등으로 비용 절감 효과가 줄어들면서 본국으로 다시 돌아오는 현상이다. 미국 등 일부 국가들은 경기 침체, 실업 증가 등에 대처하기 위해서 해외에 있는 자국의 기업들에게 각종 세제 혜택, 규제 완화 등으로 리쇼링을 추진하고 있다. 우리나라에서는 U턴 기업이라고도 한다.

7) 나이키는 전 세계에서 가장 큰 스포츠 용품 및 장비 기업이다. 주로 스포츠 신발, 의류, 장비 등을 전 세계적으로 생산하고 판매한다. 미국, 유럽, 중동, 아프리카, 아시아 등 전 세계 180여개 이상의 국가, 2만 7천개 이상의 소매점에서 스포츠 용품 관련 제품을 판매한다. 나이키는 중국, 베트남, 인도네시아, 대만 등에 있는 현지 기업들과 계약을 통해서 제품을 생산한다. 중국 36%, 베트남 33%, 인도네시아 21%, 대만 9%이다. 나이키는 스포츠 신발, 스포츠 의류, 장비, 기타 등 4개의 라인을 운영하고 있으며, 유럽, 아시아, 아프리카 등 11개 센터를 두고 있다. 미국 이외의 지역에는 141개의 공장형 매장, 46개의 나이키 스토어, 3개의 나이키 타운, 12개의 나이키 직영점 등이 있다. 미국 오리건주 비버튼 본사에는 약 7천명이 넘는 직원들이 있으며, 전 세계적으로 직원은 약 4만명이 넘는다.

8) 최근에는 메타내셔널 기업(metanational corporations), 초국적 기업(transnational corporations)이라는 말도 사용되고 있다. 글로벌화와 더불어 본사와 해외 지사 간의 경계가 점차 애매해지면서 해외 지사에 본사의 핵심기능까지 위임하는 것이다. 이들 기업들은 전 세계를 상대로 생산하고 판매한다는 점은 같지만, 글로벌 기업은 연구 개발, 자금 등 핵심 분야는 본사에서 관리하고 저렴한 생산 비용, 매출 극대화 등을 위해서 운영된다면, 초국적 기업, 메타내셔널 기업은 본사의 핵심 기능까지도 해외로 이전한다.

판매한다. 글로벌 기업들은 양질의 제품을 보다 싼 가격에 생산하기 위해서 후발개도국의 생산 기업과 유연한 협력관계를 지닌다. 글로벌 기업은 개도국가의 기업들과 하청, 도급, 해외 투자 등의 형태로 협력관계를 유지한다. 이는 지역별 소비자들의 특징, 선호, 패션 등에 유연하게 대처할 수 있으며 저임금의 유연한 노동이 가능하다. 글로벌 스포츠 기업들이 후발개도국의 기업과 협력관계를 통해 스포츠 의류, 신발 등 노동 집약적인 제품을 상대적으로 싼 비용으로 생산한다. 글로벌 스포츠 기업의 제품을 생산하는 후발개도국은 고용 창출, 기술 이전, 새로운 생산 방법, 조세 수입 증대 등의 효과를 기대할 수 있다.

둘째, 글로벌 스포츠 기업들은 후발개도국의 기업들에 비해 여러 가지 측면에서 비교 우위를 지닌다. 우선, 글로벌 기업들은 제품의 속성을 충분히 파악하고 있으며 제품생산과 개발, 광고 등을 위해 막대한 자금을 투자하기도 한다. 글로벌 기업들은 기업의 이미지, 양질의 제품, 뛰어난 디자인 등을 이용하여 전 세계에서 생산하고 판매하는 능력이 뛰어나다. 또, 후발개도국에 생산 기지를 재배치하는 능력도 뛰어나다. 후발개도국의 정치·경제·사회적 여건 외에도 기술, 노동력, 판매망 등 시장의 특성을 잘 이용한다.

셋째, 일부 글로벌 기업들은 자국의 시장보다 글로벌 시장을 더 중시하려는 성향이 있다. 글로벌 기업들은 시장 규모가 훨씬 더 큰 해외 시장에서 제품의 이미지를 제고하여 시장 점유율을 확대하는 것이 더 유리하기 때문에 자국 시장보다 해외 시장에 더 큰 관심을 가진다. 해외 시장에서 더 많은 수입을 얻을 수가 있기 때문이다. 글로벌 기업들은 주로 세계 시장에서 경쟁하고 이윤추구를 위해서 노력한다. 해외 시장에 보다 많은 관심을 가지고 있는 글로벌 기업들은 자국의 일자리, 애국심 등은 그리 중요하게 여기지 않는다. 일부 글로벌 기업들은 자국의 경제 활성화, 일자리 창출, 세수입 증대 등에 기여하지 못한다고 비난 받기도 한다.

넷째, 글로벌 기업은 생산 기지가 있는 후발개도국의 정치·사회·경제·문화 등의 여건에도 많은 관심을 가지고 있으며 민감하게 반응한다. 글로벌 기업이 생산 기지가 있는 해당국 정부와 관계가 나빠지거나 정치·사회적 혼란 등이 발생할 경우 후발개도국의 생산 기지에 투자한 자산을 회수하기가 어려워질 수도 있기 때문이다. 글로벌 기업들은 후발개도국의 투자 여건, 국가의 정치·사회적 여건, 외국인 투자 대우, 비교 우위, 투자 조건 등을 철저하게 비교한 후에 진출 여부를 결정한다. 투자에는 항상 많은 위험이 따르기 때문이다. 후발개도국 정부는 경제 성장과 발전, 일자리 창출 등을 위해 글로벌 기업들의 투자가 효과적으로 이루어질 수 있도록 좋은 조건을 제시하기도 한다. 후발개도국 기업들의 경우 글로벌 기업의 제품을 생산하는 것은 우수한 기술, 경영 및 판매전략 등을 배울 수 있는 기회이기도 하다. 그러나 글로벌 기업들은 이윤추구가 주요 목적이므로 후발개도국의 정부와 마찰을 빚기도 한다.

다섯째, 통상 글로벌 기업과 협력관계를 맺고 있는 후발개도국의 기업에 종사하는 종업원들의 임금은 협력관계를 맺지 않은 현지 기업의 종업원들보다 상대적으로 더 높다. 글로벌 기업들은 생산성이 높기 때문에 동일 지역의 동일 업종 기업의 종업원보다 임금이 상대적으로 더 높은 편이다. 글로벌 기업의 종업원에 대한 높은 임금은 동일 지역에서 동일 업종에 종사하는 종업원들의 임금을 상승시키는 요인이 되기도 한다.

〈표 6-4〉 주요 기업들의 글로벌화 전략

글로벌화 전략	주요 내용
위탁 제조 (contract manufacturing)	- 외국의 기업이 생산한 제품에 자사의 브랜드와 상표 부착 • 나이키: 브랜드가 붙은 신발, 옷 등 위탁제조 기업 700여개
합작 투자 (joint venture)	- 국적이 다른 기업 둘 또는 그 이상이 하나의 프로젝트에 참여 - 기술 위험 공유, 마케팅 역량 향상, 해외 진출 용이 등 • 제네럴 모터스사와 중국의 상하이 자동차 간의 합작 투자
전략적 제휴 (strategic alliance)	- 둘 또는 그 이상의 기업들이 경쟁우위를 위한 파트너십 관계 - 국제시장에 단독으로 진출할 경우에 발생하는 어려움 해소 • 휴렛팩커드와 삼성 간의 전략적 제휴
해외 직접 투자 (foreign direct investment)	- 다른 국가에서 재산을 보유하여 비즈니스 활동, 해외 지사 • 해외 지사는 모기업이 해외에 설립하여 소유하는 기업 • 스위스의 네슬레 등
라이선싱 (licensing)	- 라이선서 기업이 라이선시 기업으로 부터 로열티를 받고 자사의 상품 제조나 상표 사용권리를 주는 것 • 오리엔탈 랜드 컴퍼니와 디즈니 간 라이선싱 계약
프랜차이징 (franchising)	- 사업 아이디어를 가진 기업이 특정의 지역에서 자신의 제품 이름을 사용하여 제품을 판매할 권리를 제3자에게 판매 • 미국의 던킨 도넛, KFC 등

글로벌 기업들이 종업원들에게 높은 임금을 제공하면 해당 지역에 있는 동일 업종의 기업들은 우수한 종업원을 채용하기 위해 임금을 높여야 한다. 이는 해당 지역에 있는 동일 업종의 기업들의 경쟁력을 약화시키는 요인이 되기도 한다. 후발개도국의 종업원들은 가능하면 임금이 상대적으로 높은 글로벌 기업의 생산 기지에서 일하기를 원한다. 글로벌 기업에서 근무하게 되면 보다 체계적이고 과학적인 생산 시스템, 더 좋은 근로 환경과 다양한 학습 기회 등의 이점이 있기 때문이다. 글로벌 기업들은 진출하려는 후발개도국의 경제, 문화, 정치, 법률적 환경 등을 고려하여 다양한 글로벌화 전략을 활용하고 있다. 〈표 6-4〉는 기업들이 추진하고 있는 주요 글로벌화 전략들이다.

3) 축구공의 글로벌 생산과 판매

글로벌 스포츠 용품 시장에서 축구공 생산 및 판매는 다양하게 이루어진다. 최고급의 축구공을 직접 생산·판매하는가 하면, 서로 다른 생산 및 판매 단계를 거치며 상대적으로 질이 낮은 축구공을 공급하기도 한다. 축구공에 대한 생산 및 판매 채널은 주로 다음과 같이 구분된다.

첫째, 유럽, 미국, 일본 등의 글로벌 스포츠 용품 기업들이 국제적으로 유명한 브랜드 제품을 생산한다. 나이키, 아디다스 등의 기업들은 유명 축구 클럽, 유명 선수 등과 스폰서십을 통해 제품의 브랜드 증진, 시장 점유율 확대 등을 위해 경쟁한다. 이들 기업은 첨단 장비를 이용하여 최고의 축구공을 생산하여 판매한다. 소수의 글로벌 스포츠 용품 기업들이 글로벌 축구공 시장을 지배하고 있다. 글로벌 스포츠 용품 기업들은 후발개도국에 있는 생산 현장의 노동 조건, 근로 기준, 작업 환경 등에 대한 국제적 비난을 최소화하려고 노력하면서, 국제 민간기구, 미디어 등의 비난에 민감하게 반응한다. 이는 자사에서 생산하는 축구공에 대한 이미지나 명성을 저해할 수 있기 때문이다. 글로벌 기업들은 축구공 공급 과정을 투명하게 하기 위해 공급자들의 명단을 공개하기도 한다. 또 글로벌 기업들은 아웃소싱 전략의 하나로 기업의 사회적 책임(CSR)을 수행하기 위해서 국제 민간기구들과 공동으로 활동하기도 한다.

둘째, 축구공을 소매하는 소규모의 기업들이다.[9] 이들 기업들은 나이키, 아디다스 등과 같은 글로벌 기업들에 비해 소규모이다. 이들 기업들은 중국, 파키스탄, 인도 등의 생산 기지로부터 최고의 제품뿐 아니라 중저가의 제품도 공급받아 판매한다. 미국의 월마트(walmart), 테스코(tesco) 등과 같이 국제적으로 유명한 소매기업들은 중국, 인도, 파키스탄의 등지의 생산 기업들로부터 상표가 없는 축구공을 공급받기도 한다. 중저가 축구공은 여러 단계의 체인망을 거쳐서 시장에 공급된다. 글로벌 차원의 소매기업들은 주로 중간 거래자를 통해서 축구공을 구입하며, 판매점에서는 여러 가지 제품을 동시에 판매한다. 중소규모의 기업들이 생산·판매하는 축구공은 중간 정도의 질이거나 질이 아주 낮은 상품들도 있다. 이들 기업의 축구공 생산과 판매는 FIFA 월드컵 축구 대회와 같은 이벤트 전후에 가장 많이 이루어진다.

셋째, FIFA, UEFA 등 국제 축구 경기 대회 개최를 전후하여 상표가 없는 축구공을 생산하는 기업들이다. 이러한 종류의 축구공 생산량은 전체 축구공 생산량에 비해 아주 적은 편이다. 상표가 부착되지 않은 축구공은 주로 인도, 중국, 인도네시아 등지에서 생산된다. 상표가 없는 축구공은 여러 중소기업들이 생산하여 생산자, 도매업자, 소매업자 등의 유통단계를 통해 판매된다. 이들은 국내시장은 물론 글로벌 시장에도 공급한다. 중저가이거나 상표가 없는 축구공을 생산하는 후발개도국의 중소기업에서도 저임금, 초과 근로, 노동 기준 위반 등이 빈번하게 발생하고 있다고 주장된다. 나이키, 아디다스와 같은 글로벌 스포츠 기업의 용품을 생산하는 후발개도국의 생산 현장의 근로 여건보다 더 열악하다고 지적된다.

제4절 주요 생산 기지와 행동 강령

1) 생산 기지와 근로 여건

1970년대 들어 유럽, 미국 등 선진국의 스포츠 용품 기업들은 비용 절감, 시장 확대 등을 위해 글로벌 아웃소싱을 하기 시작하였다. 글로벌 기업들은 경쟁력 강화와 생존을

---

9) 미국의 프랭클린 스포츠(franklin sports), 덴마크의 셀렉트 스포츠(select sports), 프랑스의 데카슬론(decathlon), 독일의 바덴 스포츠(baden sports) 등이 대표적이다.

위한 수단으로 후발개도국로 생산 기지를 이전하였다. 1980년대만 하더라도 한국, 대만 등은 글로벌 기업들의 스포츠 용품 생산 기지였다. 최근에는 중국,[10] 인도,[11] 파키스탄, 인도네시아, 베트남 등지에서 생산되고 있다. 나이키, 아디다스 등 주요 글로벌 스포츠 용품 기업들의 스포츠 의류, 신발 등 부가가치가 낮은 스포츠 용품은 임금이 싸고 노동력이 풍부한 후발개도국에서 생산되고 있다.

그러나 후발개도국의 생산 현장에서는 열악한 근로 조건, 저임금, 초과 근로, 인권 유린, 환경 오염 및 파괴 등 다양한 문제들이 제기되었다.[12] 그럼에도 불구하고 글로벌 기업들은 자사의 제품을 광고하기 위해서 프로 스포츠 팀이나 리그, 스포츠 이벤트, 유명 스포츠 선수들에게 수백만 달러를 거침없이 후원하기도 한다. 그 결과 국제적으로도 비

---

10) 중국에서 축구공은 약 200여 개의 업체에서 생산된다. 중국의 축구공 생산은 광동(guangdong) 지역이 약 33%, 지안수(jiangsu)가 약 17% 정도를 차지한다. 광동 지역에는 대규모 기업들이 있으며 주로 최고의 제품을 생산한다. 이들 기업은 과거에는 동남아시아 지역과 같이 바느질을 하였으나 점차 기계화되고 있다. 광동 지역에서 축구공 생산은 1990년대 해외 투자 유치와 더불어 시작되었다. 광동 지역에는 종업원이 1천여 명 이상이나 되는 기업들이 많으며 최상의 제품에서 질이 아주 낮은 제품에 이르기까지 다양한 생산 시스템이 혼재한다. 광동 지역의 축구공 생산 기업의 종업원이 많을 때 7천여 명에 달하는 등 세계에서 규모가 가장 컸다.

그러나 인건비가 상승하면서 생산 기업들은 지안수로 이전하였다. 지안수의 축구공 생산은 1990년대 초반부터 시작되었으며, 광동과 달리 주로 국내 자본에 의해 이루어졌다. 축구공 생산은 가내 수공업, 마을 단위의 기업, 국영 및 공동 기업 형태로 이루어진다. 많은 생산 기업들이 스포츠 무역회사나 상해나 난징의 정부 소유 공동 기업과 하청 계약을 맺고 있다. 2000년대 초반 들어 축구공을 생산하는 기업들이 정부 소유의 공동 기업에서 개인 기업으로 이전하였다. 일부는 외국인 투자나 합작 투자를 통해서 이루어졌다. 이러한 기업들은 글로벌 시장에 진입하고 제품의 질을 향상시키는 데 도움이 되었다. 지안수는 광동에 비해 기업의 규모가 그리 크지 않다. 지안수에서는 광동에 비해 상대적으로 품질이 낮은 공을 생산한다. 통상 기업의 종업원은 100명에서 300명 정도이며, 500여 명이 종사하는 기업도 있다. 주로 축구공의 조각 모양을 바느질하는 등 품질이 낮은 편이다.

11) 인도의 잘란다르(jalandhar)에서 스포츠 용품 생산이 활기를 띠기 시작한 것은 힌두교(hindu), 시아파(sikh) 등 숙련 근로자들이 시알콧에서 잘란다르로 이주해 오면서 부터이다. 잘란다르에는 약 150여 개의 축구공 생산 기업들이 있다. 크리켓 배트와 공, 복싱 글러브, 테니스 라켓, 배드민턴 라켓, 트랙 장비 등도 만든다. 약 1만5천여 명의 근로자들이 집에서 축구공을 바느질한다. 월드컵이나 유럽컵 축구 대회가 열리는 해에는 약 2만5천여 명으로 증가한다. 바느질 기술자의 약 80~90%가 하층민 출신의 가난한 사람들이다. 축구공 생산은 이들 수입의 약 30%를 차지하고 잘란다르 스포츠 용품 클러스터에서는 약 60%가 고용된다. 생산된 공의 약 85%는 해외로 수출되고 나머지는 국내에서 판매된다. 약 10개의 중소기업과 40여개의 영세기업들이 있는데, 영세기업들은 품질이 떨어지는 축구공을 생산한다. UK의 미테레(mitere), USA의 길버트(gilbert), 테스코(tesco)와 같은 국제 소매업체들도 이러한 지역에서 생산되는 축구공을 구입하여 판매한다.

12) 1998년 인도네시아 보고르(borgor) 공장의 근로자들의 하루 평균 임금은 50센트에 불과한 반면, 관리자들의 임금은 연간 5백만 달러나 되었다. 인도네시아에는 16만여 명의 근로자들이 나이키 제품생산에 종사하고 있었다.

난의 대상이 되기도 하였다.[13]

　글로벌 기업과 협력관계를 맺고 있는 후발개도국의 생산 현장에서 근로자들은 최저 임금보다 더 낮은 임금을 받기도 하였다. 어떤 지역에서는 근로자들에게 시간당 40센트의 임금을 지불하면서, 주당 60시간 이상의 노동을 요구하기도 하였다. 또 노조 활동을 금지하고 이를 반대하는 근로자들은 해고시키기도 하였다. 실제로, 파키스탄의 시알콧 (sialkot)은 축구공 생산으로 유명한 지역이다. 축구공 이음새 바느질 기술이 뛰어나서 FIFA 월드컵 축구 대회, 올림픽 경기, 유럽 프로 축구 경기 등에서 주로 사용되고 있다. 이 지역에는 수백 개의 영세기업들이 글로벌 스포츠 기업들과 하청 계약 형태로 축구공을 제조하고 있다. 축구공 바느질은 노동 집약적이며 여성들이 대부분이다.

　1996년 시알콧에서[14] 축구공을 생산하는 기업들이 어린이들에게도 노동을 시킨다는 언론의 비난이 제기되자 선진국의 소비자 단체, 국제 민간단체(GNGO) 등이 시알콧에서 생산되는 축구공을 구입하지 않기로 하였다. 시알콧에 생산 기지를 두고 있던 글로벌 스포츠 용품 기업들은 그동안 쌓아왔던 제품의 이미지와 명성에 커다란 도전을 받게 되었다. 특히, 나이키, 아디다스, 리복 등의 글로벌 기업들의 생산 기지에서 어린이 노동 참여, 죄수들 강제 노동 등에 대한 보도가 나오자 전 세계적으로 비난을 받았다.

---

13) 1996년 CBS에서 나이키 용품을 생산하는 베트남의 생산 공장의 근로 실태와 노동 착취 등을 보도하였다. 이러한 보도는 우수한 선수들의 명성에도 좋지 않은 영향을 미치기도 하였다. 실제로 1996년 나이키와 오랫동안 후원 계약을 맺어온 마이클 조던(michael jordan)도 언론으로부터 비난을 받기도 하였다.

14) 파키스탄의 시알콧(sialkot)은 인도 국경 부근의 북동 펀잡지역에 위치하고 있으며 세계에서 두 번째로 많은 축구공을 생산한다. 시알콧은 이미 1900년대 초반부터 영국 군인들의 축구공을 생산하거나 수리하여 왔다. 1960년대까지는 영국에 축구공을 수출하기도 하였다. 1970년대까지는 주로 남성들이 중소 규모의 공장에서 축구공을 생산하였다. 1972년 근로자들을 위해 보다 엄격한 노동법이 제정되었지만, 축구공 바느질을 공장에서 집으로 가져가면 노동법을 피할 수 있었다. 이것이 시알콧에서 축구공 제조를 위한 가내 수공업의 시작이었다. 축구공 생산 과정에서 천연재료들을 PVC 등 합성가죽과 결합하면서 많은 가정에서 여성들과 어린이들이 생산에 참여할 수 있었다. 시알콧의 축구공 생산단지에는 약 390여 개의 등록된 축구공 제조기업과 2,600여 개의 바느질 팀이 있다. 이곳에는 바느질하는 사람들이 약 3만여 명이(이 중 최소한 절반은 여성) 지정된 바느질 센터에서 작업한다. 월드컵이나 유럽컵 축구 대회가 개최되는 해에는 근로자들이 6만여 명으로 늘어난다. 생산단지에 있는 약 20여개의 대기업은 최고의 축구공 공급자로서 나이키, 아디다스, 퓨마, 움베로 등 글로벌 스포츠 기업들의 축구공을 생산한다. 이들 제품은 국제 어린이 노동과 노동권리 단체들로부터 엄격한 조사를 받는다. 또 약 50여 개의 중소규모의 축구공 생산 기업들은 조금 덜 알려진 축구 클럽과 동유럽, 라틴아메리카, 중동 등지의 도·소매업자들에게 판매한다.

글로벌 스포츠 기업들은 후발개도국의 생산 현장에서 저임금, 어린이 노동, 노동자 인권 유린, 노조 탄압 등으로 비난을 받기도 하였다.

[그림 6-2] 스포츠 용품 생산과 노동 착취

1990년대 들어 글로벌 스포츠 기업의 제품을 생산하는 후발개도국의 생산 현장에서 열악한 근로 상태, 저임금, 초과 근로, 인권 유린, 환경 파괴 등이 드러나면서 전 세계적으로 지탄을 받기 시작하였다. 선진국의 시민 단체, 국제 기구, 국제 민간단체들은 글로벌 기업들이 후발개도국의 생산 현장에서 근로자들을 착취하여 많은 이윤을 얻고 있다고 비난하였다. 특히, 미국의 시민 단체들은 나이키와 같은 글로벌 스포츠 기업이 후발개도국의 근로자들을 상대로 착취에 나서고 있다고 시위를 벌이기도 하였다. 이러한 비난은 글로벌 스포츠 기업들에 대해 좋지 않은 감정을 야기하게 되고 글로벌 기업들에 보다 많은 책임을 요구하기에 이르렀다.

2) 행동 강령과 운영 실태

행동 강령(code of conduct)[15]은 글로벌 기업들이 생산 현장에서 준수해야 할 규범으로, 노동 관행에서 환경 기준에 이르기까지 다양하다. 일반적으로 기업의 행동 강령은 기업 운영 과정에서 필요한 조치들을 수행하기 위한 정책이나 근거라고 할 수 있다. 행

---

15) 행동 지침 또는 윤리 강령이라고도 한다. 행동 강령은 기업의 사회적 책임(CSR: corporate social responsibility)의 하나라고 주장되기도 한다.

동 강령은 시장을 선도하는 기업들이 윤리적 행동을 채택하는 것이다. 특히, 개발도상국 가에서 다국적 기업들의 하청기업들의 노동관련 관행을 개선하기 위해서이다. 이는 글로벌 생산 과정 특히, 대량생산, 대량소비가 가능한 제품 등을 생산하는 현장에서 이루어지고 있는 각종 불합리한 관행을 해소할 수 있다.

아직도 많은 글로벌 기업들이 스포츠 의류, 스포츠 신발, 축구공 등과 같은 스포츠 용품을 기술수준이 낮고 저임금인 후발개도국에서 생산하고 있다. 행동 강령은 후발개도국에 생산 기지를 두고 있는 글로벌 기업들에게 윤리적 경영을 촉구하는 것이다. 글로벌 기업들의 행동 강령은 본사뿐 아니라 사업파트너, 후발개도국의 생산 현장 등에서 적용될 수 있도록 한 일종의 윤리기준이다.

〈표 6-5〉 생산 현장 실태와 행동 강령 제정 배경

연도	주요 내용
1988 ~ 1992	- 제프 볼링거(Jeff Ballinger) • 인도네시아의 스포츠 의류 제조 기업의 근로 여건 조사
1991	- 리바이스사(Levi Strauss) • 스포츠 의류, 신발 등 최초의 글로벌 아웃소싱 • 1980년대 말 중국에서 노동 권리 위반
1992	- 뉴스, 잡지 등에 열악한 노동 실상 공개 • 나이키(nike): 스포츠 제조업체의 윤리 강령 채택
1996	- 클린턴 행정부 후원 • AIP(apparel industry partnership) 설립, 나이키 등 참여
1997	- 아디다스: 고용기준 채택 - 나이키, 리복 등: 어린이 노동으로 비난
1999	- AIP→FLA(Fair Labour Association) 전환 • 아디다스, 나이키 등의 베트남 근로자의 안전, 건강에 대한 문제 제기
2000	- 노동자 권리 컨소시움(WRC) 설립
2004	- Clean Cloths Campaign, Oxfam, Global Union 등 • 올림픽 개최 6개월 전 페어플레이 캠페인(fair play campaign)시작 • 휠라, 카파, 로토, 미즈노, 푸마 등 조사
2005	- 나이키, 리복, 푸마 등 • 공급자의 이름과 주소 공개
2006	- 옥스팜(oxfam) • 리복, 아디다스, 나이키 등의 아시아 공급 업체의 노동 권리 보고서 발행

자료: Frank den Hond, Frqank G.A de Bakker and Patricia de Haan(2010).

행동 강령은 글로벌 기업이나 해당 산업협회 등을 통해 자발적으로 운영되기도 하고, 국제 기구, 국제 민간기구(GNGO)나 단체 등에 의해서 반강제적으로 운영되기도 한다. 그러나 글로벌 스포츠 기업들이 생산 현장에서 준수해야 할 행동 강령은 의무적으로 반드시 준수해야 한다는 법률적인 구속력을 갖고 있지 않다. 글로벌 기업들이 후발개도국의 생산 현장에서 불합리한 관행을 시정하기 위한 행동 강령은 주로 선언(declaration), 결의(resolution), 가이드라인(guideline), 원칙(principle) 등의 형태를 지닌다는 점에서 연성 규제(soft regulation) 또는 신사 협정(gentlemen's agreement)이라고도 한다. UN, ILO 등의 국제 기구에서 제시하는 글로벌 차원의 행동 강령도 구속력 있는 규범이 아니라 정치적 약속에 불과한 경우가 많다. 〈표 6-5〉에서는 글로벌 스포츠 용품 제조기업들의 후발개도국의 생산 현장에서 실태 조사와 문제점, 윤리 강령 제정 배경과 과정을 요약한 것이다. 글로벌 기업들의 후발개도국 생산 기지에서 근로자들을 위한 행동 강령은 글로벌 기업, 국제 기구, 관련 협회, 국제 민간기구 등에 의해서 다양하게 제시되고 있다.

(1) 글로벌 기업

글로벌 스포츠 용품 기업들이 후발개도국 생산 현장의 근로 여건을 개선하기 위해서 지발적으로 행동 강령을 제정하여 운영하기도 한다. 후발개도국의 생산 현장에서 근로자들이 부당하게 취급받고 있다는 비난이 전 세계적으로 일기 시작한 것이 글로벌 기업들이 스스로 행동 강령을 작성하는 계기가 되었다. 1990년대 초에 많은 글로벌 기업들이 행동 강령을 제정하였다. 청바지로 유명한 리바이스(levi-strauss)사는 노동 기준에 관한 행동 강령을 제정한 최초의 기업 중 하나라고 주장된다. 그 후 많은 글로벌 기업들은 생산 현장의 근로 조건, 최저 임금, 근로 환경, 어린이 노동 등을 개선하기 위한 행동 강령을 제정하였다. 리복(reebok)은 어린이 노동자들을 축구공을 생산하는 데 참여시키지 않기로 하고, 어린이들이 만든 축구공을 구매하지 않기로 하였다. 나이키(nike)는 자체적으로 행동 강령을 제정하여 운영하였다. 그 후 영국, 프랑스, 독일, 네덜란드, 이탈리아 등의 글로벌 스포츠 용품 생산 기업들도 행동 강령을 마련하였다.

글로벌 기업들의 행동 강령은 기업 윤리, 기업의 사회적 책임을 강화시키는 계기가 되었다. 글로벌 기업들은 후발개도국의 생산 기업들이 근로자를 위한 노동 규정을 만들어 현장에서 적용하도록 한다. 글로벌 기업들은 ILO, OECD 등 국제 기구들이 마련한 가이드라인을 기본으로 하여 행동 강령을 자발적으로 제정하였다. 일부 글로벌 기업들은 사회적 책임을 위한 조항들을 가지고 국제 노조, NGO, 산업관련 기구들과 협력하기도 하였다.

기업의 행동 강령은 산업과 생산 현장의 특성에 따라 다양하게 운영된다. 예를 들어, 천연자원을 개발하는 기업들은 환경을 강조하고, 스포츠 의류나 신발 등을 생산하는 기업에서는 근로 조건과 권리를 주목한다. 일부 글로벌 기업들은 사회적 책임의 하나로 행동 강령을 채택하였다. 이러한 행동 강령은 기업의 이미지를 제고시킬 수 있을 뿐 아니라 매출을 증대시킬 수도 있으며 기업의 사회적 책임을 향상시킬 수 있기 때문이다. 법률적 근거가 미약한 국가에서 기업들이 제정한 행동 강령은 노동시장에 폭넓게 영향을 미치기도 한다.

그러나 글로벌 기업들이 자발적으로 제정한 행동 강령은 여러 가지 측면에서 비난을 받기도 한다. 일부에서는 글로벌 기업들의 행동 강령은 국제 사회와 국제 기구, 국제 민간단체(GNGO) 등으로 부터의 비난을 피하기 위해서 만들어진 것에 불과하다고 지적되기도 한다. 글로벌 기업들이 자체적으로 만든 운영 지침은 기업의 홍보 수단으로 소비자들이나 지역 사회의 비난을 피하기 위한 것에 불과하다는 것이다. 일부 글로벌 기업들은 근로 환경이 열악하다는 비난을 모면하기 위해서 행동 강령을 운영하기도 한다. 또한, 기업들이 각자 제정한 행동 강령의 내용이나 기준이 서로 달라서 오히려 후발개도국의 노동시장을 혼란시키며, 근로자들을 헷갈리게 한다는 것이다.

글로벌 기업들이 근로 조건 개선 등 행동 강령을 운영하고 있음에도 불구하고 소비자 단체, 국제 민간기구, 국제 노동조합, 종교단체, 학생연합 등으로부터 비난을 받기도 한다. 이들은 글로벌 기업들이 후발개도국 근로자들의 노동을 착취한다고 시위를 하기도 하였다. 이들은 후발개도국 근로자들의 노동 착취나 남용을 없애는 등 노동 조건을 개선하기 위해 글로벌 기업들에게 보다 높은 책임을 요구하기도 한다.

(2) 국제 기구와 연맹

국제노동기구(ILO), 경제협력개발기구(OECD), 세계 스포츠 용품 산업연맹(WFSGI) 등은 글로벌 스포츠 용품 생산 기업들이 준수해야 할 행동 강령을 제정하였다. ILO와 후발개도국의 스포츠 용품 생산 기업들은 축구공을 생산하는 과정에서 어린이 노동을 금지하기로 하는 협약을 맺기도 하였다.

1998년 ILO에서는 회원 국가들이 후발개도국의 생산 현장에서 준수해야 할 가이드라인을 발표하였다. 2000년 OECD는 기업의 사회적 책임을 발표하였다. WFSGI에서는 후발개도국의 생산 현장에서 어린이 노동을 금지할 것을 촉구하였다. 그리고 후발개도국에서 축구공을 생산하는 기업에서 어린이들의 노동 참여 범위와 정도를 평가하고 점검하기로 하였다. 이 외에도 최저 임금 지급, 근로 시간 준수, 노조 활동 허용 등 생산 현장에서 기업들이 준수해야 할 행동 강령을 발표하였다. 미국, 유럽 등의 노동조합에서도 노동 기준을 제정하였다. 글로벌 기업과 생산 기지가 있는 지방정부는 노동 기준에 대한 협정을 맺고 성공적으로 운영하기도 한다. 국제 기구, 스포츠 용품 산업 연맹, 선진국의 노조 등이 제시한 행동 강령에 대해서 높이 평가되기도 한다. 그러나 이러한 행동 강령들이 후발개도국의 생산현장에서 제대로 준수하기가 쉽지 않다는 데 문제가 있다. 일부 학자들은 국제 기구, 스포츠 용품 산업 연맹, 선진국의 노조 등이 제시하고 있는 행동 강령들이 제각각이며 후발개도국의 생산 현장의 실태를 제대로 파악하지 않고 강조한 조항들도 있다고 지적한다. 또한 이들이 후발개도국의 생산 현장에서 행동 강령들이 제대로 운영될 수 있도록 지속적으로 촉구하고 감시하기도 쉽지 않다는 것이다.

(3) FLA

1996년 미국 클린턴 행정부는 18개 의류 생산업자, 노조, NGO 등이 참여한 가운데 의류산업협회(AIP)를 설립하였다. 그러나 최저 임금, 노조 활동, 모니터링 시스템 등에 대해 견해 차이가 야기되자 일부 노조와 NGO들이 탈퇴하였다. 그 후 AIP는 행동 강령을 제정하여 항구적으로 이행하기 위해서 공정노동협회(FLA)를 설립하였다. 미국의 클린턴 행정부 당시 설립된 FLA는 의류, 신발 등 제조기업의 근로자들을 위한 조직이다. FLA의 목적은 후발·신흥개도국에서 운영되고 있는 기업들이 ILO에서 제시한 노동 기준을 철저히 이행하도록 하는 것이다. FLA는 전 세계에서 부당한 차별대우를 받는 노동자를 보호하고, 이러한 사실을 소비자들에게 공개하기로 하였다.

이들의 임무는 생산 현장에서 노동자들의 근로 조건을 개선하고 국제 노동 기준을 성실히 이행할 것을 촉구하는 것이었다. 이를 달성하기 위해서 FLA는 기업의 행동 강령을 제정하였다. 주로 노동자들의 노동 이슈에 관한 것으로 강제 노동, 괴롭힘과 남용, 차별, 건강과 안전 위협, 단체 교섭, 최저 임금 준수, 근로 시간 준수, 초과 근로 수당 등이다. 전 세계 80여개 국가에서 의류나 신발을 생산하는 3천여 개 기업들이 FLA에 서명하고 윤리 강령을 이행할 것을 약속하였다.[16] 〈표 6-6〉은 국제 단체나 국제 기구들이 글로벌 기업들이 생산 현장에서 준수해야 할 행동 강령이다. 노동 기준이나 적용 범위가 중복되기도 하고 유사하다.

〈표 6-6〉 국제 단체 및 기구의 행동 강령

	FLA(Fair Labour Association)	WRC(Workers Rights Consortium)	CCC(Clean Clothes Campaign)
설립 근거	- 1996년 - 클린턴 행정부	- 2000년 - 미국 대학생 조직(USAS)	- 1990년 - 독일 연구기관(SOMO)
회원과 지배 구조	- 기업 13개 - NGO 6개 - 대학 3개 등	- 110개 대학	- NGO 250개 - CCC 14개 - 12개 유럽 국가
노동 기준	- 단체 교섭의 자유	- 단체 교섭의 자유	단체 교섭의 자유
	- 강제 노동 금지	- 강제 노동 금지	- 강제 노동 금지
	- 어린이 노동 금지	- 어린이 노동 금지	- 어린이 노동 금지
	- 차별 금지	- 차별 금지	- 차별 금지
	- 최저 임금	- 최저 임금	- 최저 임금
	- 근로 시간 준수	- 근로 시간 준수	- 근로 시간 준수
	- 괴롭힘과 남용 금지	- 괴롭힘 금지 - 여성 인권 남용 금지	- 고용 관계 확립
적용 범위	- 의류 생산 공급체인	- 의류 생산 공급체인	- 의류 생산 공급체인

16) FLA에 서명한 기업들은 다음과 같은 조치를 취해야 한다. 첫째, 기업은 윤리 규정 프로그램을 주도적으로 운영해야 하며, 효과적으로 운영되기 위해서는 지정된 부서나 직원이 필요하다. 둘째, 생산 기업의 현장을 감시할 수 있는 내부 시스템을 마련해야 한다. 외부 감시 기구는 독립적으로 운영되어야 한다. 생산 현장에서 윤리 강령을 이행하지 않는 기업들은 철수할 것을 요구한다. 셋째, 기업의 생산활동이 공개적이어야 한다. 관련 정보는 웹 사이트를 통해서 공개해야 하며, 외부에서도 감시가 가능하도록 해야 한다. 자료: Axel Marx(2008).

(4) 국제 민간단체

1990년대 초반에 후발개도국의 생산 현장에서는 노동자들의 권익을 위한 정부의 감독과 규제가 제대로 이루어지지 않는 지역이 많이 있었다. 글로벌 기업들이 운영하는 후발개도국의 생산 현장에서 열악한 노동 조건, 인권 유린, 환경 오염 등이 문제가 되었다.

그러자 글로벌 NGO들은 후발개도국의 생산 현장에서 노동 조건 개선, 최저 임금 및 근로 시간 준수, 환경 개선 등을 위해 개입하기 시작하였다. 글로벌 NGO는 글로벌 기업들의 제품을 생산하는 후발개도국의 생산 현장에서 발생하는 정보를 수집하고 감시하기 위해서 설립된 민간단체이다. 인터넷 등 정보통신의 발달은 글로벌 NGO의 역할을 전 세계 수백만 명에게 알릴 수 있게 했다. 글로벌 NGO들은 새로운 형태의 감시 단체로 정부의 역할을 대신하는 등 바람직한 활동을 펼치는 것으로 인식되기 시작하였다. 그 결과 국내외적으로 기업에 대한 새로운 형태의 규제와 감시 단체들이 등장했다. 환경 감시, 근로 조건 개선, 인권 보장 등 다양한 형태의 감시 단체들이 생겨났다.[17] 이들은 기업들이 노동 착취, 인권 유린을 금지하고 근로자들의 권익을 향상시켜 줄 것을 요구하였다. 그러면서 소비자들에게는 제품을 구매하기 전 제품의 생산지를 확인할 것을 요구하기도 하였다. 기업의 행동 강령의 범위나 내용은 글로벌 NGO마다 다르지만, 주로 ILO의 규범을 기본으로 하고 있다. 그러나 노동관련 행동 강령은 후발개도국의 저임금의 단순 노동 중심의 산업에 집중되었다. 후발개도국의 기업들이 생산하는 스포츠 의류나 신발 등이 대표적이다.

제5절 성과와 주요 논의 과제

1) 행동 강령의 성과

글로벌 기업의 스포츠 용품을 생산하는 후발개도국의 기업들은 행동 강령을 준수하고 어린이 노동을 금지하기로 하였다. 1997년 시알콧의 상공회의소, 파키스탄 정부, ILO,

---

17) 주로 유럽의 클린 클로즈 캠페인(clean clothes campaign), 미국의 옥스팜 클로즈 코드 캠페인(oxfam's clothes code campaign), 캐나다의 마퀼라 연합 네트워크(maquila solidarity network) 등이 대표적이다.

UNICEF, FIFA, WFSGI 등은 생산 현장에서 기업들이 어린이 노동을 금지할 것을 주요 목표로 하는 애틀랜타 협정(atlanta agreement)을 맺었다. 이는 민·관 합동으로 운영되며 미국, 유럽 등으로부터 기부를 통해 재정을 지원하고 구호 활동을 하기로 하였다. 애틀랜타 협정에서는 후발개도국의 생산 현장에서 어린이 노동을 추방시키기 위해서 두 가지 의제를 설정하였다. 첫째, 후발개도국의 생산 현장에서 어린이 노동을 추방하기 위해 ILO의 국제 프로그램을 운영하기로 하였다. 둘째, UNICEF, 파키스탄 정부, SCG-UK(save the children fund), NGO 등이 공동으로 사회보호 프로그램을 운영하기로 하였다. 이를 통해 어린이 노동자들의 복지를 증진시키고 교육 기회를 늘리고 빈곤을 경감시키는 등 어린이 노동을 근본적으로 해결하기로 하였다.

이들은 FIFA, WFSGI 등으로부터 재정을 지원 받았으며, 시알콧의 상공회의소에서는 기업의 사회적 책임을 강화하였다. 그리고 어린이와 사회 발전을 위한 국제 민간단체(CSDO)에서는 생산 현장에서 사회 발전을 위한 프로그램을 운영하였다. 그 결과 생산 현장에서 어린이 노동을 금지하기 위한 다양한 방안이 모색되었으며, 많은 기업들이 사회적 발전과 사회적 책임에 관심을 가지게 되었다. 하지만 글로벌 기업, 국제 기구, 국제 민간단체(GNGO), 스포츠 의류 관련 협회 등이 오래전부터 행동 강령을 발표하고 권고해 왔음에도 불구하고 후발개도국에 있는 생산 현장의 근로 여건이 획기적으로 개선되었다고 평가되지 않고 있다. 이들이 강조하는 행동 강령들의 상당 부분이 생산 현장의 실정에 적합하지 않았거나 생산 현장의 운영자와 근로자들 간 이해관계가 복잡하게 얽혀 있기 때문이다.

2) 주요 논의 과제

(1) 신축적 운영

국제 기구, 글로벌 NGO, FLA 등이 제시하고 있는 행동 강령은 후발개도국의 경제·사회적 실태를 제대로 파악하지도 않은 채 일방적으로 준수할 것을 강요한다고 지적되기도 한다. 이들이 제시하는 행동 강령의 내용 중 일부는 후발개도국의 생산 기업, 근로자, 지역 사회들이 직면하고 있는 현실과 맞지 않다고 지적되기도 한다. 선의의 목적으로 제시하는 행동 강령이 자칫하면 의도하지 않은 결과를 초래할 수도 있기 때문이다. 따라서 국제 기구나 국제 민간단체 등은 기업들에게 후발개도국의 생산 현장에서 행동 강령을 무조건 준수하기를 강요하기보다는 이들 국가의 경제·사회·문화적 요인 등을 사전에 충분히 파악할 필요가 있다. 국제적 기준의 행동 강령이 후발개도국의 경제·사회적 여건을 보다 긍정적으로 개선할 수 있는지, 또 선의의 목적으로 제시한 행동 강령이 부정적이거나 의도하지 않은 결과를 초래하는 것은 아닌지 등에 대해서 면밀한 검토가 필요하다. 행동 강령을 실행하기 전에 해당 지역의 사회·경제·환경 등의 특성을 충분히 감안하여 신축적으로 운영되도록 하는 것이 바람직하다.

(2) 근로 시간 준수와 소득 감소

후발개도국의 생산 현장에서 무조건 근로 시간을 준수하도록 강요하는 것은 오히려 근로자들의 생계를 더욱 어렵게 할 수 있다고 지적된다. 많은 선진국의 근로자들은 법으로 정한 근로 시간만 노동을 해도 생활에 큰 어려움이 없을 수 있다. 그러나 후발개도국의 단순 노동자들은 법정 근로 시간의 임금만으로는 생활하기가 어려운 실정이다. 저임금의 단순 노동자들은 생계유지를 위해서 법정 근로 시간보다 훨씬 더 많은 시간을 일을 해야 하는 실정이다. 실제 생산 현장에서는 하루에 12~14시간 정도 노동해야 한다고 주장된다. 임금 수준이 낮은데다가 주로 성과급을 기본으로 하기 때문에 많은 가족을 부양하기 위해서는 법정 근로 시간보다 더 많은 시간을 일해야 한다. 생산 현장의 많은 근로자들은 보다 많은 돈을 벌기 위해 초과 근로를 원하기도 한다. 실제로, 중국의 근로자의 경우 주당 근로 시간을 37시간으로 정하고 있지만 가족을 부양하기 위해서는 60시간을 일해야 한다고 한다. 이러한 상황을 감안할 때 선진국의 각종 기구나 단체들이 주장하는 근로 시간 준수라는 행동 강령은 후발개도국 근로자들의 경제 현실을 외면한 처사라고 지적된다. 후발개도국 근로자들이 생계유지를 위해서 초과 근로, 야간 및 휴일근로 등을 자발적으로 하는 경우도 있다는 사실을 인식해야 할 것이다.

(3) 어린이 노동 금지와 생계 유지

그동안 일부 글로벌 기업들은 후발개도국의 생산 현장에서 어린이 노동이나 열악한 근로 환경 등이 언론에 보도되면서 많은 비난을 받아왔다. 후발개도국의 생산 현장 기업들은 어린이 노동을 금지할 것을 요구받았다. 그러나 생산 현장의 기업들은 어린이들을 직접 고용하여 축구공을 생산하는 것이 아니다. 축구공 생산 과정은 현지 주민들과 현장 기업 간 복잡한 하청 계약을 통해서 이루어진다. 축구공을 생산하는 후발개도국의 현지 기업들은 어린이, 가정주부 등을 정규직으로 고용하지 않는다. 가정주부나 어린이들의 고용은 농한기나 여유 시간을 이용한 부업 형태로 이루어지고 있다. 여성의 경우 가정에서 가사와 어린아이를 돌보며 남는 시간에 축구공을 제조한다. 또한, 어린이들은 부모를 돕기 위해서 축구공을 만든다. 따라서 어린이라는 이유로 이들의 축구공 생산을 무작정 금지시키려는 행동 강령은 이들 가정의 수익을 줄이는 결과를 초래할 수 있다. 실제로 파키스탄의 축구공 생산 기지인 시알콧에서는 남편이 혼자서 하루에 3~4개 정도의 축구공만을 생산할 수 있는 데 비해, 아내와 아이들이 도와주면 하루에 평균 12개의 축구공을 만들 수 있다고 한다. 또한 후발개도국의 어린이들이 학교에 가지 않는 것은 축구공을 만들기 위해서가 아니라, 이러한 지역에 학교나 놀이터 등의 시설이 없기 때문이다.

후발개도국의 생산 현장 기업들이 행동 강령을 준수하기 위해서 어린이 노동을 무작정 금지할 경우 어린이들을 더욱 비참한 생활로 빠뜨릴 수도 있다고 지적된다. 1990년대 중반 방글라데시의 한 직물 생산공장에서 어린이 노동을 이용하여 직물을 생산한 사실이 밝혀졌다. 이후 미국 등의 선진국들이 어린이 노동을 이용한 직물 수입을 금지하기로 결정하였고, 그 결과 방글라데시의 많은 직물 공장에서 어린이들이 해고당하였다. 해고된 어린이들의 생활 여건은 직물 공장에서 일하던 때보다 훨씬 열악해졌다. 해고된 어린이들은 생계유지를 위해 더 위험하고 열악한 환경에서 일을 해야 했으며 심지어는 매춘에 나서기도 하였다. 이는 경우에 따라서는 착취당하는 것이 착취당하지 않는 것보다 더 나쁠 수도 있음을 알려 준다.[18]

또, 일부에서는 어린이 노동은 사회적으로 범죄 행위에 해당된다고 강조하면서 어린이들이 기술을 배우는 행위도 금지시켜야 한다고 주장한다. 예를 들어, 파키스탄과 같은

---

18) ILO규정 제138조에 의하면 어린이 노동은 경제 활동에 참가하고 있는 어린이로 규정한다. 단, 교육에 방해가 되거나 건강과 발전에 부정적인 영향을 미치지 않는 범위 내에서이다. 규정에 따르면 어린이 노동은 긍정적인 영향을 미칠 수도 있다. 어린이 노동은 이러한 기준에 위반하여 일하는 어린이를 말한다. 그럼에도 불구하고 파키스탄의 시알콧에서는 어린이들을 축구공 제조공장이나 다른 용품 산업에서 철수하도록 하고 있다. 이는 일부 기구나 단체 등이 생산 현장에서 이루어지는 어린이 작업과 어린이 노동 간의 차이에 대해서 제대로 이해하지 못하기 때문이라고 지적되기도 한다.

후발개도국의 경우 10세에서 15세의 어린이들 가운데 아주 극소수의 어린이들만 생산 현장에서 일을 하고 있다. 그러나 이들 어린이들은 생계를 유지하기 위해서, 보다 많은 수입을 얻기 위해서 일을 하고 기술을 배우는 것이다. 따라서 어린이 노동을 무조건 금지시켜야 한다는 주장은 생계유지를 위해서 일을 하는 어린이들이 일자리를 빼앗자는 것과 다를 바 없다고 주장된다.

(4) 규제 강화와 일자리

글로벌 기업들이 후발개도국의 생산 기지를 일방적으로 폐쇄하는 것은 근로자들의 생계를 어렵게 하고 지역 사회의 경제 상황을 더욱 악화시킬 수도 있다. 지방정부, 국제 기구나 단체들이 주장하는 행동 강령이 생산 현장의 실태를 외면한 지나친 규제 형태로 비춰진다면, 글로벌 기업들은 현지 생산공장을 폐쇄하거나 다른 지역으로 이전하려 할 것이다. 그럴 경우 생산공장의 근로자들이 우선적으로 큰 피해를 입을 수 있다. 실제로 2006년 나이키는 시알콧의 생산 기업인 사가 스포츠(saga sports)로부터 축구공 생산을 철수한다고 발표하기에 이르렀다. 시알콧의 지방정부가 사가 스포츠가 노동법을 위반했으며 어린이들을 이용하여 축구공을 생산하였다는 이유로 생산공장을 폐쇄시키라고 명령을 했기 때문이다. 그러나 문제가 간단하지가 않았다. 사가 스포츠 생산기지를 폐쇄할 경우 약 7천여 명의 종업원들과 가족 중심의 하청 형태로 생산하는 약 3만여 명의 노동자들이 일자리를 잃게 되는 것이다. 나이키는 축구공 생산량 부족분은 기존의 생산공장이 있고 생산조건이 더 유리한 중국이나 대만에서 공급하기로 하였다. 만약 나이키가 시알콧에서 축구공 생산을 철수하였다면, 가장 큰 피해자는 사가 스포츠 공장에서 일하는 단순 노동자들이 될 것이다. 나이키는 축구공 생산을 사가 스포츠에서 실버스타(silverstar)라는 작은 기업으로 이동하였다. 나이키와 사가 스포츠(nike-saga sports) 논쟁은 후발개도국의 근로자들의 권익 향상을 위한 조치들이 자칫하면 근로자들의 경제적 어려움을 더욱 악화시킬 수도 있음을 보여주는 대표적인 사례이다.

(5) 구조적 한계 인식

국제 기구, 국제 민간단체 등이 제시하는 행동 강령이 후발개도국 생산 현장의 열악한 근로 환경이나 환경 오염을 개선하는 데에는 한계가 있다고 주장된다. 후발개도국에서 생산 현장의 기업들이 ISO14001과 같은 환경 기준을 따른다고 하더라도 해당 지역의 환경 개선이 저절로 이루어지지 않는다. 예를 들어, 후발개도국에서 생산공장이 환경 관련 인증을 받고 하수처리 시설을 설치했다고 하더라도 해당 지역에 위험 물질을 처리하는 시스템이 제대로 구축되지 않았을 경우 환경 개선에는 한계가 있다. 아직도 후발개도국의 환경 관련 기업들은 오폐수를 강 주변이나 매립지에 적당히 버리기도 한다. 어느 한 기업만이 단순히 환경 기준을 따른다고 해서 그 지역 전체의 환경이 개선되지는 않는다는 것이다. 후발개도국의 지방정부도 적극 참여해야 하는데 그렇지 못한 실정이다.

한편, 생산 현장의 기업들은 생산 비용 절감, 납품 기일 준수, 양질의 제품 생산, 신제품 적기 출시 등을 통해 냉엄하고 치열한 경쟁에서 생존해야 한다. 이러한 여건에서 생산 현장의 기업들이 행동 강령을 성실히 이행하는 것은 구조적으로 제한적일 수밖에 없다고 주장된다. 생산 현장의 기업들은 글로벌 기업들이 생산단가는 더 낮추고 근로 조건에 대한 규정은 점점 더 엄격하게 준수할 것을 요구하고 있어 수입이 줄어든다고 반발한다. 일부 글로벌 기업들은 근로 조건 개선에 따른 비용을 현지의 생산 기업에서 모두 부담하기를 요구하기도 한다. 저임금과 노동력이 풍부한 후발개도국의 하청기업들은 살아남기 위해서 글로벌 기업들의 요구사항을 따르지 않을 수 없다.

(6) 전략적 제휴 경계

중국, 인도, 인도네시아, 파키스탄 등 후발개도국의 생산 현장에서는 작업을 시작하기 전에 근로자들에게 행동 강령을 공개하도록 하고 있다. 즉, 하루 8시간 노동, 강제 초과근로 폐지, 야간 근로 수당 1.5배 지급 등의 규정이다. 그러나 생산 현장에서 기업들이 이러한 행동 강령을 전략상 근로자들에게 통보해 줄 뿐이라고 지적된다. 생산 현장의 근로자들이 기업에서 운영되고 있는 행동 강령에 대해서 잘못 알거나 정보를 잘못 알릴 경우 기업의 명예나 이미지가 실추되고 국제적으로 비난을 받게 되고, 이 경우 해당 기업은 제품 주문량이 줄어들게 되어 결국은 근로자들만 일자리를 잃을 수 있다고 위협하기도 한다. 근로자들의 권익을 보호하기 위해 만들어진 행동 강령이 자칫하면 근로자뿐 아니라 생산 현장의 기업운영을 어렵게 할 수도 있다고 지적된다. 일부 행동 강령들은 생산 현장의 경영자와 근로자들 간의 전략적 제휴로 인해 제대로 실행되지 않는다고 지적된다.

(7) 감사 제도 개선

기업에 대한 감사는 기업의 내·외부의 모든 과정을 체계적으로 파악하고, 기업이 행동 강령을 충실히 이행하고 있는지를 점검하는 것이다. 그러나 외부에서 온 감사관들이 생산 현장에서 근로 조건 개선, 환경 개선 등이 제대로 이행되고 있는지 철저하게 감사하기가 쉽지 않다고 지적된다. 외부에서 온 감사관들이 후발개도국의 생산 현장 기업의 회계장부를 정확하게 파악할 수 있을 정도로 능력이 있고 객관적이고 독립적인지도 의문이다. 그리고 전통적으로 감사는 소수의 인원이 참여하여 포괄적으로 이루어지며 근로자들이 중요하게 여기는 후생 및 복지 문제는 감사 과정에서 제외되기도 한다. 또한 감사는 사전에 통보됨으로써 감사 대상 기업들은 감사 당일에 필요한 행동 규칙을 이행하는 데 충분한 시간을 갖게 된다. 감사관들은 생산 현장에 기껏해야 3~4시간 정도 머물러 있을 뿐이며, 3~4일간에 걸쳐 종합적인 감사가 이루어진다 하더라도 기업들이 이 기간 동안만 행동 강령을 충실히 이행하는 것은 그리 어려운 일이 아니다. 그리고 감사관들이 감사장을 떠나면 다시 원래 상태로 복귀한다. 게다가 감사 대상 근로자들은 기업에 부정적인 영향을 미칠 만한 정보는 누설하지 않도록 사전에 교육받거나 생산 현장의 관리자들에 의해 사전에 선정되기도 한다. 형식적인 감사제도가 생산 현장의 근로자들만 더욱 피곤하게 한다는 것은 이미 오래전부터 제기되고 있는 주장이다.

3) 상호 공생

생산 현장의 기업·근로자들과 지역 사회가 상호 공생할 수 있는 행동 강령을 모색할 필요가 있다. 생산 현장의 기업들은 근로자들에게 기술, 경영 노하우 등을 전수하고 지역 사회 발전에 적극 참여하는 것이 더 바람직하다. 생산 현장 기업들이 지역 사회 발전에 지속적으로 참여할 수 있도록 사회적 여건을 조성해야 한다. 기업들이 근로자들과 함께 근로 여건 개선, 기업의 발전, 지역 사회 발전 등에 앞장선다면 기업은 물론 지역 사회 발전에도 효과적일 것이다.

또, 후발개도국의 경제 발전 여부는 해당 국가와 근로자들의 지식이나 기술 습득 능력과 노력 등에 달려 있다고 주장된다. 따라서 후발개도국의 생산 현장 기업들은 글로벌 기업들의 생산 및 판매 기술, 경영 능력 등을 배우려는 노력이 필요하다. 인적자본의 이용 방식, 생산성 향상, 글로벌 기업의 기술, 글로벌 기업과 현지 기업들 간의 관계 등이다. 글로벌 기업들의 기술, 경영 노하우, 판매 전략 등은 경제적으로 중간 수준의 후발개도국들이 받아들이기가 상대적으로 용이하다고 주장된다. 그러나 아주 가난한 국가에서는 이를 기대하기가 어려울 수도 있다. 따라서 추상적이고 애매한 행동 강령을 강조하기보다는 후발개도국에 있는 생산 현장 기업들이 글로벌 기업을 통해서 경제적으로 성장하고 발전할 수 있는 구체적인 방안을 제시하는 것이 더 바람직하다.

글로벌 스포츠 기업들은 후발개도국의 생산 현장과 근로자들과 상호 공생할 수 있는 방안을 모색할 필요가 있다. 상호 공생은 장기적으로 모두를 이롭게 한다.

[그림 6-3] 글로벌 기업과 생산 기지 근로자들 간 공생

제**7**장　스포츠 장비 산업과 글로벌 표준화

제1절　의미와 구분

1) 의미

　대부분의 스포츠 활동은 일련의 규칙에 따라 이루어지고 표준화된 스포츠 장비를 사용한다. 스포츠 장비는 스포츠 활동에 필요한 제품으로 신체적 활동과 결합하여 경기 결과에 영향을 미치기도 한다. 스포츠 장비는 경기력을 향상시키는 데 도움이 될 뿐 아니라 참가자들과 관중의 안전과 부상 방지 등에 기여한다. 예를 들어, 야구 경기를 하기 위해서는 야구공, 배트, 글러브, 보호대 등의 장비를 갖추어야 한다. 특히, 과학 기술의 발달과 더불어 스포츠 기구나 협회에서는 공정한 경기, 선수와 관중들의 안전 등을 위해 경기에서 표준화된 장비를 사용하도록 한다. 스포츠 장비는 종목에 따라 다양하게 사용되며 동일한 종목에서도 서로 다른 규칙과 장비들이 사용되기도 한다.

　스포츠 산업이 고도화·선진화되면서 스포츠 용품 산업이 용품과 장비 산업으로 구분되기도 한다. 또 일부 스포츠 종목이 과학 기술, 기계 등과 결합되면서 스포츠 장비 산업이라는 말이 자연스럽게 사용되고 있다. 골프, 테니스, 요트, 항공 스포츠, 자전거, 봅슬레이, 루지 등이 대표적이다. 스포츠 장비를 활용한 경기 대회는 장비 기술에 의해서 경기력이 좌우되기도 한다. 최근 들어, 스포츠 장비 생산에 최첨단 기술이 동원되고 부가가치도 상대적으로 높다는 점에서 관련 기업들의 관심이 증가하고 있다. 특히, 다양한 장비를 많이 사용하는 동계올림픽 경기 대회에는 글로벌 기업들이 최첨단 기술로 스포츠 장비를 발전시키고 있다.[1] 이제 스포츠 장비는 단순히 스포츠 경기 대회를 위한 기술 개발을 넘어서서 과학 기술 발전을 위한 경연장으로 확대되고 있다.

2) 스포츠 용품·장비업의 구분

과거에는 스포츠 용품업이라고 하면 스포츠 용품과 장비를 의미하였다. 그러나 산업 구조의 고도화·선진화와 더불어 스포츠 용품의 전문화, 소비자들의 다양한 욕구 등으로 스포츠 용품 산업은 점차 세분화·전문화·다양화되고 있다. 스포츠가 점차 다양해지면서 종목별로 스포츠 용품·장비 시장이 등장하기도 한다.

스포츠 용품과 장비는 사람들이 스포츠 활동에 참여하는 데 필요한 유형의 제품이라는 점에서 동일하게 취급되기도 한다. 그러나 스포츠 시장이 상대적으로 발전한 선진국에서는 스포츠 용품보다는 상대적으로 부가가치가 더 큰 스포츠 장비 생산에 더 많은 관심을 가진다. 즉, 상대적으로 저임금이며 노동력이 풍부한 후발개도국에서는 스포츠 의류, 스포츠 신발 등 스포츠 용품을 주로 생산하고, 상대적으로 고임금이며 과학 기술이 발달한 선진국에서는 골프 클럽, 보트, 요트, 항공 스포츠 등과 같은 고부가가치의 스포츠 장비 생산에 더 많은 관심을 가진다. 이러한 이유로 스포츠 용품업을 스포츠 용품업과 스포츠 장비업으로 구분해야 된다고 주장된다. 스포츠 용품이나 장비는 경기력 향상 등을 위해 끊임없이 기술 혁신을 추구한다는 공통점을 지니지만 부가가치, 사용 용도, 시장 규모 등이 다르다. 일부 학자들은 스포츠 용품업과 스포츠 장비업은 다음과 같은 차이점이 있다고 주장한다.[2]

---

[1] 2014 소치 동계올림픽에서 미국 스피드 스케이트 선수들이 입었던 유니폼인 '마하39'는 미국의 스포츠 의류제조 기업인 언더아머(under armour)와 항공우주 기업인 록히드마틴사(lockheed martin corporation)의 합작품이다. 유니폼은 우주선 제작에 사용되는 유리 섬유, 폴리우레탄 수지 등을 활용하여 인체에 적합하게 만들었다. 공기 흐름을 원활하게 하는 동시에 공기 저항과 마찰력을 줄였다. 또, 봅슬레이는 세계적으로 유명한 자동차 생산 기업들의 기술력을 동원하여 만들고 있다. 미국 팀 봅슬레이는 BMW사가 제작하였다. 차체는 가벼운 탄소 섬유를 이용하였으며 높이를 낮추고 표면을 더욱 매끄럽게 하여 공기 저항을 줄여서 경기력을 향상시켰다고 한다.

[2] 안드레프(Andreff, W., 2004, 2006), 플러튼과 러셀 머즈(S. Fullerton & G. Russell Merz, 2008) 등이 대표적이다. 스포츠 의류, 신발 등의 용품은 스포츠 활동에 참가하지 않는 시간에도 여러 가지 용도로 사용이 가능하다. 이러한 용품을 일상적인 스포츠 용품(trite sports goods)라고 한다. 반면 장비 중심의 스포츠 용품은 단지 해당 스포츠만을 위해 사용되고 다른 활동에는 사용되기 어렵다. 스키 장비는 스키, 서핑보드는 서

첫째, 일상적인 스포츠 용품은 저임금, 단순 노동력으로도 만들 수 있으며, 대량 생산이 가능하다. 스포츠 의류, 신발 등과 같은 일상적인 스포츠 용품들은 스포츠 활동에 필요하지만 스포츠 활동을 하지 않는 시간에도 사용이 가능하다. 반면, 스포츠 장비는 해당 스포츠 활동을 위해 사용될 때 사용가치가 크고 스포츠 활동하지 않는 시간에는 거의 사용하지 않는다.

둘째, 스포츠 장비는 스포츠 의류나 신발에 비해 상대적으로 고가의 제품이며 부가가치가 높은 편이다. 골프 클럽, 보트, 요트, 산악 자전거, 스키 등의 스포츠 장비는 스포츠 의류나 신발 등의 스포츠 용품에 비해 부가가치가 상대적으로 더 높다. 특히, 항공 스포츠, 요트, 사이클링 등의 스포츠 장비는 고도의 첨단 기술을 필요로 한다. 스포츠 장비의 기술 발전은 스포츠 산업뿐 아니라 관련 산업의 발전에도 기여한다.

셋째, 스포츠 장비 산업은 스포츠 용품업에 비해 시장 규모가 작으며 다양한 장비를 생산한다. 일상적인 스포츠 용품 시장은 장비 시장에 비해 소비자가 많으며 시장 규모도 더 크다. 스포츠 용품업은 대부분이 후발개도국에서 생산되는 반면에 스포츠 장비업들은 선진국에서 직접 생산된다. 〈표 7-1〉은 스포츠 용품 산업을 용품업과 장비업으로 세분한 것이다.

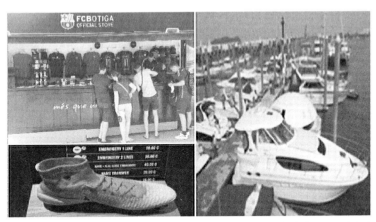

스포츠 신발, 의류 등은 스포츠 용품으로 요트 등은 스포츠 장비 산업으로 구분하여 분석하는 것이 더 바람직하다고 주장된다.

[그림 7-1] 스포츠 용품과 장비 산업

핑, 골프 장비는 골프를 위해서 주로 사용된다. 이와 같은 형태의 스포츠 용품을 장비 중심의 스포츠 용품(equipment-intensive sports goods)라고도 한다.

〈표 7-1〉 스포츠 용품업과 장비업의 구분

대분류	중분류	소분류	주요 항목
스포츠 용품·장비 산업	스포츠 용품업	스포츠 의류 (sports wear)	- 운동 경기복, 등산복 등
		스포츠 신발류 (sports footwear)	- 축구, 야구, 마라톤 등 경기용 신발, 등산화
	스포츠 장비업	볼 스포츠 (ball sports)	- 야구, 소프트 볼, 농구, 축구, 배구, 크리켓, 미식축구, 하키 등
		모험 스포츠 (adventure sports)	- 캠핑, 사냥, 스킨다이빙, 스킨스쿠버, 수상스키, 서핑보드, 세일링 보드
		피트니스(fitness)	- 아령, 역기, 점프로프, 트레드밀(treadmill), 자전거, 기타 가정용
		골프 (golf)	- 골프채, 글로브, 가방, 카트, 볼 등
		라켓 스포츠 (racket sports)	- 테니스, 스쿼시, 배드민턴 등
		동계 스포츠 (winter sports)	- 각종 스키, 스케이트, 스노우 보딩
		기타	- 양궁, 당구, 볼링, 인라인 스케이팅, 사이클, 무술 장비, 낚시 등

자료: Global Sports Equipment(2009), www.datamonitor.com.

제2절 장비 산업의 특징과 실태

1) 장비 산업의 특징

스포츠 장비 산업은 스포츠 용품 산업에 비해 다음과 같은 특징을 지닌다.

첫째, 스포츠 장비는 생산 과정에서 '규모의 경제'(economies of scale)를 달성하기가 쉽지 않다. 규모의 경제는 생산 규모가 증가할수록 제품의 생산단가가 낮아지는 현상이다. 스포츠 의류나 신발과 같은 스포츠 용품업은 대규모 생산으로 생산비용을 낮추는 등 규모의 경제가 가능하지만 스포츠 장비는 그렇지 못하다. 스포츠 장비들은 스포츠 용품업에 비하여 소량 생산 체제이다. 스포츠 장비는 스포츠 용품업에 비하여 시장 규모가 작기 때문이다. 하지만 스포츠 장비 단위당 부가가치는 상대적으로 더 높다고 주장된다.

둘째, 스포츠 장비를 생산하는 기업들은 독특한 아이디어나 창의력만으로도 커다란 부가가치를 창출할 수 있다. 스포츠 장비 시장에서는 창의력, 연구 개발(R&D), 최첨단 기술, 혁신 등이 성공 요인이므로 자금력이 다소 부족하더라도 시장에 손쉽게 진출할 수 있다. 창의력은 기술 혁신과 결합하여 새롭고 다양한 형태의 스포츠 장비를 만들어 내기도 한다. 그러나 스포츠 용품 기업에 비해 상대적으로 소규모이며 사업 활동에 기복이 심하다고 주장된다.

셋째, 스포츠 장비는 종목에 따라서 모형이나 디자인, 크기, 무게, 강도, 기술력 등이 다양하고 종목이나 가격에 따라서 시장도 제각각이다. 스포츠 장비 산업은 종목별로 세분화되어 있고, 동일한 종목에 사용되는 장비라도 전문화·차별화되어 있다. 종목에 따라 소량의 맞춤형 스포츠 장비를 생산하기도 한다. 동일 종목의 스포츠 장비라도 기능과 성능이 우수한 장비가 있는가 하면 그렇지 않은 경우도 있다.

넷째, 대부분의 스포츠 장비는 기구나 협회에서 제시하는 글로벌 표준화를 따른다. 최첨단 과학 기술이 첨가된 스포츠 장비라도 스포츠 기구나 협회에서 규정되어 있는 경기 규칙이나 장비 표준화를 준수해야 한다. 가끔 새로 생산된 스포츠 장비가 경기 규칙이나 표준화를 위반해 논란이 되기도 한다. 국제표준화에 맞는 장비를 갖추어야 공정한 경기가 가능하며 경기 결과를 인정받을 수 있다. 따라서 스포츠 장비에 투입되는 원료와 과학 기술에 대한 객관적인 기준을 엄격히 준수해야 한다.

2) 글로벌 스포츠 장비 시장 실태

글로벌 스포츠 장비 산업은 주로 선진국을 중심으로 발전하고 있다. 스포츠 장비 개발을 위한 기술과 원료, 생산 방식 등은 혁신적이며 주로 선진기법에 의존한다. 스포츠 장비의 기술 혁신은 해당 스포츠의 발전뿐 아니라 기업의 성장과 발전에도 중요하다. 스포츠 장비 산업의 중요성이 점증하고 있음에도 불구하고 글로벌 스포츠 장비 시장에 대한 실태는 제대로 파악되지 않고 있는 실정이다. 스포츠 장비에 대한 개념이 통일되어 있지 않으며, 스포츠 종목에 따라 전문화·세분화되어 있다. 또한 스포츠 장비 산업이 한 나라의 전체 산업에서 차지하는 비중은 아주 작기 때문이기도 하다. 아주 극소수의 연구자들이 스포츠 장비 산업의 실태를 파악하고 있다. 〈표 7-2〉는 글로벌 스포츠 장비 시장의 규모를 추정한 것이다. 2014년 전 세계 스포츠 장비 시장은 710억 달러였으며, 2019년에는 814억 달러에 달할 것으로 전망하고 있다.

〈표 7-2〉 글로벌 스포츠 장비 시장 규모 추정(억 달러, %)

연도	2014	2015	2016	2017	2018	2019
전 세계	710	725	746	768	791	814
증가율(%)	(3.5)	(2.2)	(2.9)	(2.9)	(3.0)	(3.0)

자료: Global Sports Equipment(2014).

〈표 7-3〉은 글로벌 스포츠 장비 시장을 모험 스포츠, 볼, 피트니스, 골프, 동계, 라켓 스포츠 장비 등으로 구분하고, 유형별 스포츠 장비 시장의 규모를 추정한 것이다. 모험 스포츠, 볼, 피트니스 장비 등의 시장 규모가 큰 것을 알 수 있다. 또 다른 보고서에 따르면, 2014년 기준 글로벌 스포츠 장비 시장 점유율은 미국, 캐나다, 멕시코 등 북미 (39.6%), 유럽(30.6%), 중국, 한국, 일본, 호주 등 아시아-태평양(28.2%), 중동 및 아프리카 (1.6%) 순으로 나타났다.[3]

〈표 7-3〉 유형별 스포츠 장비 시장 규모(2013년 기준)

스포츠 장비 유형	스포츠 장비 종류	억달러(%)
모험 스포츠	캠핑, 사냥, 스킨다이빙, 스킨스쿠버 등	176(24.7)
볼	야구, 소프트볼, 농구, 축구, 배구, 하키 등	168(23.7)
피트니스	자전거, 로잉머신, 러닝머신, 줄넘기, 역기 등	133(18.7)
골프	클럽, 볼, 장갑, 카트 등	105(14.9)
동계스포츠	스키, 스노우보딩 등	67(9.4)
라켓	테니스 배드민턴, 스쿼시 등	61(8.6)
합계		710(100.0)

자료: global sports equipment(2015).

---

3) 글로벌 스포츠 장비(global sport equipment)는 글로벌 차원의 스포츠 장비 시장 규모를 파악하는 유일한 자료라는 점에서는 의미가 있다. 그러나 매년 발표하는 자료의 편차가 지나치게 크게 나타나고 있어 신뢰성에 의문이 제기되기도 한다.

〈표 7-4〉는 우리나라의 스포츠 장비 산업의 실태이다. 우리나라의 스포츠 장비 산업은 아직 초보 단계로 유치 산업(infant industry) 수준이며 소수의 종목들이 주도하고 있다. 우리나라의 스포츠 장비 시장은 골프, 체조·육상·체력 단련 장비, 낚시 도구 및 수렵 용구 등이 상대적으로 큰 것을 알 수 있다. 양궁, 국궁 등 소수의 스포츠 장비들이 세계적으로 우수성을 인정받기는 하지만 시장 규모는 아주 작은 편이다.

〈표 7-4〉 우리나라의 주요 스포츠 장비 산업의 실태(단위: 억원)

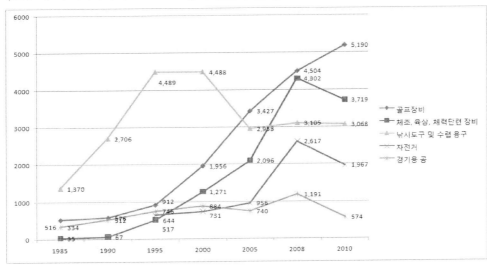

3) 장비 시장과 기술 혁신 유인

스포츠 장비에 전산화·자동화 등의 기술 혁신이 이루어지기 시작한 것은 1970년대 이후부터이다. 야금술, 화학, 기계장비, 전자 등 신기술이 도입되기 시작하였다. 스포츠 장비는 끊임없는 기술 혁신을 추구하는데, 그 이유는 다음과 같다.

첫째, 기술 혁신은 스포츠 장비 기업들이 시장 점유율을 확대하거나 생존하는 데 중요한 전략이다. 글로벌 스포츠 장비 기업들은 특허권에도 많은 관심을 가지고 있다. 실제로, 동계 스포츠 용품·장비업과 관련한 국제 특허권은 2만여 개나 된다고 한다. 기술 혁신은 여러 가지 요인에 의해서 이루어진다. 해당 종목의 스포츠 선수들에 의해 이루어지기도 한다. 예를 들어, 크로스 컨트리 스키에서 스키-스케이팅(ski-skating)과 도움닫기 높이뛰기 경기에 사용되는 발판(fosbury flop) 등은 해당 스포츠 경기에 직접 참가하는 선수들의 제안으로 개발되었다. F1(formula one), NASCAR 등과 같은 자동차 경기에서는 엔지니어들이 경기력 향상을 위한 기술 혁신을 제안하기도 한다. 이처럼 스포츠 장비들이 끊임없는 혁신을 추구하는 이유는 첨단 과학 기술을 이용하여 스포츠 장비를 개발하여 경기력을 향상시키고 승리를 거두기 위해서이다. 만약 어떤 선수가 신기술이 첨가된 장비로 경기에서 승리할 경우 해당 선수뿐 아니라 장비를 생산한 기업도 경제적으로 커다란 이득을 얻을 수 있다.

둘째, 스포츠 장비의 기술 혁신은 해당 스포츠를 발전시키고 시장을 확대시킬 수 있다. 스포츠 장비의 기술 혁신 과정에는 과학, 기계, 디자인, 물리학 등이 포함될 뿐 아니라 분석학, 생리학, 생체 역학, 인체 공학 등도 필요하다. 신체의 내·외부에 대한 반응 등 기본적 조건에다가 인대, 근육, 신체 조직 등이 적용되기도 한다. 장비 기술 혁신은 강력한 힘, 유연성, 피로 방지, 내구성, 비용 등도 고려된다. 이러한 조건을 충족시키기 위해서 금속, 세라믹, 폴리메리아, 합성수지 등이 사용되기도 한다. 재료들의 특성이나 농도를 비교하고 감안하는 등 다양한 원료들을 혼합하기도 한다. 이러한 재료를 이용하여 보다 세련되고 창조적인 디자인으로 소비자들의 구매력을 자극하기도 한다.

셋째, 스포츠 이벤트나 경기에서 보다 많은 관중이나 시청자들을 유인하기 위해서 기술 혁신을 추구한다. 예를 들어, 2010 남아공 월드컵 축구 대회에서 축구공의 속도를 이전보다 더 빠르게 만든 것은 보다 많은 골이 터져 팬들을 보다 즐겁게 하기 위해서였다. 테니스볼의 직경을 약 2㎜ 정도 더 크게 만든 것도 관람객들이 경기에 좀 더 많은 관심을 가질 수 있게 하기 위해서였다. 이외에도 신기술을 도입하여 보다 많은 사람들이 안전한 스포츠 활동을 영위할 수 있도록 하기도 한다. 쇼트 스키, 따뜻해지는 스키용 신발, 자전거 헬멧 등이 그러한 예이다.

넷째, 스포츠 활동 중 편리성과 실용성을 높이기 위해 스포츠 장비의 기술 개발과 진화가 이루어진다. 편리성과 관련해 스포츠 활동에 참여하는 사람들의 요구 조건들은 끊임없이 변화한다. 편리성은 전통적인 논리를 따르지 않는다. 편리성 또는 실용성은 다음의 사항들을 고려한다. 우선, 스포츠 활동 장소와 주위 환경이다. 스포츠 장비가 어디에서 사용되는가를 고려한다. 예를 들어 스키 장비의 경우, 평지 또는 경사지에서 사용되는지, 아니면 눈이 많은 곳이나 잘 닦여진 트랙에서 사용되는가에 따라 고려하여야 할 사항들이 달라진다. 그리고 어떤 부류의 소비자들이 스포츠 장비를 사용하는가를 고려한다. 장비를 사용하는 목적은 힘, 민첩성, 경험, 적합성 등 다양하다. 그리고 해당 스포츠 경기 규칙을 감안한다. 스포츠 규칙은 기능적 해결책과는 다르다. 예를 들어, 스키의 경우 길이나 폭, 점핑 등이다. 마지막으로 스포츠의 범위이다. 만약 어떤 스포츠가 남녀 간 구분, 소득 등에 대한 차별이 없이 이루어진다면 소비가 크게 증가할 것이다. 이러한 기술 개발에 대한 동기는 최고의 스포츠 장비를 생산할 수 있게 하고, 스포츠 장비의 기술 개발은 경기력 향상, 편리성, 실용성, 소비자의 구매 욕구 등에 영향을 미친다. 스포츠 장비에 대한 기술 개발 동기와 관심은 스포츠의 발전에도 긍정적인 영향을 미친다.

제3절 기술 혁신과 주요 장비

1) 스포츠 장비의 발전과 진화

스포츠 장비가 경기력을 향상시킬 수 있다는 사실을 인식되면서 장비 개발은 신체적 구조 등을 고려하여 진화하고 있다. 스포츠 장비의 진화 과정은 크게 신체, 장비, 시스템, 생물학적 적합성 등의 과정을 거치면서 발전과 진화하고 있다.

첫째, 초기의 스포츠 장비는 신체적으로 적합성을 모색하였다. 이 단계는 신체에 적합한 장비를 개발하여 경기력을 향상시키는 데 관심을 두었다. 스포츠 장비를 개발하는 목표는 인간의 신체적 효율성을 증가시키는 것이었다. 즉, 신체적 한계를 극복하고 신체에 적합한 장비를 개발하는 것이었다. 따라서 당시의 스포츠 장비 개발은 과학이나 기술보다는 참가자들의 경험에 주로 의존하였다. 실제로 아디다스의 창립자인 아디 다슬러(adi dasssler)는 1925년에 축구화에 징을 박고 경기에 참가하도록 하였으며, 1926년에는 나선형의 하키 스틱을 개발하였다.

둘째, 경기에 적합한 장비이다. 스포츠 장비에 점차 다양한 기술들이 적용되어 선수들의 경기력을 향상시킬 수 있었다. 특히, 창던지기, 원반던지기, 봅슬레이 등은 공기역학을 감안하여 개발되었다. 또, 기존의 스포츠 장비에 새로운 원재료를 첨가하여 개발한 결과 장비는 보다 가볍고 강력하고 견고해졌다. 스포츠 장비가 가벼워졌지만 비틀리지 않았다. 그래파이트 파이버(graphite fiber)로 보다 가볍고 견고하게 만든 테니스 라켓, 철을 함유한 투명한 장대높이뛰기 등이 대표적이다. 그러나 새로운 장비의 등장은 선수, 심판, 관중들을 부상 위험에 빠뜨릴 수 있으며, 스포츠가 지닌 고유의 속성을 근본적으로 변화시킬 수 있다는 문제가 제기되기도 하였다. 1980년대 새로 개발된 경기용 투창 (javelin)이 대표적이다. 새로 개발한 경기용 투창은 남자 선수들이 100미터 이상을 던져야 세계 신기록이 가능할 정도로 멀리 날아갈 수 있었다. 새로 개발된 투창으로는 기존의 스포츠 경기장에서 경기를 할 수가 없게 되었다. 투창이 스포츠 경기장 밖으로 날아갈 수 있었기 때문이었다.

셋째, 단순한 기술 개발을 넘어서 인간의 신체적 구조를 감안한 장비들이 개발되었다. 스포츠 종사자들과 과학자들이 신체적 구조에 적합한 스포츠 장비를 개발하였다. 신체적으로 가장 적합한 스포츠 장비를 개발하기 위해서 인간의 행동 능력에 대한 연구도 시작되었다. 과거의 스포츠 장비를 위한 기술 혁신은 인간의 신체적 구조나 행동에 대한 특성을 간과하고, 스포츠 장비가 지니는 효과에만 관심을 가졌다. 그러나 이제 스포츠 장비 생산은 스포츠 과학자들의 요구에 따라 다양한 기술이 함유된다. 선수들은 자신의 신체적 구조에 가장 적합한 스포츠 장비를 선택한다. 또, 경기 결과에 대한 기록과 통계는 스포츠 장비 생산자들에게 장비 개발을 가능케 한다. 스포츠 장비 기술의 발달은 인간의 신체적 구조와 행동 능력과 밀접한 관계를 갖는다.

넷째, 생물역학(biomechanics)의 적용이다. 생물의 운동을 기계공학적인 측면에서 연구하는 것으로, 인간의 의수·의족 개발 등의 기술이 스포츠 장비에도 응용되고 있다. 경기력을 극대화하기 위해서 인간의 신체적 능력이나 생물학적 특성에 관심을 가지기 시작한 것이다. 경기력을 향상시키기 위해 생물역학을 스포츠 장비에도 응용하기도 한다. 과거에는 인간의 행동분석을 통한 최적의 장비 개발에 관심을 주로 가졌다면, 생물역학은 스포츠 장비와 인간의 운동 신경 기술 간의 결합을 시도하는 것이다. 인체의 다양한 특성과 개인의 운동 근육의 변화 등을 바탕으로 생물학적으로 적합한 장비를 생산하게 되었다.

다섯째, 신체적 특성과 장비를 결합하여 운동 근육에 미치는 효과를 높이려는 기술 개발이 시도되고 있다. 운동 시스템의 변화와 상황에 따른 과학적 예측 등에 대한 관심이 증가하고 있다. 예를 들어, 어린 선수들이 근육을 강화시키는 데 도움이 되는 소형 테니스 라켓이다. 또, 공기역학이 중시되는 봅슬레이 경기에서 선수들의 위치에 관한 것이다. 예를 들어, 4인승 봅슬레이 경기에서 매 경기마다 선수들의 역할을 바꾸는 것이 시간을 더 단축시킬 수 있다고 주장되기도 한다. 또한 골퍼의 운동신경에 통제를 가하고 스윙하는 동안에 나타나는 상호영향을 측정하였다. 그 결과 골퍼가 스윙을 할 때 중심이동은 개인의 근육 신경과 골프 클럽에 영향을 받는 것으로 나타났다. 스포츠 장비의 개발과 진화는 신체적 특성과 사용자들의 패턴까지 확대되었다.

　스포츠 장비의 개발과 진화는 사용자들의 경기력을 향상시키고 스포츠 장비 기업들이 성장하는 데 기여한다고 평가된다. 하지만 스포츠 장비 개발을 위한 과열 경쟁은 일부 글로벌 스포츠 경기 대회에서 선수 간 신체적 활동에 의한 경기력이나 경쟁보다는 국가 간 과학 기술 경쟁이 부각되게 한다고 지적되기도 한다. 스포츠 경기의 본질을 왜곡시키고 있다는 것이다. 그러나 스포츠 장비는 편리성, 경기력 향상, 기업의 수익성 등의 순효과가 있는 한 계속 발전하고 진화할 것이다.

2) 주요 장비의 발전 사례

(1) 장대높이뛰기

　세계육상협회(IAAF)에서는 장대높이뛰기(pole vaulting) 경기 규칙으로서 장대의 길이, 직경, 합성물질 등을 규정한다. 초기의 장대높이뛰기 경기에서는 물푸레나무, 전나무, 가문비나무, 호두나무 등을 사용하였다. 이러한 장비들은 무거워서 빨리 달릴 수가 없었으며 잘 부러지기도 하였다. 1900년대 초반에는 대나무를 사용했다. 가운데 구멍이 뚫려 있는 대나무는 상대적으로 가볍고 탄력이 있어 이를 사용하는 선수들은 경기력을 향상시킬 수 있었다. 1940년대 초반에는 스위스제 철강을 사용하였는데 유연하고 내구성이 강하였다. 1960년대에는 철을 이용한 장대가 등장하였는데 상대적으로 견고하여 경기력을 향상시킬 수 있었다. 이처럼 점점 더 새로운 스포츠 장비들이 개발됨으로써 선수들의 경기력이 점차 향상되었다. 가장 혁신적인 장대높이뛰기 장비는 유연한 탄소 유리로 만든 것이라고 주장된다. 유연한 장대는 선수가 도약할 때 충격을 줄여준다. 초반에는 탄소 유리 장대에 랩을 감아 사용하였다. 탄소 유리 장대는 기존의 것에 비하여 15~25% 정도 가벼웠다.

현대의 장대는 탄소 유리나 탄소 유리 혼합물, 탄소 섬유 등으로 제작된다. 장대는 170도 이상 구부러질 수 있다. 장대높이뛰기의 기술 개발은 선수가 도약할 때 운동 에너지 손실을 최소화하고, 저장된 에너지를 선수에게 적당한 시기에 되돌려주는 역할을 한다. 장대가 아주 유연할 경우 선수들은 크로스바를 쉽게 넘을 것이고, 장대가 지나치게 뻣뻣하면 크로스바를 넘기가 쉽지 않을 것이다.

그러나 유연한 장대를 사용하는 선수들은 장대가 휠 때 에너지 방출과 저장 시간을 고려해야 한다. 장대의 길이와 견고성은 선수들마다 다르게 요구된다. 이는 선수들이 달리기 속도, 체중, 수직적 연결, 장대 이용 기술 등이 서로 다르기 때문이다. 장대높이뛰기를 할 때 운동분석 과학을 배제할 수 없을 것이다.

(2) 골프 클럽

골프채(golf club)는 그립(grip), 헤드(head), 샤프트(shaft) 등으로 구성된다. 골프를 치기 위해서 손으로 잡는 가장 윗부분을 그립, 공을 치는 넓은 부분을 헤드, 헤드와 그립 사이를 샤프트라고 한다. 샤프트는 골프채의 번호에 따라 길이가 달라진다. 헤드의 형태에 따라 우드, 아이언, 웨지, 퍼트 등으로 나누고 샤프트의 길이와 헤드의 크기, 각도에 따라 골프채의 번호가 매겨진다. 통상 골프 경기 대회에서는 14개의 골프채를 사용한다.

최초의 골프채는 물푸레나무, 개암나무, 은행나무, 히코리나무 등으로 만들었는데, 단단하고 잘 부러지지 않았다. 특히, 북미산 호두나무의 일종인 히코리나무는 쉽게 변형되지 않고 단단하고 가벼우며 적당한 탄력성을 지니고 있어 1900년 초반까지 골프채의 샤프트로 많이 애용되었다. 그러나 골프공을 좀 더 멀리 보내기 위해서 무거운 공이 사용되면서 히코리 샤프트가 자주 부러졌다. 이에 대한 대안으로 통으로 된 스틸 샤프트가 개발되었으나 너무 무거웠다. 그 후 튜브형 스틸 샤프트가 등장하였는데, 이는 나무로 만든 샤프트에 비해 가볍고 단단하며 수리하기도 쉬웠다. 스틸 샤프트는 거리, 방향, 타구, 유연성, 탄성, 복원성 등에서 나무로 만든 골프채를 능가하였다. 하지만 골퍼들로부터 그다지 관심을 얻지 못했다. 1931년 빌리 버크라는 프로 골퍼가 스틸 샤프트로 US오픈에서 우승하면서부터 대중화되기 시작하였다. 그 후 많은 골퍼들이 스틸 샤프트 골프채를 애용하였다. 이에 미국 골프협회(USAGA)는 1924년에, 영국 왕실 골프협회(R&A)는 1930년에 골프 경기에서 스틸 샤프트 사용을 허용했다. 이후 골프 경기 대회에서 스틸 샤프트 골프채는 거의 표준화되다시피 하였다.

1960년대 들어 미국 항공우주국에서 개발한 카본섬유를 이용한 그래파이트 샤프트가 등장하였다. 그래파이트 샤프트는 가볍고 탄성이 뛰어나며 제조 방법에 따라 무게와 강도를 조절할 수 있었다. 그러나 초기에는 가격이 너무 비싸서 대중화되지 못했다.

요즘의 샤프트는 그래파이트와 티타늄으로 만들어진다. 우드의 샤프트는 주로 그래파이트와 다른 합금을 혼합하여 만들고, 아이언 샤프트는 무게 중심을 낮추기 위해서 강합금으로 만든다. 골프채의 헤드는 골프채의 무게를 유지하면서 스피드를 높일 수 있도록 가벼운 메탈소재로 만들어진다. 주로 티타늄, 강철, 그래파이트, 붕소, 강합금 등이 사용된다. 골프채의 샤프트는 나무로 시작하여 스틸, 티타늄으로 발전하고 있다. 최근에는 3D모션과 필드의 반응을 측정한 자료를 통해 인간의 신체와 골프 클럽 간의 연구도 이루어지고 있다. 신체와 골프 클럽 간 상호작용, 과학 기술 등에 근거하여 골프 클럽의 기술이 점차 향상되고 있다.

(3) 자전거

자전거(bicycle)는 오래전부터 이동 수단으로 널리 이용되고 있다. 최초의 자전거는 나무로 만들었는데 너무 무거웠다. 1896년 제1회 아테네 올림픽에서 자전거 경기 대회가 시작되었다. 자전거 경기가 시작되면서 기술 혁신은 주로 무게와 공기 저항을 줄이는 데 관심을 가졌다. 자전거의 무게를 줄일 수 있는 곳은 주로 프레임과 타이어이다. 초창기의 자전거 프레임은 나무, 철강, 스테인리스 등으로 만들었으나 최근에는 카본 소재가 사용되고 있다. 자전거 타이어의 경우, 평탄한 도로에서는 가벼운 타이어를, 그렇지 않은 곳에서는 좀 더 무거운 타이어를 사용한다.

1992년 바르셀로나 올림픽 경기 대회에서 영국의 사이클 선수가 탄소 섬유를 이용하여 만든 슈퍼 바이크라는 자전거로 우승하였다. 영국 선수가 탔던 자전거는 기존의 자전거를 완전히 개조한 것이었다. 뒷바퀴는 바퀴살이 없는 원반형이었으며, 앞바퀴에는 칼

날처럼 얇고 넓적한 바퀴살이 3개만 달려 있었다. 바퀴살의 공기 저항을 줄이기 위해 바퀴살을 얇게 만들고 수를 줄인 것이다. 또 이 자전거는 공기 역학과 선수의 움직임을 고려해 과거의 자전거와는 달리 삼각형 구조를 취하지 않았다. 영국이 72년 만에 금메달을 획득하자 가장 큰 충격을 받은 나라는 미국이었다. 1984년 LA 올림픽 사이클 경기에서 4개의 금메달을 땄으나 1992년 바르셀로나에서는 한 개의 금메달도 따지 못했기 때문이다.

미국은 1996년 애틀랜타 올림픽을 대비하여 수백만 달러를 투자하여 슈퍼 바이크 Ⅱ를 만들었다. 슈퍼 바이크 Ⅱ는 방탄조끼에 사용되는 가볍고 튼튼한 케블라(kevlar)라는 섬유를 사용하였다. 체인도 아주 얇게 만들었다. 미국 선수들은 애틀랜타 올림픽에서 한 대에 4만 달러나 되는 고가의 자전거로 출전했으나 경기 결과는 은메달 2개, 동메달 1개에 그쳤다. 선수들은 자전거가 빠르기는 했지만 튼튼하지 않고 다루기 어려웠다고 지적했다. 또, 코치들이 선수 개개인의 특성을 무시하고 일괄적으로 고가의 자전거를 강요했다고 불만이 제기되기도 하였다.

많은 국가들이 첨단 자전거를 개발하기 위해 막대한 자금을 투자하였다. 최첨단 기술이 함유된 자전거를 가지고 출전한 선수와 그렇지 못한 선수 간 전력 격차에 대해서 논란이 제기되었다. 신체적 역량을 강조하는 올림픽 경기 대회가 자전거의 기술 성능을 겨루는 무대가 되어가고 있다는 비난이 제기되었다. 1997년 국제사이클연맹(UCI)에서는 사이클 경기 대회에서 선수들이 신체적 기량을 겨루는 것이 아니라 첨단 과학 기술에만 의존하려 한다고 경고하였다. 최첨단 기술에 의존한 자전거 경기 대회는 스포츠 정신과 공정한 경쟁을 저해하고, 많은 국가들이 최첨단 자전거 개발을 위해 지나치게 많은 비용을 지출한다고 지적하였다. UCI에서는 자전거의 기본 프레임을 만들 때 전통적인 삼각형 구조를 준수하게 하고, 무게를 6.8kg 이하로 줄일 수 없도록 규정하였다. 과도한 기술 개발 경쟁을 억제하고 지나치게 가벼운 자전거를 만들어 안전을 위협받는 상황을 막기 위한 조치였다. 이는 2000년 시드니 올림픽 때부터 적용되어 현재까지 유지되고 있다. UCI는 2016년 1월 경기용 자전거에 대한 각종 규정을 보완하였다.

(4) 테니스 라켓

1880년대만 하더라도 테니스 라켓은 한 가지 종류의 나무로 만들었는데, 라켓의 헤드부분은 수증기나 불로 휘어서 정사각형으로 만들었다. 손잡이는 홈을 파거나 코르크를 덧씌웠다. 당시에는 테니스 라켓의 모양이나 크기에 대해서는 특별한 규정이 없었다. 따라서 라켓 제조업자들은 선수들의 요구 사항을 받아들여 완벽한 경기를 할 수 있게 하려고 노력하였다.

1920년대에 강철과 같은 금속으로 만든 라켓이 등장하였다. 나무로 만든 라켓보다 내구력이 더 강하다고 알려진 금속 라켓은 날씨에 영향을 받지 않으며 튼튼하였다. 나무 라켓보다 더 얇아서 사용하기가 편리하였다. 그러나 금속 프레임은 자주 부러지고 라켓의 그물을 고쳐야 하기 때문에 인기를 끌지는 못했다.

1930년대 초반 라켓 제조에 혁신적인 기술이 등장하였다. 라켓을 한 가지 나무로 만드는 대신에 여러 겹의 나무 조각을 덧붙여서 만들었다. 라켓은 물푸레나무, 밤나무, 히코리나무, 단풍나무 등의 나무를 얇게 쪼개서 5~6겹으로 만들어서 항공기 제조에 사용되던 강력한 접착제를 사용하였다. 강력 접착제 덕분에 라켓의 내구력, 견고성, 무게 등을 다양하게 만들 수 있었다. 라켓 프레임이 더욱 견고해졌으며 공을 더 빠르게 보낼 수 있게 되었다. 당시 라켓 제조업체인 던롭(dunlop)사는 1931년부터 이러한 유형의 라켓을 제조하여 40여년 동안 생산판매하였다.

1960~70년대 들어 미국 등에서 테니스에 대한 인기가 급증하면서 라켓 제조업자들은 나무 라켓 수요에 부응하는 데 어려움을 겪기도 하였다. 당시 나무 라켓을 제조하던 던롭사는 일주일에 최대 16,000여개 정도를 생산할 수 있었다. 라켓의 제조 과정이 너무 복잡하고 생산비용도 너무 많이 들어가는 등 여러 가지 제약 요인이 있었다.

1965년 라코스테(rene lascoste)사가 은색의 알루미늄 라켓을 만들었다. 이는 1920년대 금속 라켓이 지녔던 문제점을 해결하고 공의 충격에 의한 손잡이의 떨림이나 진동을 흡수하였다. 라켓의 헤드 부분은 거의 둥글게 만들었으며 독특한 트램펄린(trampoline) 형태로 만들어 줄이 끊어지지 않고 마찰을 방지할 수 있었다.

1990년대 중반에 그래파이트, 케블러, 붕소합강철, 티나늄, 세라믹 등으로 만든 라켓이 등장하였는데, 색깔도 선명하였다. 이러한 라켓들은 나무 라켓보다 훨씬 가벼웠으며 30% 이상의 강력한 힘을 발휘할 수 있었다. 공기역학을 이용한 프레임과 결합하여 더욱 강력한 성능을 발휘하게 되었다. 선수들은 물론 많은 사람들은 라켓이 보다 튼튼하고 공을 더 빠르게 보내기를 원하였다. 1990년대 말에 고강성 카본 파이버가 개발되었는데 기존의 라켓에 비해 약 4배 정도나 강하다. 또 라켓의 무게가 줄어들었으며 강성도와 내구력도 더욱 증가하였다. 현대의 테니스 라켓 기술은 공의 속도를 너무 빠르게 하여 경기를 관람하는 데 재미가 줄어든다고 지적되기도 하였다.

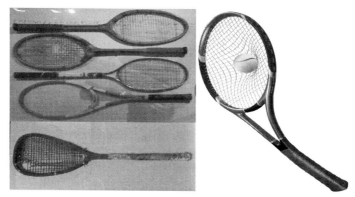

초기의 테니스 라켓은 한 가지 나무로 만들었다. 무겁고 줄도 잘 끊어져 사용하는 데 불편이 많았다. 불편을 해소하고 경기력을 향상시키기 위해 많은 시행착오를 경험하였다. 최근에는 고강성 카본 파이버의 라켓이 생산된다.

[그림 7-2] 초기의 테니스 라켓과 기술 발전

3) 현대의 스포츠 장비 기술

스포츠 경기에서 경기력 향상, 경쟁력 강화 등을 위해 최첨단 기술이 첨가된 스포츠 장비들이 등장하고 있다. 스포츠 종목에 따라 아주 다양한 원재료 등이 사용되고 있어 일일이 열거하기가 불가능할 정도이다. 이 중에서 몇 가지만 살펴보자.

첫째, 섬유 고분자 혼합물(fiber-polymer composites)로 만들어진 스포츠 장비들은 경기력을 향상시킬 수 있다는 점에서 다양한 종목에서 널리 사용된다. 섬유 고분자 혼합물은 금속 합금 장비에 비해 더 가볍고 강도가 높으며 탄력성이 뛰어나다. 특히, 강철선이나 유리 섬유가 함유된 섬유 고분자 혼합물의 스포츠 장비가 증가하고 있다. 섬유 고분자 혼합물은 다양한 스포츠 장비에 사용되는데, 플라스틱이나 금속재료보다 섬세하게 디자인되고 제작될 수 있다는 점에서 소비자들이 많은 관심을 가진다. 섬유 고분자 혼합물은 주로 모놀리식 레미네이트(monolith laminate), 미립자, 광석 검피기의 가늘고 단단한 철사인 위스커(whisker), 폴리머 광섬유 등으로 구성된다. 대부분의 스포츠 장비에는 폴리머 매트릭스(polymer matrix)를 만들기 위해 강력접착제, 폴리에스테르 등과 같은 열경화성 합성수지가 사용된다. 폴리카보네이트 등이 지닌 열가소성은 강한 충격에 잘 견디는 장비를 만들 때 주로 사용된다. 주로 크리켓 헬멧, 하키 스틱, 스노보드, 스키 폴, 윈드서퍼, 양궁, 테니스 라켓, 골프 클럽 등에 사용된다.

둘째, 그래파이트(graphite)와 같은 탄소 섬유, 유리, 아리미드(arimid) 섬유 등이 첨가된 장비이다. 이러한 장비는 견고하고 강력한 힘을 지닌다. 주로 골프 클럽, 스키 폴, 양궁 활 케이스 등에 쓰인다. 샌드위치 혼합물은 스포츠 장비를 아주 얇게 만들 수 있다. 플라스틱, 종이, 금속박 등을 강력접착제로 합성하여 만드는 만든 레미네이트 스킨(laminate skins)은 폴리머 폼(polymer foam), 합성 발포 등을 이용하여 장비를 더욱 가볍고 견고하게 만들 수 있다. 모놀리식과 샌드위치와 같은 합성물은 오래전부터 스포츠 장비를 제작하는 데 사용되고 있다. 샌드위치 혼합물은 자전거 프레임, 스노보드, 핸들, 하키 스틱, 야구 배트 등에 많이 사용된다.

셋째, 나노입자(nanoparticle)를 이용한 원료들도 스포츠 장비 제작에 많이 사용되고 있다. 미세한 규모의 분자는 혼합물의 성능을 더욱 향상시키는데, 이를 이용한 스포츠 장비들이 늘고 있다. 특히, 섬유 고분자 혼합물, 고분자 첨가제, 금속물질 등과 같은 원료들과 나노입자를 활용한 장비들이 등장하고 있다. 이러한 종류의 장비들은 점토입자나 탄소 나노튜브 등에 폴리머 매트릭스가 참가되어 견고성, 강력함, 질감, 유연성 등을 더욱 향상시키고 있다. 경기용 자전거, 스노 스키 등에 사용된다.

제4절 장비 표준화와 경제적 효과

1) 경기 규칙과 장비 표준화

스포츠 경기나 이벤트에서는 표준화된 장비와 공정한 경기 규칙이 중요하다. 경기 규칙은 공정하고 객관적인 경기를 위한 기본이다. 스포츠 장비 표준화는 스포츠 활동에 생명력이 없는 장비를 신체적 노력과 결합하여 경기 결과에 영향을 미친다는 점에서 중시된다. 실제로, 야구 배트의 크기, 무게와 재료 등은 안타, 홈런 등에 영향을 미치고 경기 결과를 좌우하기도 한다.

만약 스포츠 경기에서 선수들이 최첨단 기술이 함유된 스포츠 장비를 마음대로 사용할 수 있다면 공정한 경기가 이루어질 수 없을 뿐 아니라 경기 결과에 대해서도 신뢰성이 떨어질 것이다. 예를 들어, 골프 경기에서 최첨단 기술이 함유된 골프 장비로 골퍼들의 경기력을 대폭 향상시켰다면, 이는 선수들의 훈련과 신체적 기량에 의한 결과라기보다는 성능이 뛰어난 골프 장비 기술 덕분이라고 할 수 있다. 프로 야구 선수들이 경기에서 알루미늄 배트를 사용할 수 있다면 나무 배트에 비해 상대적으로 장거리와 많은 홈런으로 관중들이 즐거워할 수도 있을 것이다. 그러나 경기에서 홈런이 지나치게 많이 발생하게 되면 관중들이 식상해 할 수도 있다. 더 중요한 문제는 기존의 야구장을 훨씬 더 크게 확장해야 한다는 것이다. 스포츠 경기에서 장비 기술에 지나치게 의존할 경우 신체적 기량을 겨루는 스포츠 경기는 자칫하면 의미가 퇴색될 수도 있다.

대부분의 스포츠 경기는 선수들이 같은 장소에서 같은 시간에 표준화된 규칙과 장비를 가지고 공정하게 경쟁한다. 스포츠 경기는 표준화된 스포츠 장비와 규칙으로 공정한 경쟁을 촉진함으로써 스포츠 경기라는 서비스의 가치를 창출한다. 대부분의 스포츠 기구나 협회에서는 팀이나 선수들이 경기를 할 때 공정한 규칙과 표준화된 장비를 사용하도록 규정하고 있다. 즉, 스포츠 경기에서는 해당 스포츠 경기의 규칙(rules)과 표준화(standards)를 준수해야 한다. 일반적으로 경기 규칙이 스포츠 활동을 수행할 때 지켜야 할 태도라면, 장비 표준화는 스포츠 활동을 할 때 필요하거나 사용하도록 허용된 규정된 장비이다. 예를 들어, 농구 경기에서 발로 농구공을 찰 수 없도록 한 것이나 축구 경기에서 선수들이 손으로 공을 칠 수 없도록 한 것은 경기를 할 때 선수들이 지켜야 할 규칙이다. 야구 경기에서 선수가 친 공을 땅에 떨어지기 전에 잡으면 아웃(out)으로 규정한 것은 경기 규칙이다. 경기 규칙은 모든 선수에게 동일하게 적용된다. 야구 배트나 볼의 구성, 크기, 무게 등은 야구협회나 기구에서 정한 표준화를 준수해야 한다. 스포츠 기구나 협회, 리그에서는 경기 규칙과 장비에 대한 표준화를 제정하여 경기가 공정하고 객관적으로 이루어지도록 하고 있다.

스포츠 장비의 표준화는 해당 종목의 특성을 굳건히 하고 선수들이 신체적 기량
을 중심으로 공정한 경기를 할 수 있도록 한다.

[그림 7-3] 스포츠 장비의 표준화

스포츠 장비 표준화는 해당 스포츠가 공정한 경기로 가치를 극대화하고 존속하기 위해
서는 반드시 필요하다. 첨단 과학 기술이 함유된 장비로 경기를 할 경우 경기력을 향상시
킬 수 있을 뿐 아니라 많은 경제적 이득을 얻을 수 있다는 점에서 관심이 증대하고 있다.
새로 개발된 장비가 경기에 유리하면 할수록 더 많은 수입을 기대할 수 있기 때문이다.

그러나 스포츠 기구나 협회에서는 새로 개발된 장비를 사용하는 선수들만 유리하게
되면 공정한 경기를 기대하기 어렵다는 이유로 새로운 장비 채택을 꺼리기도 한다. 장비
의 표준화는 해당 스포츠의 존재를 알리고 다른 스포츠와 구별하는 데도 필요하다. 그리
고 장비의 표준화를 통해 경기의 효율성과 가치를 극대화할 수 있다.

2) 필요성과 네트워크 효과

(1) 규칙과 장비 표준화 필요성

스포츠 기구나 협회, 리그 등에서 경기 규칙과 규정, 장비 표준화 등을 중시한다. 스포
츠 경기나 이벤트에서 규칙과 장비 표준화가 강조되는 이유는 주로 다음과 같다.

첫째, 스포츠 경기가 상품으로서 가치는 팀이나 선수들 간 경쟁에서 시작되는데, 참가

자들이 동일한 규칙과 표준화된 장비를 가지고 공정하게 경쟁할 때 경제적 가치가 극대화될 수 있다. 예를 들어, 축구 경기장에서 어느 한 팀의 골 포스트가 언덕 위에 있거나, 농구 링의 크기가 서로 다르다면 공정한 경기라고 할 수 없을 것이다. 해당 스포츠 기구나 협회가 지정하고 있는 경기 규칙과 표준화된 장비로 공정하게 경기를 해야 스포츠 경기로서 가치를 지닌다.[4] 물론 경기자 간 경기력이 월등히 차이가 날 경우, 공정한 경쟁을 하기 위해서 규칙을 서로 다르게 적용하는 경우도 있다. 골프나 경마에서 핸디캡(handicap)이 대표적이다. 핸디캡은 경기 능력이 서로 다른 선수들이 동등한 상태에서 경기를 할 수 있도록 경기력이 아주 뛰어난 선수에게 제재를 가하는 것이다.

둘째, 스포츠 경기에서 규칙과 표준화를 규정하는 것은 공정한 경기를 통해 관중들로부터 보다 많은 관심을 끌기 위해서이다. 예를 들어, MLB에서는 타자가 공을 치기 전에 또는 피처가 공을 던지는 중에 베이스의 주자가 도루를 할 수 있도록 허용하고 있다. 이러한 규칙은 관중들에게 즐거움을 제공하며 야구 경기의 가치를 높인다. 통상 베이스 간 거리는 90피트이며, 이는 선수의 발 빠르기와 포수나 투수의 팔의 힘을 경기 규칙에 적용한 것이다. 그런데 이러한 규칙을 오랫동안 지켜오다가 갑자기 대폭 변화시킬 경우 스포츠 경기의 근본적인 양상도 변화할 수 있다. 예를 들어, 베이스 간의 거리를 90피트에서 70피트로 줄여 선수들이 도루를 아주 쉽게 할 수 있게 된다면 야구 경기에서 도루에 대한 재미나 관심이 줄어들 것이다. 최근에 최첨단 기술이 함유된 야구 신발은 야구 선수들의 스피드를 30% 이상 향상시켰다. 그 결과 MLB에서는 해당 신발 사용을 금지하고 표준화를 채택하였다.

셋째, 스포츠 경기 규칙과 표준화를 규정하고 철저하게 준수하는 것은 해당 스포츠의 존재를 널리 알리는 수단으로 이해될 수 있다. 또, 스포츠 종목 간 경계를 분명히 하고 경기 방식의 차이 등 고유의 특성을 강조하기 위한 것이다. 이는 해당 스포츠 종목이 발전하고 생존하는 데도 유리하게 작용한다. 이러한 이유로 스포츠 기구나 협회에서는 경기 규칙과 장비 등에 대해서 표준화를 설정하고 이를 기준으로 경기를 개최한다. 즉 경기 참가자들에게 규정된 경기 규칙과 표준화된 장비로 스포츠 경기라는 서비스를 판

---

4) 동일한 스포츠 종목이라고 하더라도 경기 규칙이 다른 경우도 있다. 예를 들어, MLB의 아메리칸 리그에서는 피처가 지명타자로 활약할 수 있는 데 비해, 내셔널 리그에서는 그렇지 않다. 어린이 야구 경기에서 베이스 간 거리는 60피트이나 성인들의 경기에서는 90피트이다. NFL에서 리시버는 두 발이 코트 안에 있을 때 볼을 잡을 수 있으나 NCAA에서는 한 발만으로도 볼을 잡을 수 있다.

매하는 것이다. 관중들은 규정된 경기 규칙과 표준화된 장비로 스포츠 경기라는 서비스를 이용하기 위해서 비용을 지불하는 것이다.

넷째, 통일된 경기 규칙과 표준화를 준수할 경우 장기적으로 스포츠 경기에 대한 가치를 극대화할 수 있다. 통상 선수들이 시즌에 여러 번 경기를 치른 후 경기 결과에 따라 챔피언전을 결정한다. 그러나 전제 조건은 시즌 내내 하나의 규칙과 표준화가 이루어져야 한다는 것이다. 시즌 도중에 경기 규칙이나 표준화가 바뀌었다면, 경기가 공정하게 이루어졌다고 보기 어렵다. 기존의 규칙과 표준화를 개정할 경우 지난 시즌에 활약했던 선수들과 경기력이나 기록 등을 비교할 수 없다. 스포츠 경기는 지속적으로 일관성 있고 선수 간 경쟁도 공정해야 한다. 야구 경기에서 알루미늄 배트와 나무 배트로 친 홈런 수를 비교하고 경쟁하는 것은 무의미하다.

다섯째, 스포츠 기구나 협회가 일관된 경기 규칙과 표준화를 중장기적으로 준수하려는 것은 인간의 신체적 역량에 관심이 있기 때문이다. 대부분의 스포츠 경기가 지니는 고유의 가치는 인간의 능력을 탐구하는 데 있다. 달리기 선수들의 경기 기록 경쟁은 대부분이 트랙에서 이루어진다. 그런데 달리기 경기 기록은 서로 다른 지역에서 이루어지기도 하며, 과거의 경기 기록을 통해서 이루어질 수 있다. 달리기 대회는 기록 경기로 단기, 중기, 장기적으로 경쟁이 가능하다. 100미터를 가장 빠르게 달린 선수는 역사적으로도 기록되며, 과거의 선수 기록과 비교하기도 한다. 이러한 경기 결과에 대한 가치는 과거 기록보유자에게 이겼다는 의미가 아니라 인간의 역량이 발전했음을 의미한다. 육상 경기는 기본적으로 인간의 한계와 경쟁한다.

여섯째, 통일된 규칙과 표준화는 선수는 물론 관중들의 부상을 방지하고 관중의 안전을 확보하려는 것이다. 스포츠 경기 참가자나 관람자들에게 부상 위험이 높은 장비를 사용케 하는 동시에 부상 위험이 높은 경기 규칙을 적용하는 것은 바람직하지 못하다. 만약 선수와 관중들에게는 다소 위험하지만 경기력을 향상시킨다는 이유로 새로운 장비를 표준화한다면 이는 선수나 관중의 안전을 외면하는 처사가 될 것이다. 실제로 야구, 미식축구 등 팀 스포츠 경기와 창던지기, 원반던지기, 해머던지기 등 개별 스포츠 경기에서 심판, 선수와 관중들의 부상이 자주 발생하고 있다.[5]

5) 2012년 8월 독일 뒤셀도르프에서 열린 청소년 투창 경기 대회에서 심판이 경기 도중에 투창에 찔려 목숨

(2) 네트워크 효과

스포츠 장비를 표준화할 경우 네트워크 효과(network effect)가 발생할 수 있다. 스포츠 장비가 표준화되면 네트워크 효과가 발생하면서 장비의 수요가 증가하기도 한다. 즉, 어떤 스포츠 장비가 표준화되면 해당 스포츠 장비를 사용하려는 사람들이 증가할 것이다. 네트워크 효과는 제품이나 품질, 서비스보다는 얼마나 많은 사람들이 사용하고 있느냐가 더 중요하다고 할 수 있다.

스포츠 기구나 협회에서 결정된 장비의 표준화가 제대로 준수될 경우 네트워크 효과가 발생할 수 있으며, 이는 스포츠 장비 시장에 커다란 영향을 미친다. 긍정적 네트워크 효과로 표준화된 스포츠 장비에 대한 사용자가 증가하게 될 것이다. 네트워크 효과는 소비에 있어서 긍정적인 외부 효과로 설명되기도 한다. 예를 들어, 골프협회에서 골프 장비에 대한 표준화를 결정하면 골프 장비 시장에서 네트워크 효과가 발생할 수 있다. 장비 표준화를 준수하는 골퍼들이 증가할수록 표준화된 장비를 사용하는 골퍼들이 늘어날 것이다. 많은 골퍼들이 표준화된 골프 장비를 사용한다면 네트워크 효과가 발생하게 되고, 골프 장비 생산 기업은 표준화된 골프 클럽을 생산하려 할 것이다.

네트워크 효과는 일련의 경기 규칙과 표준화를 근거로 스포츠 경기에서 공정한 경쟁을 가능케 할 것이다. 스포츠 협회나 단체에서는 규칙과 표준화에 따라 행해진 스포츠 이벤트나 경기를 객관적으로 보장할 수 있는 힘을 지니고 있다. 이는 스포츠 기구나 협회의 역할이 법률적 권한을 넘어선다는 의미이다. 합법적인 스포츠 기구는 경기 규칙과 표준화를 규정하여 참가자들의 동의를 구하고, 이를 위반하는 사람들을 통제할 수 있다. 예를 들어, 대부분의 골프 경기에서는 골프협회에서 채택한 규칙과 표준화를 준수하는 골퍼들만이 해당 협회의 경기에 참가할 수 있다. 해당 협회에서 제시한 규칙과 표준화를 준수하는 골퍼들이 보다 많이 참가해야 골프협회가 보다 많은 편익을 얻을 수 있다. 스포츠 장비 표준화는 부분적으로 네트워크 효과에 의존하면서 공존할 수 있다. 이론적으로 스포츠 기구나 협회는 표준화된 장비 시장에서만 유일하게 시장 지배력을 행사할 수 있다.

을 잃었다. 2007년 이탈리아 로마에서 열린 육상 경기 대회에서는 프랑스의 높이뛰기 선수가 경기 준비를 하던 중 갑자기 날아온 투창에 맞아 등을 다치기도 하였다.

3) 독과점 시장과 고착 효과

(1) 표준화와 독과점

스포츠 장비를 표준화하는 것은 공정한 경기, 해당 스포츠의 특성과 존재, 경제적 가치 등을 위해서 불가피하다고 주장된다. 그러나 스포츠 경기에서 장비 기술을 어느 정도까지 용인해야 되는가에 대해서는 객관적인 기준이 존재하지 않는다. 따라서 스포츠 경기에서 새로운 장비가 등장할 때마다 기구나 협회는 딜레마에 직면하게 된다. 스포츠 장비에 대한 기준 설정은 자칫하면 장비 시장의 독과점을 심화시킨다고 지적되기 때문이다. 장비 표준화로 장비 시장에서 독과점 구조가 발생하게 될 경우, 이는 반경쟁적이며 소비자들에게 피해를 입힐 수도 있다. 그러나 스포츠 경기에서 선수들이 스포츠 장비를 자유롭게 사용할 수 있도록 한다면, 규칙과 표준화에 따른 공정한 경기를 기대하기 어려우며, 결국 스포츠 경기 존립 자체를 어렵게 할 수도 있다. 또 최첨단 기술이 함유된 장비를 사용하도록 허용한다면 기존의 스포츠 경기장은 근본적으로 달라져야 할 것이다. 스포츠 장비 표준화와 독과점 시장에 대해서는 오래전부터 논란이 제기되고 있다. 스포츠 장비 표준화는 시장에 대한 규제이며 장비 시장의 독과점을 조장한다고 지적되는 이유는 다음과 같다.

첫째, 스포츠 장비 표준화는 장비를 생산하는 기업들의 기술 혁신 유인을 감소시킬 수 있다. 스포츠 장비 기업들은 스포츠 장비가 표준화됨에 따라 새로운 시장진입을 위한 과학 기술 발전 노력과 창조적인 아이디어 개발을 기피할 수도 있기 때문이다. 특히, 최첨단 기술을 이용하여 개발한 스포츠 장비가 스포츠 기구나 리그에서 표준화에 어긋난다는 이유로 일방적으로 사용이 금지될 경우 장비를 생산한 기업은 엄청난 손실을 볼 수 있다. 표준화에 적합한 스포츠 장비를 생산하는 기업들에만 혜택을 준다는 지적도 나온다. 이는 스포츠 장비 제조업자들이 첨단기술로 성능이 보다 뛰어난 스포츠 장비를 생산하여 보다 많은 수입을 얻으려는 행위를 장비 표준화라는 이름으로 제한하기 때문이다. 스포츠 기구나 협회에서 지정하는 장비의 표준화는 기술력이 뛰어난 장비 기업들의 시장진입을 방해하는 결과를 초래한다.

둘째, 스포츠 장비에 대한 표준화는 공정한 기술경쟁을 제한하려는 것이며, 표준화로 지정된 제품은 가격이 지나치게 높아질 수 있다고 지적된다. 스포츠 장비에 대한 표준화는 스포츠 장비의 혁신적인 기술 개발을 저해하고 경제적으로도 비효율적이며 소비자의 후생을 감소시킬 수도 있다. 스포츠 기구나 협회가 스포츠 장비 시장에서 상당한 영향력을 행사하여 장비 기업 간 공정한 경쟁을 금지시키고 특정의 장비 사용을 배제시킬 수도 있기 때문이다. 따라서 스포츠 장비의 표준화는 반경쟁적이라는 주장이 제기되기도 한다.

셋째, 스포츠 장비의 표준화는 비공식적으로 해당 스포츠 협회나 리그의 이득만을 위해 채택되기도 한다는 점에서 논란이 제기되기도 한다. 새로 개발된 스포츠 장비가 경기력 향상에 도움이 된다는 이유만으로 해당 스포츠 기구나 협회에서 기존의 장비를 무시하고 새로 개발된 장비를 표준화로 채택하기도 한다. 새로운 스포츠 장비를 사용하기 위해서 스포츠 장비에 대한 표준화를 일방적으로 지정할 경우, 그동안 사용하던 장비는 더 이상 쓸모가 없어지게 된다. 이럴 경우 표준화에 적합한 장비를 생산한 기업은 많은 경제적 이득을 얻게 되겠지만 표준화에 채택되지 못한 기업은 경제적으로 커다란 손실을 입게 된다. 스포츠 장비 제조업체와 스포츠 기구나 협회 간 충돌이 발생하는 것은 이러한 이유 때문이다.

(2) 고착 효과

스포츠 장비의 표준화는 고착 효과(lock in effect)를 초래할 수 있다. 스포츠 기구나 협회, 리그 등이 스포츠 장비에 대해서 표준화를 규정하는 것은 소비자들의 선택을 제한한다는 것이다. 만약 스포츠 기구 등에서 어떤 스포츠 장비에 특정의 기술이 채택된 장비를 표준화로 결정하면 소비자들은 해당 제품을 계속 구매할 수밖에 없다. 스포츠 장비의 표준화는 스포츠 장비 시장을 독점화하고 소비자를 고착화시킬 수 있다고 지적된다. 스포츠 장비의 표준화는 고착 효과를 초래하므로 경기에서 공정한 경쟁보다는 스포츠 장비 시장에 대한 관심이 더 커질 수도 있다. 고착 효과는 장비를 생산하는 기업들이 규모의 경제가 가능하며 독점력을 행사할 수 있기 때문이다. 스포츠 장비 표준화로 특수한 기술이나 시스템 등이 함유된 특정의 장비가 시장을 지배하게 될 수도 있다. 스포츠 협회나 기구에서 규정된 장비 표준화는 승자가 독식(winner take all)하는 시장을 발생시킬 수도 있다. 특히, 스포츠 장비의 성능이나 질적 향상 여부에 상관없이 스포츠 기구나 협회들이 자신의 이익을 위해 일방적으로 표준화를 설정할 경우 독과점이 심화될 수 있다.

스포츠 장비 표준화에 따른 고착 효과[6]는 경로의존성(path dependence)[7]과도 관련이 있다고 주장된다. 장비 표준화를 위해 한번 채택된 기술이나 시스템 등이 오랫동안 지속되고 있는 것은 경로의존성 때문이라고 주장된다. 만약, 스포츠 장비 시장에서 시장 지배력을 행사하는 스포츠 기구 등이 표준화를 설정한다면, 시장 지배력이나 네트워크 효과로 인해 경기장 밖에서도 표준화를 유발할 수 있다. 이러한 결정은 표준화된 장비를 생산하는 독점기업들이 합법적으로 시장 지배력을 행사하게 해 줌으로써 궁극적으로는 소비자들이 피해를 보게 된다. 스포츠 기구나 협회는 표준화를 통한 장비 판매로 경제적 이득을 얻을 수 있으며, 표준화는 생산 과정에서 규모의 경제를 가능케 한다. 스포츠 기구나 협회에서 정하는 표준화는 장비 시장을 독과점화할 수 있다고 지적된다.

제5절 발전과 논의 과제

1) 첨단 장비와 소비자

많은 스포츠 참여자들은 경기력을 향상시키기 위해서 가능하면 성능이 좋은 고가의 스포츠 장비를 사용하려고 한다. 스포츠 참여자들은 가능하면 양질의 최첨단 스포츠 장비를 이용하여 경기력을 향상시키려고 한다. 이는 고가의 양질의 장비가 경기 결과에

---

6) 잠금 효과라고도 하는 고착 효과는 다양한 의미를 지닌다. 만약 어떤 산업에서 특정의 기술이 채택되어 표준화가 된다면 다른 기술들은 표준화된 기술을 기반으로 발전할 수 있다. 예를 들어, 철로의 넓이가 표준화가 되면서 철도의 기술이 철로의 폭 안에서만 발전할 수 있게 된 것이다. 정보통신 기술의 경우 생산자나 소비자들이 하나의 기술이나 서비스로부터 다른 기술이나 서비스로 전환하는 데 엄청난 전환비용(switching costs)이 소요된다. 이러한 전환비용으로 인해 새로운 서비스나 기술이 등장해도 현재 사용하는 기술과 서비스를 계속 사용할 수밖에 없는 상황이 발생한다. 한때 우리나라에서 논란이 되기도 하였던 비디오의 VHS 방식과 베타 방식에 대한 논쟁이 대표적이다. 기술이나 성능에 있어 베타 방식이 우수하나 VHS 방식이 이미 시장을 선점하였기 때문에 시장에서 표준화되지 못했다. IMT-2000 기술표준을 둘러싼 논란도 이 때문이다.
7) 경로의존성이란, 한번 경로가 정해지게 되면 그 경로가 비효율적임에도 불구하고 기득권, 습관 등으로 인해 경로가 쉽게 바뀌지 않는 현상이다. 어떤 사회에서 제도, 관습, 문화, 과학적 지식, 기술 등이 형성되게 되면, 이러한 것들이 비효율적이고 불합리하더라도 과거에 형성된 대로 지속될 가능성이 높다는 뜻이다. 이와 같이 과거에 선택된 관성(inertia) 때문에 쉽게 변화되지 않는 현상을 '경로의존성'이라고 한다.

긍정적인 영향을 미친다고 생각하기 때문이다. 자신의 신체적 역량보다 장비에 의존하여 경기 결과가 보다 향상되기를 기대하는 것이다. 만약, 고가의 최첨단 장비를 사용하여 경기력이 향상되었다면 고가의 장비를 사용하려는 사람들이 늘어날 것이고, 해당 스포츠 장비를 생산하는 기업들의 수입이 늘어날 것이다. 이는 양질의 장비를 통해 경기력을 향상시키거나 장비가 제공하는 심리적 편익 또는 상징성 때문이라고 할 수 있다.

일부에서는 가격이 아주 비싸고 상징적인 스포츠 장비로 스포츠 활동하게 될 경우 그 이상의 가치나 의미를 갖는다고 주장한다. 일부 스포츠 참여자들은 경기력을 향상시키기가 어려울수록 신체적 기량보다는 성능이 뛰어난 고가의 장비에 의존하려는 성향을 보인다. 스포츠 활동에서 경기력을 향상시키는 데 고가의 장비가 더 유리하다고 판단하기 때문이다. 신체적 기량을 향상시키기 위한 노력을 하기보다는 스포츠 장비에 더 많은 관심을 가지는 것이다. 이 경우 스포츠 활동은 스포츠 장비의 경연장이 될 수 있다고 지적된다. 상대적으로 경기력이 뒤떨어지는 초보자들이 고가의 최첨단 골프, 등산, 요트 등의 장비를 선호하는 이유이다. 스포츠 참여자들이 신체적 기량보다 고가의 장비에 더 큰 관심을 가지는 것이 합리적인가에 대해서 논란이 제기되기도 한다.

분명한 것은 스포츠 장비는 어떤 방식으로든지 점차 발전되어 경기력을 더욱 향상시킬 것이고 많은 소비자들은 새로운 장비에 지속적인 관심을 가진다는 점이다. 그리고 많은 사람들이 보다 첨단화된 장비로 스포츠 활동을 하려고 할 것이다. 순수한 의미의 신체적 기량을 겨루는 스포츠보다는 첨단 장비에 더 큰 관심을 가지게 된다는 것이다. 소비자들의 욕구와 장비 생산 기업들의 상업화가 맞물려 최첨단 장비들은 계속해서 등장할 것이다. 예를 들어, 보다 수월하게 사냥할 수 있도록 개발된 열추적 미사일, 전자적으로 유도하는 다트(dart), 태양 에너지를 이용한 자전거, 지형과 지세를 추적하는 골프공, 저절로 가장 낮은 곳을 찾아가는 퍼팅 등이다. 소비자들이 첨단 장비에만 의존해 스포츠 활동을 하려고 한다면 건전한 신체, 신체적 기량 향상 등과는 상관없는 일이 될 것이다.

2) 장비 개발과 경기력 향상

그동안 스포츠 경기력이 엄청나게 향상된 데에는 스포츠 장비의 기술 발전도 커다란 역할을 해왔다. 그러나 장비의 기술 발전과 관련해 선수들이 각고의 훈련과 노력을 통해 신체적 기량을 향상시키려 하기보다는 첨단 과학 기술의 스포츠 장비를 이용하여 경기 력을 향상시키는 데 더 큰 관심을 가지려고 한다고 지적된다. 스포츠 경기가 지나치게 장비에 의존하게 될 경우 신체적 기량을 겨루는 스포츠 경기에 대한 관심과 흥미를 떨어 뜨리는 등 스포츠 정신을 왜곡시키게 될 수도 있다. 예를 들어, 야구 글러브에 최첨단 하이테크 기술이 적용되어 선수들이 야구공을 잡는 능력이 상당히 향상되었다고 가정하 자. 새로운 글러브를 사용하면 에러(error)를 없앨 수는 있지만 야구 경기에서 에러를 없 앤다고 해서 경기가 더욱 재미있어 질지는 의문이다. 또 어느 한 개인(팀)만이 최첨단 기술로 만든 장비를 사용한다면 경기에서 승리할 수는 있으나, 이러한 경기 결과는 의미 가 없을 것이다.

신체적 기량과는 상관없이 특수한 장비로 경기력이 향상되었다고 해서, 경기자들의 경기력이 우수하다고 인정받을 수 있을지 의문이다. 스포츠 장비에 대한 신기술은 계속 발전하고 경기력도 향상되고 있지만, 그 기준을 어디까지 정해야 하는지 분명하지 않다. 신체적 기량과 스포츠 장비 간의 결합을 어느 정도까지 용인해야 하는지에 대해서 분명 하지 않기 때문이다.

신기술이 함유된 새로운 스포츠 장비를 사용하게 되면 스포츠 경기에서 승리하기가 수월하다. 예를 들어, 경질발포제(rigid foam)를 박아 넣고 작은 유리구슬을 합성하여 개 발된 오이트 활(hoyt bow)은 전통 방식의 나무로 만든 활에 비해 명중률이 훨씬 더 높다 고 한다. 오이트 활은 습기가 적고 온도 변화에 따른 영향도 상대적으로 적어서, 경기에 서 훨씬 더 높은 점수를 얻을 수 있다고 한다. 새로 개발된 투창은 똑바로 날아가는 데 필요한 공기역학, 기술, 중량 등을 감안해 만들어진 만큼 훨씬 더 멀리 갈 수 있다. 이와 같이 최첨단 장비를 가진 선수와 전통방식의 장비를 가진 선수 간의 경기에 대해서 공정 하고 객관적인 경기라고 할 수 있는지 의문이다.

스포츠 기구나 협회, 리그에서는 팀 간 공정하고 객관적인 경기가 진행되도록 노력해 야 할 의무가 있다. 또 동일한 규칙과 표준화된 장비로 공정한 경기를 하는 것이 팬들로 부터 보다 많은 관심과 흥미를 끌 수 있으며 경제적으로 더 유리할 것이다.

3) 장비 생산 기업과 협회

스포츠 장비 생산 기업들은 첨단 과학 기술을 이용한 장비를 개발함으로써 경기에서 승리하고 보다 많은 수입을 얻기 위해서 노력한다. 첨단 장비로 경기에서 승리하고 해당 스포츠 협회나 기구에서 표준화된 장비로 인정받게 되면 장비를 생산한 기업은 공급 독점자로서 막대한 수입을 얻을 수 있다. 장비 개발은 잘만하면 많은 수입을 얻을 수 있다는 점에서 기업들에 매력적인 요인이 된다. 그러나 새로 개발된 장비가 표준화로 채택되지 못할 경우 엄청난 손실을 볼 수도 있다. 실제로, 수영복을 생산하는 스피도(speedo)사는 엄청난 자금을 투자하여 최첨단 기술의 전신 수영복(LZR Racer)을 개발하였다. 세계수영연맹(FINA)에서는 국제 수영 대회에서 전신 수영복 착용을 허용하였다. 전신 수영복은 일반 수영복에 비해 물의 저항을 줄이고 빠른 속도와 부력을 높여주어 많은 선수들이 경기 기록을 갱신하는 등 경기력을 향상시킬 수 있었다. 이 수영복은 2000년 시드니 올림픽부터 2008년 북경 올림픽까지 사용되었다.[8] 그러나 이러한 방식의 경기력 향상은 신체적 노력의 결과라기보다 새로 개발된 전신 수영복의 기술에 의한 것이라고 지적되었다. 그러자 FINA에서는 2010년부터 전신 수영복 사용을 금지하였다.

그런데 문제는 그리 간단하지가 않다. 만약 FINA에서 일방적으로 전신 수영복 사용을 금지시킬 경우 전신 수영복을 개발한 기업은 막대한 경제적 손실을 보게 된다. 만약 장비 생산이 해당 스포츠 협회와 계약을 통해 이루어졌다면 어느 정도 보상이 가능하다. 스피도사에서는 FINA와 전신 수영복 개발에 관해 공식적인 계약을 맺었는지에 대해서 명쾌하게 밝히지 않고 있다.

---

8) 전신 수영복은 목부터 발목까지 온몸을 감싸는 수영복이다. 전신 수영복은 근육을 압축시키고 피로감을 덜며 물의 저항을 줄여주는 등 경기 기록을 향상시키는데 유리하다. 전신 수영복은 스피도(speedo)사가 1998년 처음으로 개발하였다. 그 후 나이키, 아레나 등도 개발 하였다. 세계수영연맹(FINA)에서는 1999년 10월 모든 국제대회에 전신 수영복 착용을 허용하였으며, 2000년 시드니 올림픽에서 처음으로 착용하였다. 그 후 많은 세계 신기록이 달성되었다. 이러한 세계 신기록이 신체적 기량 향상에 의한 것이 아니라 과학 기술 발전에 의한 것이라는 지적과 논란이 제기되자 FINA에서는 2012년 런던 올림픽에서는 수영복을 남자 선수는 허리에서 무릎까지, 여자 선수는 어깨에서 무릎까지만 허용하였다.

세계수영연맹(FINA)에서는 2000년 시드니 올림픽부터 전신 수영복을 허용하였다. 그 후 2008 북경 올림픽 등 각종 국제 대회에서 108개, 2009 로마 세계 수영 선수권 대회에서 43개의 세계 신기록이 달성되면서 논란이 제기되었다.

[그림 7-4] 전신 수영복과 경기 기록

스포츠 협회는 스포츠 장비에 대한 표준화를 만들고 유지시킬 의무가 있다. 스포츠 협회는 장비 개발을 위해 투자를 촉진시킬 유인을 지니며 첨단 장비를 통해 해당 스포츠 경기력을 보다 향상시킬 의무가 있다. 그러나 협회의 장비 표준화에 대한 결정이 임의적이고 불합리할 경우 기업들은 스포츠 장비에 대한 기술 개발을 시도하려 하지 않을 것이다. 또 새로 등장한 스포츠 장비가 기존의 장비를 교체시킬 만한 근거나 가능성이 충분한데도, 협회가 기존의 장비업체와 경제적 이해관계가 얽혀 있다면 문제가 발생하기도 한다. 또 다른 문제로는 스포츠 장비 기술 개발 과정에서 장비를 개발하는 기업과 스포츠 협회 간 계약이 제대로 이루어지지 않기도 한다는 것이다. 이 경우 새로운 장비를 개발하는 기업들은 미래 수입이 불확실한 상황에서 막대한 자금을 투자해야 한다는 위험이 있다. 새로운 장비 개발을 위한 투자에 대한 보장은 법률적 강제력이 없다. 따라서 스포츠 장비 생산업자가 새로운 장비 개발을 위한 투자를 거부할 경우, 스포츠 경기력을 향상시킬 수 있는 혁신적인 장비는 개발되지 않을 것이다. 기업들은 새로운 스포츠 장비를 개발하기 전에 해당 스포츠 협회로부터 경제적 안정을 보장받기를 원한다. 협회의 위임은 그 자체로 가치가 있으며 계약상 의무를 지닌다. 그러나 스포츠 협회에서는 새로 개발된 장비가 경기를 통해서 인정받기 전에는 새로운 스포츠 장비를 표준화하려고 하지 않을 것이다.

4) 기술 혁신과 환경 오염

첨단 과학 기술을 활용한 스포츠 장비들은 잠재적으로 환경에 좋지 않은 영향을 미친다고 지적되기도 한다. 과거에는 주로 PVC를 이용한 스키 신발, 스포츠 의류, 석유 제품을 이용한 스포츠 신발 등이 생산되었으며, 충격을 흡수하고 쿠션용 공기 기포를 위해 황산, 불화물 등이 사용되었다. 또 테니스 라켓, 하키 스틱, 스키 등의 장비는 탄소 섬유를 강화하여 만들었다. 이와 같이 탄소 섬유 등 특수한 첨단 기술로 만들어진 스포츠 장비들은 재생이 불가능하며 신체에 해로울 수도 있다. 이러한 장비들은 대부분이 제품 디자인 단계에서부터 의도하지 않게 환경에 부담 요인으로 작용한다. 따라서 최근에는 스포츠 장비 디자인 과정에서부터 환경에 대한 이슈가 제기되고 있다. 스포츠 장비는 새롭고 지속적으로 발전이 가능하며 환경을 고려한 디자인을 하도록 하고 있다. 스포츠 장비를 사용한 후에 소각하거나 매립할 수 없게 되었다. 지속 발전 가능한 스포츠 장비 디자인은 자원을 효율적으로 사용하여 환경을 보호하고 오염 방지를 위한 사회적 비용을 줄이는 데 기여해야 한다고 주장된다. 그러나 스포츠 장비들이 어떤 기술적 기준에서 연구되고 개발되어야 지속 발전이 가능한지에 대해서 분명하게 제시되지 않고 있다. 스포츠 장비의 기술 혁신은 경기력 향상, 신체적 적합성 등에서 높이 평가되지만 장비 생산 과정에서 지나치게 많은 에너지 사용, 오폐수, 환경 오염 등의 문제가 제기된다. 몇 가지를 살펴보자.

첫째, 섬유 고분자 혼합물을 이용한 스포츠 장비 생산은 환경에 유해한 물질을 배출시킨다고 지적된다. 섬유 고분자 혼합물은 제조 과정에서 에너지가 다른 제품에 비해 많이 사용되므로 엄청난 양의 이산화탄소를 방출한다. 합성제품은 새로운 원료를 사용하기보다는 화학적 반응이나 시약을 이용하여 만들기 때문에 환경에 해로운 영향을 미칠 수도 있다. 이러한 섬유 고분자 혼합물은 쉽게 재사용될 수 없으며, 일반 쓰레기와 같이 처분하게 되면 박테리아에 의해 무해물질로 변하지 않는다는 문제가 있다.

둘째, 탄소와 유리 섬유 등을 이용한 장비 생산 과정은 에너지가 많이 사용되고 폴리메르 합성수지를 이용한 생산은 탄화수소 등과 같이 환경에 유해한 화학 물질이 사용된다. 섬유와 폴리메르를 사용하여 합성물을 만드는 과정에서 많은 열에너지를 필요로 하고 폐기물도 발생시킨다. 그럼에도 제조 과정에서 에너지 소비와 이산화탄소 방출, 유해한 화학 물질 사용, 폐기물 처분 등에 대해서는 제대로 연구되지 않고 있다. 스포츠 장비에는 일반적인 탄소 섬유 강화제가 사용되기도 하는데 이는 고강성을 필요로 하기 때문이다. 그러나 생산 과정에서 많은 에너지가 사용된다. 탄소 섬유를 이용한[9] 장비 생산은 이산화탄소와 다른 유해한 가스를 방출한다. 니트로겐과 같은 불순물이 40~55% 정도 포함되어 있으며 이러한 것들은 열분해 과정을 통해서 가스나 타르 등으로 변형되어 대기로 방출되기 전에 세척된다. 그런데 세척된 물은 환경에 유해함에도 그냥 버려지고 있다.

셋째, 유리 섬유 생산 과정에서는 많은 에너지를 필요로 한다. 규사를 녹이기 위해서는 내구성이 강한 용광로에서 원료에 열을 가하여 유리로 정제한다. 유리는 녹아서 단단한 필라멘트로 만들어진다. 용광로는 가스, 연료, 전기 등으로 가열되는데, 이 과정에서 온실 가스가 방출된다. 가스는 규사를 정제하는 과정에서도 발생한다. 유리 섬유 생산에 필요한 에너지는 고강력 탄소와 유사한 20~30MJ/kg[10]이 발생되는 것으로 조사되었다. 강력접착제인 에폭수지와 같은 고분자 수지를 생산하는 과정에서 발생되는 에너지는 주로 열 형태로 혼합하기 위한 작용과 화학적 반응을 일으키게 한다. 고분자를 중합하는 데 사용되는 기본수지(base resin), 기폭제, 시약 등은 대부분이 탄화수소 연료로 만들어진다. 탄소 섬유 합성물에는 열가소성 수지나 플라스틱 등과 같은 중합체들이 많이 사용

---

9) 탄소 섬유의 기능적 특성은 열분해 온도에 따라 다르게 결정된다. 즉, 고강력 (high strength)은 1000~1400도에 결정되며, 고 모듈르스(high modulus)는 1800~2000도에서 생산된다. 고강도, 고 모듈르스의 탄소 섬유를 생산하는 데 필요한 에너지는 대략 25~50MJ/kg이다. 1MJ = 1,000KJ = 1,000,000J이다. M은 메가(mega)이고, J은 줄(joule)로 열량 단위를 의미한다.

10) MJ/kg(mega Joule/kg)은 질량 1kg당 10^6 Joule의 일(에너지)량을 의미한다. 이 에너지가 발생하는 열량은 1J = 2.389 × 10^{-4}kcal이므로, 1MJ/kg = 10^6 × 2.389 × 10^{-4} = 238.9(kcal/kg)에 해당하는 열량을 발생한다는 의미이다. 즉, 1(MJ/kg) = 238.9(kcal/kg)이다.

된다. 통상 고분자의 스포츠 장비 합성물에 사용되는 기본수지는 약 80MJ/kg으로 알려져 있다. 고분자를 이용한 장비 생산 과정에서 환경에 관한 문제가 야기되는 것은 주로 오·폐수이다. 특히, 세척수는 폐기되기 전에 취급되어야 할 것이다. 탄소 섬유와 같은 합성물로 만든 스포츠 장비는 제조 과정에서 합성에 의해 에너지가 사용되고, 섬유와 고분자 매트릭스를 통해 제품으로 생산된다. 열경화성 수지는 다양한 스포츠 장비를 생산하는 데 사용된다. 열가소성 합성물을 이용하여 만드는 스포츠 장비는 열경화성 수지 과정을 거친다. 이와 같이 섬유 고분자 합성물로 제작된 스포츠 장비 사용이 증가하고 있다. 이는 환경 오염을 방지하려는 환경 정책 목표와 친환경 제품을 사용하려는 소비자들의 노력에 반하는 것으로서, 스포츠 산업이 직면하는 또 다른 문제이다. 섬유 고분자 합성물은 단순히 금속을 더욱 발전시켜 만든 장비들과는 다르다. 예를 들어, 섬유 고분자 합성물로 제작된 스포츠 장비가 환경에 미치는 영향은 알루미늄으로 만든 장비에 비해 덜할 수 있다. 그러나 금속과는 달리 섬유 고분자 합성물로 만든 제품을 지속적으로 재사용하기 위해서는 많은 비용이 들어간다. 스포츠 장비 생산 과정에서 야기되는 각종 오폐수 방출 등 환경 오염에 대해 관심을 가져야 할 것이다.

제**8**장   스포츠 시설과 글로벌 도시

제1절   의미와 주요 기능

1) 의미

사람들이 스포츠 활동에 직접 참여하거나 스포츠 경기를 관람하기 위해서는 일정한 장소와 규모를 갖춘 스포츠 경기장과 시설이 필요하다. 스포츠 활동에 참여하는 사람들은 대부분이 특정 스포츠 시설을 이용한다. 스포츠 시설은 스포츠 경기라는 서비스를 생산하고 소비하는 데 필요한 장소나 공간이다. 초대형 경기장 등 스포츠 시설은 올림픽, FIFA 월드컵 축구 대회와 같은 메가 스포츠 이벤트, 각종 프로 스포츠 경기 등을 개최하고 관람하는 데 필요하다.

모든 스포츠 활동은 특정 시간에 일정한 규격을 갖춘 특정의 장소에서 이루어진다. 즉, 스포츠 시설에서 참여 및 관람 스포츠가 이루어진다. 사람들은 가능하면 보다 편안하고 쾌적한 시설에서 스포츠 활동을 하길 원한다. 스포츠 시설 수요자들의 요구와 스포츠 시설 공급자들의 목적과 맞물려 최첨단·최신식 스포츠 시설이 건설되고 있다. 프로 스포츠와 스포츠 이벤트 경기장, 실내체육관 등에 첨단 과학 기술이 동원되고 있다. 또 신체적 구조를 고려한 최첨단 경기장 시설은 선수나 참여자들이 부상을 방지하고 보다 뛰어난 기량을 발휘하며, 보다 편안하고 쾌적하게 스포츠 활동을 할 수 있게 한다.

2) 주요 기능과 역할

초대형 경기장과 같은 스포츠 시설은 주로 다음과 같은 기능과 역할을 한다.

첫째, 스포츠 시설은 스포츠 경기라는 서비스를 생산하는 데 필수적이다. 스포츠 이벤트나 경기 등 스포츠 활동을 할 수 있는 물리적 공간이다. 정부 등 공공부문은 올림픽, FIFA 월드컵 등과 같은 메가 스포츠 이벤트를 개최하기 위해서, 또 많은 사람들이 보다 쾌적하고 안락한 스포츠 활동을 할 수 있도록 다양한 스포츠 시설을 건설한다. 초대형 스포츠 경기장을 건설하게 되면 일시적이지만 경제 활성화, 일자리 창출, 소득 증대 등도 기대할 수 있다. 또한 지역 주민들에게 공동의 관심사, 대화의 주제, 자부심 등 무형의 편익도 제공한다. 초대형 스포츠 경기장은 도시 이미지를 개선시키고 주민들의 삶의 질적 향상을 가능케 한다.

둘째, 스포츠 서비스업의 발전을 기대할 수 있다. 초대형 스포츠 시설은 스포츠 이벤트나 경기라는 서비스를 제공하는 데 필수적이며 스포츠 이벤트 관련기업들이 성장하고 발전하는 데 중요한 역할을 한다. 스포츠 관련 기업은 각종 스포츠 단체, 프로 스포츠 구단 등이다. 스포츠 관련 기업들은 초대형 스포츠 경기장에서 스포츠 이벤트나 경기를 통해서 수입을 발생시킨다. 입장료·TV 중계료·스폰서십 등을 통해 수입을 창출한다.[1] 특히 프로 스포츠 경기장의 경우 광고, 명칭권, 경기장 임대, 주차장, 매점 등을 통해서 수입을 올리기도 한다.

셋째, 스포츠 시설에서는 새로 등장한 스포츠 용품·장비 등의 성능을 시험할 수 있다. 스포츠 용품이나 장비는 스포츠 활동을 위한 부속물이다. 스포츠 용품·장비는 경기력 향상, 기록 단축 등을 위해서 끊임없이 개발되고 있다. 스포츠 용품·장비 기업들이 새로운 제품 개발에 치열하게 경쟁하는 것은 자신이 개발한 용품이나 장비로 경기력을 향상시키고 보다 많은 수입을 얻기 위해서이다. 대부분의 스포츠 용품이나 장비들은 초대형 경기장에서 이벤트나 경기를 통해 그 가치를 평가받는다.

---

1) 유럽이나 북미의 프로 스포츠 구단들은 경기장을 이용하여 다양한 수익을 얻는다. 스페인의 FC바르셀로나 구단의 경우 주요 수입원은 입장료이다. 입장료는 전체 수익의 45% 정도이며, 이는 TV 중계수입 38% 보다 더 많다고 한다.

초대형 스포츠 시설은 메가 스포츠 이벤트, 프로 스포츠 경기 등을 개최하는 데 필요할 뿐 아니라 잘만 운영하면 다양한 유·무형의 편익을 얻을 수 있다고 주장된다.

[그림 8-1] 초대형 경기장과 무형의 편익

넷째, 참여 스포츠 활동도 스포츠 시설을 통해서 이루어진다. 참여 스포츠는 모든 스포츠 활동을 의미하나 엄밀한 의미에서 프로 스포츠와 다르다. 참여 스포츠 활동은 생계보다는 취미, 건강 유지 및 증진, 주민 간 화합과 협력 등이 주요 목적이다. 각종 스포츠 동아리, 동호회 등이 대표적이다. 참여 스포츠는 주로 지역 주민들이 자발적으로 조직적이고 체계적인 절차를 통해서 이루어진다. 참여 스포츠 시설은 개인의 건강 유지 및 증진에 기여하고 참여자들 간 상호 협조나 단결을 유도해 경제·사회적으로도 바람직한 결과를 기대할 수 있기 때문에 많은 국가에서 관심을 기울이고 있다.

3) 스포츠 시설과 서비스

FIFA 월드컵 축구 대회, 올림픽 경기 대회 등의 스포츠 이벤트나 각종 프로 스포츠 경기는 경기 방식이나 규칙이 다르지만 초대형 스포츠 경기장을 이용하여 스포츠 서비스라는 제품을 생산한다는 공통점이 있다. 스포츠 이벤트나 경기는 시간과 공간의 제약을 받으며 국제적으로 정해진 규칙과 시설에서 이루어진다. 그러나 스포츠 이벤트나 경기에 대한 규칙은 종목별로 정해져 있으나 스포츠 이벤트나 경기 서비스에 대해서 국제적으로 정해진 평가 기준은 없다. 스포츠 이벤트나 경기라는 서비스는 눈에 보이지 않는 무형의 제품이고, 제품의 질에 대한 평가는 참여자들의 주관적인 판단에 의해 이루어진다. 따라서 스포츠 이벤트나 경기에 대한 서비스의 질을 국제적으로 표준화하기가 쉽지 않다. 만약 소비자들이 손으로 만지거나 눈으로 볼 수 있다면 국제적으로 표준화가 가능할 것이다. 그러면 스포츠 경기라는 무형의 제품을 평가하거나 판매하기도 훨씬 수월해질 것이다.

스포츠 이벤트 주최 측이나 프로 스포츠 리그에서 스포츠 이벤트나 경기라는 제품을 판매하기 위해서 소비자들에게 아무리 우수한 양질의 서비스라고 강조하더라도, 서비스의 질적 수준을 객관적으로 사전에 평가하기가 쉽지 않다. 스포츠 이벤트나 경기라는 서비스는 완성되지 않은 미완성의 무형의 제품이기 때문이다. 이때 스포츠 이벤트나 경기라는 서비스가 양질의 제품일 가능성과 시각적 효과를 높여 줄 수 있는 것이 스포츠 시설이다. 보다 쾌적하고 안락한 스포츠 시설은 스포츠 경기라는 무형의 제품의 질적 향상을 가능케 한다.

그래서 스포츠 시설에 최첨단 기술이 동원되고 보다 웅장하거나 쾌적하며 오락적인 요소들이 추가되기도 한다. 대부분의 스포츠 소비자들은 스포츠 활동에 참여하거나 관람한 후에 평가를 한다. 이러한 평가에는 스포츠 시설이 커다란 영향을 미친다. 소비자들은 초대형 스포츠 경기장에서 스포츠 이벤트나 경기라는 서비스를 동시에 평가한다. 예를 들어, 어떤 소비자가 스포츠 경기장 시설에 대해 긍정적인 인식을 지녔다면 스포츠 이벤트에 대해서도 보다 많은 만족감을 느낄 것이고, 스포츠 이벤트라는 서비스도 긍정적으로 평가할 것이다. 반대로 경기장 시설에 대해서 좋지 않은 인식을 가졌다면 스포츠 이벤트라는 서비스도 좋지 않게 평가하려고 할 것이다. 스포츠 시설은 무형의 스포츠 서비스를 높이 평가하는 데 도움이 되는 실체이며 시각적인 증거가 될 수 있다. 따라서 스포츠 시설의 이름이 널리 알려지기도 하고, 박진감 넘치는 스포츠 이벤트 장소로서 기억되기도 한다.[2] 소비자들은 이벤트나 경기 자체를 중요하게 여기기도 하지만 유명

---

[2] 웸블리(wembly)에서 FA CUP, 멜버른 크리킷 경기장(melbourne cricket ground)에서 AFL Grand Final, 메디슨 스퀘어 가든(madison square garden)에서 NBA play off 등이 대표적이다.

스포츠 이벤트나 경기가 열린 경기장에 대해서도 커다란 관심을 가진다. 따라서 스포츠 시설을 매력적인 요소를 갖춰 유지할 필요가 있다

　모든 스포츠 이벤트나 경기는 시설에서 생산되고 판매된다. 메가 스포츠 이벤트, 프로 스포츠 경기, 각종 참여 스포츠 활동뿐만 아니라 스포츠 용품이나 장비들도 그러하다. 스포츠 시설은 스포츠 경기를 관람하거나 스포츠 활동에 직접 참여하는 데 필수적인 요소이다. 특히, 영리를 목적으로 하는 스포츠 이벤트나 경기는 시설이 성공 여부를 좌우하기도 한다. 보다 편리하고 쾌적한 스포츠 시설이 중요해지고 있다.

　스포츠 이벤트나 프로 스포츠 경기라는 서비스의 질적 향상 여부는 스포츠 시설에 달려 있다고 주장되기도 한다. 대부분의 스포츠 경기나 이벤트는 스포츠 시설에 의존 (facility dependent sport service)한다는 것이다. 일부 학자들은 미래의 스포츠 시장은 스포츠 시설에 기반을 둔 스포츠 서비스 중심으로 발전할 것이라고 주장한다. 〈표 8-1〉은 초대형 스포츠 경기장과 같은 시설에서 발생 가능한 스포츠 산업과 시설의 소유 및 운영 방식을 개략적으로 나타낸다.

〈표 8-1〉 스포츠 시설의 기능과 역할

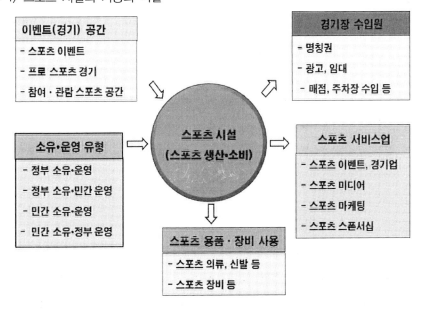

제2절 ✧ 시설 비용과 운영 방식

1) 시설 건설과 운영 비용

메가 스포츠 이벤트, 프로 스포츠 경기 등을 위한 초대형 스포츠 경기장 건설과 운영 과정에서 발생 가능한 비용은 다음과 같다.

첫째, 초대형 스포츠 시설을 건설하기 위해서는 대규모 토지가 필요하며 막대한 토지 비용이 소요된다. 경기장이 위치하는 지역에 따라 토지 비용이 다르다. 스포츠 시설을 건설하는 데 필요한 토지가 도심에 있거나 사유지일 경우 많은 비용이 소요될 수도 있다. 만약 스포츠 시설을 건설하는 데 필요한 토지를 정부가 소유하지 않았다면, 정부는 스포츠 시설을 건설하기 위해서 토지를 취득해야 한다. 토지 취득 비용이 필요하다. 유휴지나 쓰레기 매립지를 정비하여 초대형 스포츠 시설을 건설하기도 하는데, 이는 토지 취득 비용을 줄일 수 있을 뿐 아니라 환경도 개선시킬 수 있다. 둘째, 스포츠 시설 건설 비용이다. 토지나 시설과 관련된 각종 기반 시설 비용을 포함시키지 않은 순수한 의미의 건설 비용이다. 대부분의 경기장은 건설 비용이 별도로 계산되지 않고 토지와 기반 시설 비용이 포함되기도 한다. 스포츠 시설 건설 비용은 경기장의 종류에 따라 다양하다. 경기장 내부, 의자나 조명 등 내부시설을 갖추는 데도 많은 비용이 소요된다. 셋째, 스포츠 시설 운영에 필요한 각종 기반 시설 비용이다. 스포츠 시설이 효율·효과적으로 기능을 하기 위해서는 스포츠 시설과 관련된 사회기반 시설이 필요하다. 경기장과 관련된 도로, 철도, 하천, 상하수도, 전기 등 기반 시설들이다. 스포츠 시설을 위한 각종 기반 시설 건설은 주로 정부나 공공부문에서 지원된다. 그러나 이러한 기반 시설 비용을 경기장 건설 비용에 포함해야 하는지에 대해서 논란이 제기되기도 한다. 넷째, 시설 운영 과정에서도 여러 가지 비용이 발생한다. 스포츠 시설을 정부 등 공공부문이 소유할 때 유지, 관리, 서비스 등의 비용이 지출된다. 스포츠 시설 운영·유지 비용으로는 청소, 쓰레기, 조경 등에 소요되는 비용이다. 수도, 가스, 전기 등 생활 비용, 보험, 행정 비용 등도 포함된다. 이러한 비용을 포함하여 운영 비용이라고 하며 고정비용이라고도 한다.

다섯째, 해당 지방정부의 서비스이다. 지방정부가 스포츠 시설을 운영하는 데 직접적으로 필요한 것들이다. 경찰, 소방, 상하수도 등으로, 이러한 것들은 해당 지방정부의 서비스 비용이다. 예를 들어, 경찰은 경기나 이벤트가 있는 날 스포츠 시설의 주변이나 내부에 배치된다. 테러, 폭력이나 기물 파손 등을 미연에 방지하기 위해서다. 이러한 비용은 정부 등 공공 기관이 모두 지불한다.

2) 건설 방식과 자금 조달

초대형 스포츠 시설 건설을 위한 자금 조달은 다양한 방식으로 이루어진다. 첫째, 정부 등 공공 기관이 공공 자금을 이용하여 스포츠 시설을 건설하는 것이다. 1970년대까지만 하더라도 도시의 기반 시설 구축과 함께 스포츠 시설이 활기를 띠기 시작하면서 정부 지원의 중요성이 강조되었다. 대부분의 스포츠 시설은 정부 등 공공부문의 예산이나 기금, 채권 발행 등을 통해서 충당되었다. 우리나라의 경우 국민체육진흥기금이 대표적이다. 또 국·공채를 발행하여 충당하기도 한다. 채권은 미래의 특정한 날에 원금과 이자를 지불하기로 약정하고 발행하는 증서이다. 채권은 대규모 자금을 조달하기에는 유리하지만 미래 세대에 부담이 전가될 수 있다는 점에서 논란이 되기도 한다.

둘째, 1980년대 중반에 정부가 초대형 스포츠 시설을 건설하는 데 많은 자금을 지원하는 것에 대해 논란이 제기되기도 하였다. 스포츠 시설보다 국가·사회적으로 더 시급한 지출 요인이 늘어나면서 재정적자가 확대되었기 때문이다. 초대형 스포츠 시설 건설은 우선순위가 상대적으로 낮은 공공사업이라고 인식되면서 스포츠 시설 건설에 필요한 재정 지출이 줄어들기도 하였다.[3] 그러면서 많은 스포츠 시설 건설 비용은 공·사 간 파트너십(public-private partnership) 형태를 이루거나 민영화되었다. 공·사 간 파트너십은 공공서비스나 기반 시설을 제공하기 위해서 민간 기업과 공공부문이 공동으로 참여하는 것이다.

셋째, 민간부문에서 스포츠 관련 재화나 서비스를 생산하고 판매하기 위해서 직접 스포츠 시설을 건설하기도 한다. 일부 민간 기업들은 직원들이 스포츠 활동을 할 수 있도

---

3) 그러나 MLB 등 북미의 프로 스포츠 경기장의 건설 여건은 다르다. 만약 지방정부가 프로 스포츠 경기장에 대한 재정지원을 중단한다면 해당 프로 스포츠 팀은 다른 지역으로 연고지를 이동하려고 할 것이므로 지방정부는 자금을 지원해 주게 될 것이라는 것이다. 최근에 NHL의 피츠버그의 팽귄스(pittsburgh penguins) 팀은 캔사스 시로 연고지를 이동하기로 결정하기 바로 몇 시간 전에 피츠버그 시당국으로부터 새로운 시설을 지원해 주겠다는 약속을 받았다.

록 시설을 건설하기도 한다. 유럽이나 북미의 일부 프로 스포츠 구단의 경우 직접 건설하여 운영하기도 한다.

넷째, 초대형 스포츠 시설 건설을 위한 자금 지원은 아주 복잡하게 얽혀 있기도 하다. 스포츠 시설 건설을 위한 자금은 다양한 방식을 통해 충당한다. 중앙 및 지방정부 재정에다가 각종 기금이 지원되기도 한다. 또 민간자금이 투자되기도 한다. 실제로 영국 웸블리(wembley)의 새로운 축구 경기장 건설 비용은 약 7억6천만 파운드로 추정되는데, 영국의 축구협회, 복권기금, 런던 발전 관련단체와 상업은행 등이 건설 비용을 지원했다.

다섯째, 최근에는 초대형 스포츠 시설을 건설하는 과정에서 글로벌 투자가 이루어지기도 한다. 글로벌화와 더불어 자금 이동이 자유로워지면서 투자자들은 상대적으로 수익성이 높은 곳을 찾아 나서게 된다. 실제로 런던에 있는 웸블리 경기장은 건설 과정에서 일부 비용을 독일은행으로부터 빌렸다고 한다.

〈표 8-2〉 주요 올림픽 경기장 건설 비용과 활용 실태

년도	개최지, 경기장	건설 비용 (백만$)	수용 인원(명)	2010 입장객 (천명)	이벤트 수	소유권
1996 (하계)	- 미국, 애틀랜타 - turner field	346	49,586	2,510	85	민간
2000 (하계)	- 호주, 시드니 - ANZ 경기장	583	83,500	1,195 (2006년)	-	〃
2004 (하계)	- 그리스, 아테네 - spiros 경기장	373	69,618	1,234	49	공공
2008 (하계)	- 중국, 북경 - 북경 국립경기장	428	80,000	-	19	〃
2012 (하계)	- 영국, 런던 - 올림픽 스타디움	779	25,000(고정) 55,000(임시)	-	-	〃
1998 (동계)	- 일본, 나가노 - 나가노 경기장	107	30,000	19	11	〃
2002 (동계)	- 미국, 솔트레이크 - rice-eccles 경기장	67	46,178	332	9	민간
2010 (동계)	- 캐나다, 벤쿠버 - BCplace	104	54,320	1,000 (2009년)	200	공공

자료: Jens Alm(2012).

〈표 8-2〉는 주요 동·하계 올림픽 경기장의 건설 비용과 수용 인원, 이벤트가 끝난 후의 활용도, 소유권 등을 보여준다. 표에서 알 수 있듯이 하계올림픽 경기장이 동계올림픽 경기장에 비해서 수용 인원이 훨씬 더 많으며 건설 비용도 상대적으로 더 많이 지출되고 있음을 알 수 있다. 올림픽 경기가 끝난 후에 활용 방안이나 소유권도 국가에 따라 다양하게 이루어지고 있음을 알 수 있다.

〈표 8-3〉은 월드컵, 2008 UEFA 대회 등 축구 경기장 건설 비용과 수용 가능 인원, 이벤트가 끝난 후의 활용, 소유권 등을 나타내고 있다. 경기장 건설 비용은 국가마다 다양하며 이벤트가 끝난 후 얼마나 효율적으로 활용하느냐에 따라 입장객 수도 크게 달라진다.

〈표 8-3〉 FIFA 월드컵 경기장 건설 비용과 활용 실태

년도	개최지, 경기장	건설 비용 (백만$)	수용인원 (명)	2010 입장객 (천명)	이벤트 수	소유권
2002 한·일	삿포로 경기장	426	42,328	1,966	83	공공
	카시마	195	40,728	415	48	〃
	대구	293	66,433	-	-	〃
	서울	197	66,806	-	-	〃
2006 독일	알리안츠, 뮌헨	473	69,901	2,326	44	민간
	메르세데스-벤츠	69	55,896	1,065	-	공-사
2010 남아공	케이프타운	536	55,000	850	-	공공
	피터 모카바	134	45,500	655	-	〃
2008 UEFA	레치그룬트, 취리히	105	26,000	527	44	〃
	스위스 경기장, 베른	63	32,000	510	30	공-사

자료: Jens Alm(2012).

3) 경기장 운영 방식

초대형 스포츠 경기장 등 시설에 대한 운영 방식은 크게 정부 등 공공 기관, 민간 기업, 비영리·자발적 운영, 위탁 운영 등으로 구분된다.

첫째, 정부 등 공공 기관의 운영이다. 주로 지방 정부나 스포츠 관련 공공 기관이 모든 책임을 지고 운영한다. 정부 등 공공 기관이 운영하는 주요 이유는 초대형 스포츠 경기장이 공공재, 외부 효과 등의 특성을 지니기 때문이다. 이러한 특징을 지닌 재화나 서비스는 시장에서 거래되기가 어렵다. 즉, 초대형 스포츠 시설은 사회적으로 요구하는 수준보다 더 적게 공급되려는 속성이 있다. 따라서 정부 등 공공부문이 나서서 초대형 스포츠 시설을 공급한다면 사회적 요구에 부응할 수 있으며 국가 이미지 제고, 국론 통일, 일체감 조성, 건강 유지 및 증진 등 무형의 편익을 얻을 수 있다. 정부 등 공공부문이 초대형 스포츠 시설을 공급·운영하려는 것은 국가·사회적으로 다양한 유·무형의 편익을 얻을 수 있기 때문이다. 이러한 이유로 스포츠 시설을 건설하고 유지하는 데 공공 자금을 지원할 필요가 있다고 주장한다. 정부 등 공공 기관이 운영하는 초대형 스포츠 경기장들은 상업성보다는 공공성을 중시한다.

둘째, 민간 운영이다. 미국, 유럽 등 선진국에서는 초대형 스포츠 경기장을 민간이 운영하기도 한다. 정부는 공공 스포츠 시설보다 더 긴요한 곳에 자금을 사용하기 위해서 경기장에 대한 재정 지원을 줄이려 한다. 또 스포츠 시설을 경영하거나 감독할 수 있는 인적자원이 부족하여 스포츠 시설의 민영화에 대한 관심이 증가하고 있다. 스포츠 시설의 민영화는 소유권, 파트너십, 법인 등의 형태로 독립적으로 운영된다. 민간 운영자들은 나름의 스포츠 시설 운영에 대한 노하우를 가지고 있으며, 스포츠 시설의 모든 소유 구조를 지배하며 권한을 행사한다.

셋째, 비영리·자발적 운영이다. 비영리·자발적 스포츠 시설은 각종 스포츠 동호회, 스포츠 단체, 학교 체육 등과 같이 자발적으로 조직되고 운영된다. 주로 회비, 기금, 후원금, 정부 지원 등으로 운영된다. 정부 등 공공부문이 스포츠 시설을 직접 건설하고 관리하는 것보다는 자발적·비영리 스포츠 단체가 관리·운영하는 것이 비용 측면에서 더 효율적이라는 주장이 있다. 스포츠 활동이 점차 다양해지고 있는 상황에서 자발적·비영리 스포츠가 더 효율적인 공급자가 될 수 있기 때문이다. 자발적·비영리 스포츠 시설을 통해 다양한 계층에 스포츠 관련 편익을 제공할 수 있을 뿐 아니라 정부의 활동과 지출을 줄일 수도 있다. 그러나 자발적·비영리 스포츠 단체들이 자칫하면 정부를 대신해서 또 다른 형태로 시장에서 지배력을 행사할 수도 있다고 지적되기도 한다.

넷째, 위탁 운영이다. 스포츠 시설을 소유한 정부 등 공공 기관이 스포츠 시설 경영에 대해 전문기술 등 노하우를 가지고 있는 제3자에게 시설 운영을 위탁하는 것이다. 위탁 운영은 병원, 호텔, 급식업체 등에서 많이 도입하고 있다. 최근에 정부 등 공공부문에서 공공 스포츠 경기장, 실내외 경기장 등 초대형 스포츠 시설 관련 업무를 관리하기 위해서 민간 기업에 위탁하기도 한다. 글로벌 차원에서 공공 스포츠 시설을 위탁 경영하는 사례도 있다.[4] 정부 등 공공부문이 초대형 스포츠 시설을 민간 기업에 위탁 경영을 맡길 경우 경제적으로 더 효과적일 수도 있다.

제3절 경기장과 주요 수입원

1) 명칭권

초대형 스포츠 경기장에 대한 명칭권(naming right)은 경기장을 이용한 일종의 스폰서십이다. 기업들이 명칭권에 관심을 가지는 것은 기업이나 제품의 이미지 제고, 소비자들에 대한 인식, 지역 사회와의 관계 개선, 종업원들의 자부심, 대인관계 개선 등이 가능하기 때문이다. 특히, 2000년대 이후 북미의 스포츠 경기장에서 이러한 형태의 명칭권이 활발하게 거래되고 있다. 초대형 경기장에 대한 명칭권 거래는 통상 시장 규모, 경쟁 수준, 시설에서 추진하고 있는 이벤트 계획 등에 따라 가치가 매겨진다.

기업은 경기장을 소유한 팀, 지방정부, 관련기관 등으로부터 명칭권을 구입한다. 명칭권은 통상 10년에서 30년으로 장기간 계약된다. 계약 기간이 끝나거나 계약 기간 중 경기장에서 철수하게 되면 협약은 끝난다. 초대형 스포츠 경기장들은 이러한 명칭권을 판

---

4) SMG, 글로벌 스팩트럼(global spectrum) 등이 대표적이다. SMG(smgworld.com)는 글로벌 차원에서 경기장 및 시설 관리, 마케팅, 발전 등을 중점적으로 위탁 경영하는 기업이다. 주로 초대형 실내외 경기장, 컨벤션 센터, 무역센터, 전시장, 극장 등을 관리하며 정부와 민간 기업들과 파트너십과 관계를 유지한다. 미국, 영국, 독일 등 유럽의 초대형 스포츠 경기장을 위탁관리하며, 아시아나 라틴아메리카로도 확장하고 있다. 글로벌 스팩트럼사에서는 초대형 실내외 경기장, 컨벤션 센터, 빙상 경기장, 수상 센터, 극장 등에 대한 위탁 경영 및 관리, 해당 스포츠 시설에 대한 마케팅도 담당한다. 그리고 민영화 한 스포츠 시설, 건설 중인 스포츠 시설 등을 컨설팅한다. 주로 미국, 캐나다, 유럽, 아시아 등의 공공 스포츠 시설을 관리한다.

매하여 많은 수입을 올린다. 특히, 북미의 초대형 스포츠 경기장들은 명칭권을 판매하여 경기장 건설 비용을 충당하는 데 사용되기도 한다. 북미에서 명칭권은 프로 스포츠 경기장은 물론 마이너 리그 경기장, 대학 경기장도 거래되고 있다. 오늘날 초대형 경기장의 명칭권은 비용 측면에서 가장 효과적인 마케팅 중 하나라고 주장된다.[5] 북미의 많은 기업들이 명칭권을 구입하려는 이유는 주로 다음과 같다.

첫째, 명칭권을 구입한 기간 중에 기업의 이름이 스포츠 이벤트나 경기 도중 TV 중계 방송 등 미디어에 많이 노출되므로 상대적으로 적은 비용으로도 커다란 광고 효과를 기대할 수 있다. 가끔 스포츠 경기나 이벤트 중계방송 도중에 아나운서가 명칭권을 구입한 기업의 이름을 의무적으로 사용해야 한다는 규정을 제시하기도 한다. 게다가 대부분의 명칭권은 장기간 독점계약 형태로 이루어지므로 마케팅 활동에 유리하다. 또 명칭권을 구입하지 않은 경쟁기업들이 유사한 권리를 행사할 수 없다. 이러한 시설들은 계약 기간 동안 기업에 소속되기 때문이다.

둘째, 명칭권은 경기장이 있는 지역에서 기업에 대한 좋은 감정과 긍정적인 이미지를 구축할 수 있다. 특히, 경기장을 연고지로 하는 팀의 경기 성적이 우수하거나 인기가 높을 경우 더욱 효과적이다. 기업이 리그나 각종 챔피언 경기에서 자주 우승하는 팀이 연고지로 사용하고 있는 경기장의 명칭권을 구입하게 될 경우 해당 지역에서 긍정적 이미지를 구축하는 데 유리하다. 이러한 지역으로 진출하려는 기업들은 명칭권에 많은 관심을 가진다.

셋째, 명칭권은 특정의 제품이나 기업에 대한 이미지를 높일 수 있다. 명칭권을 구입한 기업들은 다양한 판매 촉진 활동을 할 수 있다. 실제로, 플리트 뱅크(fleet bank)는 보스턴에 있는 플리트 센터(fleet center)에 대해서 명칭권을 구입하였다. 경기장에 현금 자동 인출기를 설치하여 고객들이 편리하게 이용할 수 있게 하였다. 또 시카고의 유나이티드 센터(united center)에서는 항공 티켓 부스를 설치하였다. 기업의 특별석(luxury box)이나 지정 좌석제도 고객들에게 좋은 이미지를 심어준다. 경기장 시설에 붙어 있는 제품이나 기업의 이름이 영화나 텔레비전 프로그램 등에 노출되기도 한다.

---

5) 최초의 명칭권은 1973년 NFL의 버펄로 빌스(buffalo bills) 경기장을 리치 프로덕트사(rich products corporation)에 새로운 경기장 이름을 사용할 권리를 판매한 것이며, 25년간 1천5백만 달러에 계약하였다. 2004년에는 미국에서 야구, 축구 경기장은 절반이 농구, 아이스하키 경기장은 3/4 이상이 명칭권을 판매히였다.

넷째, 일반적으로 기업들이 스포츠 시설에 대한 명칭권을 구입하는 것은 효율적인 투자방식으로 인식되기도 한다. 기업이 명칭권을 구입하는 것은 미래에 보다 많은 이윤을 얻을 수 있다고 믿기 때문이다. 이 외에도 세제 혜택이 가능하다. 국가마다 다르지만 북미에서 기업들의 명칭권 구입 비용을 광고 지출 비용으로 인정받을 수 있다. 스포츠 시설에 대한 명칭권은 글로벌 차원에서 거래되고 있다. 글로벌 기업들은 해당 국가에 진출하거나 시장을 확대하는 데 명칭권을 활용한다. 〈표 8-4〉는 주요 국가의 스포츠 경기장과 명칭권을 구입한 글로벌 기업들이다.

〈표 8-4〉 주요 국가의 스포츠 경기장 명칭권과 스폰서 기업

국가	경기장(시설)/위치	스폰서	기간(년)/ (백만 달러, 파운드, 유로)
미국	시티필드(citi field) 렐리언트 경기장(reliant stadium) 페덱스 필드(fedex field)	시티뱅크(citi bank) 렐리언트 에너지(reliant energy) 패드럴 익스프레스(federal express)	20/400달러 31/310달러 27/205달러
캐나다	벨 센터(bell centre) 에어 캐나다 센터(air canada centre) 스코티아 뱅크(scotia bank place)	벨 캐나다(bell canada) 에어 캐나다(air canada) 스코티아 뱅크(scotia bank)	20/64달러 20/40달러 15/20달러
유럽	에미레이트 스타디움(emirates stadium) 알리안츠 경기장(allianz arena) 아비바 스타디움(aviva stadium)	에미레이트 항공(emirate airline) 알리안츠보험(allianz insurance) 히버리안 아비바(hibernian aviva)	15/100파운드 15/60파운드 10/50유로
일본	닛산 스타디움(nissan stadium)	닛산 자동차(nissan automobile)	5/470엔

자료: Eric C. Schwarz, StaceyA.Hall and Simon Shibli(2010).

한편, 기업들이 스포츠 경기장의 명칭권을 구입하였다고 해서 기업이나 제품의 이미지가 제고되고 매출액이 증대되는 등 반드시 긍정적인 영향을 미치지는 않을 수도 있다고 주장되기도 한다. 초대형 스포츠 경기장의 명칭권을 구입한 기업들이 자금난으로 부도, 파산 등이 빈발하면서 명칭권에 대한 관심이 줄어들고 부작용도 나타났다고 지적된다. 또한, 경기장 소유주가 기업들에게 경기장 명칭권을 판매한다고 해서 반드시 이득이 되지 않는 경우도 발생한다.[6] 경기장 명칭권을 구입한 기업이 부도덕한 행위로 여론의

비난을 받거나 부도나 파산을 하게 될 경우 해당 경기장에 대한 명성이 실추될 수도 있기 때문이다. 〈표 8-5〉는 미국의 주요 도시에 있는 경기장들이 명칭권을 판매하였으나, 명칭권을 구입한 기업들이 영업 부진, 파산 등으로 중도에 포기하거나 더 이상 연장하지 않은 사례들이다.

〈표 8-5〉 스포츠 경기장과 명칭권 중단 및 포기한 기업

스포츠 경기장	도시	포기 요인
아델피아 콜리시움(adelphia coliseum)	내쉬빌(nashville)	파산
CMGI필드(CMGI field)	보스톤(boston)	재정난
콘세코 필드하우스(conseco fieldhouse)	인디애나폴리스(indianapolis)	파산
엔론 필드(enron field)	휴스턴(houston)	파산
MCI센터(center)	워싱턴(washington)DC	모기업 파산
프로플레이어 경기장(proplayer stadium)	마이애미(miami)	파산
PSI 넷(net)	볼티모어(baltimore)	파산
3-컴필드(com field)	샌프란시스코(san francisco)	재정난, 중도 포기
트랜스 월드 돔(trans world dome)	세인트 루이스(st.louis)	파산
유나이티드 센터(united center)	시카고(chicago)	파산
US 에어웨이 경기장(airways arena)	랜드오버[Landover, MD)	파산

자료: Eva Marikova Leeds, Miachael A. Leeds & Irina Pistolet(2007).

2) 경기장 임대

북미의 프로 스포츠 구단들은 지방정부 등이 소유한 초대형 스포츠 경기장을 아주 유리한 조건으로 임대하기도 한다. 일부 구단들은 지방정부로부터 임대한 경기장의 명칭권을 기업들에게 판매하기도 한다.[7] 이 경우 구단의 유일한 의무는 경기장 운영 비용만

---

6) MLB의 휴스턴 애스트로스(houston astros) 경기장은 엔론(enron)사에 명칭권을 판매하였으나 이름을 단지 두 시즌만 사용할 수밖에 없었다. 엔론사가 2001년 회계부정 등으로 파산하면서 경기장의 명성도 추락했기 때문이다. 애스트로스 경기장은 2003년에야 미닛 메이드 파크(minute maid park)로 다시 명명되었다.

7) 1995년 워싱턴 상원의원인 고든(slate gordon)은 스포츠 시장에 정부의 개입을 최소화해야 된다고 주장하였다. 그러나 고든은 시애틀의 마리너스(mariners) 경기장 건설을 위한 거래에 공동으로 참여하였다. 4억

지불하는 것이다. 이는 아주 드문 현상이지만 전혀 불가능한 일도 아니다. 팀은 경기장에 대해서 선물환 거래방식 중 하나인 확정일 방식(outright forward)을 이용하기도 한다. 이는 계약 체결 시 만기일을 사후적으로 정해 두는 방식이다. 경기장 임대는 임대 방법, 사용 기간, 사용 방식 등이 국가마다 경기장, 종목에 따라 다양하다. 초대형 스포츠 경기장 운영은 항공기 운항과 아주 흡사하다고 주장된다. 항공기를 효율적으로 운항시키지 않으면 돈을 벌 수가 없다. 항공기에 고객을 충분히 태우지 못하면 항공사의 수입은 그만큼 줄어들기 때문이다. 항공기 좌석에 손님을 다 채우지 못하면 그 만큼 손해이다. 그래서 항공기는 가능하면 보다 많은 승객을 태우려고 다양한 방법을 강구한다. 마찬가지로 초대형 스포츠 경기장이 제대로 사용되지 않으면 수입을 얻을 수가 없다. 따라서 경기장 운영자는 효율적인 운영을 위해서 노력한다. 그러나 경기장을 임대한 프로 스포츠 구단은 독점적으로 사용하기를 원하고 가능하면 경기 이외의 다른 목적의 사용을 제한하려고 한다. 임대한 경기장에서 콘서트, 집회 등이 많이 열리게 되면 경기 일정과 중복될 수도 있으며 경기장과 좌석이 마모될 수도 있기 때문이다.

3) 광고

광고(advertising)는 어떤 제품을 판매하기 위해서 소비자들에게 영향을 주거나 설득하고자 하는 커뮤니케이션 방법이다. 초대형 경기장이나 스포츠 시설의 광고는 스포츠 시설이나 경기장을 이용하여 해당 제품에 대해 소비자들의 관심을 끄는 과정이다. 스포츠 경기장에 대한 광고는 경기장 자체를 광고하거나 경기장을 이용한 광고로 구분될 수 있다. 스포츠 경기장에 대한 광고는 각각 시설에 따라 제공하는 서비스와 이벤트가 다양하다. 광고의 목적은 스포츠 시설에 대한 이미지를 제고하고 이를 통해 스포츠 시설의 수입을 증대시키는 것이다. 소비자들에게 브랜드 이미지, 브랜드 연상, 충성도 구축 등의 가시성(visibility)을 극대화하려는 것이다.

스포츠 경기장을 이용한 광고 방식은 표시(signage)와 관련이 있다. 통상적인 표시 형

1,400만 달러라는 가격이 제시되었지만 팀은 4,500만 달러만 지불하였고, 나머지는 주 정부의 채권으로 충당하기로 하였다. 그러나 팀에게 주어진 명칭권의 가격은 우연의 일치이든 아니든 4,500만 달러였다. 사실상 팀은 단 한 푼도 쓰지 않았다.

도록 한다. 현대의 경기장은 관중들의 쾌적성, 편리성, 안전 등도 중시되고 있다. 이러한 시설은 경기장 건설을 디자인할 때부터 감안한다.

둘째, 올림픽, FIFA 월드컵 축구 대회와 같은 메가 스포츠 이벤트를 개최하는 도시들은 경기장 외에도 도로, 철도, 도심 정비 등 각종 기반 시설을 개선시켰다. 메가 스포츠 이벤트 개최는 도시들의 발전을 가속화시킬 수 있다. 메가 스포츠 이벤트를 위한 초대형 경기장 건설이 도시 발전을 위한 촉매로 인식되기 시작한 것은 1960년 로마 올림픽부터라고 주장되기도 한다. 1972년 뮌헨 올림픽에서는 올림픽 파크에 올림픽 빌리지(olympic village)가 건설되었는데, 이는 도시민들에게 여가를 제공하기 위해서였다. 주위 환경과 상징적인 스포츠 시설 간의 조화로운 결합은 개최 도시를 매력적인 곳으로 변모시킨다. 경기장은 도시를 구성하는 중요한 요소로 인식되고 있다. 경기장은 도시에 영향을 미치며 도시 발전 계획의 수단으로 이용되고 있다. 특히, 1992년 바르셀로나 올림픽은 혁신적인 디자인으로 도시 발전에 기여하였으며, 도심 지역은 경제적으로 부흥하였고 국제적 수준으로 도시 이미지를 향상시켰다고 평가된다.

셋째, 초대형 스포츠 경기장 건설에 친환경 디자인이 등장하고 있다. 동계올림픽과 같은 스포츠 이벤트들은 환경 파괴 및 오염이 불가피하지만 환경에 대한 피해를 최소화하자는 취지로 각종 스포츠 시설에 그린(green)이라는 개념이 도입되고 있다. 일부에서는 이미 1994년 릴레함메르 동계올림픽에서 그린 올림픽(green olympic)에 대한 개념이 도입되었다고 주장된다. 2000년 시드니 올림픽 경기장은 전반적으로 환경에 미치는 영향을 최소화하는 것을 목표로 하였다고 평가된다.

넷째, 메가 스포츠 이벤트 경기장은 문화적 영역의 한 부분이 되고 있다. 올림픽 등 메가 스포츠 이벤트 경기장은 현대의 문화를 표현할 수 있는 좋은 장소이다. 경기장에서 지역이나 국가를 대표하는 문화를 만들기도 하고 나타내기도 한다. 따라서 올림픽과 같은 메가 스포츠 이벤트 경기장은 문화적으로도 의미 있는 지역으로 평가된다. 올림픽 경기장은 문화적 공간과 문화적 영역의 한 부분으로서 단순한 건축물 이상으로 간주되고 있다. 스포츠 이벤트의 상징적 의미와 중요한 경쟁의 무대로서 이벤트의 역사를 담고 있다.

다섯째, 메가 스포츠 이벤트 경기장과 시설들은 유연한 디자인으로 도시와 조화로운 모습을 지니고 동시에 운영 비용을 최소화하기 위해 노력하고 있다. 유연한 경기장 건설은 다목적 경기장 또는 개·폐형 지붕과 같은 요소들이 포함된다. 올림픽과 같은 초대형 스포츠 경기장은 점차 다양한 형태로 디자인되고 있다. 도시의 문화, 역사, 특징, 인류의 미래 등을 고려해 디자인된 경기장은 개최 도시의 랜드마크(landmark)로 부각되기도 한다. 〈표 8-7〉은 주요 올림픽 경기장의 특성과 활용 방안이다.

〈표 8-7〉 주요 올림픽 경기장의 특징과 활용

연도	개최 도시	주요 특징	비고
1980	모스크바	- 올림픽 복합단지 랜드마크 - 180ha의 공원, 3만여 종의 식물 - 도로, 수송, 호텔 등 기반 시설	- 레닌(central lenin) 경기장 - 축구 경기장으로 사용 - 인조 잔디
1988	서울	- 한국 전통과 현대화의 혼합 - 기존의 시설 개보수 - 황폐한 지역 부활	- 서울 올림픽 경기장 - 86 아시안, 88 서울 올림픽 - 부분적 사용
1992	바르셀로나	- 경기장 도심의 중심부 위치 - 발코니, 아크로 폴리스 도시 - 경기장 리모델링, 역사적 유산	- estadi olimpic liuis company - 1929 엑스포장, 1989개 보수 - 콘서트, 미식축구, 축구 경기
2000	시드니	- 다양한 기능 개념도입 - 통풍, 빗물 사용 등 환경 친화적 - 선진 환경 관리 기법(LCA)	- 올림픽 경기장 - 세계 최대(약 11만 명) - 뉴사우스 웰즈 럭비 경기
2004	아테네	- 16개 기존 경기장 개조 - 고고학적 유물 복원 - 지하철 건설	- 1982년 완공 경기장 개보수 - 스포츠 경기, 콘서트 등
2008	북경	- 관중 안전과 대피 통로 - 8분에 9만여 명 대피 가능 - 지하철 3개 노선 추가(200km)	- 새의 둥지(the bird's nest) - 접이식 지붕 - 하루 평균 2~3만 명 입장
2012	런던	- 철근, 북경 경기장의 1/3만 사용 - 경기장은 올림픽 파크에 위치 - 이산화탄소 배출 최소화	- 웨스트 햄(west ham)팀 • 2016/7 시즌 홈 경기장 사용

자료: Miranda Kiuri & Sigrid Reiter(2013).

2) 스포츠 시설의 가치

올림픽, FIFA 월드컵, 프로 스포츠 경기 등을 위한 초대형 스포츠 시설은 참여자들의 욕구와 만족을 충족시키기 위해서, 스포츠 시설 사용자들의 기대에 부응하기 위해서 각종 이미지나 가치를 부여하는 등 질적 향상을 추구하고 있다. 이제 초대형 스포츠 시설은 더 이상 공급자 중심으로 건설되고 관리되지는 않는다. 소비자, 사회, 환경, 문화, 도시 발전, 미래 등을 고려하여 건설된다. 초대형 스포츠 경기장은 경제·사회적으로 긍정적인 영향을 미치고 그 가치도 점차 다양하게 주장되고 있다. 경기장 등 초대형 스포츠 시설은 글로벌 차원에서 다음과 같은 가치를 지닌다고 주장된다.

첫째, 도구적 가치(instrumental value) 또는 실용 가치이다. 이는 기능적 가치와 지식 가치로 세분되기도 한다. 스포츠 시설의 기능적 가치는 스포츠 선수들을 위한 시설의 기능이나 기술적 필요성으로 언급되기도 한다. 기술적 필요성은 스포츠 선수들에 의해 주장되는데, 안락하고 안전하고 쾌적한 경기장 시설로서 효율성과 관련이 있다. 기능적 가치는 경기장 광경이나 조망, 안락함, 이용 가능한 인원, 글로벌 표준화 준수, 청결, 안전 등이다. 스포츠 시설의 지식 가치는 스포츠 환경을 구축하거나 스포츠 관련 지식을 쌓는 데 필요한 시설로서 일반 제품이나 서비스의 특성과 같다. 일부 학자들은 올림픽 경기 대회와 같은 명성 있는 메가 스포츠 이벤트를 학교 교육과 연계하는 것이 바람직하다고 주장한다. 선수들의 운동 능력, 개성 충족, 사회성 등 유익한 효과를 보다 확산시키기 위해서는 교육이 필요하기 때문이다. 스포츠 시설을 지식 가치로 구분하는 이유는 경쟁을 기본으로 하는 스포츠 활동을 위한 각종 설비 공급과 교육에 대한 잠재력 때문이다.

둘째, 경험적 가치(experiential value)이다. 경험적 가치는 소비자들이 스포츠 경기장을 이용하는 과정에서 직접 체험하는 즐거움, 짜릿함, 희열, 쾌감 등의 경험을 말한다. 쾌락적 가치(hedonistic value)라고도 한다. 주로 경기장이나 스포츠 시설을 직접 사용하는 과정에서 발생한다. 소비자들이 스포츠 경기장 시설을 이용하면서 긍정적인 인식이나 감정을 느낀다면 소비자들은 정서적인 편익을 얻을 수 있으며, 경기장을 이용한 소비자들은 새로운 경험을 얻을 수 있다. 경기장에서는 공정한 경쟁, 경기 승리, 묘기, 즐거움, 스트레스 해소 등으로 소비자들을 유인한다. 소비자들이 경기장에서 느끼는 긍정적인 경험이나 감정들은 스포츠 시설뿐 아니라 해당 스포츠에 대한 이미지와 연계될 수 있다. 이는 스포츠 시설에서 경험적인 가치를 제공하는 것이다. 경험적 가치는 소비자들이 경기장이나 시설을 직접 사용함으로써 느끼는 경험을 보다 풍요롭고 깊이를 더해 준다는 것이다. 체험 마케팅도 소비자들의 경험적 가치를 통한 구매 동기를 유발하는 것이다.

셋째, 사회적 가치(social value)이다. 사회적 가치는 자기 표현 기능과 사회적 연계 기능을 지닌다. 공공 스포츠 시설에서는 소비자가 혼자서 소비하는 것이 아니라 여러 사람들이 공동으로 소비하면서 사회적 통합이나 커뮤니케이션을 증진할 수 있다. 사회적 커뮤니케이션을 통해 자신의 개성이나 의견을 반영할 수 있다. 현대에는 자신을 명쾌하게 표현하는 것이 중시된다. 스포츠 시설은 스포츠 활동을 통해 자신을 표현할 수 있는 준비된 장소이다. 스포츠 시설에서 활동은 자신의 사회적 지위를 나타내거나 다른 사람들 앞에서 자신을 내세우는 것이 허용된다. 경제·사회적 연계 기능은 개인들 간 교환과 거래이며, 사회적 상호작용이다. 이러한 기능을 지닌 스포츠 시설에서는 유연하고 바람직한 사회적 응집이 가능하다. 실제로 과거 일부 국가에서 공공 수영장은 올림픽 경기 대회와 수영 연맹의 전유물로 취급되어 소수만 이용할 수 있었으나, 이제는 모든 사람들을 위한 공간으로 변화되었다. 즉, 많은 엘리트 스포츠 시설들이 공공을 위한 스포츠 장소로 바뀌고 있는 것이다. 스포츠 시설의 사회적 가치를 향상시키기 위해서는 초대형 스포츠 시설들이 소비자들 간 거래와 커뮤니케이션 장소가 되어야 하며, 보다 많은 사람들이 이용 가능하도록 해야 한다.

넷째, 상징적 가치(symbolic value)이다. 스포츠 시설은 스포츠 이벤트를 개최하는 지역을 대표할 수 있는 조건을 갖추고 있다. 지역의 랜드마크로 간주되기도 한다. 이러한 시설들은 해당 지역의 모든 수준의 팀들이 사용할 수 있으며 지역을 위한 공개 행사장이 되기도 한다. 물론, 엘리트 또는 프로 스포츠 팀의 스포츠 시설에 대한 독점적 사용은 예외일 수도 있다. 초대형 스포츠 경기장에는 상징적인 가치가 부여되는데, 이는 지방정부의 상징성과 정체성이 강조된다. 〈표 8-8〉은 공공 스포츠 시설이 지니고 있는 글로벌 가치를 간략하게 나타낸 것이다.

〈표 8-8〉 공공 스포츠 시설의 가치 유형

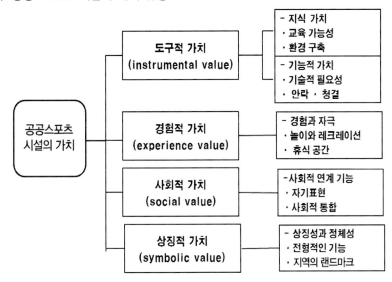

자료: Harald Dolles & Sten Söderman(2011).

3) 시설과 도시 발전 유형

초대형 스포츠 시설은 도시의 질적 향상을 위한 공공 기초시설의 하나로 인식되고 있다. 초대형 스포츠 시설은 스포츠 이벤트 개최 외에도 도시 발전을 위한 전략의 하나로 건립·운영된다.

20세기 들어 미국, 영국 등 선진국에서는 도심 공간의 효율적 활용과 경제적 효과에 대해서 고민하였다. 정책 입안자들은 스포츠 시설에 투자하여 쇠퇴해 가는 도시를 부활시키려고 노력하였다. 한 때 활력이 넘치던 도시들은 제조업이 쇠퇴하면서 일자리 감소, 도심 황폐화 등으로 몰락하였다. 이에 지방정부는 도시 활성화를 위해서 엔터테인먼트, 관광 산업 등에 관심을 가졌다. 이러한 전략의 하나로 초대형 스포츠 경기장을 건설하여 각종 스포츠 이벤트와 관광 산업, 엔터테인먼트를 활성화하려고 노력하였다. 일부 도시에서는 도시 중심에 위치해 있는 대규모의 공터나 오염되거나 개발되지 않은 지역들을 부활시키기 위해서 스포츠 시설을 건설하기도 한다. 특히, 이러한 도시들의 발전 목표는 전통적 의미의 일자리 창출과 세 수입을 목적으로 한다기보다는 환경 정비 차원에서 이루어진다. 한계지, 유휴지 등에 초대형 스포츠 시설을 건설하는 것은 토지를 다양하게 이용할 수 있다는 점에서 바람직하다. 예를 들어, 황무지, 쓰레기 매립지 등 활용도가 낮았던 토지에 초대형 스포츠 시설을 건설하고 그 주변에 새로운 주거지와 상업지역이 건설된다면, 이는 쓸모없는 토지를 이용하여 도시 발전을 가능케 하는 것이다. 이러한 시설들이 효율적으로 운영된다면 다양한 파급효과를 기대할 수 있을 것이다.

초대형 스포츠 시설 건설은 해당 도시의 발전에 기여한다고 주장된다. 이러한 이유로 많은 정부는 새로운 스포츠 시설을 건설하기도 한다. 만약 어떤 도시에 초대형 스포츠 시설을 건설하기 위해서 많은 공공 자금이 지출되고 해당 지역의 경제 활동에 긍정적인 영향을 미친다면, 도시는 경제적으로 활력이 넘치고 발전될 것이다. 또 스포츠 시설 건설과 동시에 각종 SOC 시설이 갖추어지므로 도시의 성장과 발전이 가능하다. 일부에서는 인구와 일자리가 줄어드는 지역이 부활할 수 있는 방안으로 스포츠 경기장 건설 전략을 활용하기도 한다. 스포츠 시설은 경제적 효과가 크지는 않더라도 특수한 지역의 부흥이나 발전에 기여할 수 있다고 믿고 있다.

그러나 초대형 스포츠 시설 건설이 도시 부활이나 발전에 긍정적인 영향만 미치지는 않는다고 지적된다. 첫째, 많은 도시들이 엄청난 공공 자금으로 초대형 스포츠 시설을 건설하려는 것은 메가 스포츠 이벤트나 프로 스포츠 경기를 개최하기 위해서이다. 그리고 지역이 보다 발전하기 위해서는 최신식 스포츠 시설을 건설해야 하며, 이를 위해 엄청난 공공 자금이 소요된다. 그런데 이는 자칫하면 재정난을 가중시킬 수 있다. 둘째, 초대형 스포츠 시설을 건설한다고 해서 해당 도시의 발전에 얼마나 기여하는지 분명하지 않다. 스포츠 경기장 건설과 도시 발전에 대한 인과관계가 분명하지 않다. 초대형 스포츠 시설 건설에 따른 도시 발전 여부를 평가하는 것이 쉽지 않기 때문이다. 초대형 스포츠 경기장 건설로 도시 지역이 얼마나 발전하고 지역 주민들의 생활의 질을 개선되고 시민의 자부심을 향상시켰는지 객관적인 근거가 미약하다. 셋째, 스포츠 경기장 건설에 따른 도시 발전이라는 편익은 예상 밖의 부작용을 초래할 가능성도 있다. 즉, 경기장 부근의 부동산 가격이 앙등하여 물가불안을 가져올 수도 있다. 또한, 인근 주민들이 교통 혼잡, 소음 등으로 생활에 불편을 겪을 수도 있다. 이는 경기장 부근의 지역 주민들과 갈등을 초래할 수 있다.[8] 그럼에도 불구하고 많은 도시들은 초대형 스포츠 시설을 통해 글로벌 도시, 도시의 랜드마크, 스포츠 클러스터 등을 갖추는 데 많은 관심을 가진다.

(1) 글로벌 도시

최첨단 기술로 건설된 초대형 스포츠 시설은 도시 이미지를 부각시키며 도시의 랜드마크가 되고 있다. 정부 등 공공부문의 지원을 필요로 하는 자들은 초대형 경기장 등의 시설들이 도시의 이미지를 강화시키는 등 긍정적인 편익이 크다고 주장한다.

1970년대 이후 많은 도시들이 생산 중심에서 소비 중심지로 변화하면서 다양한 비즈니스 서비스와 엔터테인먼트 등에 관심을 갖기 시작하였다. 그 후에 많은 도시들은 글로벌 차원에서 이미지를 제고시킬 수 있는 초대형 경기장에 관심을 갖기 시작하였다. 글로벌화와 더불어 도시 간 경쟁이 심화되면서 주요 도시들은 메가 스포츠 이벤트 개최, 초대형 스포츠 경기장 건설 등으로 글로벌 도시로서 매력적인 요인을 제공하려고 한다. 북경, 런던, 시드니, 뉴욕, LA 등과 같은 글로벌 도시들도 상징성 있고 가치 있는 스포츠 시설을 갖추고 있다. 초대형 스포츠 시설은 글로벌 차원의 스포츠 이벤트를 가능케 하며 글로벌 소비 문화를 만들어 낸다. 많은 도시들이 올림픽, 월드컵과 같은 메가 스포츠 이벤트를 개최하여 글로벌 소비자들의 욕구를 충족시키는 도시로 변모하여 도시의 경쟁력을 강화하려고 한다.

일부 학자들은 도시들이 초대형 스포츠 시설을 건설하여 글로벌 도시로 거듭 나려는 계획의 이면에는 글로벌 자본가들과 연관이 있다고 주장된다. 글로벌 자본가들 중 많은 역량을 지니고 있는 다국적 기업들을 포함하여 건축가들이 있고, 건축을 규제하고 승인하는 정치가들과 관료들이 있다. 글로벌 시대에 초대형 스포츠 경기장과 같은 시설을 건설하려는 것은 다국적 기업들의 이익과 글로벌 소비에 의해 추진되는 경향이 있다고 주장된다.

그러나 초대형 스포츠 시설을 통해 글로벌 도시로 발전하기 위해서는 다음과 같은 문

---

8) 실제로 광주 -KIA 챔피언스 필드 야구 경기장 주변의 아파트 주민들은 광주시와 KIA구단을 상대로 소송을 제기하고 있다고 보도되었다. 홈 경기가 있는 날의 소음, 불법 주차 등이 주민의 생활에 불편을 초래한다는 이유이다. 이와는 달리 미국 보스턴의 펜웨이 파크 경기장은 20여년 전 이전 계획을 세웠으나 팬들이 거세게 저항하였다. 팬들은 경기장에서 소음, 교통 혼잡 등을 유발하지만 야구장이 도시의 가치를 높여준다고 믿었기 때문이다.

제점을 극복해야 할 것이라고 주장된다. 첫째, 대규모 재개발은 많은 비용이 들어가는 장기적인 투자이므로 불가피하게 재정 부담이 발생한다. 글로벌 도시들이 초대형 스포츠 시설을 건설하는 과정에서 대내외적으로 불확실한 경제 여건과 재정 부담을 극복할 수 있어야 할 것이다. 글로벌 도시들이 초대형 스포츠 시설 건설 과정에서 재정 부담으로 공사가 지연되거나 포기하게 될 경우 글로벌 도시로서의 이미지가 실추될 수도 있기 때문이다. 둘째, 초대형 스포츠 시설의 경제적 영향은 확실하지 않으며 제대로 평가하기가 쉽지 않다. 많은 초대형 경기장을 건설하기 전에는 다양한 경제·사회적 효과를 강조하지만 수익을 제대로 내지 못하는 경기장들이 많이 있다. 그리고 초대형 스포츠 시설 건설을 통한 글로벌 도시로서의 발전 전략은 다른 도시들도 쉽게 모방할 수 있다. 초대형 스포츠 경기장 건설을 통한 글로벌 도시로의 발전 전략은 제한적일 수도 있다. 셋째, 초대형 스포츠 경기장을 건설하기 위해서 예외적인 제도와 법률 제정을 필요로 한다. 이는 주로 금융시장에 대한 규제를 완화하여 외국인 투자자를 유치하고 이들을 보호하기 위해서 이루어진다. 이러한 방식은 통상적으로 기업들과 정부관리들 간 협상을 통해서 이루어지기도 한다. 이는 자칫하면 국내 기업에 대한 역차별, 특혜 시비, 부동산 가격 상승, 정치적 목적 등의 부작용을 초래할 수도 있다.

(2) 도시의 상징물

국제적으로 새로 건설된 초대형 경기장은 도시를 대표하는 상징물이 되기도 한다. 다양한 아이콘을 지닌 초대형 경기장은 국제 관광시장에서 관심을 끌 수 있다. 특히, 현대식 경기장을 건설하는 데 있어 특별한 연상이나 과거의 기억 등은 중요한 아이콘 요소로 등장하고 있다. 전통방식에서 벗어난 독특한 형태의 경기장을 건설하기 위한 지출은 경제적인 의미에서 정당화될 수 있다. 이러한 경기장은 경제 활성화뿐 아니라 다양한 파급효과를 발생시킬 수 있기 때문이다. 일부 이해관계자들은 상징적인 의미를 지닌 경기장을 건설하기 위한 여론이나 환경을 의도적으로 조성하기도 한다. 예를 들어, 올림픽 경기장 디자인이 도시나 국민을 상징하고 도시 공간과 조화를 이룰 경우 경기장과 경기장 주변은 매력적인 지역으로 발전할 수 있다는 것이다. 또 상징적인 스포츠 시설은 세계적 수준의 문화와 엔터테인먼트 중심의 도시에 대한 명성을 더욱 높일 수 있을 것이라고 주장된다. 잘 연결된 수송망, 텔레커뮤니케이션 능력, 좋은 생활 환경 시스템 등을 갖춘 기반 시설은 현대 도시가 성공하는 데 필수조건이다. 스포츠 엔터테인먼트와 문화의 중심지라는 도시의 이미지는 많은 사람들로부터 관심을 끌 것이라고 믿고 있다.[9]

상징성을 지닌 경기장은 나름의 독특한 특징을 지닌다고 주장된다. 도심에서 가까운 거리에 있거나 강가 또는 해변가에 위치하기도 한다. 이러한 경기장은 최초의 설계 당시만 하더라도 구체적인 실행이 불가능하고 기능도 별로 없어 보이기도 하여 언론이나 시민들이 부정적인 반응을 보이기도 한다. 그러나 나름대로 독특성을 지닌 경기장은 점차 지역의 정체성과 자부심을 나타내는 상징적인 시설물로 변화되기도 한다. 상징성을 지닌 스포츠 경기장 시설은 도시를 대변하면서 깊은 인상을 심어주고, 이러한 이미지 개선은 장기적으로 관광 활성화에 기여한다고 주장된다.

또한 초대형 스포츠 시설의 장엄한 광경은 건축학과 엔터테인먼트의 합성어인 아키테인먼트(architainment)라는 말을 탄생시키는 계기가 되었다. 스포츠 경기나 이벤트 외에도 여러 가지 즐거움을 주는 스포츠 시설이라는 의미이다. 상징적인 의미를 위해서 디자인된 경기장들이라고 해서 기존의 인습에 얽매이지 않고 독특성만을 강조하는 것은 아니다. 기존의 도시 구조에 따라 다양한 특성을 지니기도 한다. 많은 경기장들이 얼핏 보기에는 기존의 도시 구조와는 달라 보이기도 하지만 대부분이 해당 도시나 국가의 정체성과 독특성을 은유적으로 표현한다.[10]

그러나 초대형 스포츠 경기장이 지나치게 상징성을 강조할 경우 다음과 같은 문제점이 발생할 수 있다고 지적된다. 첫째, 글로벌화된 세상에서 상징적인 요소를 지나치게 강조하면 글로벌 차원의 관심을 끌기 어려울 수도 있다. 지나친 상징성은 독단적으로

---

9) 기우리(M. Kiuri, 2013)는 1960년부터 2012년까지 14개의 올림픽 경기장을 연구한 결과 다양한 분야에서 건축 기술의 발전과 기술 혁신을 추구하고 있다고 주장한다. 건축 기술과 구조(로마, 뮌헨, 몬트리올, 서울, 아테네, 북경), 안락(멕시코, 도쿄), 조명(도쿄), 보존(멕시코), 안전(멕시코, 북경), 지속 발전과 에너지와 물(시드니), 자원의 합리화(LA, 런던), 원료의 재사용(런던), 기존의 경기장 재사용(L.A), 역사적 유산과 혁신(바르셀로나), 경기장의 다기능(시드니), 지붕 등 유연한 디자인(몬트리올), 스탠드(모스크바), 모양(애틀랜타, 런던), 정보 기술(북경) 등이다.
10) 북경 올림픽 경기장은 새의 둥지(bird's nest), 뮌헨의 알리안츠 경기장(allianz arena)은 소형 고무 보트(rubber dinghy), 콜로진 레인에르지 벨로드롬(cologne's rheinenerdgie velodrom)은 세계에서 가장 큰 화환, 베를린의 벨로드롬(velodrom)은 UFO, 더반의 킹스 파크 스타디움(durban's kings park stadium)은 중앙아프리카의 깃발 등이다.

건설될 수도 있기 때문이다. 스포츠 경기장은 단순히 글로벌 차원의 상징성과 세계적인 관심보다는 스포츠 성지로서 팬들과 특별한 관계를 맺을 수 있는 의식이나 성스러운 장소로서의 중요성이 더 크다고 주장된다. 유명 건축가들이 경기장 설계 과정에서 상징성을 지나치게 강조하고 디자인하여 국제적으로 매력을 지닌 스포츠 소비 공간을 건설하려는 것은 다국적 자본가들을 돕기 위한 것에 불과하다고 지적된다. 둘째, 일부 학자들은 북미에서 상징성을 지닌 스포츠 경기장을 건설하려는 것은 국가의 도시 발전 정책과 유사한 것으로 별 의미가 없다고 지적한다. 도심 지역에 웅장하고 장엄한 스포츠 경기장을 디자인하고 건설하는 건축가들은 다른 국가들에도 유사한 의미의 스포츠 경기장을 건설하기 때문이다. 상징성을 강조하는 경기장에 대해 다음과 같이 반박되기도 한다. 우선, 독특성에 대한 역설이다. 만약 전 세계 어느 곳에서나 상징성을 지닌 스포츠 경기장이 존재한다면 전 세계적으로 동일한 상징성을 추구하게 되는 것이다. 이는 웅장하고 장엄한 경기장을 만들어 상업화를 추구하려고 하지만 결국 단조로운 경기장에 불과하게 될 것이다. 그리고 도시에 대한 다양한 묘사, 상상력, 테마 등은 경기장을 디자인하는 자들 간 분열을 조장하기도 한다. 글로벌 차원의 장엄한 광경을 만든다는 이유로 무리하게 건설할 경우 지역 고유의 문화나 풍습을 저해할 수도 있다. 셋째, 단순히 상징성을 지닌 경기장이 존재한다고 해서 긍정적인 효과가 저절로 발생하는 것은 아니다. 아무리 독특하고 뛰어난 상징성을 지닌 경기장이라고 하더라도 사회 구조와 도시의 기반 시설들이 조화를 이루어야 그 가치를 제대로 발휘할 수 있다. 이는 대중 교통, 주차장 시설, 편의 시설 등 모든 기반 시설이 효율적으로 작동될 때 가능할 것이다. 특히 스포츠 경기장 건설 계획이 도시 발전 계획과 적절하게 연계되지 않는다면 긍정적인 효과는 기대하기 어려울 수도 있다. 도심에서 지나치게 멀리 떨어져 있거나, 스포츠 경기장이 지상 주차장에 의해 둘러싸여 있거나, 지나치게 넓은 면적을 차지하고 있어 보행자들이 통행에 불편을 제공하는 경우 등이다.

(3) 스포츠 클러스터

일부에서는 스포츠 존(sports zone), 스포츠 도시(sports city)라는 이름으로 새로운 스포츠 클러스터(cluster)를 만들기도 한다. 일부 지역이나 도시를 스포츠 도시로 브랜드화하는 것이다. 스포츠 도시는 통상 두 가지로 구분이 가능하다고 주장된다. 하나는 스포츠 도시로서 도시의 특정 지역을 지정하는 것이고, 다른 하나는 스포츠 도시로서 도시 전체를 브랜드화하는 것이다.[11] 전자는 스포츠 존이고 후자는 스포츠 도시를 의미한다. 도시를 스포츠 존으로 여기게 된 것은 고대 그리스 올림픽으로 거슬러 간다. 스포츠 경기장과 같은 시설의 상징적 역할은 고대시대부터 지속되어 왔다. 하지만 도시를 재구성하기 위해 전략적으로 스포츠 이벤트를 이용하게 된 것은 그리 오래되지 않았다. 19세기 영국의 일부 도시들이 스포츠 경기장을 특정 지역에 건설하기 시작한 것이 계기라고 주장된다. 잉글리스(Inglis,S., 2004)는 영국의 맨체스터에서 스포츠 경기장을 클러스터한 것은 빅토리안 왕조시대에 지정한 스포츠와 여가 지역과 일맥상통한다고 주장한다.

21세기 들어 중동 지역의 일부 도시 국가들이 관광객과 이주민을 유치하기 위해서 새로운 스포츠 클러스터를 만들고 있다.[12] 그러나 이들 도시들은 글로벌 스포츠 이벤트를 개최하면서 남겨진 스포츠 자산과 관계를 지니는 서구 도시들의 클러스터와는 다르다. 또, 메가 스포츠 이벤트를 개최하지는 않았으나 스포츠 존을 만든 도시들도 있다. 미국 인디애나폴리스(indianapolis)는 글로벌 스포츠 이벤트를 개최하는 데 관심을 갖기보다는 스포츠 문화지역이라는 전략을 채택하였다. 그리고 스포츠 관련 기업, 국제 스포츠 연맹, 스포츠 경기 등을 유치하기 위해서 새로운 시설들을 건설하고 스포츠 허브를 실현하기 위한 계획을 세웠다. 인디애나폴리스는 단순한 관광에 중점을 두기보다는 주민, 스포츠 참가자, 스포츠 산업을 위해 도시를 방문하는 사람들을 유인하려 했다. 특히 이러한 스포츠 존은 도시에서 가까운 곳에 건설되었다는 점에서 스포츠 도시라는 의미를 가지게 되는 것이다.

또, 일부 도시들은 도심 지역을 부활시키기 위해 엔터테인먼트 시설과 연계하여 스포츠 존을 발전시키기도 한다. 미국의 볼티모어(baltimore)와 맴피스(memphis) 등은 스포츠를 기반으로 한 관광도시를 만들었다고 주장된다. 이러한 도시들은 스포츠 경기장을 이용하여

---

11) 프란시스와 머피(Francis,S & Murphy,P, 2005)는 호주의 멜버른에서는 텔스트라(telstra) 돔, 테니스 센터, 수영 센터 등과 같은 시설을 발전시킴으로써 스포츠 도시로서 명성을 얻고 있다고 주장한다. 마찬가지로 영국의 버밍햄(birmingham), 쉐필드(sheffield), 글래스고(glasgow) 등도 스포츠 도시로 불린다.
12) 주로 요르단(jordan)의 암만(amman), 아랍에미레이트(UAE)의 아부-다하비(abu-dhabi), 두바이(dubai), 카타르(qatar)의 도하(doha) 등이다.

엔터테인먼트 지역을 만들거나 확대시키는 방식을 사용하였다. 스포츠 클러스터를 기반으로 재탄생한 도시들은 북미에서 유행인 복고풍의 스포츠 시설과도 관련이 있다. 도심의 스포츠 경기장은 기존의 건물보다 더 고전적인 것으로 간주되며, 경기장 디자인 과정에서 유산의 중요성을 강조하여 스포츠 시설을 건설함으로써 향수를 느낄 수 있게 하였다.

스포츠 존, 스포츠 도시 등 스포츠 클러스터 전략은 부가가치를 창출하기 위해서이다. 단순한 스포츠 시설을 통해 스포츠 경기나 관광객을 유치하려는 과거의 노력에 비해 진일보한 것이다. 테마를 지닌 스포츠 시설은 새로운 형태의 스포츠 공간을 개발하기 위한 것이라고 할 수 있다.

그러나 스포츠 존이나 스포츠 도시로의 발전은 다음과 같은 문제점이 제기된다. 첫째, 스포츠 이벤트 개최지와 시설들이 도시의 일관되고 기능성 있는 지역으로 전환되기가 쉽지 않다고 주장된다. 쓰레기로 오염되었거나 버려진 미개발 지역 또는 이러한 부지 주변에 초대형 스포츠 시설이 건설된다고 하더라도 도시의 한 부분으로서의 기능을 하는 데는 상당한 시일이 걸리기 때문이다. 실제로 많은 올림픽 경기장들이 올림픽 경기 이후 통합된 도시 지역으로 제대로 발전하지 못하였다. 8만 명의 관중을 수용할 수 있는 메인 스타디움이 이벤트가 끝난 후에 대규모 이벤트가 지속적으로 열리지 못해 시설 운영에 어려움을 겪기도 한다. 둘째, 많은 도시나 국가들이 메가 스포츠 이벤트를 개최하기 위해서 한계지, 유휴지 등 미개발 지역에 초대형 경기장을 건설하여 전 세계 언론의 관심을 받기도 한다.[13] 그러나 상징적이고 장엄한 광경을 지닌 스포츠 시설이라고 하더라도 관광 산업 활성화와 제대로 연계되지 못한다고 지적된다. 관광객들에게 이벤트 개최지에 대해서 충분한 설명과 시간이 주어지지 않고, 일부 시설들은 접근하지 못하게 하기도 한다. 이는 스포츠 경기장을 이용한 관광 산업의 발전을 저해하는 것이다. 초대형 스포츠 시설이 새로운 관광지로서 제역할을 하지 못할 경우 주변에 새로 건설한 호텔, 상가 등이 영업 부진을 겪을 것이다. 실제로 초대형 스포츠 시설 주변의 호텔이나

---

13) 서울 구로구의 고척 스카이 돔 구장은 미국, 캐나다, 일본에 이어 4번째로 건설된 구장이다. 경기장 부지는 과거에 폐기물 집하장으로 사용되던 곳이었다. 최초로 3중막을 설치하여 소음을 차단하였고 각종 시스템과 설비, 하중, 방재 등에는 최첨단 기술이 총동원되었다. 고척 스카이 돔 구장은 지역의 랜드마크로 등장하면서 새로운 여가 및 문화 공간이 되고 있다. 그러나 2009년 2월에 공사가 시작되어 경기장 구조가 여러 번 바뀌면서 공사기간 지연 및 변화 등으로 비용이 엄청나게 들었으며, 지하철에서 접근하기가 다소 불편하다고 지적된다.

상가 등이 관광객이 없어서 주인이 바뀌거나 문을 닫기도 한다. 셋째, 지방정부가 전략적·인위적으로 만든 스포츠 테마지역은 당초의 기대에 부응하지 못할 수도 있다. 가끔 정부는 엘리트 스포츠 지상주의라는 비난을 모면하기 위해서 스포츠 테마파크를 조성하기도 한다.

제5절 이해관계 집단과 논의 과제

1) 시설과 이해관계 집단

올림픽, FIFA 월드컵 등 메가 스포츠 이벤트를 개최하기 위한 초대형 스포츠 시설을 건설하는 과정에는 많은 이해관계 집단들이 연계되어 있다. 여기서는 공공선택이론과 성장연합을 중심으로 살펴본다.

첫째, 초대형 스포츠 시설 건설은 공공선택이론(public choice theory)[14]을 통해서 설명될 수 있다. 이론에 따르면 정치인이나 관료들은 기본적으로 공공의 이익보다 자신의 이익을 증진시키기 위해서 활동한다고 주장된다. 대부분의 정치인이나 관료들은 국가나 공공의 이익보다는 다음 선거에서 재선되거나 보다 높은 지위에 올라가기 위한 기회를 찾으려고 노력한다는 것이다. 특히, 정치인들은 유권자들의 요구에 부응해야 한다. 정치인들은 자신의 정치적 목적을 달성하기 위해 목소리가 큰 그룹들의 요구에 재빠르게 반응한다. 그런데 이들의 주장이나 행동이 가끔 국가나 공공의 이익을 위해서 하는 것처럼 비춰지기도 한다. 정치인들은 자신의 지역구에 초대형 스포츠 시설을 건설하여 다양한

---

14) 공공선택이론은 재화나 서비스가 비시장 과정을 통해서 공급되거나, 공공재(public goods)를 공급하는 데 집단적 의사결정이 이루어지는 메커니즘을 분석한다. 사적재(private goods)는 시장에서 가격기구를 통해 효율적인 배분이 이루어지지만, 공공재는 비배제성과 비경합성이라는 특성을 지니고 있어 시장에서 가격기구를 통해 효율적으로 배분되기가 어렵다. 이 경우 주로 정치적 의사결정 과정을 통해 공급할 공공재의 종류와 수량이 결정된다는 것이다. 그런데 문제는 이러한 과정을 통한 공공재가 지나치게 적게 또는 많이 공급된다는 문제가 있다. 공공재가 사회적으로 바람직한 수준보다 적게 공급되고 있다는 주장으로는 부정적인 조세의식(R.A. Musgrave), 투표자의 합리적 무지(A. Down) 등이 있다. 공공재가 지나치게 많이 공급된다는 주장으로는 관료들의 사익 추구(W.A. Niskanen), 투표 거래, 재정 착각 등이 있다.

편익을 얻기 위해 정치적으로 영향력을 행사하려고 한다. 게다가 초대형 경기장 건설을 원하는 이해관계 집단이나 지역 주민들은 경기장 건설을 위한 공공 지출을 적극적으로 옹호하려고 한다. 초대형 스포츠 경기장 건설이 세간의 이목을 끈다는 점에서 정치적 기반을 강화시키기를 원하는 정치인들에게는 아주 매력적인 사업이 된다. 초대형 스포츠 경기장 건설에 따른 정치적 편익은 단기간에 크게 나타날 수 있지만, 이를 운영하고 관리하는 데 소요되는 비용은 장기간 발생한다. 정치적으로 이득이 큰 경기장 건설에 관심을 가지려고 하지 정치적 이득이 별로 없는 운영 관리에는 관심이 없다. 정치인이나 관료들은 자신의 이익을 위해서 경기장 유치 및 건설에만 관심을 가질 뿐 경기장 운영에 필요한 비용이나 효율적 운영은 도외시하려는 성향이 있다.[15]

둘째, 가끔 일부 초대형 스포츠 시설들이 순수한 의미의 공공의 목적과는 상관없는 이해관계자들에 의해 건설되기도 한다. 도시 발전을 위한 전략의 하나인 공공의 스포츠 시설 건설을 통해 관련 이해관계자들이 개인적으로 이득을 얻을 수 있다. 이러한 집단들이 공식·비공식적으로 연합하여 개인적으로 이득을 얻기 위해 공동의 목표를 추구하는데, 이를 성장연합(growth coalition)[16]이라고 한다. 이는 개인적 이익을 추구하려는 집단들이 공동으로 행동하여 초대형 스포츠 시설을 건설하도록 정치적으로 압력을 행사하는 것이다. 초대형 스포츠 시설을 건설하게 되면 해당 지역의 건설업자들에게 사업 활동을 제공하며 지역에 일자리를 만들기도 한다. 또 주변의 토지 소유자, 부동산업자들은 토지

---

15) 찰스 산토(Charles, A, Santo, 2010)의 1990년대 미국의 클리브랜드(cleveland)시의 스포츠 시설에 대한 투자는 도시통치론과 공공선택이론의 대표적인 예라고 주장된다. 부동산 개발업자인 야곱(Jacobs) 형제는 클리브랜드를 재개발하면서 많은 돈을 벌었다. 이 형제들은 1986년 인디언 경기장을 구입하자마자 도시에 새로운 경기장을 건설하기 위해서 로비를 하기 시작하였다. 야곱 형제를 비롯한 많은 사업가들로부터 적극적인 지지를 받아 1989년에 클리브랜드 시장으로 선출된 마이클 와이트(Michael White)는 중앙 시장 게이트웨이 프로젝트(central market gateway project)로 알려진 스포츠 발전 전략으로 많은 정치적 지지를 얻었다. 게이트웨이 프로젝트는 1990년에 승인을 받아 1994년에 개발되었다. 시설 건설 및 유지 비용은 건설 당초에 기대했던 것보다 50%나 초과되었다. 게이트웨이 프로젝트를 적극적으로 지지한 자들은 개발에 따른 이익을 얻었다. 프로 스포츠 구단주들은 새로운 경기장 시설을 통해서 많은 수입을 얻었으며 인디언 경기장은 많은 이윤을 남기고 판매되었다. 도시의 사업가들은 새로운 사업 활동이 가능해졌고 부동산 가격이 엄청나게 상승하였다. 마이클 와이트 시장은 클리블랜드시를 재개발함으로써 유권자들로부터 커다란 신임을 얻었으며 정치적 지지 기반을 강화할 수 있었다. 마이클 와이트 시장은 클리블랜드 역사상 가장 오랫동안 시장직을 수행하고 지난 2001년 물러났다.

16) 이와 유사한 도시통치론(urban regime theory)은 도시 발전을 보다 효과적으로 수행하기 위해서 지역의 관료들과 성장연합들이 파트너십을 형성하여 행동하는 것이다. 이는 공·사적 파트너십으로 공식적으로 협정을 맺거나 비공식적으로 상호작용을 하기도 한다.

가격 상승, 부동산 거래 등으로 많은 이득을 얻을 수 있다. 스포츠 시설 건설에 필요한 자금은 정부 예산, 채권 발행, 은행 대출 등을 통해서 이루어지는데, 이 과정에서 법률, 금융 관련 사업도 활기를 띤다. 또 해당 지역의 미디어들은 초대형 스포츠 시설 건설과 관련하여 많은 뉴스를 생산할 수 있다. 특히 프로 스포츠 구단을 유치할 경우 지역의 미디어사들은 많은 편익을 얻을 수 있다. 이들은 해당 지역의 스포츠 시설 건설을 적극적으로 옹호한다.

투표로 선출된 관리들은 자신의 지역에 초대형 스포츠 시설을 건설하는 것을 적극적으로 옹호하려는 성향이 있다고 주장된다. 지역의 성장 및 발전 정책은 선출직 관리들에게 커다란 정치적 자산이 되며 선출된 자리를 오랫동안 유지하는 데 아주 유리하다. 따라서 선출직 관료들은 개인의 이득을 우선시하는 사적 이해관계 집단들로부터 강력한 지지를 받으려고 노력한다. 사적 이해관계 집단들은 스포츠 경기장 건설에 직접 참여하거나 영향력을 행사하기도 한다. 이들은 스포츠 경기장 건설 여부를 결정할 수는 없으나 지역 발전을 명분으로 선출직 관리에게 요구할 수는 있다. 선출직 관리들은 사적 이해관계 집단들의 요구와 자신의 정치적 목적이 일치할 경우 스포츠 시설 건설과 관련된 정책을 결정하게 된다. 이때 스포츠 시설들은 경제적 효과와는 전혀 상관없이 건설되기도 한다. 특정 지역에 초대형 스포츠 시설이 건설되고 유지된다는 상징적 가치나 존재 가치만으로도 유권자들에게 호의적인 반응을 얻을 수 있고 정치적으로 유리하기 때문이다.

2) 주요 논의 과제

올림픽, FIFA 월드컵 축구 대회 등 메가 스포츠 이벤트를 위한 초대형 스포츠 시설은 자칫하면 경제적 효과 부진, 활용 방안 미흡, 재정 부담 등으로 개최 도시가 어려움을 겪을 수도 있다고 지적된다. 실제로 일부 도시에서는 초대형 스포츠 시설에 무리하게 투자하였다가 재정적으로 어려움을 겪기도 하였다. 그렇다고 스포츠 이벤트 개최를 위한 초대형 스포츠 시설을 건설하지 않을 수는 없을 것이다. 이벤트 개최를 위한 초대형 스포츠 시설이 부정적 효과를 최소화하고 경제·사회적으로 바람직하게 활용되기 위해서는 다음을 감안해야 할 것이다.

첫째, 경기장의 다양한 활용 방안이다. 스포츠 이벤트 경기장과 시설들을 이벤트가 끝난 후에도 이벤트, 콘서트, 음악회 등 여러 가지 용도로 활용이 가능하다면, 시설유지를 위한 재정 부담을 상당 부분 해소할 수 있을 것이다. 일회용, 단일 종목의 스포츠 이벤트만을 위한 전용 경기장은 해당 스포츠 이벤트를 개최하고 관람하는 데 유리하다. 그러나 이벤트가 끝난 후 초대형 스포츠 시설이 제대로 활용되지 못할 경우 운영이 어려워 지게 되고 재정에도 부담 요인이 된다. 실제로 많은 초대형 스포츠 시설들이 일회용으로 건설되어 자금만 낭비하는 애물단지(white elephant)로 전락하기도 한다. 초대형 스포츠 경기장과 같은 시설들이 이벤트가 끝난 후에 어떠한 용도로 사용할 것인지는 건설 단계에서부터 철저하게 고려되어야 할 것이다. 통상 스포츠 시설들이 해당 스포츠 이벤트에 일회용으로만 사용이 가능하도록 건설하는 것보다는 여러 가지 용도로 사용될 수 있도록 건설하는 것이 더 바람직하다고 주장된다. 초대형 스포츠 시설의 다양한 활용 방법은 시설 사용을 극대화하여 보다 많은 수익을 얻을 수 있다. 종합적 목적의 스포츠 시설은 연중 내내 사용이 가능하며 오락 등 서비스 시설, 각종 공연장, 회합 장소, 주차장 등을 통해 수익을 얻을 수 있을 것이다. 경기장의 명칭권을 판매하는 데도 더 유리할 것이다.

초대형 스포츠 시설에 대한 활용 방안을 제대로 강구하지 못할 경우,
재정 부담을 가중시키고 애물단지로 전락할 수 있다고 지적된다.

[그림 8-2] 초대형 스포츠 시설과 재정난

둘째, 재정 여력이다. 스포츠 시설들을 건설하는 데는 막대한 자금을 필요로 한다. 일부 지방정부에서는 재정 여건을 충분히 감안하지 않은 채 무리하게 추진하여 어려움을 겪기도 한다. 특히 자금이 부족할 경우 부채, 국공채 등을 발행하였다가 제대로 상환을 하지 못해서 파산 지경에 이르기도 한다. 메가 스포츠 이벤트를 위한 시설 건설은 해당 정부의 재정과 밀접한 연관이 있음을 인식하고 재정 여건을 충분히 고려해야 할 것이다. 아울러 메가 스포츠 이벤트를 개최하는 데는 경기장 외에도 선수촌, 도로, 각종 기반 시설 등에 막대한 자금이 소요된다. 이는 자칫 개최 지역의 발전을 저해할 뿐 아니라 부정적 효과를 초래할 수도 있다. 1976년 몬트리올 하계올림픽, 1998년 나가노 동계올림픽 등은 대표적인 적자 올림픽으로 상당 기간 재정난을 경험했다는 사실은 잘 알려져 있다. 스포츠 이벤트 개최 국가의 신중한 재정관리는 1992년 바르셀로나 올림픽과 같은 이벤트에서 이미 강력하게 권고되어 왔다.[17] 그럼에도 불구하고 많은 도시들이 메가 스포츠 이벤트를 위한 경기장 건설에 자금을 무리하게 투자하고 있다. 스포츠 시설에 소요되는 대규모 자금을 충당할 수 있는 재정 전략을 구체적으로 세워야 할 것이다.

셋째, 도시 발전 계획에 부합해야 할 것이다. 스포츠 이벤트 유치 경쟁에 참여하기 전에 스포츠 이벤트를 개최하는 데 필요한 기초시설과 도시의 발전 계획을 충분히 고려할 필요가 있다. 스포츠 이벤트를 위해 필요한 시설에 지나치게 많은 비용이 소요되면 도시 발전 계획을 어렵게 할 수도 있다. 스포츠 이벤트 개최를 위한 특수한 시설들이 장기적으로 도시 발전과 연계될 수 있는지 면밀히 고려해야 한다. 또 초대형 스포츠 경기장 시설 주변 지역에 대한 발전 계획도 없이, 교통도 원활하지 못한 외딴 지역에 최첨단의 초대형 스포츠 시설이 건설된다면, 이는 지역 발전의 장애 요인으로 작용할 것이다. 이러한 스포츠 시설은 팬들로부터 외면을 받을 것이고, 운영상 어려움만 가중될 것이다. 스포츠 시설은 주위의 발전 계획과 연계되어야 한다.

넷째, 초대형 스포츠 시설을 디자인하고 계획할 때 장기적인 측면에서 시설 사용과

---

17) 2014 브라질 월드컵을 개최하기 위해서 도로나 공항 시설 개·보수를 위한 수십억 달러의 투자 외에도 경기장 건설과 개보수를 위해서 약 11억 달러가 투자되었다고 보도된다. 또 2018년 러시아 월드컵은 러시아 역사상 가장 큰 현대화 사업으로서 경기장 건설에만 약 3억8천만 달러의 예산이 투자될 것으로 보고 있다. 개최 도시들의 기반 시설을 업그레이드하기 위해서는 전체적으로 50억 달러를 넘어설 것이라고 주장되기도 한다. 2022년 카타르 월드컵은 경기장 신축 및 개보수, 각종 기반 시설 개보수 등에 약 50억 달러가 투자될 것으로 보고되기도 한다.

활용 방안을 세워야 할 것이다. 스포츠 시설에서는 스포츠 경기라는 제품이 동시에 생산되고 소비되므로 현재와 미래를 충분히 고려해야 한다. 한 동안 최첨단 시설을 갖춘 대규모 경기장들이 경쟁적으로 건설되기도 하였다. 많은 관중들이 스포츠 경기를 관람할 수 있도록 대규모로 건설되다 보니 이벤트가 끝난 후 유지관리에 대한 문제가 제기되었다. 새로운 최첨단의 스포츠 시설만 강조하기보다는 기존의 스포츠 시설을 활용할 수 있는 방안이 필요하다. 그리고 스포츠 이벤트에 필요한 각종 시설의 장기적 사용 여부에 대해서 충분한 검토가 필요하다. 이벤트를 위한 시설들이 임시로 건설된다고 해서 스포츠 이벤트나 시설의 질적 저하를 의미하지는 않는다.

다섯째, 대내외 경제 여건이다. 메가 스포츠 이벤트를 개최하기 위한 시설 건설은 대내외 경제 여건을 충분히 고려해야 한다. 경제 여건이 양호한 상황에서는 투자의 위험성이 높은 시설들도 건설할 수 있지만, 경제 여건이 불투명한 상황에서는 건설 계획이 지연되거나 어려움을 겪을 수도 있기 때문이다. 많은 논란이 있지만, 역사적으로 고층 건물 건설과 세계 경제 침체 간에는 상관관계가 존재한다는 주장도 있다. 마찬가지로 경기 침체기에 건설해야 하는 초대형 스포츠 시설들은 자칫하면 재정적으로 어려움을 경험할 수 있다. 경제 여건이 불투명하다는 이유로 초대형 스포츠 시설 건설을 제한시킨다고 해서 경제적 침체를 벗어나는 것은 아니다. 하지만 이는 초대형 스포츠 시설을 건설하는 데 애로 요인으로 작용하며, 나아가서는 스포츠 이벤트나 경기장에 대한 수요도 급격하게 감소할 것이다. 따라서 스포츠 경기장 등 스포츠 시설 건설에 앞서 대내외 경제 여건을 충분히 고려해야 할 것이다.

여섯째, 이벤트가 끝난 후에 초대형 스포츠 시설이 경제·사회·문화적으로 다양하게 활용되기 위해서는 시설을 운영하는 지방정부 외에도 각종 스포츠 단체, 지역 주민, 시민 단체 등의 적극적인 관심과 참여가 있어야 할 것이다. 일부 시설들은 지역의 랜드마크로서 이미지 제고에 상당한 기여를 하지만 운영에 많은 어려움이 발생하기 때문이다. 따라서 해당 스포츠 단체나 종사자, 지역 주민, 시민 단체 등은 지역에 초대형 스포츠 시설이 존재한다는 자부심을 가지고 지역의 랜드마크로 자리잡을 수 있도록 적극적인 협력과 참여가 필요하다. 초대형 스포츠 시설이 지역을 발전시키고 다양한 역할을 할 수 있도록 하기 위해서는 지방 정부와 지역 주민, 각종 민간단체, 해당 스포츠 종사자 등이 공동으로 노력해야 할 것이나.

제**9**장   글로벌 스포츠 지식재산권 산업

개념과 의미

1) 지식재산권의 의미

지식재산은 인간의 창조적 활동이나 경험 등에 의해 새롭게 창출된 지식, 정보, 기술, 사상이나 감정의 표현, 영업이나 물건의 표시, 생물의 품종이나 유전자원, 그 밖에 무형의 재화나 서비스 등으로 재산의 가치가 실현될 수 있는 것을 말한다. 지식재산권(IPRs: intellectual property rights)은 법령이나 조약 등에 따라 인정되거나 보호되는 지식재산에 관한 권리를 의미하며, 사업재산권, 저작권, 신지식재산권 등을 포괄하는 무형의 권리이다.

세계지식재산권기구(WIPO)에 의하면, 지식재산권은 문학·예술 및 과학 작품·연출·예술가의 공연·음반 및 방송, 발명, 과학적 발견, 공업의장·등록상표·상호 등에 대한 권리 보호와 공업·과학·문학 또는 예술 분야의 지적 활동에서 발생하는 모든 권리를 포괄하고 있다. 지식재산권은 혁신과 창조적인 활동에 대해 적절한 보상을 보장하는 것이다.

한편, 신지식재산(new intellectual property)은 경제적 가치를 지니는 지적 창작물로서 법적 보호가 필요하지만 기존의 산업재산권이나 저작권으로는 보호하기가 적당하지 않거나 보호할 수 없는 새로운 지식재산을 총칭하는 개념이다. 신지식재산의 예로는, 불공정한 경쟁 행위로부터 보호되어야 하는 무형의 자산 및 영업 비밀, 인터넷 주소 등 도메인 이름, 반도체 집적회로의 배치 설계, 식물의 신품종, 농·수산물의 지리적 표시, 생명연구 자원, 한의학 기술 등을 들 수 있다.[1] 그러나 새롭고 다양하게 출현하는 신지식재태로는 배너, 끼워 넣기, 필드나 코트 표면, 컴퓨터화된 스코어 보드 등 다양하다. 최근에는 바닥(step signage), 벽(wall wrap), 쓰레기통, 목욕실, 아이스하키 경기장의 유리 등도 광고로 활용되고 있다. 이외에도 입장권 판매, 매점, 주차장 등을 통해 수입을 얻을수 있다. 〈표 8-6〉은 경기장에서 발생 가능한 주요 수입원을 정리한 것이다.

〈표 8-6〉 스포츠 경기장과 기타 수입원

주요 수입원	주요 내용
오락 시설	경기장 내 오락 시설
입장권 판매	시설 내에서 입장권 판매
특별석, 지정석	스포츠 시설의 특별 지정석
매점	음식물, 기념품 등 판매
주차장	스포츠 시설의 주차장 수입
부수적인 수입	명예의 전당, 박물관, 시설 관광 등

제4절 시설의 글로벌 가치와 도시 발전

1) 시설의 발전과 진화

초대형 스포츠 시설들은 발전을 거듭하고 있다. 초대형 경기장과 관련시설들은 스포츠 이벤트 개최라는 본래의 목적과 가치를 지닐 뿐 아니라 문화적, 지역 발전을 위한 공간으로서의 역할을 한다. 초대형 스포츠 경기장은 기술 혁신의 상징이며 도시부활을 가능케 한다. 이러한 경기장은 지속 발전 가능한 사회를 구축하는 데 기여할 수 있다고 주장된다. 경기장 등 초대형 스포츠 시설의 발전과 진화는 다음과 같이 요약될 수 있다.

첫째, 건축학적인 측면에서 초대형 경기장은 주로 건설기술의 발전에 의해서 이루어진다. 기술은 경기장과 관중석 외에도 관중의 이동, 선수와 관중의 안전과 보안, 경기 규정 준수 등과 관련이 있다. 기술 발전은 선수들이 경기장에서 경기력 향상시킬 수 있산들이 이미 전통적인 지식재산권법에 의해 보호를 받는 경우가 있기 때문에 신지식재 산을 전통적 의미의 지식재산과 구별하는 것은 쉽지 않다. 국가에 따라서는 지식재산권 으로 취급하기도 하지만 지식재산권에 포함시키지 않고 지식재산권과 유사한 것으로 취 급하는 것들이 있다. 이를 유사지식재산권이라고 한다. 〈표 9-1〉에서는 지식재산권의 유 형별로 개략적으로 나타낸다.

〈표 9-1〉 지식재산권의 구분

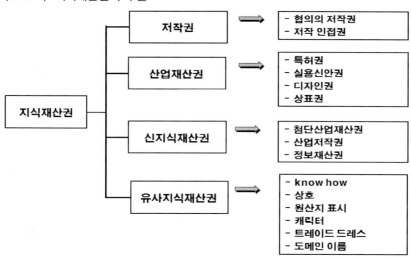

2) 스포츠 시장과 지식재산권

스포츠 시장에서 지식재산권은 스포츠 이벤트나 경기, 스포츠 용품이나 장비, 스포츠 시설, 선수 등에서 발생한다. 스포츠 시장에서 지식재산권은 스포츠 산업에 대한 법률적 보호와 스포츠의 경제적 가치를 얻을 수 있다. 지식재산권은 스포츠 기구나 리그, 선수 등의 경제적 안정에 기여하며 스포츠 산업의 발전을 촉진한다. 스포츠 산업의 지식재산 권은 경기력 향상, 경기에서 승리 등으로 커다란 보상을 가능케 할 뿐 아니라 팀이나 기구, 선수 등의 수입 증대에 기여한다. 스포츠 산업의 지식재산권은 스포츠가 더욱 발

---

1) 예를 들어, 컴퓨터 프로그램이나 소프트웨어는 대표적인 신지식재산의 하나로 인식되고 있지만, 컴퓨터 프로그램은 저작권법, 특허법, 상표법 등의 지식재산권으로부터 보호를 받고 있다.

전하고 성장하기 위한 핵심 동인이라고 주장되기도 한다.

스포츠 시장에는 다양한 형태의 지식재산권이 존재하며 새로운 지식재산권이 등장하기도 한다. 주로 저작권(copyright), 특허권(patent), 상표권(trademark), 선수 초상권(athlete's right of publicity) 등이다. 저작권은 메가 스포츠 이벤트나 프로 스포츠 경기에 대한 경제적 가치를 제대로 인정받고 안전하게 보호받을 수 있게 한다. 특허권은 스포츠 용품이나 장비 등의 개발을 촉진하여 스포츠 용품 장비 산업을 더욱 발전시킬 수 있다. 상표권에 해당되는 브랜드, 디자인 등은 스포츠 이벤트, 팀, 선수들이 독특한 정체성을 갖출수 있게 한다. 선수 초상권은 유명 선수들의 이름, 이미지 등을 보호하고 선수들이 스포츠 활동에 전념할 수 있도록 한다. 이외에도 머천다이징, 스폰서십, 스포츠 경기나 이벤트 중계방송 등도 지식재산권과 관련이 있다. 스포츠 관련 상표, 중계방송 권리 등은 법률적으로 보호를 받으며 상당한 경제적 가치를 얻을 수 있다.

동일한 스포츠 용품이나 장비라고 하더라도 여러 형태의 지식재산권으로부터 보호받을 수 있다. 예를 들어, 새로 개발된 스포츠 신발 기술은 특허권, 신발 모양은 산업디자인, 신발에 대한 상표권은 유사한 신발과 자사의 신발을 구별하고 신발의 독창성에 대해서 보호받을 수 있다. 저작권을 통해 특정 작품과 신발을 홍보하는 데 사용되는 시청각 작품을 보호받을 수 있다.

그러나 모든 스포츠 산업이 지식재산권의 보호를 받을 수 있는 것은 아니다. 즉, 지식재산권으로부터 보호를 받기 위해서는 독창성, 창조성이 있어야 한다. 예를 들어, 새로운 형태의 스포츠 이벤트를 개최한다고 하더라도 창조성, 독창성이 결여될 경우 지식재산권으로부터 보호를 받을 수 없다. 창조성이란 남들과 다른 상상력이나 새로운 시각으로 전에 없었던 어떤 것을 만드는 것이다. 독창성이란 완전한 의미의 독창성을 말하는 것은 아니며, 단지 어떠한 작품이 남의 것을 단순히 모방한 것이 아니고 저작자의 독자적인 사상이나 감정을 표현하거나 담고 있는 것을 의미한다. 그런데 많은 지식재산권들이 창조성, 독창성에 대한 범위나 규정이 명확하지 않아 모방, 표절 등에 대한 논란이 제기되기도 한다. 스포츠 시장에서도 지식재산권과 관련하여 모방, 표절 등에 대해서 논란이 제기되고 있다. [그림 9-1]은 2016 브라질 올림픽 경기 대회 로고에 대해서 표절 시비가 제기되기도 했던 것이다.

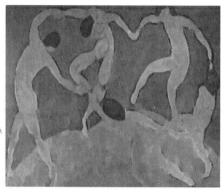

2016 리우 올림픽 로고의 위에 춤추는 모습이 미국 콜로라도의 자선단체인 텔루라이드 재단(Telluride Foundation)의 로고와 닮았다는 지적이 제기되었다. 그러나 표절 시비는 확산되지 않았는데, 이는 올림픽 조직위원회, 디자이너 등이 로고의 독창성을 강력하게 주장하였고, 모방이라는 심증은 있지만 확증이 없기 때문이라고 한다. (조선일보 2013.8.2)

[그림 9-1] 브라질 올림픽과 모방 시비

제2절 보호의 필요성과 비용

1) 보호의 필요성

스포츠 시장에서 지식재산권은 해당 스포츠의 발전을 위한 유인을 제공하는 등 경제적인 측면에서 보호받아야 된다고 주장된다.

첫째, 지식재산권에 대한 소유권을 인정하는 것은 사회적으로 유용한 재화나 서비스를 창조할 유인을 제공하기 위해서이다. 창조자에게 특정 기간 동안 독점권을 부여하는 것은 그동안의 창조적 활동에 대한 보상임과 동시에 새로운 창조 활동을 할 수 있도록 유인을 제공하려는 것이다. 지식재산권은 소유권이 일정 기간이 지난 후에 공유할 수 있도록 하고 있다. 예를 들어, 경기력을 향상시키는 새로운 장비를 개발한 기업에 해당 장비에 대한 생산과 판매 등에 대해서 일정 기간 독점권을 부여하는 것이다. 이처럼 지식재산권을 보장하는 근거는 만일 충분한 경제적 보상이 주어지지 않는다면 그와 같은 창조적인 재화나 서비스가 창출되지 않을 것이라는 가정에 근거한다. 이러한 가정에 대해서 초기에는 의문이 제기되기도

288

하였으나 스포츠 시장에서 지식재산권에 대한 필요성과 타당성은 점차 인식되고 있다.

둘째, 새로 개발한 신기술을 판매하고 활용하는 데 일정 기간 독점권을 부여함으로써 기술 혁신이나 창조를 위한 투자를 증진시킬 수 있다. 만약 상업적으로 가치가 큰 신기술에 대해 독점적 사용권이 주어지지 않는다면, 경쟁기업들이 아무런 보상도 지불하지 않고 손쉽게 모방하거나 사용할 수 있을 것이다. 지식재산권에 대한 보호가 제대로 이루어지지 않을 경우 모방, 복제, 표절 등 무임승차 행위가 만연하게 될 것이다. 새로 창조된 지식재산권에 대해 적절한 보상이 없다면 독창적이거나 창조적인 활동에 대한 투자가 제대로 이루어지지 않을 것이다. 또 발명가들이 창조한 재화나 서비스가 단시간 내 모방된다면 발명을 위해 투입된 비용과 노력에 상응하는 수입을 얻을 수 없게 될 것이다.

셋째, 개인이나 기업 등 창조자가 지식재산권 보유기간 중에 독점권을 소유하고 그 권리를 보호받게 된다. 시장에서 발명과 아이디어에 대한 소유권을 일정 기간 보장함으로써 새로 개발된 재화나 서비스를 광범위하게 확산시킬 수 있다. 만약 어떤 제품이 창조적인 기술 혁신을 통해 더 싼 가격으로 판매된다면, 해당 기업은 경쟁기업보다 더 많은 이득을 얻을 수 있다. 낮은 생산비용으로 싼 가격에 판매할 수 있어 시장 점유율에서 지배력을 행사할 수 있다. 또 소비자들은 제품을 보다 싼 가격에 구입할 수 있다는 이점이 있다.

넷째, 기업이 지식재산권을 통해 경제적 이득을 얻는 방법으로는 다른 기업들이 자신의 지식재산권을 이용하게 하는 라이선싱(licensing)이 있다. 라이선싱을 판매하는 기업은 생산에 직접 참여하지 않고서도 많은 이득을 얻을 수 있다. 많은 기업들이 자신들의 기술을 확산시켜서 시장에서 경쟁우위를 차지하여 보다 많은 이득을 얻으려고 한다. 이는 라이선스를 이용하거나 또는 기업 간 기술 교환을 통해서 가능하다. 기업 간 기술 교환 협정은 라이벌 기업의 창조적 신기술을 분석하거나 모방하기 위한 시간과 비용을 줄일 수 있다. 특허권이 없는 기업들이 특허 상품을 분해하여 생산 방식을 알아낸 뒤 복제하는 일종의 역설계(reverse engineering)에 대한 비용을 줄일 수 있다.

2) 경제·사회적 비용

지식재산권이 지나치게 강조될 경우 다음과 같은 경제·사회적 비용이 발생할 수 있다고 주장된다.

첫째, 어떤 제품이 지식재산권으로부터 지나치게 보호를 받게 되면, 보호받는 제품에 대한 이용이 오히려 감소할 수도 있다. 지식재산권을 이용하려는 소비자들은 비용을 지불해야 하는데 소비자들은 가능하면 비용을 지불하지 않으려 하기 때문이다. 예를 들어, 어떤 음악에 대해 지식재산권을 지나치게 행사한다면 소비자들은 지식재산권을 상대적으로 덜 행사하는 음악을 찾게 될 것이다. 또 어떤 재화나 서비스의 특허 권리 기간 중에 다른 기업들은 상대적으로 많은 비용을 지불해야 사용이 가능하므로 정보의 비대칭성 등 비효율이 발생할 수도 있다.

둘째, 기술 개발을 위한 과잉·중복 투자가 나타날 수도 있다. 지식재산권이 설정되면 해당 제품에 대해 일정 기간 동안 독점적 권리를 부여받게 돼 기업은 많은 수입을 올릴 수 있다. 특허권 소유자들은 일정 기간 동안 경제적 지대(economic rent) 또는 프리미엄을 얻을 수 있다. 따라서 특허권 설정에 따른 프리미엄을 선점하기 위해 기업 간 경쟁 과열, 과잉·중복 투자 등이 나타날 수도 있다. 예를 들어, 어떤 기업이 특허권을 가지게 되면 경쟁기업들은 특허권에 저촉되지 않는 기능을 가진 제품을 생산하기 위해서 우회적인 기술 개발을 할 유인을 지닌다. 이러한 기술 개발에 엄청난 비용과 시간이 소요된다.

셋째, 특허전문회사 또는 지식재산관리회사(NPE) 등의 횡포이다. 이들을 '특허 괴물'(patent trolls)기업, '특허 사냥꾼'이라고도 한다. 특허 괴물 기업들은 제품을 직접 생산하거나 판매하지 않으면서 특허권만을 집중적으로 보유함으로써 특허권 사용료(royalty)로 막대한 이득을 얻는다. 이들 기업들은 발명가, 적자나 부도 기업, 경매 등을 통해 대량의 특허를 싼 가격으로 구입한 후에, 다른 기업이 특허를 침해하면 소송을 통해 거액의 배상금이나 합의금을 챙긴다. 이러한 활동은 합법적이며 지식재산권 시장에서 유동성을 개선시키는 것으로 보이기도 한다. 그러나 문제는 지나치게 부당한 이득을 취할 수 있다는 것이다.

넷째, 프로 스포츠 시장에서 지식재산권을 활용하여 얻은 수입을 배분하는 과정에서 논란이 제기되기도 한다. 예를 들어, NFL에서 팀 이름, 헬멧, 디자인, 유니폼 디자인, 머천다이징 등에 대한 슬로건은 각각의 팀에게 주어지지만 소유권은 NFL 프로퍼티(properties)에 소속된다. NFL 프로퍼티에서는 리그에 소속된 팀들에게 수입을 동등하게 배분한다. 리그에서 계속 승리하거나 경기력이 뛰어난 우수한 팀은 보다 많은 수입을 얻을 수 있으나, 리그 차원에서 수입을 배분하게 될 경우 개별 팀의 역량에 비해 상대적으로 더 적은 수입을 얻을 것이다. 리그에서는 이러한 형태의 수입 배분은 팀 간의 전력균형을 위한 조치라고 주장한다. 그러나 상대적으로 부유하고 경기력이 뛰어난 팀에서는 수입이 줄어들어 반발하기도 한다.[2]

제3절 스포츠 지식재산권의 유형

1) 저작권

(1) 의미와 보호 대상

저작권(copyright)은 인간의 사상, 감정 등을 독창적으로 표현한 창작물인 저작물에 대해서 창작자가 가지는 독점권리이다. 저작권은 독창적인 문학, 예술, 드라마, 뮤지컬, 그래픽이나 컴퓨터 소프트웨어를 포함한 기타 창작물을 보호하는 것이다.[3] 저작물은 독창

---

[2] 1990년대 중반에 인기가 높았던 NFL의 달라스 카우보이스(dallas cowboy's)팀이 상품화를 통해 벌어들인 수입은 NFL 전체 수입의 약 25%나 되었다고 한다. 그러나 달라스 카우보이스 팀이 리그를 통해 배분받는 수입은 3.3%에 불과하였다. 그러자 당시의 구단주는 이러한 배분 방식에 불만을 품고 팀의 인기에 상응하는 수입을 얻기 위해 리그에서 운영하는 수입 배분 방식을 교묘히 피할 수 있는 방안을 모색하였다. 달라스 카우보이스 팀이 홈 경기를 할 때 나이키(nike), 펩시 콜라(pepsi-cola), 피자헛(pizza hut), 아메리칸 익스프레스(american express) 등과 텍사스 경기장(texas stadium)의 로고와 이름을 사용할 수 있도록 하였다. NFL에서는 카우보이스 팀의 이러한 조치에 대해서 소송을 제기하였다. 결국 이러한 것들은 팀이 직접 운영하도록 협의하였다. 또, 1997년 뉴욕 양키즈(new york yankees)는 아디다스(adidas)와 스폰서십을 계약하였으나 MLB에서는 중단할 것을 요구하였다. 팀이 1996년 월드 시리즈에서 우승하면서 인기가 상승하였으며, 양키즈는 아디다스로부터 10년 동안 9,500만 달러를 지불할 것을 제의하였다. 그러나 양키즈와 아디다스 간의 협약이 반독점법에 위반되자, MLB에서는 양키즈 구단주에게 스폰서십 계약금을 아디다스에게 돌려주라고 하였다.

[3] 우리나라의 저작권법은 저작자의 권리를 보호하고 저작물의 공정한 이용을 도모하여 문화 및 관련 산업의 발전에 이바지하기 위한 목적으로 제정되었다. 저작물로는 어문·음악·연극·미술·건축·사진·영상·도형·컴퓨터 프로그램 저작물 등이 있다. 원저작물을 번역·편곡·변형·각색·영상 제작 등의 방법으로 작성한 2차적 저작물과 소재의 선택 또는 배열이 창작성이 있는 편집 저작물은 독자적인 저작물로서 보호되나, 그 보호는 저작자의 권리에 영향을 미치지 않는다. 저작권의 행사는 학교 교육 목적, 시사 보도, 사적 이용 등의 제한을 받는다. 또한 공표된 저작물의 이용시 보도·비평·교육·연구 등을 위해서 정당한 범위와 공정한 관행에 합치된다면 저작권의 제한을 받지 않는다. 이때는 출처 등을 표시해야만 한다. 저작권은 특별한 규정이 있는 경우를 제외하고는 저작자가 생존하는 동안과 사망 후 50년간 존속된다. 저작권은 전부 또는 일부를 양도하거나, 다른 사람에게 그 이용을 허락할 수 있다.

성이 있어야 하며, 인간의 사상 또는 감정을 표현해야 한다.[4] 저작권법에 따르면 저작권으로부터 보호받기 위해서는 최초의 저작자가 표현에 대한 유형의 매개체를 지녀야 한다. 소리, 이미지, 색깔, 모양 등으로 구성되고 전달가능하거나 어떤 형태를 갖추어야 한다. 저작권 침해는 제3자가 저자의 작품을 허락을 받지 않고 사용하는 경우에 발생한다. 제3자가 원래의 저자로부터 허락받지 않고 복사한 작품을 사용하는 것을 방지하기 위해서는 법원에 소송을 제기해야 한다.

그러나 저작권은 공공의 목적을 위해서 사용이 가능하다. 일반적으로 교육, 연구, 과학 등 비상업적 활동에 이용하는 경우에는 무료로 사용이 가능하다. 저작권자로부터 저작권에 대해 허락을 받지 않고 누구든지 자유롭게 이용할 수 있는 것을 공유 저작물(public domain) 또는 공공 도메인이라고 한다. 공공 도메인은 일종의 가상의 공공재로서 저작권이나 기타 재산권을 소유한 자가 권리를 행사하지 않고 누구든지 자유로이 사용할 수 있게 공개되어 있는 상태를 의미하기도 하고, 그러한 상태의 저작물을 가리키기도 한다. 이러한 공공 도메인은 저작권으로부터 보호를 받을 수 없다.[5]

스포츠 시장에서 저작권에 대한 주요 관심사로는 스포츠 경기나 이벤트 중계방송과 관련된 권리 보호이다. 스포츠 경기나 이벤트를 전화, 오디오, 비디오, 위성, 인터넷 방송 등이 저작권자로부터 허락을 받지 않고 중계방송하는 것을 통제하기 위해서이다. 저작권을 위반하게 될 경우 법원의 판결에 따라 저작권을 침해한 제품을 폐기하고 원작자에게 피해를 보상해야 한다. 저작권은 프로 스포츠 경기나 스포츠 이벤트를 중계방송할 때 중요한 가치를 지니므로 안전하게 보호되고 있다.[6] 이는 저작권자를 보호하기 위한 권리이다. 이러한 권리는 프로 스포츠나 이벤트 시장에서는 경제적 가치가 큰 산업으로 간주되며 프로 스포츠 리그나 스포츠 이벤트 기구들이 생존해나가는 데 중요한 역할을 한다.

하지만 스포츠 시장에서 발생한 모든 사실에 대해서 저작권을 주장할 수는 없다. 과거의 사실은 저작권 위반 행위에 해당되지 않는다. 이것은 창조와 발견 간의 차이 때문

---

4) 저작권에 대한 역사적 사건은 전화번호부에서 실제 데이터를 카피한 것이 위반 행위라고 고소하면서 부터이다.
5) 프로 축구, 프로 야구, 프로 농구, 햄릿(hamlet), 베토벤의 심포니 No.5 등이다.
6) TV 중계방송 화면에 다음과 같은 말을 볼 수 있다. 이 TV 중계방송 화면은 NFL의 자산이다.(This telecast is property of the NFL). 또는 이 중계방송은 MLB에 소속되어 있으며 MLB의 자산이다.(This broadcast is property of major league baseball and its affiliates).

이다. 예를 들어, 어떤 사람이 특별한 사실을 최초로 발견하고 대중에게 공개하였을 경우, 그는 그 사실을 발견하였을 뿐이지 창조하지는 않은 것이다. 즉, 단순히 존재한다는 사실을 발견하였을 뿐이다. 이러한 의미에서 스포츠 경기 관련 통계는 독창적이라기보다는 단순한 사실이므로 저작권에 해당되지 않는다고 주장된다. 스포츠 경기 결과나 통계는 단순히 실제 경기와 관련된 것이다. 통계는 스포츠 경기나 이벤트와 관련된 기록물이며 사실에 대한 존재를 다른 사람들에게 전달하거나 관찰자에 의해 발견되는 것이다. 마찬가지로 어제의 뉴스, 선거 여론조사 결과, 법원의 판결, 날씨 등에 대한 기록은 저작권으로부터 보호를 받기 위한 독창성이나 창조성이라는 조건을 충족시키지 못한다. 이러한 사실은 무상 정보(free information)로서 모든 사람이 이용 가능하므로 개인 소유를 통한 저작권 보호를 받을 수 없다.

더구나 스포츠 경기 결과나 통계는 경기 과정에서 만들어진 것으로 특정한 저자가 없다. 예를 들어, 야구 경기에서 안타를 친 선수가 경기에 대한 소유권을 주장할 수 없는 것은 과거에 발생한 사실에 근거한 정보이기 때문이다.[7] 그러나 일반적인 스포츠 이벤트 이름에 독창성 있는 로고(logo)가 첨가되면 독창성이 인정되고, 상표가 결합하게 되면 트레이드 마크로 인정받을 수 있다. 로고는 글씨, 글씨체, 색깔 등의 독특한 사용으로 독창성이 만들어지는 것이다. 로고는 예술적 작품으로서 저작권 보호를 받을 수 있다. 따라서 스포츠 이벤트 이름을 독창성 있는 로고나 트레이드 마크로 전환시킴으로써 저작권 보호를 받을 수 있다.

(2) 저작권에 대한 논란

스포츠 시장에서 저작권에 대해서 몇 가지 논란이 제기된다.

첫째, 프로 스포츠 경기나 스포츠 이벤트 등은 어느 범위까지 저작권으로부터 보호를 받을 수 있는가이다. 저작권법에 따르면 영화나 시청각 교재 등이 저작권 보호 대상이라

---

7) 예를 들어, 우리나라의 배구연맹(international volleyball federation)에서 아시아 비치 발리볼 그랑프리 시리즈(asian beach volleyball grand prix series)라는 타이틀로 배구 이벤트를 새로 개최하려 하고, 이에 대해서 지식재산권의 보호를 받으려고 한다고 하자. 이 경우 비치 발리볼(beach volleyball), 그랑 프리(grand prix) 등은 독창적인 언어가 아니다. 아시안(asian)이라는 말도 스포츠 이벤트의 지리적 특성을 나타내는 서술적인 용어에 불과하다. 이와 같이 일반적·서술적이거나 지리적 용어는 법률적으로 보호받지 못한다.

고 규정하고 있다. 저작권 보호를 받기 전에 어떤 방법으로 기록되거나 작성되어야만 한다. 만약 경기가 끝난 후에야 저작권 보호가 가능하다면, 협회나 리그가 방송사에 제 공하는 라이선스 권리는 무엇인지, 동시에 라이선스를 받지 않은 방송사는 경기를 중계 방송할 수 없는지에 대한 의문이 제기된다.[8)]

둘째, 프로 스포츠 경기나 이벤트 결과 등에 대한 저작권 보호가 강화되면서부터 저작 권을 누가 소유하는가에 대해서 논란이 제기되기도 한다. 저작권법은 기본적으로 저자 의 작품에 대해서 권리를 보호한다. 그러나 프로 스포츠 시장에서 중계방송에 대한 권리 를 누가 갖는가에 대해서 가끔 소송이 제기되기도 한다. 주로 최초의 방송 또는 녹화 방송, 하이라이트 방송 등이다.[9)] 선수들은 자신들이 직접 경기를 하기 때문에 진정한 의미에서 저작권자라고 주장이 가능한 반면에, 방송사나 리그 또는 협회에서는 방송 자 체를 관리하므로 자신들이 진정한 저작권자라고 주장할 수 있다.[10)]

셋째, 리그와 팀 간의 문제이다. NFL의 경우 팀들이 경기 중계방송 권리를 리그에 넘 겨줌으로써 팀이 독자적으로 계약하는 데 들어가는 시간과 노력을 줄일 수 있었고, 팀들 은 독자적으로 계약할 때보다 더 많은 돈을 벌 수 있었다. 중계방송 수입을 리그의 팀들 간 동등하게 배분하기로 함에 따라 시장 규모가 작고 재정이 빈약한 팀은 더 많은 수입 을 올릴 수 있었다. 그 결과 재정이 빈약한 팀들이 재정난을 극복할 수 있었다. 그러나 최근에 NFL이 공동으로 운영하고 있는 중계방송권은 부당하다고 주장되기도 한다. MLB, NBA, NHL 등의 리그에서는 개별 팀들에게 해당 지역의 중계방송권을 허용한다. 이들

8) 1938년 피츠버그 애틀레틱 피레이트(pittsburg athletic pirate) 야구 팀과 KQV방송사 간의 분쟁이 대표적이 다. 피레이트 팀은 라디오 방송사인 제너럴 밀즈(general mills)사와 독점 라이선스 계약을 맺었다. 그런 데 라이벌 방송사인 KQV방송사가 경기장 밖에서 경기 관련 정보를 청취자들에게 제공하면서 중계방송 하였다. 피레이트 팀은 KQV방송사의 중계방송은 위법이라고 소송을 제기하였다. 이에 KQV방송사는 피 레이트의 경기를 무단으로 사용하였지만, 경기 결과가 끝나지 않았기 때문에 저작권에 위배되지 않는다 고 반박하였다. 법원에서는 KQV방송사가 피레이트 팀과 계약이나 허락받지 않은 상태에서 경기 정보를 판매하는 것은 저작권자와 소비자에 대한 사기 행위라고 판결하였다. 또, 법원에서는 피레이트 팀은 경 기장을 유지하고 관리하고 경기에 참가하는 선수들에게 많은 비용이 들어가므로 피레이트 팀이 중계방 송 권리를 독점적으로 판매하고 경기 결과를 뉴스 등으로 상업화하는 것은 합법적 권리라고 판결하였다.
9) NBA에서는 농구 경기를 하이라이트로 방송하려는 방송사들에게 방송 시간을 2분 이내로 정하고, 막대 한 비용을 요구하였다. 즉, 영화 필름의 길이는 피트당 1천 달러에서 5천 달러를 지불할 것을 요구하였다.
10) 미국의 법원에서는 프로 스포츠 팀이 진정한 의미의 저작권자이므로 프로 팀이 경기를 중계방송하는 데 있어서 완전한 통제권을 가질 수 있다고 판결하기도 하였다.

리그는 결승전 경기 등 전국적으로 중계방송할 경우 팀들이 동의할 것을 요구하기도 한다.

2) 특허권

(1) 의미와 보호 대상

특허권(patent)은 특허법에 의해 발명한 제품에 대해 일정 기간 동안 독점권을 부여하는 것이다. 특허권은 재화나 서비스의 발명을 장려·보호하고 그 이용을 도모함으로써 기술과 산업이 발전할 수 있도록 제공하는 권리이다. 특허권은 어떤 제품의 발명자에게 재산권을 공식적으로 허용하는 것이다. 특허권은 발명자의 재산권을 제3자가 무단으로 이용하거나 불법으로 판매하는 행위를 방지하려는 것이다.

스포츠 경기에 사용되는 용품이나 장비 등은 특허권을 통해 보호를 받을 수 있다. 스포츠 시장에서 특허는 스포츠 신발, 인조 잔디, 골프 클럽, 각종 배트 등의 용품과 장비의 디자인과 제조가 해당된다. 또 골프에서 퍼팅 방법, 피트니스 트레이닝 방법, 야구에서 피처의 훈련 방법, 골프 스윙 방법 등도 해당된다. 이러한 스포츠 경기 기술에 대한 특허는 새로운 창조물로서 스포츠 산업을 보다 발전시킬 수 있다고 주장된다. 그러나 독창성, 신기함, 효용성, 명확함 등 특허 권리를 인정받을 수 있는 기본적인 조건을 충족시켜야만 한다.

새로운 장비를 개발하여 특허권을 얻은 선수는 이러한 장비를 사용할 수 없는 다른 선수에 비해 일방적으로 유리한 경기를 할 수 있을 수 있다. 경기에서 승리할 가능성이 훨씬 더 높다. 따라서 선수와 팀, 발명가들은 스포츠 관련 새로운 제품이나 기술을 개발하여 특허를 받으려는 유인이 아주 강력하다. 특히, 승자가 독차지하는 속성을 지니는 스포츠 시장에서는 계속해서 승리하는 선수나 팀은 엄청난 수입을 얻을 수 있는 기회이기도 하다. 이와 같은 특허권은 스포츠 경기나 이벤트에서 특허받은 장비로 승리에 따른 커다란 보상을 받을 수 있다.

그러나 스포츠 시장에서 특허권은 결과적으로 공정한 경쟁을 저해할 수 있으며 경기 결과에 대한 불확실성을 감소시킬 수도 있다고 지적된다. 이는 경기 결과를 사전에 예측할 수 있어 오히려 팬들의 관심이 줄어들 수도 있기 때문이다. 스포츠 시장에서 특허 권리가 반드시 긍정적인 효과만을 가져다주지는 않는다는 것이다.

(2) 특허권과 영업 비밀

특허권은 특허법에 의해 발명한 제품에 대해 일정 기간 독점적인 권리를 가지며 특허를 이용한 제품을 독점적으로 판매할 수 있다. 그러나 일정 기간이 지나게 되면 독점권리가 소멸하게 되고 누구나 그 기술을 사용할 수 있다. 영업 비밀(trade secrets)은 제품 생산 기술과 방법, 판매나 영업 방식, 경영 정보 등이 기업의 노력에 의해 비밀로 유지되며 독립적인 경제적 가치를 지닌다. 영업 비밀은 미공개 정보 또는 노하우(know-how)로도 불린다. 영업 비밀은 특허권과 같은 엄격한 특허 요건을 갖추지 않아도 특허권에서 보호하지 않는 정보도 보호받을 수 있으며 기밀이 유지되는 한 독점적으로 사용이 가능하다. 그러나 타인이 동일한 영업 비밀을 정당하게 개발하는 경우에는 이를 금지할 수 없으며, 다른 발명가가 먼저 이를 특허로 등록한다면 해당 기술을 더 이상 사용할 수 없게 될 수 있다.

특허권과 영업 비밀은 다음과 같은 차이점이 있다. 특허권은 공개된 정보를 보호하는데 비해 영업 비밀은 영업 관련 정보를 비밀로 보호한다. 특허권은 정보를 공개하는 대가로 일정 기간 보호를 받는데 비해 영업 비밀은 비밀 유지 노력 여부에 따라 보호를 받는다. 즉, 특허권은 출원 후 20년이라는 기간의 제한을 받는데 비해 영업 비밀은 비밀이 보장되는 한 영구히 독점적으로 사용할 수 있다. 그러나 영업 비밀이 노출되면 독점적 권리는 사라지게 된다. 특허권은 발명자 또는 권리를 양도한 자에게만 권리가 인정되는데 비해 영업 비밀은 아무런 관련이 없는 사람들이 보유하고 있다고 하더라도 각자가 비밀을 유지하고 있으면 모두에게 영업 비밀이 인정된다. 특허권은 독창성, 상업적 이용 가능성, 효용성 등의 조건을 충족시켜야 하는데 비해 영업 비밀은 영업 활동에 유용한 기술 또는 경영상의 정보 등이 보호 대상이다.

(3) 특허권 남용

스포츠 시장에서 특허권 남용이 지나칠 경우 다음과 같은 문제점이 야기될 수도 있다. 첫째, 선수 간 빈부 격차가 확대될 수 있다. 스포츠 시장에서 선수의 퍼팅 방법, 테니스 라켓 손잡이, 야구 피치, 웨이트 트레이닝 프로그램 등과 같은 기술을 특허로 받을 수 있다. 특허권을 가진 선수는 특허권을 가지지 않은 선수들이 특허 권리를 사용하는 대가로 보상을 요구할 수 있다. 이러한 방법은 막대한 경제적 이득을 얻을 수 있다. 특허는 경기력을 향상시킬 수 있으므로 경기에서 승리할 가능성이 높다. 따라서 특허를 가진 선수일수록 경기에서 승리하고 경제적 성공을 거둘 가능성이 높다고 할 수 있다. 그리고 특허를 가지지 못한 선수들은 경쟁에서 불리함을 극복하기 위해서 특허권 소유자로부터 특허 사용권을 구입하려 할 것이다. 선수들의 수입 중 상당 부분이 특허를 가진 선수나 팀에게 이전되어 선수 간 빈부 격차를 더욱 확대시킬 수도 있다.

둘째, 전력 불균형이 더욱 심화될 수 있다. 어떤 팀이 스포츠 기술이나 장비에 대해 특허를 가지고 있다면, 다른 팀의 선수들이 그것을 이용하지 못하게 할 수 있다. 이 경우 특허를 가진 팀은 경기에서 유리할 수 있다. 특허를 가진 팀의 모든 선수들이 특허 기술을 이용할 수 있는 반면에 상대 팀 선수들은 그렇지 못하기 때문이다. 특허가 없는 팀은 특허를 보유한 팀이 지니고 있는 경쟁우위를 극복하기 위해서는 엄청난 노력을 해야 할 것이다. 특허가 없는 팀은 특허를 가진 팀과 동등한 경기를 위해서는 대안을 마련해야 하는데, 이때 막대한 비용이 들 수 있다. 어느 한 팀만 특허권을 지님에 따라 팀 간의 전력격차는 더욱 커지게 되고 전력 불균형은 더욱 심화될 수 있다.

셋째, 국가의 프로 스포츠 시장 규모가 아주 크고 동일 종목의 리그가 여러 개 존재하는 상황에서 특허권을 지나치게 남용하게 될 경우 팬(소비자)들이 라이벌 리그로 이동할 수도 있다. 시장이 크고 팬들이 많은 북미의 프로 스포츠 시장에서 팬들의 이동이 가능하다. 실제로 북미에서 NFL과 NCAA, NBA와 대학 농구 경기 등은 경쟁관계를 지닌다. 특히, 미국의 대학 농구 경기는 NBA에 대한 대체재로 손색이 없을 정도로 경기력이 우수하고 인기도 높다고 한다. 대학 농구 경기는 모교를 응원하기 위해 많은 졸업생들이 관심을 가지며 수준 높은 경기력 등으로 광고주와 팬들에게도 인기가 높다. 그런데 만약 NBA에서 한 손으로 슛하는 자세에 대해 특허권을 가지고 있다고 하자. 그리고 NBA에서 특허권을 철저히 보호하여 대학 농구 경기에서 이러한 행동을 하지 못하게 한다면, NBA는 많은 수입을 올릴 수 있을 것이다. 그리고 이러한 특허 기술에 대한 보상을 하기 위해서 입장료를 엄청나게 비싸게 받는다고 하자. 그러면 NBA 팬들은 경기력이 엇비슷하고 입장료가 상대적으로 싼 대학 농구 경기를 관람하려고 할 것이다. NBA가 특허 권리를 지나치게 행사하게 되면, NBA팬들은 대학 농구 경기를 관람하려 하게 될 것이고, 결국에는 NBA팬들이 줄어들 수도 있다는 것이다. 즉, 동일 종목에 라이벌 리그가 존재하는 상황에서 특허 권리를 지나치게 행사할 경우 팬들이 외면하게 되고 수입이 줄어들 수도 있을 것이다.

3) 상표권

(1) 의미와 보호 대상

상표권(trademark)은 어떤 제품을 생산·제조·가공 또는 판매하려는 자가 자신의 제품을 다른 제품과 식별하기 위해서 해당 제품에 사용하거나 표시하는 기호나 문자, 디자인, 도형 등을 말한다. 상표권은 생산자가 상표를 특허 기관에 출원해 등록함으로써 등록상표를 붙인 상품을 독점적으로 판매할 수 있는 권리이다. 어떤 제품이 상표로 등록될 경우 상표권자는 해당 상품에 대하여 등록상표를 사용할 독점권을 가지며, 타인이 등록상표와 동일하거나 유사한 상표를 사용하는 경우 사용을 금지시킬 수 있다.

상표권에 의해서 유사 제품을 다른 사람들이 사용하는 것을 방지할 수 있다. 예를 들어, 자사의 등록상표 또는 이와 유사한 상표를 다른 회사가 사용하는 등 상표권을 침해하는 경우 상표권자는 상표권을 침해한 기업을 상대로 침해금지청구권·손해배상청구권 등을 행사할 수 있다.[11] 상표권은 재산권의 일종으로서 특허권과 같이 담보에 제공될 수 있으며, 지정상품의 영업과 함께 이전할 수도 있다. 상표권은 산업재산권의 하나로 산업재산권에는 상표권 외에도 특허권, 의장권, 실용신안권이 있다.

스포츠 시장에서 보호받을 수 있는 상표권으로는 팀이나 리그 또는 노조 이름, 로고, 심볼, 앰블럼, 슬로건, 유니폼이나 헬멧 디자인, 캐릭터 등 다양하다. 프로 스포츠 리그나 팀, 국제 스포츠 기구 등에서는 이러한 상표권을 보호하고 있다. 스포츠 리그나 기구에서는

---

11) 상표로 등록되기 위해서는 자사의 상품이 타사의 상품과 구별이 가능해야 한다. 다음과 같은 경우에는 상표권 등록이 불가능하다. 해당 상품의 보통 명칭을 의미하는 상표(아스피린, 감기약, 쌀, 사과 등), 상품의 효능, 품질, 용도, 생산지 등 상품의 속성을 의미하는 상표(약품에 잘나, 최고, 딱이야 등), 지리적 명칭(한국, 미국 등 국가 이름이나 서울, 북경, 런던 등 도시명, 명동, 종로, 강남 등 명칭), 간단하고 흔한 표장(123, one, two, 단순한 도형 등), 기타 상표로서의 기능(타인의 상품과 식별)을 할 수 없는 상표(상표로 인식될 수 없는 슬로건) 등이다. 또한 타사의 상품과 식별력이 있다고 하더라도 공공의 목적이나 타인의 이익을 보호하기 위하여 다음과 같은 상표는 등록을 배제하고 있다. 국가 또는 공공 기관의 표장과 유사한 상표(무궁화 도형, IMF, 적십자 등), 공공의 질서 또는 풍기를 문란하게 할 우려가 있는 상표(외설적인 도형이나 문자, 전과자, 사기꾼, 소매치기 등의 문자), 상품의 품질을 오인하게 하거나 수요자를 기만할 염려가 있는 상표, 이미 등록되어 있거나, 이미 출원된 타인의 상표와 유사한 상표 등이다.

상표권을 보호하기 위해서 모조품, 유사품, 싸구려 디자인 제품 등의 불법적인 거래를 금지한다. 특히, 북미의 프로 스포츠 시장에서는 리그의 이름이나 디자인 등이 선의의 목적으로 사용되는 것도 보호받는다. 상표권이 등록되었기 때문이 아니라 시장에서 사용되기 때문에 보호받을 가치가 있다고 주장된다. 법률적으로 보호받는 상표권은 상표권 소유자의 허락 없이 상업적 목적으로 사용할 수 없다. 법률적으로 보호받는 상표권이 부당하게 사용되거나 제품 사용자들로부터 혼란을 야기할 때 상표권 침해가 발생한다.

그러나 포괄적인 의미로 사용되는 일반적인 단어는 상표권으로서 권리를 행사할 수 없다. 예를 들어, 미식축구, 프로 야구, 프로 농구와 같은 말은 법률적으로 보호받을 수가 없다. 이러한 단어를 운동복에 사용하더라도 상표권에 위배되지 않는다. NFL, MLB, NBA, EPL 등도 상표권으로 보호를 받을 수 없다. 상표권 위반자들은 상표 권리를 지닌 제품과 유사한 제품을 만들어 소비자들을 기만하여 사용을 증대시킬 수 있다. 상표권 침해는 소비자들에게 혼란을 초래한다. 상표권은 유사 제품 판매자들로부터 소비자를 보호할 수 있으며, 제품 모방을 근절하여 불공정한 거래를 방지할 수 있다.

상표권은 차별성 또는 독특성이라는 기본 요건을 충족시켜야 한다. 따라서 스포츠 이벤트와 관련된 로고나 이름 등도 상표권으로 등록이 가능하다.[12] 그러나 오리지널 로고(original logo)와 독창성이 결합되어 어떤 것을 의미하는 일정한 방식을 지녀야 상표권으로 보호받을 수 있고, 예술적 작품으로서 저작권의 보호를 받을 수 있다. 스포츠 이벤트의 마스코트(mascots), 디자인 등은 독창성을 지닌다는 점에서 상표권으로 등록될 수 있다. 대부분의 국가에서는 상표권에 대한 법률이 운영되고 있으며, 국제적으로는 마드리드 협정(madrid protocol)[13]에 따라 가맹국에 상표등록이 되면 여타의 가맹국에서도 동일한 효력을 갖는다.

---

12) 유로 2016(euro 2016)이라는 이름은 독창성이 없기 때문에 상표권으로 등록될 수 없다. 그렇지만 유로 2016이 외관상 증거가 확실한 독창성 있는 로고와 결합할 경우, 상표권으로 등록될 수 있다. 1998년에 월드컵(world cup)이라는 이름을 트레이드 마크로 등록하려고 하였으나 독창성이 없다는 이유로 등록되지 못했다.

13) 상표의 국제 등록에 관한 협정으로 1891년 4월 에스파냐의 마드리드에서 채택되었다. 한 가맹국에 상표 등록이 되면 나머지 가맹국에서도 동일한 효력을 갖도록 한 특별협정이다. 그동안 프랑스, 에스파냐, 스위스 등 일부 유럽 국가에서 무심사주의 등 폐쇄적으로 사용되다가, 1989년에 문제점을 보완하여 마드리드 의정서(madrid protocol)를 채택하였다. 마드리드 의정서는 1996년 4월부터 시행되고 있다. 통상 협정과 의정서를 합쳐 마드리드 시스템(madrid system)이라고 한다. 이 시스템은 공통 언어로 작성된 한 건의 국제 출원만으로 여러 나라에 걸쳐 상표를 보호받을 수 있는 제도이다. 협정과 의정서 중 어느 한쪽이라도 가입한 국가는 70여 개국에 이르며, 우리나라는 2003년 1월에 마드리드 의정서에 가입하였다.

(2) 상표권 침해 행위

다음과 같은 행위는 상표권 침해에 해당된다.

첫째, 기존의 상표와 아주 유사하거나 디자인을 비슷하게 만들어 소비자들을 혼란스럽게 하게 행위이다.[14] 법원에서는 원고와 피고가 주장하는 제품이나 서비스의 근접성과 유사성 정도를 파악하고 실제로 소비자들을 혼란에 빠뜨릴 수 있는지 여부에 따라서 판결한다. 일반적으로 상표권에 대한 침해 여부는 각각의 사례를 기본으로 하며, 전체적인 환경을 고려한다. 스포츠 리그나 기구로부터 파생된 이름이나 로고 등이 엄청나게 많으므로 상표권을 고려할 필요가 있다. 따라서 프로 스포츠 팀의 이름이나 디자인이 제3자에 의해 무단으로 사용되거나 다른 상표가 아주 비슷한지 여부에 대한 포괄적인 조사가 필요하다.[15]

둘째, 상표권 침해 행위 중 가장 나쁜 사례가 위조(counterfeiting)이다. 위조는 상표권으로 등록된 재화나 서비스 제품과 아주 유사하게 만들어 판매하는 것으로 범죄 행위이다. 위조 또는 모조품 거래는 법률적으로 금지하고 있으며 상표권을 보호하는 목적이기도 하다. 상표권에 따르면 벌금과 동시에 싸구려 모조품 생산을 금지시킬 수 있는 권한을 지니고 있다. 특히, 모조품은 프로 스포츠 팀이나 기구에 커다란 피해를 입힐 수 있다. 모조품이나 싸구려 제품들은 상표권 소유자인 스포츠 기구나 팀의 이미지에 커다란 타격을 입히기 때문이다. 그러나 상표권 침해자들을 적발하기가 쉽지 않다. 싸구려 제품

---

14) 미국의 루이지나(louisina), 오클라호마(oklahoma), 오하이오(ohio state), 남부 캘리포니아(south california) 등 4개 대학들은 템파(tampa)에 있는 스막 어패럴(smack apparel)사가 2004년 수퍼볼 대회에서 자신들의 상표권을 침해하였다고 소송을 제기하였다. 이 회사에서 새로 만든 셔츠의 색채 배합이나 로고가 대학들의 상표권과 유사하다는 것이다. 이들 대학들은 비록 색채 배합이 미국 특허청에 등록되지는 않았고, 대학의 스포츠 팀의 이름이나 로고를 사용하지는 않았지만 소비자들을 헷갈리게 할 수 있다고 주장했다.

15) NFL의 인디애나 콜츠(indianapolis colts)는 1984년 볼티모어로 연고지를 옮겨 볼티모어 콜츠(baltimore colts)가 되었다. 9년 후에 볼티모어 시에서는 캐나다 풋볼 팀(CFL)을 유치하고 구단주는 볼티모어 CFL콜츠(baltimore CFL colts)로 부르기로 하였다. 그러나 구단주는 콜츠(colts)라는 이름을 사용할 수 없다는 통보를 받았는데, 이는 NFL에서 상표권으로 등록되었기 때문이었다. 비록 새로운 볼티모어 콜츠가 전혀 다른 리그의 팀이라고 하더라도, NFL에서는 콜츠(colts)에 대한 권리를 주장하였다. 왜냐하면 내셔널 리그 중부 지구에 세인트루이스 카디널스(cardinals) 야구 팀과 내셔널 컨퍼런스 서부 지구의 애리조나 카디널스(cardinals) 풋볼 팀이 있고, 내셔널 컨퍼런스의 남부 지구에 캐롤라이나 팬서스(panthers) 풋볼 팀이 있고, 이스턴 컨퍼런스 남동부 지구에는 플로리다 팬서스(panthers) 하키 팀이 있기 때문이다. NFL, CFL 등 볼티모어에 있는 팀들에게 볼티모어 콜트라는 이름을 사용하도록 허용한다면, 상표권에 위배되고 소비자들에게는 커다란 혼란을 초래할 것이라고 주장하였다.

을 손쉽게 만들어 길거리나 아주 작은 가게에서 순식간에 팔아 치우기 때문이다.

셋째, 상표권 침해는 상표권을 지닌 제품에 다른 물질을 첨가하여 희석된 제품을 만드는 경우도 해당된다. 여기서 희석이란 상표권을 지닌 제품을 약간 변색시키거나 자국을 표시하는 것이다. 변색에 의한 희석이 상표권 침해로 간주되는 것은 새로운 상표가 기존의 유명한 상표와 아주 비슷하여 소비자들이 유명상표와 혼돈할 수 있을 때이다.[16]

(3) 상표권과 저작권

가끔 상표권(trademark)과 저작권(copyright)이 혼돈되기도 하는데, 이들은 다음과 같은 차이점이 있다. 첫째, 상표권은 이름, 디자인, 로고 등이 법률로부터 보호를 받는다면, 저작권은 최초로 사용한 언어나 행위 등에 대해서 보호를 받는다. 책, 음악, 방송, 영화, 연극, 공연 등이다. 둘째, 상표권은 관련기관에 상표권을 등록해야 보호를 받을 수 있으나, 저작권은 작품으로서 보호받으며 반드시 등록하지 않아도 된다. 저작권은 일단 작품이 창조되고 발행되면 법률에 따라 보호받는다. 예를 들어, 스포츠 이벤트 마크와 합성한 것에 대해서 저작권 주장이 가능하다. 독특한 문자나 색깔을 사용하여 오리지널 로고와 독창성으로 기업의 이벤트 이름과 결합되는 것이다. 이러한 로고는 각각의 예술적 특성을 결합한 예술 작품으로서 저작권의 보호를 받을 수 있다. 셋째, 어떤 단어, 이름, 심벌, 고안 등이 동일하거나 유사하지만 제품은 다른 형태로 제조되고 팔리기도 한다. 상표권은 브랜드 이름, 디자인, 심벌, 형태, 색깔, 슬로건, 냄새 등으로 차별화한다. 예를 들어, 코카콜라(coca-cola)라는 상품의 이름은 특수한 음료수를 의미한다. 코카콜라는 상표권이므로 다른 기업에서는 코카콜라사의 허락 없이 사용할 수 없다. 만약 허락 없이 사용할 경우 법률적으로 제재를 당한다. 넷째, 저작권법과는 달리 상표권 소유자는 다른 사람들이 사용하는 것을 직접적으로 중지시킬 수 있는 절대적 권한을 가지지 못한다. 그러나 만약 피고의 행동이 상표의 명예를 훼손시키거나 오점을 남겨서 시장에서 소비자들에게 혼란을 야기하는 요인을 제공한다면 이를 법률적으로 제지할 수 있다. 다섯째, 문학 작품으로서 슬로건(slogan)은 저작권이 아니다. 그러나 슬로건은 상표권(trademark)

---

16) 뉴욕 양키즈와 뉴욕 얀퀴스(newyork yanquis), 나이키(nike)와 나이스(nice), 아디다스(adidas)와 아디더스(adidus) 등이다.

으로 등록이 가능하다. 여섯째, 도메인 이름으로서 스포츠 이벤트의 이름이 등록되면 해당 스포츠 이벤트의 이름은 법률적으로 어느 정도 보호받을 수 있다. 무단으로 점유했을 경우 도메인 이름을 침해하였기 때문에 등록을 취소할 수 있으며, 고소인이 사용을 중지할 것을 명령할 수 있다. 이름이 상표권으로 등록되지 않았더라도 소위 관습법을 통해서 보호를 받을 수 있다. 도메인 이름에 대한 대부분의 논쟁은 세계지적재산권기구(WIPO)의 중재센터에서 다룬다.

상표권 침해 행위는 기존의 상표와 유사한 제품, 위조나 모조품, 변색이나 희석 등 다양하다.
상표권 침해는 시장을 혼란스럽게 하고 기업 뿐 아니라 소비자들에게도 피해를 준다.

[그림 9-2] 상표권 침해 행위

(4) 트레이드 드레스

트레이드 드레스(trade dress)는 상표권(trademark)과 유사한 것으로 제품의 개별적 부분이나 형태와는 다른, 제품의 전반적인 이미지를 포괄한다. 트레이드 드레스에 대한 보호는 제품의 크기, 모양, 색깔, 색깔 혼합, 감촉이나 질감, 그래픽 등과 같이 전체적인 특징을 다룬다. 이는 독특성을 지니는 한 포장, 제품 디자인, 외관 형태 등도 포함된다. 제품의 고유한 이미지를 형성하는 색채, 크기, 모양 등을 의미한다.[17]

---

[17] 미국에서는 1989년 상표권 개정을 통해 지적재산권의 하나로 보호되고 있다. 최근에 삼성과 애플 간의 소송에서 문제가 되기도 하였다.

트레이드 드레스는 전통적 의미의 지식재산권으로 분류하기 어려운 새로운 형태의 지식재산권이라고도 한다.[18] 트레이드 드레스는 사업자가 취급하는 제품을 타인의 상품과 식별하기 위하여 자신의 제품에 사용하는 표지인 상표나 의장과는 약간 다르다. 즉, 의장이 제품의 기능을 중시한다면, 트레이드 드레스는 장식 등에 중점을 둔다. 또 제품의 출처나 품질의 동일성을 확인할 수 있게 해준다는 점에서는 상표나 상호 등과 다를 바 없지만, 여러 가지 복합적인 요소들이 합쳐져 만들어진 무형의 이미지로서, 등록을 통해 보호되지 않는다는 점도 다르다.

(5) 머천다이징

머천다이징(merchandising)은 스포츠 리그나 팀, 스포츠 기구나 협회, 기타 다른 조직 등의 상표권과 연관된 상품을 판매하려는 것이다.[19] 머천다이징은 상표권을 소유한 라이선서(licensor)와 권리를 대여받는 라이선시(licensee) 간 상표권 사용에 대한 협약을 의미한다. 즉, 프로 스포츠 시장에서 라이선서인 리그나 팀은 기업과 상표권 사용에 대한 협약을 맺는다. 라이선시인 기업은 상표권을 소유한 리그나 팀으로부터 특정의 목적을 위해 상표권 사용에 관한 협약을 맺는다. 선수는 등록된 상표가 아니지만 선수 이름을 이용한 협약도 비슷하다. 협약 당사자 간 머천다이징에 대해서 상세하게 협약을 맺는 등 권리에 대해서 논의한다. 특히 상표권을 지니는 제조업의 경우, 표준화, 양질의 제품 여부 등을 결정한다.

머천다이징에서는 주로 다음에 대해서 관심을 가진다.

첫째, 제품의 질을 중시한다. 대부분의 협약에서 상표 소유자인 라이선서(선수나 팀)

---

18) 우리 말로는 상품외장 정도로 해석되지만, 사업자가 취급하는 상품을 타인의 상품과 식별하기 위하여 상품에 사용하는 표지인 상표나 의장과는 약간 다른 의미이다. 즉, 의장이 제품의 기능을 중시한다면 트레이드 드레스는 장식에 중점을 둔다. 또 상품의 출처나 품질의 동일성을 확인할 수 있게 해준다는 점에서는 상표나 상호 등과 다를 바 없지만, 여러 가지 복합적인 요소들이 합쳐져 만들어진 무형의 이미지로서 등록을 통해 보호되지 않는다는 점도 다르다. 1989년 미국에서 상표법을 개정해 트럭의 독특한 외관 디자인, 치어걸의 복장, 레스토랑의 메뉴와 외관, 곰 인형의 외관 등을 지식재산권으로 규정한 예가 있다. 그러나 한국에서는 이에 대한 성격이나 개념이 명확하게 규정되어 있지 않다. 또한 트레이드 드레스를 상표·의장 중 어떤 것에 의해 보호할 것인가 또는 다른 지식재산권으로 인정할 것인가 등에 대한 규정이 없는 실정이다.

19) 우리 말로 상품화 계획, 판매 촉진, 광고 선전 활동이라고도 한다. 기업이 마케팅 목표를 달성하기 위해서 특정의 상품과 서비스를 가장 효과적인 장소, 시간, 가격 그리고 수량으로 제공하는 일에 관한 계획과 관리를 말한다.

는 상표권을 대여한 라이선시사(기업)에서 생산하는 재화나 서비스가 양질일 것을 요구한다. 이때 양질의 재화나 서비스를 아무리 강조해도 지나치지 않다. 상표권은 상표권 소유자의 브랜드 네임이나 명성을 의미하므로, 상표권 소유자는 이미지나 신뢰를 높일 수 있다. 소비자들은 상표권 소유자인 팀이나 선수의 명성에 따라 재화나 서비스 구매를 결정하기 때문이다. 만약 상표권을 대여해 준 기업에서 생산하는 재화나 서비스가 저질의 싸구려 제품이라면 상표권을 소유한 라이선서의 명성이 실추될 수 있다. 둘째, 상표권 소유자는 상표권 사용 방법이나 라이선스할 재화나 서비스에 대한 광고나 판매를 증진할 재화나 서비스 등을 상세하게 규정한다. 가끔 협약 과정에서 상표권에 대한 새로운 제품을 표시하기에 앞서 상표권 소유자의 승인을 요구하기도 한다. 셋째, 사용 기간이다. 통상 상표권에 대한 라이선스는 일정 기간을 계약한다. 예를 들어, 2016년 10월 MLB에서 어떤 기업과 5년 동안 라이선스 계약을 맺었다면, 리그에 소속된 팀들은 라이선싱 파트너로서 해당 기간에 일정 금액의 라이선스 수입을 보장받는다. 넷째, 머천다이징의 독점권이다. 대부분의 라이선스 협약은 어떤 제품을 생산하는 기업의 상표권 사용에 대한 독점권이다. 만약 신발을 생산하는 회사가 라이선스를 구입하였다면 상표권 소유자로부터 로고나 이름을 사용할 수 있는 권리를 독점적으로 얻는 것이다. 만약 상표권 소유자가 또 다른 신발 제조회사와 협약을 하려고 한다면 먼저 계약한 기업과 협의를 해야 한다. 다섯째, 사용료(royalty)이다. 통상 제품 판매량의 비율에 따라 지급되는 로열티는 양측이 이해 가능한 범위 내에서 결정된다. 최근 들어 북미의 메이저 리그들은 라이선스 협약을 장기간 독점적으로 체결하는 반면, 라이선시(상표권 사용자)의 수를 줄이고 있다. 머천다이징한 제품을 판매할 수 있도록 독점권을 보장하기 위해서 스포츠 리그나 팀에서는 주로 상표권에 의존한다.

4) 퍼블리시티권

(1) 의미와 보호 대상

퍼블리시티권(right of publicity)은 사람의 이름이나 초상을 재산으로 주장할 수 있는 권리이다. 퍼블리시티권은 재산권의 성격을 지니므로 이름이나 초상에 관한 권리를 판매할 수 있다.[20] 선수 퍼블리시티권은 유명 스포츠 선수의 이름이나 초상을 재산으로 주장할 수 있는 권리이다. 선수 초상권은 기업 등이 제품 판매나 광고 등에 이용하기 위해서 거래된다.[21] 인기나 유명도가 높은 선수와 관련된 이름, 이미지, 초상권 등은 경제적으로도 그 가치가 높다는 점에서 선수들은 자신의 이미지를 보호하려고 한다. 선수들로부터 허락을 받지 않고 선수의 이름이나 유사한 것을 헐값 또는 무단으로 사용하게 될 경우, 해당 선수는 명성이나 이미지가 실추되고, 그 결과 사업 기회를 잃게 될 수도 있다. 만약 어떤 제3자가 자신의 제품에 유명 선수 이름이나 이미지를 무단으로 사용하여 판매한다면, 선수는 자신의 이미지를 보호받기 위해서 법률적으로 중단시킬 수 있다.

많은 프로 스포츠 선수들이 퍼블리시티권으로부터 보호받고 있다.[22] 이들은 자신의 이름이나 얼굴과 유사한 포스터, 이름이나 얼굴이 그려진 의류나 장난감 등에 대해서도 권리를 보호받는다. 선수 개인의 이름도 함부로 사용하지 못하도록 통제한다. 퍼블리시티권은 선수들의 독특성, 개성을 상업적 목적으로부터 통제하고 보호받는 것이다. 관련 법률에서는 선수 이미지, 이름, 별명, 일대기, 목소리나 걸음걸이 등 특수한 형태 등을 사전에 허락받지 않으면 사용하지 못하도록 하고 있다.[23]

---

20) 우리나라 민법에서는 퍼블리시티권에 대한 규정이 없다. 민법 제185조에 의하면 '물권은 법률 또는 관습법에 의하는 외에는 임의로 창설하지 못한다', 라고 규정되어 있다. 우리나라에서는 아직 판례나 명문화된 규정이 없어 유명 연예인의 이름이나 초상권에 대한 손해배상 소송 결과가 달라지기도 한다.

21) 미국의 경우 퍼블리시티권(right of publicity)은 인격권뿐 아니라 재산권적 측면에서도 유명인의 초상을 보호하고 있다. 선수 퍼블리시티권은 인격권에 기초한 권리지만 인격권과는 달리 양도가 가능하다. 또한 캐릭터 등의 상품권과 유사하지만 캐릭터는 저작권법으로 보호되는 데 반해 유명인의 초상은 민법의 보호를 받는다. 초상권은 좁은 의미에서는 신체나 얼굴에 대한 사진이나 그림 등을 의미하지만, 넓은 의미에서는 성명이나 예명, 음성까지도 포함된다.

22) MLB의 베이브 루스(babe ruth), NBA의 마이클 조던(michael jordan), NHL의 웨인 그래츠키(wayne gretzsky), 복싱의 조지 포먼(george foreman), 테니스의 비너스와 세레나 윌리엄스(venus and serene williams), 골프의 타이거 우즈(tiger woods) 등 유명 선수들이다.

23) 2015년 11월 시카고의 한 대형 수퍼마켓에서는 마이클 조던이 NBA 명예의 전당에 헌액되자 스포츠 일러스트레이티드(SI)라는 잡지에 축하 광고와 자사의 상품 정보를 실은 광고를 게재하였다. 이에 마이클 조던은 상품과 서비스 광고에 자신의 이름과 등번호 23번을 사전에 동의 없이 무단으로 사용했다는 이유로 소송을 제기하였고 시카고 연방법원은 890만 달러를 배상할 것을 판결하였다. 그러나 원만하게 합의하였다. 또, 브라질의 축구 황제 펠레는 2016년 2월 삼성전자가 자신과 유사한 흑인 중년 남성 모델을 이용하여 현역 선수 시절 주요 특기였던 가위차기(바이시클 킥)를 하고 있어 소비자에게 혼란을 줄 수 있다는 이유로 소송을 제기하였다고 보도되었다.

(2) 퍼블리시티권에 대한 논란

상업적 목적의 선수 퍼블리시티권에 대해서 논란이 제기되기도 한다.[24]

첫째, 선수 초상권에 대한 권리는 팀이나 선수들이 요구하는 주장으로, 이론적 근거가 불확실하다고 지적되기도 한다. 일부 학자들이 주장하듯이 퍼블리시티 권리는 직관적인 호소에 근거한다고 하더라도 많은 경우에 지식재산권으로 정당화하기가 어려운 경우가 있다. 전통적으로 지식재산권을 옹호하는 이유는 경제적 유인에 근거한다. 창조적인 작품 활동을 유인하기 위해서 저작권을 보호한다. 혁신에 대한 유인을 제공하기 위해서 특허권을 보호한다. 그러나 선수 초상권은 창조적인 활동이나 혁신을 위한 어떤 유인이 있다는 것을 입증하기가 어렵다고 주장된다. 퍼블리시티권이 선수에 대한 독점적 권리로 작용하지 않았던 과거에도 선수들은 열심히 노력하여 뛰어난 선수가 되고, 유명한 선수로 명성을 얻기 위해 열심히 노력하지 않은 것은 아니다.

둘째, 선수 초상권을 정당화하고 보호받기 위해서는 노동에 대한 보상에 근거한다. 유명 선수에 대한 초상권은 선수들이 열심히 노력하는 데 따른 보상으로 간주된다. 이러한 근거는 대부분의 지식재산권에서 강조되며 선수 초상권에서도 마찬가지이다. 그러나 얼

---

24) 골프의 타이거 우즈 선수의 초상화와 NHL의 토니 트위스트 선수가 대표적이다. 화가인 리치 러시(rich rush)는 1997년 마스터 토너먼트(master tournament) 경기에서 우즈의 승리를 기념하기 위해서 마스터 오프 어거스타(master of augusta)라는 제목의 그림을 그려서, 한정된 수량만을 판매하였다. 이 그림에서 우즈는 세 가지 형태의 모습을 나타내고 있다. 그림에는 어거스타 골프 클럽 하우스(augusta national golf club house)가 있고, 아놀드 파마(arnold palmer), 샘 스네이드(sam snead), 밴 호건(ben hogen), 바비 존스(bobby jones), 잭 니콜라우스(jack nicklaus) 등의 유명 골퍼들이 우즈를 내려다보고 있다. 법원에서는 우즈의 초상권은 미국의 수정 헌법(first amendment)에 따라 인정받을 수 있다고 판결하였다. 미술 협회에서는 이 그림은 우즈의 초상화나 단순한 삽화가 아니라 색다른 요소로 만든 예술 작품이라고 주장하였고, 법원에서도 우즈의 그림은 법률을 위반하지 않은 창조성을 인정하였다. 법원에서는 리치 러시의 작품은 콜라주(collage of images) 기법으로 구성되어 있으며, 역사적인 스포츠 이벤트를 컴비네이션을 통하여 묘사하였으며, 이벤트에서 우즈의 업적을 전달하려는 것이라고 판결하였다. 하지만, 타이거 우즈의 그림에 대한 판결은 만화책에 사용된 NHL 선수 출신의 토니 트위스트(tony twist)의 경우와 비교된다. 만화책에서는 토니 트위스트 선수를 토니 트위스텔리(tony twistelli)라는 이름으로 바꾸어 악당으로 표현하였다. 토니 트위스텔리는 살인자, 어린이 유괴, 매춘 등 못된 짓을 하는 악당으로 묘사되었다. 이에 대해 토니 트위스트는 만화가, 발행자, 만화시장 마케터 등을 고소하였다. 가상의 트위스트 텔리와 실제의 트위스트는 별명 이외에는 서로 닮은 점이 없으나 집행자 또는 터프한 등장 인물이라는 점에서 비슷하다고 판결하였다. 우즈에 대한 판결과는 달리 미주리(missouri)주 법원에서는 만화가와 발행자는 트위스트와 그의 명성을 알고 있는 하키 팬들의 특성과 만화시장에 트위스트라는 이름을 사용하여 소비자들이 만화에 관심을 갖게 하고 상업적 이득을 얻기 위한 의도를 지닌다고 판결하였다. 이는 미국의 수정 헌법 제1조에 위배된다는 것이다. 사상 및 표현의 자유가 보장된다고 하더라도 명예 훼손, 거짓 보도 등은 용납될 수 없다는 것이다.

마나 많은 보상이 누구에게 주어져야 하는지를 객관적으로 결정하기가 쉽지 않다. 명성 있는 선수의 경기력이 얼마나 뛰어나야 하는지, 또 평범한 프로 선수들에 비해서 얼마나 더 가치가 있어야 하는지 등을 객관적으로 설명하기란 쉽지 않다. 부분적으로는 유명한 선수들이 열심히 노력한 데 기인한다고 하지만, 선수의 유명한 명성에 대해서 얼마나 주장할 수 있는지가 분명하지 않다. 선수들의 명성에 대한 가치는 상당 부분이 팬들이 가지는 관심의 정도에 기인한다. 만약 어떤 프로 선수가 대중으로부터 관심을 받지 못하고 인기도 없다면 선수 초상권에 대해서 주장하기가 쉽지 않을 것이다.

제4절 ☆ 지식재산권 보호 실태

1) IOC

(1) IOC와 상표권 보호

IOC는 올림픽 심벌(symbol), 깃발, 모토, 기타 모든 상표권에 대해서 국내법과 국제법으로부터 보호받는다. 올림픽 관련 상표권 사용에 대해서 국내법으로는 국가올림픽위원회(NOC)에 의해 보호받으며, NOC에서는 IOC로부터 업무를 위임받아 대행한다. 올림픽 트레이드 마크는 각국의 NOC로부터 허락을 받은 후에 사용할 수 있다.[25] IOC 회원국은 IOC의 승인 없이 올림픽 심벌을 광고, 상품, 상표 등 상업적 목적으로 사용할 수 없다. 만약 어떤 기업이 올림픽 트레이드 마크를 사용하기를 원한다면 IOC에 사용료를 지불하고 스폰서십 협정을 맺어야 한다.

올림픽 경기를 대표하는 다섯 개의 연동 링은 올림픽의 상징을 보여주는 것으로 가장 잘 알려진 브랜드 중 하나이다. 다섯 개의 연동 링은 수월성, 상호 존경과 우정, 축하 등 올림픽 정신과 가치를 상징한다. 올림픽 자산은 단순한 로고 이상으로 아이콘(icon)이 되고 있다. IOC에서는 올림픽 개최지는 전 세계에서 몇 안되는 명예의 장소라는 이유

---

25) 나이로비 조약(nairobi treaty)에 의하면 올림픽의 상징성을 보호하기 위해서 IOC의 승인을 받지 않고 무단으로 사용되는 심벌은 무효화하고, 올림픽의 상징이나 사인이 상업적 목적으로 사용되는 것을 금지한다.

로 국제적 차원에서 올림픽 자산으로 간주하고 보호되고 있다.

올림픽 헌장에는 올림픽 정신의 기본 원리를 법률화하고 있다. 올림픽 헌장에 따르면, 올림픽의 자산은 올림픽 상징, 올림픽 깃발, 좌우명, 찬미가, 정체성(올림픽 경기, 올림피아드 등), 명칭, 표장(emblem), 올림픽 불꽃, 성화 등이다. 올림픽 자산에 대한 모든 사용 권리는 IOC가 독점적으로 소유한다. 이러한 법안은 올림픽 경기를 개최하는 국가에서 그 필요성이 입증되었다. 법률은 올림픽의 자산을 보호할 뿐 아니라 올림픽 경기장 주변에서 무단·불법 광고를 규제하고 매복 마케팅을 방지하기 위한 수단이다.[26]

올림픽 경기 중계방송은 올림픽의 이상을 전 세계에 널리 알리고 글로벌 차원에서 의사소통할 수 있는 중요한 수단이다. 올림픽 경기 중계방송의 주요 목적은 전 세계의 많은 사람들이 올림픽 경기 대회를 시청할 수 있도록 하는 것이다. IOC는 올림픽 경기의 중계방송 권리 소유자로서 TV, 라디오, 모바일 및 인터넷 플랫폼 등의 중계방송사에 방송권을 부여한다.

IOC의 올림픽 파트너(TOP) 프로그램은 스폰서십에 참여한 기업들이 장기적으로 편익을 얻을 수 있도록 한다. TOP 프로그램은 지정된 제품이나 기업에 대해서 글로벌 마케팅 기회를 독점적으로 제공한다. IOC에서는 중계방송, 파트너 기업들에게 독점적인 상업활동을 할 수 있게 한다. 올림픽 경기와 관련이 있는 것처럼 무단으로 상업활동을 하는 제3자를 방지할 수 있는 조치들이 운영되고 있다.

(2) IOC의 상표권 보호와 문제점

IOC는 올림픽 자산의 소유자로 전 세계에서 올림픽 관련 상표권을 보호한다. IOC는 올림픽과 관련된 상표를 등록하기 위해 오랫동안 노력해 왔다. 1993년 이전만 하더라도, 많은 국가의 상표법은 단지 기업들만이 상업적 목적을 위해 상표를 등록할 수 있도록 했다. 비영리 단체인 IOC는 자신의 이름을 상표로 등록하기 위해서는 유럽법 및 스위스법의 일부 개정이 필요했다. IOC의 상표권은 올림픽 상징, 단어, 올림픽 경기, 올림피아드(olympiad) 등과 관련이 있다. 이는 올림픽 경기라는 특수성과 관련되어 올림픽의 특

---

26) 올림픽 경기와 관련된 최초의 특별법은 1976년 캐나다 몬트리올 올림픽에서 시작되었다. 2000년 시드니 올림픽 이후, 올림픽을 개최하는 모든 국가에서는 법률을 채백하였다.

징을 보호하려는 것이다. 예를 들어, '런던 2012', '소치 2014', '리우 2016'과 같이 올림픽 경기와 개최 도시의 공식적 앰블럼+(개최되는) 해를 표시한 마크 등이다. 그리고 전 세계의 결속을 의미하는 빨강, 파랑, 노랑, 초록, 검정 등 다섯 개의 올림픽 링(ring)은 글로벌 차원에서 법률적으로 보호를 받는다. 이러한 조치들은 올림픽의 브랜드와 올림픽 경기 대회의 공식 스폰서들의 편익을 보호하기 위한 것이다.[27]

그러나 IOC의 지식재산권 보호에 대해서 다음과 같은 문제점이 지적된다.

첫째, 올림픽 개최 도시의 이름과 특정 연도에 대한 표시(year word mark)이다. 올림픽 경기 개최지는 통상 7년 전에 결정된다. 올림픽 개최지가 결정되면 미디어, 올림픽 파트너와 관련 기업들이 관심을 기울일 뿐 아니라 올림픽 경기 개최지라는 특수성으로 인해 전 세계적으로 선망의 대상이 된다. 올림픽 경기 개최 도시+특정의 해는 상당한 정체성을 얻게 되고, 실제로 올림픽 경기가 개최되는 기간 동안에 개최지에 대한 이미지 제고 등 다양한 매력을 지니게 된다. IOC에서는 올림픽 개최지가 결정되기 전부터 도시의 이름과 특정 연도를 표시하는 행위를 금지하였다. 이는 개최 도시+년(city+year)에 대한 정체성을 보호하기 위한 것이다. 그러나 일부에서는 도시와 올림픽 개최 연도로 구성된 상표권의 독특한 특성에 대해서 의문을 제기하기도 한다.

둘째, 인터넷과 소셜 미디어 플랫폼이다. 인터넷과 소셜 미디어 플랫폼은 젊은이들이 올림픽 경기 대회에 많은 관심을 갖도록 하기 위한 것이다. IOC는 새로운 고객을 확보하기 위해서 몇 가지 주요 소셜 미디어 플랫폼을 운영하고 있다. 그러나 지식재산권 보호라는 측면에서 볼 때 논란이 제기된다. 소셜 미디어 플랫폼을 운영하는 과정에서 제3자가 올림픽 자산을 무단으로 사용할 가능성이 크다는 점이다. IOC에서는 올림픽의 자산이 무단으로 사용되는 것을 방지하기 위해 소셜 미디어 플랫폼과 긴밀하게 활동한다. 소셜 미디어 플랫폼과 관련하여 인터넷에서 올림픽의 자산을 보호하기 위해서 다양한 방안을 강구하고 있다. IOC는 소셜 미디어를 운영하여 젊은 팬들이 참여할 수 있는 기회를 제공하려고 하지만, 이는 올림픽 자산 관리 측면에서 새로운 문제가 발생할 수도 있

---

27) 영국에서는 2012 런던 올림픽 개최를 앞두고 2006년에 런던 올림픽과 패럴림픽에 관한 법률을 제정하였다. 올림픽 모토와 경기(the game), 올림피안(olympian), 올림피아드(olympiad), 2012 런던으로 오라(come to london in 2012), 이번 여름에는 올림픽 경기를(watch the games here this summer) 등과 같은 소제목의 광고도 사용을 금지하고 있다.

다. 이러한 문제를 해결하기 위해서는 서비스 제공자들과 밀접한 협력 등 해결해야 할 일들이 많이 있다. IOC는 올림픽의 지식재산권을 보호받아야 하는 동시에 올림픽에 보다 많은 젊은이들이 참여할 수 있도록 해야 하기 때문이다.

셋째, 스포츠 의류 스폰서에 대해서 IOC와 선수 간 논란이 야기되기도 한다. 주로 프로 스포츠 선수를 후원하는 스폰서 기업의 로고 때문에 발생한다. 실제로 1992년 바르셀로나 올림픽 경기 대회의 농구 경기에서 우승한 미국의 농구 선수들은 대표팀의 유니폼을 입지 않겠다고 주장하여 논란을 일으켰다. 이유는 국가 대표팀의 유니폼은 리복(reebok)사에서 제작 후원했으나 미국 농구 선수들의 스폰서는 나이키(nike)사였기 때문이었다.[28] 또, 2004년 아테네 올림픽 경기에서 여성 테니스 선수는 자신을 스폰서하는 기업의 유니폼을 입을 수 없게 되자 올림픽 경기에서 자진하여 철수하였다. 스폰서십에 대한 문제는 선수협회와 선수 간에도 발생한다.

1992년 바르셀로나 올림픽에서 우승한 미국의 농구 선수들이 우승 시상대에 성조기를 두르고 나왔다. 이는 당시 대표 팀의 경기복을 만든 리복사의 로고를 감추기 위해서였다. 마이클 조던과 몇몇 선수들은 나이키와 스폰서 계약을 맺고 있었기 때문이었다.

[그림 9-3] 선수들과 스폰서

---

28) 미국의 국가 대표 농구 선수들은 금메달 시상식에서 결국 유니폼을 입기는 하되, 어깨에 미국 국기를 걸치고 나와서 가슴에 새겨진 리복사의 마크를 가려 버리는 타협으로 해결하였다. 또, 미국의 수영 국가 대표 선수인 게리홀(gary hall)은 아테네 올림픽 경기에서 미국 수영 협회가 지정한 스피도(speedo) 수영복을 입지 않았다는 이유로 5천 달러의 벌금을 물어야 했다.

2) UEFA

(1) UEFA와 지재권

유럽축구연합(UEFA)은 지식재산권을 보호함으로써 유럽의 축구가 지속적으로 성장하고 발전하는 데 기여한다. UEFA에서는 공식 파트너 기업에 라이선스를 부여하고 독점권을 보장하여 수익을 창출할 수 있도록 한다. 그리고 UEFA의 수익 중 일부는 프로와 아마추어 축구, 유럽의 청소년 축구 등의 발전을 위해 사용되기도 하고 유럽의 주요 사회 문제를 해결하는 데 지원되기도 한다. 예를 들어, 2008 UEFA 대회에서는 UEFA의 해트트릭 프로그램(UEFA's hattrick program)을 만들어 회원 국가에 지원하기도 하였다. 이 프로그램은 스포츠 인프라 구축, 축구 경영 및 환경 개선 등을 위해 재정을 지원하는 것이다. 공식 파트너 기업들은 축구 이벤트의 재정 확충과 축구 발전을 위해서 중요하다. UEFA는 공식 파트너 기업들에게 독점적인 마케팅 활동을 보장하고, UEFA와 관련된 경기 대회의 지식재산권 권리를 보호한다. UEFA에서는 지식재산권 보호 프로그램을 운영하고 있다. 이는 UEFA의 경제적 가치를 증진하고 파트너 기업을 보호하기 위해서이다. 지식재산권보호 프로그램에는 예방과 사후 조치를 담고 있다.

(2) 지식재산권 침해와 방지

UEFA에서는 다음과 같은 행위에 대해서 지식재산권 침해로 간주한다.

첫째, UEFA 관련 상표 및 관련된 서비스 표시(mark)법을 위반하는 행위이다. 예를 들어, UEFA 유로파 리그, UEFA 챔피언스 리그 등 축구 이벤트 표시와 유사하거나 동일한 유형의 도메인, 등록된 표시 등을 남용하는 행위이다. 둘째, UEFA로부터 허락받지 않고 무단으로 경기를 재전송하거나 이벤트의 특징 또는 정체성을 나타내는 디자인을 오·남용하는 행위이다. 또, UEFA로부터 사전에 허락받지 않고 입장권을 재판매하거나 무단으로 상업적으로 사용하는 행위, 입장권을 다른 종류의 이벤트나 행사에서 경품으로 사용하거나, 패키지 관광의 일부로 홍보하거나 광고하는 행위 등은 입장권 오·남용에 해당된다. 셋째, UEFA와 관련된 재화나 서비스를 무단으로 사용할 경우 매복 마케팅으로 간주될 수 있다. 매복 마케팅에 대해서는 국가나 지역에 따라 다르게 해석되기도 한다.

그러나 UEFA관련 축구 이벤트를 개최하는 국가에서는 이벤트 마크를 무단으로 사용할 수 가 없다. 즉, 이벤트와 관련되어 어떤 단어나 이미지를 무단으로 사용하거나, 이벤트와 관련된 판매 활동, 이벤트 개최 장소나 주변 또는 거리에서 상업, 광고 활동 등이 금지된다. UEFA로부터 허락받지 않은 모든 상업활동을 금지하는 것이다. 이와 동시에 UEFA에서는 발생 가능한 위반 사항에 대해서는 법률 자문을 구하고, 권리가 침해되었을 때 신속하고 단호하게 대응한다. UEFA 관련 축구 이벤트를 개최하는 국가에서는 무단 또는 가짜 상품 등의 상업활동을 방지하기 위해 세관 당국과 행정기관들이 긴밀히 활동한다.[29] 세관, 경찰, 무역 관련 기관 등은 지식재산권 침해를 방지하기 위해서 수시로 지원하고 상호 협조한다. 경기장 주변도 엄격하게 관리한다.

UEFA에서 지식재산권을 보호하기 위한 핵심 전략은 상표 등록과 파트너 기업들을 보호하는 것이다. UEFA는 등록된 상표의 소유자로서 축구 이벤트에 참여한 파트너 기업들에게 독점적 상업활동을 보장하고 있다. 이러한 보호는 문서로 작성된다. 상표법은 주요 스포츠 이벤트가 지니고 있는 지식재산권 침해를 방지할 수 있다. UEFA 관련 스포츠 이벤트를 개최하는 국가에서는 지식재산권을 보호하기 위해서 특별법안을 마련하기도 한다. 이러한 법률에는 이벤트 개최지에서 이벤트와 상관없는 제3자들의 무단 또는 불법 상업활동을 금지하는 내용도 있다. 스포츠 이벤트 주최 국가들이 파트너 기업들의 독점적 상업활동을 보호하려는 것은 개최 국가에도 경제적으로 이득이 되기 때문이다.

3) 스포츠 용품 기업

스포츠 용품이나 장비를 생산하는 기업들은 상표권, 특허권, 산업디자인, 저작권 등으로부터 보호 받을 수 있다. 그러나 상표권에 대해서 가끔 논란이 되기도 한다. 아디다스 (adidas)의 3선 줄무늬 경기복에 대한 상표권에 대한 논쟁이 대표적이다.[30] 아디다스에

---

29) 2010년 3월 폴란드 세관에서는 EURO 2012가 새겨져 있는 어린이용 스포츠 신발 1만 켤레가 선적된 것을 적발하였는데, UEFA EURO 2012의 위조 제품과 관련된 첫 번째 사건이었다.

30) 독일 아디다스 본사와 ㈜아디다스 코리아사는 인터넷 쇼핑몰에서 스포츠 용품업을 판매하는 F사를 상대로 낸 상표권 침해금지 소송에서 승소하였다. 아디다스 코리아는 고유의 상징인 3선 줄무늬 표장이 포함된 스포츠 의류의 제조·판매를 중단하라며 F사를 상대로 소송을 냈으며, F사는 스포츠 의류에 일반적으로 쓰이는 디자인을 사용하였다고 주장하였다. 법원에서는 아디다스가 3선 줄무늬를 1982년부터 사용해

서 생산되고 있는 3선 줄무늬의 스포츠 의류는 스포츠 용품의 상표권에 대한 중요성을 일깨워 준 사례이다. 그동안 아디다스가 생산·판매하는 3선의 줄무늬의 스포츠 의류가 EU로부터 상표권 보호를 받을 수 있는지에 대해서 관심이 높았다. 아디다스에서 생산되는 스포츠 용품은 기본 컬러와는 대비되는 색깔로 크기와 넓이가 동일한 수평 또는 수직의 3선 줄무늬에 대해서 상표권을 소유하고 있다.

아디다스의 트레이드 마크로 알려져 있는 3선 줄무늬의 스포츠 의류에 대해서 논란이 제기되었다. 아디다스 베네룩스(benelux) BV는 아디다스로부터 독점권을 받아서 베네룩스 국가에서 스포츠 의류에 3선 줄무늬 마크를 사용하고 있었다. 그런데 아디다스와 라이벌 관계에 있는 마르카 모드(marca mode), C&A, H&M, 벤덱스(vendex) 등의 스포츠 용품 기업들은 스포츠 의류의 기본 컬러와는 대조되는 컬러로 2선의 평행선 줄무늬를 사용하였다. 아디다스는 법원에 이들 기업들의 2선 줄무늬는 3선 줄무늬와 유사한 표시로 시장에서 소비자들에게 혼란을 줄 수 있으며 상표권을 침해하였으므로 사용을 금지시켜야 한다고 제소하였다. 이에 라이벌 기업들은 스포츠 의류에 2선의 줄무늬를 사용하는 것은 장식용에 불과하므로 누구든지 자유롭게 사용할 수 있어야 한다고 반박하였다. 첫 번째 판결에서는 아디다스가 승리하였다.

그러나 의류에 대해서는 기각되었다. 문제는 상표권 소송에 따른 판결이 국가나 지역, 사회, 문화적 환경에 따라 다르다는 것이다.[31] 유럽사법재판소(ECJ)에서는 다음과 같이

왔으며, 스포츠 의류 소비자들이 3선 줄무늬 표장은 아디다스를 표시하는 것으로 인식되며, F사는 이와 유사한 표장은 출처에 대해서 혼란을 일으킬 수 있으므로 부정 경쟁 행위에 해당한다고 주장하였다. F사는 3선 줄무늬가 포함된 스포츠 의류를 제조·판매해서 안되며 보관 중인 의류도 폐기하라고 판결하였다. 아디다스는 2009년 9월 자사의 스포츠 용품에 새겨지는 3선 줄무늬에 대해 상표 등록 결정을 받아 2019년까지 표장권을 지닌다.

31) 2005년 1월 아디다스사는 3선 줄무늬의 상표권에 대해서 경쟁사인 나이키, 톰 테일러를 상대로 소송을 제기하였다. 아디다스사는 나이키 바지와 톰 테일러 재킷의 2선 줄무늬가 아디다스의 상표권을 침해하고 소비자들에게 혼란을 줄 수 있으므로 판매를 전면 금지시켜야 한다고 주장했다. 그러나 나이키, 톰 테일러사들은 2선 줄무늬는 단순한 장식물에 불과하다고 반박하였다. 독일의 쾰른 법원은 대법원과 뮌헨 지방법원의 판결을 인용하며 아디다스의 3선 줄무늬의 높은 인지도를 감안할 때 양사의 주장을 받아들일 수 없다고 하였다. 만약 나이키와 톰 테일러사가 제품의 판매를 계속할 경우, 약 25만 유로의 벌금이 부과될 것이다. 아디다스는 2선 줄무늬 제품을 생산하고 있는 경쟁기업들에게 승소하였으며, 상표보호권에 대한 정당성을 확보하였다. 그러나 아디다스가 소송에서 항상 승소하는 것은 아니었다. 2003년에 네덜란드 기업인 피트니스 월드 트레이딩(fitness world trading)과 벌인 소송은 기각되었으며, 2000년 룩셈부르크 법원은 마르카 모드(marca mode)사가 계속해서 2선 줄무늬를 사용할 수 있도록 허가한 적이 있다.

판결하였다. 어떤 제품에 대한 표시(sign)를 차별화하기 위한 필요조건으로 소비자들의 혼란 가능성을 반드시 고려해야만 하는 요소는 아니다. 소비자들의 혼란 가능성 여부는 상표권으로부터 보호받는 제품에 대한 대중의 인식을 기본으로 해야 하며, 또 다른 하나는 제3자가 사용하는 표시가 제품을 대표하는 것이다. 법원에서는 아디다스의 3선 줄무늬 디자인과 같이 동일한 특징을 지니거나 또는 동일한 장소에서 줄무늬 디자인을 한 의류에 대해서 소비자들이 평균적으로 잘못 인식할 수 있는지 여부를 판단해야 한다고 주장하였다. 따라서 두 줄로 만들어진 라이벌 기업의 디자인은 예외로 할 수도 있다는 것이다.

4) 북미의 주요 스포츠

(1) 주요 리그와 지재권

북미의 주요 프로 스포츠 시장에서는 스포츠 지식재산권이 활발하게 운영되고 있다. 주요 프로 리그에는 로고, 심벌, 앰블럼, 사인, 유니폼, 팀의 특성 등에 대해 라이선싱을 담당하는 부서가 있다. 특히 NBA, NFL, MLB 등은 리그에서 상표권과 라이선싱 권리를 독점적으로 운영하고 있으며, 상표권과 권리를 보호하고 시장을 감시한다. 그리고 이를 통해 얻은 수입은 리그에 소속된 각 팀에게 분배된다. 리그 차원의 라이선싱은 사용자(licensee)가 동일한 상표권을 사용할 수 있어 상표권을 표준화할 수 있다는 장점이 있다. 그러나 리그를 공동으로 운영하는 라이선싱은 논란이 제기되기도 한다. 예를 들어, MLB의 뉴욕 양키즈(new york yankees), NFL의 달라스 카우보이스(dallas cowboys) 등과 같이 유명 프로 팀들은 자신들이 벌어들인 지식재산권 수입을 리그의 가난한 팀에게 배분하는 것에 대해서 반발하기도 한다. 이에 일부 팀에서는 리그 차원에서 운영하는 라이선싱 외에도 팀 차원에서 별도로 라이선싱을 운영하기도 한다.[32]

또, 선수 노조에서는 선수 이름이나 유사한 라이선싱에 대한 대리인으로 행동하기도

---

32) 이러한 시스템은 1989년 달라스 카우보이스 팀을 인수하기 위해 1억5천백만 달러라는 거액을 투자한 구단주 제리 존스(jerry jones)가 투자에 대한 수익을 추구하려는 입장에서 볼 때 타당하지가 않았다. 그래서 비자(visa) 카드는 리그 차원의 라이선싱이지만, 팀 차원에서 아메리칸 익스프레스(american express)와 공식카드라는 라이선싱을 계약하였다. 이는 일련의 소송 과정을 통해 존스와 NFL은 홈 팀 구장에 한하여 특별한 라이선싱을 할 수 있도록 하였다.

한다. 리그에 따라 다르기도 하지만, 선수들은 개별적으로 지식재산권을 거래할 수 있는 권리를 가지기도 한다. 그러나 대부분의 선수들은 리그가 유사성 등 다양한 아이템을 생산할 수 있도록 허용한 노조와 계약을 맺는다. 선수 노조에서는 T-셔츠, 트레이딩 카드(trading card), 비디오 게임 등의 라이선싱을 관리하고 판매하여 얻은 수입을 선수들에게 배분한다. 가끔 일부 선수들은 리그나 노조에서 공동으로 관리하는 라이선싱 협약을 거부하기도 한다. 선수가 개별적으로 판매할 경우 더 많은 수입을 얻을 수 있기 때문이다. 리그나 노조가 공동으로 판매하는 라이선싱을 거부한 최초의 선수로는 NBA의 마이클 조던(michael jordan)일 것이다. 그는 NBA에서 라이선싱한 제품이나 서비스에 자신의 이름이나 초상 등을 사용하지 못하도록 하였다. 당시 조던의 인기나 경제적 가치를 감안할 때 각종 라이선싱을 개별적으로 판매하려는 이유를 알 수 있다. 그러나 대부분의 선수들은 경제적 가치도 크지 않고 마케팅 역량 등이 부족하므로 리그와 협약을 맺는다.

(2) 지재권 보호 활동

다음은 북미의 주요 스포츠 리그에서 운영되고 있는 지식재산권 보호 활동이다.

첫째, NBA에 속해 있는 NBAP(NBA Properties, Inc)에서 트레이드 마크, 소속 팀의 로고 등 NBA의 모든 상표권에 대한 라이선싱을 독점적으로 소유한다. NBAP는 리그의 상표권, 로고 등을 운영 및 관리하고 NBA에 소속된 팀의 라이선스를 독점적으로 행사한다. 게다가 로고나 상표권은 국제적으로도 소유권을 지니고 있다. 이러한 지식재산권 판매로 얻은 수입은 모든 팀에게 동등하게 배분된다. NBAP는 단체협약을 통해 라이선스 계약을 맺는다. 리그가 보유한 유니폼, 트레이딩 카드, 포스터, 비디오 게임 등의 제품에 선수 이름, 넘버, 유사성 등에 대한 라이선싱을 협약한다. NBA에서는 경기복을 스포츠 용품 기업에 라이선싱 권리를 부여하고, 기업들의 의류 판매 수입의 일정 부분을 받는다. NBA에서 은퇴한 선수들에게도 협약에 따라 판매 수입을 배분한다. 1990년대 들어 라이선싱 수입은 폭발적으로 증가하였다.[33]

---

33) 1996년 NBA에서는 400여 명의 선수들에게 라이선싱 권리를 부여한 대가로 연간 2,500만 달러를 보증하였다. 최근에 NBAP에서는 EA Sports, Take-Two, Sony, Midway Games and Atari 등과 농구 비디오 게임을 독점적 지위 없이 다년간 계약하였다. 2005년 10월에 기업에 따라 4~6년간 계약하였다.

둘째, NFL에서는 1981년 지식재산권 보호를 위해 NFLP(NFL Properties)를 설립하고 상품 라이선싱과 스폰서십에 대한 협상을 하고 있다. NFLP는 NFL의 프랜차이즈 형태로 운영되며 팀이나 리그의 트레이드 마크를 소유하고 라이선싱을 통해 벌어들인 수입을 각 팀에게 동등하게 배분한다. 그러나 NFL의 각 팀은 발행물, 지역 광고, 경기 광고 등을 위해서 사용할 수 있지만, 팀의 트레이드 마크에 대한 라이선싱은 제한적으로 NFL의 통제를 받기도 한다. NFL에서는 이미 2004년에 스폰서 기업을 20개 이상으로 늘리고 1억 달러 이상의 수입을 올렸다. NFL의 스폰서 기업들은 슈퍼볼 대회(super bowl)를 제외하고는 주로 연간 계약을 한다. 현대차, 포드, 제너럴 모터스(general motors), 바이엘(bayer), 캠벨 수프(campbell soup) 등의 기업들은 NFL 로고가 붙은 제품을 판매할 권리를 얻기 위해 수백만 달러를 투자하기도 한다. 2003년에는 NFL의 라이선스를 취득한 스포츠 의류 업체들이 모두 15억 달러를 판매하고 NFL에 매출액의 10%를 지불한 것으로 알려졌다. 리그에서는 이러한 수입은 팀들에게 배분한다.

다른 리그와는 달리 NFL 선수 노조(NFLPA)에서는 현역 선수 1,800명과 은퇴한 선수 3천 명을 대표하고 마케팅과 라이선싱을 판매하기 위한 자회사인 선수 INC(players INC)를 설립하였다. 선수 INC에서는 트레이딩 카드, 장식용 방울·페넌트 등 수집품, 비디오 게임, 판타지 게임, 의류 등에 선수 이름이나 이미지 사용이 가능한 제품에 대해 라이선스 협약을 한다. 선수 INC에서는 선수 이름, 백넘버, 초상권이나 사진, 이미지 등을 판매한다. 선수 INC에서는 라이선싱한 제품의 판매 비율에 따라 수입을 얻는다. 비디오 게임의 경우 소매 가격의 5~9% 정도를 받는데, 로열티는 선수들에게 동등하게 배분한다. 협약에 계약을 하지 않은 선수들도 있지만 대부분이 선수 INC를 통해서 이루어진다. NFL의 지재권은 주로 소니(sony), 마이크로소프트(microsoft), 세가(sega) 등이 게임에서 이미지나 초상권을 사용하며 인쇄물, 라디오, TV, 인터넷 등에서 광고로 사용된다.

셋째, MLBP(major league baseball properties)는 1984년에 설립되었는데 리그나 팀의 상표권에 대한 라이선싱 등 마케팅 관련 업무를 취급한다. 팀이 라이선싱 계약을 하기 위해서는 팀의 전체 선수 가운데 3/4의 동의를 얻어야 한다. 팀은 홈구장으로부터 일정 반경 내에서는 상표권을 독점적으로 취급할 수 있다. 라이선싱 수입은 개별 팀들이 벌어들인 수입에 상관없이 모든 팀에게 동등하게 배분된다. 상품에 대한 라이선스로 얻은 로열티 수입은 MLB의 기금으로 사용된다. 2000년부터 가난한 팀들이 새로운 선수를 발굴하고 경기장을 건설할 수 있도록 더 많은 배분을 하고 있다.

MLB 선수들은 MLB 선수 노조(MLBPA)와 상품에 대한 선수 이름이나 초상권, 사진 등에 대해 계약을 해왔다. 그리고 어떤 기업이 두 명 이상의 MLB 선수의 이름이나 초상권 등을 상업용으로 사용하려면 MLBPA와 반드시 라이선싱 계약을 해야 한다. 라이선싱은 선수 이름이나 초상화 뿐이며 MLB의 로고나 마크는 사용할 수 없다. MLBPA에서는 트레이딩 카드, 비디오 게임, T셔츠, 유니폼 등은 라이선싱을 한다. 선수들은 인기도나 지명도에 상관없이 라이선싱 수입의 일정 비율을 받는다. MLBPA와 계약을 하지 않은 선수들도 있지만 그 수는 아주 소수이다.

넷째, 전미자동차경주협회(NASCAR)에서는 아메리칸 서비스 코퍼레이션(Americrown: american service corporation)이라는 자회사를 통해 각종 상품을 판매하고 있다. NASCAR에서는 드라이버와 직원, 구단주, 자동차 경기장 소유자, 스폰서 기업 등에 대해서 라이선싱 멤버십을 운영한다. NASCAR는 자동차 경기장, 특별한 이름, 트레이드 마크 또는 이미지 등과 관련된 스폰서나 제품에 나타내는 초상권 등을 라이선스한다.

NASCAR Nextel Cup 경기에서 기념품이나 상품을 판매하기 위해서는 모든 판매인들은 자동차 경기장 계열사나 자회사, 자동차 경기장으로부터 허락을 받아야 한다. 자동차 경기장은 전체 매출액의 일정 비율을 NASCAR에 지불한다. NASCAR는 자동차 경기 팀과 드라이버들과 라이선싱 협약을 맺고, 대부분의 상품을 통제한다. 개별 선수들은 자신의 이름이나 초상권 등을 통제할 수 있지만, 대부분은 자동차 경기 팀에 위임한다. 그러나 일부 선수들은 이러한 권리를 개인적으로 취급하기도 한다.

제5절 ﾐ 주요 논의 과제

1) 지식재산권과 프로 스포츠 리그

북미의 프로 스포츠 시장에서 지식재산권은 리그 차원에서 공동으로 판매한다.[34] 공동판매에 대해서 상반된 주장이 제기된다. 우선, 공동판매를 선호하는 이유는 다음과 같다.

첫째, 지식재산권을 리그 차원에서 공동으로 판매한다면, 관련 정보를 얻기가 용이하고 경제적으로도 효과적이다. 즉, 리그에서 협상력, TV 중계방송 권리, 등록상표, 라이선싱 등에 대한 전문지식을 갖춘 직원을 채용할 수 있어 지식재산권 관련 운영 비용 부담을 줄일 수 있다. 또 리그가 지식재산권에 대한 권리를 독점적으로 운영한다면 리그 내 팀들에게 더 이득이 될 수 있다. 리그가 지식재산권을 공동으로 판매할 경우 팀들은 거래 비용을 절감하고 효율성을 추구할 수 있다고 주장된다.

둘째, 지식재산권을 리그 차원에서 공동으로 판매할 경우 팀 간의 수입 격차와 전력 불균형을 줄일 수 있다고 주장된다. 만약 리그에서 지식재산권을 일괄적으로 판매하여 리그 내 팀들에게 수입의 일정 부분은 차등 배분하고 나머지는 동등하게 배분한다면 우수한 팀에게는 유인을 제공하고 가난한 팀들에게는 재정적으로 도움이 될 것이다. 이러한 방식은 리그 내 팀 간의 전력 불균형을 완화할 수 있다고 주장된다. 리그에서 운영하는 지식재산권의 판매 수입이 줄어들어 적게 배분될 때도 전력균형은 유지될 것이다. 지식재산권에 대한 수입 배분은 전력균형을 유지하는 데 도움이 될 수 있다고 주장된다.

셋째, 프로 스포츠 경기는 리그에 소속되어 있는 팀 간 경기이다. 리그의 시즌은 개별 선수들이 팀을 이루고 상대 팀과 경기를 통해서 이루어진다. 어느 한 선수나 팀에 의해서 경기가 이루어질 수가 없다. 두 팀이 협력하여 경기라는 서비스를 생산하는 것이다. 따라서 팀 간의 경기에서 발생하는 각종 지식재산권을 개별 선수나 팀 차원에서 판매하는 것은 비효율적이고 비합리적이라고 주장된다. 프로 스포츠 경기는 여러 가지 요소들이 결합되어 생산되므로 팀이나 선수가 개별적으로 판매하기는 쉽지 않다.

한편, 지식재산권을 리그에서 공동판매할 경우 다음과 같은 문제점이 발생할 수 있다.

첫째, 리그에서 공동으로 판매할 경우 가격이 지나치게 높아질 수 있다. 만약 리그에

---

34) 1960년대 NFL에서는 NFL 프로퍼티(properties)라는 회사를 설립하여 TV 중계방송 권리를 공동으로 판매하였다. 그 후 팀들은 트레이드 마크, 로고 등에 대한 독점적 권리를 NFL 프로퍼티인 NFL trust에 넘겼다. 기업들이 팀의 트레이드 마크나 로고를 사용할 경우에는 반드시 NFL 프로퍼티를 통해서 구입해야 하며, 개별 팀과는 협상할 수 없도록 하였다. NFL이 팀의 트레이드 마크나 로고를 공동으로 판매하여 성공을 거두자 NBA, MLB, NHL 등도 팀의 마크나 로고를 리그에서 공동으로 판매하였다. 그러자 리그 전체의 수입이 증가하였다. 그러나 리그 차원의 공동 판매에 대해서 많은 팬들로부터 커다란 인기를 얻고 있는 개별 팀들이 반발하기도 하였다. 시장이 크고 많은 인기를 얻고 있는 팀들은 리그의 전체 수입에서 동등하게 배분받는 것보다는 팀이 직접 판매할 경우 더 많은 수입을 올릴 수 있기 때문이다. NFL의 달라스 카우보이스(dallas cowboy's), MLB의 뉴욕 양키즈(new york yankees) 등이 대표적이다.

서 경기라는 서비스를 생산함에 있어 카르텔을 결성하여 시장에서 지배력을 행사한다면, 리그를 통한 공동판매는 항상 시장가격보다 높은 가격으로 판매될 것이다. 리그가 독점기업의 역할을 하기 때문이다. 그 결과 소비자들은 더 높은 가격을 지불해야 할 것이다. 소비자들이 시장보다 더 높은 가격으로 제품을 구입하게 되면 그만큼 소비자들의 후생 수준은 감소하게 된다.

둘째, 리그 차원의 공동판매가 팀 간의 전력균형을 가능케 한다는 주장에 대해서도 논란이 제기된다. 스포츠 시장에서 강조하는 전력균형에 대한 개념이 명확하지 않으며 전력 불균형 상태를 객관적으로 측정하기도 쉽지 않다. 리그에서 지식재산권을 공동으로 판매하는 것이 팀 간 전력균형에 기여한다는 주장이 타당성이 입증되거나 명쾌하게 설명되지 않고 있다. 주장만 있을 뿐 이를 구체적인 사실로 입증하지 못하고 있다.

셋째, 비인기 종목의 경우 지식재산권은 개별적으로 판매하는 것이 더 효과적일 수도 있다. 비인기 종목의 스포츠 팀들이 리그를 만들어 각종 지식재산권을 독점적으로 판매한다고 하더라도 시장 지배력은 행사하기가 불가능할 것이다. 만약 비인기 종목의 리그에서 지식재산권을 높은 가격에 판매하려고 한다면, 팬들이 외면하게 될 것이다. 사실, 비인기 종목에 대한 열성적인 팬들은 아주 극소수에 불과하므로 리그가 시장 지배력을 행사하기가 불가능할 것이다. 이 경우에는 인기 높은 팀이나 선수들이 개별적으로 판매하는 것이 더 효과적일 수도 있다.

2) 판타지 스포츠와 통계

판타지 스포츠(fantasy sport)의 인기가 높아지면서 지식재산권에 대해서 논란이 제기되고 있다. 판타지 스포츠 사용자는 리그에 가입하여 팀과 선수들을 모으고, 공급업체로부터 받은 판타지 포인트를 근거로 선수들을 이용하여 경기를 하는 것이다. 사이트에 따라 무료로 이용할 수 있으며, 사용료를 내고 통계 자료와 전문가의 분석 등을 이용하기도 한다. 사용자는 선수의 경기력, 전문가의 예측, 경기 관련 자료, 전략 등을 구매할 수 있다.

판타지 스포츠 사이트에서는 유명 선수 이름과 통계가 주로 사용된다. 우선, 선수를 구입하여 팀의 형태로 참가하는데 이름으로만 확인할 수 있다. 리그(팀)로부터 허락을 받지 않은 선수의 특성이나 이미지는 사용할 수 없다. 그리고 판타지 사이트에서는 통계를 이용하여 맞춤형 데이터 세트(data set)를 만든다. 즉, 선수 순위, 경기 능력, 판타지 포인트, 소유권의 정도, 선수의 건강 상태 등이다.

판타지 스포츠 사이트 운영자는 신문이나 스포츠 관련 뉴스를 통해 스포츠 경기 관련 통계를 제공한다. 판타지 스포츠 제공업자들의 주요 수입원은 기업의 광고이다. 상업적 목적의 판타지 스포츠 사이트 운영자는 라이선스가 필요한 제품을 증진시키거나 광고하기 위해서 선수의 이름, 초상화, 선수의 일대기 등을 이용한다. 이를 이용하기 위해서 선수 노조나 개별 선수들로부터 동의를 구한다. 북미의 주요 메이저 리그의 선수 노조에서는 마케팅 목적으로 선수들의 이름을 사용하려면 반드시 라이선스를 받도록 하고 있다. 선수들은 노조를 통하거나 개별적으로 보상받는다. 판타지 스포츠 사이트 운영자들은 이미 보호받고 있는 라이선스에 대해서 선수나 리그와 논쟁하지 않는다. 그러나 선수의 경기 기록이나 선수의 이름을 사용하는 데 대해서 선수 노조와 선수들과 견해가 충돌되기도 한다.[35]

판타지 스포츠에 대한 관심이 증가하면서 선수나 팀의 이름, 경기 결과, 선수 초상권 등에 대해서 지재권 침해 논란이 제기되기도 한다. 우리나라에서도 은퇴한 야구 선수들이 온라인 게임사를 상대로 초상권 침해 소송을 제기하기도 하였다.

[그림 9-4] 판타지 스포츠와 지식재산권

---

35) 2005년 1월 19일 MBL에서는 판타지 스포츠 공급자인 C.B.C. Distribution & Marketing, Inc에게 판타지 스포츠 리그에서 MLB 선수들의 라이선싱과 권리를 무단으로 사용하고 있다면 중단해 줄 것을 요청하였다. MLB에서는 판타지 스포츠 공급자들이 자신의 권리에 대해서 협상을 한 후에 야구 경기 관련 통계를 사용하라고 요구하였다. MLB에서는 C.B.C가 판타지 게임을 계속 운영한다면 법원에 소송을 제기하겠다고 주장하였다.

3) 선수 초상권

유명 선수들은 자신의 이름, 이미지 등 선수 초상권을 이용하여 많은 수입을 얻을 수 있다. 기업들이 유명한 선수의 모습이나 이미지를 사용하려면 막대한 비용을 지불해야 한다. 선수 초상권은 유명 선수들에 대한 법률적 권리뿐 아니라 모든 사람이 자신의 특성이나 모습을 허락받지 않고 상업적으로 사용되지 못하도록 하는 고유의 권리이다. 따라서 선수에게 허락받지 않고 상업적 목적으로 사용할 수 없다.

그러나 판타지 스포츠에서 선수 초상권을 사용하는 경우 다음과 같은 논란이 제기되기도 한다. 첫째, 선수 초상권이 무단으로 광고 등 상업적으로 사용되는 경우 법률적 제재를 받는다. 이는 제품을 판매하기 위해 선수의 명성을 악용할 가능성이 있고, 유명 선수의 명성에 무임승차하려는 의도가 있을 수 있기 때문이다. 그러나 판타지 스포츠에서는 선수들의 명성에 의존하지 않으며, 선수들의 경기 기록을 이용하는 것도 제품을 특별한 선수와 연관시키기 위한 의도는 아니라고 주장된다. 따라서 판타지 스포츠 리그에서 유명 선수들의 통계를 사용하는 과정에서 특별한 선수에 대한 시장 가치, 명성, 선수의 특징 등에 대해서 지나치게 제재할 경우 오히려 유명 선수와 팬들 간 거리감이 생길 수도 있다고 지적된다.

둘째, 판타지 스포츠 시장에서 특정 선수의 개성이나 특성을 어느 정도 변화시키는 것은 상업적 목적 때문이라고 주장된다. 선수 초상권에서는 기업이 제품 판매를 위해서 선수의 독자성이나 이름을 무단으로 사용하는 것을 금지한다. 선수의 이름, 이미지, 얼굴 등은 법률적으로 보호받는다. 그러나 판타지 스포츠에서는 선수의 이름이나 독자성은 상업적 목적만을 위해서 사용하지 않는다고 주장된다. 판타지 스포츠에서 선수와 유사성, 선수 모습, 선수의 명성 등을 사용하는 것은 마케팅이 주요 목적이 아니라 판타지 스포츠가 보다 현장감 있고 박진감 넘치게 하기 위해서라고 주장된다.

셋째, 만약 판타지 스포츠 경기에서 유명 선수의 이름을 사용하는 것이 초상권에 위배되지 않는다면 더 많은 판타지 경기가 생산될 것이며, 시장에서 경쟁력을 강화하여 경기의 질적 향상도 기대할 수 있을 것이다. 통상 판타지 스포츠 공급업체는 리그와 협약을 통해 판타지 스포츠를 소비자들에게 독점적으로 제공한다. 리그에서는 판타지 스포츠 경기의 질적 향상을 이유로 독점권을 정당화하려고 한다. 하지만 독점계약은 가격을 상승시키는 요인이 될 수 있다. 프로 스포츠 리그가 독점 판매하게 되면 판타지 스포츠 소비자들은 가격 상승, 정보의 제한 등과 같이 유쾌하지 못한 경험을 겪게 될 수도 있다. 소비자들에게 불리하게 작용할 수도 있다는 지적이다. 게다가 독점상태로 인해 리그로부터 라이선스를 구하지 못한 판타지 스포츠업자는 사업 활동이 어려워질 수 있다.

넷째, 판타지 스포츠 경기는 소비자들이 이미 알고 있는 경기 기록이나 결과들을 새롭게 이용하여 판매하는 것임에도 불구하고 지식재산권에 위배된다고 주장된다. 만약 판타지 스포츠 경기에서 선수의 이름, 경기 기록 등을 이용하는 것이 법률에 위배된다면, 해당 리그나 선수 노조에서는 판타지 스포츠 제공자들이 판타지 경기에서 이용하고 있는 스포츠 경기 관련 통계를 더 이상 사용하지 못하도록 강제력을 행사할 수 있을 것이다. 이미 알려진 자료들을 판타지 스포츠에서 사용하지 못하도록 규제하는 것이 스포츠 활성화에 바람직한지 논란이 제기된다.

4) 지식재산권과 스포츠 팬

프로 스포츠 시장에서 지식재산권은 특수한 형태로 인식되기도 한다. 프로 스포츠 경기는 팬들과 함께 함으로써 만들어진다. 스포츠 팬들은 자신들이 좋아하는 팀과 더 많은 상호작용을 하려고 한다. 팬들은 이미 오래전부터 경기장에서 변장을 하고 얼굴에 페인트칠을 하면서 팀의 상표권을 도용하여 왔다. 일부 스포츠 팬들은 웹 사이트에 저작권이 있는 사진이나 상표권이 있는 로고를 무단으로 올리기도 하여 문제가 되기도 한다.

그러나 스포츠 시장에서의 지식재산권을 지나치게 엄격하게 적용할 경우 다음과 같은 문제가 발생할 수도 있다고 주장된다.

첫째, 리그나 기구에서 일부 스포츠 팬들의 지식재산권 위반에 대해서 지나치게 엄격하게 대응할 경우 팬들로부터 외면당할 수도 있다고 주장된다. 지나친 제재는 충성도가 높은 팬들의 활동을 제약할 수 있다. 충성도가 높은 팬들은 자신이 지지하는 팀과 관련하여 개인적으로 커다란 가치를 창출하기도 한다. 이러한 일들은 지역이나 국가 전체적으로 이루어진다. 지지하는 팀의 로고가 새겨진 옷을 입은 사람들끼리 의사소통이나 유대관계를 강화시킬 수도 있으며 지역 주민들 간 화합이나 단결에도 긍정적인 영향을 미칠 수 있다. 충성도가 높은 열성적인 스포츠 팬이 많은 스포츠 팀은 이들의 영향력을 무시할 수는 없을 것이다. 그럼에도 불구하고 일부 프로 리그나 팀들은 상당히 적극적으로 상표권이나 선수 초상권을 보호하고 있다. 팬들의 반응과 영향을 고려하지 않은 채 지나치게 엄격하게 보호할 경우 팬들과의 우호적인 관계가 악화될 수 있다.

둘째, 스포츠 리그나 팀의 지식재산권 범위가 확장될 경우 팬들은 구체적으로 어떤 편익을 얻을 수 있는지 분명하지 않다. 다양한 판매가 이루어진다면 스포츠 팬들은 더 좋아질 것이라고 생각할 수 있다. 스포츠 팬들은 좀 더 다양한 제품을 훨씬 더 싼 가격으로 구입할 수 있다고 보기 때문이다. 그러나 다양한 판매 방식이 등장한다고 해서 꼭 가격이 내려가는 것은 아니다. 리그나 팀이 지식재산권을 확장한다면 리그나 팀에게는 이득이 되겠지만 팬들에게는 지출만 늘어나는 결과를 초래할 수 있다.

셋째, 선수 초상권에 대한 포괄적인 적용은 타당한 이유도 없이 팬들의 희생을 통해서 선수들을 더 부유하게 만든다고 지적되기도 한다. 선수 초상권을 강화하는 것은 선수들의 이미지가 담긴 제품의 가격을 상승시키는 것이다. 주로 트레이딩 카드, 포스터, 비디오 게임 등과 같은 것들이다. 이러한 것들은 주로 충성도가 높은 팬들이 많이 구입하는데, 자칫하면 충성도 높은 팬들의 부담만 가중시킬 수도 있다는 것이다.

따라서 아무리 우수하고 유명한 팀이라고 하더라도 팬을 기반으로 한다는 점에서 다음을 고려할 필요가 있다고 주장된다.

첫째, 리그나 팀은 팬들과 적극적이고 강력한 관계를 형성·유지해야 할 것이다. 이는 팀이 팬들로부터 지식재산권이 보호받을 자격이 있다는 의미가 아니다. 팀은 자신의 상표가 혼란스럽거나 남발되는 것을 방지할 수 있다. 사실, 팬들은 자신이 좋아하는 팀의 로고나 색깔 등에 대해 많은 관심을 가지고 있다. 그런데 만약 라이벌 팀의 팬들이 상대 팀의 특수성을 희석시킬 경우 가치가 손상될 수도 있다. 예를 들어, 어떤 프로 스포츠 팀의 대표적인 유니폼이 로고나 색깔이 전혀 다르게 만들어져 팔린다면 해당 팀과 팬들은 당황스러울 것이다. 팀의 정체성을 약화시킬 수 있기 때문이다. 따라서 팀과 팬은 자신의 로고나 유니폼을 혼란스럽게 희석시키는 행위를 방지해야 할 의무가 있다. 동시에 스포츠 지식재산권 시장에서는 팀을 지지하는 팬들이 보다 더 자유롭게 사용할 수 있도록 해야 할 것이다. 팬들이 웹 사이트에서 팀의 정체성을 강화할 수 있도록 트레이드 마크, 컬러, 팀 로고 등을 사용할 수 있도록 권리를 허용해야 할 것이다. 실제로 많은 팀들이 팬들의 이러한 행위를 허용하고 있다. 이러한 일들은 권리에 대한 문제라기보다는 관용의 문제이다.

둘째, 팀들은 팬들과 상호작용하기 위해서 지식재산권 활용을 어느 정도 용인하는 것이 더 바람직할 수도 있다고 주장된다. 특히, 판타지 스포츠 시장에서는 팬들이 팀과 상호작용할 수 있도록 어느 정도 배려할 필요가 있다. 경기에서 생산되는 각종 통계와 경기 결과가 팀이나 리그의 독점자산이 되서는 안될 것이다. 다양한 용도로도 사용할 수 있도록 하는 것이 더 바람직할 수도 있기 때문이다. 판타지 스포츠 리그에서도 팀과 선수의 이름, 정체성, 통계 등을 어느 정도 사용할 수 있도록 하자는 것이다. 리그나 팀의 많은 팬들이 판타지 스포츠 경기에 참가하고 있다는 사실을 감안할 필요가 있다. 마찬가지로 비디오 게임에서 팬들이 실제로 존재하는 팀의 이름, 선수의 경기 통계 등을 이용할 수 있도록 하는 것도 바람직하다고 주장된다. 많은 팬들은 실제 팀과 선수들의 이름을 이용하여 비디오 게임을 하기를 좋아한다고 한다. 비디오 게임에서 이러한 것들을 사용할 수 있도록 허용한다면, 팬들에게 더 많은 선택의 기회와 편익을 제공하는 것이다. 팬들에게 이러한 것들을 허용한다고 해서 팀이나 선수들이 양질의 경기를 생산할 유인이 줄어들지는 않을 것이다. 판타지 스포츠나 비디오 게임 참가자들은 자신이 좋아하는 팀에 대한 충성도를 높일 수 있는 기회이기도 하다.

제**10**장 　글로벌 스포츠 문화 산업

1) 문화와 문화 산업

문화는 정신적인 것에서부터 물질적인 것에 이르기까지 우리의 모든 생활과 깊은 연관이 있다. 문화는 인간 생활과 밀접한 연관이 있다는 점에서 지적(intellectual)이고 총체적인 삶의 양식(total way of life)이라고도 한다. 문화는 사회 구성원인 인간에 의해 습득된 지식, 신념, 도구, 기술, 도덕, 관습, 능력 등을 모두 합한 것이다. 창의적인 문화는 소비자들의 다양한 욕구를 충족시켜 준다. 오늘날 문화는 경제적으로도 주목을 받고 있다. 미래에는 문화가 국가 경쟁력 강화와 경제 발전에 중요한 요소로 작용할 것이라고 주장되기도 한다.

문화가 하나의 산업으로 본격적으로 논의되기 시작한 것은 1972년 유엔 교육과학문화기구(UNESCO) 백서에서 부터다. 문화는 아주 복잡하고 광범위하며, 문화가 지니고 있는 의미에 대해서도 다양한 시각이 존재한다. 유럽에서는 문화를 정부로부터 지원받는 예술과 상업성이 있는 문화 산업으로 구분하기도 한다. 그러나 영리·비영리라는 목적에 따라 문화 산업과 예술로 구분하기도 하는데, 이러한 구분도 명확하지 않다는 데 문제가 있다.[1] 문화 산업은 엔터테인먼트 요소가 상품의 부가가치에 크게 영향을 미치는 산업,

---

[1] 예를 들어, 신문 산업을 프랑스에서는 예술 부문으로, 영국에서는 문화 산업으로 구분하고 있다.

전통과 현대를 아우르는 문화와 예술 분야에서 창작되거나 상품화되어 유통되는 산업, 이윤을 목적으로 하는 문화와 예술에 관한 모든 활동이라고 주장되기도 한다. UNESCO, GATT 등에 따르면 문화 산업은 저작권의 보호를 받으며 문화적 특징을 지닌 재화나 서비스로 창조와 생산, 유통에 관련된 산업을 의미한다. 신문이나 잡지, 음악, 방송, 영화, 출판, 디자인 등으로 창조 산업(creative industry)이라고도 한다.

일부에서 문화 산업은 고부가가치 산업인 동시에 미래의 성장 산업이라고 주장하기도 한다. 하지만 아직까지 우리나라를 비롯한 많은 나라에서 문화 산업에 대한 개념이나 정의가 다양하게 주장하고 있다. 즉, 문화 산업의 경제적·사회적 역할과 중요성에 대해서는 높이 인식하면서도 문화 산업에 대한 견해나 범위는 국가마다 다르다.[2] 이는 국가마다 역사적·문화적 배경, 산업과 기술 발달의 정도, 정책 목표 등이 서로 다르기 때문이다.[3] 스포츠 문화 산업도 마찬가지이다.

2) 스포츠와 문화

문화·예술 시장에서는 문화예술 관중을 동원하기 위한 수단으로 스포츠가 이용되기도 하고, 스포츠 이벤트나 경기 관중 동원 수단으로 문화·예술이 이용되기도 한다. 이는 스포츠와 문화·예술 관중이 상당 부분이 중복되며, 두 가지 활동에 동일한 사람들이 참여한다는 의미이다. 다른 말로 문화·예술 행사와 주요 스포츠 이벤트를 동시에 개최하면 보다 많은 사람들로부터 관심을 끌 수 있다는 것이다. 맥커처(Mckercher,B., & Chan,A. 2005) 등은 스포츠와 문화 이벤트는 동일한 제품을 생산하며 동일한 기능을 한다고 주장

---

2) 우리나라에서는 문화 산업 또는 문화 콘텐츠 산업, 프랑스·호주 등은 문화 산업, 영국은 창조 산업과 문화 산업, 미국은 엔터테인먼트 산업, 저작권 산업, 정보 산업, 일본에서는 콘텐츠 산업, 오락 산업 등으로 구분한다.

3) 우리나라에서는 「문화·예술진흥법」과 「문화산업진흥기본법」에서 문화 산업을 정의한다. 「문화·예술진흥법」(2조)에 의하면, 문화 산업은 "문화·예술의 창작물 또는 문화·예술용품을 산업의 수단에 의하여 제작·공연·전시·판매를 업으로 영위하는 것"을 말한다. 「문화산업진흥기본법」(제2조)에 의하면 "문화 상품의 기획·개발·제작·생산·유통·소비 등과 이에 관련된 서비스"를 행하는 산업이다. 문화 상품이란 문화적 요소가 체화되어 경제적 부가가치를 창출하는 유·무형의 재화나 서비스, 그리고 복합체를 말한다. 문화적 요소란 예술성·창의성·오락성·대중성을 말한다. 「문화·예술진흥법」에서의 문화 산업이 협의의 문화 산업(예술 산업)에 가깝다고 한다면 「문화산업진흥기본법」의 문화 산업은 오락성·대중성을 지닌 상품도 문화 산업에 포함시키고 있다는 점에서 광의의 문화 산업이라고 할 수 있다.

한다. 스포츠 이벤트는 스포츠에 대한 우상, 스포츠 상품화 등 유형의 제품을 생산하는 산업이며, 스포츠 이벤트에는 서술, 장르, 상징성 등이 존재한다는 것이다. 가르시아(Garcia,B, 2001) 등은 스포츠와 문화는 공동사회 구축, 대중 참여, 축하 의식, 의미 만들기 등을 생산하고, 문화 이벤트는 스포츠에서 중시하는 서술, 우상, 상징성 등을 만들어 스포츠 이벤트라는 제품의 가치를 높이는 데 커다란 역할을 한다고 주장한다.

최근에는 스포츠 문화라는 말이 자주 사용되고 있는데, 그 배경은 다음과 같다.

첫째, 올림픽, 월드컵 축구 경기 대회 등과 같은 메가 스포츠 이벤트는 전 세계인들이 공통적으로 가장 완벽하게 공유할 수 있는 유일한 스포츠 문화이다. 전 세계 많은 사람들이 스포츠 이벤트나 경기를 동시에 보고 감동하고 이해하는 것은 스포츠가 인류 공통의 언어이기 때문이다. 즉, 월드컵 축구 대회, 올림픽 경기 대회, 각종 국제 경기에서의 규칙은 전 세계적으로 동일하게 적용되고 공정하게 경쟁한다. 메가 스포츠 이벤트가 전 세계적으로 공통의 언어라는 사실은 올림픽 경기와 월드컵 축구 대회를 통해 수없이 증명되었다. 많은 사람들이 스포츠를 문화의 한 부분으로 간주하고 생활의 일부분으로 인식한다. 스포츠를 향유하는 생활은 질 높은 삶이며 문화적인 삶이라고 주장된다.

둘째, 스포츠 문화는 사람들이 스포츠 활동에 직접 참여하여 배우고 실행하고 느끼는 모든 것을 의미한다. 따라서 스포츠 문화는 스포츠 경기 자체뿐 아니라 그것과 관련된 모든 과정이라 할 수 있다. 스포츠 이벤트나 경기가 출현하고 성숙되는 과정에는 역사·문화적 사실이 만들어지고 스포츠 문화가 등장한다. 스포츠 문화는 국가나 사회의 발전에 기여하기도 하고 저해하기도 한다. 스포츠는 상징·신화·언어·풍습 등과 연관이 있으며, 스포츠 문화는 이들의 한 부분이라고 할 수 있다. 스포츠는 문화와 결합하여 구체화하거나 시대를 상징하기도 하고 새로운 방향을 제시하기도 한다. 스포츠 문화가 우리의 생활에 미치는 영향력이 얼핏 보기에는 아주 적은 것 같으나 실제로는 매우 방대한 이유에서다. 스포츠 문화는 민족성, 역사, 인종, 남성다움, 상품, 경제력 등의 의미를 지니며 이와 동시에 문화적 이슈들로 구성되어 있다. 스포츠 경기나 이벤트에서 발생하는 폭력, 인종 차별, 분쟁 등도 스포츠 문화와 직간접적으로 관련이 있다.

셋째, 그동안 경제가 성장하면서 물질·정신적 문화를 발전시켜왔다. 물질적 문화는 개인의 경제적·물질적 욕구를 충족시키는 것을 의미한다. 정신적 문화는 가치와 기준은 물론 종교적·철학적 인식들로 구성된 것을 의미한다. 이러한 의미에서 스포츠는 물질적·정신적 문화의 산물이라고 주장된다. 문화는 공통의 사고를 가진 사람들이 소유한 특정의 가치와 특징을 의미한다. 즉, 누구나 공유할 수 있는 행동인 것이다. 문화는 공유된 행동을 통해서 다른 세계에 속해 있는 사람들이 함께 살아가는 방법을 배우는 것이다. 이러한 의미에서 메가 스포츠 이벤트나 경기는 전 세계에 가장 만연되어 있는 글로벌 스포츠 문화라고 할 수 있다. 세계적인 스포츠 이벤트나 경기는 공동체·정치·경제·오락적 기능을 한다. 이와 같은 기능을 하는 스포츠는 문화의 회합 장소로서 그 존재가 부각되기도 한다. 기술 발달과 더불어 라디오·TV·인터넷 등을 통해 스포츠가 세계 여러 나라로 전달될 수 있게 된 이래 스포츠는 문화·이념·상업적 목적을 달성하기 위한 도구로 인식되고 있다.

넷째, 새로운 스포츠 이벤트나 경기는 특정의 틈새 문화를 찾아 거기서 번영하고 재생산되기도 한다. 이러한 문화적 발현은 스포츠의 발전에 커다란 영향을 미치기도 한다. 이는 새로운 스포츠 질서와 사고, 새로운 스포츠 문화를 만들기도 한다. 새로운 스포츠 문화는 팬들에게 과거에는 경험하지 못했던 일들을 경험하게 하기도 한다. 미국의 프로 레슬링이 대표적이다. 한때 미국 문화의 또 다른 산물로 여겨지고 미국에서만 인기를 누렸던 프로 레슬링 경기가 엔터테인먼트로 변화하면서 세계적인 산물이 되었다. 이는 프로 레슬링이 특정한 인간, 특히 남성의 욕구를 충족시키기 때문이다.

다섯째, 스포츠 문화는 문화 산업의 한 영역에 불과하다고 과소평가되기도 한다. 하지만, 스포츠 이벤트나 경기를 관람하거나 스포츠 활동에 참여하는 과정 속에서 고유의 스포츠 문화가 잉태되거나 발전하기도 한다. 관람 스포츠는 선수와 관중이 동일한 시간에 동일한 장소에서 서로 이해하며 즐기는 등 함께하는 문화이며, 경제적 편익·사회통합·민주 시민 의식·애국심·국가 이미지 제고 등의 부수적 효과를 가져다 준다. 따라서 스포츠 문화를 건전하게 육성하는 것은 국가 경쟁력을 높이기 위한 국가적 과제이다. 그러므로 선진국에서는 스포츠 참여를 국민 기본권의 하나로 인식하고 정부가 많은 관심을 가지고 집중적으로 투자하고 있다. 스포츠 활동은 국민의 삶의 일부분이며 동시에 경제 성장의 원동력이다. 경제와 스포츠는 상호 역동적 관계를 지닌다. 스포츠 문화의 발전 없이 경제적 측면의 선진국이 될 수 없다.

3) 스포츠 문화 산업

스포츠 문화 산업에 대한 정의나 범위에 대해서는 다양하게 주장된다. 스로스비(Throsby, D., 2001)는 스포츠 문화 산업을 문화적인 재화나 서비스를 생산·유통·소비하는 스포츠 활동과 관련된 산업이라고 주장한다. 문화적인 재화와 서비스는 생산 과정에서 창의성을 필요로 하고 잠재적으로 지식재산권 형태를 지니며 상징적 의미를 지닌다. 문화적 재화와 서비스는 생산과 소비 과정에서 새로운 의미가 형성되기도 한다. 현재의 소비는 과거의 소비에 의존하고 문화적 가치와 경제적 가치를 동시에 창출한다. 이러한 정의에 입각할 경우 문화적 재화와 서비스의 특성 가운데 어느 것을 강조하느냐에 따라 문화 산업에 대한 정의가 달라질 수 있다. 즉, 창의성을 강조하면 창조 산업이, 저작권을 강조하면 지식재산권 산업이, 상징적 의미를 강조하면 콘텐츠(contents) 산업이 될 것이다.

문화 산업으로서의 스포츠는 다음과 같은 특성을 지닌다고 주장되기도 한다.

첫째, 스포츠 이벤트나 경기는 특정 시간에 특정 장소에서 스포츠 서비스라는 문화 상품을 만들어 낸다. 스포츠라는 특수한 상품으로서의 이벤트나 경기는 물질·물리적 과정을 통해 상품화되고 소비된다. 또한 관중들이 스포츠 이벤트나 경기에 시간, 노력, 희망, 상상, 놀이 등을 투자함으로써 상품의 가치를 극대화시키기도 하고 동시에 문화적 가치를 만들어 내기도 한다.

둘째, 스포츠 이벤트나 경기에서 관중들이 느끼는 경험이나 감정은 서로 다른 종목은 물론 동일한 종목이라 할지라도 매번 다르게 나타날 수 있다. 스포츠 경기는 종목에 따라 경기 규칙이나 경기 진행 방식이 다르고, 동일한 종목의 경기라도 경기 내용이나 결과가 상이하게 나타나기 때문이다. 동일한 선수들이 동일한 종목의 경기를 하더라도 관중들이 느끼는 경험과 감정은 장소와 시간, 개인의 감정 등에 따라서 다르다. 스포츠 이벤트나 경기의 전략이나 전술이 아무리 체계적이고 과학적이라고 하더라도 결국 스포츠 이벤트나 경기는 인간이 실행하는 것이기 때문이다. 또, 동일한 스포츠 경기라고 할지라도 국가와 민족, 지역에 따라 다양한 형태의 스포츠 문화 산업을 발생시킨다.

셋째, 스포츠 이벤트나 경기라는 서비스는 다른 제품과 달리 완성되지 않은 상태에서 판매된다. 경기 결과가 결정되지 않은 제품을 미리 판매하는 것이다. 스포츠 이벤트나 경기 소비자들은 경기 결과에 대한 불확실성을 구매한다. 경기 결과가 불확실한 제품을 구매하다 보니 제품의 질이 좋을지 나쁠지 제대로 알 수가 없다. 이러한 불확실성을 대체하기 위한 방편으로 스포츠 문화 산업이 발생하기도 한다. 즉, 스포츠 경기를 개최하기 전에 다양한 이벤트나 볼거리를 제공한다. 관중들은 스포츠 경기를 관람하면서 다양한 응원 문화를 통해 경기의 즐거움을 누리기도 한다. 관중은 스포츠 경기나 이벤트가 상품화하는 데 중요한 역할을 한다. 양질의 경기와 충성도 높은 팬들의 성숙도나 응원 열기에 따라서 스포츠 경기가 스포츠 문화 산업으로 발전할 수 있다.

넷째, 문화 산업에 대한 정의가 다양하듯이 스포츠 문화 산업에 대한 개념도 다양하게 주장되고 있다. 좁은 의미의 스포츠 문화 산업으로는 스포츠 이벤트나 각종 스포츠 경기를 들 수 있다. 넓은 의미의 스포츠 문화 산업으로는 스포츠를 주제로 한 만화, 캐릭터(character), 영화, 드라마, 방송, 게임, 출판, 공연, 음악 등을 들 수 있다. 이를 스포츠 문화 관련 산업 또는 스포츠를 이용한 문화 산업이라고 부르기도 한다. 일부 학자들은 넓은 의미의 스포츠 문화 산업은 창조적인 아이디어를 활용한 신산업 개발, 일자리 창출 등 경제적인 측면에서 더 효과적일 수도 있다고 주장하기도 한다. 실제로 스포츠를 주제로 한 문화 산업이 경제적으로 커다란 성과를 거두기도 한다.

스포츠를 주제로 한 만화, 드라마, 연극, 영화, 음악 등도 넓은 의미의 스포츠 문화 산업이라고 주장된다. 공포의 외인구단, 국가 대표, 글러브 등은 스포츠를 주제로한 영화들이다.

[그림 10-1] 스포츠와 문화 산업

1) 공통점

문화·예술과 스포츠 시장은 다음과 같은 유사한 점들이 있다고 주장된다.

첫째, 스포츠와 문화 산업, 특히 프로 스포츠와 예술 시장에서는 슈퍼스타(super star)가 탄생하기도 하고 만들어지기도 한다. 스포츠 시장과 예술 시장의 선수와 예술가들의 능력은 모두 뛰어나다. 재능이나 기량이 뛰어난 스타 가운데서도 아주 극소수가 슈퍼스타가 된다. 슈퍼스타가 되기 위해서는 본인의 노력과 재능도 중요하지만, 미디어, 소비자(팬)들에 의한 영향력도 크게 작용한다. 가끔은 본인의 의도와 상관없이 팬이나 언론에 의해 자신도 모르는 사이에 슈퍼스타가 되기도 한다. 이러한 슈퍼스타 선수나 예술가들은 해당 산업에 대해 보다 많은 사람들이 관심을 갖게 하는 능력을 지니며 해당 산업의 발전에도 크게 기여한다.

둘째, 프로 스포츠 시장과 문화·예술 시장에서는 일반 재화나 서비스 시장과는 달리 승자 독식(winner takes it all) 현상이 더 크게, 더 자주 나타난다. 말 그대로 경기에서 승리하거나 경기 능력이 아주 뛰어난 선수이거나, 대중 또는 팬들로부터 인기가 아주 높거나 또는 예술 능력이 아주 뛰어난 예술가들은 슈퍼스타로서 엄청난 인기와 많은 수입을 얻을 수 있다. 슈퍼스타들은 천문학적인 수입을 올리는 데 비해 그렇지 못한 선수나 예술가들은 생계가 어려운 경우도 있다.[4] 프로 스포츠 선수들이나 배우·탤런트·가수 등 예술가 간의 소득격차가 일반 근로자들보다 훨씬 더 크다는 의미이다. 또, 프로 스포츠 선수와 예술가들은 단기간에 높은 소득을 올릴 수 있으나 그 기간이 일반 근로자들에 비해 상대적으로 짧은 편이다.

셋째, 프로 스포츠 경기, 드라마, 영화 등은 공동생산(joint production) 과정을 거쳐 하나의 제품을 생산한다. 스포츠 경기나 드라마는 개별 선수나 탤런트들이 각자 맡은 역할을 충실히 수행할 때 하나의 제품이 생산된다. 특히, 팀 중심의 프로 스포츠 경기에서 선수들은 자

---

[4] 국세청에 따르면, 2015년 우리나라 스포츠 선수 28,117명 가운데 상위 약 10%인 308명의 연평균 수입은 7억5천7백만원으로 나타났다. 반면 나머지 90%인 27,809명의 평균 수입은 1천만원에 불과했다.

신의 포지션에 맞는 역할을 충실히 함으로써 스포츠 경기라는 제품을 공동으로 생산하는 데 기여한다. 탤런트나 배우도 혼자가 아니라 여러 사람들이 각자 맡은 분야에서 최선을 다하고, 이들의 노력이 조합을 이루어 드라마, 영화라는 제품을 생산한다. 팀 스포츠 경기나 드라마·영화 등은 선수나 탤런트들이 혼자서 경기를 하거나 드라마를 생산하는 것보다 팀을 이루어 상대 팀과 경기를 하거나 공동으로 연출하는 것이 상품으로서의 가치가 훨씬 더 크다는 의미이다. 물론, 스포츠 경기나 영화, 드라마 등을 총괄하는 감독의 역할도 중시된다.

넷째, 독과점 시장(oligopoly power)이 발생한다. 독과점은 유사하거나 동일한 상품을 공급하는 공급자가 하나이거나 소수인 시장을 말한다. 경제학자들은 독과점 시장에서는 시장 지배적 지위 남용, 부당한 공동 행위 등으로 공정한 경쟁을 기대하기 어렵다고 주장한다. 프로 스포츠 시장에서 프로 스포츠 경기라는 생산물은 고도로 전문화되어 있고, 프로 스포츠 산업이라는 특수성을 바탕으로 리그를 결성하여 구단별로 지역 연고지를 지정하고 경기 수를 제한하며 새로운 구단의 진입을 어렵게 한다는 점에서 독과점 시장에 해당된다. 마찬가지로 오케스트라(orchestra), 오페라(opera) 등의 공연장은 많은 고정 비용이 소요되고 시장이 한정되어 있다는 이유로 지역별로 제한하기도 하는데, 이는 독과점 시장에 해당된다. 그러나 프로 스포츠 시장이나 오케스트라와 같은 예술 시장의 전문성·특수성을 감안할 때 어느 정도 독과점 시장을 인정할 수밖에 없는 실정이다. 프로 스포츠나 예술 시장은 시장 규모가 제한되어 있고 제품의 수를 제한하는 독과점 형태의 시장이 완전경쟁 시장보다 더 효율적이라고 보기 때문이다. 프로 스포츠나 예술 시장은 특성상 독과점 시장이 더 효율적일 수도 있다는 것이다.

다섯째, 프로 스포츠 선수나 유명 연예인이 되려면 선천적으로 특출한 재능 외에도 엄청난 노력이 필요하다. 유명 선수나 연예인이 되기 위해서는 일반 근로자들보다 훨씬 더 많은 훈련과 노력이 필요하며 커다란 위험 부담도 감수해야 한다. 선수 개인의 잠재력과 재능이 아무리 뛰어나고 고된 훈련을 소화한다고 해도 프로 스포츠 시장에서 스타 선수로서 두각을 나타내기란 쉽지 않은 실정이다.[5] 탤런트·가수·배우 등 연예인들의

---

5) 2013년 기준 미국의 고등학교와 대학에 약 46만 명의 야구 선수가 등록되어 있는데, 야구 선수 중 드래프트 대상이 12만 명이라고 한다. 12만 명 중에서 프로 선수로 활동이 가능한 선수는 250명(0.0021%)에 불과하다고 보고되기도 한다.

장래에 대한 불확실성은 일반 근로자들에 비해 훨씬 더 크다는 것이다. 이들 가운데는 상당수가 오히려 일반 근로자들보다 경제적으로 더 열악한 환경에서 생활하기도 한다. 프로 스포츠와 연예인 시장이 제한적이고 희소성을 추구하기 때문에 많은 사람들이 스포츠나 연예인 시장에 진입하기가 쉽지 않은 실정이다. 또 시장에 진입한다고 해서 모든 선수나 연예인들이 슈퍼스타가 되는 것은 아니다.

여섯째, 스포츠 이벤트와 문화활동은 생동감을 지니며 관중들과 공동으로 행동하면서 관중의 반응을 매우 중시한다. 아무리 뛰어나고 유익한 스포츠 이벤트나 문화·예술 활동이라고 하더라도 관중이 외면하게 되면 더 이상 존재할 이유가 없다. 또, 스포츠 이벤트와 문화활동은 다양한 창조적 활동을 가능하게 한다. 이는 선수나 문화활동 종사자들의 타고난 능력, 재능, 훈련, 경험, 잠재력 등을 바탕으로 한다. 스포츠 이벤트 활동은 문화를 입체적으로 경험하고 살아있는 드라마를 제공한다는 점에서 종합 엔터테인먼트라고 주장된다.

2) 차이점

스포츠 시장이 예술 시장과는 근본적으로 다르다고 주장되는 이유는 다음과 같다.

첫째, 스포츠 시장에서는 주로 경쟁을 통해 스포츠 경기라는 제품을 생산한다. 경기라는 제품에 대한 가치가 높아지려면 선수들이 뛰어난 경기력을 지녀야 함은 물론 팀 간 경기력이 엇비슷하여 경기 결과를 예측하기 어려워야 한다. 즉, 팀 간의 전력균형이 강조된다. 또는 재능이 매우 뛰어난 선수들이 경기를 생산하는 과정에서 남들이 흉내낼 수 없는 멋진 기량을 보여 주어야 한다. 그러나 가수나 탤런트들은 상대 가수나 탤런트와 치열한 경쟁을 통해서 가치를 높이지는 않는다. 물론 역량이 비슷한 가수나 탤런트들 간에 라이벌 의식을 부추겨 대중들로부터 관심을 끌기도 하지만 대부분의 배우, 가수 등의 연예인들은 기본적으로 상대방과의 경쟁을 통해서가 아니라 가창력이나 연기력 또는 팬들에 의해 그 가치가 결정되는 경우가 더 많다.

둘째, 프로 스포츠 시장에서는 경기 결과가 분명하게 나타난다. 즉, 스포츠 경기에서는 상대 팀과 경기를 하게 되면 승자와 패자가 뚜렷하게 갈린다. 가끔 경기의 승패를 결정짓지 못하는 경우도 있지만, 상대 팀과의 경기는 본질적으로 승패를 결정하는 활동이다. 프로 축구, 프로 야구 등 팀 스포츠 경기가 대표적이다. 또한, 프로 골프, F1, 경마, 경정 등 개별 프로 스포츠 선수들은 경기 결과에 따라 순위가 매겨지고, 그에 따라 보상이 달라진다. 따라서 선수들은 경기 결과를 나타내는 순위에 많은 관심을 가진다. 그러나 예술가들은 스포츠 경기에서와 같이 경쟁을 하지도 않거니와 경쟁을 통해 승자와 패자를 구분하는 경우가 거의 발생하지 않는다. 특히, 개별적으로 행동하는 예술가들은 공연 결과에 따라 순위가 매겨지지 않는다. 경기 결과보다는 공연이나 드라마의 독창성, 창의성, 표현력, 대중성 등을 더 중시한다.

셋째, 동일한 종목의 스포츠 경기라 하더라도 경기 시간과 장소에 따라 팬들이 느끼는 만족과 감정이 서로 다르다. 스포츠 경기는 동일한 선수들이 동일한 장소에서 반복적으로 열리더라도 경기 결과가 달라질 수도 있다. 즉, 아무리 우수한 팀이라 하더라도 경기에서 승리하기도 하고 패하기도 한다. 경기 결과가 사전에 정해지지 않으므로 경기 결과를 예측하기가 쉽지 않다. 마찬가지로 동일한 경기라고 하더라도 팬들이 느끼는 감정이나 즐거움, 분위기는 매번 다르다. 프로 스포츠 리그가 지속될 수 있는 이유이다. 이러한 이유로 스포츠 이벤트나 경기는 각본 없는 드라마(drama)라고 주장된다. 그러나 문화·예술 시장에서 연극이나 공연은 동일한 내용과 동일한 결과를 반복한다. 드라마, 연극 등은 각본에 따라 결과가 항상 동일하다. 많은 소비자들이 드라마, 연극 등의 결과를 충분히 알면서도 많은 관심을 가지는 것은 연기력, 가창력, 과정 등을 중시하기 때문이다. 그러나 아무리 재미있고 가치 있는 영화, 공연, 연극일지라도 일단 한 번 보고 나면 그 가치나 재미가 크게 줄어든다. 스포츠 이벤트나 경기는 그렇지 않다.

넷째, 스포츠 경기라는 제품은 지정된 시간과 장소에서 생산되고 동시에 소비된다. 스포츠 경기는 물질적·물리적 경험을 통해 제품화되고 가치를 인정받는다. 축구, 야구, 농구 등 프로 스포츠 리그에서는 홈(home) 경기와 원정 경기(away)를 운영하는데, 대체로 원정 경기장에는 홈 팀의 팬들이 더 많이 있다. 이들은 주로 홈 팀 선수만을 응원하고 상대 팀 선수에 대해서 야유하는 등 원정 팀에게 심리적 부담을 주기도 한다. 홈에서의 경기가 상대적으로 유리하다. 이처럼 관중들은 스포츠 경기 결과라는 상품에 어느 정도 영향을 미친다. 그러나 배우나 가수들이 다른 지역에서 공연한다고 해서 팬들이 야유하거나 심리적인 부담을 주지는 않는다.

다섯째, 계약 기간이나 내용이 다르다. 프로 스포츠 선수들은 구단과 계약을 1년 또는 2년 이상을 하였더라도 중도에 해지되기도 한다. 예를 들어, 스포츠 선수가 구단과 여러 해를 계약했더라도 슬럼프(slump)에서 벗어나지 못하거나 부상으로 경기력이 저조할 경우 하위 리그에 보내거나 방출되기도 한다. 프로 스포츠 선수들은 경기 결과에 따라 팀에 대한 기여도를 손쉽게 파악할 수 있으며, 선수들의 소득은 지난 시즌의 경기 결과나 팀에 대한 기여도에 따라 크게 달라진다. 하지만 가수나 탤런트들은 슬럼프나 드라마 결과에 크게 구애받지 않는다. 유명 탤런트가 출연한 드라마의 시청률이 저조하다고 해서 다음에 출연할 드라마의 출연료에 크게 영향을 미치지 않는다.

여섯째, 문화·예술 시장에서도 경쟁이 존재하기도 하지만, 결과를 결정하는 기준이 스포츠 경기에 비해서 공정하지 못하고 더 주관적으로 이루어진다. 문화·예술 시장에서는 스포츠 시장에서 강조되는 전력 균형, 페어 플레이 등은 강조되지 않는다. 문화·예술 시장에서는 전력균형보다는 독창성, 창조성, 예술성 등이 더 강조된다.

3) 보완재와 대체재

올림픽 경기와 같은 스포츠 이벤트와 문화·예술 활동이 상호 보완 관계를 지니는가에 대해서는 주장이 엇갈린다. 상호 보완 관계를 지닌다는 주장에 따르면, 예술과 스포츠가 작용하여 보다 많은 관중을 유인할 수 있으며 경제적으로도 유익하게 된다는 것이다. 예를 들어, 스포츠 이벤트와 문화 활동 간의 결합으로 보다 많은 관광객을 유인할 수 있고 미디어의 관심도 증가한다면 다양한 마케팅 활동으로 경제적 이득이 가능하게 될 것이다. 올림픽 경기 대회에서 문화 프로그램의 가치는 올림픽 개최 전, 개최 중, 개최 후에도 상호 보완 작용이 가능하다고 주장된다.

스포츠 이벤트나 경기를 통해 다양한 재화나 서비스가 생산된다. 이러한 재화나 서비스는 서술, 장르, 상징성, 이미지 등과 상호작용하여 가치를 증진시킨다. 스포츠와 문화는 축하 의식, 단합, 이미지 제고 등을 통해 공동사회 구축, 사회 참여 등을 강화시킨다. 그리고 문화 이벤트는 스포츠에서 중시하는 서술, 상징성을 자극하고 창조 활동을 통해서 스포츠 이벤트라는 제품의 가치를 높이는 데 커다란 역할을 한다. 특히, 글로벌 스포츠 이벤트는 개최 전후에 다양한 문화 행사나 축제 등으로 대중들의 관심을 유도한다.

한편, 스포츠 이벤트와 예술은 대체재 관계를 지니며 직접 경쟁한다는 주장도 있다. 문화와 스포츠가 추구하는 가치와 목적이 분명히 다르지만 많은 소비자들은 소비 과정에서 대체재로 인식한다는 것이다. 예를 들어, 어떤 소비자들이 여가 활동을 할 때 영화나 연극을 보는 대신에 스포츠 경기를 관람할 수도 있다는 것이다. 문화활동과 스포츠 이벤트·경기 관람이 대체재 관계를 지닌다면 프로 스포츠 경기의 경쟁자는 영화 관람자라고 주장될 수 있다. 잉글리스(Inglis, D., 2008)는 예술과 스포츠는 태생적으로 경쟁 관계에 있다고 주장한다. 그러나 역사적으로 볼 때 올림픽 경기 대회와 예술 프로그램 간에는 구조적 차이가 있다고 주장된다. 스포츠가 신체적 활동을 통한 경기 승리, 건강 유지 및 증진 등 물질적 가치를 추구한다면, 예술은 마음과 정신 등 지적 가치를 추구한다는 것이다. 예술과 스포츠는 추구하는 가치나 목표, 조직 등에서 실제로 차이가 있는데, 이는 근본적으로 해결될 수 없다고 주장한다.

그러나 올림픽 경기 대회와 같은 스포츠 이벤트와 문화·예술은 상호 보완재로서 역할이 가능하므로 제대로만 운영된다면 상당한 시너지 효과를 기대할 수도 있다고 주장된다. 스포츠 이벤트와 문화·예술 관중들이 상당 부분 중복되기 때문이다. 올림픽, FIFA 월드컵 개최 전후에 각종 문화·예술 행사가 열리는 것은 스포츠 이벤트와 문화·예술이 상호 보완이 가능한 만큼 이벤트 효과를 극대화하기 위해서이다. 그럼에도 일부에서는 스포츠 이벤트와 문화·예술은 근본적으로 다르며 단순한 대체관계에 불과하다고 반박하기도 한다. 이와 같이 상반된 주장으로 스포츠와 문화·예술 간의 상호 보완 효과가 제대로 이루어지지 못하고 있다고 지적된다. 그러나 일부에서는 상호 보완 효과가 제대로 이루어지지 못하는 것은 대체재와 보완재 관계에 대한 논란 때문이 아니라 올림픽과 같은 메가 스포츠 이벤트를 운영하는 조직과 행정적인 문제 때문이라고 지적되기도 한다.

4) 영화관과 경기장 관중

프로 스포츠 경기와 영화는 관람 중심의 문화 산업이라는 점에서 유사하다. 프로 스포츠 경기와 영화관은 관중에 대해서 라이벌 관계에 있다고 주장되기도 한다. 프로 스포츠 경기장이 보다 많은 관중을 유인하기 위해서는 다른 종목의 프로 스포츠 관중보다는 영화관 관중을 목표로 해야 한다는 것이다.

그러나 영화관 관중과 스포츠 경기장 관중 간에는 다음과 같은 차이점이 있다. 첫째, 스포츠 이벤트나 경기장에서는 잘 알지 못하는 다른 팬들과 경기에 대해서 자유롭게 대화할 수 있는 데 비해 영화관에서는 이러한 일들이 일어나기가 쉽지 않다. 경기장에서 팬들은 상대편 선수나 관중을 비난하는 등 다양한 활동을 하기도 한다. 스포츠 팬들은 경기를 관람하면서 다른 팬들과 쉽게 친해질 수 있다. 반면에 영화관에서는 옆자리에 있는 관중들과 자유롭게 대화하거나 쉽게 친해지기가 쉽지 않다.

둘째, 스포츠 경기 관중은 일상적인 TV시청자, 시즌 입장권 소유자, 경기에 돈을 건 갬블러 등에 이르기까지 다양하다. 이러한 이유로 스포츠 이벤트나 경기 결과에 대한 관심이 아주 높다. 특히 국가 간 경쟁을 하는 메가 스포츠 이벤트에서는 경기 결과에 따라 관중들의 희비가 엇갈리기도 한다. 자국의 팀이 승리할 때 자신이 속해 있는 도시나 국가가 승리한 것으로 인식되며 관중들은 승리감을 공유하기도 한다. 영화 관중들은 영화의 결과에 대해서 비난을 하기도 하지만 스포츠 이벤트만큼 희비가 엇갈리지는 않는다.

셋째, 스포츠 경기에서 팬들 간의 관계는 아주 특수하다. 대부분의 스포츠 이벤트나 경기에서 관중들은 승리감에 도취되어 포옹, 괴성, 욕설, 댄싱 등 평소와 다른 행위를 하기도 하는데, 이를 전혀 이상하게 보지는 않는다. 관람석에서는 많은 관중들이 아주 가까운 곳에 모여서 끊임없는 신체적 접촉을 통해서 공동생활을 경험하기도 한다. 영화관의 관중들 사이에서 이러한 현상은 좀처럼 일어나지 않는다.

넷째, 스포츠 관중들은 선수들의 경기 태도나 경기 결과에 대해서 자유롭게 반응하기도 한다. 충성도 높은 팬들은 경기나 선수들에 대해서 감독만큼 잘 알고 있으며 경기 도중 반칙 등 불공정한 행위를 심판보다 더 정확하게 찾아내기도 한다. 그리고 경기 결과가 만족스럽지 못할 경우 감독, 심판 등에게 공개적으로 불만을 표출하기도 한다. 영화관 관중들도 이러한 행위를 할 수는 있다. 그러나 영화관 관중들은 영화에 대한 실망을 공개적으로 표현하지는 않는다.

제3절 ☆ 올림픽과 문화 올림피아드

1) 올림픽과 문화 · 예술

(1) 올림픽과 문화 · 예술 행사: 1896~1908

BC 776년에 시작된 고대 그리스 올림픽에서는 스포츠 경기, 예술, 종교 의식 등이 동시에 열렸다. 그 후 쿠베르탱에 의해 창시된 제1회 올림픽 경기 대회에서도 순수한 의미의 스포츠 경기 대회뿐 아니라 문화 · 예술 축제도 부활시키려고 노력했다. 스포츠 경기 외에도 종교 의식, 예술 공연이 동시에 열렸으며 모든 사람들이 함께 참여하기를 기대하였다. 올림픽 경기 대회는 신체적으로 수월성을 추구하는 한편, 국민과 국가 간 조화로운 관계를 도모하기 위한 것이었다. 쿠베르탱은 신체적 기량을 겨루는 스포츠 경기 대회와 문화 · 예술 행사가 동시에 열리기를 제안했지만 제대로 추진되지 못했다고 평가된다. 1906년 파리에서 스포츠 경기 대회와 문화 · 예술 경쟁을 동시에 추진하기 위한 회의를 개최하고 음악, 문학, 조각, 그림, 건축 등 5가지 예술 분야에서 경쟁하기로 하였다. 예술 가들의 문화 · 예술 활동도 스포츠 경기 대회와 동등하게 경쟁하기를 기대했다. 예술 경쟁은 개최 도시에서 올림픽 기간 중 방문객들에게 엔터테인먼트를 제공하기 위해서였다. 1908년 런던 올림픽에서부터 문화 · 예술 분야에서도 경쟁을 하기로 했으나 시간과 준비 부족으로 제대로 추진하지 못했다.

(2) 올림픽과 문화 · 예술 경쟁: 1912~1948

1912년 스톡홀름 올림픽에서 문화 · 예술 프로그램이 시작되었는데, 음악 · 공연 등은 많은 관광객들로부터 높은 평가를 받았다. 당시에는 이러한 문화 · 예술 활동도 올림픽 경기 대회와 마찬가지의 경쟁으로 간주하고 예술가들의 문화 · 예술 활동 결과에 따라서 메달을 수여하기도 하였다. 그러나 문화 · 예술 활동에 경쟁을 도입하는 것은 바람직하지 못하며 오히려 문화 · 예술 활동을 침체시킬 수 있다고 지적되었다. 실제로 1924년 파리 올림픽에서 음악 연주회를 비전문가들이 평가하자 많은 논란이 제기되었다. 음악 연주, 문학, 조각, 그림, 건축 등 문화 · 예술 활동의 특성과 차이, 문화 · 예술가들의 관심

부족과 반발, 객관적인 평가 기준 미흡 등으로 스포츠 경기와 같이 순위를 매기기가 불가능하다는 사실을 인식하기에 이르렀다. 그럼에도 1912년 스톡홀름 올림픽에서 1948년 런던 올림픽까지 예술 경쟁은 스포츠 경쟁과 유사하게 이루어졌다.

한편, 당시 올림픽 경기 대회에서 문화·예술 프로그램은 개최 국가가 추구하려는 목적을 달성시키기 위한 수단으로 사용되기도 하였다. 1912년 스톡홀름 올림픽에서는 관광을 증진하기 위한 수단으로 간주했으며, 1936년 베를린 올림픽에서는 나치(nazi) 정권이 문화 이벤트를 통해 독일 제국을 이상화하고 우수성을 전 세계에 과시하는 데 활용하려고 하였다. 독일 올림픽은 히틀러의 정치적 야심으로 많은 비난을 받았지만, 올림픽 경기에서 문화 프로그램의 전형을 보여주었다고 평가되기도 한다.[6]

(3) 올림픽 예술 축제: 1956~1984

1956년 멜버른 올림픽에서 최초로 공식적인 문화·예술 축제가 이루어졌다고 주장된다. 당시의 문화·예술 축제는 두 가지로 구분됐는데, 하나는 시각 예술과 문학이고, 다른 하나는 음악과 드라마 중 하나였다. 문화·예술 축제는 올림픽 경기가 끝날 때까지 열렸으며 지역, 국가, 국제적인 예술가들의 예술 활동과 공연이 이어졌다. 당시의 문화·예술 활동이 비경쟁적인 축제로 전환되면서 많은 환영을 받았다. 그러나 문화·예술 축제의 규모는 아주 작았다고 한다. 그 후 올림픽 경기 대회를 기리기 위한 문화·예술 프로그램은 비경쟁적인 축제가 되었고, 이는 올림픽 문화·예술 프로그램이 지속될 수 있는 계기가 되었다.

올림픽 경기 대회를 축하하기 위한 문화·예술 프로그램은 개최 도시의 특성에 따라 다양하게 이루어졌다. 어떤 도시에서는 올림픽 경기 기간과 동일하게 2주간 지속된 반면, 어떤 지역에서는 4년간 지속되기도 하였다.[7] 문화·예술 축제 장소나 주제들도 다채로웠다. 어떤 국가는 국내에서 예술과 문화축제를 여는가 하면 일부 국가들은 예술, 문

---

6) 잉글리스(D. Inglis, 2008)는 1936년 독일 올림픽에서는 1만여 명의 올림픽 공연자와 젊은이들이 칼 오르프(carl orff)가 작곡한 악보의 리듬에 따라 율동하였고, 문화공동체(aryan culture)에 대한 주제는 순수한 목가적 풍경이 묘사되어 많은 각광을 받았다고 주장한다.

7) 올림픽을 위한 문화 프로그램 행사는 개최 도시에 따라 다양하게 열렸다. 1980 모스크바는 3주, 1984 LA는 10주, 1960 로마는 6개월, 1968 멕시코는 1년 간 열렸다. 1992 바르셀로나, 10996 애틀랜타, 2000 시드니, 2004 아테네 올림픽은 4년간 열렸다.

화, 공연 등의 축제를 전 세계적으로 개최하여 국제적인 관심을 끌기도 하였다. 또, 아주 뛰어난 예술이나 공연을 하는가 하면, 잘 알려지지 않은 지역 사회 고유의 전통축제가 열리기도 하였다. 가끔 과학 기술 대회나 박람회 등이 열리기도 하였다.

1950년대 중반 IOC에서는 올림픽을 개최하려는 국가는 문화·예술 축제를 통해 올림픽을 축하하는 문화·예술 프로그램을 의무적으로 수행하도록 하였다. 이는 문화·예술 프로그램과 올림픽 경기 대회가 함께 하기를 원했던 구베르탱의 노력이 반영되었다고 평가된다. 그러나 이는 문화·예술 프로그램과 올림픽 경기 대회 간의 통합을 위한 시도에 불과하다고 지적되기도 한다. 올림픽 경기 대회를 찬미하기 위해 열리는 문화·예술 축제들이 올림픽 경기 대회만큼 유명해지거나 동등한 수준에 도달하지는 못했기 때문이다. 이는 IOC에서 올림픽 경기 대회를 축하하기 위해서 열리는 문화·예술 프로그램에 대해서 명확한 기준을 제시하지 못했기 때문이라고 지적된다. 즉, 문화·예술 프로그램의 범위나 기준, 기간, 주제, 평가 방식 등에 대해서 명확한 기준이 없었다. 따라서 올림픽을 개최하는 도시에서는 문화·예술 프로그램을 위해 무엇을 해야 하는지 제대로 알수가 없었다. 그러다 보니 그동안 올림픽 경기 대회에서 문화·예술 프로그램은 올림픽을 개최하는 데 필요한 보충적 요소에 불과한 것으로 이해되었다. 사실 그동안 올림픽 경기 대회의 문화적 가치에 대한 인식은 별로 없었다.

1980년대 들어 올림픽을 위한 문화·예술 프로그램은 또 다른 모습을 나타내기도 했다. 인류의 평화와 발전, 경기에서 승리보다 참가 정신 등을 강조하기도 하면서 한편으로는 개최 국가의 정치적 메시지가 등장하기도 하였다. 특히, 냉전시대에 올림픽 개최 국가들은 경기 결과를 중시하면서, 정치적 목적을 위해 개최 국가의 긍정적인 부분만을 전 세계에 부각시키려고 노력하였다. 1980년 모스크바 올림픽, 1984년 LA 올림픽 등은 고도의 정치적 이데올로기가 내포된 올림픽이었다.

이 기간에는 문화·예술 축제가 비경쟁 중심으로 다양하게 변화했음에도 불구하고 올림픽 경기 대회와 관련한 문화·예술 행사가 체계적이지 못했으며 관심도 크지 않았다. 이는 문화·예술 프로그램의 주제나 기간, 목적 등이 다양하기 때문이다. 또 문화 올림피아드를 주도하고 조정할 만한 글로벌 차원의 조직이나 기구가 없었기 때문이기도 하였다.

(4) 문화 올림피아드: 1992~

문화 올림피아드(cultural olympiad)[8]는 올림픽 경기 대회를 찬미하기 위해서 개최 국가는 물론 전 세계적으로 보다 많은 관심과 참여를 유인하고 올림픽의 가치를 극대화하기 위해서 열리는 예술, 엔터테인먼트, 축제, 교육 등의 프로그램이다. 문화 올림픽(cultural olympic)이라고도 한다.[9] 한마디로 올림픽을 개최하는 도시가 올림픽 기간 전부터 올림픽이 종료될 때까지 올림픽 경기 대회를 축하하기 위해 개최하는 행사로서, 국민들의 관심을 증대시키고 올림픽 정신을 고취시키기 위해 수행하는 각종 문화·예술 프로그램을 의미한다. 올림픽을 개최하기 전부터 다양한 문화행사를 열어 올림픽이 개최되는 해에 올림픽에 대한 관심과 올림픽 정신이 최고에 달하도록 하는 것이다. 문화 올림픽의 목표는 예술분야에서 역량을 구축하고 개최 도시에서 문화적 역할과 올림픽 개최 지역을 국제적 차원에서 증진하며 개최 국가가 추구하는 목표를 달성하고자 하는 것이다.

다음은 주요 올림픽 개최 도시들의 문화 올림피아드의 특징과 성과이다.

첫째, 현대적 의미의 문화 올림피아드가 시작된 것은 1992년 바르셀로나 올림픽이라고 주장된다. 바르셀로나(Barcelona)는 올림픽을 개최하기 4년 전부터 다양한 주제로 문화 프로그램을 운영하였다. 바르셀로나에서는 문화 올림픽이라는 개념을 도입하였으며, 올림픽을 개최하는 도시의 발전과 브랜드를 제고시키는 데 중점을 두었다. 이는 문화 올림피아드의 모델을 확립하고 새로운 전례를 만들었다고 평가된다. 일부 학자들은 바르셀로나의 문화 올림피아드는 단순히 올림픽 개최만을 위한 것을 넘어서 올림픽 개최지인 바르셀로나를 국제적으로 발전시키기 위한 야심찬 계획이었다고 평가한다.

둘째, 2000년 시드니(sydney) 문화 올림피아드에서는 호주의 다양한 문화와 사회적 특

---

8) 가르시아(B. Garcia, 2001)는 올림피아드(olympiad)에 대한 말이 잘못 사용되고 있다고 주장한다. 올림피아드는 올림픽 경기를 의미하는 것이 아니라 올림픽 경기를 위해 개방되고 축하되는 4년간을 의미한다.

9) 문화 올림픽을 추진하게 된 배경에 대해서도 다음과 같이 주장된다. 우선 쿠베르탱의 올림피즘이다. 쿠베르탱은 1894년 파리 회의에서 올림피즘의 기본 원칙을 주장하였다. 올림피즘은 인간 신체의 질적 균형과 조화를 함양시키는 생활의 철학이다. 문화와 교육이 조화된 스포츠로서 올림피즘은 노력의 기쁨과 교육적 가치를 지니고 있으며 윤리를 기본 원칙으로 하여 보다 나은 삶의 길을 추구하자는 것이다. 또, 올림픽 헌장 제39조에 의하면 OCOG에서는 올림픽 빌리지가 열리는 동안에는 문화 이벤트 프로그램을 조직해야 하며, 이는 IOC로부터 사전 승인을 받아야 한다.

성을 엿볼 수 있는 기회를 제공하였다고 평가된다. 1997년 원주민 축제를 시작으로 1998년에는 이민과 다문화 그룹을 위한 행사를 열었으며, 1999년과 2000년에는 국제 이벤트를 개최하였다. 잉글리스(D. Inglis, 2008)는 1997년에 열린 꿈의 축제는 호주 원주민들이 지니고 있었던 문화·예술을 국가적 차원에서 개최한 최초의 축제였다고 강조한다. 이는 호주 역사의 근본적인 요소를 파악하고 오늘날 호주의 사회·문화·역사적 구조와 특성을 이해하는 데 커다란 도움이 되었다는 점에서 크게 환영받았다고 평가된다. 캐시맨(Cashman, R., 2006)은 비록 호주의 문화 올림피아드의 성공 여부가 제한적이긴 하지만 여러 문화 올림픽 가운데 가장 성공적이었다고 주장한다.

셋째, 2012년 런던 올림픽을 찬미하기 위해 열렸던 문화 올림피아드는 올림픽에서 강조되는 문화, 스포츠, 교육 활동 등을 통해 광범위하게 이루어졌다. 주로 주말에 행사를 열어 올림픽에 대한 관심과 감정을 고취시켰다. 젊은이들을 격려하고 장애인 예술가들을 축하하기 위한 프로그램도 운영하였다. 또 영국은 전 지역이 국제화된 독특한 국가라는 점을 부각하면서 영국의 다양한 창조 산업과 창조 산업에 대한 유산과 환경, 셰익스피어와 같이 세계적인 문화 아이콘 등을 강조하였다. 2012 런던 문화 올림피아드는 크게 두 가지로 운영되었다. 하나는 런던을 중심으로 젊은이를 위한 다양한 문화·예술 프로그램이 이루어졌다.[10] 다른 하나는 영국의 지방도시와 스코틀랜드, 웨일즈, 북아일랜드 등 영국 전역에서 문화·예술 축제를 열었다. 가르시아(B. garcia, 2013) 등은 런던의 문화 올림피아드 프로그램은 2014 소치, 2016 리우 문화 올림피아드 프로그램에도 커다란 영향을 미쳤다고 강조한다. 〈표 10-1〉은 2012 런던 문화 올림피아드 프로그램이다.

넷째, 2018 평창 동계올림픽에서는 2016년 9월부터 2018년 3월 18일까지 전국 각지와 세계 주요 도시에서 온라인을 무대로 평창 문화 올림피아드를 계획하고 있다. 올림픽이 개최되기 500여 일 전부터 국민의 기대와 열정을 한데 모으고 전 세계가 다 함께 즐길 수 있도록 하기 위해서이다. 〈표 10-2〉는 1992 바르셀로나, 2000 시드니, 2018 평창 동계올림픽 등을 찬미하기 위해서 열린 문화 올림피아드의 주제들이다.

---

10) 런던을 중심으로 음악 프로젝트(youth music project), 세계 문화 축제(a world cultural festival), 청년 문화를 위한 세계 축제(a world festival of youth culture), 장애인 미술품과 스포츠 이벤트 시리즈(disability artwork and sports series of events), 국제 셰익스피어 축제(international Shakespeare festival), 올림픽 무도회(olympic proms) 등의 문화 프로그램이 운영되었다.

⟨표 10-1⟩ 2008~2012 런던 문화 올림피아드 개요

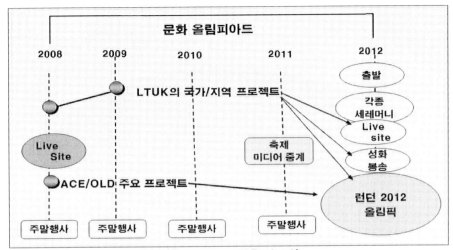

LTUK: legacy trust UK / ACE: arts council England/
OLD: olympic lottery distributor

자료: B.Garcia(2013).

⟨표 10-2⟩ 주요 올림픽과 문화 올림피아드

주요 올림픽	문화 올림픽 주제
1992 바르셀로나	- 1988년, 문화적 관문(cultural gateway) - 1989년, 스포츠와 예술의 해(year of culture and sport) - 1990년, 예술의 해(year of art) - 1991년, 미래의 해(year of future) - 1992년, 올림픽 예술 페스티벌(olympic art festival) 등
2000 시드니	- 1997년, 꿈의 축제(the festival of the dreaming) - 1998년, 변화의 바다(a sea change) - 1999년, 세계를 향해(reaching the world) - 2000년, 항구와 생활(the harbor of life)
2018 평창 동계	- 문화와 모두가 즐기는 올림픽(people. connected) - 미래 세대의 참여와 영감(possibility. connected) - 새로운 아시아, 평창(pyeongchang. connected)

자료: David Inglis(2008), 문화체육관광부(2016).

2) 올림픽 문화와 개·폐막식

올림픽 헌장에도 나와 있듯이 올림픽 경기 대회에서는 스포츠, 문화, 교육 등의 목표를 추구한다. 구드(Good, D., 1998)는 스포츠, 교육, 문화는 신체, 지성, 정신 간의 균형된 개념이라고 주장한다. 이러한 개념들이 올림픽 경기 대회라는 이벤트를 지속하기 위해서 상호 혼합되기도 하고 대체되기도 한다. 스포츠는 교육과 신체적 활동을 통한 문화적 표현으로 이해될 수 있다. 따라서 문화나 교육에 관한 언급을 하지 않고 올림픽 경기 대회를 제대로 이해하기 어렵다. 이러한 연유로 올림픽 경기 대회와 관련된 교육과 문화 프로그램이 장황하고 복잡하게 보이기도 한다. 올림픽 경기 대회에서는 선수는 물론 코치, 조직위원회, 관중 등이 하나가 된다. 스포츠, 교육, 문화는 상호 혼합되고 공존하여 나타나지만 사실은 서로 다른 실체이다. 그러나 올림픽이 추구하는 스포츠, 문화, 교육 등은 근본적으로 인간을 중심으로 한다는 공통점이 있다. 올림픽 경기 대회에서는 선수와 관중, 코치와 감독, 조직위와 개최 국가가 하나가 되고 전 세계의 관람자들도 모두 하나가 된다.

이제 많은 사람들이 올림픽 경기 대회는 전 세계 인류가 공유하는 스포츠 문화라는 데 의견을 같이한다. 올림픽 경기 대회는 선수와 관중이 함께하며 즐기는 문화이며 동시에 경제적 가치, 사회 통합, 민주 시민의식 고취, 애국심, 국가 이미지 제고 등을 가능케 하기 때문이다. 따라서 올림픽 경기 대회의 성공적인 개최는 문화 산업의 발전이자 경제·사회적 발전으로 간주된다. 특히, 올림픽 경기 대회에서 우수한 경기 결과와 경제 성장·발전은 상호 역동적인 관계에 있다.

올림픽과 같은 스포츠 문화의 발전 없이 경제·문화 선진국이 될 수 없을 정도이다. 모게스(Morgas, M., 1992)는 스포츠와 문화는 올림픽 경기의 주요한 구성 요소로서 본래부터 분리될 수 없다고 주장한다. 올림픽 경기 대회는 문화적 현상이기 때문이다. 올림픽 경기 대회에 참가하고 경기에서 승리하는 것도 중요하지만, 참여하여 서로 다른 문화를 이해하는 것도 중요하다. 서로 다른 문화를 가진 인간들이 하나가 된다는 것은 올림픽 경기에서의 승리보다 더 값진 성과를 기대할 수 있게 한다. 따라서 올림픽 경기는 문화적 현상이라는 사실에 관심을 가져야 한다. 이는 스포츠 경기를 문화적으로 이해하거나 다른 문화적 활동을 하는 데 중요하다.

일부에서는 2005년 런던이 파리, 뉴욕 등을 제치고 2012년 올림픽 개최지로 선정된 것은 문화 올림픽을 강조했기 때문이라고 주장되기도 한다. 런던 올림픽 조직위원회에서는 런던 올림픽은 세계에서 가장 커다란 문화 올림픽이 될 것이라고 강조하였다. 또 누구나 문화·예술 관련 활동에 용이하게 참여할 수 있도록 하여 사회적 통합을 이루자는 것이었다. 올림픽 경기 대회에서 문화·예술 프로그램은 올림픽 경기 대회뿐 아니라 문화·예술의 가치를 증진하기 위한 필요충분 조건으로 인식되고 있다.

올림픽 경기 대회의 개·폐막식 행사는 고품격 문화와 스포츠를 의도적으로 혼합하는 지적 활동의 좋은 예라고 주장된다. 올림픽 개·폐막식 행사는 쇼(show), 역사, 전통, 국력 과시, 인류 화합과 미래의 과제 등과 연관이 있다. 비록 개·폐막식 행사는 올림픽 경기 대회 기간에 비하면 아주 짧은 시간 열리는 이벤트이지만, 개최 국가와 지구촌의 문화와 역사를 대변한다. 올림픽 개막식이나 폐막식은 일종의 찬양 의식이며, 전 세계의 관중들이 느낄 수 있는 최적의 경험으로서 한편의 드라마와 즐거움, 문화적 표현이라고 할 수 있다. 올림픽 개최 국가들은 문화적 현상으로서 올림픽의 가치를 극대화하기 위해 다양한 노력을 하고 있다. 올림픽 개최 도시들은 개·폐막식 이벤트에 대해서 많은 관심과 노력을 기울이고 있다.

올림픽 경기 대회에서 개·폐막식이 문화적으로 중시되고 있는 이유는 다음과 같다. 첫째, 올림픽은 개최 국가에 대한 이해와 이미지 제고, 개최 지역의 발전 등 단순한 활동을 넘어서 전 세계적 관심사를 반영하고, 새로운 문화적 가치를 창출하려고 한다. 올림픽 경기 중에 열리는 각종 문화 행사는 전 세계를 대상으로 한다. 개최 지역이나 국가는 자신들만이 지니고 있는 고유의 문화를 전 세계에 알리고 개최 국가나 지역을 대표하는 문화를 만들기 위해 노력한다. 둘째, 문화 이벤트로서 올림픽 경기 대회는 장기간 계획되고 추진된다. 동시에 올림픽 경기 대회의 문화적 가치를 지나치게 상업화하거나 의미를 단순화하려고 하지도 않는다. 즉, 올림픽 고유의 정신인 세계 평화, 인간 운동, 보편적 이해 등을 강조하는 동시에 글로벌 비즈니스 전략을 추구한다. 셋째, 올림픽 경기의 문화적 가치를 다양한 통로를 통하여 전 세계에 알린다. 그동안 올림픽 경기의 문화적 가치는 주로 중계방송을 통해 알려져 왔지만 이제는 인터넷, 영화, 드라마, 연극 등 다양한 방식으로 전파된다. 이에 따라 올림픽 경기가 지니고 있는 문화적 가치를 보다 효과적으로 보급·발전할 수 있을 뿐 아니라 개최 국가나 지역 고유의 스포츠 문화도 제대로 알릴 수 있다.

3) 문화 올림픽의 목적

그동안 올림픽을 개최하는 도시들은 많은 문화·예술 프로그램을 운영하면서 다양한 목적을 추구한다고 주장된다. 올림픽을 축하하기 위해 열리는 문화 올림픽이나 개·폐막식을 통해 등장하는 문화·예술 프로그램들은 순수한 의미의 문화·예술 프로그램의 범위를 넘어서 다양한 목적을 추구한다고 주장된다. 골드와 레빌(Gold, M. and Revill, G. 2007)은 그동안 올림픽을 개최한 국가나 도시들은 주로 다음과 같은 것을 강조하였다고 주장한다.

첫째, 개최 도시의 예술적 감각과 문화적 역량에 대한 과시이다. 1972 뮌헨, 1984 LA 올림픽 등이 대표적이다. 두 지역은 올림픽 경기 대회가 지니고 있는 글로벌 스포츠 이벤트의 중요성을 표현하기 위해 노력하였다. 1972 뮌헨 올림픽은 예술 축제를 올림픽 경기 대회에 완전하게 통합하려고 노력하였다. 뮌헨은 올림픽 경기 대회를 문화 이벤트의 하나로 이해하고 예술적 표현을 널리 알리고자 하였다. 뮌헨 올림픽 경기 대회에서는 개최 기간 중에 거리에서 마임(mimes), 쇼(show), 광대(clowns), 곡예사(acrobats) 등 다양한 문화·예술 행사를 열었으며, 음악공연 등은 예술을 활용하여 올림픽 경기 대회를 해석하는 데 중점을 두었다. 1984 LA 올림픽은 예술 공연을 통해 국민과 국가의 우수성을 강조하면서 올림픽은 글로벌 스포츠 이벤트라는 점을 중점적으로 홍보하였다.

둘째, 개최 도시의 문화 서비스나 기반 시설에 대한 개선이다. 개최 국가의 전통문화와 문화적 다양성을 표현하고 과시하기도 하였다. 멕시코, 몬트리올, 바르셀로나, 런던 올림픽 등이 대표적이다. 실제로, 1968 멕시코 올림픽은 1년에 걸쳐 국내외에서 다양한 문화 올림피아드 행사를 개최하였으며, 1976 몬트리올 올림픽은 대중적이며 동시에 국민적 특성을 나타낼 수 있는 문화 올림피아드 행사를 열었다. 그러나 올림픽 경기 대회를 이용하여 개최 도시의 문화를 향상시키기 위한 기회로 본격적으로 사용된 것은 1992

년 바르셀로나 문화 올림픽이라고 주장된다. 2012 런던 올림픽에서는 블루 크리스털 볼 (blue crystal ball)이라는 이벤트를 개최하여 문화 올림피아드(cultural olympiad)로 업그레이드시켰다고 평가된다.

셋째, 국제적 목적을 달성하기 위해서이다. 서울, 바르셀로나 올림픽 등이다. 서울과 바르셀로나 올림픽은 개최 도시를 전 세계에 널리 알리기 위한 목적을 지녔으며, 다양한 국제 커뮤니케이션 전략으로 통합을 강조하였다. 88 서울 올림픽은 한국이 발전되고 안전한 국가라는 점을 전 세계에 알리는 데 기여했다.

넷째, 이미지 변화이다. 뮌헨, 서울 올림픽은 분단된 국가라는 이미지를 개선하고 국제적인 도시로의 변화를 도모하였다. 2008 북경, 2012 런던 올림픽 등은 역사와 문화를 강조하여 이미지를 변화시키려고 하였다. 2008 북경 올림픽에서는 국가의 문화유산을 강조하면서도 국민적 자부심이라는 요소가 담겨져 있었다.[11] 2012 런던 올림픽에서는 생활의 하나로서 올림픽과 지속 발전 가능한 올림픽을 주요 테마로 삼아 생활과 환경 친화적이며 문화 올림픽임을 강조하기도 하였다.

다섯째, 역사와 국가의 우수성을 강조한다. 2012 런던 올림픽에서는 경이로운 영국이라는 주제로 개최 국가의 특성을 강조하면서 영국의 과거, 현재, 미래를 표현하였다. 제1막에서는 산업혁명 이전 영국 농촌의 활기찬 생활을 표현하였다. 한가롭게 여가를 즐기는 가족들과 들판에서 스포츠를 즐기는 장면 등으로 목가적인 이미지를 나타냈다. 제2막에서는 산업화를 경험하는 영국을 표현하였다. 산업혁명을 통한 영국의 발전상과 동시에 자연과 인간성 파괴를 다뤘다. 제3막에서는 세계대전 이후 영국이 공황과 실업을 극복하고 복지국가와 민주주의 시대로 나아가고 있음을 표현하였다. 그리고 다양한 문화가 공존하는 새로운 영국을 표현하였다.

여섯째, 인류의 발전 과제를 제시하기도 한다. 남미에서 최초로 열린 2016 리우 올림픽은 개최 준비 단계부터 많은 논란이 제기되었다. 각종 경기장 등 시설 공사 지연, 정치적 불안, 치안 불안, 교통 혼잡, 준비 부족 등으로 많은 우려와 비난을 받기도 하였다.

---

11) 2008 북경 올림픽 경기 대회의 주제는 하나의 세계, 하나의 꿈(one world, one dream)이다. 평화와 조화로운 발전, 우호적 생활과 협력, 상호 이익, 행복한 삶 등 전 세계 모든 사람들이 공통적으로 꿈꾸는 이상을 실현하고 평화롭고 밝은 세계를 건설하는 데 이바지하고자 하는 것이다.

그러나 개막식에서는 열대우림인 아마존을 주제로 자연과 역사를 담아냈다. 또 브라질의 힙합문화를 만들어냈던 대표적인 빈민촌인 파벨라(favela)를 등장시키고 새로운 숨결을 불어넣기도 하였다. 특히, 폐막식은 아주 적은 예산으로도 브라질 특유의 열정을 강조하고 환경 보호에 대한 확실한 메시지를 전달했다고 평가된다. 폐막식에서는 흙·불·신체·물 등의 순환을 이용하여 생명이 탄생하고 사라지고 잉태하는 과정을 함축적으로 표현하였다. 이는 인류가 지속적으로 발전하기 위해서 무엇을 해야 하는지에 대해서 문제의식을 던졌다고 평가된다. 또 브라질로 끌려온 아프리카 노예들의 애환을 나타내면서 이민자들에 대해 적대감보다는 환대를, 정복보다는 관용을 강조하였다. 리우 올림픽 개·폐막식은 막대한 자금을 투입한 휘황찬란한 올림픽보다는 알뜰한 올림픽이 시대 정신임을 보여주었다.

4) 문화적 가치 증진

올림픽 경기 대회는 문화 공연, 예술 전람회 등이 발전할 수 있는 기회인 동시에 위협요인이 되기도 한다. 올림픽 경기를 통한 문화적 가치를 증진시키기 위해서는 다음을 고려해야 할 것이다.

첫째, 연령·계층·지역·소득 수준 등에 관계없이 모든 사람이 올림픽 문화 프로그램에 참여하도록 유도하는 것이다. 문화, 교육, 스포츠를 통해 올림픽의 정신을 계승하도록 유도하고 권장하는 것이다. 이는 올림픽 창시자인 쿠베르탱이 주장한 올림픽 정신을 받들고 계승하는 것이다. 이와 관련하여 젊은이들의 올림픽 참여를 증진시킬 필요가 있다. 특히, 젊은이들을 중심으로 지역 사회에 근거한 예술 활동을 촉진할 경우 지역 사회의 통합과 새로운 발전을 기대할 수 있을 것이다.

둘째, 올림픽 개최 지역의 문화 프로그램이 성공적으로 이루어지기 위해서는 올림픽의 가치와 상징성(symbol) 등이 의미 있게 결합되어야 하며, 일관성 있게 추진되어야 한다. 올림픽 경기 대회는 다른 스포츠 이벤트와는 달리 구성 요소가 완전히 새롭게 정의된 프로그램을 개발하는 것이다. 올림픽 경기 대회는 조직과 운영 구조뿐 아니라 경기의식 등이 대부분 사전에 계획되고 가이드라인은 IOC에 의해 상세하게 제시되고 통제된다. 올림픽 경기 대회를 개최하는 지역이나 국가에서는 문화 프로그램과 올림픽의 상징물을 창조하여 의미 있게 결합시킬 필요가 있다.

셋째, 문화적 의미를 부여하는 것이다. 올림픽 경기 대회를 문화적 현상으로 이해하고, 이를 어떻게 해석하고 정의하고 실천하느냐에 따라서 성공 여부가 결정되기도 한다. 올림픽 경기 대회를 개최하는 국가나 지역은 창조적이고 독창성을 나타낼 수 있는 각종 의식(ceremonies), 문화 올림피아드, 거리 축제 등 다양한 문화 프로그램을 개발해야 할 것이다. 그리고 개최 지역이나 국가는 특성에 맞는 문화적 의미를 부여하는 것도 중요하다.

넷째, 올림픽은 주로 민족적·문화적으로 유서가 깊은 도시나 지역에서 개최된다. 올림픽 개최와 동시에 진행되는 문화 프로그램은 민족적 전통과 사회적 다양성을 반영할 수 있으며, 이는 시민들이 자부심을 향상시킬 수 있다. 이러한 문화 프로그램은 대규모 문화 이벤트를 가능케 한다. 또한 독창성 있는 전달 방식으로 정체성을 증진시킬 수 있다. 올림픽 개·폐막식은 개최 도시의 문화를 표현하거나 보여줄 수 있는 좋은 기회이다. 글로벌 미디어를 효율적으로 활용하여 올림픽 경기 대회의 가치와 독창성을 제대로 전달할 수 있다면, 개최 도시의 문화를 전 세계에 알리는 데 도움이 될 것이다.

다섯째, 일관성 있는 문화 프로그램이다. 문화 이벤트로서 올림픽 경기 대회는 처음부터 끝까지 일관성 있는 문화 프로그램을 추진하고, 동시에 문화적 가치를 증진시켜야 할 것이다. 올림픽 경기 대회에서 문화 프로그램보다 마케팅과 같은 글로벌 비즈니스 전략을 지나치게 강조할 경우, 올림픽 고유의 정신을 퇴색시킬 수도 있다.

제4절 주요 논의와 장애 요인

1) 문화 프로그램에 대한 논의

올림픽 경기 대회 전·후에 열리는 문화 프로그램에 대해 몇 가지 의문이 제기되기도 한다.

첫째, 올림픽 경기 대회를 전후한 문화 프로그램은 전달하려는 의미나 목표가 분명하지 못하다고 지적된다. 일부에서는 2012 런던 올림픽에서 전 세계에 전달하려는 문화 프로그램의 의미나 개념이 명확하지 못했다고 지적되기도 한다. 전달하려는 개념이나 목적이 분명하지 못할 경우 소비자나 미디어들의 관심이 줄어들 수 있다. 또 아직도 일부 미디어에서는 올림픽 경기 대회의 성공 여부에 대한 판단을 개·폐막식을 중심으로 평가하기도 한다. 그리고 문화 올림픽 프로그램과는 전혀 상관이 없는 경기 결과나 경기에서 승리한 선수들만 보도하려고 한다. 문화 올림피아드에 대한 관심과 이해가 부족하기 때문이다. 이는 자칫하면 문화 프로그램이 예산낭비에 불과하다는 잘못된 인식을 심어줄 수 있다.

둘째, 일부 올림픽 경기 대회에서 올림픽 브랜드와 문화 프로그램 간의 관계가 분명하지 않았으며 공동판매나 마케팅 전략도 미흡하다고 지적된다. 그 결과 올림픽 경기 대회 운영은 TV 중계방송이나 글로벌 기업의 스폰서십에 의해 좌우되기도 한다. 올림픽 경기 대회 기간 중 운영되는 문화 이벤트 장소가 주요 경기장에서 지나치게 멀리 떨어져 있었으며 입장료도 비싸서 관중이 별로 찾지 않는 경우도 있다. 또 다른 문제로는 올림픽 로고나 올림픽이라는 단어 사용이 공식 스폰서의 권리를 보호하기 위해서 지나치게 철저하게 통제된다고 지적된다. 올림픽 경기 대회 관련 지식재산권에 대한 철저한 보호는 해당 스폰서 기업 입장에서는 유리하며, 이를 통해 경제적 편익을 얻을 수 있다. 하지만 관련 지식재산권이 올림픽을 축하하기 위한 각종 문화 프로그램에서 제대로 사용되지 못하게 한다면 이는 올림픽에 대한 소비자나 미디어의 관심이 줄어들 수도 있다.

셋째, 일부 올림픽 대회에서 문화 프로그램이 제 역할을 하지 못하는 것은 다음과 같은 이유 때문이라고 지적된다. 올림픽 경기 대회 주최 측이나 글로벌 미디어들은 전반적으로 올림픽 경기 대회에 초점을 맞추기 때문에 문화 올림피아드 프로그램에 대한 관심은 상대적으로 적을 수밖에 없다. 또 일부 문화 올림피아드 프로그램을 담당하는 기관과 올림픽 경기 대회를 담당하는 기관이 완전히 분리돼 있는데다 서로 다른 지역에 위치해 있기도 하다. 이 경우 미디어들은 두 개의 기관을 동시에 이용하기가 쉽지 않으며, 올림픽 경기 대회 보도에 더 많은 관심을 가지게 될 것이다. 따라서 올림픽 경기 대회 기간 중 문화 올림피아드 프로그램에 대한 언론의 보도는 매우 제한적일 수밖에 없다. 그 결과 일부 올림픽 경기 대회에서는 문화를 전시할 수 있는 기회를 놓치기도 하였다. 문화 올림피아드 프로그램 관련 조직과 올림픽 경기 대회 관련 조직은 서로 다른 행정 조직으로서 상호 협력이 제대로 이루어지지 않는 것도 문제이다.

2) 장애 요인

올림픽, FIFA 월드컵 등과 같은 메가 스포츠 이벤트들은 단순한 국가 간 경쟁을 초월하여 하나의 문화 산업으로 승화되고 있다. 즉, 메가 스포츠 이벤트는 경제·사회적 발전뿐 아니라 문화를 증진시키며 문화적 교류도 확대하고 있다. 메가 스포츠 이벤트는 글로벌 차원의 문화적 표준화를 가능케 한다고 주장되기도 한다. 그러나 세계적으로 다양한 문화를 하나로 통합한다는 것은 엄청나게 복잡하고 어려운 일이다. 서로 다른 문화 속에서 살고 있는 사람들은 동일한 개념에 대해서도 보는 시각이나 견해, 생활양식 등이 다르기 때문이다. 스포츠가 글로벌 차원의 문화 산업으로 발전하는 데는 다음과 같은 장애 요인이 있다고 주장된다.

첫째, 민족주의와 파벌주의이다. 스포츠 이벤트를 통해 문화적 정체성을 확립하는 과정에서 파벌주의가 발생하기도 한다. 넓은 의미로 민족주의는 파벌주의의 한 표현이다. 파벌은 모든 상황에서 발생할 수 있다. 인간들은 사회생활을 하면서 다양한 행태의 파벌주의를 만들어내는 경향이 있다. 특히, 사회생활을 하면서 지나친 경쟁은 파벌을 형성하고, 이러한 파벌은 민족주의를 만들거나 강화하기도 한다. 그러나 보다 큰 문제는 생존을 위한 인간의 타고난 경쟁이나 노력, 파벌이나 민족주의가 스포츠 이벤트나 경기와 같은 메커니즘을 통해 표현된다는 것이다. 지나친 파벌이나 민족주의는 메가 스포츠 이벤트에 좋지 않은 영향을 미칠 수도 있다는 것이다.

둘째, 스포츠 이벤트나 경기에서 비롯되는 갈등이다. 가끔 올림픽이나 FIFA 월드컵 경기 대회에서 국가 간 경쟁은 총성 없는 전쟁으로 비유되기도 한다. 이는 국가 간 스포츠 경기 대회가 정치적·경쟁적 수단이 된다는 의미이다.[12] 일부에서는 국가 간 스포츠 경기 대회에서의 승리를 도전이나 침략으로 간주하기도 한다. 특히 국가 간 갈등과 인종차별이 사라지지 않고 있는 상황에서 스포츠 이벤트를 문화 산업으로 승화하기란 쉽지 않

---

12) 소설가 조지 오웰(J. Owell)은 국가 간 스포츠 경기는 전쟁에서 총격만을 뺀 것이라고 비유한다. 1999년 인도와 파키스탄 사이의 크리켓 시합은 '핵 크리켓'이라고 묘사되었고, 유로 96에서는 영국과 독일 선수들이 2차 대전 군용 헬멧을 쓴 이미지를 사용했다. 1970년 제9회 멕시코 월드컵 축구 대회 예선전 경기에서 중앙아메리카의 온두라스와 엘살바도르 응원단이 장외에서 난투극을 벌인 것이 발단이 되어 1969년 7월 양국 간에 전쟁이 발발하였다. 양국 간의 외교가 단절되고, 4일간의 전쟁으로 약 1만7천여 명의 사상자와 15만 명의 난민이 발생했다.

을 것이다. 경기에서 패한 팀이나 국민들은 경기에서 승리한 선수들의 경기에 대한 탁월한 능력, 경기 전략, 정신력, 협동심 등을 인정하려 들지 않기도 한다. 경기에서 패배를 인정하려 하지 않고 다양한 이유들로 변명하려고만 한다. 가끔 국가 간 스포츠 경기가 갈등의 촉매제로서도 작용하기도 한다. 또한, 스포츠 경기에서 발생하기도 하는 국가 간·인종 간 갈등은 스포츠가 문화 산업으로 발전하는 데 장애 요인으로 작용할 수 있다.

셋째, 정치적 목적의 스포츠 이벤트이다. 때때로 스포츠 이벤트는 정치나 사상을 전달하는 매개체로서 인식되기도 한다. 스포츠 경기에서 공정한 경기나 '역경을 극복한 승리와' 같은 수식어들은 마케팅이나 교육자들이 자주 활용하는 표현에 불과하다. 정치적 목적에 의해 만들어진 스포츠 이벤트나 스포츠 영웅은 국민들에게 경쟁·도전·가능성 등을 일깨워 주기 위한 수단으로 악용되기도 한다. 과거에 일부 국가에서 스포츠 이벤트나 경기를 정치적·사회적 도구로 활용하기도 하였다.[13] 스포츠 이벤트가 정치적으로 이용될 경우 스포츠 문화 산업으로 발전하기가 쉽지 않다. 오히려 스포츠 이벤트가 지니고 있는 문화가 왜곡·변질될 수도 있다.

넷째, 메가 스포츠 이벤트일수록 문화적인 측면보다는 산업화·상업화가 더 중시되는 성향이 있다. 현대의 스포츠 이벤트들은 산업화와 자본주의의 부산물이기 때문이다. 산업화가 서방 세계에 대변혁을 가져왔을 때 스포츠 이벤트나 경기는 기득권 세력이나 지배계층들이 대중을 통제하기 위한 수단으로 악용되기도 했다. 예를 들어, 영국의 프로 축구 팀들 가운데 맨체스터 유나이티드(menchester united)는 요크셔와 랭카셔의 철도 노동자, 아스날(arsenal)은 울리지 군수품 창고 노동자, 쉐필드 유나이티드(sheffield united)는 지역의 칼 장수 출신이 많았는데, 이들 간 축구 경기가 자주 열렸다고 한다. 이들 지역에서 축구 경기가 장려되고 축구 클럽이 생긴 것은 젊은이들로 하여금 술을 덜 마시게 하고, 범죄를 예방하기 위해서, 노동자 계층들의 급진적인 행동이나 파업을 줄이기 위해서라는 주장도 있다. 그러나 이러한 요인들이 지나치게 강조되거나 지속되는 한 스포츠 이벤트가 문화 산업으로의 발전은 쉽지 않을 것이라고 지적된다.

---

13) 1936년 베를린 올림픽에서 당시 독일은 나치당의 로고로 히틀러의 파시스트 독일을 선전했다. 1960년 남아프리카공화국은 인종차별 정책 때문에 출전을 금지당하기도 했다. 스포츠는 1971년 미국 닉슨 대통령의 중국과의 '핑퐁 외교'처럼 외교의 수단으로 이용되기도 했다.

명예의 전당과 발전 과제

1) 스포츠 박물관과 명예의 전당

스포츠 박물관과 명예의 전당은 과거 유명 선수의 경기 기록이나 스포츠 용품 및 장비 등을 모아 놓은 기록 보관소이다. 이는 스포츠 유산으로 커다란 가치를 지닌다. 스포츠 박물관과 명예의 전당은 스포츠의 정신 세계를 보다 풍요롭게 하며, 대중들에게 종교와 같이 신성하고 경건한 역할을 한다고 주장된다. 명예의 전당이 스포츠 선수를 공경하는 곳이라면, 스포츠 박물관은 역사적·문화적으로 의미 있는 스포츠 관련 인공물이나 기념물이 있는 곳이라는 점에서 차이가 있다. 그러나 스포츠 명예의 전당과 박물관은 선수와 팀 등의 역사적 업적에 대해 축하하고 공경하는 곳이라는 점에서 동일하다. 실제로 미국 켄사스(kansas)시에 있는 흑인 리그 야구 박물관(NLBM)은 단순히 스타선수들에 대한 공경심에 기초해 전시하는 것이 아니라 역사적으로 의미 있는 스포츠 용품이나 장비들을 전시하고 있다. 그리고 상세한 설명을 통해 흑인 프로 야구 리그 전반을 이해할 수 있는 박물관으로서의 기능을 한다. 많은 경우에 명예의 전당과 박물관은 차이를 두지 않는다. 예를 들어, 캐나다 토론토(toronto)에 있는 하키(hockey) 명예의 전당은 하키에 관한 의미 있는 사진, 용품이나 장비, 명예로운 선수들과 관련된 것들로 구성되어 있다.

스포츠 박물관에서는 주로 선수들이 과거에 사용했던 스포츠 용품이나 장비, 소장품 등을 소중하게 취급한다. 이 경우에 관람객들은 과거의 스포츠 용품이나 장비를 존중하는 마음을 갖고 바라보게 된다. 이러한 전시물들은 선수와 선수의 경기력에 대한 찬사와 경외심, 기억, 향수 등을 불러일으키기도 한다.

스포츠 박물관은 과거의 선수뿐 아니라 스포츠 장비의 발전 과정도 전시한다. 특히 많은 스포츠 박물관에서 과거 유명 선수들이 훈련했던 모습을 지켜보는 것은 관람객들에게 아주 중요한 영향을 미칠 수 있다. 가끔 스포츠 박물관은 유명 선수들의 사인회나 공개 토론회 장소로 활용되며, 거기서 관람객들은 스포츠 영웅들로부터 과거의 경기와 업적에 관해서 이야기를 들을 수 있다. 대부분의 박물관과 마찬가지로 스포츠 박물관에서도 관람객들이 전시품과 관련해 직접 체험하고 해당 스포츠 경기에 대한 감정을 느낄 수 있도록 한다.

스포츠 박물관은 스포츠의 과거와 현재, 미래를 보여준다. 그림은 영국의 축구 박물관, 윔블던 잔디테니스 박물관, MLB의 LA 다저스의 기념관, 올림픽 기념관 등이다.

[그림 10-2] 주요 스포츠 박물관

한편, 스포츠 박물관이나 명예의 전당에 대해서 다음과 같은 논란이 제기된다. 첫째, 일부 스포츠 박물관에서 역사적으로 의미 있는 유명 선수의 일대기와 사진, 선수의 경기 장면이나 기록 등이 충분한 설명도 없이 지나치게 많이 전시되고 있다고 지적된다. 과거에 유명했던 선수들이 사용하던 장비, 우승컵, 메달, 유니폼 등을 전시하는 것은 역사적으로 의미가 있을 수 있다. 하지만 일부 박물관에서는 지나치게 유명 선수를 중심으로 배치되기도 한다고 지적된다. 이는 자칫하면 스포츠의 역사적 유물을 전시하는 박물관 고유의 기능을 벗어나 유명 선수를 숭배하는 곳으로 왜곡될 수도 있다.

둘째, 일부 스포츠 박물관은 해당 스포츠 종목의 용품이나 장비 등의 수집과 관리에만 관심을 가지고 있다고 지적된다. 스포츠 관련 용품이나 장비 등의 발전 과정은 제대로 설명되지 않고 단순히 관람객을 위해서 전시되고 있다. 과거에 유명 선수들이 사용하던 스포츠 용품이나 장비 등은 해당 스포츠 종목에 대해 많은 관심을 가지고 있는 관람객들에겐 무한한 경외와 존경심을 불러일으킬 수도 있을 것이다. 하지만 해당 스포츠에 관심이 없는 관람객들에게는 일상적인 용품이나 사진에 불과할 뿐이다. 스포츠 용품이나 장비 등이 발전·진화하면서 나타나는 역사적·문화적 의미에 대한 설명이 미흡하다고 지적된다.

셋째, 스포츠 박물관이 역사적으로 의미 있는 문화 장소로서 자리 잡기 위해서는 관람객들이 전시물과 경기 기록 등을 통해서 과거를 배우고 현재나 미래에 도움이 될 수 있어야 한다. 관람객들에게 감동과 교훈을 제공할 수 있어야 한다. 새로운 관람객을 지속적으로 유인할 수 있어야 한다. 이를 위해서 스포츠 박물관은 어떤 형태의 유산을 전시할 것인가, 관람객들에게 어떤 감동과 교훈을 제공할 것인가를 고민해야 할 것이다. 이러한 고민은 해당 스포츠의 발전에도 유익할 것이다. 그런데 일부 스포츠 박물관들은 이러한 고민도 없이 단순히 유행이나 시류에 편승하려는 것 같다는 지적이 있다. 다른 종목에서 스포츠 박물관을 만드니까 따라서 하려는 단순한 발상으로는 관람객들에게 실망만 안겨주고 비난을 받을 수도 있다. 또 이러한 유형의 스포츠 박물관은 자원만 낭비할 수 있다.

2) 발전 과제

(1) 문화적 지속 발전

스포츠 이벤트나 경기 등이 문화 산업으로 확산되고 지속적으로 발전하기 위해서는 다음과 같은 조건들이 전제되어야 할 것이라고 주장된다.

첫째, 스포츠 이벤트나 경기가 보다 유익해야 할 것이다. 지속적으로 발전하고 생존 가능한 스포츠 이벤트나 경기는 적절한 양질의 정보를 제공한다. 스포츠는 힘, 지능, 인내, 스피드, 유연성 등에 긍정적인 영향을 미친다. 따라서 양질의 스포츠 이벤트나 경기들은 이러한 것들을 충분히 갖추어 소비자들에게 유익해야 할 것이다. 둘째, 스포츠 이벤트나 경기가 문화적으로 생존 가능하기 위해서는 보다 정확성을 갖출 필요가 있다. 학자들은 스포츠 이벤트나 경기에서 행운이나 요행을 감소시킴으로써 보다 성숙한 경기를 기대할 수 있다고 주장한다. 스포츠 이벤트나 경기는 공정한 규칙으로 정정당당하게 이루어져야 한다. 공정한 규칙과 페어플레이가 없는 스포츠 이벤트나 경기는 정확하지 않으며 유익하지도 않고, 문화적 가치가 생성될 수도 없다. 셋째, 투명성은 관중들로부터 관심과 매력을 끄는 데 필요한 조건이다. 관중의 관심 여부에 따라 스포츠가 문화적으로 성공하기도 하고 실패하기도 한다. 스포츠가 문화적으로 지속 가능하려면, 양질의 스포츠 이벤트나 경기가 되어야 한다. 만약 어떤 스포츠 이벤트나 경기가 대중 스포츠가 될 수 없다면, 양질의 스포츠 이벤트나 경기가 아니며 불투명하기 때문이다. 모든 스포츠 이벤트나 경기는 공개적으로 투명하게 운영되어야 하며 동시에 관중들과 함께 해야 할 것이다.

(2) 국제화 · 개방화

한 국가의 국제화 · 개방화 정도와 인식 여부에 따라 스포츠 경기나 이벤트가 문화 산업으로 발전되기도, 정체되기도 한다. 국제화 · 개방화는 스포츠 문화의 동질성을 향상시키고, 스포츠에 대한 가치를 새롭게 인식시키기도 한다. 스포츠 문화 산업이 상대적으로 덜 발달되어 있는 후발개도국들은 스포츠 선진국들과 유사하거나 색다른 스포츠 문화를 만들어 내려 하기도 한다. 즉, 유럽의 축구, 미국의 야구, 농구, 미식축구 등에 필적할 만한 스포츠 문화를 만들 필요성을 인식한다. 독창적이지 못하거나 자생력이 부족한 스포츠 문화는 머지않아 사라지거나 일부 지역에만 한정될 것이기 때문이다. 스포츠 시장에서 서구화된 가치만 고려될 경우 스포츠 후진국들이 지니고 있는 스포츠 문화가 붕괴될 우려가 있다. 서구화에 의존한 편협한 스포츠 문화가 지나치게 강조될 경우, 후발개도국의 스포츠 시장에서는 서구화에 대한 증오와 불신이 야기될 수도 있다고 지적된다. 그러나 스포츠 시장의 글로벌화가 스포츠 후진국에 반드시 나쁜 영향만 미친다고 단정할 수는 없다. 비록 후발개도국의 스포츠가 국제적으로 인정받지 못하고 글로벌화되지 않았다 하더라도 스포츠가 지니고 있는 고유의 전통과 문화적 가치를 지속적으로 발전시킨다면 또 다른 형태의 스포츠 문화 산업이 가능할 것이다.

(3) 정부 등 공공부문

정부 등 공공부문의 역할이다. 현대에는 많은 국가들은 동 · 하계 올림픽, 월드컵 축구대회, 세계 육상 선수권 대회 등과 같은 메가 스포츠 이벤트를 유치하여 각종 경제 · 사회적 효과를 극대화하려고 노력한다. 최근에는 메가 스포츠 이벤트 개최가 국가 발전 전략의 하나로 인식되면서 유치경쟁이 과열 양상을 띠기도 한다. 메가 스포츠 이벤트 유치에 성공할 경우 각종 SOC시설이 확충되며, 이는 경제 발전을 가속화할 수 있다. 이벤트를 성공적으로 개최할 경우 국가나 지역의 이미지도 개선된다. 개최 국가만이 지니고 있는 고유의 스포츠와 새로운 스포츠 문화를 세계에 널리 알릴 수도 있다. 때로 개최 국가들은 자국의 문화나 특징을 세계에 더 많이 알리기 위해 다양한 방식을 동원하고 미디어를 활용한다. 미디어사들은 보다 많은 수익을 올리기 위하여 스포츠 문화의 글로벌화를 촉진하려 한다. 하지만 정부 등 공공부문에 의해 주도되는 스포츠 문화 중 일부는 개최 국가의 정치적 목적에 따라 의도적으로 선택되기도 한다. 즉, 개최 국가 고유의 전통적인 문화를 알리기보다는 정치적 의도에 따라 선택된 문화들이 노출되기도 한다. 정치적 목적의 스포츠 이벤트 문화 프로그램을 경계해야 할 것이다.

(4) 스포츠 미디어

스포츠 시장의 글로벌화와 더불어 문화·스포츠·미디어 간의 유대관계가 더욱 강화되고 있다. 특히 TV, 인터넷 등 시각적 효과가 큰 미디어를 통한 스포츠 이벤트 중계는 사회와 문화를 전달하기도 하고, 문화를 분열시키고 재형성하기도 한다. 이러한 현상은 신문·라디오·TV·인터넷 등 미디어의 출현과 더불어 시작되었다. 대중 문화의 한 분야인 스포츠는 주로 경제적 생존을 위해 미디어에 의존하고 있다. 스포츠가 문화 산업으로 형성되는 과정에서 미디어의 역할은 더욱 강조될 것으로 보인다. 앞으로 스포츠 문화와 미디어 간 관계는 더욱 밀접해질 것이다. 또한 스포츠 시장에서 자리잡기 위해 많은 소규모 미디어들이 등장하고 사라지기도 할 것이다. 이러한 가운데 스포츠 문화 산업은 정부의 정책보다 미디어에 더 많은 영향을 받을 수도 있다. 스포츠 미디어는 상업성을 추구하는 동시에 공익성도 추구해야 한다는 두 가지 과제를 지닌다. 따라서 스포츠 이벤트 개최 국가의 미디어들은 새롭고 다양한 스포츠 문화 이벤트를 전 세계에 널리 알리는 데 노력해야 할 것이다. 단기적인 상업성에 집착하기보다는 공익성도 감안해야 할 것이다.

(5) 인구 구조 변화

인구 구조의 변화도 스포츠 문화 산업의 발전에 커다란 영향을 미칠 것이다. 인구 구조 변화는 스포츠 문화 산업뿐 아니라 모든 산업에 커다란 영향을 미치는 중요한 요소이다. 우선, 고령화 사회로의 진입은 노령층을 중심으로 하는 스포츠 문화 산업을 등장시킬 것이다. 평균 수명이 늘어남에 따라 노령층과 관련된 스포츠 문화 산업이 발전할 수도 있다. 개방화와 더불어 국가 간 인구 이동이 자유로워짐에 따라 전통적인 스포츠 산업보다는 다문화 중심의 스포츠 산업이 등장하기도 한다. 다문화는 글로벌화와 더불어 나타나고 있는 새로운 현상이다. 다문화 가정을 중심으로 이루어지는 스포츠 문화는 새로운 스포츠 문화 산업으로 발전이 가능할 뿐 아니라 국가 간 유대도 강화시킬 수 있다. 또, 고학력 여성의 경제 활동이 증가하면서 이들을 중심으로 한 스포츠 문화 산업도 발전할 것이다. 스포츠와 건강, 아름다움을 추구하려는 스포츠 문화 산업이 등장함과 동시에 남성 중심의 격렬한 스포츠 경기에도 참여하는 여성이 증가하며, 혼자서 즐길 수 있는 스포츠 문화 산업도 등장할 것이다. 인구 이동, 인구 구조 등이 다양하게 변화되면서 새롭게 등장하는 스포츠들이 문화 산업으로 정착될 수 있는 여건을 조성할 필요가 있다.

(6) 과학 기술 발달

인공 지능, 나노 기술, 유전자 공학 등 과학 기술의 발달은 스포츠 문화 산업에도 커다란 영향을 미칠 것이다. 세계 어느 곳에서나 스포츠 관련 정보를 얻기가 수월해지면서 소비자들은 자신이 선호하는 스포츠 이벤트, 선수 및 팀의 활동에 대한 지식을 손쉽게 축적할 수 있게 될 것이다. 소비자끼리 새로운 스포츠 문화도 형성할 수 있다. 사이버 스포츠와 스포츠 방송이 공존하는 가상공간에 소비자들은 모여들 것이다. 또 일부 스포츠 이벤트에서 경기장 관중이 줄어들 수도 있다. TV나 인터넷 등을 통해서도 집이나 실내에서 편안히 경기를 시청할 수 있기 때문이다. 또한, 전통적 의미의 프로 스포츠에 대한 소비자들의 관심이 변화할 것이다. IOC, FIFA 등 스포츠 기구에서 젊은 팬을 유치하기 위하여 다양한 노력을 하고 있는 것도 미래의 수요자들을 확보하기 위해서라고 할 수 있다. 전통적 의미의 스포츠 문화가 고리타분하고 젊은이들이 좋아하지 않는다고 하더라도 온라인이나 사이버를 잘 활용한다면 또 다른 형태의 스포츠 문화 산업을 기대할 수 있을 것이다.

제III편
글로벌 스포츠 시장과 논의 과제

제11장 ISO와 글로벌 거버넌스

1) 등장 배경

테니스, 럭비, 축구, 크리켓, 복싱, 승마 등의 스포츠 경기는 오래전부터 지역별, 국가별로 나름대로 규칙을 정하고 국가 간 경기가 열렸다.[1] 그러나 당시 국가 간 경기는 규칙이나 운영 방식 등이 공정하거나 체계적이지 못했다. 그 후 일부 국가에서는 스포츠를 보다 체계화하고 보급·발전시키기 위하여 종목별 스포츠 기구(NGB)나 협회를 설립하였다. 종목별 스포츠 기구는 비공식적 조직으로 비영리를 추구하며 국가나 지역을 중심으로 운영되었다. 그러나 일부 종목의 경기 규칙은 국가에 따라 다르게 적용되기도 하였다.

국가 간 스포츠 경기가 점차 빈번하게 열리면서 보다 체계적이고 공식적인 국제 스포츠 기구(ISO)의 필요성을 인식하기에 이르렀다.[2] 국가 간 공정한 경기를 하기 위해서는 경기 규칙, 스케줄, 시간, 장소 등을 결정하고 운영하는 조직이나 단체가 필요했기 때문이다.

국제 스포츠 기구는 해당 스포츠 종목의 발전·보급을 위해 스포츠 경기 개최, 경기 규칙, 일정 등을 국제적으로 조직하고 관리하는 기구이다. ISO는 국가 간 스포츠 이벤트나 경기를 운영하고 관리한다는 점에서 개별 국가의 종목별 스포츠 기구와는 독립적으

---

[1] 1819년 파리에서 영국과 프랑스 간 테니스 경기, 1871년 에딘버그에서 영국과 스코틀랜드 간 럭비 경기, 1872년 글래스고에서 영국과 스코틀랜드 간 축구 경기 등이 열렸다.

[2] 혹자는 1881년에 벨기에, 네덜란드, 프랑스 등이 설립한 국제체조연맹(IFG)이 최초의 국제 스포츠 기구라고 주장하기도 한다.

로 운영되는 상위기구이다. 스포츠 종목에 따라 통일된 규칙을 마련하여 스포츠를 전
세계에 보급·확산시켜 보다 많은 사람들이 참여하고 즐길 수 있도록 하는 것이다.

국제 스포츠 기구의 출범과 발전 정도는 종목에 따라 다양하며 운영 방식도 제 각각
이다. ISO는 FIFA와 같이 동일 종목의 스포츠를 국제적으로 관리하기도 하고, IOC와 같
이 여러 개의 종목별 기구들을 지배하기도 한다. 또 테니스, 골프, 복싱, 레슬링 등 개별
종목의 국제 스포츠 기구들도 있다. 국제 스포츠 기구는 해당 종목의 특성에 맞는 경기
규정과 규칙을 정하여 스포츠의 발전과 보급, 이벤트 개최 등의 중심 역할을 하며 스포
츠 시장의 글로벌화에 기여하고 있다.

〈표 11-1〉 주요 국제 스포츠 기구의 설립과 목적

기구	설립 목적	우리나라 가입 연도 및 단체
IFC: International Federation of Gymnastics (국제체조연맹)	- 1881.7, 벨기에, 네덜란드, 프랑스 - 1903년 최초의 국제 경기 - 체조의 국제적 발전, 125개 국가	- 1959년 가입
FIFA: The Fédération Internationale de Football Association (국제축구연맹)	- 1904.5 파리 - 축구 경기의 발전, 우호 증진 등 - 209개 국가	- 1948.7 - 대한축구협회
IOC: international Olympic Committee (국제올림픽위원회)	- 올림픽 경기 발전 도모 - 체육인 간 우호 증진 - 아마추어 스포츠 발전	- 1947.6 - 대한올림픽위원회
IVBF: International Volleyball Federation (국제배구연맹)	- 배구 경기 개최 장려 - 각국 연맹 간 친선 도모 - 190개 국가	- 1959.10 - 대한배구협회
IAAF: International Association of Athletics Federation (국제육상경기연맹)	- 회원국 간 우호 및 협력 증진 - 인종·종교·정치적 차별 금지 - 육상 경기 규칙·규정	- 1954.6 - 대한육상경기연맹
WTF: World Taekwondo Federation(세계태권도연맹)	- 태권도의 보급 발전 - 태권도의 국제화 - 182개국 관련 단체	- 1973.5 - 대한태권도협회 - ITF(1966.3 북한)
FISU: International University Sports Federation (국제대학 스포츠연맹)	- 국제 대학 스포츠 대회 - 대학생 간 체육발전 교류 - 138개 국가. 브뤼셀	- 1967.8. 한국대학스포츠위원회 - 하계유니버시아드대회 (2003, 대구)
FIBA: Federation Internationale de Basketball(국제농구연맹)	- 단체 간 단결 및 발전 - 스위스 제네바	- 1947년 - 대한농구협회

자료: 국제 스포츠 기구.

ISO는 전 세계의 국가들이 참가하는 경기 대회를 관리·운영하는 기구와 대륙별 종합 대회를 관리·운영하는 기구, 종목별 세계대회 및 대륙별 대회 등을 관리·운영하는 기구 등으로 구분된다.[3] 글로벌화와 더불어 국제 스포츠 기구들은 더욱 발전하고 있으며 해마다 새로운 기구들이 탄생하고 있다. 〈표 11-1〉에서는 주요 스포츠 종목의 국제 스포츠 기구와 설립 목적, 주요 가입 국가, 우리나라의 가입년도 등을 나타낸다.

팀 중심의 스포츠, 개별 스포츠, 동일 종목 등 다양한 유형의 국제 스포츠 기구들이 스포츠의 보급 및 발전 등을 위해 운영되고 있다.

[그림 11-1] 주요 국제 스포츠 기구들

2) 국제 스포츠 기구의 유형

대부분 국가의 종목별 스포츠 기구들은 국제 스포츠 기구에 소속되어 있다. 이들은 국제 스포츠 기구와 유기적인 관계를 맺고 있으며, 때에 따라서는 국가를 대표하기도 한다. 국제 스포츠 기구는 크게 다음과 같이 구분할 수 있다.

첫째, 국제올림픽위원회(IOC)가 있다. IOC는 팀 스포츠와 개별 스포츠를 혼합한 종합

---

3) 종합 경기 대회를 관리하는 글로벌 스포츠 기구들로는 국제올림픽위원회(IOC), 국제대학스포츠연맹 (FISU), 아시아올림픽평의회(OCA), 국제장애인올림픽위원회(IPC) 등이 있다. 또, 종목별 국제경기연맹(IF), 아시아경기연맹(AF) 등은 해당 종목의 세계 경기 대회와 아시아 경기 대회를 관리한다. 또한 연합회 형태 의 기구로는 국제올림픽위원회총연합회(ANOC), 국제경기연맹총연합회(sport accord) 등이 있다.

적인 국제 스포츠 기구이다. IOC는 28개 종목의 하계올림픽과 15개 종목의 동계올림픽을 개최하며, 개별 종목의 국제 스포츠 기구들과 협력 관계를 지닌다. 올림픽 경기 대회는 개별 및 팀 스포츠 경기로 국가 간 경쟁을 벌인다. IOC는 각국의 국가올림픽위원회(NOC)를 회원으로 하계올림픽과 동계올림픽을 주관하고 조정·감독하는 기구이다.[4] IOC는 위원을 위촉하는데, 위원은 개인 자격으로 각자의 국가에서 IOC를 대표한다. 그러나 IOC 내부에서는 자신의 국가를 대표할 수 없다. IOC에서는 올림픽 관련 프로그램을 다루는 기본적인 업무 외에도 올림픽과 관련된 국제적 이슈를 다루기도 한다. 또한 특수한 목적의 스포츠 기구가 출범하는 데 도움을 주기도 한다. 그러나 IOC위원은 특정 국가나 지역 출신이 많이 있어 IOC가 운영되는 과정에서 지배력과 권한 행사 등으로 공정하지 못하다고 지적되기도 한다. 이들 기구들은 독자적으로 운영되면서 IOC의 관리를 받는다. 가끔 IOC는 개별 종목의 스포츠 기구들과 갈등을 빚기도 한다.

둘째, 축구, 럭비, 하키 등 단일 종목의 팀 스포츠 중심의 국제 스포츠 기구이다. 축구의 FIFA, 럭비의 IRB, 하키의 IHF 등이다. 팀 스포츠 중심의 국제 스포츠 기구는 종목별로 정관, 경기 규칙 등을 정하여 전 세계적으로 경기가 안정적으로 공정하게 진행되도록 한다. 대부분의 국가에는 팀 스포츠 기구들이 있으며 이들은 해당 스포츠와 관련해 국가를 대표한다. 우리나라의 대한축구협회, 대한농구협회, 대한야구협회 등이다. 2002 한·일 월드컵 개최 당시에는 대한축구협회가 우리나라를 대표했다. 국제 스포츠 기구에 소속되어 있는 국가 연맹이나 협회는 국제 스포츠 기구의 운영에 대한 공식적 발언권을 가지지 못한다. 그러나 국제 스포츠 기구에서는 회원 국가의 스포츠 관련 연맹이나 협회에 명령을 내리거나 통제를 가하기도 한다. 〈표 11-2〉는 주요 팀 스포츠 종목의 국제 스포츠 기구들이다.

---

4) 국제올림픽위원회(IOC)는 국제 스포츠 기구(ISO) 가운데 가장 대표적 기관이며 각 국가올림픽위원회(NOC)와 올림픽 종목의 국제 경기연맹(IF)을 회원으로 하는 최고 권위의 국제 스포츠 기구이다. 2014년 12월 현재 IOC 가맹국은 205개국이며, 72개국 102명의 IOC 위원이 있다.

〈표 11-2〉 팀 중심의 주요 국제 스포츠 기구

종목	명칭, 설립 연도, 본부, 가입 국가(현재)
국제축구연맹(FIFA)	- Federation Internationale de Football Association • 1904년/ • 스위스/ • 211개국(2015년)
국제야구연맹(IBF)	- International Baseball Federation • 1938년/ • 스위스/ • 109개국(2002년)
국제배구연맹(FIVB)	- Federation Internationale de Volleyball • 1947년/ • 스위스/ • 220개(2010년)
국제럭비풋볼연맹(IRB)	- International Rugby Board • 1886년/ • 아일랜드/ • 92개국(2001년)
국제농구연맹(FIBA)	- International Basketball Federation • 1932년/ • 스위스/ • 214개국(2011년)
국제하키연맹(FIH)	- International Hockey Federation • 1924년/ • 스위스/ • 127(2010년)

셋째, 테니스, 골프, 마라톤, 서핑 등 개별 종목의 국제 스포츠 기구이다. 테니스의 ITF, 골프의 PGA, 서핑의 ISA 등이다. 개별 스포츠 중심의 글로벌 스포츠 이벤트에서 선수들이 국가를 대표하기도 하지만 개별 선수들의 경기력에 더 많은 관심을 가진다. 개별 선수 중심의 경기를 운영하는 국제 스포츠 기구들은 우수한 경기력과 세계적으로 인기가 높으며 경제적으로도 가치가 높은 유명 선수들의 참여 여부를 중요시한다. 전 세계적으로 유명한 선수들이 경기에 얼마나 많이 참여하느냐에 따라 해당 국제 스포츠 기구의 이미지도 달라질 수 있기 때문이다. 일부 종목에서는 전 세계 선수들에게 순위를 매겨서 TV 등 미디어와 관중들의 흥미와 관심을 끌기도 한다. 개별 스포츠 중심의 국제 스포츠 기구는 스포츠 종목의 특성에 따라 다양하게 존재하기 때문에 일률적으로 설명하기가 쉽지 않다. 또한 개별 스포츠 기구의 특성을 제대로 파악하기도 쉽지 않다.

개별 종목의 국제 스포츠 기구는 팀 스포츠 중심의 국제 스포츠 기구처럼 해당 스포츠에 대해 국가를 대신하거나 국가 대항전과 같은 경기나 이벤트를 하기보다는 개별적인 네트워크를 통해 운영된다. 즉, 테니스, 골프, 서핑 등과 같은 개별 스포츠 기구들은 팀 스포츠 기구처럼 공공성을 강조하기보다는 상업적 목적을 더 중시한다고 할 수 있다. 〈표 11-3〉은 개별 스포츠 종목들의 국제 스포츠 기구이다.

〈표 11-3〉 개별 스포츠 종목의 주요 국제 스포츠 기구

종목	국제 스포츠 기구	설립, 회원국	소재지
국제보디빌딩연맹 (IFBB)	International Federation of Bodybuilding & Fitness	- 1946 - 182국('11년)	몬트리올
국제유술연맹 (JJIF)	Jujitsu International Federation	- 1998년	덴마크
국제롤러스케이팅연맹 (IRSF)	Federation Internationale de Roller Sports	- 1925년 - 66국('01년)	바르셀로나
국제서핑협회 (ISA)	International Surfing Association	- 1976년 - 43국('01년)	캘리포니아
세계태권도연맹 (WTF)	World Taekwondo Federation	- 1973년 - 199국('10년)	서울
국제테니스연맹 (ITF)	International Tennis Federation	- 1913년 - 198국('03년)	런던
국제역도연맹 (IWF)	International Weightlifting Federation	- 1905년 - 167국('09년)	헝가리
국제볼링연맹 (FIQ)	Federation Internationale des Quilleurs	- 1954년 - 141국('10년)	콜로라도
이종종합격투기대회 (UFC)	Ultimate Fighting Championship	- 1993년	라스베가스

넷째, 동일 종목의 스포츠 경기에도 여러 개의 스포츠 기구가 존재한다. 통상 국제 스포츠 기구는 한 종목에 하나씩 운영되고 있기는 하나, 한 종목에 여러 개의 국제 스포츠 기구들이 운영되기도 한다. 복싱(boxing)이 대표적이다. 복싱에는 WBA, WBC, IBF 등 여러 개의 국제 복싱 기구가 있으며 체급이나 경기 규칙, 경기 라운드 등이 약간씩 다르게 운영된다. 그러다 보니 한 선수가 여러 개의 복싱 챔피언을 차지하는 경우도 있다. 복싱이라는 단일 종목에 여러 개의 국제 복싱 기구가 존재하게 된 것은 대체로 기구의 운영 방식에 대한 불만, 국가 또는 개인 간 이해관계, 경제적 목적 등 때문이다. 즉, 정치·경제·사회·문화적으로 복잡한 이해관계가 얽혀 있다. 이러한 기구들이 복싱의 발전을 위해 상호 협력하기도 하지만, 갈등을 야기한다는 지적이 많다. 한 종목에 여러 개의 국제 스포츠 기구가 운영되고 있어 소비자나 선수들을 혼란스럽게 하기도 한다. 〈표 11-4〉는 복싱 관련 주요 국제 스포츠 기구들이다.

〈표 11-4〉 세계 복싱 관련 주요 GSO(2010년 현재)

복싱기구	설립 연도	본부
WBC(World Boxing Council)	1963	- 지역 복싱단체(EBU, OPBF, NABF 등)
WBA(World Boxing Association)	1921	- 베네수엘라, 1962년 NBA → WBA
IBF(International Boxing Federation)	1983	- WBA, WBC에 대응, USBA 개칭
WBO(World Boxing Organization)	1988	- 푸에르토리코
IBO(International Boxing Organization)	1988	- 플로리다
IBU(International Boxing Union)	1911	- 프랑스
WBF(World Boxing Foundation)	1988	- 호주

다섯째, 올림픽 경기 등 국제 스포츠 경기에서 발생하는 각종 분쟁을 조정하고 해결하는 기구이다. 국제 스포츠 중재 재판소(ICAS)가 대표적이다. 국제 스포츠 중재 재판소는 올림픽을 비롯한 각종 국제 경기 대회에서 발생하는 불공정한 판정, 약물 도핑, 선수 자격 등의 분쟁을 심판하는 기구로서 어떠한 단체로부터도 감독이나 지시를 받지 않는다.

올림픽 등 모든 스포츠 경기에 참가하는 선수, 코치, 감독은 경기에서 심판의 판정에 복종하겠다는 선언을 한 뒤 경기에 출전한다. 그러나 심판이 금전 수수 등에 의해 고의적·악의적으로 부당하게 판정하는 경우가 발생할 수 있다. 따라서 국제 스포츠 중재 재판소는 공정한 경기 심판으로서 스포츠 경기의 순수성을 유지하고 스포츠 경기가 공정하게 이루어질 수 있도록 하는 역할을 한다. 국제 스포츠 중재 재판소는 스포츠 중재 위원회(CAS), 스포츠 국제 위원회(FIMS) 등을 통제한다.

여섯째, 세계 반도핑 기구(WADA)는 1999년 IOC가 회원국들과 공동으로 설립하였다. 스포츠 기구와 각국 정부 등이 선수들에게 도핑의 폐해를 올바로 인식시키고, 신체에 해로운 약물 복용을 금지하도록 하는 역할을 한다. 선수들이 건전한 신체, 건전한 정신으로 정정당당한 경기를 할 수 있도록 하기 위해서 설립되었다. 선수들이 금지된 약물을 복용(doping)하는 것은 건강에 이롭지 못할 뿐 아니라 페어플레이 정신에도 위배된다. 약물 복용은 최악의 경우 선수의 생명을 앗아가기도 한다. 금지약물의 습관성 복용은 마약 복용으로 진전되어 개인의 파멸뿐 아니라 사회적으로도 커다란 해악을 초래할 수 있다. WADA에서는 매년 9월 금지약물에 대한 국제적 기준을 정하고 다음 해 1월 1일부터 적용한다. 주로 선수의 경기력을 향상시키거나 그러한 가능성을 지닌 약물, 선수의 건강에 잠재적으로 위험이 되는 약물, 스포츠 정신에 위배되는 약물 등을 금지한다. WADA에서는 선수들이 금지된 약물로부터 자유로운 스포츠 환경을 만들기 위해 다양한 활동을 하고 있다.[5]

제2절 ☆ 주요 기능과 지배 구조

1) 주요 기능과 역할

ISO들은 주로 다음과 같은 기능과 역할을 한다.

첫째, 해당 종목의 스포츠를 전 세계적으로 보급·발전시키기 위하여 스포츠를 전반적으로 관리하고 운영한다. 대부분의 스포츠가 국제적으로 공인되기 전에는 경기 규칙이 국가별·대륙별로 다르기도 하였고, 소수의 스포츠 관계자들에 의해 좌우되기도 했었다. 그러나 국제 스포츠로 공인되고 인정받기 위해서는 글로벌 차원의 스포츠를 정의하고 경기에 필요한 규칙과 형식을 갖추어야 했다. ISO들은 해당 스포츠를 국제적으로 운영·관리하면서 이러한 역할을 해왔다. 많은 스포츠 종목들이 국제적으로 공인되고 널리 알려지게 된 것은 이들 기구의 노력 덕분이라 할 수 있다.

둘째, ISO들은 해당 스포츠 경기에 관한 각종 규칙을 제정하고 다른 종목의 경기 규칙과 중복되지 않으면서 나름대로 독특성과 존재의 당위성을 지니도록 노력한다. 그리고 해당 종목이 전 세계적으로 보급·발전되어 소비자, 미디어, 기업 등으로부터 높은 관심을 받을 수 있도록 역할을 한다. 글로벌 스포츠 시장에서 해당 스포츠가 독특한 특성이나 희소성을 지니며 뛰어난 경기력을 제공할 수 있도록 하고 있다. 보다 많은 관심과 흥미를 끌기 위해서 다양한 방안을 강구하기도 한다. ISO들의 이러한 노력은 해당 스포츠 종목뿐 아니라 국제 스포츠 기구의 존립을 위한 것이기도 하다.

셋째, 글로벌 스포츠 이벤트를 개최하기 위한 규정이나 규칙, 일정 등을 체계화하고 이벤트 개최지를 결정한다. 글로벌 스포츠 이벤트가 전 세계적으로 일정한 규칙에 따라

---

5) 국제 스포츠 중재 재판소, 세계 반도핑 기구 등이 순수한 의미의 스포츠 기구인가에 대해서 논란이 제기된다.

정기적으로 공정하게 열리는 데 도움을 준다. 그동안 많은 ISO들은 해당 스포츠 종목이 글로벌 차원에서 공식적으로 운영되고 자리매김하는 데 커다란 기여를 하였다. ISO들의 이러한 노력이 없었다면 글로벌 차원의 스포츠 이벤트는 제대로 이루어지지 않았을 것이다.

넷째, ISO들은 글로벌 스포츠 이벤트나 경기와 관련된 다양한 문제들을 다루고 있다. 즉, 스포츠 경기나 이벤트와 관련하여 선수, 감독, 국가 간 법률적 문제, 반경쟁, 분쟁조정, 반도핑 문제 등을 다룬다. 그리고 스포츠 경기에 영향을 미치는 스포츠 용품이나 장비에 대한 표준화를 정하기도 한다. 특히, 국제 스포츠 경기나 이벤트에서 표준화되지 않은 최첨단 용품이나 장비의 사용을 철저하게 규제하는데, 이는 그러한 사용이 스포츠 이벤트 본래의 목적에 위배될 뿐 아니라 경기 자체를 부정하는 결과를 초래할 수도 있기 때문이다. ISO들은 선수들의 복용금지 약물 문제도 다룬다.

다섯째, 많은 스포츠 기구들은 최초에는 일부 지역을 중심으로 운영되다가 점차 국제 기구의 성격을 지니기도 한다. 국제 스포츠 기구들은 처음에는 비영리 단체로 해당 스포츠의 보급 및 발전 등과 같은 공익적 목적 아래 출발했으나, 그러한 목적을 달성하기 위해 상업성을 추구하기도 한다. 해당 스포츠 기구가 지속적으로 운영되기 위한 방안으로 상업적 목적이 점차 중시되고 있는 것이다. 일부 ISO들은 해당 스포츠의 국제 경기나 이벤트 개최와 관련하여 영향력을 행사하기도 한다. 가끔 글로벌 스포츠 이벤트 유치 및 개최 과정에서 개최 국가의 정부보다 더 강력한 영향력을 행사하려고 하면서 개최 국가와 갈등을 빚기도 한다.

2) 지배 구조

ISO는 스포츠 종목별 또는 그룹 형태로 만들어 글로벌 차원의 스포츠를 운영하고 관리한다. ISO는 해당 종목의 스포츠 이벤트나 프로 스포츠의 발전을 위한 방안을 제시하기도 하고 규제하기도 한다. 스포츠 이벤트 과정에서 발생한 중계방송 권리, 스폰서십 등의 수입을 이벤트 개최 국가와 배분하기도 한다. ISO들은 국제 민간조직의 한 형태로 특정 그룹에 의해서 통제되고 운영되며, 스포츠 이벤트를 통해 이익을 공유하고 가치를 증진시킨다. 국제 스포츠 기구는 당초에는 해당 스포츠의 보급과 발전을 위한 조직으로서 시작되었지만, 점차 그 범위나 역할이 다양해지고 있다.

ISO들은 글로벌 스포츠 이벤트나 경기에서 절대적인 영향력을 행사한다. 뿐만 아니라 각 국가별 스포츠 조직이라는 네트워크를 통해 글로벌 차원에서 다양한 영향을 미치기도 한다. 이러한 네트워크는 국제 스포츠 기구라는 권한과 합법적인 과정을 통해서 스포츠 시장 내·외부에서 이루어진다. 국제 스포츠 기구의 권한과 합법적인 과정은 각국의 스포츠 기구나 협회들이 독자적으로 추구하기 어려운 것을 해결하거나 상호이익을 증진하는데 필요하다. ISO는 대륙별, 국가 간 스포츠 기구라는 네트워크를 갖추고 있다. 대륙별·국가 간 ISO 네트워크는 다른 대륙이나 국가의 ISO와는 독립적이며 동시에 동등하게 운영되기도 한다.

가끔 ISO들 간 논쟁과 갈등이 발생하기도 하는데, 이는 글로벌 차원의 스포츠 기구를 운영하는 과정에서 불가피하다고 주장되기도 한다. ISO는 해당 스포츠 시장의 피라미드식 구조에서 가장 높은 위치를 차지하고 글로벌 차원에서 지배력을 행사하고 있다. 이는 ISO가 피라미드 형태의 네트워크를 갖추면서 가장 높은 위치에서 하위의 스포츠 조직을 조정·관리하는 최고의 기구라는 의미이다. 또한 해당 스포츠와 관련하여 국가 간 논쟁과 갈등을 합리적으로 해결하는 중재자라는 의미이기도 하다. ISO의 권위와 지배력 등은 동일한 스포츠 조직의 하위의 스포츠 기구들에 의해서 인정받는다. 일반적으로 국가별 스포츠 기구들은 글로벌 스포츠 기구의 지배를 받고 있다. 〈표 11-5〉는 국제 스포츠 기구가 글로벌 차원의 피라미드 구조를 지니고 있음을 보여준다.

〈표 11-5〉 국제 스포츠 기구와 지배 구조

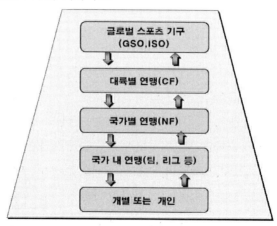

자료: George H. Sage(2010).

제3절 ⫶ 주요 기구의 수입원

1) IOC와 FIFA

국제 스포츠 기구들이 해당 스포츠의 보급·발전, 기구 운영 등의 활동을 하기 위해서는 수입이 필요하다. 여기서는 IOC, FIFA 등을 중심으로 수입원의 실태를 살펴본다.

ISO들은 주로 글로벌 스포츠 이벤트를 통해 수입을 얻는다. ISO들이 스포츠 이벤트를 통해 얻는 수입의 상당 부분은 경기 중계 방송권과 글로벌 기업들의 스폰서십에서 나온다. ISO들은 스포츠 이벤트를 통해 입장료, 중계방송료, 스폰서십, 라이선싱 등을 통해 수입을 얻는다. 따라서 ISO들은 다른 글로벌 스포츠 이벤트와의 경쟁을 피하려고 한다. 글로벌 스포츠 이벤트 개최 기간이 중복될 경우 ISO나 개최 국가의 수입이 줄어들 수도 있기 때문이다.

〈표 11-6〉은 1993년부터 2012년 간 IOC의 주요 수입원을 나타낸다. 표에서 알 수 있듯이 IOC의 주요 수입원은 중계방송료가 거의 절반을 차지하고 있다. 2009~2012년 간 IOC의 수입은 중계방송료(47.9%), OGOC 스폰서십(22.8%), 입장권(15.4%), TOP프로그램(11.8%) 순으로 나타났다. 입장권 수입이 TOP 프로그램 수입보다 많은 것으로 나타났다. 그러나 TOP 프로그램 수입의 규모는 증가 추세를 나타내고 있는데 비해 입장권 수입은 개최지에 따라 차이가 크게 나타나고 있음을 알 수 있다. 라이선싱 수입은 가장 작은 비중을 차지하고 있다.

〈표 11-6〉 IOC의 주요 수입원(백만$, %)

수입원	1993~1996	1997~2000	2001~2004	2005~2008	2009~2012
중계방송료	1,251(47.6)	1,845(48.9)	2,232(53.3)	2,570(47.2)	3,850(47.9)
TOP프로그램	279(10.6)	579(15.4)	663(15.8)	866(15.9)	950(11.8)
OGOC 스폰서십	534(20.3)	655(17.4)	796(19.0)	1,555(28.5)	1,838(22.8)
입장권	451(17.1)	625(16.6)	411(9.8)	274(5.0)	1,238(15.4)
라이선싱	115(4.4)	66(1.7)	87(2.1)	185(3.4)	170(2.1)
합계	2,630(100.0)	3,770(100.0)	4,189(100.0)	5,450(100.0)	8,046(100.0)

자료: IOC(2013).

한편, 〈표 11-7〉은 FIFA의 이벤트 관련 수입과 지출 실태이다. 표에서 알 수 있듯이 2011~2014년 간 FIFA의 이벤트 관련 수입 가운데 중계방송료(48.4%), 마케팅 권리(31.7%) 등이 대부분을 차지하고 있다. 올림픽, FIFA 월드컵 등 메가 스포츠 이벤트들의 주요 수입원 중에서 중계방송료가 가장 많음을 알 수 있다.

〈표 11-7〉 FIFA의 이벤트 관련 수입과 지출 실태(백만$, %)

	2011-2014	2011	2012	2013	2014
중계방송료	2,484(48.4)	550(55.7)	561(55.1)	630(51.6)	743(38.9)
마케팅 권리	1,629(31.7)	381(38.6)	370(36.3)	413(33.8)	465(24.4)
라이선싱	116(2.2)	13(1.3)	23(2.3)	26(2.1)	54(2.8)
hospitality 수입	185(3.6)	15(1.5)	12(1.2)	47(3.9)	111(5.8)
기타	723(14.1)	29(2.9)	53(5.1)	104(8.6)	537(28.1)
이벤트 총수입	5,137(100.0)	988(100.0)	1,018(100.0)	1,220(100.0)	1,910(100.0)

자료: FIFA, financial report 2015.

2) 입장료

ISO들이 글로벌 스포츠 이벤트를 개최하면서 수입을 올릴 수 있는 가장 기본적인 방법은 입장권 판매이다. 입장권은 대부분이 개최 국가나 주변 국가의 관중들을 대상으로 판매된다. 올림픽 경기 입장권 판매 프로그램은 IOC의 관리 및 지배를 받는 OCOG(올림픽 조직위원회)에서 운영한다. 올림픽 조직위원회에서는 가능하면 보다 많은 입장권을 판매하려고 노력한다. 입장권 판매율은 스포츠 이벤트의 성공과 조직위의 마케팅 역량에 대한 평가 근거가 된다는 점에서 중시된다. 〈표 11-8〉은 주요 동·하계 올림픽 경기 대회의 입장권 판매율과 판매금액을 나타낸다. 동·하계 올림픽 경기 대회의 입장권 판매율은 비슷한 추세를 보이고 있으나 입장권 판매금액은 하계올림픽이 훨씬 더 많은 것을 알 수 있다.

〈표 11-8〉 주요 동 하계 올림픽의 입장권 판매율과 수입 실태

하계올림픽				동계올림픽			
연도	개최지	티켓판매율 (%)	수입 (백만$)	연도	개최지	티켓판매율 (%)	수입 (백만$)
1984	로스앤젤레스	82	156	1984	사라예보	-	-
1988	서울	75	36	1988	캘거리	84	32
1992	바르셀로나	77	79	1992	앨버트빌	75	32
1996	애틀랜타	75	425	1994	릴레함메르	92	26
2000	시드니	88	551	1998	나가노	89	74
2004	아테네	71	228	2002	솔트레이크	95	183
2008	베이징	96	185	2006	토리노	81	89
2012	런던	97	988	2010	밴쿠버	97	250

자료: IOC(2013).

3) 중계방송료

IOC, FIFA와 같은 국제 스포츠 기구들의 수입 중에서 TV 중계방송료가 가장 많은 부분을 차지하고 있다. TV 중계방송 수입은 올림픽, 월드컵 축구 대회와 같은 메가 스포츠 이벤트가 전 세계적으로 성장하고 발전하는 데 커다란 기여를 하고 있다. 동시에 TV 등 미디어 산업이 성장하게 된 요인이기도 하다. 올림픽 경기 중계방송은 올림픽의 이상과 의미를 전 세계에 전달하고 소통시키는 데 중요한 역할을 한다. IOC는 동·하계 올림픽 경기 대회의 중계방송권의 소유자로서, 올림픽 경기 중계방송 권리를 국가나 지역의 방송사들에게 판매한다. 올림픽 경기를 중계방송하는 주요 목적은 가능하면 보다 많은 시청자들에게 올림픽 경기를 시청할 수 있는 기회를 제공하는 것이다. 이러한 목적을 추구한 결과 전 세계에서 올림픽 경기를 중계방송하려는 국가들과 이를 시청하려는 수요자들이 지속적으로 증가하고 있다. 중계방송 기술이 발전함에 따라 올림픽 경기와 각종 기념행사 등이 다양한 방식으로 생중계되고 있다.

2009년부터 시작된 올림픽 방송 서비스(OBS)는 IOC가 소유하며, 올림픽 경기 개최지의 방송기능을 감시한다. OBS는 동·하계 올림픽 개최 국가에 대한 방송조직의 상설기관으로 IOC에 의해서 설립된 기관이다. 올림픽 중계방송사들은 경기 스케줄에 따라 중

계방송을 하게 된다. 올림픽 중계방송사들은 자국이나 지역에 있는 시청자들의 관심사에 맞춰 올림픽 이벤트나 개최 국가의 이미지 등을 전달하기도 한다. 올림픽 경기 대회는 다양한 방송 콘텐츠로서의 가능성을 지니고 있어 올림픽 중계방송사들에 보다 많은 방송기회를 제공하게 된다. IOC는 방송사들과 파트너십 관계를 유지하면서, HDTV, 인터넷, 모바일 폰 등으로 생중계 방송도 한다. 올림픽 경기 중계방송료는 올림픽 경기를 운영하는 데 필요한 재정을 제공하고, 올림픽 경기가 미래에도 지속적으로 발전 가능하도록 한다. 〈표 11-9〉에서는 동·하계 올림픽을 중계방송하는 주요 국가들과 IOC의 중계방송 수입을 나타낸다.

〈표 11-9〉 동·하계 올림픽 중계방송 국가와 중계방송 수입

하계올림픽				동계올림픽			
연도	개최지	방송 국가	방송수입 (백만 $)	연도	개최지	방송 국가	방송수입 (백만 $)
1960	로마	21	1.2	1968	그르노블	32	2.6
1976	몬트리올	124	34.9	1976	인스브루크	38	11.6
1984	로스앤젤레스	156	286.9	1984	사라예보	100	102.7
1988	서울	160	402.6	1988	캘거리	64	324.9
2000	시드니	220	1,331.6	1998	나가노	160	513.5
2004	아테네	220	1,494	2002	솔트레이크	160	738
2008	베이징	220	1,739	2006	토리노	200	831
2012	런던	220	2,569	2010	밴쿠버	220	1,280

자료: IOC(2013).

한편, FIFA에서 주최하는 월드컵 축구 경기 중계방송료도 엄청나게 상승하고 있다. FIFA의 월드컵 축구 경기 대회는 세계에서 최고의 스포츠 이벤트로 평가된다. FIFA 월드컵 축구 경기 대회는 전 세계에서 수십억 명이 시청하고 있다.

2002 한·일 월드컵은 전 세계에서 28억8천만 명이 시청하였다. 이는 인구가 많은 아시아 국가에서 황금시간대(prime time)에 생중계 경기를 볼 수 있었기에 가능하였다. 또한, 중국이 본선에 진출할 가능성이 제기되면서 중국 시청자들의 관심이 크게 증가한 요인도 컸다.

월드컵 축구 경기 대회의 TV 중계방송료는 지속적으로 상승하고 있다. FIFA 월드컵과 같은 메가 스포츠 이벤트가 TV 산업의 발전에 영향을 미치고 있다는 증거는 TV 시청률에서 찾을 수 있다. 〈표 11-10〉은 주요 월드컵 축구 대회의 중계방송 국가, 방송 시간, 중계료 등을 나타낸다.

〈표 11-10〉 주요 FIFA 월드컵 중계방송 국가와 중계료

개최지(연도)	방송 국가	총 방송 시간	누적 TV 관중 수(억명)	TV 중계료 (Sfr, m)
이탈리아(1990)	167	14,693	26.69	95
미국(1994)	188	16,393	32.12	110
프랑스(1998)	196	29,145	24.77	135
한·일(2002)	213	41,324	28.84	1,300
독일(2006)	214	73,072	26.29	1,500
남아공(2010)	214	71,867	32.03	2,408
브라질(2014)	214	98,087	31.90	2,428

자료: FIFA.

4) 스폰서십

1984년 LA 올림픽 경기 대회가 올림픽 역사상 가장 성공한 스폰서십이라고 주장된다. LA 올림픽 조직위원회에서는 기업들의 스폰서십 참여를 제한하고 분야별로 독점적으로 마케팅 활동을 할 수 있는 권리를 보장하면서 참여 기업들 간 입찰 경쟁을 부추겼는데, 그 결과 막대한 수입을 올릴 수 있었다. LA 올림픽 경기는 스포츠 이벤트들도 제대로 운영하면 경제적으로 성공할 수 있다는 가능성을 보여 주었다고 평가된다.[6]

그 후 IOC에서는 전 세계적인 스폰서십으로 TOP(the olympic partner)를 만들었다. TOP는 1985년 IOC가 올림픽 경기를 통한 수입원을 다양화하기 위해서, 올림픽 스폰서십(partnership)에 참여한 기업들이 장기적으로 많은 편익을 누릴 수 있도록 만들어졌다.[7] 〈표 11-11〉은 주요 올림픽 경기 대회의 TOP에 참가한 기업, 참가 국가, 수입 등을 나타낸다.

---

6) LA 올림픽은 올림픽의 상업적 가능성에 대한 새로운 이정표를 제시했다고 평가된다. 1976년 몬트리올 올림픽에서는 628개 공식 파트너 기업들로부터 스폰서십 수입이 7백만 달러에 불과하였다. 그러나 1984년 LA 올림픽에서는 공식 스폰서(official sponsor) 34개 등 163개 스폰서 기업들로부터 최저 4백만 달러를 받는 등 전례 없이 높았다. 많은 비난이 제기되었음에도 불구하고 LA 올림픽 조직위원회는 전체 라이선스 및 스폰서 수입으로 1억2,670만 달러 흑자를 달성하였다.

7) TOP는 제한된 수의 글로벌 기업들과 스폰서십 계약으로 막대한 수입을 얻고 있다.

〈표 11-11〉 주요 올림픽 경기 대회의 TOP 참여 기업과 수입

연도	경기	파트너(개)	참가 국가	수입(백만$)
1985-1988	캘거리-서울	9	159	96
1989-1992	앨버트빌-바르셀로나	12	169	172
1993-1996	릴레함메르-애틀랜타	10	197	279
1997-2000	나가노-시드니	11	199	579
2001-2004	솔트레이크-아테네	11	202	663
2005-2008	토리노-베이징	12	205	866
2009-2012	밴쿠버-런던	11	205	950

자료: IOC(2013).

한편, FIFA에서는 1978년 아르헨티나 월드컵 대회부터 스폰서십을 본격적으로 운영하였다. FIFA에서 스폰서십은 세계적 수준의 월드컵 대회를 개최하고 전 세계의 축구를 발전시키는 데 중요한 역할을 한다고 인식하고 있다. 만약 글로벌 기업들이 스폰서십에 참여하지 않았다면 FIFA 월드컵 같은 축구 대회는 개최가 불가능하였을 것이라고 주장되기도 한다. 스폰서는 스포츠 이벤트에 재정을 지원하며, 전 세계 축구팬들과 스포츠 이벤트를 연계시키는 데 중요한 역할을 한다. 일부 학자들은 FIFA는 스폰서십을 활용해 주요 수입원을 창출한 최초의 국제 스포츠 기구이며, 월드컵 축구 대회는 글로벌 기업들에게 스폰서십을 보장하는 주요 경기가 되었다고 평가한다.

5) 라이선싱

IOC에서는 기업 등 제3자가 올림픽 마크, 이미지, 테마 등을 이용할 수 있는 라이선싱 계약을 맺어 소비자들에게 기념품 판매, 상품화, 올림픽 관련 제품을 만들어 팔 수 있는 프로그램을 운영하고 있다. 올림픽 경기 라이선싱 프로그램은 IOC가 관할하고 있는 OCOG가 운영한다. 라이선싱 프로그램은 올림픽 개최 지역의 문화를 전달하고 올림픽의 이미지를 증진시키기 위한 계획의 일환으로 추진된다. 올림픽 라이선싱 프로그램은 올림픽 이미지와 올림픽 무브먼트를 적절하게 반영하여 양질의 상품을 소비자들에게 제공한다. 올림픽 무브먼트는 트레이드 마크, 교육, 모니터링과 집행 등 광범위한 프로그

램을 통해 올림픽 경기 상품화가 성공적으로 진행될 수 있도록 노력한다. 이러한 노력은 모조품이나 허가받지 않은 제품으로부터 소비자들을 보호하고, 불법 라이선시를 철저하게 금지한다. 궁극적으로 올림픽 브랜드를 보호하기 위해서이다. 〈표 11-12〉는 주요 동·하계 올림픽의 라이선싱 수입이다.

〈표 11-12〉 주요 동 하계 올림픽의 라이선싱 수입

하계올림픽				동계올림픽			
연도	개최지	라이선시	수입(백만$)	연도	개최지	라이선시	수입(백만$)
1988	서울	62	18.8	1988	캘거리	-	-
1992	바르셀로나	61	17.2	1992	앨버트빌	-	-
1996	애틀랜타	125	91	1994	릴레함메르	36	24
2000	시드니	100	52	1998	나가노	190	14
2004	아테네	23	61.5	2002	솔트레이크	70	25
2008	베이징	68	163	2006	토리노	32	22
2012	런던	65	119	2010	밴쿠버	48	51

자료: IOC(2013).

제4절 경제 사회적 특징과 문제점

1) 주요 특징

(1) 영리 · 비영리 추구

대부분의 ISO는 해당 스포츠의 보급 및 발전, 지구촌의 과제, 인류 평화 등 비영리와 공익을 추구하면서 또 다른 한편으로는 상업적인 목적도 추구하는 등 이중성을 지닌다. ISO들은 해당 스포츠 종목의 발전과 보급이라는 목표를 추구하기 위해 국제적으로 해당 스포츠에 대한 권위와 지배력을 지니고 있으며, 글로벌 관리기구로 각종 스포츠 이벤트 개최와 관련하여 영향력을 행사한다. 또한 경기 규칙과 시간, 선수들의 국가 대표 자격

과 관련하여 발생하는 분쟁, 경기장 시설, 선수 및 관중의 안전, 공정한 경기 등과 관련한 사항들을 조정·결정한다. 경기장에서 폭력, 속임수, 차별 등 각종 비리와 불공정한 행위에 대해서도 규제를 한다. 이처럼 대부분의 국제 스포츠 기구들은 해당 스포츠의 규칙을 조정하고, 스포츠의 발전 및 보급 등을 목적으로 삼는다는 점에서 비영리 공공기관이라 할 수 있다.

대부분 국제 스포츠 기구들은 공공의 이익을 위한 비영리 단체로 출발했으나 자신들의 목적을 실현하고 유지하기 위한 수단으로 경제 활동에 대해서도 관심이 증가하고 있다. ISO들이 글로벌 스포츠 이벤트를 개최하여 중계방송료, 스폰서, 입장료 등의 수입을 얻는다. 국제 스포츠 기구들은 스포츠 이벤트를 통해 가능하면 보다 많은 수입을 얻으려고 노력한다. 따라서 ISO들은 다른 종목의 글로벌 스포츠 이벤트가 개최되는 기간은 가능하면 피하려고 한다. 서로 다른 스포츠 이벤트를 동일한 기간에 개최할 경우 수입이 줄어들 수도 있기 때문이다. 이는 ISO뿐 아니라 회원국에도 좋지 않은 영향을 미칠 수 있다. 우연의 일치라고도 할 수 있지만 동·하계 올림픽은 2년마다 개최된다.[8] 이는 소비자들로부터 많은 관심과 흥미를 끌어 보다 많은 수입을 올리기 위함일 수도 있다.

일부 ISO들은 표면상으로는 비영리 조직이라고 강조하면서도 내부적으로는 경제적 이득에 더 큰 관심을 갖기도 한다. 글로벌 스포츠 이벤트 개최와 관련된 경제적 이해관계에 대해 정부보다 더 강력한 권한을 행사하는 경우도 있다.

(2) 협력과 갈등

ISO들은 글로벌 스포츠 이벤트를 차질 없이 준비하고 성공적으로 개최하기 위해 이벤트 개최 국가들과 지속적으로 협력 관계를 유지한다. 글로벌 스포츠 이벤트가 성공적으로 개최되었다는 평가나 반응은 개최 국가뿐 아니라 해당 스포츠 기구에도 필요한 것이기 때문이다. 대부분의 정부에서는 글로벌 스포츠 이벤트 개최에 깊숙이 개입하며 이벤트 준비 및 개최 과정에서 해당 국제 스포츠 기구들과 긴밀한 협력 관계를 유지한다. 대부분의 국가에서 글로벌 스포츠 이벤트 유치 여부는 경제적 요인보다는 정치·사회적

---

8) 1992 앨버트빌 동계올림픽, 1992 바르셀로나 하계올림픽이 같은 해에 열렸으나 그 후에 1994년 릴레함메르 동계올림픽, 1996년에 애틀랜타 하계올림픽이 개최되었다.

인 과정을 통해서 결정된다. 그럼에도 불구하고 대부분의 ISO들은 글로벌 스포츠 이벤트를 개최하는 국가들은 막대한 경제·사회적 효과를 얻게 될 것이라고 강조한다. 즉, 글로벌 스포츠 이벤트를 개최하게 되면 새로운 스포츠 시설은 물론 각종 SOC사업, 관광 수입, 개최 지역 재개발, 국가 이미지 제고, 경제·사회질서 선진화 등 유·무형의 효과를 얻을 수 있다고 강조한다. 이와 동시에 ISO들은 글로벌 스포츠 이벤트를 개최하는 국가에서 각종 시설 건립 및 선수·관객 안전 등을 책임질 것을 요구한다. 또, ISO에서는 글로벌 스포츠 이벤트 개최지 또는 후보 지역으로 선정될 경우 해당 정부의 재정지원 및 의무에 대한 보증을 요구하기도 한다. 글로벌 스포츠 이벤트를 개최하기 위한 경기장과 관련 인프라, 교통, 물류, 경기장, 재정, 미디어 센터 등이 포함된다. 항공, 도로, 병원, 안전 등 공공시설의 제공 등을 요구하기도 한다.

ISO들은 글로벌 스포츠 이벤트가 정치 및 정부와는 관련이 없으며 독립적으로 운영된다고 주장한다. 그러나 대부분의 글로벌 스포츠 이벤트는 개최 국가의 이미지 제고, 정체성 강화, 국론 통일 등 국가 경쟁력 강화를 가능케 한다는 점에서 경제·정치·사회적으로 활용되고 있으며, 이러한 이유로 많은 글로벌 스포츠 이벤트가 정치성을 띠기도 한다. 글로벌 스포츠 이벤트가 점점 더 상품화·글로벌화되고, 스포츠 이벤트 개최에 대한 경제·사회·정치적 관심이 증가하면서 국제 스포츠 기구들은 정치적으로 충돌하기도 하고 타협을 하기도 한다. 가끔 ISO들의 지나친 간섭이나 견해 차이로 이벤트를 개최하려는 정부와 갈등을 야기하기도 한다.

(3) 이벤트 독점 공급

IOC, FIFA 등과 같은 ISO들은 전 세계를 대상으로 스포츠 이벤트를 개최하여 막대한 경제적 이득을 얻는다는 점에서 글로벌 기업 형태를 지닌다고 할 수 있다. 복싱, 골프, 테니스 등 일부 ISO를 제외한 대부분의 글로벌 스포츠 기구들은 해당 스포츠 이벤트를 개최함에 있어 독점적 지위를 누리면서 많은 이득을 추구한다. 실제로 IOC, FIFA 등은 그동안 메가 스포츠 이벤트를 개최하면서 막대한 경제적 이득을 얻었다. 그럼에도 불구하고 글로벌 스포츠 이벤트를 유치하고 개최하는 방식들은 과거와 크게 달라지지 않았다. 그러나 월드컵이나 올림픽을 개최하려는 지역이나 이를 중계방송하려는 방송사, 제품을 홍보하려는 스폰서 기업들의 수요가 급증하고 있다. 올림픽이나 FIFA 월드컵 축구 대회라는 제품을 생산하는 공급자는 고정되어 있는데 이를 수요하려는 지역이나 국가, 방송사, 기업, 시청자 등이 엄청나게 증가했기 때문이다. IOC, FIFA 등과 같은 ISO들은 메가 스포츠 이벤트 시장에서 공급 독점자로서 역할을 하면서 막대한 수입을 올리고 있다. 일반 재화나 서비스 시장에서는 용납될 수 없는 공급 독점자이다.

그러나 ISO들은 공공성을 지니고 있다는 점에서 이윤 극대화를 최대 목표로 하는 기업과는 다르다. 경제적 관점에서 보면 대부분의 ISO들도 글로벌 스포츠 이벤트를 통해 해당 스포츠를 보급·발전시키는 동시에 경제적 이득을 추구한다는 점에서 일반 기업들과 다를 바가 없지만, 이를 기업처럼 공개적으로 강조하지는 않는다. 오히려 지구촌의 과제인 세계 평화와 인류 발전, 보다 낳은 세상 등을 강조한다. ISO가 다국적 기업들처럼 항상 즉각적으로 혹은 독자적으로 상업활동을 하는 것은 아니다. 올림픽 경기 대회나 FIFA 월드컵 축구 대회는 4년마다 한 번씩 개최되는 것으로, 글로벌 차원의 공익성을 강조하고 상업성은 부수적인 목표라고 주장되기도 한다.

(4) ISO와 국제 민간기구

넓은 의미에서 ISO도 국제 민간기구(INGO)에 해당된다고 할 수 있다. 그러나 국제 민간기구들과는 약간 다른 기능과 역할을 한다. 지구촌의 발전을 위해서 많은 활동을 하는 국제 민간기구는 상대적으로 많은 직원들이 상주하며, 계층적 구조를 지닌 관료 조직과 유사한 형태를 지닌다. 이에 반해 ISO에는 상주하는 직원들이 상대적으로 적은 편이다. 일부에서는 주요 ISO들이 글로벌 스포츠 이벤트 개최에 따른 각종 비용을 개최 국가에 전가시켜서 비용을 줄이려고 한다고 지적된다.

국제 민간기구들은 경제적 이득을 추구하기보다는 국제적 관심사에 대해 문제를 제기하고 이를 해결하고자 하는 목적으로 형성되고 활동한다. 이들 기구들이 해당 국가나 국제 기구의 정책에 영향력을 행사한다는 점에서 어느 정도 정치적 성향을 지닌다고 할 수 있다. 그러나 대부분의 ISO들은 해당 스포츠의 보급과 발전을 목적으로 하고 있다. 외견상 비영리 스포츠 단체이며 정치성을 띠지 않는다고 주장되기도 한다. 국제 스포츠 기구들은 스포츠 발전과 보급을 지원하기 위해서 자금을 필요로 하고, 이를 주로 회비나 기부금 등으로 충당한다는 점에서 국제 민간기구와 유사한 측면이 있다. 그러나 ISO들이 독자적 운영의 필요성을 인식하면서 자금에 대한 요구가 더욱 증대되었다. ISO들이 상업성을 추구하는 것은 결과적으로 ISO는 물론 관련 선수나 기업에게 경제적 기회를 제공한다는 점에서 국제 민간기구와는 다르다고 주장된다. 이러한 점에서 옥스팜(oxfam), 국경 없는 의사회(doctor without borders), 국제사면위원회(amnesty international) 등과 같은 국제 민간기구들과는 그 역할이 다르다고 주장된다.

2) 문제점

(1) 본래의 취지 변질

글로벌 스포츠 이벤트들이 전문화, 상업화, 미디어 중심으로 변화되면서 일부 ISO들이 이윤추구에 보다 적극적으로 나서고 있다. 대부분의 ISO들은 글로벌 스포츠 이벤트를 통해 해당 스포츠의 보급이나 발전보다 경제적 수입을 올리는 데 더 많은 관심을 가지는 것 같다고 지적된다. 일부 글로벌 스포츠 이벤트는 ISO들의 경제적 목적을 달성하기 위한 수단으로 전락하고 있다고 지적된다. 글로벌 TV 방송, 다국적 기업 등에 의해 가속화된 상업화와 글로벌화는 스포츠 이벤트가 지닌 기본 속성을 근본적으로 변질시키고 있으며, 아마추어 정신에 입각하여 참여하고 즐기는 스포츠 이벤트들도 점차 상업화로 변질되고 있다.

이러한 변화는 많은 ISO들의 목적과 역할, 행위 등에도 커다란 영향을 미치고 있다. 스포츠 이벤트가 경제적으로 수지맞는 사업으로 인식됨에 따라 일부 ISO에서는 이윤추구를 위해 마케팅 활동을 강화하기도 하였으며, 점차 비정부 조직의 사업으로 변화되고 있다. 그러나 스포츠 기구들의 상업화가 아무런 저항 없이 발생한 것은 아니다. 많은 ISO들이 국제 스포츠 이벤트에서 상업화를 도입하는 데는 격렬한 반대와 극심한 비난을 감수해야만 했다.[9]

---

9) 근대 올림픽의 창시자인 쿠베르탱(De Coubertin)과 그의 지지자들은 올림픽 경기 대회가 상업화에 물드는 것을 일관되게 반대하였다. 1952년부터 1972년까지 IOC위원장을 역임했던 브런디지(Avery Brundage)도 올림픽 경기가 프로화나 상업화 되려는 것에 대해 지속적으로 반대해왔다. 1972년 은퇴할 당시만 해도 IOC는 돈과 아무런 상관이 없다고 선언하기도 하였다. 그러나 1980년대 초반 사마란치(Juan Antonio

한편, 스포츠 시장이 글로벌화됨에 따라 모든 글로벌 스포츠 이벤트들이 경제적으로 커다란 이득을 얻는 것은 아니다. 축구, 테니스, 골프와 같이 상업적으로 성공한 글로벌 스포츠 이벤트가 있는 반면 사격, 유도, 역도 등과 같이 그리 크게 성공하지 못한 스포츠 이벤트들도 있다.

20세기 말에 스포츠 이벤트의 상업화는 전례 없이 확산되었다고 주장되지만, 역사상 국제 스포츠 기구들이 상업화나 경제적 요인에 의해 지배받지 않은 적은 없었다. 역사가 오래되고 전통적인 개별·아마추어 스포츠의 ISO들은 해당 스포츠의 보급과 발전을 위해서 수입을 증대시킬 필요가 있었다. 지속적인 선수 활동, 스포츠 이벤트 개최 비용 충당 등을 위해서는 경제적 이득에 관심을 가져야만 했다.

그러나 일부 ISO들이 보다 많은 수입을 얻으려는 의도를 노골적으로 드러내면서 ISO가 추구해 왔던 본래의 목적과 수단이 변질되고 있다고 지적된다. 그 결과 ISO들은 비영리를 추구한다는 주장이 점차 퇴색되고 있다. 즉, 중계방송권과 스폰서십을 높은 가격에 판매하는 상업적 실체인 ISO들이 해당 스포츠의 보급 및 발전 기구로서의 역할을 제대로 수행할 수 있는지에 대해 의문이 제기되고 있다.

(2) 비공개·비합리적 운영

일부 ISO들은 글로벌 스포츠 이벤트 개최를 통해 막대한 수입을 얻기도 하지만, 수입과 직접적으로 연관 있는 이해관계자들은 소수에 불과하다. 가끔 ISO의 간부들이 자금 불법 사용 등 부정부패에 연루되었다는 주장이 제기되기도 하고 고소·고발 행위도 심심치 않게 언론에 오르내리고 있다.[10] ISO는 글로벌 스포츠 시장에서 지배기구로서의 의무와 책임, 투명성이 부족하고 비합리·비공개적으로 운영되고 있다고 비난받고 있

Samaranch) 의장은 IOC의 아마추어라는 제한적 조치를 포기하고 기업으로부터 스폰서십을 받아들이기로 하였다. 국제 스포츠 기구들의 상업화는 일반화되고 있다. 예를 들어, IAAF 같은 기구들의 공식적 이름은 아마추어이지만, 결국에는 아마추어에 대한 규정을 포기하기에 이르렀다.

10) 2002년 솔트레이크(salt lake) 동계올림픽 유치 경쟁에서 발생한 뇌물 관련 스캔들로 4명의 IOC위원이 사임했으며 관계자 6명이 제명되었다. 또, 2010년 말에 2022년 카타르(qatar) 월드컵 경기 개최지는 뇌물에 의해 결정되었다는 주장이 제기되기도 하였다. 2011년 블레터(sepp blatter)는 아무런 경쟁자 없이 FIFA의장으로 재선임되었는데, 이는 카타르 출신의 후보자였던 모하드 빈 함맘(mohamed bin hammam)이 뇌물 혐의로 사임하였기 때문이라고 한다.

다. ISO는 해당 스포츠 시장에서 최고의 지배기구임에도 뇌물과 부패로 비난을 받으면서 존재의 당위성에 의문이 제기되기도 한다. 대체로 글로벌 스포츠 이벤트 유치 경쟁 또는 개최 전후, 기구의 간부 선거 등을 앞두고 이 같은 비리들이 발생한다. 자금 불법사용 등 비리는 특정 의제에 대한 지지뿐 아니라 스포츠 기구 간부들의 재선을 확실하게 해줄 수 있는 표를 얻는 데 사용된다. 정치력이 부족한 제3세계 연맹들과 이들 연맹의 조직원들이 부정한 방식에 편승하기도 한다. 그럼에도 실상이 제대로 공개되지 않은 채 끝나는 경우가 많은데, 이는 실증적인 정보가 부족하기 때문이며, 이는 많은 ISO가 투명하게 운영되지 못하고 있다는 증거가 될 수 있다.

일부에서는 ISO들이 부패와 부정을 해결하기 위해 적극적으로 나서지 않는다고 비난하기도 한다. 또한 ISO들이 많은 자금을 관리하는 데 비해 투명성·객관성 등이 부족하다고 지적된다. 역량이 부족하다는 것이다. 또 다른 문제로는 기구를 운영하는 과정에서 불투명한 운영에 대해서 의문을 제기를 할 수 있는 직원들이 너무 적다는 점이다. 더욱 어려운 것은 ISO 내부에서 발생하는 각종 불법 로비(lobby)와 관행이다. 이 경우 로비의 영향이 어느 정도이고 이사회의 지배력이 어떠한지에 대해 파악하기가 쉽지 않다. 이러한 현상은 ISO에 대한 엄격한 감독과 규제 기능이 없기에 발생하는 것이라 할 수 있다. 회원 연맹의 대표들이 다른 국가에 거주하고 있어 국제 스포츠 기구 내부에 어떤 일이 발생했을 경우 즉각적으로 이의를 제기할 수 없다. 때문에 내부 감시는 매우 어려운 일이다. 또, 이익에 대한 소유권의 부재, 수익금 배분을 위한 공식적 시스템 결여 등으로 자금이 바람직한 곳에 제대로 사용되는지 파악하기도 쉽지 않은 실정이다.

(3) 독단적 운영

대부분의 ISO들의 의사결정 과정은 투명하게 이루어지지 않는다고 지적된다. 대부분의 국제 스포츠 기구들의 운영 방식이나 의사결정은 개인이나 소수의 이해관계자들에 의해서 이루어진다는 것이다. 민주국가의 정치 조직에서 주류 정당은 당 대표나 사무총장과 같은 인력뿐 아니라 조직적 인프라를 어느 정도 구축하고 있는 데 비해, 많은 ISO 내부에는 이러한 구조가 제대로 구축되어 있지 않다. ISO에 상주하는 직원들도 그 규모가 매우 작아 조직의 내부 안정화에 미치는 영향력이 적다. 결과적으로 ISO에 상주하는 직원들은 의식적이든 무의식적이든 국제 스포츠 기구 내부의 문제나 의문 요소들을 해소하기 위해 적극적으로 행동하기가 쉽지 않다.

대부분의 ISO들이 독단적으로 운영된다는 비난에도 불구하고, 이에 대한 반성이나 개선의 여지가 없이 운영되는 것은 국제 스포츠 기구에 대한 대안이 없기 때문이기도 하다. 즉, ISO들이 보다 합리적이고 객관적으로 운영될 수 있도록 감독하는 기구나 방안이 마련되지 않았기 때문이다.

1960~70년대 초 많은 학자들은 주로 국제 스포츠 이벤트나 프로 스포츠 시장의 발전에 대해서만 고민하였다. ISO의 합리적 운영에 대해서는 관심이 없었고, 이는 여전히 미개발된 분야였다. 당시에 스포츠 이벤트는 경제보다는 문화·사회적 측면에서 다루어져 왔고, 국제 스포츠 기구 등의 내부 업무를 다루는 객관적인 기준이 없었다. 또한 대부분의 ISO들이 일반 기업과는 다르게 운영되고 있다는 점에서 경제적 측면의 분석이 제대로 이루어지지 않았다. 초기에는 글로벌 스포츠 이벤트 자체가 상업활동이 아니었으며 ISO들도 경제적 목적을 그리 중시하지 않았다. 이들 기구들은 아마추어 스포츠가 주류를 이루던 시절에 조직되었던 것들이다. 그러나 이제 스포츠는 상품화되었으며 많은 ISO들도 경제적 목적을 중요시하고 있다. 그럼에도 이러한 변화를 받아들이려 하지 않고 독단적으로 운영되고 있어 비난을 받고 있는 것이다.

(4) 기구 간 갈등과 도전

ISO의 주요 역할 중 하나는 스포츠를 전 세계적으로 지속적으로 보급하고 발전시킨다는 것이다. 이는 ISO들이 해당 스포츠를 어떻게 인식하고, 스포츠 경기나 이벤트는 경쟁자와 관중을 위해 무엇을 해야 하는지, 스포츠는 이러한 것들을 위해 무엇을 해야 하는지 등과 관련이 있다.

아마추어 스포츠 경기의 주요 기능이 스포츠의 발전과 보급이라면, 프로 스포츠는 상업적인 기능을 가진다고 할 수 있다. 그런데 ISO들은 스포츠 이벤트를 개최하는 과정에서 스포츠의 공공재적 특성을 강조한다. 스포츠 이벤트가 공공재라면, 보다 많은 사람들의 참여가 용이해야 하고 후생이 더욱 증대되어야 할 것이다. ISO들은 보다 많은 관중을 유인하고, 보다 뛰어난 선수를 발굴하여 육성하며, 경기를 발전시켜야 하는 책임감을 지니고 있다. 하지만 일부 ISO의 경우, 스포츠 경기 자체를 더 중요시하기도 한다. 즉, 스포츠의 대중화보다는 스포츠 경기를 더 중시하는 경향을 보이며, 이러한 경향은 종종 국제 스포츠 기구들 간 충돌을 야기하기도 한다. 이들은 올림픽 경기 대회에서 정식 종목 채택, 경기 운영 방식, 경기 규칙 등에 대해서 이견을 보이기도 한다. 유럽 국가들을 중심으로 운영되는 UEFA에 의해서 야기되는 갈등은 대체로 FIFA의 규정으로 마무리된다. FIFA는 자국 내에서 지역 연맹과 연맹 회장이 원하는 대로 조직을 구성하고 원하는 규칙에 의거해 경기를 할 수 있지만, 해외에서는 FIFA 방식대로 경기를 해야 한다고 주장한다.

특히, IOC와 국제 댄스 스포츠 연맹(IDSF)과의 관계는 아주 복잡하다. IDSF는 독일을 중심으로 유럽에서 각광을 받고 있으며, 전 세계 80개국에 지부가 있다. IDSF는 댄스 스포츠 인구의 저변 확대와 보급, 발전에 기여하고 있으므로 올림픽 종목으로 채택되어야 한다고 오래전부터 주장하고 있음에도 불구하고 실행되지 못하고 있다. 외견상으로는 댄스 스포츠가 복잡하고 많은 비용과 시간이 소요되며 상업성이 부족하다는 이유를 들고 있지만, 그 이면에는 IDSF와 세계 댄스 및 댄스 스포츠 협회(WDDSC) 간의 갈등, IOC와 IDSF 간의 견해 차이 때문이라고 주장된다.[11]

최근에 IOC는 도핑 스캔들에 휩싸인 러시아 선수들의 2016 리우 올림픽 참가 여부를 놓고 WADA와 갈등을 빚기도 하였다. WADA에서는 러시아의 금지약물의 조직적 복용 및 은폐·축소 등을 이유로 전체 러시아 선수단의 리우 올림픽 참가 금지를 권고했으나, IOC에서는 러시아 선수단의 올림픽 출전 여부를 종목별 국제연맹에서 판단하도록 하였다. WADA에서는 IOC가 러시아의 일부 선수들의 올림픽 출전을 허용하자 IOC의 결정에 반발하며 독립성을 요구하기도 하였다, 반면 IOC에서는 WADA는 미흡한 조사로 혼란만 가중시키므로 반도핑 체계를 완전히 바꾸어야 한다고 반발하였다.

---

11) 이외에도 테니스 경기에서 아마추어 정신을 고수하던 국제잔디테니스협회(ILTF: international lawn tennis federation)는 국제여자테니스협회(WITF: women's international tennis federation), 프로테니스협회(ATP: association of tennis professional), 여자테니스협회(WTA: women's tennis association) 등으로부터 도전을 받기도 하였다. 이를 해결하기 위해서 모든 국제 테니스 분야를 대표하는 국제남자테니스연맹(MIPTC: men's international professional tennis council)을 결성하였으나, ATP가 권위에 반발했고, MIPTC는 스스로의 기능을 상실하였다. 복싱의 WBC(world boxing council)와 WBA(world boxing association), IBF(international boxing federation), 테니스에서는 ILTF(international lawn tennis federation)와 WITF(women's international tennis federation), ATP(association of tennis professional), WTA(women's tennis association) 등의 갈등이 대표적이다.

일부 국제 스포츠 기구들은 비공개, 비합리적, 독단적 운영, 각종 비리 등으로 비난을 받기도 한다.

[그림 11-2] ISO의 운영과 문제점

제5절 글로벌 스포츠 공공재와 거버넌스

1) ISO와 글로벌 스포츠 공공재

(1) 등장 배경

글로벌 공공재(GPG)에 대한 의미는 1990년대 지속 발전 가능성을 위해 온실 효과, 생물 다양성 손실, 남북 간 경제 불평등 등의 문제를 논의하면서 등장하였다. 글로벌 공공재에 대한 개념은 명확하게 정의되지 않고 있으며 다양한 주제들이 제시되고 있다.[12] 글로벌 공공재는 어느 한 국가나 지역의 노력으로는 해결되기가 어렵다는 공통점을 지닌다. 즉 글로벌 공공재는 지구촌의 발전에 바람직하거나 바람직하지 못한 영향을 미치

---

12) 유엔개발계획(UNDP)에서는 평화 유지, 복지 증진, 사회 정의, 환경의 지속 발전 가능성 등을 논의하는 데 글로벌 공공재에 대한 개념이 필요하다고 주장한다. 세계은행(WB)에서는 지식은행(knowledge bank) 을, 스티글리츠(J. E. Stiglitz)는 국제 경제 안정, 국제적 안전, 국제 환경, 국제적 지원과 협력, 지식 등을 글로벌 공공재로 들고 있다. 또 EC에서는 환경, 건강, 지식, 평화, 안전 등을 들고 있다. 일부 학자들은 대기, 위성, 공해(high seas), 인간의 기본 권리, 환경오염 및 파괴, 질병 퇴치, 차별 해소 등을 주장하기도 한다.

는 것들로 글로벌 차원의 공공성을 지닌다고 할 수 있다. 글로벌 공공재는 전 세계 모든 국가나 지역들이 관심을 가지고 논의하고 해결해야 할 공동의 과제들이다.

(2) ISO와 글로벌 스포츠 공공재

글로벌 스포츠 이벤트는 전 세계에서 거의 매일 열리고 있으며 많은 사람들이 관심을 가지고 있다. 글로벌 스포츠 이벤트는 해당 스포츠의 보급과 발전, 국가간 경쟁, 경제적 이득 등 전통적으로 추구해 오던 목적 외에도 인류가 해결해야 할 과제와 방향을 제시하기도 한다. 올림픽, FIFA 월드컵 등과 같은 글로벌 스포츠 이벤트는 전 세계적으로 관심을 가지며 다양한 외부효과를 지닌다. 글로벌 스포츠 이벤트는 주로 국제 스포츠 기구들에 의해 개최되고 관리된다. 국제 스포츠 기구들은 글로벌 스포츠 이벤트를 개최하면서 지구촌의 발전, 평화와 화합, 빈곤 퇴치, 환경 보호, 차별 해소 등 전 세계적으로 논의되고 해결해야 할 과제들을 제시하기도 한다.

최근 들어 전통적인 의미의 공공재의 개념이 글로벌 차원으로 확대 해석되기도 한다. 글로벌 공공재의 개념을 인간의 생존과 권리, 지구촌의 발전 과제 등과 같이 지구촌의 공동 과제에도 적용하기도 한다. 스포츠 시장에서는 스포츠를 통한 건강 유지 및 증진, 스포츠 참여 권리, 후발개도국의 스포츠 지원 등도 글로벌 공공재로 간주될 수도 있다고 주장되기도 한다. 특히 국제 스포츠 기구들은 지구촌의 발전을 위해 후발개도국의 어린이, 청소년들에게 다양한 스포츠 프로그램을 제공하고 있다. 이러한 프로그램에는 많은 선진국들이 참여하고 있으며 전 세계 공동의 관심사이다. 스포츠를 통한 지구촌의 경제·사회적 발전을 위한 각종 프로그램들은 글로벌 공공재의 역할을 한다고 주장된다. 국제 스포츠 기구들은 글로벌 스포츠 이벤트를 개최할 뿐 아니라 지구촌의 발전을 위해 글로벌 차원에서 논의되고 해결해야 할 과제들을 제시하며 스포츠를 통한 지구촌의 발전에 앞장서고 있다고 평가되기도 한다. 일부 학자들은 국제 스포츠 기구와 글로벌 스포츠 이벤트들은 글로벌 스포츠 공공재(global sports public goods)로 간주될 필요가 있다고 주장하기도 한다. 글로벌 스포츠 공공재로서의 역할과 가치에 대한 연구들이 시도되고 있다.

(3) 문제점

그러나 일부 ISO들이 글로벌 스포츠 이벤트 운영 및 관리, 스포츠의 보급 및 발전 등의 과정에서 공익성보다 상업성을 더 중시하고 있어 글로벌 스포츠 공공재로 간주되기는 어렵다고 지적된다. 대부분의 ISO들이 글로벌 스포츠 이벤트를 개최하면서 강조하고 있는 지구촌의 과제, 인류의 발전, 평화와 화합 등은 부차적이라는 것이다. 이는 경제적 목적을 희석시키려는 행위로 자칫하면 스포츠 이벤트 시장에서 독과점 역할만 강화시킬 수 있다고 지적된다. 일부 종목의 국제 스포츠 기구들은 중복·과잉 상태로 소비자들을 헷갈리게 하며, 본래의 임무나 역할을 제대로 하지 않으며, 이들의 역할과 목표도 분명하지 않다고 지적되기도 한다. 일부 ISO들은 비합리적 운영, 부정부패 등 각종 비리에 연루되기도 하며, 기구 간 갈등으로 비난을 받기도 한다. 또, 국제 스포츠 기구는 글로벌 스포츠 이벤트를 주최하고 관리할 뿐 글로벌 스포츠 공공재로 간주하기에는 무리가 있다는 것이다. 국제 스포츠 기구, 글로벌 스포츠 이벤트 등이 글로벌 스포츠 공공재로 간주되기 위해서는 개선해야 할 점들이 많이 있다고 지적된다.

(4) 발전 과제

ISO 등이 글로벌 스포츠 공공재로 인식되고 발전하기 위해서는 다음을 고려해야 할 것이다. 첫째, 국제 스포츠 기구들이 보다 투명하고 공개적으로 운영되어야 할 것이며, 글로벌 스포츠 시장에서 보다 많은 책임과 사명감을 지녀야 할 것이다. 그래야만 ISO로서 존재의 필요성을 인식하게 될 것이며, 글로벌 차원의 공공재로 발전이 가능할 것이다. 이들 기구들이 우선적으로 해야 할 일들은 ISO들의 투명하고 공개적인 운영, 부정·부패 근절, 도핑에 대한 올바른 인식, 스포츠 윤리 확립 등에 대한 노력이다. 둘째, 국제 스포츠 기구들은 지구촌의 발전 과제, 스포츠를 통한 건강 유지 및 증진, 후발개도국의 지원 등에 보다 적극적으로 나서야 할 것이다. 국제 스포츠 기구들은 경제적 목적만 추구해서는 안 된다는 것이다. 상업성보다는 지구촌의 발전을 위한 공익성을 위해 보다 적극적으로 활동해야 할 것이다. 국제 스포츠 기구들은 글로벌 스포츠 이벤트들이 경제적 목적만을 위해 지나치게 확대되는 것을 자제하고 지구촌과 인류의 발전 과제를 위해 앞장서야 할 것이다. 국제 스포츠 기구, 글로벌 스포츠 이벤트 등이 지구촌과 인류의 발전을 위해 긍정적인 역할을 한다면 인류의 보편적 유산 요소가 될 것이며, 글로벌 스포츠 공공재로서 인식될 수 있을 것이다. 국제 스포츠 기구, 글로벌 스포츠 이벤트가 보다 바람직한 거버넌스(governance)를 추구한다면 글로벌 스포츠 공공재로 인식될 수도 있을 것이다.

2) 글로벌 거버넌스

(1) 의미와 특징

거버넌스(governance)는 일반적으로 어떤 일을 관리 또는 운영하기 위한 규칙이나 체계하고 할 수 있다. 통상 정부나 준정부 기관을 비롯하여 제3섹터, 비영리·자원봉사 등의 조직들이 수행하는 공공활동이라고 규정되기도 한다. 거버넌스는 공공경제학, 행정학, 경영학 등에서 사용된다. 글로벌화와 더불어 전지구적 차원에서 논의되고 해결해야 할 과제들이 늘어나면서 글로벌 거버넌스라는 말이 다양한 분야에서 사용되고 있다. 글로벌 거버넌스의 의미와 특징은 다음과 같다.

첫째, 글로벌화와 더불어 재화나 서비스, 자본, 정보 등이 국경을 자유롭게 넘나들며 여러 가지 문제들이 전 세계 국가들과 연계되어 있다. 글로벌 시대에는 문제가 어떤 한 국가에서 발생하더라도 독자적으로 해결하기가 점차 어려워지고 있다. 글로벌 차원의 규칙과 논의, 협력과 합의 등이 필요하다. 빈곤과 기아, 환경 오염, 공해, 난민, 전쟁, 핵 문제 등이다. 지구촌에서 발생하고 있는 문제에 효과적으로 대처하기 위해서는 글로벌 차원의 거버넌스가 필요하다고 주장된다. 지구촌에서 발생하고 있는 각종 문제를 해결하는 데 국제 기구나 단체들의 역할이 중시되고 있다. 글로벌 차원의 비정부 기구 즉, 국제 기구나 국제 민간단체 등의 역할이 커지고 있다. G20, 세계무역기구(WTO), 국제통화기금(IMF), 유럽연합(EU), 북대서양조약기구(NATO) 등이다. 글로벌 시대에 거버넌스는 비정부, 국제 민간기구나 단체 등의 영향력이 강화되고 있다.

둘째, 글로벌 거버넌스는 지구촌 차원의 관리 및 운영 등을 의미하고 국제 기구나 민간단체, 정부나 민간 기업 등이 공동으로 문제를 해결하기 위해 참여하고 협력하는 것이라고 할 수 있다. 글로벌 거버넌스는 지구촌 시대가 확산되면서 소수의 국가 중심의 국제정치 관계가 점차 약화되고 새로운 형태의 국제질서 개념으로 등장하였다고 주장된다. 글로벌 거버넌스는 지구촌 차원의 협동관리 또는 공동경영이라고 할 수 있다.

셋째, 모든 거버넌스가 글로벌 차원에서 반드시 바람직한 역할만 하지 않는다. 즉 지구촌의 발전에 기여하는 '좋은 거버넌스'(good governance)가 있는 반면 공공의 해악이 되는 '나쁜 거버넌스'(bad governance)도 존재한다는 것이다. 좋은 거버넌스는 책임성, 투명성, 형평성, 이해관계자들의 참여, 관료들의 윤리적 책임 등을 의미한다. 나쁜 거버넌스는 사리사욕, 부정부패, 불공정, 불투명, 비합리적인 운영이다. 어떤 조직이나 단체가 좋은 의미의 거버넌스가 되기 위해서는 공공의 해악(global public evil) 행위들을 철저히 배척해야 할 것이다. 경제적 · 도덕적 · 윤리적이며 합리적이고 투명하게 운영되어야 한다는 것이다.

(2) ISO와 거버넌스

그동안 국제 스포츠 기구들은 해당 스포츠의 보급과 발전이라는 목표를 추구해왔다. 국제 스포츠 기구들은 스포츠의 보급과 발전을 위해서 규칙 개정, 스포츠 이벤트 개최, 선수 자격 등을 관리하는 비영리 민간조직이었다. ISO들은 고유의 목적 외에도 지구촌에서 해결해야 할 과제, 인류가 나아가야 할 방향 등을 제시하면서 선도적인 역할을 하기도 한다. 올림픽, FIFA 월드컵 축구 대회 등과 같은 메가 스포츠 이벤트를 개최하면서 지구촌의 발전을 위한 과제와 방향을 제시하기도 한다. 그러나 ISO들이 주장하는 목적을 달성하기 위해서는 글로벌 차원의 참여와 협력이 절대적으로 필요하다. ISO들이 아무리 훌륭한 지구촌의 과제를 제시한다고 하더라도 이들 기구들에 대한 인식이 좋지 않다면 한낱 메아리에 불과할 뿐이다. 메가 스포츠 이벤트들도 전 세계 국가들의 참여와 협력이 없이는 성공적으로 개최되기가 어려워지고 있다.

메가 스포츠 이벤트가 글로벌 차원의 관심과 인기를 끌며 지속적으로 발전하기 위해서는 좋은 의미의 거버넌스에 대해서 논의할 필요가 있다고 주장된다. 특히, 메가 스포츠 이벤트를 관리 운영하는 일부 ISO들이 나쁜 의미의 거버넌스로 비난을 받기도 한다. 일부 스포츠 기구들은 지구촌의 발전을 위하기보다는 경제적 이득에만 관심을 가지고 권한을 마음대로 휘두르며 각종 불법과 비리를 저지르기도 한다. 일부에서는 국제 스포츠 기구의 존립과 운영 방식에 대해서 부정적인 반응을 보이기도 한다.

ISO들도 각종 스포츠 이벤트를 통해 스포츠를 보급·발전시키고 지구촌의 과제를 해결하려고 노력한다는 점에서 글로벌 차원에서 좋은 의미의 거버넌스가 필요하다고 주장된다. ISO들은 기능과 역할을 보다 분명히 하고 권한을 구체화하는 동시에 보다 투명하고 합리적으로 운영되어야 한다는 것이다. 그러나 일부에서는 국제 스포츠 기구들은 비영리 민간조직으로 공공조직이나 단체로 보기가 어려우며 공익성 외에도 상업성을 추구한다는 점에서 거버넌스에 대해 논의하는 것은 바람직하지 않다고 주장되기도 한다.

(3) ISO와 좋은 거버넌스

많은 스포츠 이벤트들이 단순한 상업적 목적보다는 공익성도 추구하고 있다는 점에서 국제 스포츠 기구들은 좋은 의미의 거버넌스에 대한 논의가 필요하다고 주장된다. ISO들이 좋은 의미의 거버넌스가 되기 위해서는 다음을 고려할 필요가 있다고 주장된다.

첫째, 국제 스포츠 기구들을 UN의 스포츠 프로그램과 같이 초국가적 기구로 특화하는 것이다. 특히, 일부 학자들은 UN의 스포츠 관련 프로그램들이 국제 스포츠 기구들과 비슷한 역할을 하도록 만들어졌다는 점에서 가능하다고 주장된다. 즉, UN은 전 세계적이고 체계적, 합리적으로 운영되며 포괄적인 국제 기구라는 점에서 글로벌 스포츠 시장에서 보다 바람직한 역할을 기대할 수 있다고 주장되기도 한다. 1970년대 중반에 UNESCO에서는 신체 교육과 스포츠를 위한 국제헌장을 채택했으며, 그 결과 글로벌 스포츠 시장에서 역할을 어느 정도 인정을 받고 있다. 그중에서 일부 조치들은 전 세계적으로 수행되고 있으며, 특히, '스포츠 포 올'(sport for all)을 향상시키는 데 기여하였다고 평가된다.

둘째, ISO들은 보다 객관적이고 투명하며 합리적으로 운영되어야 할 것이다. ISO들이 글로벌 스포츠 시장에서 보다 신뢰성 있는 표준화와 공정성을 지닌다면, 이들 기구들은 해당 스포츠 시장에서 보다 많은 책임감과 사명감을 지니고 활동할 수 있으며, 존재의 당위성을 지니게 될 것이다. 이들 기구들이 우선적으로 해야 할 일들은 스포츠 이벤트 개최를 전후하여 나타나는 각종 비리나 스캔들을 철저히 차단해야 할 것이다.

국제 스포츠 기구들도 부정부패, 각종 비리 등에서 벗어나서 보다 합리적이고 투명한 운영 시스템을 갖추어 좋은 거버넌스(good governance)로 개선되어야 한다고 주장된다.

[그림 11-3] ISO와 좋은 의미의 거버넌스

ISO들이 각종 비리 등 스캔들이 연루되었다는 소문은 사실 여부에 관계없이 ISO의 이미지 실추로 이어지고 비난의 대상이 되기 때문이다. ISO들이 보다 투명하고 합리적이고 객관적으로 운영된다면 그동안 각종 스캔들로 실추된 이미지를 회복하는 데 커다란 도움이 될 것이다. ISO들은 메가 스포츠 이벤트를 개최하면서 지구촌에서 논의되고 해결해야 할 과제들을 취급한다는 점에서 높이 평가받을 수도 있을 것이다.[13]

3) 논의 과제

ISO들이 해당 스포츠의 보급 및 발전 외에도 지구촌의 평화와 발전 등에 기여하면서 보다 성장하고 발전하기 위해서는 다음을 고려할 필요가 있다.

---

13) 보르그와 고우괼(J. F. Bourg & J. J. Gouguel, 2006) 등은 국제 스포츠 기구가 좋은 의미의 거버넌스를 갖추기 위해서 다음을 고려할 필요가 있다고 강조한다. 즉, 스포츠를 통한 건강 증진과 생활 향상, 선수 도핑 금지, 부정부패 방지, 스포츠·이벤트 개최 시 환경 보호, 경기장 폭력 금지, 이벤트를 통한 공공의 효용 증대와 지속 발전 가능성, 상업용 스포츠에 공공 자금 낭비 금지, 다국적 스포츠 기업들의 참여 유도, 스포츠를 통한 시민의식, 세계 질서 구축 등이다.

첫째, 국제 스포츠 기구들은 지구촌의 관심사와 자신들이 제공하는 스포츠 이벤트의 질적 개선과 평판에 대해 관심을 가져야 한다. 특히 ISO들은 운영 가능한 경제 · 사회적 가치와 인류 평화와 발전을 위한 과제 등을 달성함에 있어서 보다 경쟁력을 갖추고 중립성과 투명성을 높여야 할 것이다. ISO들은 스포츠 이벤트를 통해 지구촌 사회가 보다 발전하기 위한 방안을 모색하고 기여할 수 있어야 할 것이다. 과학 기술이 급격하게 발달하더라도 사회적 · 경제적 격차를 좁히고 삶의 질을 향상시키는 데 있어서 스포츠의 역할은 계속 남아 있을 것이다. 대부분의 스포츠들이 글로벌 차원에서 성장하고 발전하는 데는 국제 스포츠 기구의 존재 없이는 불가능할 것이다.

둘째, 동일 종목의 스포츠 경기나 이벤트에서도 서로 다른 이름의 국제 스포츠 기구들이 계속 등장하여 경쟁이 과열되는 등 부작용이 발생하기도 한다. 동일 종목의 스포츠에 서로 다른 형태의 국제 스포츠 기구가 존재하는 것은 주로 운영 과정에서의 견해 차이와 경제적 목적이 원인이라고 할 수 있다. 이해관계가 점차 복잡하고 다양하게 얽히면서 갈등이 심화되기도 한다. 만약, 동일 종목의 스포츠 기구들이 상호협력을 기피하고 자신의 이익만을 위해 대립하고 갈등을 초래한다면 상징적 · 도덕적 권위나 합법성, 그리고 합리적이고 투명한 운영 등에 대해서도 신뢰를 얻기가 어려울 것이다. 스포츠의 보급 및 발전이라는 스포츠 기구의 공익성은 주장하기가 어려울 것이다. 결국에는 팬들로부터 외면당하게 되고 공멸할 수도 있음을 인식해야 할 것이다. 국제 스포츠 기구들 간의 상호 협력과 선의의 경쟁이 필요하다.

셋째, ISO들이 스포츠 관련 규칙 개정이나 스포츠 이벤트 개최 등에 대한 의사결정은 국경을 넘어설 뿐 아니라 때에 따라서는 개최 국가보다 더 막강한 영향력을 발휘하기도 한다. 그러나 국제 스포츠 기구들은 비영리 국제 민간기구(NGO)와 같은 정도의 도덕적 권위나 정부로부터 부여받은 합법성을 주장하기 어렵다는 약점이 있다. 많은 국가들이 국제 스포츠 기구들을 비영리 국제 민간기구보다는 다국적 기업으로 취급하려고 하기 때문이다. 또한 새로운 스포츠들이 전 세계로 확산되면서 새로운 스포츠 기구들이 등장하고 있다. 이러한 스포츠 기구들은 그동안 공익성과 상업성을 동시에 추구해온 스포츠 기구들과는 다른 형태로 경제적 목적만 중시하려고 하여 비난을 받기도 한다. 기존의 글로벌 스포츠 기구들과 충돌하기도 하고 협력하기도 할 것이다. 특히, 새로 출범한 스포츠 기구들은 추구하는 목표를 보다 분명하게 할 필요가 있다.

넷째, ISO들은 글로벌 스포츠 이벤트의 질적 향상과 더불어 지구촌의 관심사에 주목해야 할 것이다. ISO들은 양질의 스포츠 이벤트가 개최될 수 있도록 해야 할 것이다. 지구촌에는 수많은 스포츠 이벤트와 엔터테인먼트들이 열리고 있다. ISO들은 다른 종목 또는 동일 종목의 스포츠 기구들 간 경쟁해야 하며, 또 다른 형태의 엔터테인먼트와 경쟁해야 하는 처지에 있다. 따라서 ISO들은 해당 종목이 글로벌 차원의 독특성을 지니고 즐거움과 재미, 박진감과 긴장감 등을 제공할 수 있어야 지속적으로 성장하고 발전할 수 있음에 유의해야 한다.

다섯째, 글로벌 스포츠 이벤트는 점차 다양한 형태로 상업화를 추구하고 있다. 국제 스포츠 기구들이 경제적으로 생존하고 발전하려면 스포츠 이벤트의 경제·사회적 가치 증진, 새로운 시장 발굴 등을 위한 노력이 필요하다. 특히, 글로벌 스포츠 이벤트를 개최함에 따라 미래에 보다 높은 수익을 창출할 수 있는 방안을 구체적으로 제시해야 할 것이다. 지구촌에서는 매년 수많은 국제 스포츠 이벤트가 개최되고 있는데, 그 비용은 대부분 개최 국가들이 부담한다. 이때 항상 사용되는 근거가 경제적 파급 효과이다. 하지만 당초 제시되었던 경제적 파급 효과들이 얼마나 실현가능한가에 대한 의문들이 점점 늘어나고 있다. 따라서 국제 스포츠 기구들은 각국 정부에 이벤트 개최를 제안할 때 그 동기가 무엇인지, 당초 제시된 각종 경제·사회적 편익이 제대로 실현될 것인지, 스포츠 이벤트를 위한 자원의 올바른 배분이 가능한지, 미래에 더 높은 수익을 창출할 것인지에 대해 명확하게 설명해야 할 것이다.

제12장 스포츠 갬블링과 글로벌 딜레마

제1절 ✤ 의미와 특징

1) 의미

스포츠 갬블링(sports gambling)은 아주 오래전부터 공식·비공식적으로 이루어져 왔다.[1] 혹자는 이미 고대 로마시대 막시무스(circus maximus) 경기에서도 베팅(betting)이 이루어졌다고 주장하는가 하면, 그 이전부터 시작되었다고도 주장된다. 그러나 현대적 의미의 스포츠 갬블링은 18~19세기에 영국과 미국에서 경마, 크리켓, 야구 등과 같은 스포츠 경기에서 비롯되었다고 주장된다. 스포츠 갬블링은 스포츠 경기에 내기(betting)라는 요소를 추가하여 경기에 대한 관심과 흥미를 높이는 것이다. 스포츠 갬블링은 경마, 경륜, 경정 등 빠르기를 겨루는 경기뿐 아니라 프로 축구, 프로 야구, 프로 농구 등 팀 스포츠와 테니스, 골프, 복싱 등 개별 스포츠 경기에서 이루어진다. 이는 팬들에게 단순한 스포츠 경기 관람 외에도 보다 많은 재미와 즐거움을 제공하기 위한 것이다.

그러나 스포츠 갬블링은 참가자들 가운데 어느 한편이 이득을 얻으면 상대편은 반드시 손해를 보게 되어 있다. 즉, 승리(행운)와 패배(위험) 요인이 동시에 존재한다. 그럼에도 스포츠 갬블링은 단순한 경기 외에도 즐거움과 재미, 소득 기회 등 긍정적인 효과가

---

[1] 갬블링(gambling)은 돈을 벌기 위한 목적으로 게임을 하는 것 또는 불특정하거나 위험을 동반하는 행위라고 정의된다. 사행 산업백서에 의하면 게이밍(gaming)은 갬블링과 같은 의미로 사용되기도 한다. 그러나 1931년 미국 네바다주에서 도박이 합법화된 이후 게이밍은 산업이나 비즈니스 용어로, 갬블링은 도박행위를 언급할 때 사용되고 있다.

강조되고 있다. 하지만 스포츠 갬블링은 도박 중독, 사행심 조장, 범죄 행위 등의 폐해를 초래하기도 한다. 스포츠 갬블링은 자칫하면 개인의 파멸은 물론 가정 파괴, 사회적 낙오자 등의 문제를 야기할 수도 있다. 그럼에도 불구하고 소득 수준 향상, 산업 구조의 고도화, 오락적 요인 등의 이유로 갬블링은 사회적·도덕적 문제를 넘어서 산업의 한 부분으로 등장하기에 이르렀다. 스포츠 갬블링은 스포츠 레저 문화의 한 부분으로 인식되면서 일부 국가에서는 산업으로 간주되기도 한다. 최근 IOC에서는 스포츠 베팅에 대한 공동 선언문을 발표하기도 하였다.[2]

2) 사행 산업과 스포츠 갬블링

사행이란 요행을 바라는 것이다. 즉, 우연이나 행운에 의해 이익을 얻으려는 것이다. 사행 행위는 불특정의 다수로부터 재물이나 재산을 모아 우연적 방법에 의해 재산상의 이익이나 손실을 주는 것이다. 사행성 경기는 베팅이나 배당을 내용으로 하거나, 요행 등 우연적 방법으로 경기 결과에 따라 재산상 이익이나 손실을 주는 경기이다. 사행 산업은 인간의 사행심을 이용하여 이익을 추구하거나 관련된 재화나 서비스를 생산하는 산업을 말한다. 우리나라에서 스포츠 사행 산업으로는 경마, 경륜, 경정, 체육진흥투표권, 소싸움 경기 등이 있다. 이를 스포츠 갬블링 산업이라고도 한다.

한편, 산업 측면에서 사행 산업은 레저와 오락서비스 산업으로 구분된다. 한국표준산업분류에서는 사행 산업을 스포츠 및 오락 관련 서비스업으로 구분한다. 또 산업연관표에 의하면 경마, 경륜, 경정 등은 오락서비스업으로 구분된다. 산업 측면에서 사행 산업은 자발적으로 참여하여 즐거움과 자극을 추구한다는 점에서 레저 또는 오락서비스업으로 간주되기도 한다. 그러나 사행 산업은 베팅에 따른 보상을 추구하고 지나치게 몰입할 경우 금전적 손실, 도박 중독 가능성 등의 폐해가 발생한다는 점에서 일반적으로 말하는 레저 산업과는 다르다고 주장된다.

---

[2] IOC(2010)에서 발표한 스포츠 베팅에 대한 공동 선언문은 다음과 같다. 스포츠 베팅은 스포츠의 일부분이다. 스포츠 베팅은 대중들이 스포츠 종목과 선수들에 대한 관심과 애정 표현 방법이다. 스포츠 기금 조성에 가장 중요한 역할을 한다. 스포츠 베팅은 스포츠의 발전을 위해 존재한다. 스포츠 없이는 스포츠 베팅도 없다.

〈표 12-1〉 우리나라 사행 산업의 법률적 정의

유형	법률적 정의	비고
경마	기수가 탄 말의 경주에 대해 승자투표권을 판매하고 승자투표 적중자에게 환급금을 지급하는 행위	한국마사회법
경륜	자전거 경주에 대해 승자투표권을 판매하고 승자투표 적중자에게 환급금을 지급하는 행위	경륜·경정법
경정	모터보트 경주에 대해 승자투표권을 발매하고 승자투표 적중자에게 환급금을 지급하는 행위	경륜·경정법
체육진흥투표권	운동경기 결과를 적중시킨 자에게 환급금을 지급하는 행위	국민체육진흥법제2조
소 싸움 경기	소 싸움 경기에 대해 투표권을 발매하고 투표 적중자에게 환급금을 지급하는 행위	전통 소 싸움 경기에 관한 법률

자료: 사행산업백서(2016).

3) 스포츠 갬블링의 특징

경제적인 측면에서 스포츠 갬블링은 주로 다음과 같은 특징을 지닌다.

첫째, 스포츠 갬블링은 경기 결과에 대한 불확실성에 내기를 하는 게임이다. 대부분의 스포츠 경기는 경기 결과를 사전에 알 수 없는 불확실성이 존재한다. 하지만 경기 결과에 대한 불확실성이 존재한다고 해서 모든 스포츠 경기를 스포츠 갬블링이라고 하지는 않는다. 불확실한 경기 결과에 대해서 금전 등 내기를 하지 않기 때문이다. 스포츠 갬블링은 경기 결과에 대한 불확실성에 내기를 하는 것으로서 내기 방식은 종목에 따라 다양하다. 예를 들어, 팀 스포츠 경기에서는 승리 또는 패배하거나 비길 가능성, 종목에 따라서 몇 점 차이로 승리하거나 패배할 가능성 등이다.

스포츠 갬블링은 경기 결과의 불확실성에 대한 기대(예상)가 참가자들 간에 서로 다르기 때문에 이루어진다. 만약, 스포츠 갬블링 참가자들 모두 해당 스포츠 팀이나 선수에 대해서 동일한 정보를 가지고 있고 경기 결과에 대한 기대도 동일하다면 스포츠 갬블링은 이루어질 수 없을 것이다. 스포츠 갬블링 참가자들은 확정되지 않은 경기 결과에 대해서 서로 다른 기대를 하고, 기대에 근거하여 내기를 하는 것이다. 스포츠 갬블링 참가자들은 위험 요인을 최소화하고 내기에서 승리하기 위해서 관련 선수나 팀에 대해서 가능하면 보다 많은 정보를 얻으려고 노력한다. 그리고 자신이 파악한 정보가 가장 확실하며 자신이 승리할 수 있다는 믿음으로 내기를 한다. 그러나 경기 결과는 참가자들의 정보나 믿음대로 결정되지 않는다. 또, 팀의 전력이나 선수들의 경기력과는 정반대의 경기 결과가 발생하기도 하기 때문이다. 즉, 전력이 아무리 우수한 팀이나 선수도 경기에서 승리하거나 패배할 가능성은 항상 존재한다.

둘째, 스포츠 갬블링은 제로섬 게임(zero-sum game)이며, 비생산적이다.[3] 스포츠 갬블링 참가자들은 승자와 패자로 뚜렷하게 구분되므로 참가자 모두에게 부의 증대가 이루어지지 않는다는 점에서 제로섬 게임이다. 경기 결과에 따른 승자와 패자의 배당금을 합하면 결과적으로 영(zero)이 된다. 스포츠 갬블링은 기본적으로 참가자들 중 어느 한편이 이득을 보게 되면 다른 한편은 반드시 손해를 보게 되는 구조이다. 물론 갬블링에 대한 사용료, 세금 등이 지출되므로 승리에 대한 기대수익은 줄어들 수 있다. 결과적으로 갬블링에 참가한 후 참가자들의 전체적인 부의 상태는 갬블링에 참가하기 전보다 더 적어진다. 스포츠 갬블링에 참가하여 얻은 수입은 생산적이라고 보기 어렵다. 스포츠 갬블링에서 승리에 따른 수입은 참가자들 간 단순한 금전적 이전에 불과하다. 즉, 스포츠 갬블링은 새로운 수익이나 부가가치를 창출하는 것이 아니라 참가자들 간 자금 이전이 발생한 것이다. 경제적인 측면에서 스포츠 갬블링은 시간과 자원을 낭비한다고 지적된다.

셋째, 스포츠 갬블링은 재화나 서비스 등 상품에 대한 거래가 아니라 화폐를 중심으로 거래하는 소비행위이다. 화폐는 모든 상품에 대한 교환수단으로 사용되지만 갬블링 시장에서 화폐는 그 자체가 상품의 가치로 거래된다. 스포츠 갬블링 참가자들 간에는 현금이 거래된다. 투기적 상황에서 화폐를 하나의 상품으로 취급하는 것과 같다. 스포츠 갬블링 참가자들은 경기 결과가 불확실한 상황에서 단순히 돈을 벌기 위한 목적으로 거래

---

3) 경마는 참가자들이 상호 돈을 걸고 내기를 한다. 경마 참가자들은 출주 마라는 매개수단을 통하여 상호 간 돈을 걸고 경기 결과에 따라 배당금을 분배한다. 이를 패리뮤추얼 시스템(parimutual system)이라고 한다. 패리뮤추얼 시스템 하에서 마사회는 경마 팬(참가자) 상호 간에 걸어 놓은 돈을 보관하고 있다가 경기 결과가 확정되면 배당금을 배분해 주고, 그 대가로 경마 팬의 돈에서 일정 수수료를 받는다. 돈을 거는 행위는 시행업체(우리나라의 경우 한국마사회)를 상대로 하는 것이 아니라 경주 자체에 돈을 거는 것이며, 시행업체는 중개인 역할을 한다.

한다는 점에서 스포츠 갬블링 시장의 원리는 주식시장과 유사하다고 주장되기도 한다.

넷째, 모든 형태의 스포츠 갬블링은 투기적 성향을 지니고 있다. 투기적 활동은 크게 두 가지로 구별된다. 하나는, 가격의 차이를 이용한 투기로서 어떤 재화를 미래에 높은 가격으로 되팔기 위해 구입하는 행위이다. 즉, 가격변동을 이용하여 차익을 얻는 것이다. 다른 하나는 미래에 새로운 부를 창출하기 위해서 자원을 이용하는 투기이다. 사람들은 미래에 어떤 일이 일어날지 모르는 불확실한 상태에서 현재의 의사결정을 하는데, 이를 창조적 투기(creative speculations)라고도 한다. 창조적 투기는 생산적인 기업가 정신으로 혁신과 같은 의미이다. 기업가는 불확실성과 위험 속에서 의사결정을 하고, 혁신을 통해 끊임없이 진보하고 있다. 여기서 스포츠 갬블링과 관련이 있는 것은 전자의 가격의 차이를 이용한 투기 형태라고 할 수 있다. 스포츠 갬블링은 일종의 가격에 대한 투기로 위험 요인에 의존한다. 위험 요인은 스포츠 갬블링 운영자들이 참가자들을 유인하기 위해서 인위적으로 만든 투기이다.

스포츠 갬블링은 팬들에게 스포츠 경기 외에도 다양한 즐거움을 제공하기 위해서 운영된다. 그러나 긍정적 효과뿐 아니라 부작용도 발생하여 논란이 제기되고 있다.

[그림 12-1] 스포츠 갬블링

제2절 ☆ 인식과 참여 유형

1) 갬블링에 대한 인식

(1) 정부와 딜레마

많은 나라에서 재정수입 확충, 공공정책 수행 등을 위해서 다양한 스포츠 갬블링을 허용하기도 하며, 동시에 건전한 사회를 위해 스포츠 갬블링을 규제하기도 한다. 정부가 스포츠 갬블링에 대해서 이중적인 태도를 취하는 데 대해서 다양한 주장이 제기된다.

첫째, 공공정책을 수행하기 위해서는 불가피하다는 것이다. 정부가 스포츠 갬블링을 합법적으로 인정하려는 것은 재정수입을 확충하기 위해서이다. 정부가 세금을 인상하지 않고서도 많은 수입을 얻을 수 있는 방법 중 하나이다. 18~19세기 영국과 미국에서 현대적 의미의 은행이나 금융제도가 발달하기 전에 스포츠 갬블링은 공공사업을 수행하기 위한 자금원으로 역할을 하기도 했다. 영국에서는 재정 수입을 확충하기 위해서, 미국에서는 대학 건물, 공공 빌딩 등 공공의 목적을 위해 복권을 판매하기도 했다.[4] 그러나 사회적으로 비난이 제기되자 금지하였다. 그럼에도 불구하고 많은 국가들이 공공사업을 수행하기 위해서 스포츠 갬블링을 허용하고 있다. 스포츠 갬블링은 이미 많은 국가에서 엔터테인먼트, 여가 · 레저로 인식되고 있다. 국민들이 스포츠 갬블링에 건전하게 참여하고 자신들이 낸 비용이 공공사업에 사용된다는 사실을 인식한다면 부정적인 이미지는 줄어들 것이라고 주장된다. 그러나 스포츠 갬블링에 대한 부정적인 시각도 줄어들지 않고 있다고 지적된다. 하지만 많은 나라에서 스포츠 갬블링을 통한 재정수입 확충과 건전한 레저문화를 동시에 달성하기 위한 이중적 태도는 계속될 것이다.

둘째, 정부는 스포츠 갬블링을 이용하여 또 다른 형태의 세금을 거두고 있다고 지적된다. 스포츠 갬블링 수입은 참여자들 간 단순한 부의 이전에 불과하며 이 중 일부는 정부로 이전된다. 개인의 부가 정부로 이전되기에 또 다른 형태의 세금이라고 주장된다. 즉, 스포츠 갬블링 참가자들은 정부에 자발적 세금(voluntary tax) 또는 엔터테인먼트 세금

---

[4] 영국의 엘리자베스1세, 프랑스 루이15세 등은 재정확충을 위해서, 미국의 벤저민 프랭클린은 독립 전쟁을 위한 무기 자금 조달, 조지 워싱턴 대통령은 서부 개척에 필요한 도로를 건설하기 위해서 복권을 발행하였다.

(entertainment tax)을 납부하는 것이다. 문제는 이러한 세금은 갬블링 참가자들의 소득수준 등 경제적 능력에 상관없이 일률적으로 부과된다는 점이다. 공평한 조세구조가 아닌 것이다. 스포츠 갬블링에 참가하는 저소득 계층이 고소득 계층보다 상대적으로 더 많은 세금을 내게 된다.

셋째, 스포츠 갬블링은 상식을 벗어난 비도덕적 행위라는 인식이 팽배해 있다. 정부는 비도덕적 행위라고 지적되는 스포츠 갬블링을 운영하여 공공사업을 수행하고 있다. 많은 정부는 스포츠 갬블링에 대해 규제를 강화하고 있다고 강조하지만, 가끔 상식적인 수준을 벗어난 반사회적인 갬블링 행위를 묵인하기도 한다. 더구나 정부의 규제는 사회 질서와 순응이라는 목적을 위해 중립적인 자세를 견지하기도 한다. 정부는 건전하고 건강한 사회를 위해 스포츠 갬블링에 대한 규제를 강화하면서도 다른 한편으로는 공공정책 수행, 지역경제 활성화 등을 이유로 갬블링을 조장하기도 한다. 스포츠 갬블링에 대한 정부의 규제와 합법화는 어떤 원칙이나 기준보다는 사회적 여론이나 문화적 성향에 좌우된다고 주장된다. 정부는 스포츠 갬블링에 대한 규제와 합법화라는 딜레마 상황에서 고민하고 있다.

(2) 비생산적 · 레저 산업

스포츠 갬블링은 비생산적, 요행, 일확천금 등의 수단으로 여겨지기도 하고 생활의 재충전을 위한 여가나 서비스 산업이라고 주장되기도 한다. 일부에서 스포츠 갬블링은 비생산적인 활동이며 보수가 없는 노동으로 간주된다. 스포츠 갬블링에 참여하는 시간은 경제적으로 손실이다. 따라서 스포츠 갬블링을 통해 얻은 수입은 시간에 대한 손실이라고 할 수 있다. 스포츠 갬블링은 전통적 의미의 근로윤리와 노동에 대한 보상과 가치에 대한 인식을 위협한다고 지적된다. 근면과 성실이라는 근로윤리와 노동에 대한 가치를 왜곡시킨다는 것이다.

한편, 스포츠 갬블링은 스트레스 해소, 생활의 재충전 등을 위한 소비와 투자 또는 서비스 산업의 하나라고 주장된다. 특히, 산업 구조가 고도화 · 선진화되고 소득수준이 향상되면서 스포츠 갬블링은 단조롭고 복잡한 생활을 벗어나 자유롭게 즐길 수 있는 여가 산업의 한 부분이라고 주장된다. 이미 일부 선진국에서는 오래전부터 스포츠 갬블링을 여가나 레저, 엔터테인먼트 산업의 하나로 인식하고 있다. 이는 스포츠 갬블링이 여가 산업의 하나로 성장·발전하고 있다는 의미이다. 즉, 근면과 성실, 절약과 저축 등 전통적인 의미의 경제·사회적 가치가 소비지출을 중시하는 구조로 변화하면서 새로운 소비문화로 스포츠 갬블링이 등장하고 있다는 것이다.

문제는 스포츠 갬블링 참가자들 가운데 반드시 어느 한쪽이 손해를 보게 된다는 것이다. 일반 재화나 서비스 시장에서처럼 수요자와 공급자간 쌍방의 이득이 되는 거래가 아니다. 이러한 배분은 동등한 거래에 근거한다고 보기 어렵다. 특히, 스포츠 갬블링 시장에서는 대부분이 돈(money)을 중심으로 이루어지고 있다. 참가자들 간 단순한 돈의 이전 과정을 상품화하는 것은 경제적으로 바람직하지 못하다고 지적된다. 어떤 개인이 스포츠 갬블링을 통해서 자신의 꿈과 희망을 추구하려고 한다면, 이는 요행이나 행운을 바라는 비이성적인 행위이다. 그럼에도 많은 참가자들에게는 경제적 이득을 위한 수단으로 인식되기도 한다. 스포츠 갬블링은 경제적으로 여러 가지 위험 요소를 지니고 있음에도 참가자들이 점차 늘어나고 있다. 경제사회 구조가 생산 중심에서 소비 중심으로 변화되면서 스포츠 갬블링이 부의 증대 외에도 엔터테인먼트, 레저 산업으로 인식되고 있는 데 대해서 논란이 지속되고 있다.

(3) 사회적 가치와 무질서

스포츠 갬블링의 합법화는 해당 국가의 사회 구조와 문화 등과 관련하여 이해할 수 있다. 스포츠 갬블링의 문화적 현상은 사회적 구조와 관련이 있다. 이는 경제 활동과 연계되어 규제 완화 등에 영향을 미친다. 문화적 의미로 볼 때, 사람들이 스포츠 갬블링에 참여하는 이유는 단순히 금전적 이득이라는 의미보다 훨씬 다양하다. 스포츠 갬블링은 단순한 금전적 이득이라는 목적을 넘어 점차 문화적 아이콘(icon)이나 사회적 가치로 간주되기도 한다. 이는 최초의 스포츠 갬블링이 귀족사회를 중심으로 이루어졌기 때문이다. 전통적으로 스포츠 갬블링은 명예, 미덕, 관대함, 사회적 지위 등과 같은 사회적 가치를 수반한다고 주장된다. 즉, 스포츠 갬블링에 참여하려는 것은 사회의 일원, 정체성, 사회적 지위와 신분 과시 등 사회적으로 공유할 수 있는 가치를 표현하기 위해서이다. 또한 스포츠 갬블링은 특수한 환경이나 사회적 구조에서 일련의 의미와 관행을 부여하는 상징적인 현상이다.

한편, 스포츠 갬블링은 사회문화적 가치보다는 부정적 효과가 더 크다고 지적된다. 일부 국가에서는 정부가 재정수입을 목적으로 스포츠 갬블링을 조장하기도 하는데, 이는 과거의 전통적인 문화적 가치를 벗어나는 것이다. 또 일부 참여자들은 재산 탕진, 공금 횡령, 사기, 도박 중독 등으로 가정적으로는 물론 사회적으로 문제를 일으키기도 한다. 스포츠 갬블링은 정부의 실용주의적 관점에서 운영된다고 주장되지만, 스포츠 갬블링에 참가하는 대부분의 사람들은 요행이나 행운을 기대하는 등 비생산적 활동에 더 큰 관심을 가지기도 한다. 그리고 스포츠 갬블링의 합법화를 주장하는 데는 이해집단들의 요구나 정치적 목적 등이 작용한 결과일 수 있다. 이는 경제 · 사회적 다양화 · 복잡화를 고려할 때 이해될 수 있으나 그 이면에는 더 큰 무질서와 부작용이 존재할 수 있다. 스포츠 갬블링은 사회적 혼란과 심리적 비용이라는 부정적인 효과를 초래하므로 스포츠 갬블링 시장의 존재와 등장을 반대하는 것이다.

(4) 자본주의 정신과 다양화

스포츠 갬블링은 프로테스탄티즘(protestantism)에서 강조하는 도덕 · 윤리적 기준에 어긋난다고 지적된다. 그러나 이러한 지적에도 불구하고 스포츠 갬블링은 많은 나라에서 합법화되고 있다. 스포츠 갬블링의 합법화는 자본가들이 근검 · 절약을 강조하는 종교적 원리로부터 보다 자유로워지려고 하기 때문이라고 주장된다. 즉, 청교도 교리에서 유래된 일련의 경제적 가치들에 대한 변화를 요구한다는 뜻이다. 스포츠 갬블링을 합법화하는 것은 근검 · 절약 등에 초점을 맞춘 청교도의 원리에서 벗어난다. 청교도 원리에 따르면, 스포츠 갬블링은 비도덕적이고 반사회적 행위이다. 스포츠 갬블링 참가자들이 기회, 행운, 요행, 미신 등을 추종하여 비이성적인 사고가 형성될 수 있기 때문이다. 그럼에도 불구하고 스포츠 갬블링 시장 규모는 점차 커지고 합법화되고 있다. 이는 경제적 윤리가 더 이상 종교적 윤리에 근거한 순수한 의미의 자금 이동이나 순환을 의미하지 않게 되었기 때문이다. 그동안 강조되어 왔던 근검 · 절약 등 초기의 자본주의 정신은 점차 쇠퇴해지고 있다는 것이다. 이는 스포츠 갬블링이 비도덕 · 비이성적 행위라는 주장과 레저 · 여가 산업으로 간주해야 한다는 주장이 엇갈리고 있다는 데서 알 수 있다.

그러나 분명한 것은 소득수준이 높고 여가시간이 충분한 사람들은 이제 더 이상 단순히 먹고 살기 위해서 일하거나 경제 활동을 하지는 않는다는 사실이다. 일부 학자들은 스포츠 갬블링이 근검·절약을 강조하는 초기의 청교도 정신에는 반할지 모르지만 사람들의 소비지출 행태와 자본주의 정신을 보다 다양화 할 수 있다고 주장한다.

2) 참여 유형

(1) 개인적 특성

스포츠 갬블링은 개인의 특성에 따라 참여 방식이 다양하다. 개인적 특성에 따르면, 병적인 갬블러들은 보통 사람들에 비하여 화를 더 잘 내거나, 규칙을 제대로 준수하지 않으며, 자기 절제를 제대로 하지 못한다고 한다. 감정에 따라 충동적으로 행동하며, 집중을 제대로 하지 못하고 산만하며 과잉 행동을 나타낸다. 모든 일을 제멋대로 하는 사람들이 갬블링에 중독되기 쉬우며, 반사회적 행위와 범죄를 저지를 가능성도 높다. 문제는 이러한 충동, 산만한 행동, 과민 반응 등을 나타내는 어린이와 성인들이 증가하고 있다는 점이다.

개인적 특성은 감정과 위험 추구형으로 구분되기도 한다. 감정 추구형은 다양하고 새롭고 복잡한 감정과 경험을 위해 자신의 신체적·사회적 위험을 기꺼이 감수하려 한다. 이들은 범죄, 약물 복용, 알코올 남용, 다양한 성적 경험 등 위험한 행동과도 밀접한 관련이 있다. 감정적 추구는 위험한 행동 그 자체에 있는 것이 아니라 특별한 행동을 목표로 한다. 이에 비해 위험 추구형은 잠재적으로 부정적인 결과에 영향을 미치는 행동을 긍정적인 결과에 의해 상쇄시키려는 행동으로 해석되기도 한다. 손실보다 이득이 더 크다고 보는 것이다. 청소년들의 흡연, 음주, 약물 복용, 불건전한 성행위, 난폭한 운전 등에서 찾아볼 수 있다. 이러한 행동에 따른 긍정적인 결과는 즐거움, 동료들로부터의 인정, 욕구 충족 등이다. 특히, 청소년이 이러한 행위를 통해 우월감, 용맹, 용기 등의 성취감을 얻을 수 있다고 잘못된 생각을 하기 때문이다. 위험 추구형은 즐거움과 위험을 동시에 추구하는 행위라 할 수 있다. 청소년들은 갬블링을 하는 동안 우월감을 경험하기도 한다. 심리학자들은 위험 추구 성향은 여성보다 남성, 성인보다 청소년들이 더 크다고 주장한다. 갬블링은 본질적으로 위험 요소를 내포하고 있으므로 많은 청소년들은 그 위험에 매력을 느끼게 되고, 나아가서는 중독에 빠질 가능성이 크다고 주장한다.

(2) 인지 이론

갬블링 참여 유형은 인지 이론(cognitive theory)을 통해서도 설명된다. 인지란 어떤 대상을 느낌으로 알거나 이를 분별하고 판단하는 의식적 작용이다. 인지 이론은 계속되는 실패에도 불구하고 지속적으로 갬블링에 참여하는 사람들을 이해하는 데 유용하다. 계속해서 참여하는 갬블러는 잘못된 신념을 가지고 있다. 즉, 분별없는 사고력, 잘못된 믿음, 잘못된 환상 등이 갬블링의 참여 동기가 된다. 즉, 갬블링에 지속적으로 참여하면 승리하고 금전적 이득을 얻을 수 있다는 희망을 가지고 있다. 금전적으로 막대한 손실을 입고 있음에도 불구하고 계속해서 참여하려 한다. 이러한 유형의 갬블링 참가자들은 경기에서 아주 가끔씩 승리함에도 불구하고 언젠가는 크게 성공할 것이라는 불확실한 신념과 믿음을 가지고 갬블링에 지속적으로 참여한다. 심리학자들은 잘못된 신념이나 믿음을 가지고 계속해서 참여하는 갬블러들은 가끔 참여하는 갬블러들에 비해 분별없는 감정 표현을 자주 한다고 주장한다. 특히, 이러한 갬블러들은 자신들이 승리할 가능성이 더 높다는 잘못된 믿음을 합리화하려고 한다는 것이다. 이들은 특수한 숫자가 당첨될 확률이 더 높다고 주장하면서 번호를 마음대로 선택하기도 한다. 하지만 모든 번호 가운데 특정의 번호가 선택될 확률은 동일하다.

(3) 중독 모형

중독 모형이다. 대체로 중독성이 있는 갬블러들은 다른 중독자들과 유사한 공통점을 지닌다. 많은 학자들은 중독성이 있는 갬블러들이 다른 약물 중독과 연루되지 않았어도 이를 약물 중독 행위와 같이 취급한다. 이들은 갬블링에 참여할 기회를 찾는 데 몰두하고, 많은 돈으로 오랫동안 갬블링을 하려고 한다. 또 흥분이나 절정의 상태를 지속하기 위해서 베팅을 더욱 크게 하려고 한다. 이는 약물 중독자들이 중독에 따른 내성으로 더욱 강도가 높은 약물을 복용하려는 것과 유사하다. 스포츠 갬블러들은 골치 아픈 현실 문제를 벗어나기 위한 수단으로 갬블링을 이용한다는 점에서 알코올, 약물 중독자들과 비슷하다. 중독 행위는 어떤 목적을 위해서 계속해서 반복적으로 참여하는 상태이다. 이러한 중독 행위는 어린아이나 청소년들의 불충분하고 미숙한 감정, 부모나 친구 등으로부터의 거절에 따른 열등감 등에 의해서 초래되기도 한다. 개인들은 중독을 통해 골치 아픈 현실에서 도피한다. 갬블링에서의 승리에 대한 희열 등 환상적인 경험을 누리기도 한다. 이러한 환각 상태는 정신분열과 유사하다. 이외에도 학습·행동 모형이다. 갬블링 행동에 대한 사회적 학습 모델은 왜 많은 젊은이들이 갬블링 환경에 매력을 느끼는지를 설명할 수 있다. 예를 들어, 사회적으로 신분 상승과 과시 욕구를 위해 갬블링에 참여하는 경우도 있다. 이때 갬블링 장소는 성인들의 사회적 활동을 위한 공간 역할을 한다. 이곳에서는 갬블링을 통해 새로운 친구와 교제를 할 수 있다. 특히, 사회적으로 상류계층임을 과시하는 장소로 이용되기도 한다.

제3절 운영 실태와 발전 요인

1) 주요 국가와 스포츠 갬블링

세계 주요 국가들의 스포츠 갬블링 시장은 아주 복잡하다. 스포츠 갬블링을 합법적으로 운영하는 국가가 있는 반면에 이를 허용하지 않는 국가들도 있다. 국가에 따라 다양한 종목이 운영되고 있다.[5] 영국, 호주, 프랑스, 캐나다, 스페인 등에서는 스포츠 갬블링

---

5) 스포츠 갬블링은 영국에서 가장 발달하였다고 주장된다. 영국에서는 이미 1710년에 스포츠 갬블링에 관한 법률(gaming act)이 제정되었다. 귀족사회를 중심으로 시작된 갬블링은 점차 경마, 크리켓 경기, 복싱, 토끼몰이, 닭싸움 외에도 복권 등으로 확대되었다. 1835년 게임에 관한 법률에서 부정행위(cheating)라는 개념이 등장하였다. 2005년에는 갬블링 법(gambling act)이 개정되었다. 영국에서 스포츠 갬블링 시장은 북메이커(bookmakers)에 의해서 독점적으로 운영되고 있다. 북메이커들은 정부로부터 허가를 받아 마권을 판매하는 사설 마권업자이다. 이들은 나중에 전화로 내기를 해주기도 하고 신용·베팅을 위한 콜센터도 운영하였다. 래드브로크(ladbrokes), 뱃프레드(betfred)와 같은 민간 북메이커 기업들은 수백 개의 가게를 운영하고 있다. 영국에서 스포츠 갬블링은 주로 내기의 고정 승률(배당률)이 미리 결정된 경기에 내기를 하는 방식(fixed odds), 경기 결과가 특정의 범위 내에 들 것이라는 예상에 대해 내기를 하는 방식(spread betting), 여러 사람들이 어울려 돈을 걸고 내기에 참가하는 방식(pool betting) 등이 운영되고 있다. 특히, 축구 경기에서 풀링 베팅(pool betting)이 인기가 높다고 한다. 리틀 우드(little wood), 배논(vernons) 등 많은 민간 기업들이 영국에서 축구 풀링 베팅(football pool betting)을 인터넷으로 운영하고 있다.

을 허용하고 있다.6) 스포츠 갬블링의 운영 방식은 국가에 따라 다양하다. 캐나다에서는 스포츠 베팅을 인정하는데, 두 개 또는 그 이상의 경기에 동시에 베팅을 하도록 한다. 영국, 스페인에서는 오래전부터 정부가 독점적으로 스포츠 갬블링을 운영해 왔다. 단지 몇 개 주에서만 북메이커(bookmaker)들이 운영한다. 그러나 최근에 영국의 일부 스포츠 갬블링 시장을 민간이 운영하고 있다. 코스타리카에서는 인터넷 스포츠 갬블링 기업이 등장하기도 했다. 이처럼 정부가 스포츠 갬블링을 합법화하는 것은 소비자들에게 여가나 레저를 제공하는 동시에 세수입을 늘릴 수 있기 때문이다.

한편, 미국 연방정부에서는 모든 형태의 스포츠 갬블링을 사실상 불법으로 간주한다.7) 미국의 스포츠 조직이나 협회가 스포츠 갬블링을 강력하게 반대하는 걸로 알려져 있다. 스포츠 갬블링은 스포츠 경기의 순수성을 저해하고 각종 폐해를 야기할 수 있다는 것이다. 특히 스포츠 갬블링이 도박 중독, 각종 범죄 행위와 연계될 수 있다고 우려한다. 이와 같은 분위기에 따라 해외에서 인터넷을 통해 제공하는 스포츠 갬블링에 대해서도 철저하게 규제한다. 실제로 NCAA에서는 모든 형태의 갬블링을 금지하며 일부 주에서는 NFL 경기에서 베팅도 금지하고 있다. 그러나 미국의 일부 주에서는 스포츠 갬블링을 허용하기도 한다.

2) 운영 방식과 특징

스포츠 갬블링을 운영하는 국가들의 공통적인 특징은 다음과 같다.

첫째, 많은 국가들은 스포츠 갬블링을 정부 등 공공부문에서 직접 운영하거나 위탁 경영한다. 대부분이 독점적으로 운영된다. 규제와 합법화가 동시에 필요하기 때문이다. 재정수입을 확충하기 위해서는 합법화가 필요하지만 부작용을 해소하기 위해서는 규제가 필요하다. 그러나 일부 국가에서는 민간부문에서 운영하도록 하고 있다.8) 스포츠 갬

---

6) 우리나라에서는 1948년 런던 올림픽에 참가하기 위한 기금을 마련하기 위해서 1947년 12월에 액면가 100원, 복권형 후원권 140만 매를 발행하였다. 우리나라에서 최초로 발행한 스포츠 복권이라고 할 수 있다.
7) 미국 연방정부에서 스포츠 갬블링을 규제하는 대표적인 법률은 주로 다음과 같다. The Wire Communication Act of 1961(The Wire Act라고도 함), The Transportation in Aid of Racketeering Enterprise Act of 1961(The Travel Act), The Illegal Gambling Business Act of 1970, The Racketeer Influenced and Corrupt Organizations Act of 1970, The Professional and Amateur Sports Protection Act of 1992 등이다.
8) 영국은 2011년 6월 토트(tote)를 주요 사행 산업 기업인 벳프레드(betfred)에 매각하였다.

블링 시장에 대한 관리·감독 체계는 종목별로 분산되어 있기도 하고 통합되어 운영되기도 한다. 북미의 경우 사행 산업별로 분산되어 관리·운영되고 있으나 유럽 국가의 경우 통합 운영되고 있다.

둘째, 스포츠 갬블링 시장의 지나친 성장을 억제하기 위해 총량제를 실시한다. 총량제란 사행 산업의 부작용을 최소화하고 건전하게 성장하고 발전할 수 있도록 일정 기간 동안 사행 산업 매출액의 최고한도를 설정하는 것이다. 많은 국가에서 사행 산업의 사업장 수, 기기 수, 매출액 규모 등에 대해 상한을 정하고 있다. 또, 도박 중독 유병률, 순매출 비율, 사회적 부작용, GDP에서 사행 산업이 차지하는 비중 등을 고려하여 총량을 설정한다.[9] 또 참가자 1인당 베팅금액을 제한하기도 한다.

셋째, 장외발매시설이 다양한 엔터테인먼트 장소로 변화되고 있다. 장외발매시설은 경마, 경륜, 스포츠 경기 등에 대한 현장 중계시설을 갖추어 베팅을 하거나 게임머신을 설치하여 이용하게 하는 장소이다. 장외발매소를 설치하는 이유는 스포츠 갬블링에 참여하는 소비자들이 참여 기회 확대, 접근성 제고, 수익성 증대 등을 위해서이다. 과거에는 대부분의 장외발매시설을 정부 등 공공부문이 독점적으로 운영하였으나, 최근 들어 민간 기업들이 운영하기도 한다. 장외발매소는 다양한 문화시설을 제공하며 사교장소로 변화하고 있다. 과거의 장외발매시설에서는 베팅만 가능하였으나 최근에는 호프, 카페 등의 음료를 판매하며 엔터테인먼트 기능을 갖추기도 한다. 호주 빅토리아주의 경우 장외발매시설은 처음에는 주 정부에서 운영하였으나 지금은 민간이 운영하고 있다. 스포츠 베팅시설과 다양한 문화 및 레저시설이 함께 있어 지역 주민들의 문화 공간 및 사교장소로 이용되고 있다. 일본은 장외발매시설을 공공부문에서 운영하면서 쾌적한 환경, 고급스러운 갤러리, 도서관 등의 시설을 갖추고 있다.

넷째, 스포츠 갬블링 시장은 일반 재화나 서비스 시장과는 달리 소비자들을 보호하기 위해서 다양한 정책들이 운영되고 있다. 국가에 따라 약간씩 다르지만 통상 미성년자들은 스포츠 갬블링에 입장이 제한된다. 광고를 규제하기도 한다. 예를 들어, 스포츠 갬블링에 대한 광고는 청소년들에게 직접적으로 해서는 안되며 스포츠 경기가 진행되는 동

---

9) 우리나라의 경우 GDP 대비 사행 산업 순매출 비중을 OECD 국가들의 평균 등을 고려하여 0.58% 수준에서 관리하고, 해당 연도의 GDP 대비 사행 산업 목표 비중을 적용하여 사행 산업 전체 총량을 설정한다.

안에 TV를 통해 베팅에 대한 광고를 할 수 없다.

다섯째, 전자카드 시스템이다. 전자카드는 경마, 경륜 등 사행 산업에 참여할 때 사용되는 카드이다. 전자카드 시스템은 소비자의 신원 확인, 구매 상한액 제한 등으로 소비자를 보호하고 포인트 적립, 인센티브 등으로 소비자들에게 편익을 제공할 수 있다. 독일에서는 청소년 이용 금지, 당첨금 지급 등 소비자들에 대한 서비스를 제공하기 위한 목적으로 도입하였으며 2008년부터는 소비자들의 신분을 증명할 수 있는 실명전자카드를 의무화하고 있다. 노르웨이에서는 모든 게임에 전자카드를 의무화하였고 구매 상한, 사전 제한 설정 시스템, 이용자 제한 기능 등으로 이용자를 보호하고 있다. 영국은 전자카드를 도입하여 이용자들의 게임 습관을 모니터링하고 현금 없이 사용할 수 있는 체크카드 서비스를 제공한다.

여섯째, 중독 예방 프로그램을 운영하고 있다. 스포츠 갬블링을 운영하는 국가에서는 정부 등 공공부문에서 도박 중독 예방이나 치료 관련 프로그램을 운영하고 있다. 영국은 도박 관련 문제가 있는 개인에게 치료를 지원하고, 효과적인 교육과 예방을 위해 건강관리 트레이닝 프로그램을 제공하고 있다. 프랑스는 도박 중독을 예방하기 위해 병적인 도박 방지 및 치료 네트워크를 구축하여 병원 및 대학과 연계하여 치료 서비스를 지원하고 있다. 홍콩에서는 도박 중독자와 그의 가족을 위해 병원에서 전문치료 및 상담을 하고 있다. 마카오 도박 중독 예방 치유 기관은 도박으로 인해 재정적으로 어려움을 겪는 도박 중독자와 그의 가족을 위해 채무 조정을 지원하기도 한다.

3) 스포츠 갬블링 시장 실태

스포츠 갬블링 시장은 전통적 의미의 스포츠 갬블링 시장과 온라인 시장으로 구분된다. 전통적 의미의 스포츠 갬블링 시장은 경마, 경륜, 경정, 스포츠 토토 등이다. 온라인 스포츠 갬블링에 대해서는 명확한 정의되지 않고 있으나 통상 개인이 온라인 스포츠 갬블링을 제공하는 웹 사이트와 연계하여 돈을 걸고 내기를 하는 스포츠 활동을 말한다. 〈표 12-2〉는 대륙별 스포츠 갬블링 시장을 나타내는데, 유럽과 아시아 시장이 가장 큰 것을 알 수 있다. 유럽과 북미의 스포츠 갬블링 시장은 감소 추세를 나타내는 데 비해 아시아 지역의 시장 규모는 증가 추세를 나타낸다. 아시아 국가들의 소득수준이 향상되면서 스포츠 갬블링에 대한 관심이 증가하고 있다고 주장된다.

〈표 12-2〉 글로벌 스포츠 갬블링 시장 규모(단위: 백만$)

대륙별	2011	2010	2009	2008	2007
유럽	240	242	239	263	252
아시아	230	221	208	204	186
북미	35	36	38	44	46
중남미	34	30	29	28	25
오세아니아	34	29	24	24	24
아프리카	11	9	10	9	8
전세계	584	567	548	572	541

자료: global betting and gaming consultants(2013).

한편, 우리나라에서는 경마, 경륜, 경정, 소싸움, 스포츠 토토 등 다양한 스포츠 갬블링이 운영되고 있다. 〈표 12-3〉은 우리나라 스포츠 갬블링 시장의 총매출액과 조세 규모이다. 참고로 2015년 우리나라 사행 산업의 총매출액은 약 14조1천억 원으로 나타났다.

〈표 12-3〉 우리나라 스포츠 갬블링 시장의 총매출액과 조세(단위: 억원, 천명)

		2004	2006	2010	2012	2013	2014	2015
경마	총매출액	53,303	53,110	75,765	78,397	77,035	76,464	77,322
	이용객	15,410	19,444	21,812	16,138	15,917	15,296	13,617
	조세	10,410	10,610	13,993	14,649	14,432	14,236	14,468
경륜	총매출액	19,427	15,894	24,421	24,808	22,976	22,019	22,731
	이용객	5,562	5,644	9,409	7,848	6,981	5,289	5,542
	조세	3,503	2,762	3,928	4,006	3,718	3,582	3,764
경정	총매출액	3,378	3,972	6,508	7,231	6,923	6,808	6,730
	이용객	1,434	1,968	3,286	2,896	2,781	2,358	2,169
	조세	608	715	1,056	1,183	1,129	1,119	1,109
체육진흥 투표권	총매출액	1,389	9,131	18,731	28,435	30,782	32,813	34,494
	종류(종)	11	18	17	20	19	22	22

주: 조세(국세+지방세), 체육진흥투표권은 조세 없이 수익금 전액이 기금으로 편입
자료: 사행산업통합감독위원회(2016.06).

또한, 글로벌화, 정보통신 기술 발달 등과 더불어 젊은 층을 중심으로 온라인 스포츠 갬블링 시장이 급속도로 성장하고 있다. 주요 국가에서 합법적으로 운영되는 온라인 스포츠 갬블링으로는 스포츠 베팅, 온라인 경마, 경륜 등이다. 온라인 경마는 스마트폰, 컴퓨터 등으로 베팅에 참여할 수 있다. 온라인 스포츠 갬블링 종목, 허용 여부, 운영 방식 등은 국가마다 다양하여 글로벌 차원의 시장 규모를 파악하기가 쉽지 않다. 참고로 2012년 글로벌 온라인 갬블링 시장 규모는 324억 달러로 보고되기도 하였다.[10]

4) 불법 스포츠 갬블링 시장

불법 스포츠 갬블링 시장은 경제·사회적으로 많은 문제점을 야기하고 있다. 불법 스포츠 갬블링 시장은 사행 산업을 합법적이고 건전하게 운영하기 위해서 금지하거나 제한하는 행위를 악용하여 생기는 시장이다. 과학 기술의 발달과 더불어 불법 스포츠 갬블링이 글로벌 차원에서 이루어지고 있다. 불법 스포츠 갬블링의 종류도 아주 다양하다. 다음은 우리나라에서 규정하고 있는 불법 스포츠 갬블링에 대한 설명이다.

첫째, 불법 스포츠 갬블링은 투표권 발행권자가 아닌 자가 체육진흥투표권이나 이와 유사한 것을 발행하여 결과를 적중시킨 자에게 재물이나 재산상의 이익을 제공하는 행위이다. 불법 스포츠 갬블링은 주로 온라인에서 이루어지고 있다. 불법 스포츠 갬블링은 베팅 대상이나 방식이 다양하다. 불법 스포츠 갬블링 사이트는 주로 해외에서 운영되고 있으며, 국내외 주요 경기는 물론 중남미, 동유럽 등의 축구 리그, 아이스하키·탁구·e스포츠 등 다양하다.

둘째, 불법 경마, 경륜·경정, 소싸움 경기이다. 이와 같은 사행성을 지닌 경기에서 불법 스포츠 갬블링은 두 가지 형태로 발생한다. 하나는 합법적으로 운영되는 사행 산업의 종사자가 각종 법규를 위반하는 행위이다. 즉, 경마, 경륜, 경정 등의 종사자들에 의한 승부 조작 행위 등이다. 다른 하나는 합법적인 사행 산업과는 직접적으로 관련이 없음에도 불구하고 경마, 경륜·경정 등을 이용하여 사행 행위를 하는 사설업자들이다. 예를

---

10) Global Online Game(2013)에 의하면 이 중에서 스포츠 베팅(13.%), 카지노(6.0%), 포커(3.7%), 빙고(1.9), 기타(7.3%) 순으로 타나났다. 온라인 스포츠 갬블링 시장에서는 스포츠 베팅이 가장 큰 것으로 나타났다. 지역별로도 아시아-태평양(11.7), 유럽(11.1), 북미(5.3%), 중동 및 아프리카(4.4) 순으로 나타났다.

들어, 우리나라에서 마사회가 아닌 자가 경마를 하거나 또는 마사회 경주를 이용하여 승마투표와 유사한 행위를 하는 행위, 외국에서 열리는 경마 정보를 전자적 방법을 이용하여 사행 행위를 하는 온라인 경마, 영리 목적으로 마권을 구매·대행·알선하거나 양도하는 행위 등이다. 경륜·경정, 소싸움 경기도 마찬가지이다. 과거에 불법 스포츠 갬블링은 주로 운영자와 참여자들 간 객장에서 이루어졌다. 요즘에는 인터넷, 모바일 등을 통해서 이루어지고 있다. 문제는 불법 스포츠 갬블링 시장이 국가들의 규제와 단속에도 불구하고 규모가 줄어들지 않고 있으며 도박 중독, 공금 횡령, 자금 세탁 등 각종 부작용이 발생하고 있다는 것이다.

5) 스포츠 갬블링의 발전 요인

(1) 손쉬운 참여

글로벌화와 인터넷의 발달로 전 세계 어느 누구라도 스포츠 갬블링에 손쉽게 참여할 수 있다. 특히, 온라인 스포츠 갬블링이 가능하게 되면서, 세계적인 갬블링 기업들은 전 세계 소비자들을 위해 다양한 언어로 서비스하기도 한다. 실제로, 몰타(malta)에서 운영되는 갬블링 기업(expekt.com)은 전 세계 227개 국가에서 참가하며, 19개 언어로 서비스를 제공하고 있다. 영국의 스포츠 갬블링 시장에도 전 세계 150여개 국가에서 소비자들이 참가하고 있다고 한다. 이제 온라인 스포츠 갬블링은 글로벌 시장으로 전 세계에서 누구나 손쉽게 참가할 수 있게 되었다.

(2) 유동성 용이

스포츠 갬블링 시장에서 유동성이 용이하다. 유동성이란 기업의 자산을 필요한 시기에 손실 없이 화폐로 손쉽게 바꿀 수 있는 정도를 의미한다. 투자한 자금을 현금으로 즉시 전환할 수 있는 정도를 유동성이라 한다. 사람들은 재산 증식을 위한 투자 대상을 선택할 때 그 대상을 자신이 원하는 시기에 바로 현금으로 전환할 수 있는지를 감안한다. 스포츠 갬블링 참가자들은 경기 결과에 대해서 돈으로 내기를 한다. 참가자들 간에 돈이 거래되므로 유동성이 아주 높다고 할 수 있다. 유동성은 스포츠 갬블링 등에 참여하는 사람들이 선호하는데, 이는 엄청나게 많은 돈을 부당한 방법으로 거래할 수 있기 때문이다. EPL이나 국제 크리켓 경기 등에서 거액의 판돈을 건 내기가 이루어지고 있는 것도 유동성이 용이하기 때문이라고 할 수 있다.

(3) 거래비용 절감

갬블링 참가자들이 거래비용을 감소시킬 수 있다. 과거 유럽의 주요 국가에서 스포츠 갬블링 시장은 주로 국영기업들이 합법적으로 독점권을 갖고 있었다. 독점력은 주로 경마 당국의 허가를 받은 사설 마권업자인 북메이커(bookmaker)들이 행사하였다. 과거에는 스포츠 갬블링에 참가하기 위해서는 대부분 국영기업들이 독점적으로 운영하는 곳에서 구매해야 했기 때문에 세금 등 수수료가 높았으며 배당률이 상대적으로 낮을 수밖에 없었다. 그러나 인터넷 거래가 보편화되면서 상황이 달라지기 시작하였다. 온라인 스포츠 갬블링이 확산되면서 갬블링 시장에서 시장 지배력은 북메이커에서 참가자(bettor)로 이동하고 있다. 이제 스포츠 갬블링 참가자들은 전 세계 갬블링 시장을 상호비교하여 배당률이 가장 높은 곳을 찾아간다. 일부 국가들은 역외지역에서 스포츠 갬블링에 대한 세금을 없애거나 아주 낮게 부과하는 등 소비자들이 갬블링에 손쉽게 참가할 수 있게 하고 있다. 실제로, 영국 정부에서는 2001년에 스포츠 갬블링 수수료(betting duty)를 폐지하는 대신 북메이커들의 이윤에 약간의 세금을 부과하기로 하였다. 그 결과 모든 갬블링 시장 참가자들의 거래비용이 하락하였으며 전체 갬블량은 상당히 증가하였다고 한다. 이러한 현상은 수요에 대한 가격탄력성이 매우 높기 때문이라고 주장되기도 한다.

(4) 다양한 갬블링 방식

전자 및 과학 기술의 발달로 스포츠 갬블링 시장에서도 내기 행위를 보다 용이하게 할 수 있다. 스포츠 경기를 시작한 후에도 내기에 참가할 수 있는 '라이브 베팅'(live betting) 또는 '경기 중 베팅'(in-playing betting)이 가능해진 것이다. 이러한 갬블링은 경기를 시작한 후에도 베팅이 가능하다는 점에서 인기가 높다. 이는 경기 초반에 일어나는 일련의 경기력을 근거로 내기를 할 수 있도록 한 것이다. 처음에는 테니스 경기와 같이 세트별 경기에서 시작되었으나 농구, 축구, 크리켓 경기에서도 가능하다. 또, 다양한 형태의 갬블링이 등장하면서 참가자들의 관심이 높아지고 있다. 경기 결과보다 특수한 조건에 베팅(proposition betting)을 하는 참가자들이 증가하고 있다. 예를 들어, 핸드볼 경기에서는 각 팀의 골 득점 수에 대해, 축구 경기에서 골을 가장 먼저 넣는 선수에 대해, 야구 경기에서는 어느 선수가 가장 많은 안타를 칠 것인지 또는 몇 회에 최초의 홈런이 나올 것인지에 대해, 크리켓 경기에서는 얼마나 많은 점수가 날 것인지 등에 대해서 내기를 하는 것이다. 이들 중 일부는 새로운 형태의 내기였으나 보상금액이 낮아서 관심을 끌지 못했으며, 승부 조작 등의 문제로 폐쇄되기도 하였다. 그러나 최근 들어 새로운 방식의 베팅이 등장하면서 참가자들이 증가하고 있다. 즉, 인기가 높은 축구 경기에서 얼마나 많은 선수들이 또 어떤 선수가 레드, 옐로우 카드를 받을지, 크리켓 경기에서 유명 선수가 얼마나 많은 득점을 할 수 있는지, 농구 경기에서 총득점 수는 얼마나 될지 등에 대한 내기도 등장하고 있다.

(5) 베팅 익스체인지

최근 영국 등에서는 베팅 익스체인지(betting exchange)[11]에 대한 관심이 증가하고 있다. 베팅 익스체인지는 고정배당률이나 패리뮤추얼 방식과는 달리 베팅 참가자 개인과 개인이 직접 베팅(peer-to-peer)할 수 있다. 베팅 익스체인지는 베팅회사에서 배당률을 정해주는 것이 아니라 참가자들끼리 베팅과 배당액을 정하고 서로 사고팔 수 있어 배당률이 더 높게 형성될 수도 있다. 베팅회사는 참가자들 간 거래가 이루어지도록 시장을 열어주고 중개를 하여 약간의 수수료를 받는 방식이다. 베팅 익스체인지는 주식시장과 유사한 원리이다. 또한 경기 도중에도 실시간으로 베팅이 가능하며, 참가자들 간 믿고 거래할 수 있다는 점이다. 베팅 익스체인지는 수수료가 상대적으로 싸며 기존의 북메이커 방식[12]보다 훨씬 더 매력적이라고 인식되면서 급격하게 성장하고 있다.

---

11) 베팅 익스체인지(betting exchange)는 2000년 5월 영국의 플러터(flutter.com)사가 최초로 시도하였다. 그 후 영국의 벳페어(betfair)사가 2000년 6월 오픈 마켓 베팅(open market betting)으로 시작했으나 나중에 베팅 익스체인지라 불리게 되었다. 벳페어사는 배팅 익스체인지를 통해서 가장 성공한 기업으로 알려져 있다. 벳페어사는 전 세계 약3백만 명의 회원을 보유하고 있으며 매일 6백만 건의 자금이체가 이루어지고 있다고 한다. 벳페어사는 2010년 영국에서만 연간 3억 파운드(한화 5,130억원)의 매출을 올렸다고 보도되기도 한다.

12) 북메이커(book maker) 방식은 경마 당국이 마권업자인 북메이커들로부터 돈을 받고 경마장에서 마권을 판매할 수 있도록 허가하는 것이다. 주로 영국, 호주 등에서 운영되고 있다. 패리뮤추얼(pari-mutuel) 방

예를 들어, 영국 프리미어 리그(EPL)에서 MU와 리버풀 간의 경기를 앞두고 ①MU가 승리한다. ②MU와 리버풀이 비긴다. ③리버풀이 승리한다 등의 경기 결과에 대해서 참가자들 간 베팅을 하는 방식이다. 여기서 만약 A라는 사람이 MU가 승리한다(①)에 1만 원을 베팅하고 배당률은 3.0이라고 하자. 이 경우 MU가 승리하게 되면 A는 3만원을 받게 된다. 그러나 MU가 패하게 되면 베팅한 1만원은 돌려받을 수 없다. 그런데 전반전에 MU팀이 3:0으로 이기고 있다면 MU팀이 경기에서 승리할 확률이 상당히 높을 것이다. 이 경우 MU팀에 베팅하려는 사람들이 늘어나게 될 것이다. 경기 도중에도 베팅이 가능하기 때문이다. 그러나 MU팀에 베팅하려는 사람은 많아지게 되면 배당률은 낮아지게 될 것이다. 베팅 익스체인지는 철저한 시장논리에 근거한다. 그러나 베팅 익스체인지는 불확실한 경기 결과에 대한 베팅과 즐거움이라는 스포츠 베팅을 넘어서 단순한 돈벌이로 전락될 수도 있다고 지적되기도 한다.

제4절 ☆ 승부 조작 유인과 제거

1) 의미

승부 조작(match-fixing)은 스포츠 이벤트나 경기에서 선수, 감독, 심판 등이 금전적, 물질적으로 매수되거나 조작되어 경기 결과를 의도적으로 바꾸려는 행위이다. 스포츠 경기에서 승부 조작은 선수, 감독, 심판 등이 승부 조작자들로부터 뇌물을 받은 대가로 경기 결과를 왜곡하는 것이다. 초기의 프로 스포츠 시장에서 승부 조작은 상대적으로 자주 일어났는데, 이는 선수들의 수입이 적었던 것이 가장 큰 이유였다. 스포츠 내기에 참가하는 자들은 경기 결과를 조작하기 위해서 선수들에게 돈을 주었다. 내기에 참가하는 사람들은 내기를 통해서 돈을 벌 수 있었으며, 이를 통해 당시에 수입이 낮았던 선수들은 다른 부업을 하지 않고서도 승부 조작에 가담하여 생계를 유지할 수 있었다.

___

식은 경마 당국이 마권 매출액에서 일정 금액의 수수료와 세금을 공제하고 나머지를 배당금으로 지급하는 것이다. 우리나라, 일본 등이다.

그러나 선수, 감독 등의 소득수준이 높아졌음에도 불구하고 승부 조작에 대한 논란은 사라지지 않고 있다. 다양한 종목에서 승부 조작이 발생하고 있다. 승부 조작은 선의의 내기 참가자들에게 금전적 피해를 입힌다는 데 문제가 있다. 승부 조작은 미리 짜고 하는 경기(point shaving)로 경기 결과에 대한 불확성을 떨어뜨리고 스포츠 경기에 대한 신뢰를 실추시키며 스포츠 정신을 왜곡시킨다고 지적된다. 승부 조작이 심할 경우 해당 스포츠의 존립 자체를 어렵게 할 수도 있다고 지적된다. 대부분의 스포츠 정부나 스포츠 기구, 리그 등에서 철저히 규제하고 있음에도 불구하고 승부 조작은 사라지지 않고 있는 실정이다. 많은 스포츠 경기나 이벤트에서 승부 조작에 대한 의문이 제기되고 있다. 프로 스포츠 경기나 이벤트와 관련된 승부 조작은 페어플레이 정신을 훼손시킬 뿐 아니라 개인적으로는 범죄 행위이며 사회적으로는 불신을 야기한다.[13]

2) 승부 조작과 범죄 행위

스포츠 경기에서 승부 조작은 범죄 행위로 간주되며, 가담자들은 법적 처벌을 받는다. 스포츠 경기나 이벤트에서 승부 조작은 범죄 행위라고 주장되는 근거는 다음과 같다.

첫째, 스포츠 갬블링 시장에서 승부 조작은 문화적 범죄에 해당된다고 주장된다. 스포츠 경기는 공정하고 정정당당하며 높은 이상과 꿈이라는 가치를 지니고 있으며, 스포츠 경기에서의 승리는 많은 사람들에게 용기와 희망을 제공한다. 그런데 승부 조작이 발생하게 된다면, 해당 스포츠 경기뿐 아니라 사회적으로 중요한 가치를 잃게 되는 것이다. 즉, 스포츠가 지니고 있는 문화사회적인 가치와 매력이 사라지게 되는 것이다.

둘째, 승부 조작은 금전적 범죄로 간주된다. 갬블링 시장은 기본적으로 금융시장과 그 원리가 유사하다. 예를 들어, 만약 내기 거래소(판매업자)에서 내기 참가자가 선택한 경기 결과가 발생하면 일정 금액을 지불하고 그렇지 않으면 아무것도 주지 않겠다고 내기를 한다. 참가자들은 자신들이 이용 가능한 정보를 근거로 이러한 내기에 참가할 것인가 말 것인가를 결정한다. 그런데 이때 승부 조작이 이루어진다면 금전적 범죄 행위와 동일

---

13) 우리나라에서도 프로 스포츠는 물론 온라인 게임, 아마추어 경기에서도 승부 조작이 심심치 않게 발생한다. 축구(2011), 야구와 배구(2012), 농구(2013) 등의 프로 스포츠 경기, 2012 런던 올림픽 경기 대회 선발전에서 배드민턴 경기, 국가 대표 선발 경기, 중고연맹에서도 승부 조작이 발생했다고 보도되기도 하였다.

한 결과가 나타난다. 즉 스포츠 갬블링 참가자들이 어떤 경기 결과에 대해서 돈을 걸고 내기를 하였는데, 승부 조작으로 인하여 경기 결과가 반대로 되었다면 당초의 갬블링 참가자들은 돈을 잃게 되는 것이다.

셋째, 선수, 감독, 심판 등만이 알 수 있는 특수한 정보를 내기에 이용하여 부당한 이득을 얻을 수 있다. 예를 들어, 어떤 팀의 유능한 선수가 부상 중이거나 선수들 간 분란으로 팀워크에 문제가 있다는 등 해당 선수나 감독만이 알 수 있는 정보를 이용하여 부당한 이득을 얻을 수 있는데, 이는 내부거래의 한 형태이다. 주식시장에서 이와 같은 내부거래는 범죄 행위로 간주된다. 마찬가지로 스포츠 경기장에서 발생하는 내부거래도 승부 조작에 해당된다. 이러한 내부거래에서도 금전적 손실이 발생할 수 있다는 점에서 금전적 범죄 행위라고 할 수 있다.

3) 승부 조작의 편익과 비용

스포츠 경기에서 선수, 감독, 심판 등이 승부 조작에 가담하려는 요인을 기대편익과 기대비용을 이용하여 설명할 수 있다. 기대편익은 승부 조작에 가담할 경우 기대되는 경제적 보상이다. 기대비용은 승부 조작에 가담할 경우 발생 가능한 모든 비용이다. 이론적으로 승부 조작에 가담하여 얻을 수 있는 기대편익이 승부 조작에 가담하는 데 필요한 기대비용보다 더 클 경우 승부 조작에 가담하려는 유인이 있다. 예를 들어, 어떤 선수가 승부 조작에 가담하기로 할 경우, 이때의 기대편익을 금전으로 나타낼 수 있다고 하자. 이를 금전적 기대편익이라고 한다. 금전적 기대편익(EB)은 승부 조작이 성공할 가능성(P) 곱하기 뇌물의 크기(Q)가 될 것이다. 즉, 승부 조작에 가담함으로써 얻을 수 있는 기대편익(EB) = $P \times Q$로 나타낼 수 있다.

그리고 선수가 승부 조작에 가담할 경우 다음과 같은 기대비용이 발생할 수 있다. 첫째, 금전적 비용(F)이다. 승부를 조작하기 위해서는 경기에서 일부러 져야 하는데, 이때 상금 손실, 출장 정지 등에 따른 손실이 발생한다. 그리고 선수가 승부 조작을 한 사실이 적발되어 해당 스포츠계에서 영구 추방될 경우 선수 생활을 통해서 얻을 수 있는 소득이 없어지게 되므로 승부 조작에 따른 금전적 비용은 미래소득의 현재가치라고 할 수 있다.

둘째, 승부 조작을 위해 경기에서 일부러 패하거나 경기력을 제대로 발휘하지 않은 데 따른 비용(R)이다. 셋째, 경기에서 승부 조작을 위해 같은 팀 선수를 배신한 데 따른 도덕적 양심과 가책 등에 대한 비용(C)이다.

그러면 승부 조작에 가담함으로서 발생할 수 있는 비용은 (F + R + C)로 나타낼 수 있다. 편익과 비용 측면에서 볼 때, 승부 조작에 가담하려는 이유는 승부 조작에 따른 기대편익(EB)이 기대비용(F + R + C)보다 더 크기 때문이라고 할 수 있다. 이를 수식으로 나타내면 다음과 같다. 즉, (EB) = P × Q ⟩ (F + R + C)이다.

이러한 모형에서 다음과 같은 사실을 유추할 수 있다.

첫째, 승부 조작에 가담하는 데 따른 기대편익(EB)은 팀 스포츠 경기보다는 개별 스포츠 경기에서 더 높을 가능성이 있다. 승부 조작을 원하는 자들은 팀 스포츠의 여러 선수들보다 개별 스포츠 경기에서 한 선수를 가담시키기가 훨씬 더 쉬우며, 또 개별 스포츠 경기에서 승부 조작에 필요한 경기 결과를 보다 손쉽게 얻을 수 있다. 복싱, 테니스 경기와 같이 개별 스포츠 경기에서 승부 조작에 대한 스캔들이 자주 거론되고 있는 이유이다. 축구 경기와 같이 여러 명의 선수, 코치, 심판 등이 상호작용하는 복잡한 상황에서 일부 선수들만으로는 승부를 조작하기는 상대적으로 쉽지 않다. 팀 스포츠 경기에서 승부 조작에 따른 기대편익은 상대적으로 낮은 것이다.

둘째, 승부 조작에 가담함에 따라 발생 가능한 금전적 비용(F), 즉, 손실이 높을수록 승부 조작에 가담하려는 유인이 줄어들 것이다. 소득이 아주 높은 스타선수들은 승부 조작에 가담하려는 유인이 거의 발생하지 않을 것이다. 만약 승부 조작에 가담하였다가 적발되어 자격 정지나 영구 추방을 당하게 되면 금전적 손실이 엄청나기 때문이다. 승부 조작에 가담하였다가 적발될 경우 금전적 손실이 크면 클수록 승부 조작에 가담하려는 유인이 줄어들 것이다. 영국의 프로 축구 경기에서 승부 조작이 거의 일어나지 않는 것은 승부 조작이 적발되어 영구 추방될 경우, 이에 따른 기회비용이 아주 높기 때문이다.

셋째, 수입이 상대적으로 낮은 선수들은 승부 조작에 가담하려는 유인이 높다. 이는 승부 조작에 가담함에 따라 발생 가능한 금전적 비용(F)이 낮기 때문이다. 경기에 참가한 보상이 아주 적거나 거의 없으면 선수들은 승부 조작에 대해서 관심을 가지게 될 것이다. 일부 학자들은 크리켓 경기에서 승부 조작 등 부정행위가 자주 발생하는 것은 선수들의 수입이 상대적으로 낮기 때문이라고 주장한다. 가끔 미국의 대학 스포츠 경기에서도 선수들의 승부 조작 가능성이 제기되는 것은 선수들의 수입이 없기 때문이다. 수입이 상대적으로 낮은 심판이나 신인선수들이 가끔 승부 조작에 가담하였다는 주장이 제기되는 것은 적발되어 영구 추방되는 데 따른 기회비용이 낮기 때문이다. 이는 선수나 감독의 수입을 높여 주어야 한다는 주장의 근거가 되며, 대신 승부 조작 가담자들에 대해서는 강력한 벌칙을 주어야 한다고 주장된다.

넷째, 현재의 생활에 불만이나 고충이 있는 선수, 심판, 감독 등이 승부 조작에 가담할 가능성이 더 크다고 할 수 있다. 이들은 승부를 조작하기 위해서 경기력을 제대로 발휘하지 않는 데 따른 비용(R)이나, 승부 조작에 가담한 데 따른 수치심과 죄의식 등의 비용(C)이 상대적으로 낮을 것이다. 불만이나 고충을 지닌 선수들은 경기에서 최선을 다하려들지 않는다. 승부 조작에 가담한 대부분의 선수들은 이러한 상황과 연관이 있다. 수입이 상대적으로 낮은 심판의 경우 스포츠 경기장에서 심판의 역할이 보잘것없는 것으로 비춰진다면 자신의 위치를 잃어버리게 되고 승부 조작에 가담하려는 유인을 지니게 된다. 특히, 심판의 실수가 고의적이라는 사실을 제대로 입증하기 어렵다는 점에서 승부 조작의 개연성이 존재한다.

4) 승부 조작 가능 집단

스포츠 경기에서 승부 조작은 영구 제명 등 강도 높은 조치에도 불구하고 근절되지 않고 있다.[14] 아마도 스포츠 경기가 지속되는 한 승부 조작 가능성은 항상 존재할 것이다. 승부 조작에 가담하려는 가능성이 높은 그룹들은 주로 다음과 같다.

첫째, 상대적으로 수입이 아주 낮거나 거의 주목을 받지 못하는 선수 그룹에서 승부 조작에 가담할 가능성이 높다고 주장된다. 특히, 개별 스포츠 종목에서 경기 기량 저하로 선수 순위가 낮거나 언론의 주목을 제대로 받지 못하는 선수들의 승부 조작 개입 가

---

14) 대표적인 예로 1919년 MLB에서 발생한 블랙삭스(black sox) 스캔들이다. 블랙삭스 스캔들은 시카고의 와이트 삭스(white sox)팀의 야구 선수 8명이 월드 시리즈에서 승부 조작자들로부터 돈을 받고 경기를 일부러 져 준 사건이다. MLB에서는 승부 조작에 가담한 선수 8명을 영구 제명하였다. 8명의 야구 선수들에게 주어진 징벌은 비행에 대한 처벌뿐 아니라 미래에도 동일하거나 유사한 위법 행위를 방지하기 위해서였다.

능성이 높다. 예를 들어, 테니스 경기에서 자주 우승하는 세계적으로 우수한 선수들의 수입은 상당히 높기 때문에, 수입보다 적은 돈을 받고 승부 조작에 가담할 유인은 거의 일어나지 않는다. 그러나 경기 기량이 떨어지고 선수 순위가 낮아 수입이 아주 적은 선수들은 승부 조작의 유혹에 빠지기 쉽다. 개별 스포츠 경기는 속성상 팀 스포츠에 비해 승부 조작 가능성이 높다고 주장된다.[15] 실제로 2007년 WTA에서는 하위 랭킹 선수들과 상위 랭킹 선수들 간의 경기에서 승부 조작 혐의가 있었다는 주장이 제기되기도 하였다. 테니스 협회에서 조사한 결과, 많은 선수들이 승부 조작에 가담하면 돈을 주겠다는 제의를 받은 적이 있다고 밝혀졌다.

둘째, 심판 그룹도 승부 조작에 가담할 가능성이 상대적으로 높다고 주장된다. 각종 스포츠 경기 심판들은 프로 선수들에 비해 상대적으로 수입이 낮은 편이다. 게다가 대부분의 스포츠 경기에서 심판은 독단적으로 경기 결과에 영향을 미칠 수 있다. 실제로 2005년 독일 분데스리가 2부 리그의 축구 경기에서 심판이 의도적으로 경기 결과에 영향을 미쳤다는 의혹이 제기되었다.

승부 조작은 범죄 행위에 해당된다는 지적에도 불구하고 많은 스포츠 경기에서 승부 조작 의혹이 제기되고 있다.

[그림 12-2] 스포츠 경기와 승부 조작

---

15) 세계 최고의 권위를 자랑하는 윔블던 테니스 경기 대회에서도 승부 조작 의혹이 제기되었다. 테니스 진실성 위원회(TIU)에 의하면 2016년 7월부터 9월까지 승부 조작에 대한 의혹 신고가 약 96건이었다고 한다. 이 중 두 경기가 윔블던 테니스 경기 대회에서 발생했을 것이라고 주장되기도 한다.

조사 결과 심판은 크로아티아의 도박사들로부터 승부 조작 요구를 받고 가담하였다. 일부 프로 스포츠 경기에서 심판이 경기에 대한 정보를 사전에 누설하는 등 승부 조작에 가담하였다가 적발되기도 하였다.

셋째, 대학의 아마추어 선수들은 충분한 보상을 받지 못한다는 점에서 승부 조작에 가담할 가능성이 높다고 주장된다. 사실 미국의 대학 선수들은 뛰어난 경기력에도 불구하고 장학금, 기숙사, 유학 경비 등 만을 받을 뿐이다. 한 연구에 따르면 미국의 주요 대학의 미식축구 선수나 농구 선수들이 벌어들일 수 있는 수입은 1년에 약 1백만 달러에 달한다고 주장한다. 그러나 학생들이 학교로부터 받는 혜택은 아주 적어서 승부 조작이라는 유혹에 빠지기 쉽다.

5) 승부 조작 제거 방안

승부 조작은 경제·사회적으로 여러 가지 폐해를 초래할 뿐 아니라 스포츠 경기의 순수성이나 신뢰를 잃게 해 스포츠 경기 존립 자체를 위협할 수도 있다. 스포츠 경기나 이벤트에서 승부 조작을 근절하기 위해 다양한 방안들이 제시되고 있다.

첫째, 선수들에 대한 교육을 강조하고 있다. 이는 젊은 선수들이 승부 조작이나 범죄 집단과 연루될 경우 발생할 위험을 제대로 알지 못하기 때문이다. 특히 범죄 집단은 젊은 선수들이 언젠가는 경기 과정에서 승부 조작을 위한 기회를 제공할 것이라는 희망으로 젊은 선수들을 옭아매려고 한다. 이러한 집단들로부터 받은 뇌물이 아주 적더라도, 한번 관계를 맺게 되면 이들과 관련 있는 경기에서는 경기력을 제대로 발휘하지 못하게 될 것이다. 초기의 범죄 사실을 노출하겠다고 위협함으로서 더욱 심각한 승부 조작에 가담하게 만들 수 있기 때문이다. 일부 스포츠 시장에서 공식적인 교육 프로그램은 이러한 위험에 대한 인식을 증가시키고, 승부 조작 등 범죄 행위에 가담했을 때 벌칙은 무엇이며, 갬블링에 이용되는 스포츠 규칙이 어떤 것이 있는지 등을 분명하게 알려준다. 과거 선배 선수들이 승부 조작에 연루되어 어려움에 처했던 경험담을 전해 주기도 한다.

둘째, 정부의 적절한 지원과 철저한 규제가 필요하다. 승부 조작을 근절하기 위해서는 정부와 스포츠 관련 기관이 상호 공조할 수 있는 종합적인 방안이 필요하다. 영국은 이미

2005년 갬블링법(gambling act)에서 갬블링 면허소지자들이 스포츠 베팅 시장에서 승부 조작이 의심스러울 때 관련 정보를 알리도록 하고 있다. 한편, 스포츠 갬블링 시장이 글로벌화 되면서 불법 자금은 전 세계 어느 곳이나 자유롭게 이동될 수 있어 자금 세탁에 유리하다고 주장된다. 따라서 스포츠 갬블링 시장에서 배당금의 국제적 이동을 추적하는 등 불법 자금의 유출입을 막기 위한 장치를 마련하고, 국가들 간 공조 관계를 구축해야 할 것이다.

셋째, 선수, 감독, 심판 등에 대한 뇌물 형태나 승부 조작자들의 접근 방법 등에 대한 심도 있는 연구가 필요하다. 승부 조작을 줄이기 위해서 휴대폰 사용 금지 등 실질적 조치들이 이미 많이 도입되었다. 예를 들어, 테니스 경기에서는 탈의장에서 전화 사용이 금지되고 있으며, NBA에서는 경기 심판은 경기가 시작되기 바로 전에 결정되는데, 이는 경기 심판과 승부 조작 가담자들이 만날 수 있는 시간을 최소화하기 위해서이다. 또, 승부 조작에 연루될 가능성이 높은 선수, 감독, 심판 등의 금융거래 실태를 주기적으로 조사하기도 한다.

넷째, 영국 등 일부 국가에서는 모든 스포츠 시장에서 승부 조작을 막기 위한 최소한의 표준장치를 마련하기로 하였다. 선수나 관계자들이 베팅에 유리한 특수한 정보를 판매하거나 이를 통해 수입을 얻는 행위, 내부거래나 선수들의 베팅 참여 금지 규정을 개정하기로 하였다. 모든 스포츠 시장에서 승부 조작 의심이 있는 경기에 대해서는 철저한 조사가 필요하다. 스포츠 갬블링을 규제하기 위해서는 전문가 집단의 조사단, 내부고발자 상담서비스 설치 등의 효과적인 활용이 필요하다. 스포츠 시장에서 다루는 징계절차, 법률적 시스템 등을 사례별로 명확히 하여 제공할 필요가 있다.

제5절 ☆ 온라인 스포츠 갬블링

1) 의미와 발전

온라인 스포츠 갬블링은 인터넷이나 스마트폰 등을 통해 가상의 공간에서 때와 장소에 상관없이 누구나 손쉽게 참여할 수 있다. 컴퓨터 게임과 전자상거래 등이 생활의 한 부분으로 자리 잡으면서 온라인 스포츠 갬블링 참여자들이 증가하고 있다. 온라인 스포츠 갬블링은 또 다른 형태의 글로벌 스포츠 갬블링 산업으로 성장하고 있다.

온라인 스포츠 갬블링이 거대한 산업으로 발전하고 있는 요인은 다음과 같다. 소비자들은 온라인 스포츠 갬블링을 엔터테인먼트로 간주하며 가정이나 직장에서도 손쉽게 이용할 수 있으며 전통적 의미의 스포츠 갬블링에 비해 시간과 비용을 줄일 수 있다. 동시에 경제적 수입도 기대할 수 있다. 온라인 스포츠 갬블링은 개인의 여가 활동과 관련이 있으며, 다양한 채널을 통해서 손쉽게 참여할 수 있다. 온라인 스포츠 갬블링 기업들은 다양한 형태의 갬블링을 생산하여 여러 계층의 소비자들이 손쉽게 참여할 수 있도록 한다. Web2.0, 스마트폰 등과 같은 새로운 커뮤니케이션 기술을 통해 소비자들에게 새롭고 안전한 제품을 제공하며 갬블링 기업들 간 상호작용도 가능해졌다. 온라인 스포츠 갬블링 사이트는 각종 프로 스포츠 경기, 경마, 자동차 경주, 격투기 등 다양한 내기를 제공하는 한편, 금전적 손실과 위험을 줄이기 위해 보너스 제도 등을 이용하여 참가자들을 유혹하고 있다.

온라인 스포츠 갬블링 기업들은 인터넷을 이용한 가상의 공간을 활용하기 때문에 전통적 형태의 갬블링 기업에 비해 더 낮은 비용으로 갬블링을 제공할 수 있다. 또, 온라인 스포츠 갬블링 기업들의 마케팅 기술은 전통적 의미의 갬블링 기업들보다 훨씬 뛰어나다. 온라인 갬블링은 소비자들이 접근하기가 용이하다. 온라인 스포츠 갬블링은 세계 많은 나라에서 규제를 받지 않고 있어 국경을 자유롭게 넘나들 수 있다. 특히, 법률적 영향력이 미치지 않는 해외에서 인터넷과 컴퓨터를 이용하여 운영되기도 한다. 실제로, 인터넷 거래가 등장하기 전만 하더라도 국내의 갬블러가 외국의 스포츠 갬블링 시장에 직접 참가할 수 있는 기회가 아주 제한적이었다. 그러나 이제는 세계 많은 곳에서 온라인 스포츠 갬블링에 참여할 수 있다.

2) 스포츠 갬블링과 GATS

온라인 스포츠 갬블링은 전통적 의미의 스포츠 갬블링과는 달리 국경을 자유롭게 넘나들 수 있으며 사이버상으로 거래가 가능하다. 그러나 온라인 스포츠 갬블링에 대한 국제적 합의가 제대로 이루어지지 않고 국가마다 다양한 법률을 적용하여 국가 간 갈등이 야기되기도 한다. 스포츠 갬블링과 같은 서비스의 국제거래는 세계무역기구(WTO)의 관리를 받는다.[16) 서비스 교역에 관한 일반 협정(GATS)[17)의 시장접근 계획에는 '스포츠 와 기타 레크리에이션 서비스', '기타 레크리에이션 서비스(스포츠 제외)', '엔터테인먼트 서비스' 등에 관한 내용을 분야별로 담고 있다.

그러나 온라인 스포츠 갬블링은 가상의 공간에서 이루어지는 특수한 상황이라는 이유로 법률 적용 여부는 국가에 따라 다양하다. 오스트리아, 불가리아, 핀란드, 슬로베니아, 스웨덴 등의 국가에서는 GATS의 시장접근 계획에서 모든 형태의 인터넷 갬블링을 분명하게 배제시킨 반면, 미국을 포함한 일부 국가에서는 명백하게 배제하지는 않았다. 특히, 미국과 같은 국가에서도 일부 주에서는 합법적으로 인정하지만 일부 주에서는 법률적으로 금지하고 있다. 예를 들어, 경마에 대한 내기, 일정한 형태의 스포츠 내기 등은 미국의 거의 모든 주 정부에서 허용된다. 그러나 인터넷 경마는 캘리포니아 주를 포함한 일부 주 정부에서만 합법적으로 허용하고 있다.[18) 온라인 스포츠 갬블링의 합법화 여부는 국가에 따라 다양하게 적용되고 있어 국가 간 갈등과 긴장 관계가 야기되기도 한다.

3) 안티구아와 미국

온라인 스포츠 갬블링이 국가 간 분쟁으로 초래된 대표적인 사례로는 미국과 미국 연안에 있는 과테말라의 안티구아(antigua), 버뮤다(bermuda) 등의 국가들과의 논쟁이다.

---

16) 서비스 교역에 관한 일반 협정인 GATS는 전 세계 서비스 시장을 촉진시키기기 위해서 이루어졌다. GATS 회원 국가들은 두 가지 의무를 준수해야 하는데, 하나는 모든 GATS 규정에 서명한 국가들에게 적용되는 일반의무(general obligation)와 다른 하나는 특정 지역의 특정 국가에만 적용가능한 특수의무(specific obligation)이다. GATS에는 상대적으로 소수의 일반의무와 대규모의 특수임무가 있는데, 회원국가들로부터 사전에 동의를 받도록 되어 있다. GATS에서는 다양한 형태의 서비스 거래가 적용되고, 서비스 형태의 리스트는 "시장접근계획(schedule of specific commitment)"의 지배를 받고, 각각 관세적용이 가능하다. 만약 회원 국가가 특수한 형태의 서비스 거래를 위해 시장접근계획에 서명하려고 한다면, 모든 다른 회원 국가들의 기업들에게 국내시장에 접근할 수 있도록 해야 한다.

17) GATS(general agreement on trade in services)는 서비스 교역을 규율하는 WTO 협정의 일부이다. 1980년대 들어 서비스 교역이 급격히 증가하였으나, 이를 포괄적으로 규율할 수 있는 다자간 규범이 없어 무역장벽을 둘러싸고 교역국간 많은 논란이 있어 왔다. 이에 UR협상에서 서비스 교역의 장벽을 제거하고 교역의 자유화를 가속화하기 위한 다자간 규범으로 GATS가 제정되었다.

18) 미국에서는 2013년에 주 정부의 세수 확보 차원에서 위해 온라인 스포츠 갬블링을 허용하기도 한다. 일리노이, 루이지애나, 매사추세츠, 미시시피, 펜실베이니아 등에서 관련 법안을 마련하고 있다고 보도되기도 한다.

전자상거래 시대가 도래하면서 안티구아에서는 온라인 스포츠 갬블링 산업이 발달하였다.[19] 안티구아 정부는 이들 기업으로부터 연간 약 7백만 달러 이상의 수입을 얻었는데, 이는 GDP의 10%를 넘어선 것이다. 안티구아에서 운영되고 있는 온라인 스포츠 갬블링 기업들은 대부분이 미국의 소비자들을 대상으로 하였다. 코헨(J. Cohen)이라는 미국인이 안티구아에서 스포츠 갬블링을 운영하였다. 그러나 코헨은 미국 정부에 의해 1961년에 제정된 연방 정부의 통신법(wire act)을 위반하였다는 이유로 기소되었다. 전화를 이용하여 경마 경기를 불법적으로 제공하였다는 것이다. 그러나 코헨은 안티구아에서 합법적으로 사업을 운영하였으며, 스포츠 갬블링과 같은 서비스의 국제거래는 GATS의 보호를 받아야 한다고 주장하였다. 그럼에도 불구하고 통신법 위반으로 감옥 생활을 해야만 했다. 그 후 2003년 안티구아에서 웹 사이트는 29개로, 종사자는 500명 미만으로 대폭 줄어들었다.

이에 안티구아 정부는 온라인 스포츠 갬블링은 미국이 동의한 시장접근계획 중 하나이며, 미국이 GATS의 규정을 위배하였다고 WTO에 제소하였다. 안티구아는 미국에서 합법적인 무역거래를 부정하는 것은 GATS의 규정을 위반하는 것이라고 주장하였다. 그러자 미국은 '엔터테인먼트 서비스', '문화 서비스', '스포츠를 제외한 기타 레크리에이션 서비스'와 관련된 서비스 거래를 허용하는 시장접근계획이라고 주장하면서, 온라인 스포츠 갬블링은 이러한 시장접근 계획의 내용에 포함되지 않는다고 반박하였다.

2007년 WTO에서는 온라인 스포츠 갬블링에 대한 사항은 GATS에 담고 있으므로 WTO 회원국가들은 시장접근계획에서 "다른 레크레이션 서비스"에 포함시켜야 한다고 결정했다. 온라인 스포츠 갬블링은 미국이 동의한 기타 레크리에이션 서비스라는 시장접근계획에 포함된다는 것이다. 이는 해외의 온라인 갬블링 기업들이 국내시장에 접근할 수 있다는 것이다.

그리고 안티구아에 있는 기업들이 제공하는 온라인 스포츠 베팅을 미국 시장에서 배제하는 행위는 GATS에 위배된다고 결정하였다. WTO에서는 미국이 GATS의 규정을 준수할 것을 요구하였다. 그리고 안티구아에게 공연, 녹음, 방송 등의 분야에서 미국에 있는 기업들에게 매년 지불하는 지식재산권 권리 비용 2,100만 달러에 대해 지불 정지를 허용하였다. 즉, 안티구아는 이들 기업으로부터 2,100만 달러에 해당하는 mp3파일, e-book 등을 비용을 지불하지 않고 다운로드할 수 있게 되었다.

---

19) 1999년 경에 안티구아에서 공식적으로 운영되고 있는 베팅기업은 119개로 종사자는 3천명이 넘었다고 한다.

미국은 WTO의 결정에도 불구하고 해외에서 제공되는 온라인 스포츠 갬블링은 국내 진출을 허용하지 않으려 하고 있다. 2006년 미국 의회에서는 온라인 스포츠 갬블링을 방지하기 위한 조치로 불법 온라인 갬블링 강화법(UIGEA)을 제정하였다. UIEGA는 인터넷 갬블링을 용이하게 하는 인터넷 서비스 제공업자, 신용카드사, 자금 이전 기관, 무선 통신 장치 제조업자 등을 대상으로 한다. UIEGA 제정은 온라인 스포츠 갬블링을 불법화하기 위한 시도라기보다는 온라인 갬블링에 필요한 서비스를 제공하는 사업 비용을 증가시켜서 온라인 스포츠 갬블링 참가자를 줄이기 위해서이다. 즉, UIEGA는 WTO가 이미 제정한 서비스에서 특수한 형태의 국제거래를 지연시키고자 한다. 미국 정부는 해외에서 활동하거나 운영되는 온라인 스포츠 갬블링 기업들이 미국 시민을 상대로 갬블링을 제공하는 행위를 불법으로 간주한다.

4) 포르투갈 리그와 정부

포르투갈에서 스포츠 경기나 이벤트 갬블링, 복권 등의 사업은 '산타 카사(santa casa)' 라는 기업이 독점적으로 운영하고 있다. 포르투갈 정부는 이 기업으로부터 막대한 수입을 얻었다. 그런데 2005년 포르투갈 축구 리그는 오스트리아의 온라인 스포츠 갬블링 기업(bwin사)과 스폰서십 계약을 맺었다. 스폰서십 계약의 주요 내용은 경기장과 선수 유니폼에 광고를 하는 것이며 포르투갈 리그의 홈페이지를 비윈사의 웹 사이트와 연계시키는 것이었다. 포르투갈 축구 경기와 다른 축구 경기에 대한 갬블링은 비윈사의 웹페이지를 통해서만 가능하였다. 비윈사는 EU에서 합법적으로 운영하고 있는 온라인 북메이커(book maker) 라이선스를 보유하고 있다.

그러나 산타카사는 소송을 제기하였으며, 포르투갈 정부는 포르투갈 리그와 비윈사에게 약7만5천 유로의 벌금을 부과하였다. 이에 포르투갈 리그와 비윈사는 부당하다고 유럽사법재판소(EJC)에 제소하였다. 2009년 9월 유럽사법재판소는 산타카사는 포르투갈에서 스포츠 갬블링 사업을 독점적으로 운영할 수 있는 권리를 갖고 있으며, 공공의 이익이 우선되어야 한다고 판결하였다. EU회원 국가들 중 많은 나라에서 국내 스포츠 갬블링이 독점적으로 운영되고 이를 통해 막대한 수입을 거둬들이고 있었기 때문이었다.

이러한 판결에 대해 일부 학자들은 온라인 스포츠 갬블링 시장에서 발생할 수 있는 도박 중독 등 부정적 외부 효과를 무시하였으며, 온라인 스포츠 갬블링 운영자들의 사기 행위 등 부정적 효과를 합법화하려는 처사라고 비난하였다. 사실 유럽사법재판소는 포르투갈에서 산타카사가 시장을 오랫동안 독점적으로 지배해 왔으므로 사기 등이 발생할 것 같지 않다고 판단한 반면, 뒤늦게 온라인 스포츠 갬블링 시장에 진입한 비원사는 그렇지 않을 것으로 보았다. 문제는 온라인 스포츠 갬블링을 제공하는 두 기업들 모두 부정적인 외부 효과를 발생시킬 수 있다는 것이다.

유럽사법재판소는 스포츠 갬블링 기업들의 독점상태를 유지하는 데 더욱 유리하게 판결하였다고 지적된다. 이는 온라인 갬블링 기업이 시장에 자유롭게 진입할 수 있도록 해야 한다는 스포츠 경제학자들의 주장과는 정반대이다. 스포츠 갬블링 기업들의 시장 진출이 자유로울 경우 정부의 지원으로 독점적으로 운영되는 스포츠 갬블링 기업에 비해 훨씬 더 낮은 비용으로 양질의 서비스를 소비자들에게 제공할 수 있기 때문이다. 또 스포츠 경기나 이벤트를 관람하는 과정에서 갬블링에 참여하는 것은 스포츠 경기 관람과 베팅이 상호 보완 역할을 하므로 소비자들은 더 큰 효용을 얻을 수 있다.

온라인 거래가 계속 증가하고 스포츠 경기와 이벤트에 대한 관심과 스포츠 갬블링에 대한 수요가 전 세계적으로 증가함에 따라 스포츠 갬블링 서비스에 대한 국가 간 긴장 관계와 논란은 계속될 것으로 보인다.

5) 미래와 논의 과제

(1) 합법화 추세

많은 국가에서는 온라인 스포츠 갬블링을 합법화하기도 하고 금지하기도 하는 등 각국이 처한 실정에 따라 다양하게 대응하고 있다. 이슬람 국가는 모든 형태의 스포츠 갬블링을 금지하고 있는 반면, 호주·미국과 같은 국가는 일부 지역에서의 스포츠 갬블링을 허용하고 있다. 홍콩·영국·프랑스·이탈리아 등은 국내시장은 허용하지만 해외에서 운영되는 온라인 스포츠 갬블링을 엄격히 규제한다. 반면 안티구아, 버뮤다 등지에서는 온라인 스포츠 갬블링을 허용할 뿐 아니라 외국의 온라인 갬블링 기업들이 자신의 국가에서 운영할 수 있도록 여러 가지 유인을 제공하기도 한다.

온라인 스포츠 갬블링 참여자들이 점차 늘어나고 시장 규모도 급증하고 있어 강력한 규제나 금지보다는 점차 완화되거나 합법화되어야 할 것이라고 주장된다. 온라인 스포츠 갬블링을 아무리 철저하게 규제한다고 하더라도 사라지지 않을 것이기 때문이다. 오히려 온라인 스포츠 갬블링은 규제를 피하기 위해서 지하화·음성화되기 쉬우며 결과적으로는 더 큰 사회적 문제를 야기할 수도 있다는 것이다.

일부 학자들은 비록 많은 국가에서 온라인 스포츠 갬블링을 규제하거나 추방하려고 시도하지만, 머지않아 규제를 완화시키거나 합법적으로 인정하게 될 것이라고 주장한다. 즉, 많은 국가들이 온라인 스포츠 갬블링에 대해 합법적으로 세금을 부과할 수 있는 방법을 고안해 낸다면 무작정 금지하지는 않을 것이라는 것이다.[20] 많은 국가들이 세수 증대를 위해서 합법화할 것이다. 온라인 스포츠 갬블링에 대한 정부의 고민과 논쟁이 점차 합법화하려는 과정으로 이동하고 있는 것으로 보인다.

(2) 기업의 도덕적 해이

온라인 스포츠 갬블링 기업들의 도덕적 해이가 지적된다. 온라인 스포츠 갬블링이 또 다른 형태의 엔터테인먼트 산업으로 성장하면서 스포츠 갬블링 사이트를 운영하는 기업들은 사회적 책임과 도덕적 양심 등을 외면한다고 비난받는다. 갬블러들에게 있어 인터넷 갬블링 사이트는 매력적이며, 이들은 마치 일상생활에서 컴퓨터 게임을 하듯이 갬블링에 참가한다. 그러나 온라인 갬블링에 참여하기 위해서는 매번 비용을 지불해야 하며 중독되기 쉽다. 심할 경우 개인의 파멸은 물론 사회적으로 문제가 되기도 한다.

일부 온라인 스포츠 갬블링 기업들은 불법적으로 운영하기도 하고, 탈세, 도박 등을 조장한다. 온라인 스포츠 갬블링은 중독, 가정 파괴, 사기, 절도, 자살 등 많은 사회적 문제가 발생할 가능성이 충분함에도, 온라인 스포츠 갬블링 기업들은 책임을 지려 하지 않는다. 이들을 처벌할 근거도 마련되어 있지 않다. 온라인 스포츠 갬블링 기업들에 대한 글로벌 차원의 규제가 시급하다.

---

20) 영국은 2005년 도박법을 개정하여 영국내 거주자를 대상으로 인터넷 갬블링 서비스를 제공하는 경우에 무조건 영국에서 면허를 받고 세금을 납부하도록 하였다.

(3) 신용카드사와 자금 결제

신용카드회사들의 자금 결제금지 방안이다. 온라인 스포츠 갬블러들은 갬블링 참가 비용이나 수입 등을 거래하기가 편리하다는 이유로 신용카드를 사용한다. 실제로 많은 신용카드사들이 인터넷 갬블러들의 자금거래를 허용하고 있다. 그러나 일부 신용카드사들은 온라인 스포츠 갬블링 사이트에서 신용카드 사용을 금지한다. 시티뱅크(citibank), 뱅크 오브 어메리카(bank of america) 등은 온라인 갬블링 사이트에 갬블링 관련 비용을 지불할 때 자사의 신용카드를 사용하지 못하게 하고 있다. 온라인 갬블러들이 신용카드로 온라인 갬블링 사이트에 접속할 때 금융손실 가능성, 사기 등이 발생할 가능성도 있다. 일부 갬블러들은 카드사용 금액을 일부러 떼먹거나 제때 갚지 못해 채무불이행자가 되기도 한다.

신용카드사들은 이러한 갬블러들로부터 일부라도 받기 위해 법원에 소송을 제기해야 할지, 아니면 그냥 손해를 보는 게 더 나은지 고민하기도 한다. 소송을 제기하였다가 돈도 제대로 받지 못한 채 언론에 알려지게 될 경우 신용카드사들은 이미지가 실추될 뿐 아니라 경영이 더욱 어려워질 수도 있기 때문이다. 이외에도 온라인 스포츠 갬블링은 다양한 형태의 부작용을 초래할 수도 있다고 지적된다. 〈표 12-4〉는 온라인 스포츠 갬블링이 초래할 수 있는 주요 폐해들이다.

〈표 12-4〉 온라인 스포츠 갬블링의 주체별 폐해

부문별	내 용
개 인	- 자산 탕진, 친구 · 가족의 외면 - 학교나 직장 등한시, 범죄 가능성 등
신용카드사 회사	- 채무불이행에 따른 손해 발생 - 체납 갬블러에 대한 비용과 시간 낭비
온라인 스포츠 갬블링 기업	- 갬블링의 폐해에 대한 무관심과 무책임 - 중독 예방 대책을 제시하지 않음
정 부	- 관리의 어려움, 탈세, 국가 간 분쟁 소지 - 중독자 치료 비용 등

(4) 글로벌 컨센서스 시급

온라인 스포츠 갬블링에 대해서 글로벌 차원의 컨센서스가 제대로 이루어지지 않고 있다. 이는 온라인 스포츠 갬블링에 대해서 국가 간 시각이 다르기 때문이다. 일부 국가에서는 온라인 스포츠 갬블링이 도박 중독, 사기, 범죄 행위 등의 폐해를 초래한다고 지적한다. 특히, 미성년자를 보호하고 도박 중독을 방지해야 한다는 공동의 목표를 공유하고 온라인 스포츠 갬블링을 철저하게 금지하려 한다. 반면, 온라인 스포츠 갬블링은 소비자들에게 또 다른 엔터테인먼트를 제공하고 효용을 증가시킬 뿐 아니라 경제적으로도 유익한 산업이라고 주장되기도 한다. 온라인 스포츠 갬블링에 대한 글로벌 차원의 컨센서스가 제대로 이루어지지 않을 경우 불법 온라인 스포츠 갬블링의 만연, 불법 자금 거래 및 세탁 등 지하경제 만연, 국가 간 이동에 따른 국가분쟁 등이 초래될 수 있다. 온라인 스포츠 갬블링의 허용 범위, 금지 규정 등에 대한 글로벌 차원의 컨센서스가 시급하다.

(5) 동일한 규제와 조세 조화

온라인 스포츠 갬블링에 대한 규제나 조세 체계 등이 국가마다 다르게 운영되고 있다. 온라인 스포츠 갬블링 기업들은 세금이나 규제에 대해서 아주 민감하게 반응한다. 자신들의 이익과 직결되어 있기 때문이다. 온라인 스포츠 갬블링 사업에 대해서 국가마다 규제와 합법화 정도, 조세 체계 등이 다양하게 적용된다면 기업들은 합법화되거나 세금이 가장 적은 국가에서 사업을 하려고 할 것이다. 실제로 많은 온라인 스포츠 갬블링 기업들은 가능하면 합법적으로 인정받고 세금을 적게 낼 수 있는 과테말라 안티구아(antigua), 코스타리카(costa rica), 네덜란드 안틸레스(antilles) 등에서 활동하고 있다. 엄격한 규제와 높은 세금을 부과하고 있는 국가들은 상대적으로 규제가 적고 낮은 세금을 부과하는 국가에서 운영되는 갬블링 기업들에게 수입원만 제공하는 형국이 된다. 이는 온라인 스포츠 갬블링에 대한 세금이 국가마다 다르기 때문이다. 따라서 국가 간 세제 협조와 조화를 고려해야 할 것이다. 지리적·경제적으로 인접해있거나 공동체를 형성하고 있는 국가들 간 온라인 스포츠 갬블링에 대한 조세 제도를 동일하게 조정하거나 통합해야 한다는 것이다. 온라인 스포츠 갬블링은 국경을 자유롭게 넘나들 수 있다는 점에서 글로벌 차원의 조세 조화를 모색해야 할 때이다. 하지만 국가 간 서로 다른 세제를 어느 정도까지 협조하고 조화해야 하는지가 과제로 남는다.

제13장 그린 스포츠와 글로벌 환경 조화

제1절 논의 배경

1) 친환경 성장

생태계 보존, 환경 보호 등 환경 친화적 성장은 전지구적 차원에서 추진해야 할 과제로 인식되고 있다. 환경에 대한 관심은 이미 1972년 로마 클럽의 '성장의 한계(the limits to growth)'라는 보고서에서 제기되었으며, 이후 경제 성장과 환경 보전을 동시에 달성하기 위해 다양한 논의가 전개되고 있다.

온실 가스 배출 규제를 위한 국제적 논의는 1992년 UN 주도로 '기후 변화 협약'을 채택하면서 본격화되었다. 1997년 선진국들을 중심으로 온실 가스 감축을 설정한 교토 의정서(kyoto protocol)가 채택되면서 지구 온난화를 최소화하기 위한 노력이 시작되었다. 일본의 교토 의정서[1]와 모로코의 마라케시 선언(marrakech declaration)은 지구 온난화와 기후 및 환경 오염에 대처하기 위해 에너지 방출을 감축하기로 한 최초의 협정이다. 이후 각 국가들은 온실 가스를 감축하기 위해 다양한 노력을 벌이고 있다. 즉, 온실 가스 감축을 위해 직접 규제하거나 경제적 유인을 제공하여 자발적 협약을 유도하기도 한다.

---

1) 1997년 교토 의정서에서는 온실 가스를 많이 배출한 선진국을 중심으로 의무적인 온실 가스 감축 목표치를 설정하였다. 이를 보다 원활하게 이행할 수 있도록 온실 가스 의무 감축 이행에 유연성을 부과하였다. 첫째, 공동이행(joint implementation)이다. 이는 선진국이 다른 국가에 투자하여 달성한 온실 가스 감축분을 자국의 감축실적으로 인정하는 제도이다. 둘째, 청정개발제도(clean development mechanism)이다. 이는 선진국이 개발도상국에 투자하여 달성한 온실 가스 감축분을 인정하는 제도이다. 셋째, 배출권거래제도(emission trading)이다. 이는 온실 가스 배출 할당량의 잉여분, 공동이행, 청정개발제도 등의 투자로 획득한 배출권에 대한 거래를 허용하는 제도이다.

탄소세(carbon tax),[2] 배출권 거래제(emission trading)[3] 등이 전지구적 차원에서 논의되기도 하였다. 2006년 이산화탄소 방출 제로(zero)라는 생각에 근거하여 탄소 중립적(carbon neutral)[4]이라는 말이 등장하였으며, 당시 가장 뜨거운 이슈 중 하나가 되었다. 이는 이산화탄소 방출량을 줄이기 위한 환경 보호 운동의 하나로서 지속 발전을 위한 기준이 되었다.

1990년대 중반 UN을 중심으로 개발과 보존을 위해 환경에 관한 논의가 시작되었는데, 그중 하나가 지속 가능한 발전이다. 여기서 '지속 가능'은 환경을 존중하자는 의미를, '발전'은 경제 성장을 유지하자는 의미이다. 즉, 개발은 하되 한정된 자원이라는 범위 내에서 지속 가능한 방법을 찾자는 것이다. 1992년 브라질의 리오 데 자네이루(rio de janeiro) 선언에서 환경과 발전을 지속 발전 가능으로 정의하였다.

그럼에도 불구하고 지속 발전 가능성에 대한 의미는 다양하게 주장된다. 경제적으로는 미래 세대가 현재 세대보다 더 나은 생활이 가능하도록 발전시키는 것으로 정의한다. 사회적으로는 보다 친밀한 사회적 관계를 유지하여 공동사회의 발전을 기하는 것으로, 생태학에서는 생물학·생태계 등 다양성을 보존하고 발전시키는 것으로 정의한다. 일반적으로 지속 발전 가능성은 경제·환경·사회적 발전을 의미하며, 이들은 상호 보완 관계를 지닌다. 다른 의미로 지속 발전 가능성은 현재나 미래 세대들이 보다 나은 삶을 영위할 수 있도록 우리가 나아가야 할 범지구적 차원의 환경·경제·사회적 목표이다.

환경 보호 및 보존이 경제 성장의 새로운 원동력이라는 인식 아래 모든 산업의 패러다임이 '그린(green)' 중심으로 변화하고 있다. 즉, 경제 성장을 위해서는 불가피하게 환경을 파괴하고 오염시켜야 한다는 기존의 관념에서 벗어나 성장과 환경 간의 조화를 통해 상호공존을 모색하자는 것이다. 환경과 경제 성장은 조화를 이루어야 한다.

---

2) 탄소세는 이산화탄소를 많이 함유하는 화석연료의 가격을 인상하여 화석연료 이용을 억제하고, 대체 에너지 개발을 촉진하여 간접적으로 이산화탄소의 배출량을 억제하고자 하는 것을 주요 목적으로 한다. 1991년 12월 유럽 공동체 에너지 환경 각료 회의에서 도입 방침을 합의한 이래 탄소세를 실시하고 있는 나라는 스웨덴·핀란드·네덜란드·덴마크·노르웨이 등에 불과하였다. 그 이유는 이미 산업화된 많은 나라들은 화석연료에 절대적으로 의존하고 있기 때문에 탄소세를 실시하면 국민경제에 큰 부담으로 작용하고, 지구 온난화 방지가 범지구적 문제여서 국제적 공조체제를 전제로 하기 때문인 것으로 분석된다. 전 세계 이산화탄소 배출량의 약 20%를 차지하는 미국의 경우도 탄소세를 도입을 반대하기도 했다.
3) 배출권 거래제는 의무 감축량을 초과 달성한 나라가 그 초과분을 의무 감축량을 채우지 못한 나라에 팔 수 있도록 한 제도다. 향후 2년간 전 세계적으로 70조 원 규모의 배출권이 거래될 것으로 전망된다.
4) 탄소 중립적이란 1997년 런던의 '미래의 숲'이라는 사업 계획에서 유래되었다.

친환경 성장은 모든 인류의 과제이다. 성장과 환경 간의 조화와 상호 공존 방안을 모색하자는 것이다.

[그림 13-1] 온실 가스 줄이기 캠페인

그린 산업은 기후 변화에 대응하여 온실 가스와 환경 오염을 줄임과 동시에 지속 가능한 경제 성장을 가능케 하는 것이라고 할 수 있다. 그린 산업은 저탄소화·친환경에 기반하여 경제를 성장·발전시키자는 것으로 녹색성장과 같은 의미로 사용되기도 한다. 저탄소화는 경제 활동 과정에서 발생하는 CO_2 배출량을 감축시킴으로써 기후 변화에 대응하는 것이다. 친환경은 녹색기술, 환경 친화적 비즈니스 모델 등으로 새로운 시장을 창출하고 경제 성장의 원동력으로 삼는 것이다.

2) 스포츠와 환경 보호

스포츠 이벤트나 경기는 전 세계에서 다양하게 이루어지고 있다. 특히 메가 스포츠 이벤트, 골프·스키와 같은 스포츠 시설들은 환경 보존이나 보호로부터 자유롭지 못하다고 지적된다. 각종 스포츠 이벤트나 경기장 시설들은 천연자원을 훼손하고 생태계를 파괴하는 등 환경에 부정적인 영향을 미치기 때문이다. 환경 친화적인 스포츠 이벤트나 스포츠 시설은 인류의 여가와 삶의 질적 향상이라는 측면에서 중요하다. 친환경 스포츠에 대한 관심은 국제 스포츠 기구뿐 아니라 프로 스포츠, 참여 스포츠 등으로 확산되고 있다.[5]

스포츠 시장에서 자연환경을 보호하고 보존해야 한다는 근거는 다음과 같다.

첫째, 스포츠 활동은 참여자들의 건강 유지 및 증진에 기여할 뿐 아니라 환경과도 밀접하게 연관돼 있다. 스포츠 활동에서 환경은 중요한 요소이다. 환경 친화적인 스포츠 이벤트나 시설은 참여자들에게 많은 편익을 제공한다. 스포츠는 건강 유지 및 증진, 참살이(well being) 등 보편적인 매력을 지니고 있다. 또, 친목 도모, 정보 교환, 대화와 토론의 장소 등의 기능을 한다. 이러한 기능을 하고 있는 스포츠 활동은 글로벌 차원의 이슈인 환경에 대한 중요성을 전달하고 경각심을 일깨워 줄 수 있는 가장 이상적인 매개체이다.

둘째, 그동안 메가 스포츠 이벤트나 시설이 환경에 부정적인 영향을 미쳐왔다는 인식이 점차 확산되고 있다. 실제로 동계올림픽, F1대회와 같은 메가 스포츠 이벤트, 골프장, 스키장 건설 과정해서 환경 오염 및 파괴를 놓고 지역 주민, NGO들과 많은 갈등을 겪기도 하였다. 스포츠 이벤트나 경기가 지속적으로 성장하고 발전하기 위해서는 스포츠 이벤트가 환경 오염의 주요인이 아니며 환경 보전에 앞장서고 있다는 사실을 입증하고 확산시킬 필요가 있다. 또한 동계올림픽과 같은 메가 스포츠 이벤트를 개최하거나 골프장, 스키장을 운영하는 조직이나 단체들은 환경을 보호하고 보존하며 환경 친화적인 활동을 하고 있다는 사실을 전 세계에 널리 알릴 필요가 있다.

셋째, 스포츠 용품·장비를 생산하는 기업들이 환경 친화적인 제품을 생산해야 하는 것은 기업뿐 아니라 전 세계의 소비자들을 위해서도 필요하다.[6] 스포츠 용품 제조기업들이 환경 보호 및 보존에 관한 메시지를 스포츠 용품이나 스포츠 이벤트를 통해 전달할 수 있다면, 제품이나 서비스에 미치는 이미지나 가치는 훨씬 더 커질 수 있을 것이다. 이제 스포츠 용품이나 장비 산업과 환경 친화적인 기술 간의 조화와 상생은 시대적인 과제이다. 스포츠 용품·장비 산업들이 환경 친화적인 경제 활동을 제대로 하지 않는다

5) 국제올림픽위원회(IOC), 국제축구연맹(FIFA), 국제사이클링연맹(ICU), 브리티시 오픈 골프 챔피언십(british open golf championship), 포뮬라 원(F1), NBA 등이다.

6) 시드니 올림픽 경기 대회에서 나이키(nike)사가 선보인 장거리 육상 선수 경기복은 환경을 고려한 대표적인 스포츠 의류로 평가된다. 이 경기복은 섬유의 75%가 재활용된 플라스틱 음료수 병으로 만들어졌다. 기존 경기복보다 선수의 체온을 낮추는 기능이 더 뛰어나며 제조 과정에서 소요되는 에너지를 43%나 줄였다. 색상도 천연의 흰색을 유지해 염색이나 끝손질의 필요성을 줄였다. 호주의 왈라비즈사도 2003 럭비 월드컵의 유니폼을 제작했는데, 이 셔츠는 가볍고 자연적으로 땀을 흡수해 옷 밖으로 방출시키도록 디자인되었다.

면 각종 시민 단체나 소비자들의 압력과 외면으로 기업의 이미지가 실추되는 것은 물론 기업활동이 어려워질 수도 있다.[7]

넷째, 스포츠 이벤트나 경기는 환경 보호 및 보존을 위한 메시지나 캠페인에 용이하다. 특히, 초대형 스타선수를 통해 환경 보호나 환경에 대한 경각심 등 관련 메시지를 전달한다면 그 효과는 훨씬 더 커질 것이다. 이를 계기로 소비자들의 스포츠에 대한 열성과 환경에 대한 관심이 높아질 것이다. 이제 스포츠와 환경 간의 조화는 시대적 사명이자 필요·충분 조건이다. 스포츠가 더욱 성장하고 발전하려면 환경과의 조화가 반드시 필요하다. 스포츠 관련 단체나 기업들도 스포츠와 환경 간의 조화는 스포츠 산업의 발전을 위해서 중요하다고 인식하고 있다.

3) 그린 스포츠

그동안 스포츠 시장에서 개발과 환경 보호 간 상충은 불가피한 것으로 이해되어 왔다. 즉, 개발주의자들은 생태계가 파괴되더라도 스포츠의 긍정적 편익을 감안하면 다양한 스포츠 시설과 이벤트가 필요하다고 주장하는 반면에, 환경 보호주의자들은 스포츠 시설 건설이나 이벤트가 환경에 미치는 부정적인 영향만을 강조하면서 무조건 반대하는 식이었다. 그러나 무조건적인 개발이나 보존만을 강조하기보다는 두 가지 목표가 조화를 이루는 '그린 스포츠(green sports)'가 필요하다고 인식하기에 이르렀다. 이러한 인식을 바탕으로 스포츠 시장에서도 환경 보존과 보호를 위한 조치들이 논의되고 있다. 그린 스포츠에 대한 인식은 환경 파괴 등으로 그동안 실추됐던 스포츠에 대한 이미지를 제고시킬 수 있으며 장기적으로는 스포츠 시장이 생존하고 발전할 수 있는 방법이다.

그린 스포츠에 대한 개념이 명확하게 정의되지는 않고 있다. 하지만 그린 스포츠는 모든 스포츠 산업 활동에 환경 보호 및 보존을 고려하자는 것이다. 즉, 스포츠 용품제조

---

7) 올림픽 파트너 기업인 코카콜라사가 2000년과 2004년 올림픽 대회에서 그린피스(green peace)와 공동으로 실시한 녹색 동결(green freeze) 프로젝트가 대표적이다. 코카콜라사는 그린피스로부터 공개 서한을 받은 이후 2004년 올림픽까지 냉장과정에서 사용되는 프레온 가스인 HFC(hydrofluorocarbon) 사용을 점진적으로 사용을 중지하겠다고 발표했다. 또한, 코카콜라사는 대체 냉장방식에 대한 연구를 늘리고, 협력업체들에게 2004년까지 모든 신규 청량음료 장비에 HFC를 사용하지 않은 냉장 방식 일정을 발표하겠다고 약속했다.

업, 스포츠 경기장 등 시설업, 이벤트나 프로 스포츠 경기 등 스포츠 서비스업들이 환경과 조화를 이루어야 한다는 것이다. 그린 스포츠는 환경 보호론자들이 강조하는 '생태 발자국'(ecological footprint)과도 연관이 있다.[8] 생태 발자국은 인간이 지구상에서 살아가는 데 필요한 의·식·주 등을 위해 소비되는 자원과 환경 파괴를 줄이자는 것이다. 이를 위해서는 자원의 낭비를 최대한 줄이고 자원 고갈과 환경 파괴 및 오염을 막아야 한다. 이 같은 생태 발자국에 대한 관심이 확산되면서 모든 스포츠 시장에서도 환경을 중시하고 친환경적으로 성장하고 발전해야 한다고 인식하기에 이르렀다. 스포츠 활동도 지속 발전 가능한 환경에서 이뤄져야 한다는 것이다.

한편, 일부 학자들은 스포츠 시장이 보다 성장하고 발전하기 위해서는 그린 스포츠 비즈니스(green sport business)라는 개념을 도입할 것을 주장하기도 한다. 그린 스포츠 비즈니스는 경제적으로는 이윤극대화를 추구하면서 동시에 환경적·윤리적으로 바람직한 스포츠 시장이 되어야 한다는 것이다. 그린 스포츠 비즈니스를 실천할 경우 스포츠 이벤트나 프로 스포츠 경기 등이 지속적으로 성장할 수 있어 경제적으로도 유리할 수 있다. 스포츠 용품·장비를 생산·판매하는 스포츠 관련 기업들도 그린을 강조한다면 친환경 기업으로서 소비자들에게 좋은 반응을 얻을 것이다.[9] 메가 스포츠 이벤트나 프로 스포츠 리그 등에 스폰서(파트너)로 참여하는 기업들도 환경을 강조한다면 기업의 명성과 이미지를 증진시킬 수 있다는 것이다. 그러나 일부에서는 이윤극대화와 환경·윤리적 실천은 보완관계가 아니라 상충관계를 지니므로 그린 스포츠 비즈니스라는 개념은 추상적인 구호에 불과하다고 지적하기도 한다. 그럼에도 일부 국제 스포츠 기구나 프로 스포츠 리그 등에서는 그린 스포츠 비즈니스 활동을 실행하고 있다. 스포츠 관련 제품들이 그린 스포츠를 실천함으로서 그동안의 부정적인 인식을 완화시키는 등 좋은 반응을 얻고 있다.

---

8) 생태 발자국이라는 개념은 1996년 마티스 웨커네이걸과 윌리엄스 리스(Mathis Wackernagel & William Rees. 1996), 가 쓴 우리의 생태 발자국(our ecological footprint)에서 최초로 등장하였다.

9) 나이키(nike)는 친환경을 핵심가치로 채택하여 올림픽 표어인 '더 빨리, 더 높이, 더 힘차게'에 더하여 '더 친환경적'이라는 새 구호를 내세워 브랜드 가치를 높이고 있다.

제2절 ↣ 주요 스포츠와 환경 이슈

1) 기후 변화와 스포츠

일부 스포츠 활동들은 기후 변화에도 영향을 미치고 있다고 주장되기도 한다. 스포츠 이벤트 개최나 시설 건설 과정에서 환경을 파괴하거나 훼손시키기도 한다는 것이다. 메가 스포츠 이벤트와 경기장, 골프장, 스키장 등 각종 스포츠를 위한 개발이 증가하면서 많은 자연환경이 파괴되고 환경이 오염되었기 때문이다. 실제로, 알파인 스키는 슬로프를 만들고 운영하는 과정에서 산을 깎고 나무를 베는 등 생태계를 파괴시킨다. 스노 모바일은 지상에 매연을 내뿜고, 골프 코스는 환경을 파괴하고 지형을 변화시키며 많은 물과 농약을 사용한다. 초대형 스포츠 경기장 주변의 도로와 주차장은 아스팔트로 뒤덮여 있다. 이벤트 기간에는 교통 혼잡으로 곳곳이 매연과 이산화탄소로 가득하다. 또 수많은 관중들은 소음, 혼잡을 유발하고 쓰레기를 배출한다. 대부분의 스포츠 활동들은 자연 자원을 활용하는 과정에서 환경에 좋지 않은 흔적(footprint)을 남기는데, 이러한 것들은 미세하지만 지구 온난화 등 기후 변화에도 영향을 미친다는 것이다. 각종 스포츠 시설이나 활동은 생태계 및 환경 파괴, 오염 유발 등에서 자유로울 수가 없다.

환경 파괴 및 오염 등에 의한 지구 온난화로 동계올림픽 개최가 가능한 지역들이 점차 줄어들고 있다고 우려한다. 이미 1970년대에 북반구에서 눈이 내리는 기간이 3주 정도 줄어들었으며 눈의 질도 나빠지고 있다. 스키는 마르고 건조하고 푹신한 느낌이 드는 눈이 적합하다. 그런데 기온이 올라가면서 눈에 습기가 많고 딱딱해져서 스키를 타기에는 적합하지가 않다는 것이다. 지구 온난화는 낮은 지대에 있는 스키장들의 존립을 위태롭게 한다고 주장된다. 일부 학자들은 강설량이 줄어들게 되면 동계올림픽은 스키나 스노보드 등 실외 경기는 사라지고 하키, 스케이트 등 실내 종목을 중심으로 이루어질 것이라고 전망하기도 한다. 골프와 초록색 잔디 위에서 활동하는 스포츠들은 항상 물을 공급할 수 있는 관개시설을 필요로 한다. 강수량이 줄어들면서 적당량의 물을 사용하기가 점차 어려워지고 있다. 기온 상승, 기상 재해, 물 부족 등의 기후 변화는 스포츠 산업의 운영에도 영향을 미친다. 〈표 13-1〉은 기후 변화가 스포츠 산업에 미치는 영향을 나타낸다.

〈표 13-1〉 기후 변화가 스포츠 산업에 미치는 영향

기후 변화	스포츠 산업의 영향
기온 상승	- 스키장 강설량 감소, 인공 제설 등 비용 증가 - 눈, 얼음 등을 이용한 스포츠 관광 산업 침체
기상 재해	- 홍수·태풍·산불 등 스포츠 관광자원 훼손 - 산악 트레킹, 캠핑, 등산 등 자연 스포츠 어려워짐
물 부족	- 워터파크, 실내 수영장 등 스포츠업체 운영난 - 골프장의 많은 물 사용으로 주민과 갈등
해수면 상승	- 다이빙, 스킨스쿠버, 수영 등 해양 스포츠 감소 - 해양 스포츠 관광 매력 감소
생태계 변화	- 지역 특산물 이용한 스포츠 관광 자원 변화 - 골프, 스키장 등 경영난 가중

2) 스포츠 이벤트와 경기장

메가 스포츠 이벤트를 효과적으로 개최할 경우 국가·사회적 발전이 가능하다. 월드컵, 올림픽 등의 메가 스포츠 이벤트를 개최하는 지역이나 국가에서는 이미지를 제고하고, 경제·사회적 발전이 가능하다는 점에서 관심이 증가하고 있다. 메가 스포츠 이벤트를 개최하기 위해서는 초대형 경기장, 선수촌, 공원 등 각종 스포츠 시설이 필요하다. 하지만 메가 스포츠 이벤트 개최를 위한 각종 시설 건설 과정에서 자연환경 파괴, 환경 오염, 공해 유발 등 부정적 요인이 발생한다고 지적된다. 메가 스포츠 이벤트나 경기가 열리는 기간 중에는 교통 혼잡과 소음 등이 유발될 뿐 아니라 전기, 물 사용량이 엄청나다. 수많은 관중들이 한 곳에 모이면서 엄청난 쓰레기와 이산화탄소를 방출하기도 한다. 이에 따라 메가 스포츠 이벤트나 경기가 가져다주는 각종 긍정적 효과보다 환경 오염·파괴, 교통 혼잡 등 부정적인 비용이 훨씬 더 클 수도 있다는 주장이 제기된다. 즉, 스포츠 이벤트나 경기는 많은 사람들에게 즐거움과 만족, 스트레스 해소 등 다양한 편익을 제공하고 경제·사회적 발전도 가능케 하지만, 그 이면에는 환경 훼손·오염, 공해 유발, 소음과 혼잡, 에너지의 과도한 사용 등 부정적 비용을 초래한다는 점에서 논란이 된다.[10]

---

10) 슈미트(Schmidt, C. W. 2006)는 2006년 미국 디트로이트에서 열린 NFL의 수퍼볼(super bowl) 대회에서 5백 톤의 이산화탄소가 발생했으며, 2004년 아테네 올림픽 경기 대회에서는 2주 동안 50만 톤의 이산화탄소가 발생하였다고 주장한다. 이러한 양은 대략 1백만 명 정도의 도시에서 같은 기간에 방출하는 양이

3) 골프장

골프장은 한계지, 유휴지 등과 같이 생산성이 낮으며 쓸모가 없는 토지를 개발하여 스포츠 활동을 가능케 하고 지역경제에도 유익하다고 주장된다. 뿐만 아니라 야생 동·식물들의 서식지를 정비해주기도 한다. 골프장의 잔디는 물과 바람, 비 등으로부터 토양의 침식을 방지하고 골프장과 주변지역에 넘쳐나는 물을 흡수하기도 한다.

그러나 골프장 건설 및 운영 과정에 환경 및 생태계 파괴 등이 발생한다고 지적된다. 골프장 건설 과정에서 식물이나 나무들을 제거하다 보니 토양을 침식시키고, 침전물의 증가는 빗물의 흐름을 방해한다. 무분별한 산림남벌도 토양침식을 증가시킨다. 토양 변화·침식 등은 동·식물들에도 커다란 혼란을 초래하고 생태계를 변화시킨다. 지형과 물 흐름의 변화는 골프장 주변의 물 부족, 주변의 농작물 피해로 이어지기도 한다. 골프장에서 사용되는 각종 화학비료나 약품은 물·공기·토양 등을 오염시키고 동·식물의 생존을 위협하기도 한다. 각종 해충을 없애기 위한 살충제·살균제 등도 주변지역은 물론 하류지역에도 해를 미친다. 특히, 해외에서 수입되는 잔디를 유지하기 위하여 막대한 양의 화학약품이 사용된다.[11]

골프장에서 많은 시간을 보내는 골퍼, 캐디, 종업원 등은 인체에 해로운 화학 물질의 위험에 노출되어 있다. 이로 인해 피부 염증·천식·알레르기·아토피 등의 증상이 나타나기도 하며, 심할 경우 인체에 치명적인 영향을 미치기도 한다. 골프장이 환경이나 생태계에 대한 바람직하지 영향을 미친다는 각종 증거들이 줄어들지 않고 있다.[12]

다. 2006년 독일 월드컵 경기에서는 3백만 킬로와트의 에너지가 사용되었으며 5~10톤의 쓰레기가 생산되었다. 이는 유럽의 7백 가구가 1년간 사용하는 에너지 양과 비슷하다고 한다.

11) 챔버린(Chamberlain, S., 1995)은 18홀 규모의 골프장에서 연간 약 22,680kg의 화학비료나 살충제 등이 사용되고 있다고 주장한다. 이는 헥타르(hactare)당 평균 20kg이 사용되는 것으로, 대규모 농장에 비하여 약 7배나 더 많은 양으로 나타났다. 맥과이어(Maguire,J., 2002)에 따르면 1년에 약 750kg의 살충제가 사용되며, 헥타르당 평균 11kg이 사용된다고 주장한다. 또한, 미국의 경우 18홀 골프장에서 하루에 대략 3천~5천㎥의 물을 사용하는데 이는 미국 시민의 약 15,000명, 2,000가구가 하루에 필요한 양이다.

12) 환경부가 발표한 '2012년 골프장 농약 사용 실태 조사'(2013.10)에 의하면 2012년도 전국 448개 골프장에서 232개 품목, 총 125.8톤의 농약을 사용한 것으로 나타났다. 2012년 골프장 농약 사용량은 전년에 비해 6.1% 증가하였으며 단위면적(ha)당 농약 사용량은 5.1kg/ha로 전년에 비해 2.0% 증가한 것으로 나타났다. 시·도별로는 인천 소재 골프장의 농약 사용량이 9.6kg/ha로 가장 많았고 서울은 1.9kg/ha로 가장 적었다. 골프장 형태별로는 퍼블릭 골프장의 농약 사용량이 5.8kg/ha로 가장 많았고 군부대 골프장이 3.9kg/ha로 가장 적었다.

골프는 전 세계에서 많은 사람들이 즐기는 스포츠 가운데 하나이다. 그러나
골프장은 생태계와 환경을 파괴하고 각종 농약은 인체에 해롭다고 지적된다.

[그림 13-2] 골프장 건설과 반대 시위

실제로 골프장 건설 과정에서 환경 파괴, 생태계 혼란 등을 이유로 지역 주민이나 시민 단체들과 자주 갈등을 빚고 있다. 골프장 개발업자 등 이해관계자들은 새로운 골프장을 건설하게 되면 해당 지역에 많은 경제적 편익들이 발생한다고 강조한다. 골프장이 각종 도로와 편의시설을 개선하고 일자리 등을 창출한다고 주장한다. 그럼에도 불구하고 골프장이 환경에 부정적인 영향을 미친다는 인식이 점차 확대되고 있으며, 부정적인 영향에 대처하기 위해서 '글로벌 반골프운동(global anti-golf movement)'이라는 민간조직이 만들어지기도 하였다. 일부 학자들은 더 이상 골프 코스를 만들지 말자고 주장하기도 한다.

4) 스키장

최초의 스키장은 자연환경을 그대로 이용하였다. 스키장은 표면적으로는 자연 자원인 눈(雪)을 이용한다는 점에서 신선하고 자연 친화적인 스포츠로 인식되기도 한다. 그러나 스키장 건설 및 운영 과정에서 환경을 훼손하고 생태계를 파괴시키고 있다고 지적된다. 스키장은 토양 변경, 산림 남벌, 생태계 파괴 등 자연환경에 커다란 영향을 미친다는 점에서 골프장과 크게 다를 바가 없다. 또한 인공 눈을 만들기 위해서 많은 물과 연료, 화학 첨가물 등을 필요로 한다. 스키 슬로프는 산림 벌채, 지형 변화 등 자연 생태계를 파괴하며 스노 모빌은 매연을 방출한다. 동계올림픽 등 국제 경기 규격에 맞는 스키장을 건설하는 과정에서 환경 파괴에 대한 논란이 제기되기도 한다. 환경 훼손 및 파괴와 경기장 규격 준수를 놓고 IOC, 개최 정부나 도시, NGO들 간에 마찰이 빚어지기도 한다.[13]

한편, 천연의 눈이 내리지 않는 국가나 지역에서는 인공 눈을 만들어 실내 스키장을 운영하기도 한다. 현재 전 세계 20여개 국가에서 50여개의 실내 스키장이 운영되고 있다. 인도네시아, 말레이시아, 타이완, 중국 등이 대표적이다. 실내 스키장 시설은 축구 경기장 3개 정도의 넓이이며, 스키장에는 매일 약 30여 톤의 인공 눈을 만들고 실내온도는 평균 -1~7℃ 정도를 유지해야 하므로 약 1만 5천여 개의 냉동장치를 가동해야 한다. 인공 눈을 만들고 경기장을 유지하는 데 드는 각종 재료들은 환경 오염을 가중시킨다고 지적된다.

스키장도 환경 파괴 및 오염 등에서 자유롭지 못하다. 실내 스키장은 많은 에너지를 사용한다.

[그림 13-3] 실내 스키장과 환경 오염

---

13) 1998년 나가노(nagano) 동계올림픽 준비 과정에서 국제스키연맹인 FIS(the federation international de ski)는 남성 스키 활강 코스를 120m(395 feet)로 확장시켜주기를 원했으나, 나가노시 당국에서는 자연 생태계에 좋지 않은 영향을 미칠 것을 우려하며 반대하여 마찰을 빚기도 하였다. 결국, 나가노 동계올림픽 조직위에서는 약 85m로 활강 코스를 확장시켰다. 우리나라에서도 2018년 평창 동계올림픽 개최를 위해 중봉 스키장 건설 과정에서 환경 파괴와 경기 규정 준수에 대해서 NGO와 동계올림픽 주최 측과 마찰을 빚기도 하였다.

5) 자동차 경기장

F1(formula one), NSCAR 등은 자동차 제조 과정이나 경기에서 화석 연료를 사용하여 온실 가스를 발생시킨다. 자동차 경주는 각종 환경 오염, 소음 등을 유발하고, 경기를 관람하는 팬들도 막대한 쓰레기를 발생시킨다.

그러나 정치권, 정부, 기업 등 이해관계자들은 자동차 경기 대회는 최첨단 과학 기술의 경연장이며 개최 지역의 경제·사회적 발전을 위한 원동력이라고 주장한다. F1경기를 개최하는 지역들은 세계의 주요 도시이며 글로벌 경쟁력을 갖춘 도시라는 이미지를 제고시키고 관광효과도 기대할 수 있다고 강조한다. 자동차 경기 대회와 관련된 이해관계 집단들은 해당 지역의 이미지 제고, 지역경제 활성화 등을 이유로 경기 대회를 관광 전략으로 간주하면서 순회 경기 대회를 유치하려 한다.

일부에서는 자동차 경주 대회가 환경 오염, 공해 유발 등 환경에 부정적인 영향을 미치지만, 이는 과학 기술 발전으로 해결이 가능하다고 주장하기도 한다. 예를 들어, F1은 하이브리드(hybrid)와 바이오 연료(bio fuel)를 개발하였고, NASCAR는 2008년부터 무연연료를 사용하고 있다는 것이다. 그러나 이는 자동차 경주 대회가 환경에 미치는 영향을 인식하고 있다는 것에 불과하다. 이들이 제시하는 환경 오염 방지, 공해 유발 방지 등의 조치들은 환경 개선을 실행하고 있다는 광고에 불과하다는 지적도 있다. 실제로 환경 개선을 위해 바이오 연료를 사용하면 환경이 개선되는가에 대해서는 많은 논란이 제기된다.

〈표 13-2〉 스포츠 유형별 환경 파괴 및 오염 가능성

스포츠 유형	환경 파괴 및 오염
스키장	생태계 파괴, 환경 훼손 및 오염
자동차 경주	소음, 공해, 환경 파괴
골프장	생태계 파괴, 환경 훼손, 농약 사용, 농업 용수 고갈
스타디움	환경 파괴, 토지 변경, 교통 혼잡, 소음
해양·수상 스포츠	수질 오염, 환경 오염

자동차 경기 대회 주최 측은 자동차 경기 대회가 환경 친화적이라는 이미지를 구축하기 위해 노력하고 있지만, 개최 지역의 오염, 온실 가스 발생, 에너지 과다 사용 등 부정적인 영향을 완전히 지울 수는 없을 것이다. 이외에도 여러 가지 스포츠 이벤트나 경기 종목들이 환경 오염 및 훼손, 파괴라는 우려에서 자유롭지 못한 실정이다. 〈표 13-2〉는 지금까지 설명한 스포츠 유형별 환경 파괴 및 오염 가능성을 나타내고 있다.

제3절 스포츠와 환경 조화

1) 스포츠 환경과 UNEP

UN 환경개발회의(UNEP)에서는 스포츠와 환경 프로그램을 만들어 스포츠를 통해 환경에 대한 인식을 제고하고 스포츠 시설이나 스포츠 용품·장비 산업도 지속 발전 가능한 계획이 만들어져야 한다고 촉구하였다. UNEP에서는 주요 스포츠 이벤트와 스포츠 용품들이 그린을 어떻게 보장하는가에 대해서 관심을 가졌다. UNEP의 환경 보호 전략으로는 전 세계적으로 인기 높은 스포츠 이벤트나 경기를 이용하며 스포츠 시장이 환경에 미치는 영향을 올바로 인식시키고 환경 친화적인 스포츠 이벤트와 시설과 스포츠 용품·장비 등을 증진시키는 것이다.

UNEP의 스포츠와 환경에 대한 전략의 핵심은 '스포츠가 곧 환경'이라는 인식을 심어주는 것이다. 주요 전략은 쓰레기 배출과 환경 오염을 줄이자는 것으로, 아주 작은 일부터 시작하고 있다. 예를 들어, 어린이들의 신발을 반짝이게 하는 데는 수은이 사용되는데 이러한 신발이 닳게 되면 수은은 공기나 물로 흩어지게 되며, 음식물에 오염될 수 있으며 더 나아가서는 해양 환경도 오염시킬 수 있다는 것이다. 이에 스포츠 용품을 생산하는 기업들은 쓰레기를 줄이기 위한 계획으로 신발 재사용 프로그램을 도입하였으며, 많은 스포츠 관련 단체나 기구에서도 환경 보호를 위한 가이드라인을 도입하였다.

또, UNEP는 미래 세대들이 보다 쾌적한 환경으로 양질의 생활을 누릴 수 있도록 환경을 보호하기 위해서 IOC와 제휴하였다. 1994년 IOC의 올림픽 헌장에서는 올림픽 경기에서 스포츠와 문화에 이어 환경 이슈도 포함시켰다. 1995년 스위스 루이지에나(lausanne)에서 UNEP는 IOC와 공동으로 '글로벌 스포츠와 환경에 관한 회의'를 개최하였다. UNEP에서는 2001년 스포츠와 환경을 위한 글로벌 포럼을 개최하였는데, 올림픽 무브먼트(olympic movement)의 성과와 스포츠 이해관계자들의 지속 발전 가능성에 대해서 논의하였다. 2005년 7월 일본 아이치(aichi) 현에서는 '환경을 위한 스포츠 정상 회담, G-for SE(global forum for sports and the environmental)'이 개최되었으며, 참가자들은 '스포츠와 환경에 대한 공동 선언'에 서명하였다. 그리고 스포츠를 통한 지속 발전 가능한 세계를 만들어 나가고 환경 문제를 해결하는 데 앞장설 것을 서약하였다. 2005년 11월 케냐의 나이로비(nairobi)에서 '스포츠, 평화 그리고 환경'이라는 나이로비 선언을 하기도 하였다. IOC와 국가올림픽조직위원회는 스포츠를 통한 환경의 지속 발전 가능성을 증진시키는 선도자로서 행동할 것을 촉구하였다.

2) 환경 보호와 스포츠 단체

국제 스포츠 기구, 프로 리그, NGO 등은 스포츠가 환경에 미치는 영향을 인식하고, 스포츠의 지속 발전과 환경에 대한 책임을 위해 무엇을 할 것인가를 논의하고 환경 보호 활동을 하고 있다. 다음은 주요 국제 스포츠 기구나 리그, 단체 등에서 행하는 환경 보호를 위한 활동들이다.

첫째, IOC에서는 1995년부터 스포츠 환경분과위원회를 만들어 IOC 헌장에 환경 문제를 명시하는 등 올림픽 경기 대회에서도 환경 보호 및 보존에 관심을 가지기 시작하였다. IOC는 올림픽 개최 지역의 환경을 보호하고 개선하기 위해 조언하고 이행과정을 모니터하며 올림픽 경기 대회 기간 중 환경에 대한 인식을 제고할 수 있도록 하고 있다. 특히 2000년 이후 올림픽을 개최하려는 도시나 지역은 환경 보호 계획서를 제출하도록 요구하고 있다. UNEP는 IOC가 올림픽 무브먼트의 일환으로 주장한 아젠다 21에 공동으로 참여하였다. 이는 1992년 환경과 발전에 관한 UN회의에서 각국의 대표자들에 의해 만들어진 지속 발전 가능한 환경에 근거하였다. IOC는 아젠다 21을 채택하면서 국제 스포츠 기구로서 회원 국가들의 지속 발전 가능성을 촉구하였다. IOC 가입 국가들은 국기적 차원에서 지속 발전 가능성에 관심을 가지게 되었다.

둘째, 2006 FIFA 월드컵 축구 대회를 개최한 독일에서는 이산화탄소 방출 제로를 의미하는 '기후 중립'(climate neutrality)을 위해 노력하였다. 이는 재생에너지와 에너지 효율적인 기술에 투자하여 10만 톤의 이산화탄소 방출량을 상쇄시키는 것이었다. 기후 중립은 FIFA 월드컵 축구 대회의 광범위한 환경 아젠다 중 하나이었다. 2006 독일 월드컵 경기 대회에서는 물 사용 최소화, 자원 재사용, 에너지 효율, 교통 혼잡 완화 등을 추진하였다. 월드컵조직위원회와 코카콜라사는 공동으로 컵을 재사용하도록 하였다. 또한 빗물을 받아서 주차장이나 경기장 바닥, 화장실 청소 등에 재사용하였다. 또 조직위에서는 물 없이 사용 가능한 소변기 1만여 개를 설치하였다. 또, 독일 월드컵 경기 대회 조직위에서는 UNEP, 독일 생태관련 연구소 등과 공동으로 그린 골 프로그램(green goal program)을 실시하였다. 매 경기가 시작되기 전에 대형 스크린에 환경을 위한 세계 챔피언이라는 메시지를 전달하기도 하였다.

셋째, NFL, NBA, MLB 등 프로 스포츠 구단들이다. NFL에서는 경기를 할 때 이산화탄소 방출량을 계산한다. 2006년 2월 미국 디트로이트(detriot)에서 열린 슈퍼볼 경기 대회에서 이산화탄소 방출을 상쇄하기 위한 방안을 마련하였다. NFL은 슈퍼볼 경기 대회에서 방출된 이산화탄소를 상쇄하기 위하여 미시건 지역에 2,500여 그루의 나무를 심었다. 이는 슈퍼볼 경기 대회가 환경에 미치는 영향을 완화시키는데 필요한 양 이상이라고 한다. NBA에서는 2008년 올스타 경기에서는 '나무 심기' 환경 프로그램을 실시하였다. 2009년에는 NBA 소속 구단들이 '그린 위크 프로그램(green week program)'에 참여하여, 팬들에게 환경에 대한 경각심을 일깨워 주었다. 각 팀들은 프로그램 기간 동안 아디다스(adidas)에서 제공하는 환경 친화적인 셔츠를 입고, 최소한 하나의 환경 관련 프로그램을 실시하였다. NBA 구단들은 환경 친화적인 프로그램과 관련하여 웹 사이트도 운영하고 있다. MLB, NHL 등도 유사한 형태의 사이트를 운영하고 있다. MLB의 보스턴 레드삭스(boston red socks)의 홈구장인 펜웨이 파크는 '녹색 경기장(green stadium)'을 지향하며, 경기장 본부석 지붕 위에 28개의 태양열 집열판을 설치하였다. NFL의 뉴잉글랜드 패트리어츠(patriots) 팀은 홈 경기장에서 사용하는 전기를 풍력발전을 통해 얻고 있다. 이와 같이 프로 스포츠 리그에서도 환경 보호에 대한 관심과 경각심을 일깨우고 있다.

넷째, 도쿄를 근거지로 하는 글로벌 스포츠 동맹(GSA)의 활동이다. GSA는 UNEP의 후원을 받으며 IOC를 포함한 많은 스포츠 단체나 기구들과 파트너로서 환경 보호와 보존이라는 측면에서 스포츠 문화에 대한 인식을 확산시키는 데 노력하고 있다. GSA 회원들은 학교와 지역의 스포츠 클럽에 환경 깃발(ecoflags)을 보내서 환경에 대한 인식을 확산시키기도 한다. 또 이 조직은 경기가 열리는 동안 생태계에 대한 책임을 맹세하고 확증하도록 깃발을 날린다. GSA는 UNEP, G-for SE 등의 사업에 스폰서로 활동한다.

3) 올림픽과 환경 보호

동계올림픽 경기 대회가 환경을 파괴한다는 주장은 이미 오래전부터 제기되고 있다.[14] IOC에서는 1970년대 초반부터 올림픽 경기에서 환경의 중요성을 강조하기 시작하였다. 아마도 그린(green)과 스포츠 간의 관계에 대한 논의는 1992년 브라질 리우데자네이루(rio de Janeiro)에서 열린 지구 정상회의에서 채택된 소위 올림픽 무브먼트의 '아젠다 21'에서 찾을 수 있을 것이다. 아젠다 21은 지속 가능한 발전을 위해 올림픽 회원국들이 환경 보호 및 보존에 능동적인 역할을 담당하도록 권장했다. 다음은 올림픽 경기 대회를 개최한 국가에서 실시된 환경에 관한 조치들이다.

첫째, 1994년 릴레함메르(lillehammer)에서 열린 동계올림픽 경기 대회가 그린 올림픽(green olympic)에 대한 시발이라고 주장된다. 노르웨이 올림픽조직위원회는 환경에 대한 관심을 갖고 다양한 활동을 하였다. 스피드 스케이팅 링크를 건설하는 지역 근처에 서식하는 조류의 피해를 줄이기 위해 링크를 다시 디자인 하는가 하면 경기장 시설에 대한 효율적인 에너지 사용, 쓰레기 재사용 방안을 강화하고 경기장 시설들이 지역의 자연경관과 어울리게 디자인하였다. 올림픽 경기 대회에 참여한 기업들은 가능한 한 천연재료를 사용하였다. 동계올림픽이 열리는 모든 지역에서 재활용 프로그램이 진행되었고 경기장은 주변 환경과 조화를 이루도록 하였다. 그리고 감자 전분을 이용하여 100만

---

14) 1924년 프랑스 샤모니(chamonix)에서 최초로 개최된 동계올림픽은 경기장 건설 과정에서 환경 파괴가 심각했다고 비난을 받았다. 1972년 8월 미국 콜로라도 덴버(denver)에서는 올림픽 개최를 위해 IOC에서 제안한 사항 중에 환경 파괴 요인들이 너무 많으므로 이를 반대하자는 주장이 제기되었다. 주민 투표를 실시하여 12회(1976년) 동계올림픽 개최를 포기하였다.

개의 접시와 300만 개의 음식 용기를 만들어 사용한 후에 사료와 퇴비로 전량 재활용되었다. 릴레함메르의 성공으로 IOC에서는 환경 분야에 대한 활동 범위를 넓혔다. IOC는 환경을 스포츠, 문화에 이어 올림픽 정신의 하나로 만든 릴레함메르의 결정을 공식화했다. 1996년 IOC는 환경 관련 정책에 대해 자문해 줄 스포츠 환경위원회를 만들기도 하였다. 릴레함메르 올림픽에 뒤이어 IOC에서는 올림픽 경기에서 환경에 대한 지속 발전 가능성을 위해 다양한 행사를 하였다.[15]

둘째, 2000년 호주 시드니(sydney) 하계올림픽에서 환경에 대한 중요성을 강조하고 실천함에 따라 환경에 대한 관심사는 올림픽의 트렌드로 자리잡기 시작했다. IOC의 올림픽 환경 지침을 실질적으로 수행하기 시작한 것은 시드니 올림픽 경기 대회라고 주장된다. 시드니는 그린 올림픽이라는 개념을 도입하여 올림픽 개최지가 결정되기 전부터 그린피스(green peace) 등 환경 단체들로부터 세부적인 환경 지침을 자문받기도 하였다. 시드니 올림픽 선수촌은 환경을 위한 새로운 모델이었다. 지구 온난화, 오존층 파괴, 공기·토양·수질 오염, 자원 고갈 문제 등을 고려하여 만들었고 가로등, 온수, 에어컨 등은 태양열을 이용하였다. 목욕이나 부엌에서 사용된 물은 다시 정원이나 세차용으로 사용되도록 하였다.

셋째, 2002년 미국의 솔트레이크(salt lake) 동계올림픽 조직위원회는 쓰레기 등 배기물이 전혀 없는 대회를 모색했다. 에너지 효율적인 프로그램을 개발하여 쓰레기 배출을 최소화하였고, 올림픽 대회에서 발생하는 각종 배기물을 상쇄하기 위해 기업들에게 배기물 축소 증명서를 제출할 것을 요청하기도 하였다. 이는 당시에 혁신적인 조치였음에도 불구하고 많은 기업들이 적극적으로 참여하여 성공적이었다고 평가된다.

---

15) 스미스와 웹스터비크(A. Smith & H. Westerbeek, 2004)에 의하면 IOC에서는 1994 릴레함메르의 그린 올림픽의 영향을 받아 올림픽을 개최하고자 희망하는 후보도시들을 평가하는 자격 요건에 환경에 대한 중요성을 강조하기 시작했다고 주장한다. 첫째, 정부가 실시하는 천연자원 및 환경관리 시스템과 올림픽 조직위원회가 져야 하는 책임에 관하여 차트를 준비하여 간단히 설명하고 둘째, 환경상태, 환경 보호지역, 문화 유산, 자연 파괴 가능성 등과 관련하여 현지 상황에 대해 지도와 도표 등을 개괄적으로 이용하여 제출해야 하며 셋째, 올림픽 개최를 위해 필요한 모든 작업이 환경 보호에 대한 현지 및 국제 협약을 준수한다는 사실을 공신력 있는 당국으로부터 공식적으로 보장 받아야 한다. 넷째, 모든 경기장과 시설에 대한 공신력 있는 당국의 환경 영향 조사를 거쳤는지 밝혀야 하며 다섯째, 올림픽을 위한 환경 계획서를 제출해야 하며 여섯째, 올림픽 준비 기간 중 자연환경을 보호하고 개선하기 위한 노력들을 설명하고 일곱째, 올림픽 개최와 관련하여 적용될 모든 기술은 환경 친화적일 것 등이다.

넷째, 2006년 이탈리아 토리노(torino) 동계올림픽은 탄소중립을 최초로 실현한 올림픽이다. 올림픽 경기 기간 중에 이산화탄소 방출량을 완전히 상쇄시키고 탄소중립을 실현하려고 노력하였다. 토리노 동계올림픽 조직위원회에서는 올림픽 경기가 진행되는 동안에 약 10만 톤의 이산화탄소가 주로 교통 수송과 경기 개최지에서 발생할 것으로 보았다. 이를 상쇄시키기 위해 산림 보호, 에너지 보존, 이산화탄소 방출량 감소, 재생 에너지 사용 등의 조치를 실시하였다. 이외에도 자연 냉각제(natural refrigerants)를 이용하여 온실 가스 방출을 줄였다. 이러한 계획에는 맥도날드, 코카콜라, 유니레버 등 기업의 후원과 UNEP, 그린피스 등의 지원이 있었다.[16] 온실 가스 방출을 줄이기 위해서 냉동음료 장치도 교체하였다. 토리노 올림픽조직위원회에서 사용한 두 개의 환경프로그램은 특히 주목할 만하다. 하나는 EU의 에코경영(eco-management)과 감시 시스템이다. 이는 유럽에 등록되어 있는 조직을 통해 환경을 평가하고 보고하도록 환경 보호에 관한 성과를 향상시키는 것이었다. 토리노의 훈련시설과 올림픽 선수촌을 포함하여 29개 경기장은 기업에 등록된 시스템에 따라 건설되었다. 또 다른 하나는 토리노의 기후유산(heritage climate torino)정책이다. 올림픽 기간 중 발생될 것으로 추정되는 약30만 톤의 이산화탄소를 상쇄시키려는 노력이었다. 토리노 정부는 이산화탄소 방출과 연계하여 600만 달러에 달하는 탄소 배출권(carbon credits)을 배분하였다. 토리노의 기후유산 정책은 미래에 개최될 각종 스포츠 이벤트에서도 고려해야 할 일들이 많이 있다고 평가되기도 한다.

UNEP에서는 스케이트 링크와 스포츠 경기장 시설들을 지속적으로 사용가능하도록 도심에 건설할 것을 촉구하기도 하였다. 그러나 봅슬레이(bobsleigh) 경기장은 환경과 지속 발전 가능성에 대한 새로운 문제점을 제기하였다. 봅슬레이 경기장의 거대한 트랙을 냉장처리해야 하며 48톤의 암모니아가 있는 냉각 공급장치를 갖추어야만 한다. 만약 암모니아가 누출된다면 자연환경은 물론 인간에게도 해를 끼칠 수 있기 때문이다. 더구나 유지 비용도 연간 110만 달러 이상 소요되는 것으로 나타났다.

다섯째, 2008년 올림픽을 개최한 북경은 환경 보호와 지속 가능한 개발을 위해서 다양한 계획을 마련하였다. 당시만 하더라도 북경은 대기오염이 세계에서 가장 심각한 도시

---

16) 코카콜라(coca cola)는 경기장에 약 천여 개의 냉동음료 장치를(이산화탄소를 이용한 냉동장치를) 대체하여 CFC, HFC 등의 방출을 줄일 수 있었다.

중 하나로 악명이 높았다. 북경의 대기오염은 야외 활동을 하는 사람들의 기도를 자극하고 건강상 피해를 입힐 정도로 심각하였다. 이러한 환경에서 경기 대회에 참가하는 선수들은 위험에 처할 수도 있었다. 북경은 올림픽 유치 제안서를 작성하면서 연중 230일은 파란 하늘을 볼 수 있을 정도로 대기의 질을 개선시키기로 하였다. 이를 위해서 북경에서는 종업원이 약 12만 명이나 되고 석탄을 주요 연료로 철강을 생산하는 기업(shougang corporation: 首都钢铁公司)을 교외로 이전시키기도 하였다. 또 이산화탄소 자동 방출 기능을 강화하는 등 다양한 조치들을 시행하였다. 북경은 올림픽을 개최하기 위한 인프라 구축에 약 142개의 프로젝트를 계획하였는데, 이 중 절반이 환경 개선을 위한 투자였다. 환경 프로젝트는 하수 처리 시설, 도시 재건, 교통 인프라 개선, 자동차 배기 가스 기준 마련 등이었다. 또한 올림픽 기간 동안 대기 오염 문제를 해결하기 위해서 석탄 보일러를 대체할 에너지 설비와 친환경 버스의 도입, 승용차 10부제, 신재생 에너지 활용, 녹지 조성 등 다양한 환경 정책을 실시하였다. 2008년 북경 올림픽 조직위는 NGO들과 환경 관련 회의를 통해서 북경 시민들이 환경에 대한 인식을 제고하도록 하였다. 올림픽을 개최하여 지속 발전 가능한 환경개발을 촉진할 수 있다고 선언했다. 그 결과 북경 대기의 질이 향상되었으며 2005년에는 연중 234일 파란 하늘을 볼 수 있게 되었다.

여섯째, 2010년 밴쿠버(vancouver) 동계올림픽은 친환경 올림픽을 위해 '사회 · 경제 · 환경적으로 지속 가능한 올림픽'을 모토로 하였다. 친환경 올림픽을 위해 스피드 스케이트 경기가 열린 리치먼드 오벌(richmond oval) 경기장의 천장은 재선충병에 걸린 소나무를 사용하였다. 경기장을 건설하면서 나무 한 그루를 벨 때마다 두 그루의 나무를 심기로 하였다. 경기장 지붕을 이용하여 빗물을 모아서 화장실, 정원 용수 등으로 사용할 수 있도록 하였다. 우승한 선수들에게 제공하는 금메달은 전자폐기물에서 나온 금으로 만드는 등 친환경 올림픽을 위해 다양한 노력을 펼쳤다.

일곱째, 2012년 런던(london) 올림픽에서도 환경 문제를 제도화하기로 하였다. 런던은 올림픽을 유치하기 위해서 탄소 방출량, 쓰레기, 물 사용 등을 최소화하는 동시에 환경 친화적인 수송과 재료를 최대한 사용하기로 하였다. 배기물 축소와 오염성 화학물 폐기 장치, 새로운 건물 에너지 효율성 등에 대한 기준을 마련하였다. 각종 올림픽 경기 대회 시설의 효율성을 높이기 위해 엘리트 스포츠 시설을 지역 주민들도 이용할 수 있게 했다. 또한,

런던 올림픽은 젊은이들의 참여를 촉진시켜 유산을 지속시키며 강력한 지속 발전 가능성을 제시하였다.

이제 올림픽 경기 대회와 환경 문제는 대립관계가 아니라 공생관계로 발전하고 있다. 올림픽 경기 대회는 환경과 스포츠 문화 간의 공동발전을 가능케 한다. 이는 올림픽 경기 대회가 경제·사회적 편익뿐 아니라 생태계의 편익을 추구한다는 의미이다. 올림픽 경기 대회는 자연환경과 보다 조화로운 가운데 상호 협력하면서 균형된 발전을 추구하고 있다. 〈표 13-3〉은 그동안 주요 동·하계 올림픽 개최 지역에서 취하였던 환경 보호 조치들이다.

〈표 13-3〉 동·하계 올림픽과 환경 보호 조치

연도	개최 지역	환경 보호 조치
1992	바르셀로나(Barcelona)	- 매연 없는 경기, 환경 보호 의무 선언
1994	릴레함메르(Lillehammer)	- 올림픽 역사상 가장 환경 친화적인 경기 - 기업·지역 주민들 환경 보호활동 동참
1996	애틀랜타(Atlanta)	- 환경 보호 정책 지속 추진 - 올림픽 공원은 자연공원 형태
1998	나가노(Nagano)	- 환경 보호 위해 활강스키장 건설 축소 - 자연과 조화 위해 오염 발생 없는 식기류 도입
2000	시드니(Sydney)	- 올림픽 정신에 '환경 보호' 개념 도입 • 그린 스포츠(green sport) 제안 - 에너지 보존, 임시 건물, 물 절약
2002	솔트시티(Salt City)	- 환경 보호가 주요 임무 - 자연생태 보호를 위해 스키장 변경
2006	토리노(Turin)	- 오염 없고 환경 친화적 건물 - 이산화탄소 중립적(neutral)인 올림픽
2008	북경(Beijing)	- 그린, 인간, 하이테크 중심 - 환경 보호 작업과 지속 가능한 개발 계획
2010	밴쿠버(Vancouver)	- 사회·경제·환경적으로 지속 가능한 올림픽 - 전자 폐기물에서 나온 금을 이용한 금메달
2012	런던(London)	- 폐기물 축소, 오염성 화학 물질 폐기 장치 - 경기 대회 시설 효율적 사용 방안

자료: Zeng Shao-Jun(2008).

제4절 스포츠 이벤트와 환경 평가

1) 환경 영향 평가

환경 영향 평가(EIA)[17]는 도시 개발, 도로나 철도 건설, 관광단지 개발, 공유수면 매립 등의 사업을 수행하려고 할 때 해당 사업이 환경에 미치는 영향을 사전에 조사·예측· 평가하여 해로운 환경 영향을 최소화할 수 있는 방안을 강구하는 것이다. 환경 영향 평가는 스포츠 이벤트를 개최하기 위해서 건설되는 각종 스포츠 이벤트 시설과 관련시설을 건설할 때 필요하다. 그러나 몇 가지 제약조건이 있다. 첫째, 수질 오염, 공기 오염 등과 같이 다양한 형태의 환경 변화를 측정하는 데 서로 다른 단위가 사용되기 때문에 상호비교가 어렵다. 따라서 가장 커다란 영향을 미치는 환경 변화에 대한 순위나 구분을 어렵게 한다. 그러므로 스포츠 이벤트를 주최하는 조직운영위에서 제한된 자원 사용과 환경 변화 간에 어느 것을 먼저 고려해야 할지를 결정하는 데 크게 도움이 되지 않는다고 지적된다. 둘째, EIA는 스포츠 이벤트 개최 지역을 중심으로 이루어지므로 이벤트를 개최하지 않은 지역에 미치는 환경에 대한 영향은 고려하기 어렵다. 가령 관중들이 스포츠 이벤트를 관람하기 위해 여행 도중에 환경에 미치는 영향을 고려하기에는 부적절하다. 관중들이 스포츠 이벤트를 관람하기 위해 이용하는 항공기, 자동차 등이 타 지역에 미치는 영향을 파악하는 데 적절하지 못하다고 지적된다. 셋째, EIA방식은 직접적으로 환경에 미치는 영향만을 분석할 수 있다. 그런데 스포츠 이벤트 개최를 위한 각종 시설들은 환경에 간접적인 영향을 미칠 수도 있다. 예를 들어, 환경 문제는 경기장 및 각종 기반 시설 건설 과정, 경기장, 스포츠 이벤트를 위한 제조 활동 등에서 발생할 뿐 아니라 관중들이 소비하는 음식물이나 의류, 숙박 등 기타 서비스 등에서도 발생한다.

---

17) 글로벌 스포츠 이벤트나 프로 스포츠 경기 등이 환경에 미치는 영향에 대한 관심이 증가하면서 이를 구체화하기 위해서 다양한 방법이 이용되고 있다. 주로 EIA(environmental impact assessment), ENVIO(environmental input-output analysis), EF(ecological footprint), CCC(carrying capacity concept), LAC(limited of acceptable change), LCA(life cycle analysis), CBA(cost benefit analysis) 등이 있다.

2) 환경 투입 – 산출 분석

산업연관표는 일정 기간 동안 산업 간의 거래 관계를 일정한 원칙에 따라 기록한 통계표이다. 산업연관표를 이용하여 산업 간 상호의존 관계를 수량적으로 분석하는 것을 투입산출 분석(IO 분석, input output analysis) 또는 산업연관 분석(inter industry analysis)이라고 한다. 투입산출 분석의 장점은 산업 간 연관관계를 파악할 수 있다는 것이다. 예를 들어, 주택, 자동차 산업의 수요 증가가 각각의 생산활동이나 고용 등에 미치는 파급 효과를 파악할 수 있다. 또 최종수요가 유발하는 생산, 고용, 소득 등 파급 효과를 산업 부문별로 분석할 수 있다.

I-O분석은 그동안 각종 스포츠 이벤트를 개최하게 되면 발생 가능한 경제적 파급 효과를 측정하는 데 사용되어 왔다. 산업연관표를 이용하여 스포츠 이벤트 관련지출이나 투자와 연계된 직·간접 효과와 유발 효과 등을 분석하였다. 그러나 I-O분석에서는 환경에 미치는 영향에 대해서는 제대로 분석하지 못했다. 즉, 각종 스포츠 이벤트 개최 과정에서 발생 가능한 오존층 파괴, 지구 온난화, 쓰레기, 소음, 음식물 소비 등 환경에 미치는 부정적인 영향을 고려하지 못했다.

이에 따라 세계 각국과 국제 기구에서는 경제정책을 수립할 때 경제개발과 환경이 지속적으로 상생할 수 있는 분석모형을 구축하는 데 관심을 기울여 왔다. 환경과 경제 간의 구조적인 상호의존 관계를 분석하기 위해서 환경경제 통합계정을 추진하여왔다. 2012년 UN에서는 환경·경제통합계정(SEEA, The system for integrated environmental and economic accounting)을 국제표준통계로 채택하고 각 국가에 권고하였다. SEEA의 주요 핵심은 경제 내 또는 경제와 환경 간의 물질과 에너지의 물량 흐름 즉, 물량 기준의 공급표를 기본으로 하고, 환경자산의 변화를 파악하고, 환경관련 경제 활동 및 거래를 파악하는 것이다. 이를 위해서 환경산업연관표를 이용한 환경투입·산출 분석(ENIO)에 관심을 갖기 시작하였다. ENIO(environmental input-out analysis)는 경제와 환경 간의 상관관계나 환경관련 산업의 생산과 지출활동을 파악하는 것이다. 어떤 산업의 생산활동 과정에서 자원의 투입과 환경 오염 물질배출 간의 상관관계나 환경에 미치는 효과를 분석한다.

환경산업연관표를 이용하면 환경 산업의 생산과 지출 활동 즉, 특정 산업의 생산활동을 위한 자원의 투입과 환경 오염 물질 배출 간의 상관관계를 파악할 수 있다. 특정 산업이나 상품에 대한 수요의 변화가 환경에 미치는 영향을 파악할 수 있다. ENIO를 이용하여 각종 스포츠 이벤트를 개최함에 따라 발생하는 생산 및 소비 활동이 환경 변화에 미치는 효과를 측정할 수 있다. 생산 및 소비과정에서 발생하는 배기 가스, 산업 쓰레기, 물 소비 등을 파악할 수 있다. 환경산업연관표를 이용하여 스포츠 이벤트와 관련된 방문객들의 소비에 따른 간접 또는 유발 효과, 지역에서 이벤트 관련 지출과 직접 또는 간접적으로 연관된 환경 효과 등을 측정할 수 있다. 그러나 ENIO를 위한 환경산업연관표가 제대로 구축되어 있지 않은 실정이다. 독일, 캐나다 등 소수의 국가에서 관심을 가지고 있으나 평가 방식은 국가마다 달라서 국제적으로 표준화가 쉽지 않다.[18]

3) 생태 발자국 지수

(1) 의미와 개념

생태 발자국 지수(EF: ecological footprint)는 인간이 지구에서 살아가는 데 필요한 의·식·주 등을 생산하고 소비하기 위한 자원과, 이를 폐기하는 데 드는 비용을 토지로 환산한 지수이다. 인간이 자연에 남긴 영향을 발자국으로 표현한다. 생태 발자국 지수는 특정 지역이나 도시 등의 환경을 측정하는 데 사용된다. 즉, 지리적 경계를 정하여 생태 발자국 지수를 측정하고 상호비교할 수 있기 때문에 행정 구역별로 평가가 가능하다. 생태 발자국 지수는 생태계에 미치는 영향을 은유적으로 표현한 것이다. 생태 발자국 지수는 음식물 소비, 주택, 수송, 각종 재화나 서비스 등을 소비하는 데 따른 영향을 측정한다.

생태 발자국 지수는 글로벌 헥타르(global hectares)라는 토지 단위를 사용하고, 1인당

---

18) 1997년 독일에서는 1990년을 기준으로 서독을 대상으로 환경산업연관표를 작성하였다. 이는 기존의 금액기준으로 작성되는 산업연관표와는 달리 물량기준으로 작성되되 투입재료에 직접투입되는 기체, 액체, 고체 상태에의 비생산 자연자산(공기, 하천수 등) 등을 포함하고 산출물에 잔폐물(기체, 액체, 고체) 등을 포함하였다. 물량기준의 산업연관표(physical input-output table)는 최종생산물 부문과 본원적 투입요소 부문이 각각 A, B 두 개의 항목으로 나뉘는데, 이것이 금액기준의 산업연관표와 다른 부문이다. 또, 캐나다에 다양하게 존재하는 환경 오염 물질 통계를 이용하여 환경 오염물 계정을 작성하고 이를 기존의 산업연관표와 결합하는 방법을 사용하고 있다. 캐나다의 산업연관표는 대부분의 국가에서 사용하는 상품×상품 또는 산업×산업행태와는 달리 산업×상품 또는 장방형 투입산출행렬 행태를 취하고 있는데, 이는 산업에서 1개 이상의 상품을 생산하는 현실을 반영하기 위해서이다.

글로벌 헥타르(gha/capita)로 표현한다. 보고서에 따르면 지구가 기본적으로 감당해 낼 수 있는 면적은 1인당 1.8ha인데, 이 면적이 넓을수록 환경 문제가 심각하다는 의미이다. 선진국으로 갈수록 생태 발자국 지수의 면적이 넓은 것으로 나타났으며, 전 세계에서 20%의 선진국들이 지구촌의 자원 중 86%를 소비하고 있다고 주장된다.[19] 생태 발자국 지수가 뜻하는 것은 지구상에서 인간이 소비하는 모든 자원의 사용을 제한하고 아끼자는 것이다.[20] 생태 발자국 지수는 지구상에서 생태계에 미치는 모든 영향을 지수화한 것으로 GDP의 개념과 비슷하다고 주장된다.

EF 방식은 서로 다른 자원과 토지 사용에 대한 환경의 가치를 나타낸다는 점에서 기존의 환경 영향평가 방식보다 유리하다고 주장된다. 스포츠 이벤트 관련 정책결정자들에게 스포츠 이벤트를 개최함에 따라 환경에 미치는 영향을 제공할 수 있다. EF 방식은 스포츠 이벤트 개최 지역에서 소비자들의 소비 활동이 전 세계의 환경에 영향을 미친다는 점을 인식시켜 줄 수 있는 유용한 도구라고 주장된다. EF 방식은 FA컵, 투어 드 프랑스(tour de france), FIFA 월드컵, 올림픽과 같은 메가 스포츠 이벤트가 환경에 미치는 영향을 분석하는 데 사용되고 있다.

EF방식은 한정된 지역의 환경에 대한 영향을 정교하게 분석할 수 있다. 일정 지역의 소비 활동과 관련된 분석이므로 다양한 방식으로 적용이 가능하다. 즉, 스포츠 이벤트가 개최되는 지역만을 대상으로 하든가 아니면 이벤트 개최 지역을 확대하여 적용할 수도 있다. 예를 들어, FA컵대회가 열린 지역만을 대상으로 할 수도 있고, 투어 드 프랑스와 같이 국가 전체를 대상으로 할 수도 있다. 또한 올림픽이나 월드컵과 같이 상대적으로 오랫동안 개최되는 스포츠 이벤트에도 적용이 가능하다.

19) 2004년 우리나라의 생태 발자국 지수는 1인당 4.05ha로 지구가 감당해 낼 수 있는 기준인 1.8ha을 웃돌고 있으며 미국 9.7ha, 캐나다 8.8ha, 영국 및 프랑스 5.3ha, 일본 4.8ha 등 선진국일수록 높은 것으로 나타났다. 한국인과 같은 생활방식을 유지하려면 지구가 2.26개나 필요한 셈이다.
20) 2007년을 기준으로 글로벌 생태 수용능력은 1인당 1.88 global hectares이다. 그러나 WWF(world wildlife fund, 2010)에 의하면 같은 해 글로벌 생태 능력은 인구 1인당 2.87gh로 나타났다. 이는 자연 자원이 재생산되는 것보다 더 빨리 고갈된다는 의미이다.

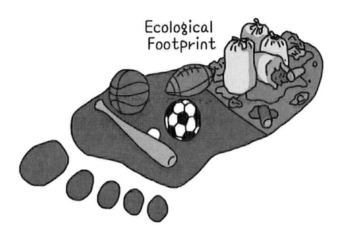

각종 스포츠 경기나 이벤트에서도 환경 오염, 공해, 소음, 교통 혼잡 등의 문제가 제기된다. 생태 발자국에 대해서도 관심을 가져야 한다고 주장된다.

[그림 13-4] 스포츠 이벤트와 생태 발자국

(2) 생태 발자국 지수 사례

일부 학자들은 스포츠 이벤트가 개최되는 지역을 중심으로 생태 발자국 지수를 이용하여 환경에 미치는 영향을 연구하였다. 콜린즈(A, Collins, 2012) 등은 2007 투어 드 프랑스 사이클링(tour de france cycling) 경기 대회의 하나로 영국에서 열린 대회(the grand depart)에 대한 생태 발자국 지수를 파악하였다. 이 대회는 런던(london)과 영국 남동부에 있는 켄트(kent)에서 7월 6~8일 간 열렸다. 런던 교통부에 따르면 3일 간 관중은 약 285만 명으로 추정되었다. 이벤트 기간 중 방문객들이 여행, 식음료 소비, 숙박 등에 소비한 에너지 사용량을 추정한 결과 57,990 gh(global hectare)로 나타났다. 이는 방문객 1인당 하루에 0.0203 gh를 소비한 것이다. 방문객들이 카페, 식당, 패스트 푸드 등 식음료 소비는 1,984 ton으로 나타났다. 이를 EF로 환산하면 3,903 gh로 방문객 평균 0.0014 gh이다. 이는 자국에서 관람한 관중에 비해 2.3배나 더 큰 것으로 나타났다. 이벤트 기간 중 런던, 켄트 등에서 숙박한 사람은 약 259만 명으로 추정되었다. 이들이 숙박한 곳은 호텔(41.8%), 친구나 친척집(39.7%) 등으로 나타났다. 이들이 사용한 에너지는 101.2백만 kw이며 평균 35.5 kw로 나타났다. 이를 EF로 환산하면 10,368 gh(방문객 1인당 0.0036

gh)였다. 호텔에 숙박한 방문객들이 가장 많은 에너지를 사용한 것으로 나타났다. 〈표 13-4〉는 2007 투어 드 프랑스 사이클링 경기 대회의 하나로 영국에서 열린 경기 대회를 생태 발자국 지수를 이용하여 조사한 것이다.

〈표 13-4〉 2007 Tour de France Uk Stage와 생태 발자국 지수

분야	생태 발자국 지수 (gha/이벤트) (gha/1일 평균)	부분별 소비량	주요 소비 내용(%)
식음료	3,903/(0.0014)	1,984 tonnes	- 관람객 1인당 평균 0.7kg - 음식(45.1), 음료수(27.5), 주류(27.4)
숙박 (에너지)	10,368/(0.0036)	101.2백만 kWh	- 방문객 1인당 평균 35.5kWh - 호텔(62.9), 친구 · 친척(27.5), - 기숙사 등(6.6), 캠핑(3.0)
		2.59백만명	- 방문객당 0.9 일 - 호텔(41.8), 친구 · 친척(39.7) - 기숙사 등(6.9), 캠핑 등(11.6)
여행(수송)	43,719/(0.0153)	1.39천만 pkm	- 방문객 1인당 평균 거리 734pkm - 국내외 비행기(58.6), 자동차(17.9), - 기차(20), 기타(3.5)
총계	57,990/(0.0203)	-	

주: gha: global hectare/kWh: Kilowatt hour/pkm: passenger kilometer
자료: Andrea Collins, Max Munday & Annette Robert(2012).

(3) 활용 가능성과 문제점

생태 발자국 지수를 스포츠 이벤트나 시설 등에 적용할 경우 다음과 같은 효과를 기대할 수 있다. 첫째, 스포츠 이벤트 개최 지역과 참여자들의 소비 수준을 파악할 수 있고 자연 자원을 보다 가치 있고 효율적으로 활용할 수 있다. 생태 발자국 지수는 스포츠 이벤트 관광객들의 모든 소비 활동을 단순한 수치로 변환하므로 수송, 쓰레기, 에너지 소비 등 방문객들의 활동이 환경에 미치는 영향을 보다 구체적으로 파악할 수 있다. 둘째, 메가 스포츠 이벤트를 개최할 경우 불가피하게 발생되는 환경에 미치는 부정적 영향을 사전에 파악할 수 있다. 따라서 메가 스포츠 이벤트를 개최하거나 초대형 스포츠 시

설을 건설할 경우 생태계 보존 및 환경 보호를 위한 국민적 관심을 증대시킬 수 있으며, 환경 보호를 위한 정책의 우선 순위를 결정하는 데 유익하다. 환경 보호를 위한 효율적인 정책 수행이 가능하다. 셋째, 스포츠 시설 이용자들이나 스포츠 이벤트 참여자들에게 스포츠 활동에 따른 환경 피해의 정도를 사전에 널리 알려 환경 오염을 최소화할 수 있다. 또한 소비자들의 소비가 환경에 미치는 영향을 평가함으로써 환경에 대한 인식을 제고할 수 있다. 넷째, 한정된 지역의 환경에 대한 영향을 정교하게 분석할 수 있다. 환경 보호를 위한 시나리오를 통해 환경에 대한 영향을 줄일 수 있다. 생태 발자국 지수는 일정 지역의 소비 활동과 관련된 분석이므로 다양한 방식으로 적용이 가능하다. 즉, 스포츠 이벤트가 개최되는 지역만을 대상으로 할 수도 있고 이벤트 개최 지역을 확대하여 적용할 수도 있다.

그러나 다음과 같은 의문이 제기되기도 한다. 첫째, 스포츠 이벤트나 시설 등에서 발생하는 환경 오염 등을 토지라는 하나의 단위로 평가하는 방식에 대해서 논란이 제기된다. 세상의 모든 것을 돈으로 평가할 수 없듯이 스포츠 이벤트의 효과, 환경 오염 및 파괴, 소비지출 등과 같이 복잡한 비용을 토지라는 하나의 단위로 평가하기가 쉽지 않다. 스포츠 이벤트에서 소비되고 버려지는 모든 것을 하나의 단위로 통일할 경우 문제의 소지가 있다. 무엇을 소비하는가와 어떻게 소비하는가는 전혀 다른 문제이기 때문이다. 서로 다른 소비행태에 따라 환경에 미치는 영향도 서로 다르게 나타난다는 점을 간과하고 있다. 둘째, 생태 발자국 지수는 생산성이 낮은 한계지나 쓸모없는 오지(奧地)와 생산성이 높은 도시 지역의 토지 간의 경제적 차이를 구분하지 않는다. 지역의 특성에 따른 환경, 경제, 사회적 조건 등을 감안하지 않고 단지 '전지구적' 차원에서 분석한다. 토지는 지역에 따라 환경에 미치는 영향이 서로 다르다. 그리고 생물학적 다양성, 희소한 종(種), 특수한 토지 등의 특성을 제대로 반영하지 않는다. 셋째, 환경 오염과 쓰레기 등에 대한 논란은 주로 도시 지역에서 많이 발생한다. 그리고 오염된 물, 홍수 피해, 지하수 고갈 등 환경에 대한 위험은 도시의 발전 정도나 특성에 따라 다르다. 환경 오염 및 훼손에 대한 정도는 도시 지역의 특성에 따라 다르게 발생함에도 생태 발자국 지수에서는 이러한 특성을 제대로 고려하지 않는다. 넷째, 토지가 생태계를 위해서 유일하게 사용되고 있다. 토지의 다양한 사용가능성을 무시하고 오직 환경 측면에서만 취급하는 것은 생태 발자국 지수가 편견에 치우칠 수 있음을 의미한다. 예를 들어, 산간 벽지의 쓸모없는 땅, 교외의 고급 전원 주택, 도심의 비싼 땅, 오폐수를 방출하는 공장 등을 토지라는 동일 선상에서 평가되고 있다고 지적된다.

4) EF와 ENIO의 특징

EF와 ENIO 방식은 스포츠 이벤트 관람객들의 소비가 환경에 미치는 영향을 구체적으로 파악할 수 있다는 공통점이 있다. 두 가지 방식은 스포츠 이벤트를 개최하는 데 있어서 환경에 미치는 영향을 전반적으로 평가할 수 있으며, 지속 발전 가능성에 대해서도 고려할 수 있다. 즉, 두 가지 방식은 스포츠 이벤트 관람객들의 소비 활동에 초점을 맞추므로 연구 결과를 비교하는 데 용이하다. 어떤 의미에서 EF와 ENIO 분석은 상호 보완적이라고 할 수 있다. 예를 들어, ENIO는 스포츠 이벤트가 환경에 미치는 영향을 국가를 중심으로 추정할 수 있는 반면에, EF는 스포츠 이벤트가 환경에 미치는 영향을 글로벌 차원에서 분석한다. IO 테이블은 ENIO 분석을 할 때 소비의 범주나 분야를 정하는 데 유익하다. EF나 ENIO를 분석하는 데 필요한 기본통계는 상호연관이 있다. 차이가 있다면 EF분석에서는 이벤트 관련 실제 소비에 관한 정보를 필요로 하는 데 비해, ENIO에서는 실제로 소비가 이루어지는 지출에 대한 정보를 필요로 한다는 점이다.

그러나 EF와 ENIO은 스포츠 이벤트 관람객들이 소비에 미치는 영향을 서로 다른 방식으로 제시하고 있다. 첫째, EF는 스포츠 이벤트 관람객들이 교통 수단 등 여행, 숙박, 식음료 등 다양한 소비 활동을 총합하여 토지에 사용되는 글로벌 헥타르(global hectare)로 단순화하여 나타낸다. 어떤 지역이나 국가에서의 소비 활동이 글로벌 차원에서 얼마나 영향을 미치는가에 중점을 두고 있다. 한편, ENIO 방식은 스포츠 이벤트 관람객들의 소비 활동으로 발생하는 탄소 방출량에 중점을 두고 관람객들의 지출활동을 탄소 방출과 연계하였다. 스포츠 이벤트 관련 소비가 환경에 미치는 영향을 서로 다른 방식으로 나타낸다. 둘째, EF방식을 사용하면 스포츠 이벤트 개최 준비 단계부터 자원사용이 환경에 미치는 영향을 파악할 수 있을 뿐 아니라 글로벌 차원에서 비교가 가능하다. ENIO 방식은 스포츠 이벤트를 개최하는 과정에서 발생하는 생산과 소비 활동이 환경에 미치는 영향을 수량화하여 나타낼 수 있다. 이 방식은 스포츠 이벤트 개최 지역의 경제에 영향을 미치는 산업과 이들 산업과 관련된 환경자료를 연계시켜서 효과를 분석한다. 이처럼 EF와 ENIO 방식은 공통점도 있고 나름 장단점도 지니고 있어 어느 한 가지 방식에 의한 결과가 반드시 옳다고 주장하기 어려운 실정이다. 주의해야 할 점은, 서로 다른 분석 방법에 따른 연구 결과의 차이가 지나치게 크면 정책결정 과정에서 오히려 혼란을 초래할 수도 있다는 것이다. 〈표 13-5〉는 EF와 ENIO 방식의 공통점과 차이점을 개략적으로 나타낸 것이다.

〈표 13-5〉 생태 발자국 지수와 환경 투입 산출의 특징

		강점	약점
EF		- 글로벌 환경 영향 측정	- 이벤트 관련 소비측정 어려움
		- 소비 활동과 환경 간의 관계	- 환경·경제 관계 투명하지 못함
		- 정책적 선택에 유리	- 여러 가지를 하나의 지표로 통합
		- 커뮤니케이션 및 교육 도구	- 자료 이용 가능성의 문제
ENIO		- 산업에 대한 구체적인 자료	- 산업 구조에 부적절
		- 투명성 높음	- 환경관련 지표 부재
공통		- 정책입안시 도움	- 이벤트를 평가하는 지표 부재
		- 이벤트와 경제 활동 비교 가능	- 표준화된 평가 방식이 아님.

자료: Andrea Collins, Calvin Jones, Max Munday(2009).

제5절 그린 스포츠와 발전 과제

1) 환경 보호에 대한 인식

대부분의 사람들은 스포츠 이벤트나 경기가 환경에 바람직하지 못한 영향을 미친다고 피상적으로 인식하고 있다. 그렇다고 이것이 환경에 피해를 입히거나 입힐 가능성이 있는 스포츠 이벤트나 경기를 당장 금지시켜야 한다는 것을 의미하지는 않는다. 스포츠 이벤트

나 시설을 개최하고 건설하는 과정에서 환경에 대한 관심을 보다 많이 가지자는 것이다. 각종 스포츠 활동, 스포츠 이벤트와 시설 등의 스포츠 산업이 보다 발전하기 위해서 환경 보전과 보호를 동시에 추진해야 한다는 의미에서 '그린 스포츠'라는 개념이 등장한 것이다. 즉, 스포츠 이벤트나 경기가 지속적으로 성장하고 발전하기 위해서는 환경과 공조해야 한다.

이제 스포츠 이벤트나 경기, 각종 시설들도 환경 보호 및 보존이라는 사안에 관심을 가져야 한다는 사실이 분명해졌다. 메가 스포츠 이벤트와 시설은 천연자원 소비, 쓰레기 및 오염 생성, 서식지 파괴 등의 피해를 입힐 수 있다. 각종 스포츠 이벤트, 프로 스포츠 리그, 시설 등이 보여주는 환경적으로 지속 발전한 가능성에 대하여 소비자나 팬들도 적극 지지하고 있으며, 이들이 환경에 미칠 수 있는 영향에 대하여 잘 인식하고 있다. 스폰서 기업들도 환경에 보다 많은 관심과 책임 있는 행동을 하는 대회나 조직과 연관을 맺음으로써 스폰서십의 가치를 늘리는 것을 모색하고 있다.

스포츠 이벤트, 프로 스포츠 경기, 참여 스포츠 등의 경제·사회적 중요성을 감안할 때 이들을 위한 시설이나 공간은 지속적으로 확대될 것이다. 이와 동시에 환경 파괴 및 오염, 혼잡과 소음 등을 최소화 할 수 있는 방안을 모색해야 할 것이다. 즉, 개발과 보존 이라는 상충 관계가 아닌 상호 공생이 가능한 방안을 모색해야 한다. 스포츠를 통한 환경 문제와 스포츠를 위한 환경 문제는 우리가 해결해야 하는 절대적 과제이다.

2) 구체적인 메시지

그린 스포츠에 대한 관심이 증가하고 있는 것은 각종 스포츠 활동이 과거 환경 파괴 및 오염에 일부 요인을 제공하였기 때문이다. 이제 스포츠를 통한 환경 보호 및 보존을 위한 인식이 확산되고 있다. 스포츠 이벤트 관련 이해관계 집단들은 환경 보호에 앞장서 야 할 것이다. 스포츠 이벤트와 환경 보호는 장기적이고 생산적이어야 할 것이다. 올림 픽, 월드컵, 프로 스포츠 경기, F1, 골프(golf), 스키(ski) 등 각종 스포츠 이벤트나 경기에 서 환경 관련 메시지를 보다 분명하게 전달해야 할 것이다.

환경 보호단체들의 환경 캠페인, 환경 보호 운동 등은 다양한 메커니즘을 통해서 많은 대중들과 접근하려고 할 것이다. 그러나 일각에서는 아직도 일부 스포츠 이벤트나 경기가 환경 보호 및 보존이라는 구호를 앞세우면서 지나친 상업성을 추구하고 있다고 비난하기도 한다. 메가 스포츠 이벤트가 세계적으로 행해지는 거대한 사업이라고 인식하기 때문이다. 따라서 스포츠 이벤트나 경기를 통한 환경 보호 및 보전 메시지가 보다 구체적이고 실행가능하며 진실성이 있어야 할 것이다. 보다 구체적이고 진실한 메시지는 스포츠 이벤트의 시장성을 높일 뿐 아니라 여론으로부터 호의적인 반응을 얻을 수 있을 것이다. 이는 유명 스포츠 선수나 영웅들을 앞세우는 일회용 환경 보호 운동보다 더 커다란 성과를 기대할 수 있다.

3) 글로벌 환경 분석

메가 스포츠 이벤트 개최 국가에 의해서 주도되는 환경전략은 경기장 건설, 이벤트 개최 활동 등과 더불어 환경 친화적이라는 말이 강조된다. 에너지 효율적인 건물, 재생 가능한 각종 시설, 쓰레기 발생 최소화, 물 사용 최소화 등이 해당된다. 스포츠 이벤트를 개최하는 국가들은 개최 지역에서 발생하는 부정적 영향을 최소화하고, 이벤트로 인해 환경 오염 및 파괴가 가능한 지역을 개선하는 데 노력하고 있다. 이러한 관심이 개최 지역에만 집중되고 환경 친화적이라는 의미도 단지 개최 지역에 국한되었다. 그 결과 스포츠 이벤트 개최에 따른 환경에 관한 관심은 상대적으로 줄어들 수밖에 없었다.

또, 스포츠 이벤트 개최와 관련된 조직이나 단체들이 환경 문제에 대한 전문성을 제대로 갖추지 못하고 있다. 그러다 보니 글로벌 스포츠 이벤트를 개최할 때 마다 환경 전략은 개최 국가나 지역에 따라 다양하게 전개되었다. 글로벌 차원에서 객관화되거나 구체적인 환경 보호 계획들이 수립되지 못하고 있다. 특정 지역에서 실행된 환경 보호 전략이나 효과가 다른 지역에서 개최된 이벤트들과 비교되거나 평가되기 어려웠다. 스포츠 이벤트를 개최하는 국가나 도시에서는 독자적으로 환경관련 계획을 세우고 행동하고 있다. 이제는 메가 스포츠 이벤트나 프로 스포츠 경기 등이 환경에 미치는 영향은 글로벌 차원의 환경분석이 필요하다. 메가 스포츠 이벤트나 유명 프로 스포츠 경기는 어느 한 지역만의 문제가 아니라 전 세계적인 관심사이기 때문이다.

4) 지속 발전 가능한 실행 지표

스포츠와 환경은 지속 발전 가능성이라는 측면에서 논의되고 있다.[21] 지속 발전 가능성은 환경 보존 및 유지라는 측면에서 조명되기 시작했지만 점차 경제·사회·문화적으로 확대되고 있다. 미래의 지속 발전 가능성은 자연환경이 스스로 재생할 수 있는 능력을 유지시키는 동시에 사회적 요구를 충족시킬 관행이나 규범을 더 잘 이해하고 실행할 수 있는지에 따라 좌우될 것이다. 지속 발전 가능성은 사람들이 현재 원하는 것을 할 수 있게 하면서 동시에 미래의 세대들이 원하는 것을 할 수 있는 역량을 희생시키지 않는 것이다. 전지구적 차원에서 삶의 질적 향상과 다양성을 유지하도록 하는 것이다.

지속 발전 가능한 스포츠 산업은 스포츠를 통한 경제 성장과 발전 가능성을 보장한다. 그러나 스포츠를 통한 경제 성장과 발전은 사회적·환경적 측면이 뒷받침될 때 가능하다. 예를 들어, 스포츠에서 생태계의 효율성은 에너지 관리, 자재 및 쓰레기 관리, 물 보존, 해충 관리 등을 포함할 것이다. 효율적인 생태계를 위한 준비가 선행 투자를 필요로 할지는 모르지만 장기적인 수익은 투자액보다 몇 배 더 클 것이다. 스포츠 기구나 조직에 돌아가는 혜택에는 금전적 수익 이상의 것이 포함될 것이다.

스포츠 산업이 보다 성장하고 발전하기 위해서는 환경 보전 및 보호 차원에서 지속 발전에 대한 논의가 필요하며, 스포츠가 지니고 있는 환경 보호와 보전이라는 잠재력을 끌어내야 한다. 단순히 스포츠 기구나 프로 스포츠 단체, 기업 등의 마케팅이나 협찬에 의존해서는 부족하다.

---

21) 스포츠와 지속 발전 가능성에 대해서도 다양하게 주장되고 있다. 로슨(Lawson, H. A, 2005)은 지속 발전 가능성을 스포츠를 통한 사회와 인간의 발전에 관심을 가지는 반면, 도와다(Dowada, M, 2005), 살리스(Sallis, J, F, 2005) 등은 신체 교육 프로그램을 통한 자원의 지속적인 사용을 강조한다. 램버튼(Lamberton, G, 2005)은 지속 발전 가능성을 생태·경제·사회적 관심사에 초점을 맞추었다. 그리고 환경에 대한 개념을 배경으로 경제·사회적 개념을 재이미지화하였다. 이는 정책적인 의미에서 스포츠 산업의 발전과 비슷하다. 처너스헨코(Chernushenko, D, 2001)는 스포츠 시설을 운영하는 데 있어서 환경과 경제 간의 지속 발전 가능성을 강조한다. 린지(I. Lindsey, 2008)는 스포츠의 지속 발전 가능성을 네 가지로 구분한다. 첫째, 개인의 지속 발전 가능성(individual sustainability)으로서, 이는 스포츠 활동을 통한 건강유지 및 증진 등 개인이 얻을 수 있는 각종 편익이다. 이는 스포츠 발전 프로그램과 관련된 개인의 태도와 재능, 행동의 변화를 의미한다. 둘째, 공동사회의 지속 발전 가능성(community sustainability)으로, 이는 각종 스포츠 프로그램을 통하여 사회의 생활유지 및 발전, 변화 등을 의미한다. 셋째, 조직의 지속 발전(organisational sustainability)이다. 이는 스포츠 관련 기관의 스포츠 발전 계획이 지속·확장되어야 한다는 의미이다. 넷째, 제도의 지속 발전(institutional sustainability)이다. 이는 광범위한 스포츠 프로그램을 통하여 정치·관행·경제·환경 등의 바람직한 변화를 의미한다.

스포츠 기구나 기업들은 보다 혁신적인 기술로 지속 발전 가능한 스포츠를 만들어야 한다. 스포츠 단체나 프로 스포츠 구단, 스포츠 관련 기업들이 환경 보호에 앞장서야 한다. 스포츠 이벤트를 개최하거나 새로운 시설을 개발할 때, 기업들은 시민들이나 환경단체들로부터 신뢰를 얻어야 할 것이다. 그린 스포츠를 위한 기술 개발과 환경 보호라는 새로운 방식으로 소비자들에게 접근해야 할 것이다. 〈표 13-6〉은 환경 보호 및 보존 측면에서 지속 발전 가능성을 위한 실행 지표를 요약한 것이다.

〈표 13-6〉 지속 발전 가능성을 위한 실행 지표

	실행 지표	가능 목표
환경 보호	- 환경 관련 정책 - 환경 문제 수정	- 환경 정책 평가 - 환경 보호 관심
에너지 효율	- 에너지 보존 계획 - 에너지 소비, 보존 수단	- 에너지 절약 장치 - 대체 에너지
물 관리	- 물 보존 계획 - 물 관리 계획	- 물 소비 모니터링 - 수질 관리
자원 활용	- 자원 재활용 정책 - 자원 재활용률	- 공식 · 비공식 재활용 - 재활용 · 재사용 시스템
토양 관리	- 토양 관리 계획 - 환경 친화 여부	- 쓰레기 처분 법률 - 지역 사회 참여
오염관리	- 위험물 처리 계획 - 오염 감소 장치	- 위험물 관리 계획 - 잠재적 위험물 처리
오폐수 관리	- 오폐수 관리 정책 - 오폐수 처리 시스템	- 오폐수 저장, 폐기 등 - 오폐수 시설 운영 여부

5) 환경 보호를 위한 글로벌 표준화

스포츠 이벤트나 경기와 관련된 환경 훼손 및 파괴, 오염 문제는 각종 스포츠 시설 건설 과정에서 나타나기도 하고 이미 개발된 스포츠 시설에서도 발생한다. 예를 들어, 골프장을 건설하기 위한 도로 건설, 산림 훼손, 생태계 파괴 등은 직접적인 환경 문제들이고, 프로 스포츠 경기 관람 중에 나타나는 음식물 쓰레기, 응원 도구, 일회용품 등은 간접적인 환경 문제라 볼 수 있다. 이러한 것들은 환경 보전이라는 기준으로 볼 때 심각한 문제이지만 국민의 여가 선용과 삶의 질적 향상이라는 측면에서는 어느 정도 이해될 수 있는 부분이다. 이러한 논의는 계속되고 있지만 해결할 수 있는 뚜렷한 대안은 아직 나오지 않고 있는 실정이다. 많은 국제 스포츠 기구, 프로 리그, 각종 스포츠 단체 등의 환경 보호 및 보존을 위한 노력에도 불구하고 '환경 친화적이었다'는 평가를 받기 위해서는 아직도 해야 할 일들이 많이 있다. 이는 글로벌 스포츠 이벤트나 프로 경기, 각종 스포츠 단체 등이 스포츠 활동과 더불어 추진하는 환경 보호 및 보존 조치들이 질적 향상을 이루기가 쉽지 않기 때문이라고 주장되기도 한다. 이는 또 개발론자들이 환경 보호보다는 스포츠 이벤트를 준비하는 데 자원을 집중적 사용하려고 하기 때문이기도 하다. 아직도 일부 스포츠 이벤트 조직위에서는 스포츠 이벤트가 환경에 미칠 영향이나 관련 정보를 제대로 갖추지 못하고 있다. 그러다 보니 환경 보호 및 보존과 스포츠 이벤트 개최를 놓고 논란이 야기된다.

그동안 스포츠 이벤트 개최를 위해서 제시되는 스포츠 이벤트에 대한 환경의 질적 평가와 절차상 도구는 환경 보호라는 목적을 달성하기 위해서였다. 그러나 이는 이벤트 개최 국가나 도시들이 환경에 대한 관심을 가지고 있다는 것을 보여주는 변명에 불과하였다고 지적되기도 한다. 게다가 스포츠 이벤트의 프로그램과는 동떨어진 환경 영향을 평가하기도 하고 서로 다른 환경 기준이 적용되기도 한다. 이는 스포츠 이벤트 개최 지역에서 계획하고 있는 시나리오와는 반대의 결과를 초래하기도 한다. 따라서 국제 스포츠 기구나 프로 스포츠 리그, 스포츠 용품·장비 생산 기업, 각종 스포츠 단체 등은 글로벌 차원의 환경 보호나 보존 활동을 구체적이고도 장기적으로 실행하고, 평가가 가능한 글로벌 차원의 표준화된 방식을 마련할 필요가 있다.

제14장 스포츠의 글로벌 협력과 지원

제1절 등장 배경

1) 협력과 지원 배경

글로벌 차원의 협력과 지원은 이미 오래전부터 이루어지고 있다. 협력과 지원 기관, 지원 내용이나 범위 등이 아주 다양하게 이루어진다. 글로벌 차원의 협력과 지원은 국제연맹(league of nations)이 시초라고 주장된다. 제1차 세계대전에서 승리한 연합국을 중심으로 세계 평화와 안전을 유지하고 경제·사회적으로 국제협력을 증진시킨다는 목적으로 시작되었다. 협력과 지원은 넓은 의미로는 모든 국제적 문제를 해결하기 위해서 여러 국가들이 힘을 합하여 서로 돕자는 것이다. 좁은 의미로는 경제·사회적 문제를 비롯하여 문화·인도·기술적 문제를 해결하기 위한 국가 간의 협력을 의미한다. 주요 협력과 지원은 교통과 이동의 자유, 국가 간 공정한 통상, 노동 조건 개선, 여성 및 아동의 매매 금지, 마약 등 유해물질의 단속, 질병 방지에 관한 협력 등이다. 국제연맹은 국제평화와 안전을 위해 효율적으로 운영되었으며 국제협력도 상당한 성과를 올렸다고 평가된다.

그러나 제2차 세계대전이 발발하면서 제기능을 하지 못하게 되자, 이를 해체하고 국제연맹의 구조와 형식, 목적을 이어받은 국제연합(UN)이 출범하였다. UN에서는 인종·언어·종교 등의 차별 없이 모든 사람의 인권과 자유를 존중할 것을 강조한다. 또 세계평화 유지와 더불어 경제·사회·문화적인 협력을 목적으로 하였다. 이를 위해 UN에서는 국제연합교육과학문화기구(UNESCO)·국제노동기구(ILO)·세계보건기구(WHO)·국제통화기금(IMF) 등 분야별로 국제기구를 두고 국제협력을 추진하고 있다. 그리고 협력과 지원은 주권, 평등, 내정불간섭 등의 원칙을 준수하며 원조를 받는 수원국의 요청, 경제·사회적 여건, 양국 간 관계 등을 종합적으로 판단한 후에 실시하도록 하였다.

한편, 제2차 세계대전 이후 저소득 후발개도국들의 빈곤, 질병, 열악한 건강 상태, 높은 사망률, 낮은 교육 수준 등을 해소하기 위해서 글로벌 차원의 협력과 지원의 필요성이 대두되었다. 선진국들은 경제·사회·정치적으로 낙후된 후발개도국들을 개선시킬 필요가 있다고 인식하기에 이르렀다. 초기의 협력과 지원은 주로 미국 등 소수의 선진국들에 의해 이루어졌다.

초기의 협력과 지원은 해외원조(foreign aid), 국제발전원조(international development aid) 등으로 언급되었다. 그 후 OECD의 개발원조회의(DAC)에서 공적개발원조(ODA, official development assistance)라는 말이 사용되었다. 공적개발원조[1]는 선진국의 정부나 공공기관이 후발개도국의 경제 및 사회적 발전과 복지 증진을 위해서 후발개도국이나 국제기구에 공여하는 증여(grant) 또는 양허성 차관(concessional loan)을 말한다. 증여는 선진국들이 후발개발도국에 지원하는 현금 또는 재화나 서비스에 대해 상환조건 없이 무상으로 제공하는 것이다. 양허성 차관은 원조를 받는 수원국이 현금이나 물자를 지원받은 공여국에 상환의무를 지는 것이다. 양허성 차관은 유상원조라고는 하지만 이자율, 상환기간, 거치 기간 등이 아주 유리한 조건으로 제공된다.

국제협력이 선진국과 개도국을 모두 대상으로 하며, 협력 분야는 경제 외에도 사회, 문화, 학술 교류 등도 포함하는 데 비해, 공적개발원조는 후발개도국의 경제 및 사회 발전을 주요 목표로 한다는 점에서 차이가 있다. 그러나 글로벌 차원의 협력과 지원은 후발개도국의 경제적 발전 외에도 교육 기회 제공, 복지 및 후생 증진, 인권 개선, 스포츠 시설 등 점차 다양한 분야로 확대되고 있다. 최근에는 협력과 지원보다는 협력과 공유라는 말도 사용되고 있다.

---

1) OECD/DAC는 원조(aid)라는 용어를 사용하는 대신에 지원(assistance)이라는 말을 사용하여 원조(aid)가 내포하고 있는 부정적 의미를 완화하였다. 지원(assistance)은 개발 원조가 일방적인 행위가 아니라 원조 공여국과 원조 수원국 간 파트너십에 기초한 상호적인 행위라는 의미를 지닌다. ODA와 유사한 개념으로 해외 지원(foreign assistance), 경제 지원(economic assistance), 경제 원조(economic aid), 개발 원조(development aid), 발전 협력(development cooperation) 등도 사용하고 있으나, OECD/DAC에서는 ODA를 공식용어로 사용한다.

2) 스포츠 협력과 지원

최근 들어 글로벌 차원의 협력과 지원 도구로 스포츠의 유용성이 점차 증가하고 있다. 스포츠를 통한 협력과 지원은 정치·사회적 갈등을 완화시키며 지구촌의 경제·사회·문화적 발전을 위한 동력으로 인식되고 있다. 스포츠를 통한 협력과 지원은 어린이 권리를 보호하기 위해서 시작되었다고 주장된다. 1959년 UN의 '어린이 권리 선언(declaration the right of the child)', 1978년 UNESCO의 '국제 어린이 신체 교육과 스포츠 헌장(international charter of physical education and sport)', 1979년 여성에 대한 차별 제거, 신체 교육과 스포츠 권리를 위한 회의, 1989년 UN의 '어린이 권리를 위한 회의' 등이 대표적이다. 여기서는 모든 어린이들의 스포츠에 대한 권리를 강조한다. 어린이의 권리 보호에 대해서는 또 다른 주장이 있는데, 올림픽에서 지원하는 '인도주의적 차원의 스포츠 지원'이 있다. 이는 1992년에 릴레함메르(lillehammer) 동계올림픽 조직위가 설립한 것이다.

UN 등 국제 기구들은 스포츠 활동을 모든 사람이 자유롭게 향유할 수 있는 인간의 기본적인 권리라고 강조한다. 2000년 9월 UN에서는 빈곤과 기아 퇴치, 교육 강화, 성 평등과 여권 신장, 유아 사망률 감소, 임산부의 건강, 질병 퇴치, 지속 발전 가능한 환경, 경제·사회적 발전 등을 주요 내용으로 하는 새천년 개발 목표를 발표하였다. 그리고 스포츠는 이러한 목표를 달성하는 데 유용한 도구라고 강조하였다.

2003년 올림픽을 지원하기 위한 일환 중 하나로 아이들의 스포츠를 위한 권리(right to play)가 제창되었으며, 평화와 발전을 위한 스포츠(SDP)라는 새로운 형태의 운동이 시작되었다. 2005년 UN이 스포츠와 신체 교육의 해를 선언한 이후 사회적 변화를 위한 도구로서 스포츠가 광범위하게 이용되고 있다. UN, UNICEF와 같은 기구들이 이러한 선언을 함으로써 국제적으로 어느 정도 영향력을 행사할 수 있는 근거가 되었다. 이는 많은 국가 외에도 FIFA, UEFA, FIBA, ICC 등 국제 스포츠 기구, UN, IMF, WB(World Bank) 등 국제 기구, 글로벌 NGO 등도 글로벌 차원의 스포츠 협력과 지원에 참여할 수 있는 계기가 되었다.

스포츠 협력과 지원을 위한 프로그램은 교육 훈련을 통한 일자리 창출, 환경에 대한 인식, HIV/AIDS 퇴치, 말라리아 등 건강에 대한 관심 제고, 지역 사회 발전, 반사회적 행위와 범죄 예방, 여성의 권리 증진, 장애인의 사회복귀 지원 등의 내용으로 구성된다.

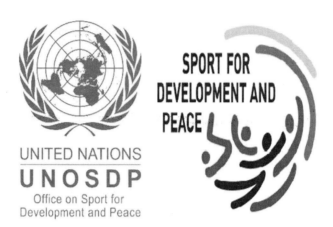

UN을 비롯한 다양한 스포츠 단체들이 스포츠를 통한 지구촌의 평화와 경제·사회
적 발전을 위해 노력하고 있다.

[그림 14-1] UN의 스포츠 협력과 지원

제2절 스포츠와 글로벌 발전 동인

1) 스포츠와 성장 동력

스포츠가 새로운 글로벌 성장 동력으로 기대되는 이유는 다음과 같다. 첫째, 민족·국
가 간 갈등으로 야기되는 긴장 관계를 완화시키는 데 스포츠 협력과 지원 프로그램이
효과가 있다. 국가·민족 간 갈등을 해소하기 위해 도입된 각종 스포츠 프로그램들은
갈등과 폭력을 줄이고 사회적 통합을 가능케 할 수 있다.[2] 스포츠를 통한 발전 프로그램
에 참여하는 국제 스포츠 조직이나 기구들은 기부자로서 단순한 자원 이전에만 의존하
지 않는다. 낙후된 국가나 지역들이 외부의 지원이나 개입 없이도 스포츠를 통해 자발적

---

[2] 아랍과 유대 어린이들이 함께 축구하도록 한 풋볼4피스(football4peace), 르완다의 민족 간 갈등을 해소하
고 자기책임을 가르치고 남녀가 공동으로 축구를 하도록 한 풋볼 포 피스(football for peace) 등은 스포츠
NGO들로부터 시작되었다. 발칸지역에 집중되어 있는 오픈 펀 풋볼 스쿨(open fun football school), 소말리
아 공화국과 인근 지역에 평화를 증진시키기 위한 평화단체(peace foundation)도 유사한 사례이다.

으로 발전할 수 있도록 협력하고 지원한다는 의미를 담고 있다. 스포츠 프로그램을 통해 주민들 간 유대 관계, 신뢰 등을 강화시키며 더 나아가서는 사회통합이나 국론통일 등 유·무형의 가치도 어느 정도 달성 가능다고 보기 때문이다.

둘째, 스포츠 이벤트는 공동사회 인프라를 구축하는 데 도움이 되며, 이는 해당 국가·사회의 성공적인 발전을 위한 기본요소로 간주된다. 스포츠 이벤트 개최를 위한 기반 시설은 스포츠 경기장, 스포츠 용품 및 장비 외에도 다양한 것들이 포함된다. 예를 들어, 메가 스포츠 이벤트를 개최하게 되면 경기장 시설 외에도 도로, 철도, 공항, 호텔 등을 건설하여 개최 지역의 기반 시설을 확충할 수 있고, 일자리 창출 등으로 경제적 부활을 기대할 수도 있다. 실제로 FIFA는 저소득 국가들이 스포츠 기반 시설을 건설할 수 있도록 해당 국가의 스포츠 협회를 지원한다. 이는 저소득 국가들의 스포츠 기반 시설을 강화하고 보다 많은 국민들이 스포츠에 참여하여 건강에 대한 편익을 얻을 수 있도록 한다.[3] 실제로 남아프리카 지역에서는 스포츠 이벤트 개최 준비 과정에서 취업률이 낮은 지역 주민들의 고용을 확대할 수 있었다. 그러나 스포츠 이벤트 개최를 위한 물질적·지적 기반 시설을 구축하기에 앞서 저소득 국가의 역량 배양도 중요하다. 주로 스포츠 NGO들이 이러한 활동에 앞장서는데, FIFA의 골 프로그램(goal programme)과 같은 스포츠 플러스(sport plus) 프로그램이 대표적이다.

셋째, 스포츠는 글로벌 차원의 이슈들을 해결하는 데 도움이 된다. 특히, 건강 증진과 질병 예방 등에 기여를 할 수 있다. 스포츠 활동을 통해 후천성면역결핍증(AIDS·HIV)과 관련한 교육을 지역 주민들에게 실시하는 것이 좋은 사례이다. 예를 들어, '에이즈를 차 버려라(kicking aids out!)'라는 프로그램은 스포츠 네트워크를 이용하여 AIDS에 대한 선입견을 줄이기 위해서, '얼라이브 앤 키킹(alive and kicking)'은 케냐와 같은 국가에서 HIV/AIDS와 말라리아에 대한 인식을 제고시키기 위해서 운영된다. 나이키(nike)에서는 '예스 축구(yes to soccer)' 프로그램을 지원하고, 시리아 레온(sierra leone)에서는 '스포츠 건강 프로그램(sport health programme)'을 지원한다. 국제 민간단체들은 어린이 노동을 금

---

3) '축구로 세계의 평화를'(play soccer make peace)이라는 프로그램은 세계 비정부조직(world association of non governmental organization)이 운영하고 선 문 축구재단(sun moon soccer foundation)이 후원하는데, 카메룬(cameroon), 몽골리아(mongolia) 등 35개 국가의 축구기반 시설을 지원해 준다.

지하고 어린이 노동 남용에 대한 인식을 제고시키기 위해서 스포츠를 활용한다.

넷째, 스포츠 활동은 신체적·심리적 건강을 증진시킬 수 있다. 세계보건기구(WHO)에서는 스포츠 활동이 다이어트에 도움이 될 뿐 아니라 담배, 알코올, 약물 등의 사용을 억제할 수 있다고 주장한다. 이는 폭력을 감소시키는 데 도움이 되며 정신 건강을 향상시키고 적극적인 사회 참여와 통합 등을 증진시킬 수 있다고 주장된다. 스포츠는 젊은이들로 하여금 건강한 신체를 유지할 수 있게 하며, 건전한 여가 활동을 향유할 수 있도록 도움을 준다. 이와 같이 '경제·사회적 발전을 위한 스포츠(sport for development)' 프로그램은 주로 국제 기구와 스포츠 NGO들에 의해서 운영된다. 매직 버스(magic bus) 등이 대표적이다. 어린이들의 건강 증진에 중점을 두며, 스탠더드 챠타드(standard chartered), 유니레버(unilever), 딜로이트(deloitte) 등 글로벌 기업들이 후원하기도 한다. 전 세계의 모든 어린이들의 건강을 증진시키기 위해서는 다양한 스포츠 프로그램이 필요하다고 주장된다. 스포츠는 건강한 신체를 유지하는 데 도움을 주며, 청소년들이 비행, 범죄, 약물 등으로부터 벗어나는 데 일조할 수 있기 때문이다. 어린이들의 스포츠 권리(right to play)는 캐나다 토론토에서 시작되었는데, 후발개도국 국민들의 건강 증진을 위해 20여 개 이상의 국가에서 40개 프로젝트가 운영되고 있다. 리베리아(liberia)에서 운영되는 축구 프로그램 중에는 우울증을 감소시키는 계획도 있다.

다섯째, 스포츠는 소외계층들에게 다양한 편익을 제공할 수 있다. 이를 위한 스포츠 협력과 지원 프로그램에서는 사회적으로 소외된 소녀, 교육을 받지 못한 젊은 여성 등이 자주 논의된다.[4] 이러한 프로그램들은 주로 교육을 통해 여성들도 사회활동에 참여할 수 있도록 돕는다. 리커리(liikery)는 스포츠를 통해 젊은 여성들도 학교에 다닐 수 있게 하고 남녀 평균 의식을 제고하며, 무빙 더 골포스트(moving the goalposts)는 교육을 통해 여성 문맹률을 퇴치하고, 사업이나 사회활동에 필요한 능력을 향상시키기 위한 프로그램이다. 고 시스터(go sister) 프로그램은 여성교육뿐 아니라 경제적 권한 부여, HIV·AIDS 등의 이슈를 다룬다.

이외에도 스포츠 협력과 지원 프로그램은 경제적 발전을 가능케 하고 빈곤을 감소시키기 위해서 이용된다. 각국 정부와 세계은행(WB), 국제통화기금(IMF) 등과 같은 국제

---

4) 'LiiKery Finland/Sport Development Aid(SDA) Program', 'Moving the Goalpost', 'Go Sisters' 등이 대표적이다.

기구들도 다양한 형태의 협력과 지원 프로그램을 운영하고 있다. 이들은 모잠비크(mozambique), 잠비아(zambia), 벨라루스(belarus) 등과 같은 후발개도국에서 빈곤 감소, 국가사회의 발전을 위해 스포츠 프로그램을 활용하기도 한다.

2) 평화와 발전을 위한 스포츠

1990년대 들어 글로벌 차원의 스포츠 협력과 지원은 경제적인 문제를 넘어서 지구촌의 평화와 발전에 초점이 맞춰지고 있다. 평화와 발전을 위한 스포츠 프로그램(SDP, sport for development and peace)은 경제·사회적으로 낙후된 후발개도국들을 지원하기 위해서 시작되었다. 그 후 전쟁으로 피폐해졌거나 전후에도 갈등이 지속되고 있는 지역이나 국가로 점차 확대되고 있다. SDP는 빈곤 감소, 청소년 교육, 건강 증진, 질병 예방, 여성의 권한 부여, 평화 구축, 전후 갈등 해소, 지역 재건설 등을 주요 목표로 한다. SDP 프로그램이 유용하다고 주장되는 이유는 다음과 같다.[5]

첫째, 평화와 발전을 위한 스포츠 프로그램은 지역·국가·인종 간 갈등을 해소하는 데 효과적이다. 민족·국가 간 평화를 구축하기 위한 스포츠 프로그램은 민족이나 국가에 광범위하게 영향을 미칠 수 있다. 제1차 세계대전 이후 스포츠는 국가 간 갈등을 축소시킬 수 있는 방안의 하나로 인식되기도 했다. 즉, 적대관계에 있는 국가 간 스포츠 경기를 통해 상호이해와 의사소통을 가능케 한다는 것이다. 예를 들어, 보스니아(bosnia)에서 운영되는 SDP프로그램은 젊은 세르비아인(serbian)과 보스니아인(bosniak) 간의 상호이해와 의사소통에 기여하였다. 이스라엘과 아랍인들을 위한 스포츠 프로그램은 평화

---

5) 2002년 코피 아난(Kofi Annan) UN사무총장은 스포츠를 활용하여 UN 중심의 세계 발전과 평화를 이루기 위해 '개발과 평화를 위한 스포츠(sport for development and peace)'라는 보고서를 발간하였다. 보고서에서는 스포츠를 통해 빈곤 감소, 기아 퇴치, 아동 사망률과 질병 감소, 보편적 기초 교육, 모성 건강, 양성 평등, 지속 발전 가능한 환경, 국제협력 증진 등을 목적으로 하고 있다. 이는 UN의 새천년개발목표(millennium development goals)이며, 이를 달성하기 위한 강력한 수단으로 스포츠를 제시하였다. 2003년 UN 총회에서 회원국들로부터 전폭적인 지지를 받으며 2005년을 스포츠와 신체 교육의 해(IYSPE, international year of sport and physical education)로 공식 선언하였다. 2008년에는 UN스포츠개발평화사무국(UNOSDP, united nations office on sport for development and peace)으로 조직을 개편하여 스포츠를 통한 세계의 동반 발전과 세계 평화를 목적으로 활발한 활동을 하고 있다. UNOSDP는 사회의 개발과 발전, 평화 달성을 목적으로 한 스포츠 참여를 유도하기 위한 활동 외에도 미디어, 체육기구, NGO, 각 정부 간 발생할 수 있는 대립에서 중재자로서의 역할도 담당하고 있다.

유지에 기여하였다는 평가를 받는다. 전쟁으로 분열된 서아프리카 지역에서 운영되고 있는 스포츠 프로그램은 어린이 군인들이 무기를 버리고 가정이나 사회로 돌아가도록 하였으며 공정한 규칙에 의한 상호간 의사소통을 가능하게 하였다고 평가된다.

〈표 14-1〉 평화와 발전을 위한 스포츠 프로그램과 사업 목적

이름	주요 목적과 사업
Sport for Development/ Peace-Un	- MDG(millennium development goals) 달성 • 빈곤 감소, 보편적 교육, 성 평등, 질병 예방 • 지속 발전 가능한 환경, 평화 구축, 갈등 해소 • 공동 발전과 인도주의적 지원을 위한 노력
Sport4Peace	- 전 세계의 소녀들과 여성 대상 • 스포츠 이용 기회, 스포츠의 질적 향상 • 스포츠를 통한 교육과 훈련으로 건강한 생활
SOS Childern's Villages	- 축구 발전(soccer for development) 프로그램 • 글로벌 이슈와 캐나다의 어린이와 청소년 참가 • 캐나다의 젊은 자원봉사자들 참여
International Football Aid	- 개발도상국가의 어린이와 청소년 • 교육 발전 시설
Commonwealth Games Canada(CGC)	- 공동사회 발전에 필요한 것을 다루기 위한 수단 • 청년과 자원봉사자 • 아프리카, 캐리비안 해역에 프로그램 전달
Right to Play	- 전쟁, 질병, 빈곤 등 퇴치 • 아프리카, 아시아, 중동, 남미 등 23개 국가
United through Sport	- 국제 스포츠 발전을 위한 자선 단체 • 스포츠를 통한 사회적 불평등 제거, 빈곤 완화 • 아프리카 전역에 코치 지원
SCORE	- 아프리카에 근거(주로 남아프리카) • 스포츠를 통한 공동사회 발전 • 자원 봉사자 프로그램 운영

자료: Rebecca Tiessen,(2011).

둘째, 스포츠는 전쟁이나 테러 등에 의해서 정신적·육체적으로 심각한 피해를 입었거나 커다란 충격을 받은 사람들이 스포츠 활동과 같은 재활 훈련을 통해 사회에 복귀할 수 있도록 돕는다. 서아프리카 등에서 지뢰 희생자들이 육체적·정신적 충격을 극복하고 사회생활을 다시 영위하는 데 스포츠를 활용했다. 스포츠는 육체적·정신적 충격을 극복하는 재활 훈련에 유용하게 사용된다.

셋째, 스포츠는 놀이하기에 좋고 경쟁적이며 규칙을 준수하는 과정에서 사람들과 유대관계를 수월하게 구축할 수 있다. 스포츠 경기 참가자들 간 동의를 바탕으로 하는 규칙은 상호간 의사소통을 가능케 하고 경기가 공정하게 진행되도록 한다. 이는 경기장 밖에서도 규칙을 준수하는 것이 중요하다는 인식을 참가자들에게 심어줄 수 있다. 스포츠 경기에서 규칙 준수, 공정한 경기 등에 대한 메시지는 글로벌 사회에서 준수해야 할 윤리활동으로 간주되기도 한다. 스포츠 경기를 통한 공정한 경기나 규칙을 준수하도록 하는 것은 스포츠 활동은 물론 사회생활에서도 상호존중과 신뢰라는 사회적 자본을 축적해 갈 수 있게 한다. 이는 공동사회가 지속적으로 발전하는 데 긍정적인 효과를 가져다준다. 〈표 14-1〉은 주요 스포츠 협력과 지원 프로그램, 주요 사업 목적들이다.

제3절 스포츠 협력과 지원 유형

1) 스포츠 플러스와 플러스 스포츠

스포츠 협력과 지원 방식으로 '스포츠 플러스'와 '플러스 스포츠'가 주장된다. 스포츠 플러스 프로그램(sport plus programme)은 지속 발전 가능한 스포츠 조직, 스포츠 프로그램, 스포츠 경기나 이벤트 등을 통해 스포츠 외에도 다양한 분야의 발전도 추구하는 것이다. 스포츠 플러스 프로그램에서는 스포츠를 통해 남녀 간 성 평등, HIV·AIDS에 대한 교육 등 광범위한 사회적 이슈를 다룬다. 스포츠 플러스 프로그램은 스포츠 경기에 대한 상징성, 공식적인 교육 방식, 보편적인 가치, 윤리와 관행 등이 혼합되어 달성가능한 목표를 추구하는 것이다. 이에 비해 플러스 스포츠 프로그램(plus sport programme)은 스포츠를 이용한 사회 및 건강 프로그램에 중점을 둔다. 특히, 많은 청소년과 젊은이들이 자신의 목표를 달성하기 위해서 스포츠 활동에 참여하는 것이라고 주장되기도 한다.

한편, 세계은행(WB)에서는 플러스 스포츠와 스포츠 플러스, 스포츠 퍼스트NGO라는 말을 사용한다. 플러스 스포츠(plus sport) NGO는 스포츠를 활용하여 조직의 주요 목적을 달성하려는 것이라고 주장한다. 반면 스포츠 플러스(sport plus) NGO는 주로 스포츠와 스포츠 발전에 중점을 두지만, 보다 광범위한 사회적 편익을 추구한다고 주장한다. 예를 들어, 경제·사회적 발전, 건강 유지 및 증진, 교육 등과 관련된 메시지를 전달할 목적으로 사람들이 함께 스포츠를 이용하는 것이다. 또, 스포츠 퍼스트(sport first) NGO는 보다 많은 사람들의 스포츠 참여를 가장 중요시하고 그에 따른 부수적인 효과를 기대한다. 스포츠 플러스가 주로 스포츠와 스포츠 발전에 중점을 두면서 보다 광범위한 사회적 편익을 강조한다면, 플러스 스포츠는 어떤 정책 목적을 달성하기 위해 스포츠를 이용한다고 주장된다.[6]

그러나 스포츠 플러스와 플러스 스포츠 프로그램은 모두 연속적이며 상징적 경기나 이벤트, 교육이나 훈련, 윤리와 관행, 보편적인 가치 등을 통해 바람직한 성과를 추구하려고 한다는 점에서 차이가 분명하지 않다고 주장된다. 어떤 정책적 목적을 달성하기 위해서 이 둘을 분명하게 구분해야 하는지에 대해서 논란이 제기되기도 한다. 오히려 스포츠 플러스와 플러스 스포츠가 혼합되어 사용되는 것이 더 효과적일 수도 있다는 주장도 있다.

다음은 스포츠 플러스와 플러스 스포츠의 개념들이 혼합되어 운영되고 있는 사례들이다. 첫째, MYSA(mathare youth sports association)는 캐냐(kenya)의 나이로비(nairobi)에 있는 마싸레(mathare)라는 작은 마을에서 청소년들을 위해 운영되고 있는 스포츠 발전 프로그램이다. 가장 오래된 스포츠 NGO 프로그램 중 하나이다. 프로그램에 의하면 스포츠 팀과 경기의 모든 참가자들은 의무를 준수해야 하며 엄격한 법령을 따르도록 하고 있다. MYSA의 주요 목표는 HIV·AIDS와 같은 질병에 대한 인식을 제고시키고, 지역 사

---

6) 세계은행에서는 스포츠 발전 프로그램을 확립한 NGO를 Operation NGO, 정책입안에 참여한 NGO를 Advocacy NGO로 구분하였다. 이러한 NGO들은 스포츠 발전 분야에서 활동한다. 그리고 이를 플러스 스포츠(plus sport), 스포츠 플러스(sport plus), 스포츠 퍼스트 NGO(sport first NGO) 등으로 구분한다.

회의 젊은이들을 위한 교육과 훈련, 환경 정화 운동 등으로 지역 사회의 발전에 기여하는 것이다.[7] 둘째, 스트리트풋볼 월드(streetfootball world)는 인터넷을 통해 정부, 기업, 스포츠 기구들과 파트너십을 형성하여 스포츠 프로그램을 디자인하는 NGO이다. 많은 스트리트풋볼 월드의 주요 목적은 질병 예방과 직업 훈련을 위한 교육을 실시하는 동시에 축구 경기에 참여를 독려하여 건강을 증진시키는 것이다. 전 세계적으로 70여개 이상의 조직이 연계되어 있다. 스포츠 플러스(sport plus NGO)와 유사한 형태로 독일에 본부가 있다. 셋째, 스포츠 권리(right to play)는 아시아, 아프리카, 중동 국가들의 발전을 위해서 운영되는 스포츠 플러스 NGO이다. 이들은 어린이 교육 및 훈련, 건강 증진, 기술 향상 등을 강조하고, 질병, 빈곤, 갈등 등으로 분열되는 사회의 통합과 유대를 강조한다. 사실, 이러한 NGO들의 스포츠 프로그램 내용과 목표는 대부분이 유사하다. 넷째, 일부 기업들은 후발개도국의 글로벌 스포츠 이벤트 운영 능력을 돕기 위해서 지원한다. 실제로 글로벌 기업인 딜로이트(deloitte)는 남아프리카에서 실업자들을 위한 훈련과 기술 교육을 실시하였다. 이러한 훈련과 기술 교육 프로그램은 경제 성장 및 사회 발전에 도움이 된다. 이러한 프로그램은 스포츠 이벤트를 통한 경제적 발전을 가능케 한다. 이와 같은 목적의 프로그램들은 부분적으로 정부, IMF와 같은 국제 기구, 국제 스포츠 연맹 등에 의해 수행되기도 한다. 모잠비크(mozambique), 잠비아(zambia) 등 후발개도국의 정부는 경제·사회적 발전을 위한 전략으로 스포츠를 이용한다. 즉, 빈곤 감소, 건강 캠페인 수행, 스포츠 참여 독려, 교육 등의 목적을 위해 스포츠 프로그램을 운영한다.

2) 스포츠의 발전과 스포츠를 통한 발전

현대적 의미의 스포츠가 어느 정도 형태를 갖추기 시작하면서 스포츠는 경제·사회적 발전 목표와 꾸준히 관련지어 왔다. '스포츠의 발전'과 '스포츠를 통한 발전'은 후발개도국들의 경기 기술 습득, 경기력 향상 외에도 사회·문화·교육 등의 발전 목표도 채택하였다. 즉, 스포츠의 발전과 스포츠를 통한 발전이 동시에 이루어져 온 것이다.

---

7) 'MYSA'는 9개의 국내외 기관, 9개 민간 기업, 12개의 정부 부처, 스포츠 퍼스트(sport first) NGO 등을 포함한 9개의 기구 등과 파트너십 관계를 맺어 운영되고 있다.

그러나 일부에서는 '스포츠의 발전'(development of sport)과 '스포츠를 통한 발전' (development through sport)은 의미가 다르다고 주장되기도 한다. '스포츠의 발전'이 스포츠 자체의 목적으로서 스포츠 경기력 향상이나 참여를 증진시키기 위해 고안된 활동을 의미한다면, '스포츠를 통한 발전'은 경제·사회·정치적 목표를 달성하기 위한 수단으로서 스포츠를 이용하는 프로그램이라는 것이다. 실리버리(Shilbury,D., 2008) 등은 스포츠의 발전과 스포츠를 통한 발전을 구분하면서, 이 두 가지 방식은 모두 개인의 스포츠 참여를 위한 동기를 제공하지만 바람직한 성과나 목표는 가끔 다르게 나타난다고 주장한다. 스포츠의 발전은 스포츠 참여를 조장하고 유인함으로써 미래에도 지속적으로 발전이 가능함을 보장하고 스포츠 조직의 역할과 필요성에 중점을 둔다. 주로 엘리트 스포츠나 글로벌 스포츠 이벤트가 해당되며, 체계적인 발전이 가능하도록 하는 것이다. 물론 모든 스포츠가 엘리트 선수를 중심으로 이루어지는 것은 아니다. 스포츠 이벤트 관람, 엘리트 스포츠 경기 시청, 회원권 구매, 관련 제품 구매 등 스포츠를 소비하고 생활을 증진시키는 행위도 포함된다.

이에 비해 스포츠를 통한 발전은 지역 사회의 복지 증진에 중점을 둔다. 즉, 스포츠 참여는 물질적, 사회적으로 지역 사회를 보다 건강하게 만드는 것으로 이해된다. 많은 사회적 자본에 관한 보고서들이 스포츠를 통한 발전과 연관이 있으며, 사회적 결합, 사회적 유대 강화, 역량 구축 등을 위한 정책수단으로 이해될 수 있다. 따라서 이들 간의 관계는 상호 배타적이라기보다는 상호 협력적인 성격을 지닌다고 할 수 있다. 일례로 영국문화원(british council)과 유소년 스포츠 기업(youth sport trust)들은 공동으로 드림 팀(dreams teams)이라는 스포츠 리더십 프로그램을 추진하였다. 이는 스포츠를 통하여 청소년 지도자를 육성하고 글로벌 시민의식을 향상시키는 것이 목적이었다. 이러한 프로그램을 통해 후발개도국들은 스포츠와 레크리에이션 등에 참여를 증진하고, 미래에 대한 도전과 새로운 기회를 제공받을 수 있다.

3) 경제·사회적 발전을 위한 스포츠

경제·사회적 발전을 위한 스포츠(sport for development)도 주장된다. 첫째, 전통적 의미에서 경제·사회적 발전을 위한 스포츠는 스포츠 코칭, 장비, 기반 시설 구축 등이 주요 관심사이다. 예를 들어, 노르웨이 올림픽조직위(NIF)에서는 스포츠 포 올(sport for all)

의 일환으로 1984년에 탄자니아(tanzania)를 후원하였으며, 독일의 축구협회에서는 역사적으로 적대 관계를 지니고 있는 국가들에게 축구 관련 장비와 시설을 후원하였으며, 영연방 경기 대회에서 캐나다는 카르비안 연안 국가들에게 코치 인증 제도를 지원하였다. 이러한 프로그램은 주로 정치·외교적 목적 아래 이루어진다.

둘째, 경제·사회적 발전을 위한 스포츠 기금은 인도주의적 차원에서 난민들을 돕기 위해서 이루어진다. 초기의 올림픽 원조(olympic aid)가 대표적이다. 스포츠 권리(right to play), 영국의 스포츠 구호 자선단체(british charity sport relief), UNICEF와 바르셀로나(barcelona) FC 간의 협력관계 등이다. 그 후 발전을 위한 스포츠의 일환으로 평화운동을 추진하기 위해 다양한 스포츠 기구나 조직들이 탄생하였다. 이들은 다양한 프로그램을 통해서 인류평화 등을 도모하고 있다고 주장하지만, 추상적이며 성과도 불확실하다고 지적된다. 따라서 분명하지 않은 목적보다는 개인과 공동사회의 구체적인 발전에 더 많은 관심을 가지는 추세이다. 실제로 스트리트풋볼 월드(streetfootball world)는 전 세계 80여개의 국가에서 운영되고 있으며 교육 증진, 상호 문화 이해, 갈등 예방 등을 목표로 한다. 이러한 프로그램들이 발전을 위한 스포츠에 해당된다고 할 수 있다. 즉, 스포츠를 통해서 갈등을 해소하고 문화 간 상호 이해를 증진시키며, 스포츠를 통한 신뢰를 구축하고 공동사회 기반 시설을 강화하는 것이다. 또, 교육 기회 확대, 권한과 자율성, 육체적·정신적 건강 외에도 복지 증진, 경제 발전과 빈곤 감소 등에 기여할 수 있다.

셋째, 경제·사회적 발전을 위한 스포츠는 국가의 기반 시설 강화에도 기여한다. FIFA, IOC와 같은 국제 스포츠 기구들은 글로벌 스포츠 이벤트가 개최 지역의 기반 시설을 구축하고 발전시키는 데 기여한다고 주장한다. 이러한 기구들은 스포츠 이벤트 개최를 위해 TV 중계방송 및 통신 시설, 수송 시스템 등 각종 기반 시설을 갖출 것을 요구한다. 또한 스포츠 프로그램을 통해 후발개도국들의 각종 기반 시설을 확충하기도 한다. FIFA의 희망을 위한 축구(FIFA's football for hope), 골 프로그램(the goal programmes) 등도 있다. 희망을 위한 축구 프로그램은 전 세계의 많은 NGO들이 FIFA와 파트너 관계를 맺고 축구를 이용하여 어린이, 청소년들의 참여를 유도하여 교육 및 훈련, 사회참여를 증진시키고 있다. 2010 남아공 월드컵 축구 대회에서 아디다스(adidas), 코카콜라(cocacola), 현대(hyundai), 소니(sony) 등의 파트너 기업들은 남아공에 20여개의 축구를 위한 희망 센터를 운영하였다.

글로벌 차원의 스포츠 협력과 지원은 후발개도국의 어린이들에게
스포츠를 통해 꿈과 희망, 용기를 제공한다.

[그림 14-2] 스포츠 협력과 지원 유형

제4절 스포츠 협력과 지원 실태

1) 국제 민간기구

국제 민간기구(GNGO)들은 글로벌 차원의 스포츠 협력과 지원에 참여하고 있다. 이들 중 많은 단체들이 스포츠 협회나 연맹 등과 같이 출발하여 글로벌 스포츠 시장에서 영향력을 행사하기도 하며 자신들의 목적과 이익을 추구하기도 한다.

GNGO들의 스포츠 협력과 지원 프로그램으로는 캐나다의 스포츠 권리(right to play), 케냐의 MYSA, 남아프리카의 SCORE 등이 대표적이다. 국제 민간기구들의 글로벌 차원의 스포츠 협력과 지원 형태는 대체적으로 플러스 스포츠(plus sport)로 불린다. 이러한 GNGO들은 정부기관, 국제조직, 자선단체 등과 파트너 관계를 맺고 글로벌 차원의 스포츠 협력과 지원 프로그램을 운영하고 있다. GNGO들은 재정·기술적으로 지원을 받는 수령자인 동시에 후원자이다. 간접적 지원자들로부터 국제원조를 전달하는 등 다각적인 체인 관계를 지니며, 정부 또는 국제 기구들의 글로벌 스포츠 협력 지원 프로그램에 참여하기도 한다.

많은 GNGO들은 정부 등 공공 기관으로부터 기금을 지원받아 프로그램을 운영하지만, 일부 GNGO들은 독자적으로 글로벌 스포츠 협력과 지원활동을 하기도 한다. 남아프리카의 SCORE라는 국제 민간단체는 EU로부터 자금 지원을 받으며, 스포츠 권리(right to play) 프로그램은 UN의 스포츠 발전 프로젝트의 전략적 파트너로 활동한다. 이러한 단체들은 EU, UN 등과 다각적인 지원 프로그램을 전달하는 파트너 관계를 맺기도 한다. 많은 GNGO들은 국제 기구의 기금으로 스포츠 협력과 지원 프로그램을 수행한다. 일부 GNGO들은 스포츠 리그나 협회로부터 기금을 지원받아 활동하기도 한다. GNGO들은 형태와 규모가 매우 다양한 스포츠 협력과 지원 프로그램 활동에 적극 나서고 있다.

GNGO들이 운영하는 주요 스포츠 협력과 지원 프로그램으로는 '스포츠 권리(right to play)', '스트리트 풋볼 월드(street football world)', '유럽 축구에서 인종차별 반대(football against racism in europe)', '오픈 풋볼 학교(open football school)' 등이 대표적이다. 이외에도 해외개발을 위한 CAFOD와 크리스찬 에이드(christian aid)는 스포츠를 이용하여 경제·사회적 발전을 추구하는 몇 안 되는 GNGO이다. CAFOD에서는 축구를 이용하여 라이베리아(liberian)의 어린 군인들이 무기를 버리고 가정과 사회로 돌아가 정상적인 사회활동을 할 수 있도록 돕는 프로그램을 운영하였다. 크리스찬 에이드는 영국, 아일랜드 등의 41개 교회를 중심으로 시작된 후발개도국들의 구제와 발전을 위한 단체이다. 〈표 14-2〉는 GNGO들이 추진하고 있는 스포츠 협력과 지원의 목적과 주요 사업 내용이다.

〈표 14-2〉 주요 글로벌 NGO의 스포츠 협력과 지원 활동

NGO	주요 활동
MYSA(Mathare Youth Sports Association)	- 개도국가의 청년들의 리더십 기술 - 도시 지역 빈민가의 쓰레기 청소 등
playing for peace	- 어린이들에게 농구 경기 - 공동사회 참여 증진, 지도력 등
sport sans frontiers	- 청년들을 위한 작업장, 재취업 가능한 기술 교육
CAFOD(Catholic Agency For Overseas Development)	- 스포츠를 이용하여 경제·사회적 발전을 추구 - 어린 군인: 가정과 사회에서 사회활동

2) 국제 기구

국제 기구들도 다양한 형태로 스포츠 협력 및 지원 프로그램 활동에 참여하고 있다. UN, ILO, UNICEF, WHO 등이 대표적이다. UN은 2005년을 '스포츠를 통한 평화와 발전의 해'를 선언하고 스포츠를 통해 경제·사회적 발전을 이루자고 강조하였다. 새천년 발전목표(MDG)가 대표적이다.[8] UN 관련 기관으로는 UNDP, UNICEF 등이 있으며 스포츠 발전을 위한 프로그램과 캠페인 활동을 한다. ILO에서는 젊은이를 위한 스포츠 프로그램을 강조하였다. 스포츠 경기를 통해 팀워크, 지도력 등과 같은 기술을 배우고 이 같은 기술을 이용하여 고용을 촉진시키자는 것이다. UNICEF, WHO는 스포츠를 통해 어린이들이 신체적·정신적 건강을 향상시킬 수 있음을 인식하고, NGO들과 파트너십을 맺고 민간부문의 이익집단과 공동사회의 조직들이 스포츠 참여를 촉진시키고자 하였다. 최근에 SDP 활동에 관심을 가진 정부와 연계하여 스포츠 협력과 지원 프로그램에 참여하는 국제 기구들이 점차 증가하고 있다.

3) 국제 스포츠 기구

FIFA, IOC 등과 같은 국제 스포츠 기구들과 스포츠 리그나 협회 등의 스포츠 협력 및 지원 프로그램 활동도 증가하고 있다. 경우에 따라서는 스포츠 협력과 지원 프로그램의 일환으로 재정·기술적 지원을 하기도 하는데, 직접 지원하거나 협회나 연맹과 같은 조직과 제휴를 통해서 지원하기도 한다. 각자의 규정에 따라 엘리트 스포츠 발전에 중점을 두기도 하지만, 후진국의 지역, 학교 등 공동사회 발전을 위한 프로그램을 제공하기도 한다. 예를 들어, 국경 없는 NBA에서는 남아프리카에서 건강을 위한 공공센터나 도서관을 건설하기 위한 프로그램을 실시하기도 한다.

일부 스포츠 기구나 협회들은 자체적으로 협력과 지원 프로그램을 운영하기도 한다.

---

8) MDG는 UN의 주도로 지구촌의 빈곤 완화를 범지구적인 목표로 설정하고 이를 위해 ODA 활동을 확대하고 그 효과를 제고하기 위한 노력을 강화하는 것을 기본 방향으로 한다. 그리고 2015년까지 빈곤개선을 위한 지표를 설정하고 이를 뒷받침하기 위해서 원조 규모를 국민총소득(GNI)의 0.7%까지 늘리도록 지침을 정하였다.

실제로, FIFA는 축구를 이용한 다양한 프로그램을 운영한다. 가장 널리 알려진 협력과 지원 프로그램으로는 '희망을 위한 축구'(football for hope)로, 평화를 구축하고 건강한 생활을 증진시키며 어린이들에게 스포츠 기회와 권리를 제공하기 위하여 글로벌 NGO 들과 협력하는 활동이다. 이 프로젝트는 어린이와 청소년들의 참여와 대화를 증진하기 위한 수단으로서 축구를 이용한다. 동시에 축구 경기에 보다 많은 젊은 관중을 유인하기 위한 프로그램을 운영한다.

한편, 피파 골 프로그램(FIFA goal program)은 주로 FIFA 회원 국가들의 축구에 대한 기반 시설을 강화하기 위해서 운영된다. 이 프로그램은 운동 경기장, 스포츠 장비 등 축구를 위한 기반 시설들을 발전시키기 위한 것이다. 또, 과거에 스포츠 참여에서 배제된 사람들이 스포츠 경기에 참여할 수 있는 기회를 제공하기도 한다. 피파 골 프로그램은 건강 증진, 교육 기회 개선 등을 주요 목표로 하며, 교통 및 수송 체계 개선 등과 같은 정부 프로젝트와 동시에 수행되기도 한다.

이외에도 '평화를 위한 축구'(football for peace)는 축구를 이용하여 어린이들에게 공동 사회 참여와 리더십, 남녀 간 성 평등에 관한 인식과 사회적 통합 등을 교육한다. 실제로 콜롬비아의 메데인(medellin)에서는 지역 발전을 위해 NGO와 UNICEF 등과 파트너 관계를 맺고 운영한다. 그러나 실제 어린이들에게 어떤 기회와 권리가 제공되는지는 분명하지 않다고 지적된다. 이러한 프로그램에 대한 독립적인 평가 결과가 제대로 공개되지 않기 때문이다.

한편, 스페인의 프로 축구 팀인 FC바르셀로나는 국내외 활동을 감독하는 기관을 설립하였다. 사회적 통합, 교육, 건강, 인권 보호 등 특수한 프로그램을 운영한다. 이 클럽은 소득이 높은 국가들은 매년 적어도 GDP의 0.7%를 국제 발전 프로젝트에 사용하도록 권장한 UN 권고사항을 충실히 이행하려고 노력한다.

〈표 14-3〉은 주요 국제 스포츠 기구나 프로 스포츠 팀들의 글로벌 스포츠 협력과 지원 프로그램의 주요 내용과 발전 전략이다.

〈표 14-3〉 국제 스포츠 기구와 프로 스포츠 팀의 협력과 지원 프로그램

기구 및 기업	주요 내용	발전 전략
FIFA	- 희망을 위한 축구(football for hope) • 젊은이 교육 증진, 사회 통합, 권한 부여 - 2010 월드컵 대회에서 아프리카 전역 • 20개의 football for hope 센터 운영	- 개인 발전 - 건강 증진 - 사회적 통합
MLS major league soccer	- "MLS WORK" • 건강, 교육, 리더십, 생활 기술, 존경 - UNICEF와 공동 • 글로벌 어린이 문제에 대한 인식	- 인식 제고
ICC international cricket council	- 인도, 스리랑카 등 쓰나미 피해 기금 지원 - catch the spirit project • 긴장 완화, 화해와 평화 증진	- 재난 구제 - 사회적 통합
NBA national basket association	- "NBA Cares(2005)" • 5년간 1억 달러 자선, 기부 등 • 미국과 전 세계에 대한 사회적 책임 • 어린이와 가족의 주거 지원	- 경제 발전
FC Barcelona	- 매년 매출액의 0.7% 지원 • 사회적 통합과 교육 • 이스라엘과 팔레스타인 갈등 등	- 갈등 해결 - 교육과 사회적 통합

자료: Roger Levermore(2010).

4) 스포츠 관련 기업

스포츠 용품 및 장비를 생산·판매하는 글로벌 스포츠 기업들도 다양한 스포츠 협력과 지원 프로그램에 참여하고 있다. 나이키(nike), 아디다스(adidas), 퓨마(puma) 등과 같은 글로벌 스포츠 기업들은 협력과 지원 프로그램에 기금을 제공한다. 스포츠 용품 제조기업들은 국제 스포츠 기구들과 공식적인 협력관계를 맺고 각종 프로그램을 주도하고 있다. 글로벌 스포츠 용품 제조기업들은 많은 국가의 스포츠 팀들과 인도스먼트 계약을 맺고, 올림픽, 월드컵 축구 대회와 같은 메가 스포츠 이벤트가 개최될 때 기업을 홍보하기도 한다. 또, 글로벌 스포츠 용품 기업들은 인도스먼트 계약을 통해 카메룬(cameroon),

코트디브아르(cote d'ivoire)와 같은 아프리카 국가의 축구 팀들이 글로벌 축구 시장에서 커다란 명성을 얻을 수 있게 하였다.

글로벌 스포츠 용품 기업들은 사회적 책임의 일환으로 청소년들을 위한 후원자로서 기금이나 재단 형태를 만들어 스포츠 협력과 지원 프로그램에 참여한다. 나이키는 '나이키 고'(nikego), '사회적 변화를 위한 스포츠'(sport for social change) 등과 같은 프로그램을 운영하거나 '나이키 재단'(nike foundation)을 설립하여 기금을 지원하고 있다. 아디다스(adidas)는 리복(reebok)과 더불어 '인권재단'(human right foundation)을 운영하고 있다. 또한 이들 기업들은 후발개도국의 생산 기지에서 열악한 근로 환경을 개선하기 위해 행동 강령을 선언하기도 하였다.

5) 글로벌 기업

스포츠와 직접 관련이 없는 글로벌 기업들도 이윤극대화를 추구하는 동시에 사회적 책임의 일환으로 스포츠 협력과 지원에 참여하고 있다. 예를 들어, 영국의 석유회사인 BP는 UNICEF와 파트너 관계를 맺고 지역의 발전과 평화를 위한 축구(football for peace) 프로그램을 운영하고 있으며, 이를 통해 사회적 통합과 남녀 간 성 평등에 대한 인식을 향상시키고 있다. 특히, 콜롬비아에서 마약으로 유명한 메데인(medellin) 지역의 어린이들이 축구 경기를 통해 마약에서 벗어나도록 노력하고 있다.

또, 스탠다드챠타드(standard chartered), 유니레버(unilever), 딜로이트(deloitte) 등의 글로벌 기업들은 매직 버스 프로젝트(magic bus project)를 후원하기도 하고, 지역의 학교와 NGO들 간 파트너십을 통해서 지원하기도 한다. 이러한 프로그램에는 자원봉사자들도 많이 참여한다. 매직 버스 프로젝트는 인도의 슬럼가에 있는 어린이들의 생활환경을 개선시키는 것을 주요 목적으로 한다. 빈민가 어린이들이 기술을 배우고 익혀서 주류사회에 참여될 수 있게 하는 것이다. 이외에도 스포츠를 통해 남녀간 성 평등, 어린이들의 스포츠 권리, 사회통합 등을 위한 활동도 한다. 글로벌 기업들은 스포츠 협력과 지원 프로그램에 직접 참여하기보다는 주로 기금을 지원한다. 스포츠 협력과 지원 프로그램에 참여한 글로벌 기업들은 대부분이 스포츠 이벤트나 경기와는 직접적으로 관련이 없다.

그럼에도 불구하고 후발개도국의 어린이들을 대상으로 하며 교육, 남녀간 성 평등, 건강 증진, 사회적 통합 등을 위한 프로그램을 운영한다.

이는 주로 다음과 같은 목적을 위해서 이루어진다.

첫째, 글로벌 기업들의 스포츠 협력과 지원 프로그램은 후발개도국에서 사업 활동을 하는 데 유리하다는 점에서 주로 선진국의 글로벌 기업들이 주도적으로 참여한다. 협력과 지원 프로그램에 참여하는 기업들은 소비자들로부터 이미지 제고, 긍정적인 인식 등을 얻을 수 있다. 이는 부분적으로 해외 직접 투자를 발생시킬 수도 있다.

〈표 14-4〉 글로벌 기업의 스포츠 협력과 지원 내용과 발전 전략

기업	주요 내용	발전 전략
Bayer	- 축구 교실 운영 • 저소득층 어린이 학교 참여 촉진 - bayer cares scheme	- 교육을 통한 개인의 발전
BHP Billiton	- kick goals sports education 프로그램 • 학교 교육 증진	- 교육을 통한 개인의 발전
BP	- football for peace 후원 • 어린이 사회적 참여, 리더십 교육 • 소외 계층의 어린이 성 평등	- 사회적 통합
Coca Cola	- supplier pre-certification system • sport goods foundation(India)와 파트너 • 축구공 만드는 어린이 지원	- 인식 캠페인
Deloitte (South Africa) Diageo	- 스포츠 이벤트와 관련한 기술자 채용 • 팀워크 기술과 사회화, 혁신 등 • community day 중 스포츠, 교육 세션	- 경제 발전과 사회적 통합
First National Bank	- 여성 사업가에 노하우, 재정 등 지원	- 경제 발전과 성 평등
Standard Chartered Bank	- goal program In india(델리와 뭄바이) • 젊고 가난한 여성에 권한 부여 • 소액 금융 서비스, HIV, 리더십 교육	- 성 평등
UC Rusal	- 젊은이들을 위한 스포츠 시설 건설 지원 • 동유럽, 기니 등 • 건강 증진 프로그램	- 건강 증진과 사회적 통합
Vodafone	- UNICEF, special olympics 등 지원 • 교육, 건강 증진, 후생 등	- 건강 증진과 인식, 교육

둘째, 기업의 사회적 책임(CSR) 일환으로 이루어지기도 한다. 예를 들어, '아메리카의 파트너 프로그램'(partners of america program)은 남아메리카 지역에서 축구를 이용하여 젊은이들에게 시장에 대한 이해를 증진시키고 기술을 습득하여 직업을 얻는 데 도움을 주려는 목적에서 시작되었다. 스포츠 협력과 지원 프로그램은 후발개도국의 경제·사회적 여건을 개선시킬 수 있다. 글로벌 기업의 스포츠의 협력과 지원은 후발개도국뿐 아니라 글로벌 기업에도 이득이 될 수 있기 때문이다.

셋째, 정치적으로 불안하거나 혼란스러운 후발개도국에서는 스포츠를 통한 경제·사회적 발전을 위한 전달자로서 정치나 정부의 역할에 대해 신뢰하지 않으려는 성향이 있다. 일부 국가에서는 글로벌 기업들의 스포츠 협력과 지원 프로그램을 더 신뢰한다는 것이다. 글로벌 기업들은 NGO, 시민사회 등과 상호협력을 강화하기도 하고 많은 스포츠 협력과 지원 프로그램에 공동으로 참여하기도 한다. 이들 기업들은 정치적 목적과는 상관이 없으므로 정치적으로 피해를 입지 않으며, 자발적으로 이루어진다는 점에서 긍정적으로 평가되기도 한다. 〈표 14-4〉는 글로벌 기업들의 스포츠 발전 프로그램과 주요 내용이다.

6) 정부 등 공공 기관

글로벌 차원의 스포츠 협력과 지원 프로그램은 선진국들의 정부 등 공공 기관에 의해서 이루어지기도 한다. 미국, 영국, 프랑스, 네덜란드, 스위스, 캐나다, 노르웨이, 호주 등이 대표적이다. 특히, 미국에서는 스포츠 외교의 일환으로 스포츠 협력과 지원 프로그램을 수행하였다. 레바논(lebanese)에서 미국인들에 대한 적대감과 고정관념을 해소하고 사회적 갈등을 완화할 수 있도록 농구 경기와 훈련을 통하여 상호협력 관계를 유지했다. 미국의 스포츠를 이용한 외교정책은 중동지역에서 미국에 대한 이미지를 개선시키는 데 커다란 도움이 되었다고 주장된다. 영국 정부도 스포츠를 통해 후발개도국의 스포츠 기반 시설을 지원하고 청소년들의 교육을 강화하는 등 광범위한 협력과 지원 프로그램을 실시한다. 또, 프랑스 언어를 사용하는 국가들의 모임인 CONFEJES, 영연방 스포츠 조직 위원회인 CABOS 등에서는 글로벌 차원의 스포츠 협력과 지원 프로그램의 일환으로 많은 아프리카 국가의 스포츠와 청소년 관련 정부 부처에 지원한다. 프랑스, 벨기에, 캐나다 등과 같이 CONFEJES 관련 국가들은 회원국가 중 후발개도국에 선진 스포츠 훈련 시스템이나 경기력 향상을 위한 노하우를 제공하기도 한다. 이들은 독자적인 프로그램으로 협력과 지원을 강조한다. 이러한 활동이 플러스 스포츠인지 스포츠 플러스인지 명확하게 구분하기가 쉽지 않은 실정이다.

선진국들은 스포츠를 이용하여 국가 간 관계를 개선하는 등 국제 발전을 도모한다. 특히, 후발개도국의 정부에서는 거시적 차원의 발전 목표를 위해 스포츠를 이용하기도 한다. 잠비아(zambia) 같은 국가에서는 빈곤을 감소시키고 건강에 대한 인식과 교육을 제고할 계획을 추진하기도 하였다.

제5절 ☆ 문제점과 발전 과제

1) 주요 문제점

(1) 상업적 목적

일부 글로벌 기업들이 스포츠 협력과 지원에 적극 참여하려는 것은 단순히 상업적 목적을 추구하기 위해서라는 지적이 제기된다. 후발개도국 국민들의 건강을 개선시키려는 목적이 아니라는 것이다. 담배, 패스트 푸드, 탄산음료 관련 기업들이 스포츠 협력과 지원 프로그램에 참여하려는 목적은 건강에 이롭지 못한 제품을 판매하기 위해서라는 것이다. 실제 담배 기업의 경우 전 세계 많은 스포츠 이벤트에 스폰서로 참여하고 있다. 특히 담배 광고나 스폰서십에 대한 규제가 상대적으로 느슨한 후발개도국이나 지역에 관심이 높다. 유럽의 유명한 프로 축구 리그나 팀에서는 맥도널드(mcdonald), 펩시(pepsi), 코카콜라(coca-cola) 등과 같이 어린이 비만과 관련이 있는 기업들과 스폰서십을 맺고 있다.

일부 글로벌 기업들이 어린이를 중심으로 스포츠 협력과 지원 프로그램에 적극 참여하려는 것은 아이들의 욕구를 자극해 부모들로 하여금 제품 구매에 나서도록 하기 위해서라는 것이다. 일부 스포츠 협력과 지원 프로그램은 공익적 목적보다는 상업적 목적을 위해서 이루어진다고 지적된다. 일부 글로벌 기업들은 이미지나 홍보를 위한 수단으로 스포츠 협력과 지원 프로그램에 많은 자금을 제공한다고 비난받기도 한다. 공해·환경 오염으로 비난받고 있는 농약, 제약, 가스 등과 관련된 기업들이다.

일부 글로벌 기업들은 후발개도국이나 지역에서 요구하는 발전 목표를 제대로 전달하지 않고 자신들의 브랜드나 구매력 증진을 위한 수단으로서 활용하려고 한다. 주로 후발개도국에서 저임금, 노동 착취 등으로 비난받고 있는 의류 생산 기업들이다. 스포츠 발전 프로그램들은 지역 사회의 필요보다는 기부자들의 필요에 의해서 만들어진다.

〈표 14-5〉 주요 글로벌 기업들의 스포츠 협력과 지원의 주요 내용

기업	주요 내용
Nike	- 프로그램 스폰서 또는 직접 참여 - 소녀들과 함께 • 동아프리카 난민 캠프 • 여성에 지도력 기술 통한 권한 강화
Adidas	- 스포츠 발전 프로그램에 자금 지원 • 라잇 투 플레이(right to play) • 국제 선수 평화(peace players international) • 희망을 위한 코칭(coaching for hope) 등
Standard Chartered, Unilever and Deloitte	- NGO, 지역의 학교 등과 파트너십 형성 • 슬럼가 어린이 주류사회 통합 목적 • 슬럼가 어린이 생활기술 향상 • 스포츠 참여 권리, 성 평등
Vodafone	- 폰 그룹 재단(vodafone group foundation) • 스포츠와 음악 이용 • 교육, 건강, 복지 등으로 젊은이 긍정적인 생활 유도 • 스페셜 올림픽 지원
UC Rusal	- 젊은 장애인을 위한 스포츠 시설 건설 지원 • 기니아, 동유럽 국가 등 • 일부는 건강 증진 프로그램과 연계

자료: Roger Levermore, Aaron Beacom,ed(2009).

이와 같이 스포츠 협력과 지원 프로그램들이 이윤 추구를 주요 목적으로 하는 기업들과 연계되면서 당초의 목적이 변질되고 있다고 지적된다. 이러한 현상을 그린워시 전략(greenwash strategic)이라고 한다. 이는 부정한 방법으로 많은 돈을 벌었거나 이미지가 좋지 않은 기업들이 스포츠 협력과 지원 프로그램에 참여하여 이미지를 개선하려고 시도하는 것을 말한다. 선진국의 글로벌 기업들이 후발개도국을 위한 스포츠 협력과 발전이라는 미사여구를 사용함으로써 소비자들에게 '착한 기업'이라는 인식을 심어주려 하는 것이다.

(2) 객관적인 평가 부재

선진국, 국제 기구, GNGO, 기업 등이 글로벌 스포츠 협력과 지원 프로그램에 참여하고 있으나, 사업의 목적이나 성과에 대해서 의문이 제기되기도 한다. 협력과 지원 프로그램은 비경제적인 사업으로 여러 가지 요인과 목적을 위해서 이루어지기 때문이다. 또, 글로벌 스포츠 협력과 지원에 대한 적절한 평가 방식이 제대로 구축되어 있지 않다. 특히 스포츠와 국제발전 간의 상호작용에 대한 분석이 미흡하며 학술적인 연구가 제대로 이루어지지 않고 있는 실정이다. 따라서 글로벌 스포츠 협력과 지원 프로그램의 성과를 글로벌 차원에서 객관적으로 평가할 수 있는 방안이 필요하다. 또 성과를 제대로 입증하기 어려운 사례들도 그 원인을 구체적으로 파악해야 한다고 주장된다. 일부 스포츠 협력과 지원 계획들은 목표가 분명하지도 않으며 많은 시행착오를 경험하기도 한다. 따라서 스포츠 협력과 지원에 대한 객관적인 평가와 책임 등을 충분히 인식해야 한다고 주장된다. 그러나 스포츠 협력과 지원에 대한 객관적인 표준화, 계량화 등을 구축하기가 쉽지 않다는 데 문제가 있다.

스포츠 협력과 지원에 대한 평가는 특수한 프로젝트임을 고려하여 사회·문화·지리적 특성 등을 감안해야 할 것이다. 평가 과정에서 이러한 프로젝트를 전달하는 각각의 단체나 기구들의 특성도 반영해야 할 것이다. 스포츠 협력과 지원이 체계적이고 장기적으로 이루어지지 않고, 지원 성과에 대해서 객관적인 평가가 제대로 이루어지지 않는다면, 스포츠 협력과 지원 프로그램은 임시방편이 되거나 일시적인 유행에 따라 이루어지게 될 것이다. 이는 스포츠 기구나 협회 임원들의 선거 캠페인을 돕는 것이며 글로벌 기업들의 판매와 홍보를 부추기는 행위에 불과하다.

(3) 새로운 지배 수단

글로벌 차원의 스포츠 협력과 지원을 위한 일부 프로그램들은 스포츠 시장을 지배하려는 의도가 엿보인다고 지적된다. 현대 스포츠 시장의 지배 관행은 전후의 식민지 시대와 유사하다고 주장된다. 일부 스포츠 기구나 기업, 선진국들은 스포츠 협력과 지원 프로그램을 빌미로 후발개도국에서 자원을 약탈하고 스포츠 시장에서 지배력을 행사하려고 한다는 것이다. 1990년대 초반 나이키의 운영 방식은 후발개도국들의 자원을 약탈하는 대표적인 사례라고 지적되기도 한다. FIFA가 글로벌 축구 시장에서 막강한 지배력을 행사하고 있다는 사실은 이미 잘 알려져 있다. 전 세계의 축구 시장을 지배하는 FIFA가 아프리카를 비롯한 후발개도국의 축구협회를 새로운 식민지 지배 수단으로 간주하는 것 같다고 지적된다.

이는 스포츠를 통한 문화적 지배 수단이라는 것이다. 이는 1950년대 라틴아메리카에서 활발했던 종속이론과 유사하다는 것이다. 종속이론에 따르면, 주변국가들이 글로벌 정치경제의 핵심에 서지 못하게 한다. 즉, 가장 산업화되고 강력한 고소득 국가만이 중심에 서게 된다는 것이다. 아프리카, 아시아, 라틴아메리카, 태평양 등은 글로벌 스포츠 시장에서 주변부에 해당된다. 스포츠 협력과 지원은 후발개도국의 특정 지역이나 소수의 제품만을 특화하려는 성향이 있다. 편익은 소수의 주민들에게만 돌아가며, 그렇지 못한 대다수의 저개발 국가나 국민들은 고통을 당하게 된다. 이러한 의미에서 젊은이들을 중심으로 한 스포츠 협력과 지원 방식에 대해 의문이 제기되기도 한다.

(4) 구조적 한계와 부작용

스포츠 이벤트나 경기에서 경쟁과 승리에 대한 집착이 강하고, 지나친 상업성을 추구하며, 경기력을 향상시키기 위해서 약물 복용, 폭력, 사기, 부패 등 나쁜 관행들이 아무런 거리낌 없이 이루어지고 있다고 비난된다. 일부 스포츠 경제학자들은 미국의 프로 스포츠 구단을 프랜차이즈 형태의 기업과 유사하다고 주장한다. 프로 스포츠를 산업으로 간주하고 경제적 논리가 지나치게 강조되고 있다는 것이다. 경제적 논리를 우선시하는 프로 스포츠들이 수행하는 후발개도국들을 위한 스포츠 협력과 지원 프로그램에는 구조적으로 한계가 있다고 지적된다. 이러한 상황에서 스포츠 협력과 지원 프로그램이 후발개도국의 사회적 통합과 단결이라는 목표를 얼마나 달성할 수 있을지는 의문이다.

또, 일부에서는 스포츠를 통한 경제·사회적 발전과 성과를 지나치게 과대평가하려고 한다는 것이다. 스포츠 협력과 지원 프로그램에 참여하는 선진국이나 기부자들이 과도한 영향력을 행사하려고 한다고 비난받는다. 스포츠가 지니는 경기 규칙, 질서, 규범 등에 대한 준수와 복종을 요구하는 것은 주민을 통제하는 데 유리하며, 지배계층들이 주도권을 강화시키기 위한 기능으로 간주된다. 게다가 선진국들의 스포츠 조직과 제도는 비윤리적이고 모순적인 조치들이 많이 있다고 지적된다. 일부 스포츠 협력과 지원을 위한 프로그램은 지역 주민들의 생활환경을 더 악화시킬 수도 있다고 비난받는다.

(5) 불투명한 운영

대부분의 스포츠 협력과 지원 프로그램은 선진국들의 목표와 여론에 의해 좌우되고, 후발개도국들의 요구 사항들이 제대로 반영되지 않는다고 지적된다. 이러한 형태의 협력과 지원은 선진국들과 후발개도국들 간에 오래전부터 존재해 왔던 경제적·정치적 불공평을 더욱 악화시킬 수 있다. 특히, 정치적 관계와 불투명한 운영 방식에 대해서 논란이 제기된다. 일부 글로벌 스포츠 조직과 연맹에서는 부정부패 등 스캔들이 발생하기도 한다. 특히, FIFA 등 국제 스포츠 기구들이 불투명하고 비합리적으로 운영되고 있다고 비난을 받기도 한다.

또한, 스포츠 협력과 지원 프로그램을 추진하는 과정에서 부분적으로는 파트너 간 긴장 관계가 발생할 수도 있다. 선후진 국가의 정부, GNGO 등과 글로벌 기업 간의 관계가 대표적이다. 지나친 긴장 관계는 협력과 지원 프로그램의 긍정적인 성과를 기대하기 어렵다. 글로벌 기업들에 대한 지나친 간섭과 관료주의 행태 등이 긴장 관계의 주요 요인이다. 또한 성과에 대한 평가 방식이 글로벌 기업 중심으로 이루어지게 될 경우 NGO와 불편한 관계를 초래할 수도 있다.

(6) 제한적인 수혜

국제 스포츠 기구, 선진국들의 스포츠 협력과 지원 프로그램이 후발개도국들의 특정 사회나 그룹만을 중심으로 이루어지고 있다고 지적된다. 예를 들어, FIFA, IOC 등과 같은 국제 스포츠 기구에서 추진하고 있는 스포츠 협력과 지원 프로그램은 주로 후발개도 국의 젊은 남성을 중심으로 이루어지고 있다. 결과적으로 여성, 노인 등은 무시되거나 배제되고 있다고 지적된다. 스포츠 시장에서 여성에 대한 불평등이 지속적으로 발생되 고 있는 것은 럭비, 크리켓, 축구 등 남성 중심의 스포츠 중심으로 지원되기 때문이라 주장된다. 그리고 후발개도국들의 스포츠 협력과 발전을 위해 등록된 스포츠는 대부분 종목들이 선진국에서 시작된 것들이다. 스포츠 협력과 지원 프로그램에서 가장 많이 이 용되고 있는 종목으로는 축구(27%), 배구(7%), 육상(5%), 농구(5%), 기타(37%) 등이 있다. 이러한 형태의 스포츠 협력과 지원 프로그램에서 소외되는 계층들은 스포츠를 통한 생 활수준 향상, 사회생활 참여 기회 등을 기대하기가 어렵다. 후발개도국들에 대한 스포츠 협력과 지원이 특정의 계층이나 그룹을 중심으로 이루어질게 될 경우 지원의 성과를 기 대하기 어려울 수 있다.

(7) 수원국의 인식 부족

학자들은 일부 후발개도국들은 정치·사회적 혼란, 정부의 역량 부족, 부정부패 등 구조 적으로 취약하여 선진국이나 단체, 기업들이 스포츠 협력과 지원 프로그램을 추진하는데 어려움을 겪을 수도 있다고 지적된다. 아직도 일부 후발개도국에서는 스포츠가 지니고 있 는 잠재력과 스포츠 협력과 지원을 통한 경제·사회적 발전에 대한 인식이 부족하다는 것 이다. 또, 후발개도국들의 경제·사회적 여건이 열악하여 스포츠 협력과 지원 프로그램을 받아들일만한 환경이 제대로 구축되어 있지 않다. 일부 후발개도국에서는 거의 모든 정책 을 정부가 독점적으로 운영하고 있고 정치적으로도 편향되어 있으며 행정관료들의 이해 도 부족하다고 한다. 이러한 상황에서 선의의 목적을 지닌 스포츠 협력과 지원 프로그램 들이 자발적·체계적으로 운영되어 소기의 성과를 달성하기가 쉽지 않을 것이다.

2) 발전 과제

(1) 구체적인 프로그램

스포츠를 기반으로 한 협력과 지원을 하고자 할 때 스포츠가 지닌 긍정적, 사회적인 영향력에 대해서 지나치게 이상적인 믿음을 가지고 있다고 지적되기도 한다. 스포츠 지원과 협력 프로그램이 사회적 영향력이 강하지만 반드시 긍정적이지는 않다는 점을 유의할 필요가 있는 것이다. 많은 스포츠 발전 프로그램이 비효율적이고, 역효과를 낳고, 심지어는 악용되기도 한다. 단순한 스포츠 활동만으로 경제·사회적 발전 패턴이나 성과를 만들어 내기는 쉽지 않다. 스포츠를 통한 경제·사회적 발전은 스포츠와 사회적 자본의 구성 요소들 간 결합에 의해 이루어진다.

따라서 경제·사회적 발전 과정에서 스포츠가 지니고 있는 영향력은 유명무실할 수도 있다고 주장되기도 한다. 협력과 지원 도구나 기술, 사회적 관행 등이 최종 목적을 위해 어떻게 사용되느냐에 따라 그 효과가 달라질 수도 있다. 스포츠 협력과 지원 프로그램은 경제·사회적 발전에 어느 정도 긍정적으로 작용하고 성과도 기대할 수는 있겠지만, 이는 많은 다양한 요소들에 의해 좌우된다는 점에 유의하여야 한다. 스포츠 협력과 지원 프로그램이 경제·사회적 발전에 긍정적인 효과를 가져 오려면 프로그램의 목적이 분명하고 구체적으로 제시되어야 할 것이다.

(2) 사회·문화적 특성 감안

선진국의 스포츠 협력과 지원 프로그램이 바람직한 성과를 얻기 위해서는 수혜국가나 지역의 사회·문화적 특성과 정치적 특성을 충분히 이해할 필요가 있다. 대부분의 수혜 국가들은 경제적으로 빈곤하고 정치·제도적으로 낙후되었으며, 사회적으로 복잡한 관계를 지니고 있다. 그럼에도 일부에서는 평화를 위한 스포츠 발전이라는 애매모호한 목적으로 프로그램을 추진하기도 한다. 이와 관련하여 몇몇 중요한 이슈가 표면화되고 있다. 우선, 스포츠의 협력과 지원 프로그램은 사회 발전과 자립 능력을 지속적으로 지원하는 것이 중요하다. 특히, 제3의 후발개도국 스포츠를 통하여 스스로 사회적 통합과 발전 요소를 구축할 수 있는 역량을 제공하는 것이다. 실제로, 인도(india), 잠비아(zambia) 등은 평화를 위한 스포츠 협력과 지원 프로그램을 실시한 결과 젊은 여성들의 스포츠 참여 증가, 역량 증진, 자신감 향상, 교육 기능 개선, 교사와 학생들 간 관계 개선 등 많은 편익을 얻을 수 있었다.

특히 스포츠는 전후의 갈등 상황에서 평화를 구축하고 화해를 촉진시킬 수 있다. 리베리아(liberia)에서는 교육 부재, 식량과 주거의 제한, 빈곤 등과 같은 사회적 병리 현상이 만연하였으나 지역의 축구 프로그램을 통해서 건강을 증진시키고 젊은이들 간 관계 개선에 진전이 있었다고 주장된다. 케냐 나이로비에서 시행되는 MYSA는 캐나다 등 선진국으로부터 자금 지원을 받지만, MYSA는 지역의 참여에 중점을 두었고, 효율적으로 운영됨으로써 참여자들이 긍정적인 사회 정체성을 구축하는 데 일조하였다고 평가된다. 특히, 평화를 위한 스포츠 협력과 지원 프로그램이 새로운 시장 개방, 경제 성장 및 발전, 정치적 개선 등과 같은 목적 아래 추진되는 것으로 간주될 수도 있다. 이러한 현상은 글로벌 경제가 어려움을 경험한 이후 시장 중심의 발전 전략이 도전을 받으면서 더욱 복잡해지고 있다. 이와 같이 복잡한 관계를 스포츠 협력과 지원을 통해 쉽게 조정하기는 쉽지 않을 것이다. 수혜국가의 경제·사회·문화적 특성을 감안하여 달성 가능한 분야를 중심으로 협력과 지원을 해야 할 것이다.

(3) 참여 기관 간 상호 교류

글로벌 스포츠 협력과 지원 과정에서 논의되는 주요 이슈 중 하나는 스포츠 관련 기관과 NGO들 간 상호 교류가 원활하게 이루어지지 않는다는 것이다. 스포츠 협력과 지원 프로그램에 참여하는 국제 기구, 스포츠 기구나 협회, 클럽 또는 스포츠 관련 NGO, 기업 등이 독자적으로 활동하고 있고, 이들이 참여하는 활동 내용 중 상당 부분이 WB, IMF 등에서 제시한 스포츠 발전 계획과 중복되고 있다는 지적이다. 그러다 보니 세계은행, IMF 등과 같은 주요 국제 기구들도 스포츠 협력 및 지원 등을 제대로 아우르지 못한다고 주장된다.

2003년 UN 보고서에서는 스포츠 NGO를 통한 '발전과 평화의 해' 등 스포츠 NGO와 민간부문의 연중 계획이 포함되어 있지만, 스포츠 관련 기구나 단체에 대해서는 언급되지 않았다. 스포츠 협력과 지원 프로그램에 많은 기관이나 단체들이 공동으로 참여하고 상호 교류가 필요하다는 주장이 제기되고 있다. 그러나 참여 기구나 단체들은 대체적으로 미온적인 반응을 보이고 있다. 특히 스포츠 협력과 지원 프로그램에 참여하는 많은 기관이나 단체들은 스포츠를 사회적 변화와 발전을 위한 동력이라기보다 단순한 레크리에이션 도구로서 인식하는 경향이 있다. 이는 스포츠가 배타적이고 남성 중심적이라는 오랜 관습과 편견 때문이다. 이러한 이유로 참여 기관 간 상호 교류가 제대로 이루어지지 않고 있다고 지적된다. 스포츠 협력과 지원 프로그램이 보다 효율적으로 운영되고 소기의 성과를 거두기 위해서는 상호 교류가 더욱 강화될 필요가 있다.

한편, 글로벌 차원의 스포츠 협력과 지원 프로그램이 점차 확산되면서 지구촌의 발전을 위해서 유망한 분야라는 주장에도 불구하고 학술적으로 입증되지 않고 있다는 지적도 있다. 스포츠 협력과 지원에 대한 유용성을 학술적으로 제대로 입증하지 못하는 데다 또 학술 연구도 상호 교류되지 못하고 있다. 대부분 전문가들의 주도로 서술되거나, 주로 해당 스포츠 발전기관에 소속된 상태에서 연구를 하다 보니 객관적인 평가가 부족한 실정이다. 대부분의 연구도 외부와 단절된 상태에서 이루어지고 있다. 스포츠 협력과 지원 프로그램에 대한 연구가 국제 스포츠 기구, 글로벌 스포츠 기업, NGO, 정부 등과 상호 교류 과정을 거친다면 그 활용과 효과를 더욱 극대화할 수 있을 것이다.

(4) 필요 · 충분 조건 구비

스포츠 협력과 지원 프로그램이 후발개도국이나 지역에 경제 · 사회적으로 유익하게 하려면 필요 및 충분 조건을 제대로 구비해야 할 것이다. 간단히 말해서 스포츠 참여가 경제 · 사회적 발전을 위한 기능으로서 유용할지는 모르지만, 스스로 사회적 변화를 불러오기에는 충분하지 못하기 때문이다. 스포츠 경험과 특징, 스포츠의 질, 스포츠의 속성 등은 피상적이라고 하더라도 경제 · 사회적인 발전을 촉진하는 데 중요한 요소가 될 수 있다. 스포츠 협력과 지원 프로그램을 기반으로 후발개도국들이 경제 · 사회적으로 발전하고 변화된 사례들이 발표되기도 한다. 후발개도국이나 낙후된 지역에서는 상징적인 의미를 지니거나 공공의 목적을 위한 프로그램이 필요하다. 전형적으로 이러한 프로그램은 상당한 대중적 관심을 불러일으키고 긍정적으로 작용한다. 그러나 이는 양면성을 지닌다고 주장된다.

한편으로는 스포츠 협력과 지원을 통한 발전 계획은 글로벌 차원의 관심과 대중의 참여 및 공공의 지원으로 이루어진다. 따라서 스포츠 협력과 지원 프로그램은 광범위하게 운영할 필요가 있다. 스포츠 협력과 지원 프로그램이 보다 효과적으로 이루어지기 위해서는 몇 가지 전제 조건들이 충족되어야 할 것이다. 가장 기본적으로 스포츠 활동에 중요한 역할을 하는 봉사 활동, 사회적 활력, 정체성 등을 제대로 인식하는 것이다. 지역 주민들의 자원봉사 활동은 모든 프로그램 중에서 가장 중요한 부분이다. 일단 봉사 활동을 시작하게 되면 스포츠를 기반으로 한 협력이나 지원은 스포츠 이상의 것을 얻을 수 있다. 스포츠 협력과 지원 프로그램을 통해 사회가 어느 정도 활력을 되찾을 수 있다면 긍정적인 성과를 기대할 수 있다. 예를 들어, 야간 농구 프로그램(midnight basketball programme)은 위험한 상황에 있는 주민들로 하여금 야간에 안전한 곳에서 활동하게 함으로써 범죄를 미연에 방지할 수 있는 순기능을 수행할 수 있다.

3) 주요 고려 사항

자유화, 글로벌화 등과 더불어 스포츠 시장에는 또 다른 영역이 등장하고 있다고 주장된다. 하나는 중산층 젊은이들을 위한 정책이고 다른 하나는 빈곤하고 소외된 계층의 젊은이들을 위한 정책이다. 소외계층의 젊은이들을 위한 스포츠 협력과 지원 프로그램은 자기 개발을 위한 도구와 더불어 비숙련자들에 대한 정책과 유사하다. 이는 인기가 높은 새로운 형태의 사회복지 정책이라고 할 수 있다. 앤드류(D. Andrew., 1997)는 이를 사회적 문제 산업(social problems industry)이라고 불렀다. 이는 국가가 최소한으로 개입하고 박애주의, 비정부 조직, 자발적 행위 등에 의해 운영되는 것을 뜻한다. 이러한 시스템에서 스포츠 프로그램은 규범과 재생산을 위한 도구로 자리잡았을 뿐 아니라 혜택을 받지 못하였거나 일탈한 시민을 재교육하기 위한 기능으로서 역할을 하기도 한다. 이와 관련하여 스포츠 협력과 지원 프로그램은 사회적으로 소외된 계층들에게 자원, 정보, 사회적 네트워크, 사회화, 경제적 기회 등의 기능으로 작용한다. 스포츠를 기반으로 한 협력과 지원은 단순한 놀이 공간 그 이상이다. 스포츠 협력과 지원 프로그램은 후발개도국의 개인과 사회에 보다 공정한 기회를 제공하고 더 풍요로운 사회를 가능케 해야 하며, 지속적으로 이루어져야 한다는 것이다. 이를 위해서 다음을 고려해야 할 것이다.

첫째, 스포츠 협력과 지원을 위한 재정 여력은 각종 협력 및 지원 프로그램의 성공 여부를 결정하는 데 중요하다. 재정이 충분할수록 프로그램은 장기간 지속될 수 있을 것이며, 지역 주민들에 대한 훈련 프로그램 효과도 크게 나타날 것이다. 선진국의 입장에서 후발개도국을 위한 스포츠 협력과 지원을 위한 자금이 그리 부담되는 규모는 아닐 것이다.

둘째, 스포츠 발전을 위한 프로그램이 해당 지역 사회의 역량을 강화할 수 있는 방향으로 수행되어야 할 것이다. 이러한 목적을 달성하기 위해 스포츠 협력과 지원 프로그램을 지역 사회에 정착시킨다면 지역 주민들은 계획, 실행, 프로젝트 평가 등의 과정에 보다 적극적으로 참여하려 할 것이다. 지역 사회에서는 프로그램을 운영하고 NGO들이 이러한 일을 평가하는 데 적합하다.

셋째, 스포츠 발전 프로그램은 광범위한 사회적, 정치적, 문화적 범주 내에서 조심스럽게 접근할 필요가 있다. 평화 구축 계획과 관련한 작업을 수행한다면 긍정적인 환경이 조성되는 곳에서 추진될 때 성공할 가능성이 높다. 프로그램 관련 이해관계자들에 대해서도 면밀한 파악과 함께 조심스럽게 접근할 필요가 있다.

넷째, 장기적인 영향을 평가하거나 조사할 때, 단기적으로 발생하기도 하는 긍정·부정적 효과에 대해 지나치게 민감할 필요가 없다. 이러한 활동으로 인해 단기적으로 발생하는 문제점들을 장기적인 측면에서 바라보고 해결책을 모색해야 할 것이다. 특히 스포츠 협력과 지원 프로그램을 반대하는 집단들이 부정적인 측면을 지나치게 과장하고 확대 해석하기도 한다고 해서 무조건 반박하거나 포기해서는 안될 것이다. 또 협력과 지원 프로그램의 이점만 지나치게 강조해서도 안될 것이다. 스포츠 협력과 지원 프로그램을 반대하는 집단들의 주장과 요구 사항을 파악하고 상호 이해되는 분야부터 접근하는 것이 더 바람직할 것이다.

참고문헌

제Ⅰ편. 글로벌화와 스포츠 시장

- Agnes Nemeth.(2010). Megaevents, Their Sustainability and Potential Impact on Spatial Development: The European Capital of Culture, *The International Journal of Inter Disciplinary Social Sciences*, Vol. 5, No. 4, pp. 265~277.

- Alan Bainrner.(2003). Globalization and Sport: The Nation Strikes Back, *Phi Kappa Phi Forum*, Vol. 83, No. 4, pp. 34~37.

- Andrew Danson.(2009). Sponsorship by Gambling Companies in the UK and Europe: The Opportunity and Challenges, *Journal of Sponsorship*, Vol. 3, No. 2, pp. 194~201.

- Alan Klein.(2008). Globalizing Sport: Assessing the World Baseball Classic, *Soccer & Society*, Vol. 9, No. 2, pp. 158~169.

- Alistair Maclean & James Bonington.(2008). Sports Sponsorship In the UK: The Impact of Regulatory Intervention, *Journal of Sponsorship*, Vol. 1, No. 4, pp. 380~387.

- Andreff, W.(2002). FIFA Regulation of International Transfers and the Coubertobin Tax: Enforcement, Scopes and Return. A Rejoinder to B. *European Sport Management Quarterly*, Vol. 2, No. 1, pp. 57~63.

- Andreff, W.(2010). Muscle Drain' In Sport and How Regulate it?. A Plead for a Coubertobin Tax, Second GDRI-Dream International Conference Innovation and Economic Development in the Mediterranean Countries, Cario.

- Barry Mart.(2007). Global Capitalism, Modern Sport and Consumer Culture, *Global network*, Vol. 7, No. 2, pp. 113~134.

- Branko Milanovic.(2005). Globalization and Goals: Does Soccer Show the Way?, *Review of International Political Economy*, Vol. 12, No. 5, pp. 829~850.

- Carols Pestana Barros & Catarina de Barros.(2005). The Role of Human and Social Capital in the Earnings of Sports Administrators: A Case Study of Madeira Island, *European Sport management Quarterly*, Vol. 5, No. 1, pp. 47~62.

- Chris Gratton & Holger Preuss.(2008). Maximizing Olympic Impact by Building Up Legacies, *The International Journal of the History of Sport*, Vol. 25, No. 14, pp. 1922~1938.

- Cox, P. M.(1995). Flag on the Play? The Siphoning Effect on Sport Television, *Federal Communication Laws Journal*, Vol. 47, No. 3, pp. 571~591.

- Crawford, S.(1999). Nelson Mandlelea, the Number 6 Jersey, and the 1995 Rugby World Cup: Sport As a Transcendent Unifying Force or a Transparent Illustration of Bicultural Opportunism. In R. R. Sands(ed), *Anthropology Sport and Culture.*

- Dave Doroghy.(2008). Olympic Bid Corporate Sponsorship, *Journal of Sponsorship*, Vol. 1, No. 4, pp. 364~371.

- David Groves, William Obenour and Julie Lengfelder.(2003). Colas and Globalization: Models for Sports and Event Management, *Journal of Sport Tourism*, Vol. 8, No. 4, pp. 320~334.

- David Long & Frances Woolley.(2009). Global public Goods: Critoique of a UN Discourse, *Global Governance*, Vol. 15, pp. 107~122.

- David Rowe & Callum Gilmour.(2010). Sport, Media, and Consumption in Asia: A Merchandised Milieu, *American Behaviour Scientist*, Vol. 53. No. 10, pp. 1,530~1,548.

- David Rowe.(2003). Sport and the Repudiation of the Global, *International Review for the Sociology of Sport*, Vol. 38, No. 3, pp. 281~294.

- Donald T. Hasting and Shrrry Cable.(2005). The Globalization of Minor Sport: The Diffusion and Commodification of Masters Swimming, *Sociological Spectrum*, 25, pp. 133~154.

- Eric Barget & Jean-Jacques Gouget.(2007). The Total Economic Value of Sporting Events Theory and Practice, *Journal of Sports Economics*, Vol. 8, No. 2, pp. 165~182.

- Fraser, D. & K. McMahab.(2002). When Too Much Sport Barley Enough: Broadcasting Regulation and National Identity, *Entertainment Law*, Vol. 1, No. 3, pp. 1~52.

- Gerd Nufer & Andre Buhler.(2010). How Effective is the Sponsorship of Global Sports Events? A Comparison of the FIFA World Cups in 2006 and 1998, *International Journal of Sports Marketing & Sponsorship*, pp. 303~319.

- Giles Atkinson, Susana Mourato, Stefan Szymanski and Ece Ozdemiroglu.(2007). Are Willing to Pay Enough to Back the Bid':Valuing the Intangible Impacts of London's Bid to Host the 2012 Summer Olympic Games, *Urban Studies*, 45(2), pp. 419~444.

- Giulianotti, Richard; Robertson, Roland.(2007). Forms of Glocalization: Globalization and the Migration Strategies of Scottish Football Fans in North America, *Sociology*, Vol. 41, Issue. 1, pp. 133~152.

- Hansen, C. T. and S. Kyhl.(2001). Pay-per view Broadcasting of Outstanding Events: Consequences of a Ban, *International Journal of Industrial Organization*, Vol. 19, No. 3-4, pp. 589~609.

- Harald Dolles & Sten Soderman.(2008). Mega-sporting Event in Asia-Impacts on Society, Business and Management: an Introduction, *Asian Business & Management*, pp. 147~162.

- Harry Arne Solberg.(2007). Sports Broadcasting: Is it a Job for Public Service Broadcasters? -A

Welfare Economics Perspective-, *Journal of Media Economics*, Vol. 20, No. 4, pp. 289~309.

- Holger Preuss.(2007). The Conceptualisation and Measurement of Mega Sport Event Legacies, *Journal of Sport & Tourism*, Vol. 12, No. 3-4, pp. 207~227.

- James Santomier.(2008). New Media, Branding and Global Sports Sponsorship, *International Journal of Sports Marketing & Sponsorship*, 2008, October, pp. 15~28.

- John Cromption.(2004). Beyond Economic Impact: An Alternative Rationale for the Public Subsidy of Major League Sports Facilities, *Journal of Sport Management*, Vol. 18, pp. 40~58.

- John Horne.(2007). The Four 'Knowns' of Sports Mega-event, *Leisure Studies*, Vol. 26, No. 1, pp. 81~91.

- John Siegfried & Andrew Zimbalist.(2006). The Economic Impact of Sports Facilities, Teams and Mega-Events, *The Australian Economic Review*, Vol. 39, No. 4, pp. 420~427.

- Jong Woo Jun & Hyung Min Lee.(2007). Enhancing Global-scale Visibility and Familiarity: The Impact of World Baseball Classic on Participating Countries, *Place Branding and Public Diplomacy*, Vol. 3, No. 1, pp. 42~52.

- Khalid Koser.(2010). International Migration and Global Governance, *Global Governance*, Vol. 16, pp. 301~315.

- Kostas Karadaskis & Kiki Kaplanidou.(2009). Event Leveraging of Mega Sport Event: A SWOT Analysis Approach, *International Journal of Event and Festival Management*, Vol. 1, No. 3, pp. 170~185.

- Laura Misener & Daniel S. Mason.(2008). Urban Regimes and the Sporting Events Agenda: A Cross-National Comparison of Civic Development Strategies, *Journal of Sport Management*, Vol. 22, pp. 603~627.

- Leo Jago & Larry Dwyer, Geoffrey Lipman, Daneel van Lill, Shaun Vorster.(2010). Optimising the Potential of Mega Events: An Overview, *International Journal of Event and Festival Management*, Vol. 1, No. 3, pp. 220~237.

- Lucie Thibault.(2009). Globalization of Sport: An Inconvenient Truth, *Journal of Sport Management*, Vol. 23, pp. 1~20.

- Mark Dyreson.(2003). Globalizing the Nation-Making Process: Modern Sport in World History, *The International Journal of the History of Sport*, Vol. 20, No. 1, pp. 91~ 106.

- Mark Falcous & Joseph Maguire.(2006). Imaging' America': The NBA and Local-Global Mediascapes, *International Review for the Sociology of Sport*, Vol. 41, No. 1, pp. 59~78.

- Matthew Lamont & Nerilee Hing, Sally Gainsbury.(2011). Gambling on Sport Sponsorship: A Conceptual Framework for Research and Regulatory Review, *Sport Management Review*, Vol.

14, pp. 246~257.

- McAfee, R. P. and McMillan.(1987). Auction and Bidding, *Journal of Economic Literature*, ⅩⅩⅤ, pp. 699~738.

- McDonald, M., Mihara, T. & Hong, J.(2004). Japanese Spectator Sport Industry: Cultural Changes Creating new Opportunities. In Rosner,S.R. & Shropshire,K.L(eds), *The Business of Sports*, pp. 173~177.

- Merel Walraven & Ruud H. Koning, Maarten van Bottenburg.(2012). The Effect of Sports Sponsorship: A Review and Research Agenda, *The Marketing Review*, Vol. 12, No. 1, pp. 17~38.

- Nico Schulenkorf.(2009). An Ex Ante Framework for the Strategic Study of Social Utility of Sport Events, *Tourism and Hospitality Research*, Vol. 9, No. 2. pp. 120~131.

- Norm O'Reilly, Louise Heslop & John Nadeau.(2011). The Sponsor-Global Event Relationship: A Business-to-Business Tourism Marketing Relationship?, *Journal of Sport & Tourism*, Vol. 16, No. 3, pp. 231~257.

- Norm O'Reily & George Foster.(2008). Risk Management in Sports Sponsorship: Application to Human Morality Risk, *International Journal of Sports Marketing & Sponsorship*, Vol. 10, Issue. 1, pp. 45~62.

- Patrick McGovern.(2002). Globlalization or Internationalization? Foreign Footballers in the English League 1945-95, *Sociology*, Vol. 36, No. 1, pp. 23~42.

- Paul Turner.(2007). The Impact of Technology on the Supply of Sport Broadcasting, *European Sports Management Quarterly*, Vol. 7, No. 4, pp. 337- 360.

- Peter G. Steyn.(2009). Online Recommendation as the Ultimates Yardstick to Measure Sponsorship Effectiveness, *Journal of Sponsorship*, Vol. 2, No. 4, pp. 316~329.

- Prasad, A. and P. Prasas.(2006). Global Transitions: The Emerging New World Order and its Implications for Business and Management', *Business Renaissance Quarterly*, Vol. 1, No. 3, pp. 91~113.

- Rmjmn, R. and S. Srivastava.(2007). Global Outsourcing of Services: Issues and Implications, *Harvard Asia Pacific Review*, Vol. 9, No. 1, pp. 39~40.

- Roger Bennett, Wendy Mousley, Paul Kitchein, Rehnuma Ali-Choudhury.(2007). Motivations for Participating in Charity-affiliated Sporting Events, *Journal of Customer Behaviour*, Vol. 6, No. 2, pp. 155~178.

- Scarlett Cornelissen, Urmilla Bob & Kamilla Swat.(2011). Towards Redefining the Concept of Legacy in Relation to Sport Mega-Events: Insights from the 2010 FIFA World Cup, *Development*

Southern Africa, Vol. 28, No. 3, pp. 307~318.

- Seungbum Lee.(2010). Global Outsourcing: A Different Approach to an Understanding of Sport Labour Migration, *Global Business Review*, Vol. 11, No. 2, pp. 153~165.

- Shang-Chun Ma, David Egan, Ian Rotherham and Shang-Min Ma.(2011). A Framework for Monitoring During the Planning Stage for a Sports Mega-event, *Journal of Sustainable Tourism*, Vol. 19, No. 1, pp. 79~96.

- Tom Evens & Katrien Lefever.(2011). Watching the Football Game: Broadcasting Rights for the European Digital Television Market, *Journal of Sport and Social Issue*, Vol. 35, No1, pp. 33~49.

- Tommy D. Andersson, Alf Rustad and Harry Arne Solberg.(2004). Local Residents' Monetary Evaluation of Sports Events, *Managing Leisure*, Vol. 9, pp. 145~158.

- Tonazzi, A.(2003). Competition Policy and the Commercialization of Sport Broadcasting Rights: The Decision of the Italian Competition Authority, *Economics and Business*, Vol. 10, No. 1, pp. 17~34.

- Vanessa Ratten & Hamish Ratten.(2011). International Sport Marketing: Practical and Future Research Implication, *Journal of Business & Industrial Marketing*, Vol. 28, No. 8, pp. 614~620.

- Zheljko Bjelac and Milan Radovanovic.(2003). Sports Events as a Forum of Tourist Product, Relating to the Volume and Character of Demand, *Journal of Sport Tourism*, Vol. 8, No. 4, pp. 260~269.

제Ⅱ편. 글로벌 스포츠 산업

- A Sam Fullerton and G. Russell Merz.(2008). The Four Domains of Sports Marketing: A Conceptual Framework, *Sport Marketing Quarterly*, Vol. 17, No. 2, pp. 90~108.

- Aaron Smith, C. T. & David Shilbury.(2004). Mapping Cultural Dimensions in Australian Sporting Organisations. *Sport Management Review(Sport Management Association of Australia & New Zealand)*, Vol. 7, Issue. 2, pp. 133~165.

- Alan Warde.(2006). Cultural Capital and the Place of Sport, *Cultural Trends*, Vol. 15, No. 2, pp. 107~122.

- Aleksandar Subic & Adrian Mouritz & Olga Troynikov.(2009). Sustainable Design and Environmental Impact of Materials in Sports Products, *Sports Technology*. No. 3~4, pp. 67~79.

- Andre Nijhof, Dai Forterre and Ronald Jeurissen.(2008). Managing Legitimacy Issue in Global Supply Chains: The Case of the Athletic Footwear Industry, *Corporate Governance*, Vol. 8, No. 4, pp. 506~517.

- Andreas De Block & Siegfried Dewitte.(2009). Darwinism and the Cultural Evolution of Sports,

Perspective in Biology and Medicine, Vol. 52, No. 1, pp. 1~16.

— Andrew Smith.(2010). The Development of Sports-City Zones and Their Potential Values As Tourism Resources for Urban Areas, *European Planning Studies*, Vol. 18, No. 3, pp. 385~410.

— Axel Marx.(2008). Limits to Non-state Market Regulation: a Qualitative Comparative Analysis of the International Sport Footwear Industry and the Fair Labor Association, *Regulation & Governance*, Vol. 2, pp. 253~273.

— Beatriz Garcia.(2008). One Hundred years of Cultural Programming within the Olympic Games (1912-2012); Origins, Evolution and Projection, *International Journal of Cultural Policy*, Vol. 14, No. 4, pp. 361~376.

— Bhatnagar, Manavk.(2009). Fantasy Liability: Publicity Law, the First Amendment, and Fantasy Sports, *The Yale Law Journal*, pp. 131~139.

— Bruce A. Seaman.(2003). Cultural and Sport Economics: Conceptual Twins?, *Journal of Cultural Economics*, Vol. 27, pp. 81~126.

— Carl Stempel.(2005). Adult Participation Sports As Cultural Capital, *International Review For Sociology of Sport*, Vol. 40, No. 4, PP. 411~432.

— Christine Greenhalgh & Mark Rogers.(2007). The Value of Intellectual Property Rights to Firms and Society, *Oxford Review of Economic Policy*, Vol. 23, No. 4, pp. 541~567.

— Comerford, Sean.(2012). International Intellectual Property Rights and the Future of Global "E-Sports", *Brooklyn Journal of International Law*, Vol. 37, Issue. 2, pp. 623~648.

— Cristina Muniz, Placido Rodriguez, and Maria J. Suarez.(2011). The Allocation of Time to Sports and Cultural Activities: An Analysis of Individual Decisions, *International Journal of Sport Finance*, Vol. 6, pp. 245~264.

— Daniel E. Lazaroff.(1999). Sports Equipment Standardization: An Antitrust Analysis, *Georgia Law Review Association*, pp. 1~38.

— David Husselbee.(2000). NGOs as Development Partners to the Corporates: Child Football Stitchers in Pakistan, *Development in Practice*, Vol. 10, No. 3~4, pp. 377~389.

— Dennis Kennedy.(2001). Sports and Shows: Spectator in Contemporary Culture, *Theatre Research International*, Vol. 26, No. 3, pp. 277~284.

— Derek Bambauer.(2005). Legal Responses to the Challenges of Sports Patnents, *Harvard Journal of Law & Technology*, Vol. 18, No. 2. pp. 401~433.

— E. Tsitskari, D. Tsiotras & G. Tsiotras.(2006). Measuring Service Quality in Sport Services, *Total Quality Management and Business Excellence*, Vol. 17, No. 5, pp. 623~631.

— Eva Marikova Leeds, Miachael A. Leeds & Irina Pistolet.(2007). A Stadium by Any Other Name-The

Value of Naming Rights, *Journal of Sports Economics*, Vol. 8, No. 6, pp. 581~595.

- F. Scott kieff, Robert G. Kramer & Robert M. Kunstadt.(2009). It's Your Turn, But it's My Move: Intellectual Property Protection for Sports Moves, *Santa Clara Computer and High-Technology Law Journal*, Vol. 25, No. 5, pp. 765~785.

- Frank den Hond, Frqank G. A de Bakker and Patricia de Haan.(2010). The Sequential Patterning of Tactics-Activism in the Global Sports Apparel Industry, 1988~2002, *International Journal of Sociology and Social Policy*, Vol. 30, No. 11/12, pp. 648~665.

- Gabriel Ahlfeldt & Wolfgan Maennig.(2010). Stadium Architecture and Urban Development from the Perspective of Urban Economic, *International Journal of Urban and Regional Research*, Vol. 34, No. 3, pp. 629~646.

- Gary R. Roberts.(2001). The Legality of the Exclusive Collective Sale of Intellectual Property Rights by Sports League, *Virginia Journal of Sports and Law*.

- G. B. Shan.(2008). Sports Equipment Evaluation and Optimization; A Review of the Relationship Between Sport Science Research and Engineering, *The Open Sports Science Journal*, No. 1, pp. 5~11.

- Gertrud Pfister.(2001). Sport, Technology and Society: From Snow Shoes to Racing Skis, Culture · Sport · Society, Vol. 4, No. 1, pp. 73~98.

- Glenn McCartney & Linda Osti.(2007). From Cultural Events to Sport Events; A Case Study of Cultural Authenticity in the Dragon Boat Races, *Journal of Sport & Tourism*, Vol. 12, No. 1, pp. 25~40.

- Gregory Ramshaw.(2010). Living Heritage and the Sports Museum: Athletes, Legacy and the Olympic Hall of Fame and Museum, Canada Olympic Park, *Journal of Sport & Tourism*, Vol. 15, No. 1, pp. 45~70.

- Hans M. Westerbeek and David Shilbury.(1999). Increasing the Focus on "Place" in the Marketing Mix for Facility Dependent Sport Service, *Sport Management Review*, Vol. 2, pp. 1~23.

- Hans Olav, Svein Hagen, Atle Hauge, Tanja Kotro, Mikko Orrenmaa, Dominic Power, Petteri Repo.(2009). Users' Role in Innovation Process in the Sports Equipment Industry-Experiences and Lessons, Eastern Norway Research Institute.

- Heike C. Alberts.(2011). The Reuse of Sports Facilities after the Winter Olympic Games, *FOCUS on Geography*, Vol. 54, No. 1 pp. 24~32.

- Holly M. Burch.(1998). A Sports Explosion: Intellectual Property Rights in Professional Athletic Franchise, *Sports Lawyers Journal*, No. 29. pp. 1~32.

- Hong Xue & Navjote Khara.(2011). Playing Against China: Global Value Chains and Labour Standards In the International Sports Goods industry, *Global Network*, No. 3, pp. 334~354

- Ingar Mehus.(2005). Distinction Through Sport Consumption, - Spectator of Soccer, Basketball and Ski-Jumping -, *International Review for the Sociology of Sport*, Vol. 40, No. 3, pp. 321~333.

- Jay Scherer.(2011). Olympic Villages and Large-scale Urban Development: Crises of Capitalism, Deficits of Democracy?, *Sociology*, Vol. 45, No. 5, pp. 782~797.

- Jen D. Snowball.(2013). Are Arts Events a Good Way of Augmenting the Economic Impact of Sport?, *Market Research*, Vol. 16, No.1, pp. 49~61.

- John E. Lopatka.(2009). Antitrust and Sports Equipment Standards: Winners and Whiners, *The Antitrust Bulletin*, Vol. 54, N0. 4, pp. 751~800.

- John Horne.(2011). Architects, Stadia and Sport Spectacles: Notes on the role of architects in the building of sport stadia and making of world-class cities, *International Review for the Sociology of Sport*, Vol. 46, No. 2, pp. 205~227.

- John Horne.(2000). Understanding Sport and Body Culture in Japan, *Body & Society*, Vol. 6, No. 2, pp. 73-86.

- John Hughson.(2004). Sport in the "City of Culture", The Cultural Policy Connection, *International Journal of Cultural Policy*, Vol. 10, No. 23, pp. 319~330.

- Joseph P. Liu.(2011). Sports Merchandising, Publicity Rights, And the Missing Role of the Sports Fan, *Boston College Law Review*, Vol. 52, Issue. 2, pp. 493~516.

- Joshua S. Gans, Philip L. Williams and David Briggs.(2004). Intellectual Property Rightds: A Grant of Monopoly or an Aid to Competition?, *The Australian Economic Review*, Vol. 37, No. 4. pp. 436~445.

- Keith E. Maskus.(2000). Intellectual Property Rights and Economic Development, *Western Reserve Journal of International Law*, Vol. 32, Issue. 2.

- Kevin Delaney & Rick Eckstein.(2006). Local Growth Coalitions, Publicly Subsidizes Sports Stadium, and Social Inequality, *Humanity & Society*, Vol. 30, No. 1, pp. 84~108.

- Khalid Nadvi.(2008). Global Standards, Global Governance and the Organization of Global Value Chains, *Journal of Economic Geography*, Vol. 8, pp. 323~343.

- L'Etang, Jacquie.(2006). Public Relations and Sport in Promotional Culture. *Public Relations Review*, Vol. 32, Issue. 4, pp. 386~394.

- Lazaroff, Daniel E.(1999). Sports equipment standardization: an antitrust analysis, *Georgia Law Review*, Vol. 34, Issue. 1.

- Leigh Robinson.(2006). Customer Expectations of Sport Organisation, *European Sport Management*

Quarterly, Vol. 6, No. 1, pp. 67~84.

- Leslie Sklair.(2010). Iconic Architecture and the Culture-ideology of Consumerism, *Theory, Culture & Society*, Vol. 27, No. 5, pp. 135~159.

- M Abdur Rahman Malik & Chaudhry Abdul Rehman & Muhammad Ashraf & Rana Zamin Abbas.(2012). Exploring the link between Foreign Direct Investment, Multinational Enterprise and Spillover Effects in Developing Economics, *International Journal of Business and Management*, Vol. 7, No. 1, pp. 230~240.

- Marcus Free and John Hughson.(2006). Common Culture, Commodity Fetishism and the Cultural Contractions of Sport, *International Journal of Cultural Studies*, Vol. 19, No. 1, pp. 83~104.

- Matthew G. Massari.(2006). When Fantasy Meets Reality: The Clash Between On-line Fantasy Sports Provider and Intellectual Property Rights, *Harvard Journal of Law & Technology*, Vol. 10, No. 2, pp. 443~465.

- Michael Perelman.(2003). Intellectual Property Rights and the Commodity Form: New Dimensions in the Legislated Transfer of Surplus Value, *Review of Radical Political Economics*, Vol. 35, No. 3, pp. 304~311.

- Miranda Kiuri & Sigrid Reiter.(2013). Olympic Stadium Design: Past Achievements and Future Challenges, *International Journal of Architectural Research*, Vol. 7, Issue. 2, pp. 102~117.

- Miranda Kiuri, & Jacques Teller.(2012). Olympic stadiums in their urban environment: a question of design and cultural significance, *Journal of Cultural Heritage*, Vol. 2, No. 2, pp. 115~129.

- N, Michaela; R, Christian; E, Christoph; S, Veit.(2010). Practical and science based functionality tests of sport equipments, *Procedia Engineering*, Vol. 2, Issue. 2, pp. 2,817~2,822.

- Ngal-ling and Pun Ngai.(2005). Globalization and Paradoxes of Ethical Transnational Production: Code of Conduct in a Chinese Workplace, *Competition & Change*, Vol. 9, No. 2, pp. 181~200.

- OKAWA, Nobuyuki.(2007). A Historical Study on the Standardization of the Ball Used in Basketball, *Journal of Japan Society of Sports Industry*, Vol. 157, Issue.1, pp. 21~32.

- Peter H. Bloch & William C. Black 8 Donald Lichtenstein.(1989). Involvement with the Equipment Component of Sport: Links to Recreational Commitment, *Leisure Science*, Vol. 11. pp.187~200.

- Peter Lund & Thomsen.(2008). The Global Outsourcing and Codes of Conduct Debate: Five Myths and Five Recommendations, *Development and Change*, Vol. 39, No. 6, pp. 1,005~1,018.

- Richard W. Schwester.(2007). An Examination of the Public Good Externalities of Professional Athletic Venues: Justifications for Public Financing?, *Public Budgeting & Finance*. Vol. 27, Issue. 3, pp. 89~109.

- Robert A. Baade.(2003). Evaluating Subsidies for Professional Sports in the United States and

Europe: A Public-Sector Primer, *Oxford Review of Economic Policy*, Vol. 19, No. 4, pp. 585~597.

— Ruya Gokhan Kocer & Luc Fransen.(2009). Code of Conduct and the Promise of a Change of Climate in Worker Organization, *European Journal of Industrial Relations*, Vol. 15, No. 3, pp. 237~256.

— Sara M. Grimes.(2006). Online Multiplayer Games: A Virtual Space for Intellectual Property Debates? *New Media & Society*, Vol. 8, No. 6, pp. 969~990.

— Simon Chadwick & Geoff Walters.(2009). Sportswear Identification, Distinctive Design and Manufacture Logos- Issues from the Front Line, *The Marketing Review*, Vol. 9, No. 1, pp. 643~78.

— Stephen J. Frenkel and Seong Su Kim.(2004). Corporate Codes of Labour Practice and Employment Relations in Sports Shoe Contractor Factories in South Korea, *Asia Pacific Journal of Human Resources*, Vol. 42, No. 1, pp. 6~31.

— Suggs Ernie.(2013). Stadium once global stage: turner field part of city's olympic legacy. demolition of facility would be only in games' modern history, the atlanta journal-constitution, pp. 1~5.

— Suk-Jun Lim & Joe Phillips.(2008). Embedding CSR Values: The Global Footwear Industry's Evolving Governance Structure, *Journal of Business Ethics*, Vol. 81, pp. 143~156.

— Thoma C. Wilsion.(2002). The Paradox of Social Class and Sports Involvement: The Role of Cultural and Economic Capital, *International Review for The Sociology of Sport*, Vol. 37, No. 1, pp. 5~16.

— Thomas D. Hinch.(2006). Canadian Sport and Culture in the Tourism Marketplace, *Tourism Geographies*, Vol. 8, No. 1, pp. 15~30.

— Valbona Muzaka.(2010). Linkages, Contests and Overlaps in the Global Intellectual Property Rights Regime, *European Journal of International Relations*, Vol. 17, No. 4, pp. 755~776.

— Wladimir Andreff.(2006). International Trade In Sporting Goods, In G.T.Papanikos(ed), The Economics and Management of Mega Events: Olympic Games, Professional Sports and other Essays, pp. 87~96.

— _____.(2009). Outsourcing in th New Strategy of Multinational Companies: Foreign Investment, International Subcontracting and Production Relocation, Conference on International Outsourcing and the European Union: Impact on the Domestic Market, *Scenarios and Strategies*, madrid, 28~29.

— Wolfgang Maennig & Stan Du Plessis.(2009). Sport Stadia, Sporting Events and Urban Development: International Experience and the Ambitions of Durban, *Urban Forum*, Vol. 20, pp. 61~76.

— Xuefei Ren.(2009). Architecture and Nation Building in the Age of Globalization: Construction of the National Stadium of Beijing for the 2008 Olympics, *Journal of Urban Affairs*, Vol. 30, No. 2, pp. 175~190.

- Yi-De Liu, Peter Taylor and Simon Shibli.(2007). The Operational Efficiency of English Public Sport Facilities, *Managing Leisure*, Vol. 12, pp. 251~272.

- Ying Deng & S. W. Poon.(2013). Meeting sustainability challenges of mega-event flagships, *Engineering, Construction and Architectural Management*, Vol. 20, No. 1, pp. 46~62.

- Yong Jae Ko, Donna L. Pastore.(2004). Current Issues and Conceptualizations of Service Quality in the Recreation Sport Industry, *Sport Marketing Quarterly*, Vol. 13, pp. 158~166.

제III편. 글로벌 스포츠 시장과 논의 과제

- Alan D. Smith and William T. Rupp.(2005). Service Marketing Aspects Associated with the Allure of E-Gambling, *Service Marketing Quarterly*, Vol. 26, No. 3, pp. 83~103.

- Andrew Holden.(2000). Winter Tourism and the Environment in Conflict: The Case of Cairngorm, Scotland, *International Journal of Tourism Research*, Vol. 2, pp. 247~260.

- Alison J. Doherty and Packianathan Chelladuri.(1999). Managing Cultural Diversity in Sport Organization: A Theoretical Perspective, *Journal of Sport Management*, Vol. 13, pp. 280~297.

- Andrea Collins & Andrew Flynn.(2005). A New Perspective on the Environmental Impacts of Planning: A Case Study of Cardiff's International Sports Village, *Journal of Environmental Policy & Planning*, Vol. 7. No. 4, pp. 277~302.

- Andrea Collins, Andrew Flynn, Max Munday & Annette Roberts.(2007). Assessing the Environmental Consequences of Major Sporting Events: The 2003/04 FA Cup Final, *Urban Studies*, Vol. 44, No. 3, pp. 457~476.

- Andrea Collins, Max Munday & Annette Robert.(2012). Environmental Consequences of Tourism Consumption at Major Event: An Analysis of the UK Stages of the 2007 Tour de France, *Journal of Travel Research*, Vol. 51, No. 5, pp. 577~590.

- Aspers, Patrik.(2009). "How are markets made?", MPIfG working paper.

- Barbier, Edward B.(2009). "Rethinking the Economic Recovery: Global Green New Deal", UNEP.

- Borghesi, Richard.(2008). Widespread Corruption in Sports Gambling: Fact or Fiction?, *Southern Economic Journal*, Vol. 74, Issue. 4, pp. 1,063~1,069.

- Brad R. Humphreys.(2012). Who Bets on Sports? Characteristics of Sports Bettors and the Consequences of Expanding Sports Betting Opportunities, *Estudios de Economia*, Vol. 30, No. 2, PP. 579~598.

- _____ & Levi Perez.(2012). Participation in Internet Gambling Markets: An International Comparison of Online Gamblers' Profile, *Journal of Internet Commerce*, Vol. 11, pp. 24~40.

- _____.(2011). Online Sports Betting and International Relations, *SAIS Review*, Vol. X X XI, No. 1, pp. 103~115,

- Carlos P. Barros.(2003). Incentive Regulation and Efficiency in Sport Organizational Training Activities, *Sport Management Review*, Vol. 6, pp. 33~52.

- Claussen, Cathryn L.; Miller, Lori K.(2001). The Gambling Industry and Sports Gambling: A Stake in the Game?, *Journal of Sport Management*, Vol. 15, Issue. 4, pp. 350~363.

- Daniel Soucie.(1994). Effective Managerial Leadership in Sport Organizations, *Sport Management Perspectives*, Vol. 8, pp. 1~13.

- David Collins and Helen Lapsley.(2003). The Social Costs and Benefits of Gambling: An Introduction to the Economic Issue, *Journal of Gambling Studies*, Vol. 19, No. 2, pp. 123~148.

- David Forrest, Ian McHale & Kevin McAuley.(2008). "Say It Ain't So: Betting Related Malpractice in Sport, *International Journal of Sport Finance*, Vol. 3, pp. 156~166.

- David Forrest, Robert Simmons.(2003). Sport and Gambling, *Oxford Review of Economic Policy*, Vol. 19, No. 4, pp. 598-611.

- Diana Mincyte.(2009). Sports, Environmentalism, Land Use, and Urban Development, *Journal of Sport & Social Issue*, Vol. 33, No. 2, pp. 103~110.

- Douglas Hartmann and Christina Kwauk.(2011). Sport and Development: An Overview, Critique, and Reconstruction, *Journal of Sport and Social Issue*, Vol. 35, No. 3, pp. 284~305.

- Dwyer Larry, Peter Forsyth, Ray Spurr, Serajul Hoque.(2010). Estimating the Carbon Footprint of Australian Tourism, *Journal of Sustainable Tourism*, Vol. 18, Issue. 3, pp. 355~376.

- Fred Coalter.(2010). The Politics of Sport-for-Development: Limited Focus Programmes and Broad Gauge Problem?, *International Review for Sociology of Sport*, Vol. 45, No. 3, pp. 295~314.

- Guçer, Evren.(2014). The Impacts of the International Sports Organizations: A Study on 2013 M ERSIN XVII. Mediterranen Games, *International Journal of Science Culture and Sport*, Vol. 2, No. 5, pp. 148〜170.

- Heiko de B. Wijnholds & Michael W.(2007). Online Gambling: Murkey Legal Status and Vulnerable Socio-Economic Environment Pose Public Policy Challenges, *Journal of Internet Commerce*, Vol. 6, No. 1, pp. 119~138

- Houshong Jin & Hongquan li.(2011). Impact of Green Sports on Construction of Sporting Power, *Asian Social Science*, Vol. 7, No. 2, pp. 41~44.

- Jim Cosgrave and Thomas R. Klassen.(2001). Gambling Against the State: The State and the Legitimation of Gambling, *Current Sociology*, Vol. 49, No. 5, pp. 1~15.

- John Forster.(2006). Global Sporting Organizations and their Governance, *Corporate Governance*, Vol. 6, No. 1, pp. 72~83.
- John Nauright.(2004). Global Game: Culture, Political Economy and Sport in the Globalized Globalized World of the 21st Century, *Third World Quarterly*, Vol. 25, No. 7, pp. 1,325~1,336.
- Jorge Rivera, Peter de leon, and Charles Koerber.(2006). Is Greener Whiter Yet? The Sustainable Slopes Program After Five Years, *The Policy Studies Journal*, Vol. 34, No. 2, pp. 195~204.
- Josefina C.Tapias & Miquel Salgot.(2006). Management of Soil-Water Resources in Golf Course, *Tourism & Hospitality Research*, Vol. 6, No. 3, pp. 197~203.
- Joseph E. Mahan III, Joris Drayer, and Emily Sparvero.(2012). Gambling and Fantasy: An Examination of the Influence of Money on Fan Attitudes and Behaviors, *Sport Marketing Quarterly*, Vol. 21, pp. 159~169.
- Karen K. Hardoon & Jeffrey L. Derevensky.(2002). Child and Adolescent Gambling Behavior: Current Knowledge, *Clinical Child Psychology and Psychiatry*, Vol. 7, No. 2, pp. 263~281.
- Kate Kearins & Kathryn Pavlovich. (2002). The Role of Skateholders in Sydney's Green Games, *Corporate Social- Responsibility and Environmental Management*, Vol. 9, No. 3, pp. 157~169.
- Kelby K. Halone.(2008). The Structuration of Racialized Sport Organizing, *Journal of Communication Inquiry*, Vol. 32, No. 1, pp. 22~42.
- Lucie Thibault and Trevor Slack.(1994). Strategic Planning for Nonprofit Sport Organizations: Empirical Verification of a Framework, *Journal of Sport Management*, Vol. 8, pp. 218~233.
- Margaret Groeneveld.(2009). European Sport Governance, Citizen and The State, *Public Management Review*, Vol. 11, Issue. 4, pp. 421~440.
- Marshall Gramm, C. Nicholas McKinney, Douglas H. Owens, and Mate E. Ryan.(2007). What Do Bettors Wants? Determinants of Pari-Mutual Betting Preference, *American Journal of Economics and Sociology*, Vol. 66, No. 3, pp. 465~491.
- Margaret Devaney.(2009). Online Gambling and International Regulation: An Outset Bet, *Information & Communication Technology Law*, Vol. 18, No. 3, pp. 273~283.
- Mark Falcous and Michael Silk.(2006). Global Regimes, Local Agendas: Sport, Resistance and Mediation of Dissent, *International Review for the Sociology of Sport*, 41/3, pp. 317~338.
- Michael Y. Seelig and Julie H. Seelig.(1998). Place Your Bets! On Gambling, Government and Society, *Canadian Public Policy*, Vol. XXIV, No. 1, pp. 91~106.
- Miquel Salgot & Josefin C. Tapias.(2006). Golf Courses: Environmental Impacts, *Tourism & Hospitality Research*, Vol. 6, No. 3, pp. 218~226.
- Mowen, John C.; Fang, Xiang; Scott, Kristin.(2009). A Hierarchical Model Approach for Identifying

the Trait Antecedents of General Gambling Propensity and of Four Gambling-related Genres, *Journal of Business Research*, Vol. 62, Issue. 12, pp. 1,262~1,268.

— Myron F. Floyd.(2002). Coming to Terms with Environmental Justice in Outdoor Recreation: A Conceptual Discussion with Research Implications, *Leisure Sciences*, Vol. 24, pp. 59~77.

— Nuno Videira, Antonia Correia, Ines Alves, Catarina Ramires.(2006). Envoironmental and Economic Tools to Support Sustainable Golf Tourism: the Algarve Experience, Portugal, *Tourism & Hospitality Research*, Vol. 6, No. 3, pp. 204~217.

— Paul M. Anderson · Ian S. Blackshaw Robert C. R. Siekmann · Janwillem Soek.(ed).(2012). *Sport Betting: Law and Policy*, T · M · C · Asser Press.

— Peter B. Gray.(2004). Evolutionary and Cross-Cultural Perspectives on Gambling, *Journal of Gambling Studies*, Vol. 20, No. 4.

— Rebecca Tiessen.(2011). Global Subjects or Objects of Globalization? The Promotion of Global Citizenship in Organizations Offering Sport for Development and/or Peace Programmes, *Third World Quarterly*, Vol. 32, No. 3, pp. 571~587.

— Richard A. LaBrie; Debi A. LaPlante; Sarah E. Nelson; Anja Schumann; Howard J. Shaffer.(2007). Assessing the Playing Field: A Prospective Longitudinal Study of Internet Sports Gambling Behavior. *Journal of Gambling Studies*, Vol. 23, Issue. 3, pp. 347~362.

— Richard Giulianotti.(2012). The Sport for Development and Peace Sector: An Analysis of its Emergence, Key Institutions, and Social Possibilities, *Journal of World Affairs*, Vol. XVIII, Issue. II, pp. 279~293.

— Roger Levermore.(2008). Sport in International Development: Time to Treat it Seriously, *Brown Journal of World Affairs*. Vol. XIV, Issue. 2, pp. 55~66.

— _____.(2008). Sport: A New Engine of Development?, *Progress in Development Studies*, Vol. 8, No. 2, pp. 183~190,

— _____.(2010). CSR Development Through Sport: Examining its Potential and Limitation, *Third World Quarterly*, Vol. 31, No. 2, pp. 223~241.

— _____.(2011). Evaluating Sport for Development: Approaches and Critical Issues, *Progress in Development*, Vol. 11, No. 4, pp. 339~353.

— Schmidt, Charles W.(2006). Putting the Earth in Play, *Environmental Health Perspectives*. Vol. 114, Issue. 5, pp. 286~295.

— Shaheen Borna and James Liwry.(1987). Gambling and Speculation, *Journal of Business Ethics*, Vol. 6, pp. 219~224.

— Simon C. Darnell & David R. Black.(2011). Mainstreaming Sport into International Development

Studies, *Third World Quarterly*, Vol. 32, No. 3, pp. 367~378.

– Simon C. Darnell.(2010). Power, Politics and "Sport for development and peace": Investigating the utility of sport for international development, *Sociology of Sport Journal*, Vol. 27, pp. 54~75.

– Spencer Schaffner.(2009). Environmental Sporting, Birding at Superfund Sites, Landfills, and Sewage Ponds, *Journal of Sport & Social Issues*, Vol. 33, No. 3, pp. 206~228.

– Steve McKelvey & Anita M. Moorman.(2007). Bush-Whacked: A Legal Analysis of the Unauthorized Use of Sport Organizations' Intellectual Property in Political Campaign Advertising, *Journal of Sport Management*, Vol. 21 pp. 79~102.

– Susan M. Macmillan.(1991). Athlete/National Sport Organization Agreement in Canada, *Journal of Sport Management*, Vol. 5, pp. 177~188.

– Tiessen Rebecca.(2011). Global Subjects or Objects of Globalisation? The promotion of global citizenship in organisations offering sport for development and/or peace programmes. *Third World Quarterly*, Vol. 32, Issue 3, pp. 571~587.

– Tract Taylor and Peter McGraw.(2006). Exploring Human Resource Management Practice in Nonprofit Sport Organization, *Sport Management Review*, Vol. 9, pp. 229~151.

– Zeng Shao-Jun.(2008). On the Design of "Carbon Neutral" Mode for the Beijing 2008 Olympic Games, *Chiness Business Review*, Vol. 7, No. 9, pp. 8~14.

〈국내외 문헌〉

– Andreff, W.(2006). The Sports Goods Industry, In W.Andreff, & S.Szymanski(eds), Handbook on the Economics of Sports, pp. 27~39, Cheltenham: Edward Elgar.

– _____.(2002). Why Tax International Athlete Migration? The 'Coubertobuin'Tax in a Context of Financial Crisis, in J. Maguire and Falcous, eds., Handbook on Sport and Migration, Abingdon: Routledge, pp. 31~45.

– _____.(2006). International Labour Migration, In W, Andreff,S. Szymanski, eds, Handbook on the Economics of Sport, Edward Elgar, Cheltenham, pp. 325~330.

– Aron Smith & Hans Westerbeek.(2004). The Sport Business Future, Palgrave.

– Arthur A. Ranet & Jennings Bryant, ed.(2006). Handbook of Sports and Media, Lance Kinney, 18. Sports Sponsorship.

– Barrie Houlihan(ed).(2003). Sport and Globalization, Sport & Society, SAGE.

– Charles A. Santo & Gerard C. S. Mildner, ed.(2010). Sport and Public Policy- Social, Political, and Economic Perspectives, Human Kinetics.

– Chris Gratton, Dongfeng Liu.(2012). The Global Economics of Sport, Routledge.

- Chris Gratton & Harry Arne Solberg.(2007). The Economics of Sports Broadcasting, Routledge.
- Claude Jeanrenaud & Srtefan Kesenne,ed.(2006). The Economics of Sport and the Media, Edward Elgar.
- Dean J. DeFino(2014), The HBO Effect, Bloomsbury.
- Eric C. Schwarz, Stacey A. Hall and Simon Shibli.(2010). Sport Facility Operation Management, Elsevier.
- F. H. Froes.(2002). Advanced Material in Sports Equipment, Handbook of Materials Selection, John Wiley & Sons.
- George H. Sage.(2010). Globalization Sport. How Organizations, corporations, media, and Politics are Changing Sports, paradigm Publishers.
- Geeraert, Arnout & Alm, Jens & Groll, Michael G. Arnout.(2014). Good governance in international sport organizations : an analysis of the 35 Olympic sport governing bodies, Taylor & Francis.
- Ian S. Blackshaw.(2011). Sports Marketing Agreements: Legal, Fiscal and Practical Aspects, Springer.
- IOC(2013), Olympic Marketing Fact File.
- Hans Westerbeek & Aaron Smith.(2004). Sport Business in the Global Marketplace, p9lgrave.
- Harald Dolles & Sten Sőderman.(2011). Sport As a Business-International, Professional and Commercial Aspect, Palgrave.
- Jarvie, G.(2006). Sport, Culture and Society: An Introduction, London.
- Jean-Francois Bourg & Jean-Jacques Gouguel.(2006). Sport and Globalization: Sport As a Global Public Goods, Handbook on the Economics of Sport.
- Joseph Maguire & Mark Falcous.(2011). Sport and Migration, Borders, Boundaries and Crossings, Routledge.
- Judish Grant Long.(2013). Public/Private Partnerships for Major League Sports Facilities, Routledge.
- Mark Conrad.(2006). The Business of Sport, Routledge.
- Michel Desbordes & Andre Richelieu, ed.(2012). Global Sport Marketing, Contemporary Issues and Practice, Routledge.
- Miller, T., Lawrence, G., McKay, J., & Rowe,D.(2001). Globalization and Sport, Playing the World, London: Sage.
- Mullin, B. J, Hardy, S. & Sutton W.A.(2000). Sport Marketing(2nd), Human Kinetics.
- Nina Clara Tiesler and Joao Nuno Coelho.(2008). Globalised Football, Routledge.
- Peter Millward.(2011), The Global Football League, Palgrave.
- Philip M. Parker.(2011). The World Market for Sporting Goods: A 2011 Global Trade Perspective, 2011ICON Group Ltd.
- R. A. Lipsey.(2006). The Sporting Goods Industry-History, Practice and Products, McFarland &

Company, Inc.

- Richard Giulianotti and Ronald Robertson.(2007). Globalization And Sport, Blackwell Publishing Ltd.
- Roger Levermore, Aaron Beacom, ed.(2009). Sport and International Development, palgrave.
- Stephen Dobson & John Goddard(2011), The Economics of Football, Cambridge.
- Wladimir Andreff & Stefan Szymanski, S.(2006). Handbook on the Economics of Sport,- Sport Gambling, D, Forrest, Edward Rlgar.
- 강한균(2010), 다국적 기업과 글로벌라이제이션, 도서출판 두남.
- 국제 스포츠 기구, 2006.11.
- 김귀순 역(2001), 스포츠와 환경-지속 가능한 스포츠로 가는 길-, 대한미디어.
- 김봉경(2012), 스포츠 조직의 PR활동, 남서울대학교 출판국.
- 김찬별 · 노은아 옮김(2004), 머니볼, 비즈니스맵.
- 김홍남 역(2009), 유럽연합의 스포츠 정책과 행정, 대경북스.
- 김희철(2015), 글로벌 시대의 국제경영, 도서출판 두남.
- 박지훈 역(2013), 프로 스포츠 선수의 법적 지위, 법문사.
- 사행산업통합감독위원회(2016), 사행산업백서.
- 사행산업통합감독위원회(2016), 제3차 불법도박 실태 조사 보고서.
- 설수영 · 김예기(2011), 스포츠 경제학, 오래.
- 송재우(2014), 꿈의 기업 메이저 리그, 인플루엔셜.
- 이성민 옮김(2014), 일본 프로 스포츠 정복하기, 비즈토크북.
- 이유진 · 류상윤 옮김(2006), 생태 발자국- 우리의 삶은 지구를 얼마나 아프게 하는가, 이매진.
- 이한상(2014), 산업재산권의 일반 이해, 책미래.
- 오수철 · 서정모 · 김영표 · 허광무(2015), 카지노 경영론, 백산출판사.
- 정용준, 이희진, 윤석한(2011), 스포츠 방송과 보편적 시청권, 커뮤니케이션북스.
- 정우영 옮김(2008), 괴짜 야구경제학, -경제학이 발가벗긴 야구의 비밀-, 한스미디어.
- 한국저작권위원회(2010), 2009 저작권 연감.
- 한국스포츠개발원(2014), 스포츠 무형자산 가치 상용화 지원 타당성 검토.

찾 ‖아‖보‖기

[ㄱ]

감정추구형 / 404
개별판매방식 / 90
갬블링 수수료(betting duty) / 413
거버넌스(governance) / 389
게이 게임(gay games) / 50
경기 규칙 / 235, 236
경기장 임대 / 264
경기 중 베팅(in-playing betting) / 413
경로의존성(path dependence) / 243
경륜 / 397
경마 / 397
경제적 유산 / 61
경제 지대(economic rent) / 290
경험적 가치 / 269
고착효과(lock in effect) / 242
공·사 간 파트너십(public-private partnership) / 257
공공도메인 / 292
공공선택이론(public choice theory) / 279
공공의 해악(global public evil) / 390
공공재(public goods) / 55
공급독점자 / 91
공동생산(joint production) / 331
공동판매방식 / 90
공식 스폰서 기업 / 142
공유 저작물(public domain) / 292
공적개발원조(ODA, official development assistance) / 466
과점시장(oligopoly market) / 92
관세 및 무역에 관한 일반협정(GATT) / 15
광고(advertising) / 127, 265
교토의정서(kyoto protocol) / 431
국경 없는 TV(television without frontiers) / 116
국제 댄스 스포츠 연맹(IDSF) / 385
국제민간기구(INGO) / 380

국제스포츠기구(ISO) / 361
국제 스포츠 이벤트(international sport event) / 47
국제스포츠중재재판소(ICAS) / 367
국제올림픽위원회(IOC) / 364
국제화(internationalization) / 28
귀화 선수 / 184
규모의 경제(economics of scale) / 98, 222
그린 골 프로그램(green goal program) / 445
그린 스포츠(green sports) / 435
그린 스포츠 비즈니스(green sport business) / 436
그린워시 전략(greenwash strategic) / 488
그린 위크 프로그램(green week program) / 445
글로벌 공공재 / 56, 386
글로벌 기업(global enterprise) / 197
글로벌 반골프운동(global anti-golf movement) / 440
글로벌 스포츠 공공재(global sports public goods) / 387
글로벌 스포츠 이벤트(global sport event) / 47
글로벌 아웃소싱(global outsourcing) / 17, 171
글로벌 헥타르(global hectares) / 453
글로벌화(globalization) / 15
금전적 범죄 / 416
긍정적 의미의 유산 / 68
기후중립(climate neutrality) / 445

[ㄴ]

나노입자(nanoparticle) / 235
나이키(nike) / 198
내부거래 / 417
내셔널 서포터(national supporter) / 129
네트워크 효과(network effect) / 240

[ㄷ]

담합(collusion) / 92
대륙별 서포터(the regional supporter) / 129
대체재 / 335

던롭사(dunlop) / 233
도덕적 해이(moral hazard) / 428
독과점 시장(oligopoly power) / 332
동일한 제품(homogeneous product) / 88
두뇌유출(brain drain) / 182

[ㄹ]
라이브 베팅(live betting) / 413
라이센싱(licensing) / 289
라코스테사(rene lascoste) / 233
런던(london) 올림픽 / 449
로고(logo) / 293
리바이스(levi-strauss) / 207
리복(reebok) / 207
리오 데 자네이루(rio de janeiro)선언 / 432
릴리함메르(lillehammer) / 446

[ㅁ]
마드리드 협정(madrid protocol) / 299
마이스페이스(myspace) / 114
매복 마케팅(ambush marketing) / 123, 141
머천다이징(merchandising) / 303
메가 스포츠 이벤트(mega sport event) / 41, 47
메타 네셔널 기업(metanational corporations) / 198
명예의 전당 / 353
명칭권(naming right) / 138, 261
무상 정보(free information) / 293
무임승차자(free-rider) 문제 / 55
무형의 편익과 비용 / 71
문화 산업 / 326
문화 예술 축제 / 339
문화 올림피아드(cultural olympiad) / 341
문화 올림픽(cultural olympic) / 341
문화적 범죄 / 416
문화적 유산 / 64
미국화(americanization) / 31
민간 운영 / 260

민족주의(nationalism) / 32

[ㅂ]
밖으로의 이동(out migration) / 156
방송 프로그램 시장 / 86
배출권 거래제(emission trading) / 432
범위의 경제(economies of scope) / 99
베팅(betting) / 395
보스만 판결(bosman case) / 30
보완재 / 335
보편화(universalization) / 30
봅슬레이(bobsleigh) / 448
부룬트란트(brundtland) 보고서 / 74
북메이커(bookmaker) / 407
비경제적 효과 / 70
비용-편익분석(CBA, cost-benefit analysis) / 71

[ㅅ]
사설 회원제 유료TV방송(subscription TV) / 23
사이포닝 효과(siphoning effect) / 109
사행산업 / 396
사회적 가치(social value) / 270
사회적 문제 산업(social problems industry) / 495
사회적 유산 / 62
산업 간 다양화 / 190
산업 내 다양화 / 190
산업연관분석(inter industry analysis) / 452
상징적 가치(symblic value) / 270
상표권(trademark) / 287, 298
상호 윈-윈(win-win) 전략 / 171
생물역학(biomechanics) / 228
생산의 글로벌화 / 17
생태 발자국 지수(EF: ecological footprint) / 453
서구화(westernization) / 31
서비스 교역에 관한 일반 협정(GATS) / 424
선수 이동 / 155
선수초상권(athlete's right of publicity) / 287

섬유 고분자 혼합물(fiber-polymer composites) / 234
성장연합(growth coalition) / 280
성장의 한계(the limits to growth) / 431
세계반도핑기구(WADA) / 367
세제 협조와 조화 / 430
소비의 글로벌화 / 17
수요독점(monopsony) / 92
수직결합(vertical integration) / 98
수평결합(horizontal integration) / 97
스트리트풋볼 월드(streetfootball world) / 477
스포츠 갬블링(sports gambling) / 395
스포츠 도시(sports city) / 276
스포츠를 위한 권리(right to play) / 467
스포츠를 통한 발전(development through
    sport) / 476
스포츠 문화 산업 / 329
스포츠 박물관 / 353
스포츠 베팅에 대한 공동선언문 / 396
스포츠 시설에 대한 유산 / 64
스포츠 시설 의존 서비스(facility dependent
    sport service) / 255
스포츠 용품업 / 189
스포츠 운동복(sports wear) 시장 / 189
스포츠의 발전(development of sport) / 476
스포츠 장비 / 219
스포츠 존(sports zone) / 276
스포츠 클러스터(cluster) / 276
스포츠 퍼스트(sport first) NGO / 474
스포츠 플러스(sport plus) NGO / 474
스포츠 플러스 프로그램(sport plus
    programme) / 473
스폰서(sponsor) / 121
스폰시(sponsee) / 121
스피도(speedo)사 / 246
승강제도(promotion & relegation) / 105
승부조작(match-fixing) / 415
승자 독식(winner takes it all) 현상 / 331

승자의 저주(winner's curse) / 99
시니어 올림픽(senior olympics) / 40
시알콧(sialkot) / 204
신사협정(gentlemen's agreement) / 207
신지식재산(new intellectual property) / 285
쌍방독점(bilateral monopoly) / 94

[ㅇ]

아디다스(adidas) / 227, 312
아웃소싱(outsourcing) / 197
아키테인먼트(architainment) / 275
안티구아(antigua) / 424
안티 사이포닝(anti-siphoning) / 109
애물단지(white elephant) / 282
애틀랜타 협정(atlanta agreement) / 212
양허성 차관(concessional loan) / 466
엔터테인먼트 세금(entertainment tax) / 400
역설계(reverse engineering) / 289
연대 기여금(solidarity mechanism) / 177
연방통신위원회(FCC) / 110
연성규제(soft regulation) / 207
영연방 경기대회 / 65
오리지널 로고(original logo) / 299
온라인 스포츠(on line sports) / 43
온라인 스포츠 갬블링 / 423
올림픽 방송 서비스(OBS) / 373
외국인 선수 할당 / 161
외부효과 / 56
워크 퍼밋(work permit) / 174
월드 게임(world games) / 50
위험추구형 / 404
유럽방송연합(EBU) / 94
유럽사법재판소(EJC) / 426
유럽축구연합(UEFA) / 311
유료시청제(pay per view) / 23
유목민(nomads) 선수 / 161
유산(legacy) / 60

유치 산업(infant industry) / 194, 225
이벤트 규제 목록(listed event regulation) / 106, 109
이중 국적 / 161
인수·합병(M&A) / 191
인지 이론(cognitive theory) / 405
일본 프로 야구 리그(NPB) / 170
임금 격차설 / 158

[ㅈ]
자발적 세금(voluntary tax) / 400
자연 냉각제(natural refrigerants) / 448
자유화(liberalization) / 29
잘란다르(jalandhar) / 203
잠재수요(latent demand) / 194
장대높이뛰기(pole vaulting) / 229
장 마르크 보스만(Jean Marc Bosman) / 30
장비표준화 / 235, 236
장소브랜딩 전략 / 52
장외발매시설 / 408
저작권(copyright) / 287, 291
전미자동차경주협회(NASCAR) / 317
제로섬 게임(zero-sum game) / 171, 398
조건부가치측정법(CVM, contingent valuation
      method) / 72
조건에 베팅(proposition betting) / 414
종속이론 / 489
좋은 거버넌스(good governance) / 388
준공공재(quasi-public goods) / 56
중계방송 소유권 / 95
중계방송시장 / 86
중독모형 / 405
증여(grant) / 466
지불의사(WTP: willing to pay) / 73
지상파(free-to-air) / 82
지식재산권(IPRs: intellectual property rights) / 285
지안수(jiangsu) / 203
지적자산(intellectual capital) / 182

짜고 하는 경기(point shaving) / 416

[ㅊ]
창조 산업(creative industry) / 326
창조적 투기(creative speculations) / 399
체육진흥투표권 / 397
초국적 기업(transnational corporations) / 198
총량제 / 408
총성 없는 전쟁 / 351
취업비자 / 174
치킨게임(chicken game) / 101

[ㅋ]
카르텔(cartel) / 92
콘텐츠(contents) 산업 / 329
쾌락적 가치(hedonistic value) / 269
쿠베르 토빈세(coubertobin tax) / 178

[ㅌ]
탄소섬유 / 249
탄소세(carbon tax) / 432
탄소 중립적(carbon neutral) / 432
토리노(torino) / 448
통신법(wire act) / 425
투어 드 프랑스 사이클링(tour de france
      cycling) / 455
투입산출분석(IO분석, input output analysis) / 452
트레이드 드레스(trade dress) / 302
트리플 보텀 라인(triple bottom line) / 74
특별 스포츠 이벤트(special sport event) / 47
특허 괴물(patent trolls) 기업 / 290
특허권(patent) / 287, 295
특허 사냥꾼 / 290

[ㅍ]
판타지 스포츠(fantasy sport) / 319
패리뮤추얼 시스템(parimutual system) / 398

퍼블리시티권(right of publicity) / 304
페이퍼 뷰(pay per view) TV / 108
평화를 위한 축구(football for peace) / 481
평화와 발전을 위한 스포츠 프로그램(SDP,
    sport for development and peace) / 471
표준화와 독과점 / 241
푸시-풀(push-pull) 과정 / 158
프로테스탄티즘(protestantism) / 403
프리미어 리그(premier league) / 83
플러스 스포츠(plus sport) NGO / 474
플러스 스포츠 프로그램(plus sport programme) / 473
피파 골 프로그램(FIFA goal program) / 481

[ㅎ]

해외 원조(foreign aid) / 466
핸디캡(handicap) / 238
행동 강령(code of conduct) / 205
협력과 지원 / 465
홀마크 스포츠 이벤트(hallmark sport event) / 47
환경·경제통합계정(SEEA, system if environmental
    economic accounting) / 452
환경영향평가(EIA) / 451
회원제(subscription) TV / 108
훈련 보상비(training compensation) / 177
희망을 위한 축구(football for hope) / 481

[기타]

3선 줄무늬 / 313
CABOS(영연방 스포츠 조직위원회) / 485

CAS(comparative advertising space) 방식 / 135
CCC(Clean Clothes Campaign) / 210
CONFEJES(프랑스 말을 사용하는 국가들의 모임) / 485
CPM(cost per thousand) 방식 / 136
EF와 ENIO 방식 / 458
ENIO(environmental input-out analysis) / 452
ESM(event study method) 방식 / 136
FIFA(국제축구연맹) / 362
FIFA 월드컵 스폰서(world cup sponsor) / 130
FIFA 월드컵 축구 대회 / 50
FIFA파트너(partner) / 129
FLA(Fair Labour Association) / 210
HBO(home box office) / 110
HFSS(high in fat, salt or sugar) / 146
IAAF(국제육상경기연맹) / 362
IBF(International Boxing Federation) / 367
IOC(국제올림픽위원회) / 362
MJ/kg(mega Joule/kg) / 249
MLBP(major league baseball properties) / 316
MYSA(mathare youth sports association) / 474
NBAP(NBA Properties, Inc) / 315
NFLP(NFL Properties) / 316
OCOG(올림픽 조직위원회) / 372
TOP(the olympic partner) / 132
TV중계방송 콘텐츠 / 119
히로시마 도요 카프(hiroshima toyo carp) 팀 / 171
WBA(World Boxing Association) / 367
WBC(World Boxing Council) / 367
WBO(World Boxing Organization) / 367
WRC(Workers Rights Consortium) / 210
WTF(세계태권도연맹) / 362

저자 소개

김예기

한국외국어대학교(경제학 박사)
한국개발연구원(KDI) 경제정보센터
서울디지털대학교 교수
스포츠 경제의 이해(공저), 백산출판사, 2004/
스포츠 경제학(공저), 도서출판 오래, 2011 외 다수

글로벌 스포츠 시장과 경제

2017년 9월 10일 초판 1쇄 인쇄
2017년 9월 15일 초판 1쇄 발행

지은이 김예기
펴낸이 진욱상
펴낸곳 백산출판사
교 정 편집부
본문디자인 오행복
표지디자인 오정은

저자와의
합의하에
인지첩부
생략

등 록 1974년 1월 9일 제406-1974-000001호
주 소 경기도 파주시 회동길 370(백산빌딩 3층)
전 화 02-914-1621(代)
팩 스 031-955-9911
이메일 edit@ibaeksan.kr
홈페이지 www.ibaeksan.kr

ISBN 979-11-5763-399-9
값 25,000원

* 이 저서는 2017년도 서울디지털대학교 대학연구비의 지원으로 연구되었음